Über dieses Buch Auf Ruskins Lehren beriefen sich die Gründer der englischen Labour-Party; Tolstoi nannte ihn «einen der bedeutendsten Geister nicht nur Englands und unserer Zeit, sondern aller Länder und Zeiten«.
John Ruskin war Schriftsteller und Kunstphilosoph, der ein Werk von 39 Bänden und Tausende von Aquarellen und Zeichnungen hinterlassen hat. In seinem ersten Werk ›Modern Painters‹ rechnet er mit der Landschaftsmalerei der Alten Meister ab. In ›The Stones of Venice‹ richtet sich seine Kritik bereits auf den leichtfertigen Umgang mit dem historisch Gewordenen und dessen zunehmende Zerstörung durch die um sich greifende Industrialisierung. John Ruskin, inzwischen Professor für Kunstgeschichte in Oxford, wendet sich zunehmend von der reinen Kunstbetrachtung ab und wird zu einem der leidenschaftlichsten Kritiker des viktorianischen England. Sein romantisch verklärter Idealismus, der sich von der Lösung der sozialen Probleme auch das Heil für die Kunst und die Erhaltung der Natur versprach, mußte jedoch scheitern. Wolfgang Kemps Biographie zeichnet sich dadurch aus, daß sie ein umfassendes Bild jener Seelenlage entwirft, aus der heraus die Ruskinsche Reformbewegung entstand: das England des viktorianischen Zeitalters.

Der Autor:
Wolfgang Kemp, geb. 1946, Kunsthistoriker, ist Professor an der Universität Marburg. Zu seinen wichtigsten Veröffentlichungen gehört eine Geschichte des Zeichenunterrichts und des Laienzeichnens sowie das Buch ›Foto-Essay‹. Er ist Herausgeber der dreibändigen Anthologie ›Theorie der Fotografie‹.

Wolfgang Kemp

John Ruskin

1819–1900

Leben und Werk

Fischer Taschenbuch Verlag

Reproduktionsvorlagen: 1, 3 nach Library Edition; 5, 9 Sidney W. Newberry; 12 nach Paul H. Walton, The Drawings of John Ruskin, Oxford 1972; alle anderen Museumsfotografien.

Ungekürzte Ausgabe
Veröffentlicht im Fischer Taschenbuch Verlag GmbH,
Frankfurt am Main, November 1987

Lizenzausgabe mit freundlicher Genehmigung des
Carl Hanser Verlags München Wien

Umschlaggestaltung: Jan Buchholz/Reni Hinsch
unter Verwendung eines Fotos aus dem Archiv
Preußischer Kulturbesitz, Berlin
Druck und Bindung: Clausen & Bosse, Leck
Printed in Germany
ISBN-3-596-25667-4

Inhalt

There
is no wealth
but life

Unto This Last

I
Das kleine Phänomen
1819–1842

1

Es war ein Auftrag, wie ihn der akademische Maler James Northcote serienweise zu erfüllen pflegte. Ein Weinhändler der Londoner City wollte seinen Sohn gemalt sehen, ein Kind, das 1822 dreieinhalb Jahre alt war. Für diese Aufgabe empfahl sich der 77jährige Northcote, weil er dem banalen Sujet noch einen noblen Aufschwung zu geben wußte. Der Schüler Joshua Reynolds setzte gerade bei seinen bürgerlichen Klienten weiter auf die Formeln, die im 18. Jahrhundert die englische Malerei zum internationalen Vorbild der Porträtkunst gemacht hatten: lockere, ungezwungene, bisweilen freibeschwingte Gestik, wenig Pomp in Kleidung und Ambiente, Naturszenerie als Hintergrund. Für Kinder wählte Northcote gerne die Formel »Genius« oder »Sylphide«. Etwas übertrieben: das Kind brauchte nur noch seinen Kopf durch die leergelassene Stelle der Leinwand zu stecken. So entstand das erste Bild von John Ruskin. (Abb. 1)

»Ich bin dargestellt, wie ich über ein Feld am Waldesrand dahergesprungen komme« – in einem Ausfallschritt, halb fliegend, halb einhaltend, wie ihn die Herzoginnen oder Schauspielerinnen Reynolds zeigen; das leichte, weiße Kleid flattert, ein Hündchen kommt herbeigesprungen. Arrangierte, durch die Komposition wieder eingefangene Bewegtheit, bei der das unverwandt den Betrachter suchende Gesicht nicht mitspielt. Ein kindlich gerundetes Gesicht noch, das aber schon den langen Schädel ahnen läßt. Viele feine, hellblonde Haare. Und eine deutliche Linienführung der Züge, die akademisch gefaßt wirkt, die aber, wie die folgenden Bilder beweisen werden, ganz dem Porträtierten gehört. Da ist eine durchgehend geschwungene Kontur, die von den Augenbrauen bis zu den Nasenflügeln läuft und in der halben Höhe des Gesichts gegen die Mittelachse leicht einschwingt, auf diese Weise den Nasenrücken zart und die ganze untere Partie der Nase fleischiger erscheinen läßt.

Schon ähnlich, wird der Maler gedacht haben, als er diese zentralen Züge des Gesichts auf die Leinwand übertragen hatte. Für den Rest hielt er sich an Schema und Routine. Als er den poetisch verwischten Hintergrund anbrachte und den großzügig unbestimmten Baum in die Ecke setzte, wußte er nicht, daß er einen Menschen malte, den die Zeitgenossen und nachgeborenen Bewunderer den »schärfsten Beobachter« des Jahrhunderts nennen sollten und dazu einen Kritiker der Malerei, der es so genau wie keiner mit den Bäumen und Bergen nehmen würde. Northcote wußte es nicht, aber er war vielleicht der erste, der einen Hinweis auf diese Zukunft erhielt. Nachdem das Kind ihm zehn Minuten gesessen hatte, fragte es den Maler, warum sein Teppich Löcher habe. »Ich benahm mich bei dem alten Maler so ruhig, daß er sehr zufrieden mit mir war; ich saß auf meinem Stuhle, ohne mich zu mucksen, zählte die Löcher in seinem Teppich und beobachtete, wie er die Farben aus den kleinen Blasen drückte, was mir eine herrliche und höchst interessante Operation schien, doch fesselte das eigentliche Malen, soviel ich mich erinnere, meine Aufmerksamkeit nicht. Meine Vorstellung von schöner Kunst schloß für mich unweigerlich den Besitz eines großen Farbtopfes voll hellgrüner Farbe ein, aus dem der Pinsel triefend naß hervorgezogen wurde.«

Dem Auftragsbild ließ Northcote ein zweites, freientworfenes mit demselben Modell folgen, ein antikes Genrestückchen. Ein rotbrauner Satyr entfernt aus dem Fuß eines kleinen apollinischen Genius einen Dorn. Im Hintergrund schematisches Arkadien, Schafe. Northcote malt einen Genius mit Scheitel, eine Haarfrisur, über die kurz vorher noch mal die Hand der Mutter gestrichen hat. Darunter ein wehleidiges Gesichtchen. Dann kommt der Körper eines Ignudo der Sixtinischen Kapelle. Alles an diesem Bild ist falsch, ist billig berechnete Rezeptkunst. Und kein Sinn, der hier investiert wurde, sollte in diesem Leben Zukunft haben, weder der Klassizismus noch Michelangelo, der mythologische Mummenschanz nicht und auch nicht die hilfreiche Handlung niederer Geister, die den Sinnen Erleichterung schaffen. Weder das graziöse Air des Porträts noch die hausbackene Antike des zweiten Werks geben also ein »Vorbild«. Das 18. Jahrhundert – denn aus diesem Stoff sind diese Bilder gemacht – vermag nichts mehr über das 19., das so unvermittelt die zusammengerafften Künstlichkeiten durchschaut. Schon fiel den Kunstkritikern auf, daß die Dryaden oder Naiaden der zeitgenössischen Maler doch nur Aktbilder ergäben, aber es dauerte noch zwei Jahrzehnte, bis einer definitiv den Vorwand für überflüssig erklärte und dazu aufrief, sich konsequent den Akten, den Bäumen und den Himmeln zuzuwenden. Den Eltern freilich müssen diese Bilder gefallen haben. Denn nun durfte Northcote auch sie porträtieren.

Ruskins Eltern waren Kusinen ersten Grades. Er war in Schottland aufgewachsen, sie im Süden der Insel. Beider Herkunft konnte nicht gerade als glänzend und vielversprechend gelten: Der Vater von John James Ruskin betrieb einen kleinen Handel, Margaret Ruskins Familie führte ein Wirtshaus. Sie lernten sich kennen, als Margaret nach Edinburgh ging, um der Tante, der Mutter von John James, Stütze und Gesellschafterin zu sein. Die beiden Frauen schlossen sich in der Folgezeit eng aneinander an und hatten bald einen gemeinsamen Gegenstand der Sorge und Liebe: John James. Über John Thomas Ruskin, das Familienoberhaupt, hat sich der Dreierbund wenig Illusionen gemacht. In seinem starken Drang nach oben scheute er nicht vor waghalsigen, ja unreellen Unternehmungen zurück. Vom Krämer zum Kaufmann – dies Lebensziel ließ sich kurzzeitig erreichen, aber der Abschwung war nur mit Durchstechereien aufzuhalten. Als John Thomas Ruskin starb, nach zwei Jahren psychischer Störungen in einem depressiven Anfall Hand an sich legend, hinterließ er dem einzigen Sohn eine schwere Bürde: Schulden in Höhe von 5000 Pfund, vermutlich das Ergebnis von Unterschlagungen, und die lebenslange Furcht, zu werden wie der Vater, zu enden in einem Zustand aus Wahn und Verzweiflung, der in milder Form den Sohn schon früh heimgesucht hatte. Als 16jähriger war John James nach London gegangen; seine gute Schulausbildung hätte ihn vielleicht zu mehr berechtigt, als Kaufmannsgehilfe zu werden – er trägt ein Buch in der Hand, als er sich 1804 porträtieren läßt, und das war gewiß kein Hauptbuch –, aber für hochfahrende Pläne und lange Ausbildung war das Haus Ruskin nicht vorbereitet. Das Zeitgeschehen, Englands Isolierung durch Napoleon, erleichterte dem jungen Mann den Weg in die Welt nicht gerade. Wo der Außenhandel stagnierte, hatte er es schwer, auch nur eine untergeordnete Stellung in den Londoner Handelshäusern zu finden. Sieben

Jahre lang arbeitete er in einer Kolonialfirma für 100 Pfund im Jahr, sieben Tage in der Woche bis 8 Uhr abends, an zwei Tagen gar bis 11. Mit 23 hat er sich einen zentralen Posten in einem der großen Kontore erkämpft. Dann, nach neun Jahren ohne Ferien, erkrankt er schwer und wird monatelang von Mutter und Kusine gesundgepflegt. 1814 wechselt er zu einer kleinen Weinimportfirma und arbeitet als einziger aktiver Teilhaber dieses Unternehmens von nun an auf eigene Rechnung. Es wird die Arbeit seines Lebens, eine Arbeit vor allem als Handelsvertreter: »Ich habe jede Stadt in England aufgesucht«, resümiert er später, »die meisten in Schottland und einige in Irland, so lange, bis ich den Umsatz meiner Firma von 20 Faß auf 3000 gesteigert hatte«, womit Ruskin, Telford & Domeq an die Spitze der englischen Sherry-Importeure rückten. »Man muß schon eine unbezwingbare Willensstärke mit sich bringen, um das zu erreichen, wonach gleichzeitig hundert Mitbewerber trachten« – »Will & Power«, wie John James schreibt, das ist der doppelte Antrieb dieses Kaufmannslebens gewesen, nicht die Spekulation, das plötzliche Glück, der »Riecher«, all das, worauf sein Vater vermutlich gesetzt hatte. John James hat seinen Beruf wie ein Amt ausgeübt, als öffentlich zu verantwortende Tätigkeit und Pflicht mit festen Dienstzeiten, Aufgaben und Leistungen. Sein Sohn hat in seinen gesellschaftstheoretischen Schriften Arbeit und Beruf nie anders verstehen können.

Wie viele Selfmademen des 19. Jahrhunderts hat John James Verantwortung zuerst gegenüber der Familie getragen. Das Jahr 1808 sah den Bankrott des väterlichen Geschäfts und brachte John James in die Rolle des Familienoberhaupts und damit der verehrten Mutter noch näher. Das wird seinen Ernst und sein Verantwortungsgefühl enorm gesteigert haben, und es bedeutet keinen Widerspruch, wenn John James und Margaret sich 1809 verloben. Der Kusin heiratet in der Kusine das von der Mutter her Vertraute. »The half of myself«, hat die Mutter ihre Nichte genannt. Der Wechsel von der Kleinstadt Croydon nach Edinburgh hatte Margaret in eine klare Spur gesetzt. Nichts anderes war ihr von Haus aus vorgezeichnet worden als ein arbeitsames und frommes Leben in der Familie, aber in Edinburgh bekam dieser gewöhnliche Lebenszuschnitt eine unerwartete Prägung. Die schottische Kapitale, das Athen des Nordens, ließ auch eine einfache junge Frau mit geringer Schulbildung an dem enormen Umsatz an theologischen, philosophischen und naturwissenschaftlichen Spekulationen teilhaben, der sich im Kreis um Thomas Reid, Dugald Steward und Adam Smith vollzog. Das Erstaunliche dabei ist, daß das aufgeklärte Denken der schottischen Philosophen und die aktive Teilnahme der Bürger Edinburghs an dieser Bewegung in einem Klima religiöser Strenge und Intoleranz gedeihen konnten. Die Schottische Kirche, deren Mitglieder die Ruskins waren, hatte sich den calvinistischen Grundsätzen der Prädestination und der Verworfenheit der menschlichen Natur verpflichtet. Da blieb kein Raum für ästhetische Genüsse oder Freuden selbständiger Verstandesarbeit, zumal nicht in einer Zeit, da diese Kirche in einen kleinen Glaubenskrieg nach innen und nach außen verwickelt war. Obwohl die Eltern den Prinzipien der schottischen Orthodoxie immer treu blieben, auch in England, haben sie doch niemals verzichtet auf die Lektüre zeitgenössischer Schriftsteller (auch so verworfener Autoren wie Byron), auf den Verkehr mit Künstlern, auf ausgedehnte, teure Reisen, auf standesgemäßen Luxus. Wäre ihnen Religion nur Decorum oder Pflichtübung gewesen, hätten sich John James und Margaret, als sie nach London zogen, im weiten Spektrum der englischen Kirchen einen einfacheren und gesellschaftlich attraktiveren Glaubenshort suchen können als die Evangelikalen, die in England der Schottischen Nationalkirche am nächsten kamen: die hochkirchliche Partei z. B., die im 19. Jahrhundert das Bedürfnis vieler Aufsteiger nach Glanz und Salbung erfüllte, ohne strenge Forderungen an die Lebensführung zu erheben. Das ist ein Widerspruch, der sich nicht als individuelle Besonderheit wegerklären läßt. Die ausländischen Beobachter sahen solches Verhalten als Nationaleigenschaft und sprachen schlicht von der »englischen Heuchelei«: »Wir finden dort eine nahezu jüdische Starrheit des Festhaltens an der dogmatischen Überlieferung und daneben eine volkstümliche, längst in der kühnen praktischen Eigensucht der Nation großartig verkörperte Sittenlehre, die [...] im Grunde jederzeit alle moralischen Dinge an dem Maßstabe des Nutzens gemessen hat.« Den Grund für diesen Dualismus von »protestantischer Härte« und »englischem Weltsinn« suchte der eben zitierte Heinrich von Treitschke in dem Bedürfnis der Bürger nach Halt und Sinngebung inmitten des unberechenbaren Treibens, das sie selbst entfesselt hatten. Zumindest bei den Ruskins kam aber noch mehr dazu. Daß Ruskins Elternhaus hochreligiös war und sich doch nicht eng und konventionell gegen alles Neue in Kunst, Literatur und Wissenschaft sperrte, muß etwas mit der großen Anerkennung zu tun haben, die die Eltern den Geistesarbeitern zollten, was wiederum mit ihrer Situation als Aufsteiger zusammenhängt. Die Eltern hätten nur zu gerne ihre Verehrung einer verehrungswürdigen Oberschicht und Obrigkeit angetragen, aber da war in England ein absolutes Vakuum entstanden, und so folgten sie im Grunde dem schottischen Modell und hielten sich an die Leistungen derer, die auch ohne Rang und Namen sich nach vorne gearbeitet hatten.

Wie viele Bürger ihrer Zeit waren sie beeindruckt von dem Ruhm, den sich nach 1800 Schriftsteller, Maler, Wissenschaftler und Prediger erwerben konnten. Dem Vater wird 1814 nicht entgangen sein, daß an dem Tag, als Byrons »Korsar« herauskam, ganze Straßen der City verstopft waren und der Verleger Murray als Umsatz eines Tages 10 000 Exemplare vermelden konnte. Die Eltern müssen aber dieses Metier auch als besonders gefährlich und aufregend empfunden haben. Den eigenen Namen gedruckt zu sehen, sich der Kritik zu stellen, die gerade in Edinburgh zur hohen Kunst entwickelt wurde, in der Öffentlichkeit zu wirken – das waren Wagnisse, hinter die alle Umtriebe des Kaufmannslebens weit zurücktraten. Ihr Leben lang haben Ruskins Eltern das Erscheinen und die Aufnahme eines seiner Bücher mit Bangen begleitet, während der Autor selbst diesen Vorgang eher als Störung seiner Arbeit an neuen Projekten empfand.

In Edinburgh und später in Perth hat Margaret jedenfalls viel gelesen, die Bibel mit der Tante zusammen und manch anderes religiöses und philosophisches Schrifttum, auch schöne Literatur. Dem Sohn hat sie bisweilen merkwürdige Traktate ins Reisegepäck gesteckt, die ihre Vorliebe für eine gewisse halbphilosophische Erbauungsliteratur andeuten. Sich zu bilden und bereitzuhalten für den Verlobten, der Tante vor allem in schwieriger Zeit durchzuhelfen, das war der Inhalt der langen schottischen Jahre. Margaret hat wohl selten in ihrem Leben etwas für sich gewollt, aber daß diese Zeit der Erwartung nach ihren Vorstellungen enden müßte mit der Heirat, mit der gemeinsamen Selbständigkeit, darauf hat sie fest vertraut, dafür hat sie wohl auch mit ihren bescheidenen Mitteln gekämpft, gegen den Widerstand von Onkel und Tante, die für den einzigen Sohn eine attraktivere Partie geplant hatten als die arme Nichte aus Croydon (ein Vorgang, der sich eine Generation später wiederholen sollte). Ob bei der langen Verlobungszeit von 1809 bis 1818 Unschlüssigkeit von seiten John James' eine Rolle spielte, wissen wir nicht. Was Ruskin in einem für die Autobiographie »Präterita« nicht verwendeten Stück dazu sagt: »Wenn da Liebe auf beiden Seiten gewesen wäre, hätte es diese [lange] Verlobung nicht gegeben; sie wäre nach der Denkungsart meines Vaters töricht und falsch gewesen«, braucht nicht für endgültig genommen zu werden. Der Sohn hat immer die Mutter für die Liebende gehalten und den Vater so beurteilt, wie dieser ihm begegnete: vernünftig und bestimmend. Die Briefe, die aus der Zeit nach Ruskins Geburt erhalten sind, stützen diese Annahme nicht, ja lassen sogar den umgekehrten Schluß zu. Wir müssen das lange Verlöbnis, das unverständlich ist wie viele familiäre Verhaltensweisen dieser beiden Menschen und ihres Sohns, so erklären, daß da gutbürgerlich Verzicht geleistet wurde, still und einsichtig, zugunsten der Karriere in London und der immer stärker der Pflege bedürftigen Eltern in Edinburgh bzw. Perth. Wie die Geschichte dieser Dulder jedoch ausgegangen wäre, wenn nicht eine Art Kraftakt der Familiengeschichte neue Bedingungen geschaffen hätte, wissen wir nicht. 1817 sterben alle noch existierenden Elternteile, Margarets Mutter und John James' Vater und Mutter. Im Februar 1818 heiraten die beiden, ziehen nach London, und ein Jahr später, am 8. Februar 1819 wird ihr einziger Sohn, John Ruskin, in ihrem neuen Heim in der Hunter Street 54 geboren. Zu diesem Zeitpunkt waren Margaret 38, John James 33 Jahre alt. Nimmt man die Vorgeschichte dieser Ehe und die Tatsache der glücklichen Geburt in so hohem Alter der Mutter zusammen, so wird manch überzogene Reaktion späterer Jahre in milderem Lichte erscheinen. Zumal für Margaret war dieser Sohn die kaum mehr zu erwartende Bestätigung und Erfüllung jahrzehntelangen Hoffens. Dieses große Lebensereignis hat sie nach dem Muster der Bibel für sich ausgelegt, als eine zweite Hanna (vgl. 1 Sam. 1) sah sie sich, deren langer Wunsch nach einem Kind von Gott erhört wurde und die ihr Kind darauf Gott weihte: »Um diesen Knaben bat ich. Nun hat der Herr meiner Bitte gegeben, die ich von ihm bat. Darum gebe ich ihn dem Herrn wieder sein Leben lang, weil er vom Herrn erbeten ist.« Das Gelübde der Hanna/Margaret hat sich nicht erfüllen lassen. Ein Priester ist Ruskin nicht geworden, aber als ein Prophet wie Samuel, der Sohn Hannas, ist er schließlich geendet. Nicht sehr zur Freude seiner Mutter, die das noch miterlebte.

2

Das Jahr 1819 galt schon immer als ein Schicksalsjahr der englischen Geschichte. Damals kam das Vereinigte Königreich so nah an den revolutionären Umsturz wie nur noch einmal 1848. »Peterloo« ist das Stichwort für den politischen Kampf dieser Tage. Auf dem Petersfeld bei Manchester wurde damals eine Versammlung der Arbeiter, die für die Abschaffung der Kornzölle und für eine grundlegende Parlamentsreform demonstrierten, von Militär und Polizei brutal aufgelöst. Elf Tote und 400 Verletzte blieben auf dem Feld zurück. Shelley hat in seinem Sonett »England im Jahr 1819« »Peterloo« zum moralischen Waterloo der korrupten und reformunfähigen Adelsklasse erklärt:

Ein König, alt, toll, blind, dem Tod verfallen;
Prinzen, die Hefe ihres trägen Stamms,
Des Volkes Hohn, dreckiger Abhub dreckigen Schlamms;
Regenten, fühllos, taub den Klagen allen,

Blutegel an dem Land, das nah dem Tode schmachtet,
Bis, blutsatt, ohne Schlag sie niederfallen;
Ein Volk, darbend auf brachem Feld geschlachtet;
Ein Heer, durch Freiheitsmord und Raubgier allen

Ein doppelschneidges Schwert, die des Gesetzes Trug
In Gold und Blut zu münzen stets bereit;
Der Glauben gottlos, ein versiegelt Buch;
Ein Volksrat, morschestes Gesetz der Zeit:

Das sind die Gräber, draus ein glanzvoll Phantom mag
Erstehen noch, ein Licht in unserm Sturmestag.

Wie diese letzten Zeilen zu verstehen sind, vor allem die Formulierung »glorious Phantom«, darüber ist gestritten worden. Die Biographen von Queen Victoria und John Ruskin (beide sind Jahrgang 1819) versagen es sich an dieser Stelle, eine positive Prophetie für ihre(n) Helden(in) zu beanspruchen. Es war weder ein Irrlicht, noch ein Leuchtfeuer, das aus den Gräbern von 1819 aufstieg, kein »glorious Phantom«, sondern eher ein normales Streulicht. »Peterloo« bedeutete das Waterloo der Arbeiter und revolutionär gesinnten Bürger als politischer Macht. 1819 ist auf dem Kontinent das Jahr der Karlsbader Beschlüsse, der Beginn der Restaurationszeit. Für die englischen Verhältnisse muß aber hinzugesagt werden: Das Jahr 1819 sieht auch das erste Reformgesetz, die Beschränkung der Kinderarbeitszeit und das Verbot der Beschäftigung von Kindern unter neun Jahren. Bis 1846/47 (Aufhebung der Kornzölle, Einführung des Zehnstundentags) dauert diese Zeit der Reformen, der kleinen, bitter nötigen, aber schließlich mit politischen Mitteln, nicht mit Gewalt und Gegengewalt durchgesetzten Rechte und Besserungen. Die Klasse, in die John Ruskin hineingeboren wurde, das englische Bürgertum, beurteilte während der Jahre, da er aufwuchs, ihre Obrigkeit nicht viel anders, als es Shelley getan hatte, und sie hielt doch an der Institution von Königtum und Aristokratie unverbrüchlich fest; faktisch war sie von den Regierungsfunktionen bis 1832 (1. Wahlrechtsreform) ausgeschlossen, und doch mochten die permanente Reformdiskussion und deren Erfolge den Eindruck erwecken, es würde auch ihre Sache verhandelt; entscheidend aber wirkte sich auf ihr Verhalten in diesen Jahren aus, daß ihren ureigenen Aktivitäten in Handel, Güterproduktion und Geistesleben kaum Grenzen gesetzt waren. Daß es für ihn »ein Werk zu tun gab in England«, das hatte auch John

James erkannt und tatkräftig angegangen; seine Erfolgsgeschichte und die vieler anderer neben ihm haben seine Vorstellung gefestigt, daß man bei aller Reverenz vor der Oberschicht deren Verständnis und Praxis von Politik nicht zu teilen brauchte. Politik als Partei- und Regierungspolitik, als Außenpolitik, überließ man solange der kleinen Führungsschicht, als man seine Belange, die eigentlichen Belange, wie man fand, positiv gestalten konnte. Das Kind des Jahres 1819, das sich der Politik spät zuwandte, blieb in dieser Hinsicht ein Kind seiner Klasse. Ruskins Ausflüge in die Tagespolitik wirkten so stümperhaft und sein Desinteresse am Parteienstreit so entwaffnend, weil er immer daran festhielt, daß nur Elementares wie das durch Arbeit und Glauben geregelte Verhältnis des Menschen zum Menschen und des Menschen zur Natur das Attribut politisch und den ganzen Einsatz des Politikers verdiente. Der folgende Kommentar des Vaters zur Vermählung Viktorias mit Prinz Albert, der sich so widersprüchlich liest, gibt das schlüssige Programm des englischen Bürgertums wieder (und darin blieb der Sohn der Sohn seines Vaters): »Wir sind Leute, die König und Königin lieben, aber sie müssen ihre Würde und die Würde der oberen Klassen um sie herum wahren – sonst könnten wir müde werden, für ihren Pomp zu zahlen. Die Königin ist ein törichtes Kind und anscheinend ohne Charakter. Ich wünschte, aus dem Jungen [Prinz Albert] möchte etwas Besseres werden. Armselige Aussichten für das Land. Wir müssen uns an unsere häuslichen Kreise halten und uns um unsere Nachbarn kümmern und die Politik Politik sein lassen. Ich komme sehr gut mit jeder Art von Königin aus; ich werde keine Revolution anzetteln oder irgendwie die Regierung belästigen.«

1819 galt es erst einmal, den »häuslichen Kreis« einzurichten, und da hat man nicht den Eindruck, daß die Ruskins durch die neuerworbene Selbständigkeit und Gemeinsamkeit überfordert waren. Ihr erstes Haus, ein vierstöckiges, schmales Reihenhaus, diente ihnen nur vier Jahre als Wohnstätte, dann zogen sie in den Süden Londons, nach Herne Hill, in eine Villa, die inmitten eines großen Gartens lag, in einer Gegend, die von der Metropole noch nicht eingeholt war. Dort blieben sie 19 Jahre wohnen, bis sie 1842 in die nahe Nachbarschaft, nach

Denmark Hill, und in eine noch größere Villa in einem noch größeren Garten zogen. In diesem Haus sind John James und Margaret viele Jahre später gestorben. Im Süden der großen Stadt, hoch über ihren Niederungen, begann für die Familie ein Leben, das sie niemals aufgeben mußte, das sie nicht grundlegend änderte und das der Sohn später getreu kopiert hat. Die Hauptbestandteile waren: Entfernung von Lärm und Dreck der Stadt, Hügellage mit weitem Blick, viel Grün in Garten und Umgebung, ein Anwesen, das zur Versorgung und Beschäftigung der kleinen Familie und einer größeren Dienerschar geeignet war. Die Ruskins hatten keinen bäuerlichen Hintergrund, aber mit großer Selbstverständlichkeit haben sie auf Selbstversorgung gesetzt: Da gab es Milchvieh, Gemüse und viel Obst, die Mutter kümmerte sich um die Blumen und Zierpflanzen, und der jeweilige Obergärtner hatte in diesem Haushalt eine zentrale Stellung. Wenn der Sohn später etwas in der Gesellschaft ausrichten wollte, schickte er meist den Gärtner vor. Bei der Errichtung einer solchen Villegiatur spielte die Nachahmung adligen Lebensstils eine viel geringere Rolle als das Ideal der Autarkie. Die 20er Jahre sind die Zeit, da William Cobbetts populäre Traktate über Selbstversorgung erschienen; sie waren zwar an ein anderes und weniger reiches Publikum gerichtet, aber den Grundtenor hätten sich auch die Ruskins zu eigen gemacht. Cobbett predigte: Gebt nicht eure natürlichen Subsistenzmittel auf, vertraut nicht der Monetarisierung der Arbeits- und Tauschbeziehungen, widersteht der Zerstörung von Natur und Brauchtum. Cobbett war – zuzeiten – ein radikaler Tory – und nichts anderes darf für John James und für seinen Sohn gelten, der schließlich an den Anfang seiner Lebenserinnerungen den Satz stellte: »Ich war, wie mein Vater es vor mir gewesen, ein eifriger Tory von der alten Schule – ich meine von der Schule Walter Scotts und Homers.« Das Programm des radikalen Torys, der heute Wertkonservativer heißen würde, hat damals ein anderer Autor auf die kürzeste Formel gebracht, William Blake in seinem berühmten Gedicht »Das Neue Jerusalem«, das endet:

I will not cease from mental fight,
Nor shall my sword sleep in my hand,

Till we have built Jerusalem
In England's green and pleasant land.

Ich laß nicht ab vom Geistesstreit,
Nicht schlaf das Schwert in meiner Hand,
Bis wir Jerusalem erbaut
Auf Englands grünem holdem Land.

Cobbett war der Mann, der diesen Kampf geführt hat, als Ruskin jung war: ein Radikaler, der Garten- und Kochbücher verfaßte, der ganz England auf dem Pferderücken bereist hatte, ein großer Naturfreund, ein Politiker, der von der Position des Gartens England aus gekämpft hat – wirklich gekämpft hat.

Als radikalem Tory gingen John James gutes, naturnahes Leben und Abwehr des Fortschritts zusammen. Er betrieb zwar eine florierende Firma in der Londoner City, aber er gehörte nicht demjenigen Teil der Bourgeoisie an, der auf Neuerungen setzte. Als Kaufmann alten Schlages, der den Kontakt zu den Kunden persönlich pflegte und immer nur die beste und reinste Ware anbot, war er eine Gestalt der Stabilität, nicht des Fortschritts. Das Symbol der neuen Zeit, die Eisenbahn, hat er nie gemocht: »these railroads are the most thorough nuisances that ever a country was infested with«; er haßte den Wandel, den die Eisenbahnen durch das Anleihen- und Aktiensystem in das Geschäftsleben brachten, und die radikalen Veränderungen Englands und der Engländer, die er bei seinen jährlichen Reisen beobachten mußte, haben ihn mit Trauer und Hoffnungslosigkeit erfüllt. Es bereitete ihm Genugtuung, daß er einen Sohn hatte, der die Sorgen, die der Vater wohl nicht einmal im Kreis der Kunden und Kollegen äußern durfte, herausschrie, so laut wie kein anderer in seiner Zeit. Es machte ihn ängstlich und entfremdete ihn dem Sohn, daß dieser dann weiterging und die Eisenbahn, die Maschinen, das neue Finanzgebaren nur als Symptome eines noch tiefergehenden Übels las, dessen Remedur auch des Vaters Ökonomie mitbetroffen hätte. Denn was dachte John James eigentlich, wie ein Aufschwung aus dem Nichts zum größten Sherryhändler Englands möglich gewesen wäre ohne den neuen

Reichtum, ohne die Verbesserung der Kommunikations- und Transportmittel? So ist die Autarkie auf Herne Hill (später Denmark Hill), um zu ihr zurückzukehren, weniger als Refeudalisierung des gesellschaftlich und geschäftlich erfolgreichen Kaufmanns, sondern als handfestes Symbol bürgerlicher Ängstlichkeit und Abwehrhaltung zu deuten. Und zwar einer Abwehrhaltung nach allen Seiten: als Schutz vor dem Umsturz von unten, wie ihn das Jahr 1819 zuletzt hatte möglich erscheinen lassen, als Sicherheitspfand für den Fall, daß die unfähige Politik der Oberschicht zum plötzlichen Ruin alles Handels und Wandels führte, als Mauer aber auch gegen die zerstörerischen Tendenzen der Zeit, soweit sie durch die eigene Klasse verursacht wurden.

Die Autarkie auf den Hügeln über London beschränkte sich im übrigen nicht nur auf eigene Milch und Äpfel; da war nun eine kleine Familie entstanden, die auch an sich selbst ihr Genügen fand und sich langsam nach einer Figur zu ordnen begann, die ein Zentrum hatte. Die Eltern hatten zunächst ihre eigenen Sorgen. Die Mutter blieb nach der Geburt jahrelang kränkelnd; der Vater war nach der schweren Krankheit des Jahres 1813 immer rückfällig, er fürchtete die oft monatelangen Reisen, die ihn Hitze, Kälte, Regen und Staub, der Indolenz der Kellner und Kutscher, dem dummen Geschwätz der Kunden aussetzten. Lange, traurige Briefe, kaum lesbare Monologe des Überdrusses schreibt er des Nachts in den Hotelzimmern an Margaret, oft täglich. Ihre Kenntnis ist wichtig, weil sie das Bild des zähen, morosen und rechthaberischen Alten korrigieren, das die Literatur lange gepflegt hat. Da schreibt ein zutiefst unsicherer Mann, einer, den ein starker Drang nach Selbstmitteilung und -anklage umtreibt: »Ich bin mir meines extremen Egoismus bewußt, und ich beklage das, aber ich ändere nichts. Mein ganzes Leben habe ich nur mich selbst studiert.« – »Ich habe eine Art inneren Schulmeister in mir, der seinen Schüler verachtet, der ihn weder anleitet noch vorwärtspeitscht, der anstachelt, schmeichelt und tadelt, aber alles vergeblich. Ich fühle, daß ich schrumpfe, in mich zusammenfahre, aber nach zwei Stunden bin ich schon wieder das bekannte, gefühllose Monster, und mein Gerippe zeigt eine erstaunlich dicke Außenhaut aus Lehm – der Geist will dadurch scheinen wie durch eine Laterne aus Horn, aber das Ergebnis ist totale Finsternis. Es gibt welche, die sind aus feiner Porzellanerde gemacht und sind edel und durchscheinend – ich aber bestehe zur Gänze aus Schlamm und kann keine erträgliche und anständige Form annehmen. Tatsächlich kann ich mir keine Form geben, die auch nur für einen Tag Bestand hätte.« Erstaunliche Bekenntnisse aus der Feder des erfolgreichsten Sherryhändlers Englands. Die beiden Motoren »Will & Power« sind ausgeschaltet; der Zweifel greift an, was wir dem Bürger jener Zeit automatisch unterstellen: Identität, Selbstgewißheit, *standing*. Doch muß man auch sehen, daß Selbstkritik dieser Art eine Pflichtübung, also Konvention sein kann. Keine Glaubenstatsache saß dem schottischen Presbyterianer tiefer als seine Nichtigkeit und Verworfenheit, und die Schottische Kirche kannte noch im 19. Jahrhundert die Praxis der Selbstbezichtigung vor der Gemeinde. Der Sohn hatte die gleichen Anwandlungen wie der Vater, ja manche spätere Selbstanalyse klingt wie eine Variation auf ein vorgegebenes Thema: »Ich war wie ein bloßes Stück Töpferton«, schreibt der Autor der »Präterita« über seinen 23jährigen Vorgänger, »wie Ton von sehr feiner Substanz – ich konnte nicht nur zu jeder Gestalt ausgeformt werden, ich konnte auch den Abdruck jeder Sache aufnehmen, und das mit großer Präzision.« Vater und Sohn beklagen beide, daß der Stoff, aus dem sie gemacht sind, keine selbständige Form, sprich Identität annehmen will. Während der Vater jedoch die Formgebung von sich erwartet (»ich kann mir keine Form geben«) und an seinem Unvermögen verzweifelt, weiß der Sohn seiner Proteus-Natur wenigstens ein Positives abzugewinnen: Er kann Eindrücke von außen aufnehmen und mit Genauigkeit reproduzieren. Damit ist schon angesprochen, was den Sohn vom Vater und John Ruskin von der Mehrzahl der Zeitgenossen unterscheidet: Das Heil sah er nicht im erfolgreich gerundeten Ich noch im Überich des Jenseitigen, es gab für ihn eine dritte Instanz, die den Anspruch auf Wahrnehmung und genaue Aneignung erhob – »anything« heißt sie in diesem Zitat, die Welt der Dinge ist es, die Realität. Die Verwirklichung der Wirklichkeit rangiert vor der Selbstverwirklichung. Und da ist noch eine bemerkenswerte Differenz hervorzuheben, wenn man diese beiden Zitate nebeneinanderstellt. Der Vater breitet sein Innenleben nur einer einzigen Vertrauensperson aus; der Sohn allen, die davon hören und lesen wollen. Während der Vater aus den zyklisch wiederkehrenden Jammertälern den Ausweg fand, daß er wieder in seine Rolle als hartgesottener Kaufmann schlüpfte, machte der Sohn aus Selbstzweifel und Introspektion ein öffentliches Geschäft, ohne die Entlastung finden zu können, die der Vater hatte, wenn er sich vorrechnete, daß er mit Frau, Kind und glänzender Ökonomie doch nicht ganz verworfen sein könnte.

Obwohl der umfangreiche Briefwechsel der Eltern aus Ruskins Nachlaß auf uns gekommen ist, können wir nicht mit Sicherheit sagen, wann und ob er sich je Einsicht in die privaten Dokumente der Eltern verschafft hat. Wenn vieles hier präfiguriert, was sein Leben und Werk ausmacht, dann braucht man weder Einfluß und Nachfolge, noch gleich Vererbung anzunehmen. Es war einfach so, daß der Sohn, bis zu ihrem Tode bei den Eltern lebend, alles »mitbekam«, was das Spezielle und das Allgemeine dieser Beziehung ausmachte: das Umsorgen, das Ernstnehmen der Stimmungen und Krankheiten, die forcierte Liebeszuwendung, die aus der Geringschätzung des eigenen Ich kommt, die Antizipation der Wünsche des anderen, die Summe der Empfindlichkeiten – all das, was treibhausmäßig das Innenleben fördert und wichtig erscheinen läßt. Aber sagen wir auch noch einmal, daß hinter den Sorgen zumal um das Kind ernste Nöte standen. Bei einer jährlichen Sterblichkeit von ca. 25 von 1000 (Lebenserwartung 40 Jahre) und einer Säuglingssterblichkeit von über 160 von 1000 im ersten Lebensjahr »war die normale viktorianische Familie mit dem Tode so intim vertraut, wie wir es heute kaum mehr kennen. Um zwei überlebende Kinder zu haben, mußte ein Ehepaar auf fünf bis sechs Geburten kommen.« Wem es in der Familienkorrespondenz der Ruskins zu zimperlich und kopfhängerisch zugeht, der sollte aufmerksamer die zahllosen Briefstellen zur Kenntnis nehmen, die von Todesfällen in Verwandtschaft und Freundeskreis melden. Um nur ein Beispiel zu nennen: Jessie, die Schwester von John James, hatte zehn Kinder, von denen sie sechs zu ihren Lebzeiten verlor. Das verhältnismäßige Glück der Eltern Ruskin, daß der einzige Sohn sie überlebte, wurde fast notwendig durch *overcare* erkauft.

3

Ruskin hat über seine Eltern, seine Kindheit und Erziehung sehr unterschiedlich geurteilt. »Niemals haben zärtliche, gute Eltern im Glauben, richtig zu handeln, mehr an ihrem Kind gesündigt als die meinen.« – »Ich denke, in all den bisher geschilderten Einzelheiten waren die Behandlung, die ich als Kind erfuhr, und die allgemeinen Verhältnisse, unter denen ich meine Kindheit verlebte, für ein Kind von meinem Temperament gerade die richtigen.« Der Widerspruch, der zwischen diesen und vielen ähnlichen Äußerungen klafft, ist konstitutiv für die Sicht der Viktorianer schlechthin. Der Erwachsene, der als Kind hart gezüchtigt und zugleich vergöttert wurde, der selbst das Kind als Engel und als Sinneswesen mit gefährlichen Neigungen begriff, konnte gar nicht anders handeln und urteilen als widersprüchlich. Das 19. Jahrhundert hat soziogenetisch große Fortschritte gebracht. Zu Recht sagt man, Kindheit sei eine Erfindung des viktorianischen Zeitalters. Zugleich sind die größten Verbrechen an den Kindern dieser Epoche begangen worden. Daß jede Kulturleistung ihr Pendant in einer Barbarei hat, findet man hier bestätigt, aber auch, daß solch ein Widerspruch die positiven Errungenschaften nicht unbeeinflußt läßt. Gerade für das Familienleben der Mittelklasse gilt, »daß Kinder im gleichen Maße begünstigt wurden, wie sie unterdrückt wurden. Unter Königin Viktorias Herrschaft wurde der Weihnachtsbaum in England eingeführt, wurde billiges Spielzeug für den Massenkonsum produziert, erreichte der Handel mit Kinderbüchern ein ungeahntes Ausmaß, was Quantität und Qualität anbelangt. Zur gleichen Zeit wurde die frühe Trennung der Kinder von ihren Eltern Sitte, auch und gerade in Häusern der Mittelschicht – d. h. Ammen und Kindermädchen übernahmen die Sorge für das kleine Kind, und das Kind, für das neue Spiele und Zeitvertreibe erfunden wurden, machte oft Bekanntschaft mit dem Stock, mit dem Ledergürtel oder mit der Reitpeitsche.« Während

John James noch nicht unter dem Modediktat des Jahrhunderts steht, das aus jeder Kindheit poetische Funken schlagen hieß, sondern bündig erklärte: »Ich habe keine einzige erfreuliche Erinnerung an meine Kindheit oder an meine Jugend, die mir aufhelfen könnte«, nennt der Sohn die kleine Landschaft seiner Kindheit einen Garten Eden, ein Paradies freilich, in dem sehr viel strengere Gesetze herrschten als im ersten: Das Kind durfte *keine* der Früchte anfassen, die da so üppig wuchsen. Auf eine kürzere Formel kann man viktorianische Kindheit der Mittelschicht nicht bringen.

John Ruskin hat seinen Eltern nicht vorgeworfen, daß sie ihn geschlagen haben oder ihn auf die üblich brutale Weise erfahren ließen, daß der Kessel heiß ist und Türen Finger quetschen. Kaum ein Viktorianer hat den Wert der Strafe und des Austreibens früher Lüste in Frage gestellt. Kern seiner Kritik ist der Vorwurf, daß die Eltern ihn zum Gegenstand einer Pädagogik künstlicher Armut gemacht haben, aus Fürsorge und aus puritanischen Beweggründen. »Der Hauptgrundsatz meiner Mutter in bezug auf meine Erziehung war, mit unausgesetzter Wachsamkeit alles Gefährliche aus dem Wege zu räumen und mich im übrigen meinen eigenen Vergnügungen zu überlassen, vorausgesetzt, daß ich niemand damit störte. Ich durfte deshalb im Anfang auch kein Spielzeug irgendwelcher Art haben.« Puppen, die ihm eine mitleidvolle Tante schenkte, seien sofort wieder entfernt worden, ein Schlüsselbund, ein Wagen und ein Ball seien jahrelang seine einzigen Spielsachen gewesen. Naschereien, Tiere, Spielgefährten, körperlich fordernde Spiele, die normalen Freuden der Kindheit habe es für ihn nicht gegeben, erinnert sich Ruskin. Die Folgen dieses eingezogenen Aufwachsens erachtet er für gravierend: Er hatte »nichts zu lieben«, »nie etwas zu leiden«, »nichts zu entscheiden«. »Ich hatte keine Gefährten, mit welchen ich Rede und Gegenrede hätte pflegen können, niemand, dem ich bei einer Arbeit hätte helfen, niemand, dem ich für etwas hätte danken können.« »Gefahr und Schmerzen irgendwelcher Art kannte ich nicht: meine Stärke wurde nie geübt, meine Geduld nie auf die Probe gestellt, mein Mut durch keine Gefahr gestählt.« – »Mein Urteil über das, ›was zu ergreifen ist und was zu fliehen‹, und die Fähigkeit, aus eigenem freien

Entschluß zu handeln, waren bei meiner Erziehung ganz unentwickelt geblieben, da mir der Zaum und die Scheuklappen niemals abgenommen worden waren.« Der dies schreibt, ist ein alter Mann, der sich selbst nicht mochte und dem im Leben vieles schiefgegangen war – nicht unbedingt der verläßlichste Gewährsmann. Die neuere Ruskinforschung hat dann auch erwiesen, daß der Wahrheitsgehalt seiner Lebenserinnerungen auf Faktenebene mehr als zu wünschen übrigläßt. Schon eine aufmerksame Lektüre von »Präterita« ergibt, daß einiges nicht stimmt in dem Bild eines kleinen Robinson, der auf seiner grünen Insel allein ist, aber nichts tun darf. Simple Tatsachen: Der Hund, der ihn auf Northcotes Bild anspringt, ist keine Zutat, immer waren da Hunde im Haushalt der Eltern, und einer hat ihn einmal in die Oberlippe gebissen, so daß da lebenslang Spuren blieben; Ruskin wuchs nicht als Kind unter lauter Erwachsenen auf, es gab die Kinder der Dienerschaft und Verwandten, und aus familiärer Fürsorge oder aus pädagogischen Gründen hatten die Eltern eine kleinc Verwandte, das Mädchen Mary ins Haus genommen, das wie eine Tochter behandelt wurde; es ist schwierig und müßig, die Ausstattung von Ruskins Kinderzimmer rekonstruieren zu wollen, aber die Ausgabenbücher des Vaters belegen, daß man dem Kind eher zuwenig, als zuviel abgeschlagen hat. Und was sagt man zu diesem brieflichen Bericht der Mutter über Johns dritten Geburtstag: »John hat noch nie einen solchen Geburtstag gehabt. Du weißt, wie sehr Bridget ihn liebt. Sie ordnete sogar ein Ende des Reinemachens an, damit auch die Dienstleute ihre Freude hatten. Und jedes der Kinder brachte ihm ein Geschenk. Er selbst war besonders fröhlich an diesem Tag, und am Abend bereitete er mir eine größere Freude als je zuvor. Er hatte gehört, wie ich zu seiner Tante von dem Sturm sprach, in dem Du gewesen bist – Du weißt, wie er lauscht. Ich mußte ihm dann alles wiederholen, und sein kleines Herz regte sich und er sagte: ›Ich will meinen Papa zurück aus dem Wind und Regen haben.‹ Ich sagte ihm, Du wärest nun aus dem Sturm heraus, und er wurde wieder froh – kein weiteres Wort fiel darüber, aber abends, als er seine Gebete sprach, sagte er auf einmal, ganz von sich aus: ›Bitte, lieber Gott, bringe meinen Papa nach Haus aus Wind und Regen!‹ [...] Ist er nicht ein liebes

Lamm?« Dieser und viele andere Belege erhellen, daß die im Hause Ruskin praktizierte Pädagogik ein glänzendes Beispiel für jene Bewußtseinsänderung darstellt, die Lloyd de Mause Psychogenese genannt hat, nämlich die zunehmende Sensibilisierung der Eltern und Erwachsenen für die Eigenarten und das Eigenrecht der Kinder. Daß die Kleinen die Handlungen der Großen abpassen, das war und ist Brauch seit Menschengedenken, aber umgekehrt, daß die Großen etwas auf die Regungen der Kleinen geben, das entsteht erst langsam und nur unter bestimmten Voraussetzungen. Die bürgerliche Kernfamilie, die man als erste Bedingung nennt, war in diesem Fall besonders rein ausgebildet; da verwundert es nicht, wenn wir 1820 vieles finden, was Regel erst in unseren Tagen wurde: den Kindergeburtstag, der den häuslichen Betrieb ganz absorbiert, die Registrierung kindlicher Äußerungen, die bald auch auf andere Formen der Mitteilung übergreift und zu einem regelrechten Dokumentationsbetrieb wird: Dank der Sammeltätigkeit der Eltern haben wir nicht nur zahlreiche Kinderzeichnungen Ruskins, sondern besitzen auch noch viele Briefe aus Kindheitstagen und natürlich die Juvenilia, die Dichtungen, die das Kind seit dem siebten Jahr wie unter Zwang absetzt und die gedruckt einen dicken Band füllen würden; weiterhin ist zu verweisen auf die Inszenierung kindgerechter Freuden: die Überraschung, den Ausflug, den Verwandtenbesuch, die Reise zu dritt oder zu viert (die Nanny, die schon die Kinderfrau des Vaters gewesen war, war meist mit von der Partie). Nein, Ruskins Kindheit war nicht so reizarm, wie er sie erinnert, und von Lieblosigkeit und puritanischer Strenge kann kaum die Rede sein. Zwar war die Mutter zu alt, um mit dem Kind eine Zeitlang in körperwarmer Beziehung zusammenzubleiben, aber eine Art Regression und Parallelentwicklung des elterlichen Lebens mit dem Kinde fand auch hier statt, ernst und pädagogisch, wie es diesen beiden Menschen nur gegeben war. Viel vorgelesen hat der Vater. Mit dem Sohn haben die Eltern die englische Literatur und die Fachschriftstellerei durchgenommen, der Sohn saß dabei in einer Nische des Wohnzimmers »Abend für Abend wie ein kleiner Götze« (!), und als das Kind Interesse für Bilder zeigte, wurden Tafelwerke angeschafft und bald originale Kunstwerke, ähnlich ging es mit den erwachenden Neigungen für naturgeschichtliche Gegenstände – die Eltern haben nicht nur still besorgt, wonach der kindlichen Neugierde verlangte, sie sind in gewisser Weise mit diesem gewaltigen Apperzipierer in die Schule gegangen, in ihre eigene, immer neu einzurichtende und oft randvoll gefüllte Schule.

Nun braucht das Auseinandertreten von Erinnerung und Kindheitswirklichkeit nicht unbedingt zu bedeuten, daß die späte Sinn- und Schuldzuweisung notwendig falsch sein muß. Kann einer nicht in den Fakten unrecht, in der Tendenz aber recht haben? Die Eltern boten ihrem Kind das beste Modell der Erziehung, das damals zu haben war: eine häusliche Pädagogik adligen Zuschnitts, aber streng durchwirkt von bürgerlichen Werten wie Religiosität, Wissenserwerb und Kunstgenuß. An Material und Anreizen, an Gesellschaft und Erlebnis fehlte es dem Kind gewiß nicht, aber – und hier trifft die ungerechtfertigte Kritik das Richtige – alles, was ihm an Welt begegnete, war ausgewählt, zugelassen und abgezirkelt. Erwachsen und immer noch umsorgt von den Eltern hat Ruskin eine Pädagogik gegen die am eigenen Leib erfahrene und gegen die Anfänge staatlicher Erziehung entwickelt. Berühmt geworden ist das Kapitel »Die zwei Kindheiten« des fünften Bandes der »Modern Painters« (1860), in dem er die Anfänge Giorgiones in Venedig und die Turners in London gegenübergestellt und in dem er im Geheimen sagt, was seiner Kindheit fehlte:

»Geboren wurde er zwischen Berg und Meer: der junge Georg von Castelfranco. Den tollkühnen Georg nannten sie ihn, den Georg der George, solch ein prachtvoller, kleiner Bursche war er – Giorgione. Hast du dir denn jemals ausgemalt, auf welch eine Welt seine Augen fielen, die hellen, prüfenden Augen der Jugend? Auf welch eine Welt voll mächtig bewegten, großzügigen Lebens, als er hineintrat in die marmorne Stadt, zu der solch stolze und innige Liebe ihn bewegte.

Sagte ich eine marmorne Stadt? Ich hatte unrecht: sie war vielmehr aus Gold, mit Smaragd gepflastert. Denn alle die Türmchen und Kuppeln glänzten und schimmerten wirklich hell, mit Gold überzogen und mit Jaspis verziert. [. . .] Wahrhaftig, ein wunderbares Stück der Welt. Eigentlich fast eine Welt für sich. Es lag da im Angesicht des Meeres, und den Schiffern erschien es des Abends nicht größer als ein goldiger Streifen der Abendröte, der nicht verschwand. Aber was seine Macht, seinen Ruf betraf, da war es ihnen ein gewaltiger Planet, dessen östliches Ende soeben erschien, während sie dahinflogen im Himmelsraume, von den Fesseln der Schwere befreit, frei durch den ewigen Äther. [...] Auf diesen Gefilden wuchs weder Blume, Dorn noch Distel. Traumhaft verschwammen am fernsten Horizont die mächtigen Gipfel der Berge: blaue Gebilde paduanischer Hügel erschienen im goldenen Westen, und darüber in göttlicher Freiheit die ziehenden Wolken, die wehenden Winde. Frische vom Norden und balsamische Lüfte vom Süden, und die Sterne des Abends und des Morgens, klar in der leuchtenden Helle des Himmelsgewölbes und dem Gürtel des Meeres. Das war die Schule Giorgiones, das war auch die Heimat von Tizian.

Nahe der südwestlichen Ecke von Covent Garden steht ein viereckiger enger Häuserblock, dessen hintere Fenster nur wenig von den Strahlen der Sonne erhaschen. Den Eingang erlangt man von Maiden Lane durch einen langen Torweg und eine eiserne Tür; wenn deine Augen sich an die dort herrschende Dunkelheit gewöhnt haben, wirst du zur linken Hand eine enge Tür bemerken, die vormals in den Laden eines angesehenen Barbiers führte, dessen vorderes Fenster nach Maiden Lane noch heute vorhanden und jetzt (1860) mit einer Reihe von Flaschen gefüllt ist, die mit dem Geschäft eines Bierbrauers in Verbindung stehen. Das war also vor 80 Jahren eine bessere Nachbarschaft, aber gewiß noch keine heitere, keine fröhliche – es war zur Zeit, als ein Kind, am St. Georgentage des Jahres 1775 geboren, mit hellem Interesse die Welt um sich her in sich aufnahm und sie späterhin so zeigte, wie Covent Garden sie ihm zu bieten vermochte. Da waren keine Ritter zu sehen und wahrscheinlich auch nicht viele schöne Frauen, [...] da sah man staubige Sonnenstrahlen auf und ab tanzen in den Straßen am frühen Sommermorgen; gerippte Kohlkopfblätter beim Grünwarenhändler; die Pracht der Orangen in geflochtenen Weidenkörben auf Schiebkarren um die Ecke herum; und das Ufer der Themse, wenn der Knabe nur drei Minuten weit lief.«

So grundverschieden die Lebensumstände dieser beiden Kinder in Weltlandschaft und Welt des Viertels ausfallen, gemeinsam ist ihnen die ungeregelte Vielfalt, das Ungeschlachte und Überwältigende des Ambientes. Das gilt zuerst für das, was auf die Sinne eindringt, dann aber auch für die Lebenspraxis: eine Art »Poor Jack« sei das Kind Turner gewesen, das sich den ganzen Tag am Fluß herumgetrieben habe, Hafen und Markt als Kinderzimmer benutzend, Huren und Seeleute als erste Lehrer, schreibt Ruskin, ein Kind also, das gut Sam Weller zum Vater gehabt haben könnte, der zu Pickwick sagt: »Hab' mir auch allerhand Mühe mit seiner Erziehung gegeben, Sir. Hab' ihn draußen auf der Straße herumlaufen lassen, wie er noch ein kleiner Kerl war, damit er lernte, für sich selbst zu sorgen. Das ist der einzige Weg, Sir, einem Jungen was Gescheites beizubringen.« Ruskins Sympathie für solche Verhältnisse geht sehr weit, nicht nur Turners wegen: »Keine Erziehung erhalten ist durchaus nicht das Schlimmste, das uns begegnen kann«, sagte er an anderer Stelle. Die Eltern werden sich geschüttelt haben bei solcher Lektüre. Das wäre ihnen zuletzt in den Sinn gekommen, das Kind auf die Straße zu lassen, es zu den Gleichaltrigen zu schicken, seine Eskapaden, Streiche, Raufereien hinzunehmen als Kinderalltag. Ruskin hat später solch darwinistischer Vorschule des Lebens nicht das Wort geredet, wie sie durch den berühmten Erziehungsroman seines Oxforder Kommilitonen Tom Hughes, »Tom Brown's Schooldays« (1857), populär wurde, aber er hat sich auch stets dagegen gestemmt, den ursprünglichen Erfahrungsverlust seiner Kindheit als Programm nationaler Pädagogik verallgemeinert zu sehen. Wenn der Lehrmeister der bürgerlichen Schulpädagogik Pestalozzi die Kinder nicht in den Wald läßt, weil die Bäume da »in keiner systematischen Ordnung, nicht in lückenloser Reihenfolge stehen«, hat Ruskin die Kinder lieber außerhalb des Schulhauses gesehen, und wenn die Erziehungspsychologie des Jahrhunderts für die Wände der Klassenzimmer weiße Tünche empfiehlt, stellt Ruskin sie sich bunt bemalt und vollgepackt vor. Die Idee des Reichtums, der Fülle, die sein Denken von den ersten großen Publikationen bis zur letzten, seinen Lebenserinnerungen, bestimmt, gibt auch seiner Pädagogik Tendenz. Seine Kindheit war eine von reichen Eltern veranstaltete, gewiß nicht reizarme Erziehungsanordnung; was ihr fehlte und was zu Ruskins Begriff »wealth« unabdingbar dazugehörte, war das Überwältigende, das Abenteuerliche und Zufällige. »Daß sie gleichzeitig zu eng beschränkt und zu luxuriös gewesen ist«, dieses abschließende Urteil über seine Erziehung trifft den Sachverhalt wohl eher als die Klagen über künstliche Armut, Einsamkeit und Liebesentzug.

4

Auf dem Weg vom kleinen »Götzen« zum »kleinen Phänomen« geschieht nichts Aufregendes im Garten Eden auf Herne Hill. »Niemals hörte ich meinen Vater und meine Mutter ihre Stimme erheben, wenn sie eine Frage besprachen, nie sah ich einen Schimmer aufflackernden Ärgers oder einen beleidigenden Blick in ihren Augen. Ich erinnere mich nicht, daß ich je einen Dienstboten hätte schelten oder nur heftig und leidenschaftlich hätte tadeln hören. Nie sah ich den ruhigen Gang unseres Haushalts auch nur einen Augenblick gestört, alles geschah zu rechter Zeit und ohne Hasten.« Die Schule findet zu Hause statt: Mit vier Jahren fängt John an zu schreiben und zu lesen, bald wird der Vormittag zu regelrechter Schularbeit bestimmt. Die Mutter liest mit ihm die Bibel und gibt ihm ganze Kapitel zu memorieren auf, gezeichnet, d. h. abgezeichnet wird ohne Anleitung und Aufforderung, Lateinisch wird schematisch nach Wörterbuch und Grammatik gelernt, Geographie eignet sich das Kind anhand schöner Bilderbücher an, Mathematik kommt zu kurz, und darüber hinaus, das Curriculum der normalen Hauserziehung weit übersteigend, frißt das Kind an Literatur in sich hinein, was der Vater des Abends vorliest oder was er ihm kauft. Viel populäre Naturwissenschaft ist das: Geologie, Meteorologie, Astronomie. Mit sieben beginnt John, das Viele wieder loszuwerden. Er schreibt seine ersten Gedichte, Dialoge, wissenschaftliche Traktate, Theaterstücke und Romane. Das poetische Schreiben wird zur Hauptbeschäftigung: Er dichtet lieber etwas für den abwesenden Vater, als daß er ihm einen Brief schreibt. Die Mutter entschuldigt sich am 4. März 1829 für einen flüchtigen Brief des Sohnes: »Er hat gerade einen Roman und eine Predigt zu schreiben angefangen.« Entgegen der späteren Äußerung Ruskins, die Mutter habe ihn zum Reimen angehalten und ihn dadurch verdorben, sagen uns die Quellen, daß die Mutter diesen Schreibtrieb zu bremsen gesucht hat und daß der Vater es war, der sich früh Hoffnungen gemacht hat und den Sohn ermunterte, u. a. dadurch, daß er einen Schilling pro Seite aussetzte. Auf entsprechende Ermahnungen der Mutter sagt John: »Gut, Mutter, wenn Du meinst, höre ich für eine Zeit auf [zu dichten], aber dann mußt Du mir Stoff für ein Epos geben.« Die beiden gehen zur Post, und darauf sitzt der Sohn schon wieder am Tisch und reimt. Auf die erneuten Vorhaltungen der Mutter antwortet er: »Ich habe so viel zu sagen, es bereitet mir nicht die geringste Mühe, und es ist so beglückend und angenehm, daß ich es wirklich nicht aufgeben kann.« – »Was soll ich Deiner Meinung nach in diesem Fall wohl machen? Ich weiß es nicht«, fragt die Mutter den Vater. In seiner Manie, alles poetisch zu verwerten, hat der Sohn dann gleich ein Gedicht auf den abendlichen Kampf mit der Mutter gemacht, die ihn ins Bett schickt, während er noch schnell ein neues Sujet bearbeiten will.

Bei einem jugendlichen Autor, dessen Werk ein Epos »Über das Universum« ebenso umfaßt wie »Über das Glück« und ein Gedicht mit dem Titel »In Ermangelung eines Themas«, läßt sich vieles finden, was Späterem präludiert, aber man muß dann auch viel unterschlagen, was hernach total verlorengeht, so z. B. die Tatsache, daß Ruskins erstes Gedicht eine Ode auf die Dampfmaschine ist. Vor allen motivischen Fixierungen erscheint ein Formales wichtig. Ruskin probiert die Sprache an vielen Gegenständen aus, nicht nur an sogenannten poetischen. Indem er sich sukzessive Sprachgewalt erwirbt, glaubt er die Dinge beherrschbar, die prosaischen des familiären Alltags ebenso wie die abstrakten der Wissenschaften. Auf diese Weise wächst in ihm ein Zuständigkeitsgefühl, das ihn nie wieder verlassen hat. Dabei durchdringen sich objektive und subjektive Gegebenheiten. Noch sind die Naturwissenschaften auch in ihren fortgeschrittensten Erkenntnissen poetisch darstellbar – man denke an Erasmus Darwins Lehrgedicht »The

Temple of Nature or the Origin of Society« (1803); noch profitieren sie von ästhetischer Aufgeschlossenheit – man denke an Goethes »Farbenlehre« (1810 ff.); noch kommen Dilettanten spielend und probierend sehr weit – man denke an den Privatier Nicéphore Niépce, der sich seit 1816 an etwas versucht, was später zur Erfindung der Fotografie führte; noch kann der einzelne auf einer Vielzahl von Gebieten kompetent sein – man denke an einen anderen Erfinder der Fotografie, an Henry Fox Talbot, der als Mathematiker, Sprachforscher, Mythologe und Chemiker hervorgetreten ist; noch sind die Wissenschaften im Mythos, vor allem im christlichen, befangen – davon wird in diesem Kapitel ausführlicher zu reden sein. Das will nicht sagen, daß schon ein Junge mit sieben Jahren hier mithalten kann, aber die Welt der Wissenschaften kommt nicht feindlich auf ihn zu. Ihre vielfältigen Reize in Wort und Bild sowie ihre Erfahrungsoffenheit machen es möglich, daß er ihre äußere Form und nach und nach ihren Sinn durch Nachahmung sich erwirbt. Ruskin selbst hat aus der Fülle der Juvenilia ein Beispiel ausgewählt, das diese Sachverhalte glänzend belegt. Es ist ein Auszug aus der Arbeit des Siebenjährigen: »Harry und Lucy. Schluß. Letzter Teil von Frühen Lektionen in vier Bänden. Band 1 mit Kupferstichen. Gedruckt und bearbeitet von einem kleinen Jungen und auch von ihm gezeichnet.« Das »Buch«, eine Nachahmung der populären Dialoge von Jeremiah Joyce und Maria Edgeworth, ist handgeschrieben wie gedruckt, ist also deutlich schon nach außen gerichtet. (Der »kleine Junge« braucht übrigens nur noch vier Jahre zu warten, um sein erstes Gedicht gedruckt zu sehen.) Hier der Schluß des ersten (und einzigen) Bandes, wie ihn Ruskin selbst in »Präterita« mitgeteilt hat:

»Harry wußte es sehr gut was es war und ließ sich nicht im Zeichnen stören aber Lucy rief ihn bald weg und hieß ihn eine große schwarze Wolke die aus Norden kam beobachten welche ziemlich elektrisch aussah. Harry lief nach seinem elektrischen Apparat den sein Vater ihm gegeben hatte und die Wolke elektrisierte seinen Apparat positiv. Nachher kam eine andere Wolke welche seinen Apparat negativ elektrisierte und dann ein langer Zug von kleinen. Aber bevor diese Wolke kam erhob sich eine große Staubwolke von der Erde und folgte der positiven Wolke und schien zuletzt mit ihr in Kontakt zu kommen. Dann konnte man einen Blitzstrahl sehen, der durch die Staubwolke hindurchfuhr. Da wurde die negative Wolke immer größer und löste sich in Regen auf der den Himmel sofort aufheiterte. Nachdem dieses Phänomen vorüber war und auch sein Erstaunen wunderte sich Harry wie Elektrizität irgendwo sein konnte wo doch soviel Wasser war bald sah er einen Regenbogen und darunter aufsteigenden Nebel der sich in seiner Phantasie bald in eine weibliche Gestalt verwandelte. Da fiel ihm die Fee ein die aus dem Alpenbach emporstieg und mit der Hand etwas Wasser in die Luft spritzte und dabei unverständliche Worte in den Wind sprach. Und obgleich das mit der Alpenfee nur eine Geschichte ist freute sich Harry nun sehr daß er in den Wolken etwas Ähnliches sah.

Ende von Harry und Lucy.«

Ruskin hat den Aussagewert dieser kuriosen wissenschaftlichen Phantasie ganz klar gedeutet: Sie zeigt, »wie ich mein Material, in diesem Fall Joyces ›Wissenschaftliche Dialoge‹ und Byrons ›Manfred‹, ineinander und mit meinen eigenen Gedanken verwob – damals am Anfang meiner Tage, wie heute an ihrem Ende. Diese Eigentümlichkeit meiner Schreibweise ließ später gedankenlose wissenschaftliche Leser an dem Wert meiner Bücher zweifeln, weil sie Liebe zur Schönheit darin glühen fanden, und einseitig ästhetische Leser lasen sie mit Mißtrauen, weil sie Liebe zur Wissenschaft darin verspürten. Zweitens kann ich kein besseres Beispiel für die Tendenz meines Geistes finden als die Tatsache, daß mich sogar im Alter von sieben Jahren keine noch so verlockende Geschichte sonderlich rühren konnte, solange nicht ›Harry‹ in den Wolken oder sonstwo ›etwas Ähnliches sah‹.« Drittens ist dieses Stück auch in seinem Inhalt symptomatisch: Dunkle Wolken, Wolken ganz allgemein haben Ruskin fasziniert, ja heimgesucht, bis ins hohe Alter. »The Storm-Cloud of the 19th Century« heißt eine seiner letzten Arbeiten; da sah er in die Wolken keine Feen mehr hinein, da erschien ihm nach detaillierten täglichen Beobachtungen Weltenende und Apokalypse am verschmutzten Himmel vorgezeichnet. »Coeli enarrant«, »Die Himmel erzählen«, hat er eine Sammlung seiner Texte über Wolken genannt. Aus der Natur das den Menschen Betreffende herauslesen, die Übergänge zwischen Menschen- und Dingwelt, zwischen Kunst und Wissenschaften offenhalten, das ist die Lebensaufgabe, der er seit den Kindertagen unter wechselnden Bedingungen treu geblieben ist. Die Wolken haben ihn als Kind vermutlich schon so lebhaft beschäftigt, weil sie sich der beschränkten und habbaren Welt von Herne Hill nicht unterordnen ließen, eine ferne und freie Realität, die freilich auch die von Herne Hill sorgfältig abgeschirmten Realitäten herbeitrug: Nebel, Smog, Dreck und Dunkelheit, die schon damals zu guten Teilen auf das Konto der Umweltverschmutzung im Londoner Raum gingen. Das Gedicht des Zehnjährigen, »Auf die plötzliche Erscheinung einer gelben Nebelwolke, die alles in Dunkelheit hüllt«, beschreibt genau und effektvoll eine solche Beeinträchtigung des Klimas, ohne ihre Gründe zu nennen:

> It low'red upon the earth, – it lay
> A champion in the face of day:
> It darkened all the air around,
> It let not free a single sound:
> A leaf stirred not: the trees stood still:
> The wind obeyed the darkness' will;
> Not a thing moved; 'twas like the night. [...]

5

Als die Ruskins im Sommer 1835 auf eine sechsmonatige Tour durch Frankreich, die Schweiz und Italien gingen, packte sich John ins Reisegepäck: ein Cyanometer zum Messen der Himmelsbläue, ein Notizbuch für geologische Beobachtungen, ein Skizzenbuch, ein Zeichendreieck und ein großes Lineal für Architekturaufnahmen, ein Tagebuch und natürlich ausreichend Papier für die dichterische Verwertung der Reise, »denn ihre Eindrücke wollte ich in einem poetischen Tagebuch beschreiben, das die Art des ›Don Juan‹ anmutig mit derjenigen des ›Ritter Harold‹ vereinigen sollte«. Vorbereitet hatte er sich auf die Reise durch das Studium von de Saussures »Voyages dans les Alpes«, William Brockendons »Illustrations of the Passes of the Alps« und Robert Jamesons »System of Mineralogy« sowie durch die fortgesetzte Lektüre aller einschlägigen Dichtungen, an der Spitze natürlich die erwähnten Werke Byrons. Aber auch Samuel Rogers' »Italy« und die Gedichte von Wordsworth, Shelley und Coleridge dienten in Ermangelung eines Baedekers (oder Murrays, müßte man für englische Reisende sagen) als poetische Reiseführer und wurden ergänzt durch Illustrationswerke wie Samuel Prouts »Sketches in Flanders and Germany«.

Die Reise von 1835 gab in Route und Durchführung das Muster für viele Reisen, die die Ruskins zusammen und der Sohn allein unternehmen sollten. Es war nicht ihre erste gemeinsame Tour: Seit Johns drittem Lebensjahr hatten sie begonnen, den Lake-District und Schottland zu bereisen und die Geschäftsreisen des Vaters gemeinsam abzuwickeln, kreuz und quer durch England; dann wurde der Radius vorsichtig auf den Kontinent ausgedehnt, eine erste Tour führte bis Paris, eine zweite über die Alpen bis Genua. Die Route der Reise von 1835, dic über Frankreich, die Schweiz nach Italien ging und Schwerpunkte in Chamonix und Venedig hatte, wurde wie gesagt kanonisch – mit Varianten und Abkürzungen ist Ruskin 26mal auf ihr unterwegs gewesen. Er hat, grob gerechnet, die Hälfte seines Lebens auf Reisen verbracht: »A traveller I am/ And all my tale is of myself« – die Verse Wordsworths könnten auch für ihn gelten, wenn man ein Wort verändert und für »myself« »things« einsetzt. Nicht anders als Byron, Wordsworth, Shelley, Rogers, nicht anders als ein Großteil der englischen Literaten des frühen 19. Jahrhunderts ist Ruskin ein Reiseschriftsteller gewesen: Buchtitel wie »The Stones of Venice«, »Verona and its Rivers«, »Mornings in Florence«, »The Bible of Amiens« deuten darauf hin, aber auch andere Hauptwerke – genannt seien nur »Modern Painters« und »Fors Clavigera« – sind randvoll mit Reisebeschreibungen oder Beobachtungen, die im Ausland gesammelt wurden. Und der Titel einer späten Veröffentlichung, »On the Old Road«, könnte als Motto über lange Strecken dieses Lebensweges stehen.

Ruskin hat das Reisen noch in »the olden days of travelling« gelernt, »now to return no more«, d. h. vor Einrichtung der

Eisenbahnlinien. »In den alten Zeiten des Reisens, die unwiederbringlich vorüber sind, als Entfernungen noch nicht ohne Mühen überwunden werden konnten, als es aber Entschädigung genug für diese Mühen gab, denn viel gründlicher lernte man die bereisten Länder kennen und ganz anders war das Glücksgefühl am Abend, wenn der Reisende von der Höhe des letzten Berges aus das Dorf liegen sah, wo er einkehren wollte, oder wenn die staubige Landstraße endlich den erhofften Knick machte und zum ersten Mal den Blick auf die Türme der berühmten Stadt eröffnete, die sich undeutlich im Sonnenglast erhoben – Stunden friedlichen und nachdenklichen Vergnügens waren das, die der Tumult einer Ankunft im Bahnhof nicht aufwiegen kann, nicht für alle Menschen jedenfalls.« Nach schlechten Erfahrungen mit dem öffentlichen Postverkehr setzten die Ruskins auch auf dem Kontinent fort, was sie in England erprobt hatten: Sie liehen oder kauften sich eine eigene Kutsche. Das war aufwendiger und vergrößerte die Reisegesellschaft (die Eltern, John, Mary und die Nurse in der Regel) um ein bis zwei Postillione und einen Kurier, aber die Vorteile dieses Reisens erschienen ihnen bald unverzichtbar: »Wir waren niemals in Eile. Wir konnten die Stunden unserer Abfahrt wählen und wenn wir nicht fertig waren, warteten die Pferde. In der Regel frühstückten wir zur selben Zeit wie zu Hause, um acht Uhr; um neun Uhr stampften die Pferde unter dem Torweg. In der Zeit von neun bis drei Uhr legten wir, wenn man auf die Stunde sieben Meilen langsamer Fahrt rechnet (die Aufenthalte einbegriffen), eine Strecke von vierzig bis fünfzig Meilen zurück und setzten uns um vier Uhr zu Tisch. Dann hatte ich noch zwei Stunden für mich, um die nähere Umgebung des Ortes auszukundschaften. Punkt sieben Uhr mußte ich zum Tee zu Hause sein; nach dem Essen vollendete ich noch meine Skizzen bis halb zehn Uhr, dann ging ich zu Bett.« Später, als Ruskin ohne die Eltern reiste, hat er wohl auch die Eisenbahn genommen, aber sooft und solange es ging, ist er mit dem Wagen gefahren: »Mit der Eisenbahn fahren sehe ich überhaupt nicht als Reisen an; das ist einfach an einen andern Ort verschickt werden – wie ein Paket.« Noch in den 70er Jahren, als Kutschen nur mehr Nahverkehrsmittel waren, hat er sich eine große Reisekutsche bauen lassen, mit der er nicht weniger Aufsehen erregte, als wäre ein Dampfmobil sein Gefährt gewesen. Über ein eigenes Verkehrsmittel zu verfügen, war aber für die Ruskins nicht nur ein Luxus und eine Bequemlichkeit, sondern auch eine Notwendigkeit, wenn man jemanden im Wagen hatte, der hier anhalten mußte, um eine Vedute von Proust oder Turner an Ort und Stelle zu überprüfen, der dort von der Hauptroute abweichen wollte, um eine interessante geologische Formation zu studieren und vor allem Zeit brauchte, viel Zeit, um die bekannten und neuentdeckten Sehenswürdigkeiten in elaborierten Zeichnungen festzuhalten.

Wie soll man den nennen, der so gewappnet loszieht, seine Reise so aktiv gestaltet und zurückkommt mit Gedichten, Zeichnungen, geologischen Proben und wissenschaftlichen Aufzeichnungen in Fülle, mit Material, dessen Ausarbeitung ihn bis zur nächsten Reise beschäftigt hält? Wir schlagen vor, ihn Studienreisenden oder »poet-observer« zu nennen und ihn deutlich von allen früheren oder späteren Typen des Reisenden abzusetzen: vom Kavalierreisenden und vom »kuriösen Reisenden«, vom reisenden Forscher oder Künstler, aber auch vom Touristen und Bildungsreisenden späterer Tage. Die Ruskins, das muß zuerst gesagt werden, waren bürgerliche Reisende, aber sie reisten, bevor ihre Klasse in großen Zahlen sich aufmachte, d. h. sie bewegten sich in einem gewissen gesellschaftlichen Vakuum. Die nach wie vor reiselustige Oberschicht hatte ihre signifikanten Sitten, Ziele und Interessen beim Reisen, und ebenso gingen die professionellen Reisenden ihre eigenen Wege, wie John James am besten wußte. Auf den Studienreisen seiner Familie pflegte er seiner besonderen Situation dadurch Rechnung zu tragen, daß er stets die zweitbesten Zimmer forderte. Er wollte nicht die besten innehaben, wenn unvermutet einer seiner vielen adligen Kunden nach ihm erschien, aber er wollte besser als die commis voyageurs und sonstigen Berufsreisenden logieren. (Er verzichtete übrigens auch darauf, seinen Kurier als avant-courier vorauszuschicken, um die Gespannwechsel vorzubereiten: auch das hielt er für ein Vorrecht des Adels.) Was die bürgerlichen Reisenden vom Schlage der Ruskins von allen früheren und gleichzeitigen Typen unterscheidet, ist ihre Isoliertheit und Anonymität. Um es zu pointieren: Der Reisezweck oder besser das Reiseelement der adligen und kuriösen Reisenden, ja selbst der Forscher und Künstler waren Menschen, das Reiseelement der Studien- und der Bildungsreisenden waren Sachen. Wer im 17. und 18. Jahrhundert in Europa auf Tour ging, der reiste anhand einer sich ständig erweiternden Adressenliste. Die Adligen hatten ihr weitverzweigtes Verwandtschafts- und Beziehungssystem, hatten Verpflichtungen gegenüber der örtlichen Herrschaft, hatten spezielle »watering-places«, wo sie unter sich waren. Die Bürgerlichen hatten ihre Korrespondenz- und Handelspartner, auch sie hatten Empfehlungsschreiben und Möglichkeiten, mit den lokalen Würdenträgern in Kontakt zu kommen, und ihre Standesgenossen hielten die Positionen an öffentlichen Institutionen wie Bibliotheken, Sammlungen und Hochschulen. Reisen bedeutete Überwinden unwichtiger, wilder Strecken und Verweilen an ausgewiesenen, kultivierten Orten. Verweilen aber war gleichbedeutend mit Visiten machen und empfangen. Die Ruskins, die eigentlich überall anhielten und die fashionablen Plätze mieden, waren überall allein, von Zufallsbegegnungen und vom notwendigen Kontakt mit den Einheimischen einmal abgesehen. Außer bei ihren frühen Reisen durch England, wo der Vater schon aus geschäftlichen Gründen die Herrenhäuser ansteuern mußte, haben sie nirgendwo vorgesprochen, um sich Sammlungen und Sehenswürdigkeiten zeigen zu lassen. Sie hielten sich als gute Bürger an das, was öffentlich und frei zugänglich war: an die Monumente der Natur, an die wenigen staatlichen oder kommunalen Einrichtungen, an die Kirchenbauten und ansonsten an alle Außenansichten. Diese Distanziertheit ihres Reisestils hat weitreichende Folgen für Ruskins späteres Werk gehabt. Wenn er den Bauten eines ihm fremden und an sich verhaßten Kultus so viel Aufmerksamkeit widmete, dann hat das seinen Grund auch in der Tatsache, daß von allen architektonischen Denkmälern katholische Kirchen dem Reisenden am weitesten offenstanden. Wenn er ein nur ungenügendes Verständnis für die Funktionen von Kunst, besonders von Architektur, dafür aber eine überragende Sensibilität für alles Sichtbare, Ansichtige, optisch Wirksame an den Tag legte, dann wird man auch seine habituell gewordene Außenposition berücksichtigen müssen. Wenn er immer Kunst und Natur zusammenspannt und Natur immer vor Kunst rangieren läßt, dann wird man nicht davon absehen können, daß ihn zuerst die Natur ganz in Beschlag nahm, ihn aber auch ganz frei gewähren ließ. Dort war ihm gegeben, was er im Zusammenhang der Reise von 1835 »seine größte Freude« nennt: »zu beobachten, ohne gesehen zu werden – hätte ich mich unsichtbar machen können, umso besser!« Das »reine Auge«, zu dem er sich kultivierte, ist tendenziell Organ ohne körperlichen Anhang, ohne gesellschaftliche und historische Verpflichtungen. So flink und frei es über die Oberflächen spielt, so schwach ist seine Durchdringungskraft. Im wörtlichen Sinne heißt es unbewaffnetes Auge: Es muß ohne die Hilfen auskommen, die Besitz, Konvention und Gegenwart Kundiger geben konnten. Die Reisenden des 17. und 18. Jahrhunderts trugen die Hauptfrage eines mechanistischen Weltbildes überallhin: Sie wollten wissen, wie Artificialia und Naturalia funktionierten, was hinter und in den Dingen steckte. Sie schauten lieber zu, wie das Druckwerk eines Brunnens, wie das Hebewerk eines Theaters arbeiteten, anstatt daß sie die Wassersäule steigen und die Bühnengötter gen Himmel fahren sahen. Der Schlüssel zu allen Mechanismen, aber auch zu allen Kunstwerken, die ohnehin zur Hälfte aus Kunststücken bestanden, waren Personen; der Ertrag des Ausforschens waren persönliche Informationen, d. h. von Personen erteilte und von Personen handelnde Auskünfte, Geschichten, die die Entstehungs- und Erwerbungsumstände betrafen, mit dem Objekt verbundene Begebenheiten, Anekdoten. Das genaue Gegenteil zu dieser Art der Informationsgewinnung praktizierte der Reisende des 19. Jahrhunderts, der allein und ungebunden dem Gegenstand seiner Betrachtung gegenübertritt, in der »freien« Natur oder in einer öffentlich zugänglichen Sammlung, und der sich ganz auf die Erscheinung, auf die »unpersönliche« Information konzentriert, ein Isolierter vor einem isolierten Objekt. Ruskin war einer der ersten, der diesen Typus rein verkörperte. Auf die Meinung von lebenden und gedruckten Führern gab er nichts, nur seine Autopsie und die optische Verfassung seiner Gegenstände ließ er gelten. Aber noch sind wir nicht so weit, daß er dieses Verhalten methodisch verwirklichen und rechtfertigen könnte. Noch füllt er einfach aus, was seine Umgebung vorzeichnet. Die Gefahren dieses Übergangs von der Konvention der Einsicht zur Konvention der Ansicht ahnt er nicht: »Mein Vater pflegte zu sagen: Warum reist man überhaupt, wenn man nicht alles sehen will, was es zu sehen gibt? Und es war eine Liebhaberei von ihm, von seinen [Hotel-]Fenstern aus eine gute Aussicht zu haben; das bedeutete, daß die Stuben nach vorne heraus liegen mußten.« Daß die Außenansicht dem bloß äußerlichen Reiz verhaftet blieb, war die Gefahr, die über diesen Lehr- und Wanderjahren lag; die Chance bestand darin, den Weg durch die Ansicht zur Einsicht zu nehmen.

Wir deuteten bereits an, daß die Ruskins Orte und Gegenden als Hauptziele ansteuerten, die ohne die kulturellen und gesellschaftlichen Attraktionen des alten Reisestils auskommen mußten. In gewissem Sinne waren sie die Reisenden, die die Zwischenstrecken ausfüllten und bei den Zwischenstationen einsprachen. Sie waren Dauergäste nicht an der Riviera, sondern im Tal von Chamonix, lange bevor dieses zum Touristenzentrum wurde, sie stellten Lucca über Florenz und haben bedeutend mehr Zeit in Abbéville als in Paris verbracht. »Etwa in dem Augenblick, da der moderne Reisende, welcher mit dem Frühzuge von London nach Paris, Nizza oder Monaco abreiste, nachdem er von der Unbehaglichkeit der Überfahrt und der Unbequemlichkeit, in Boulogne einen guten Platz zu erobern, sich erholt hat, die Uhr aus der Tasche zieht, um nachzusehen, wie weit er noch von den Fleischtöpfen von Amiens entfernt ist, – in diesem Augenblick etwa wird er durch das Halten des Zuges an einer unbedeutenden Station geärgert; er sieht unwillig nach dem Namen des Ortes: Es ist Abbéville. Wenn der Zug sich wieder langsam in Bewegung setzt, bemerkt er, falls er für einen Moment von seiner Zeitung aufsieht, zwei vierkantige Türme, durch einen zierlichen Bogen verbunden, welche über die Pappeln und Weiden des flachen Marschlandes hervorragen. Dieser einzige flüchtige Streifblick wird dem Reisenden wahrscheinlich genügen; ich aber kann auch dem teilnehmendsten Leser den Einfluß dieser beiden Türme auf mein Leben kaum in seiner ganzen Tiefe verständlich machen.« Erlaubt, ja notwendig ist an dieser Stelle die Assoziation, die die Türme von St. Riquier in Abbéville mit dem Glockenturm von St. Hilaire in Combray verbindet, der ja nicht nur »allen Beschäftigungen, allen Stunden, allen Aussichtspunkten der Stadt ihr Gesicht, ihre Krönung, ihre Weihe verlieh«, sondern auch »wie keine andere Sache solche Tiefe in meinem Leben aufzuschließen vermochte«. Erlaubt und notwendig ist die Verbindung, weil Proust Ruskins französischer Übersetzer war und weil Abbéville und Combray für Ruskin und Proust eine ähnliche Funktion hatten: sie waren Heimat in der Ferne, Ferne als Heimat. Wenn man sich darüber wundert, daß die vorsichtigen Leute von Herne Hill jedes Jahr die Strapazen und Abenteuer einer langen Reise auf sich nahmen, und wenn man weiter fragt, warum das viele Reisen Ruskin nicht als Widerlegung seiner These von der reizlosen Kindheit erscheinen mochte, dann findet man die Antwort in einem Reisestil, der realiter nur langsam, in übertragenem Sinn überhaupt nicht vom Fleck kam. Die Bürger reisen so, daß sie überall zu Hause sind. Die Ruskins hatten »ihre« Route, »ihre« Quartiere, »ihre« Lieblingsplätze und Aussichtspunkte, »ihre« Kuriere und Bergführer – und das über Jahrzehnte. »Der Leser muß entschuldigen, wenn ich bei Beschreibung dieser Reise im Jahre 1835 mehr erzähle, was sich zuzutragen pflegte, als was sich auf dieser Reise wirklich zutrug, denn es fällt mir heute außerordentlich schwer, die Begebenheiten der einzelnen Reisen auseinanderzuhalten; wir machten stets in denselben Gasthäusern Rast, und der einzige Unterschied war, daß wir diesmal vielleicht im blauen und ein andermal im grünen Zimmer wohnten; auch richteten wir unser Interesse immer auf die gleichen Sehenswürdigkeiten und genossen diese umso mehr, als sie uns nicht neu waren.« Damit ist eine weitere markante Trennlinie zu den Reisenden der Vergangenheit gezogen: Reisen, laut Byron »nächst dem Ehrgeiz der mächtigste Reiz«, sollte dem »großen Ziel des Lebens« zuarbeiten, welches »Empfindung« heißt, »spüren, daß wir da sind«, stimuliert durch »unmäßige, aber scharf empfundene Unternehmungen«. »Veränderung sucht er, wär' es auch im Schattental«, heißt es von »Ritter Harold«. Die Ruskins suchen nicht das Neue, sondern das Alte. Ihre Reisen sind Heimkehren; ihr Gewinn sind sich überlagernde, durch Perspektivwechsel angereicherte Bilder; Veränderungen bereiten ihnen eher Trauer als Vergnügen und Abwechslung. 1833 hatte Ruskin in Genf die blaue Farbe der

Rhone bemerkt; im folgenden Jahr veröffentlichte er eine kurze Bemerkung darüber in Loudons »Magazine of Natural History«; 1835 ist er wieder in Genf und füllt sein Tagebuch und seine gereimte Reisebeschreibung mit neuen Beobachtungen zum Gegenstand. Und so geht das weiter, bis zur letzten Publikation, den Lebenserinnerungen, die eine berühmte, vielzitierte Passage über die Bläue der Rhone haben. In Genf, das er ein weiteres »Zentrum meines Lebens« und »Heim« nennt, trägt er, ein 21jähriger, am 5. Juni 1841 ins Tagebuch ein: »Ich war den ganzen Tag sehr glücklich, während ich meine alten Lieblingsplätze aufsuchte. Obwohl man hier viel gebaut hat, ist die Gegend um das Hotel des Etrangers, sind der Kiesweg und die hölzernen Sitze noch das, was sie einmal waren [...] und ich fühlte mich sechs Jahre jünger.« »Erst beim zweiten Mal kann ich einen Ort wirklich genießen«, heißt es im gleichen Jahr. »Ich glaube, daß nur die ersten sechs Wochen einer Reise erfreulich sind, wenn jedes Gefühl noch ganz frisch ist und wenn die Gefahr, daß wir verlieren werden, was wir lieben, im Rausch des Besitzergreifens untergeht.« Der bürgerliche Reisende möchte das, was niemandem gehört, ganz in seinen inneren Besitz nehmen. Der Zwang zum Déjà-vu resultiert also aus der Furcht, dem Gegenstand nicht wirklich gerecht zu werden und ihn so zu verlieren. »Mich quält eben das vage Verlangen, die Schönheiten um mich herum besitzen zu wollen, jeden Umriß, jede Farbe ganz fest meinem Geist einprägen zu können; mich schmerzt das Bewußtsein, daß ich alles wieder vergessen muß, daß in ein, zwei Jahren von dieser Landschaft nur eine verwischte Impression aus Pinien und Kirchenkuppel zurückgeblieben sein wird.« »Der Glanz des Gegenwärtigen«, so kulminiert dieses Lamento eines sehr jungen Mannes, »bedeutet mir nichts; er tut mir weh, weil ich fürchte, ihn zu verlassen und zu verlieren.« Es ist die eine Strategie dieses Lebens, das Déjà-vu zum Déjà-vécu werden zu lassen, sich immer wieder an den gleichen Gegenständen zu erneuern; die andere besteht darin, Techniken der Aneignung und Einverleibung zu entwickeln, die den »Glanz des Gegenwärtigen« konservieren, bewahren, ohne ihn abzutöten. Die Konzentration aufs Sehen heißt also auch konzentriertes Sehen, wiederholte, geduldige Apperzeption, Erweiterung des Sehbereichs nach Innen.

»Es gab immer mehr in der Welt, als Menschen sehen konnten, gingen sie auch noch so langsam« – diese zentrale Botschaft des Erwachsenen hat ihre Prägestätte in den Reiseerfahrungen des Kindes und des Jugendlichen. Das ist keine simple Rückprojektion – man nehme zum Beweis nur ein kurzes Stück aus »Harry and Lucy«, das einen Ausflug schildert: »So ein schöner Tag war es daß sie alle ausgingen und ein gutes Stück wanderten. Eigentlich wollten sie sehr schnell gehen aber taten es dann doch nicht denn eine solche Vielzahl von Objekten zog sie an wie die große weiße Winde in den Hecken die schwarzweißen Blüten der Saubohnen die schmetterlingshaften Erbsen die glitzernden Bäche und sich schlängelnden Ströme alles vereinte seine Kräfte um zu machen daß sie langsam gingen.«

Die Ruskins profitierten von der enormen Vermehrung des Sehenswürdigen, welche das späte 18. Jahrhundert und sein Kult des Pittoresken und Sublimen gebracht hatten. »Wenige Jahre früher [zu Beginn des Jahrhunderts] hätte kein Kind zur Welt kommen können, das sich für die Berge und die Bergbewohner in der Weise interessiert hätte wie ich. Bis auf Rousseaus Zeit gab es keine ›sentimentale‹ Liebe für die Natur, und bis zu Scotts Zeiten keine solche Vorliebe für Menschen der verschiedensten Art und Lebensbedingungen.« Und vor William Gilpin, kann man fortfahren, gab es kein ästhetisches Interesse an mittelalterlichen Fachwerkwinkeln, geduckten Bauernkaten und krüppeligen Weiden. Der Reisende des 17. und 18. Jahrhunderts, wenn er nicht nur auf Vergnügen und Abenteuer aus war, sammelte Fakten zum großen Thema Naturbeherrschung und Menschenmacht. Er wollte wissen, welche Maschinen, Memorabilia, Kunstfertigkeiten und »polizeiliche« Einrichtungen das Ausland hatte. Nach ihm kamen Reisende, die Zustände der Natur und Kultur suchten, die vom Menschen schon wieder verlassen oder ihm nie unterworfen waren, deren ästhetische Aneignung also ganz Angelegenheit des Betrachters blieb. Vor den schneebedeckten Gipfeln der Alpen in Ehrfurcht zu erstarren, ein zerfallendes Strohdach ästhetisch zu goutieren, setzt ein Absehen von ihrer Bedeutung für die Nicht-Betrachter voraus. Die Reize, hat Ruskin viel später geschrieben, die wir »an einem ganz pittoresken

Gegenstand, an einer alten Hütte oder Mühle entdecken, sind ihnen durch verschiedene Umstände, die der Sache selbst nicht wesentlich sind, sondern ihr als Hütte oder Mühle eher schädlich sind, zugefügt worden.« Es sind »parasitäre« Qualitäten, wie es ebenda heißt, die aus Oberflächenreizen (merely outward delightfulness) und aus einer gewissen Stimulierung des Assoziationsflusses entstehen, keine Qualitäten und Werte an sich wie beim Schönen, sondern »interessant nur« – sagt Hazlitt – »dank der Umstände und dank der Zutaten der Phantasie«. Das Pittoreske und das Sublime ist das, was man haben kann, wenn man den Gegenstand nicht besitzen kann und will, wenn man reist und nur betrachtet.

Der junge Ruskin war bei den Dichtern des Malerischen und Erhabenen in die Schule gegangen; unentschieden, ob er mehr der spöttischen Variante Byrons oder der metaphysischen Richtung der Lake Poets anhängen sollte, hatte er beide Tonarten in Tausenden von Versen durchprobiert – hier nur fünf im Stile Wordsworths:

> Give me a broken rock, a little moss,
> [. . .] for I would dream
> Of greater things associated with these, –
> Would see a mighty river in my stream,
> And, in my rock a mountain clothed with trees.

Als Zeichner folgte er in seiner Jugend dem Vorbild Samuel Prouts, der ein Vedutenzeichner war und wie die Ruskins die kleinen, verfallenen Winkel der kontinentalen Städte, die rustikale Architektur, das alltägliche Leben in historischer Umgebung schätzte. Sein Stil war unendlich manieriert und deshalb leicht zu kopieren. In Beherzigung des Grundsatzes, daß die Hauptqualität des Pittoresken das Gebrochene oder Kaputte ist, zog er in seinem Leben keine einzige gerade Linie, sondern gab alles in brüchigen und angenagten Konturen. Prout zufolge besaß das Europa des 19. Jahrhunderts nicht ein heiles Gebäudeteil mehr; von längst vergangenen Zeiten groß geplant, dienten seine Ruinen jetzt einem verbauerten Geschlecht, das schon an schierer Leibesgröße mit dem Erbe seiner Ahnen nicht mehr konkurrieren kann. Von England aus gesehen, wo alles neu und immer mehr wurde (Tennyson 1836: »the world is more and more«), erschien der Kontinent wie ein Vakuum, das nur darauf wartete, vom geschulten Blick des Reisenden entdeckt und mit seinem Assoziationsreichtum angefüllt zu werden. Wie Prout sich den kleinen Städten Europas näherte, hat Hazlitt am Beispiel Ferraras auf eine kurze Formel gebracht: »Du bist in einem Traum, im Herzen einer Romanze, du erfreust dich vollkommener Einsamkeit, und das in einer Stadt, die einst vom ›geschäftigen Treiben vieler Menschen‹ widerhallte und deren empfindliche Fragmente bei jedem Schritt den Sinn beschäftigen und die Reflexion anstoßen.«

Zum Italienerlebnis der »picturesque travellers« gehörte es, daß sie von den offiziösen Ruinen der Antike absehen konnten, um sich dem alltäglichen Ambiente, dem Ineinander von Kultur, Natur und Volksleben zu widmen. »Es war eine offene Lossage von Raffael, Tizian und dem Apoll von Belvedere zugleich«, schreibt Ruskin über seinen Romaufenthalt 1840, »als ich mich hinsetzte und eine sorgfältige Studie nach einem Armvoll alter Kleider zeichnete, die aus einem verwahrlosten Fenster eines Hauses im Judenviertel heraushingen.« Im Zusammenhang mit dieser Art von Zeichnung ist es wichtig, eine Stelle des Tagebuchs zu zitieren: »Dieser Ort ist durch und durch pittoresk, bis hin zu den Türklopfern, und sein pittoresker Charakter ist so ganz und gar unabhängig von den großen Zügen oder von wirklicher Schönheit der Objekte, sondern beruht auf dem Kontrast kleiner Gefühlswerte: alte Kleider hängen über einem Marmor-Architrav, dieser Architrav, auf der einen Seite abgebrochen, geht in einen römischen Fries über, der alsbald einem Stück bröckliger Ziegelmauer Platz macht, das über einem verwitterten hölzernen Fenster hervorkragt, das seinerseits von einem Stück grauen Gebälks getragen wird, auf dem man Spuren einer Inschrift entdeckt. Aber all das will sehr genau studiert sein, bevor man es fühlen oder überhaupt erst sehen kann. Es ist, fürchte ich, verloren außer für die Augen von ein paar Malern.« Damit schließt Ruskin fast wörtlich an den Satz Ciceros an, den sich die pittoreske Bewegung zum Motto gewählt hatte: »Quam multa vident pictores in umbris et eminentia, quae nos non videmus. Wieviel sehen die Maler in Licht und Schatten, was wir nicht sehen.« Und hierin lag die pädagogische Bedeutung des Pittoresken für den jungen Ruskin: Er lernte sehen, was gerne übersehen wird. Er lernte, daß es überall etwas zu sehen gibt, auch im Alltäglichen und Banalen. Er lernte, einen visuellen Eindruck von den Einzelheiten her aufzubauen und nicht gleich nach den großen Strukturen zu forschen. An all dem hat er in der Folgezeit festgehalten. Aber noch ein anderes Moment des Pittoresken blieb für ihn verpflichtend. Künstler wie Prout, Schriftsteller wie Hazlitt rezipierten das Historische in seiner gegenwärtigen Verfassung; sie waren nicht interessiert, die Vergangenheit zu idealisieren oder zu rekonstruieren – im Gegenteil: ihr Element sind in der Tat kontrastierende Gefühlswerte, Zustände der Mischung aus Jetztzeit und Vergangenheit, das Wäschestück über dem Antikenfragment eben. In diesem Sinne rühmt Ruskin an seinem Vorbild Prout, er besitze »eine vollkommene Vorstellung von dem gegenwärtigen, aktiven, vitalen Zustand der Städte«. Dies mutet vielleicht merkwürdig an, weil Prout ja eigentlich nur devitale Zustände sieht, aber Ruskin hat schon recht: Auch das Leben in Ruinen heißt Leben – der Übergang von Kultur in Natur erzeugt die Form von Vitalität, von der der »hunter of the picturesque« nie genug bekommen kann. Ruskin jedenfalls bleibt der Aktualität seiner Objekte treu. Die Schule des Pittoresken zog ihn diesseits, auf die Seite der Erscheinungen; die Bücher, Urkunden, Fakten, Zahlen mußten erst einmal jenseits bleiben. Im Zeitalter der Geschichtswissenschaften war das keine ganz kleine Vorentscheidung.

Aber Ruskin ist auch kein »Sklave des Pittoresken« geworden, wie Hazlitt sich genannt hat. Vielmehr darf er für sich beanspruchen, als der erste Kritiker dieses Prinzips aufgetreten zu sein. Mit der Schärfe, die nur dem Apostaten zur Verfügung steht, hat er den »Liebhaber des niederen Genres« ein »Monster in Menschengestalt« genannt. Auf die Gefahren und negativen Seiten des Pittoresken haben wir schon kurz hingewiesen: ohne Zweifel ist er ihnen in der Jugend voll erlegen – unschuldig, weil durch große Vorbilder und durch die Grundeinrichtung seiner Existenz verführt. Es läßt sich aber auch zeigen, daß er schon früh Gegenkräfte mobilisieren konnte, die sich nach einer Zeit des Antagonismus mit den positiven Impulsen des Pittoresken zu einer neuen Qualität verbinden sollten. Der Hauptvorwurf, den Ruskin später gegen das Pittoreske erhob, war ein moralischer: Wer diesen Reizen verfallen sei, habe die Beziehung zu den humanen Qualitäten der Objekte verloren. Dafür konnte ein 15- bis 20jähriger noch nicht sensibilisiert sein. Die Gefahren, die ihm erkennbar drohten, bestanden vielmehr darin, Wahrnehmungen auf Oberflächenreize, auf oft zufällige Konstellationen zu begrenzen und Wahrnehmungen zum Sprungbrett realitätsferner Assoziationen zu benützen. So widersprüchlich das klingt: Beide Verhaltensweisen kommen im Kult des Pittoresken, aber auch des Sublimen, um dieses wieder mit in die Betrachtung zu ziehen, zusammen. Die Aufwertung des Niederen, Akzidentellen oder des Wilden, Ungeschlachten begnügte sich nicht damit, nur zu zeigen, was dem geschulten Auge erscheint – immer will sie auch Beziehungen zu größeren und abstrakteren Entitäten herstellen und ständig ist sie dabei, die Medien zu wechseln oder sich durchdringen zu lassen. »Give me a broken rock, a little moss«, reicht nie; der Dichter will dann einen Berg darin sehen, und wenn er den Berg hat, sagen wir das Inbild des Erhabenen, den Mont Blanc, was assoziiert er dann? Byron dichtete nach dem Aufenthalt in Chamonix 1816: »To me/ High mountains are a feeling«. Coleridge besang den Mont Blanc mit folgenden Worten:

> O schweigender, o fürchterlicher Berg!
> Auf dich geschaut hab ich, bis du, wenn auch
> Dem Blick noch gegenwärtig, dem Gedanken
> Verschwandest und ich im Gebet entrückt
> Nur zu dem Unsichtbaren betete.

Mit der Himmelfahrt der Gedanken und Gefühle hebt sich langsam auch das Massiv an:

> [. . .] steig auf, o steige
> Wie eine Wolke Weihrauchs von der Erde
> Empor!

Wordsworth hätte seine Vorstellung vom Mont Blanc wohl lieber nicht für den Anblick des Berges eingetauscht, denn er beklagt, »daß der bloße Augeneindruck,/ Das nackte, seelenlose Sinnes-Bild,/ Einen lebendigen Phantasiegedanken/ Entthronte und für immer uns entriß«. Erst auf dem Simplon-Paß offenbaren sich ihm die Berge »als Chiffren der einen großen Offenbarung,/ Symbole, Bilder des Unendlichen«. Hazlitt faßte die gleiche Erfahrung in Prosa: »Du bewegst dich [vor dem Mont Blanc] sozusagen in Gegenwart des Geistes, der das Universum erfüllt, du stehst vor der Majestät der Natur. [. . .] Dein Denken schwebt über Geheimnissen, die tiefer sind als die Abgründe zu deinen Füßen; seine Spekulationen schießen zu Höhen auf, die alles Sichtbare um dich herum übersteigen.« Als Ruskin dann zur Feder greift, um den Berg zu bedichten, was kann er noch aus seinem »mountain clothed with trees« machen:

> That burning altar in the morning sky:
> And the strong pines their utmost ridges rear,
> Moved like an host, in angel-guided fear
> And sudden faith. So stands the Providence
> Of God around us; mystery of love!

Es geht hier nicht um den Eigensinn der romantischen Naturerfahrung. Wichtig war nur, auf diesen einen Widerspruch hinzuweisen, daß zwar mit Hilfe des Sublimen und Pittoresken neue Wirklichkeitsbereiche erschlossen wurden, daß aber diese neugewonnenen Realitäten in letzter Instanz wieder gegen übersinnliche, imaginäre Erfahrungen eingetauscht wurden. Wie so oft hat sich auch in dieser Beziehung Hazlitt am klarsten ausgesprochen: »Lassen wir doch das Wirkliche für sich selbst sorgen – let us leave the realities shift for themselves«, schreibt der Reisende, als sich Erwartung auf Pittoreskes und vorgefundene Wirklichkeit nicht decken: »Halten wir uns an das, was die Phantasie für uns beschlagnahmt hat, an jene freundlichen Vorstellungen, um die sich Gerüche, Klänge, Erscheinungen und freudige Erregung herumlegen, wie ein wärmendes Abendlicht.«

Schon der junge Ruskin konnte so großzügig nicht mehr

sein. Die Seite der »realities« war gegenüber der Seite der »associations, recollections, fancies« enorm gestärkt worden. Bei der Tour von 1835 »mischten sich Wissenschaft und Gefühl gleichmäßig«. Die Ruskins wollten empfinden, was Byron empfunden hatte, aber auch beobachten, was de Saussure beobachtet hatte – zumindest John wollte das. Was die Berge ihm »erzählen«, wie es in einem frühen Gedicht mit starker Betonung heißt, das kann nach dem Vorbild der romantischen Naturdichtung sein: die Botschaft Gottes, die Ahnung des Unendlichen, die Schönheit des Irdischen, das Ungenügen des Menschen. Das kann aber auch folgendes sein – ein beliebig herausgegriffener Eintrag ins Tagebuch der Reise von 1835: »14. Juli. Martigny. Sehr schönes Wetter. Die Felsen, auf die man direkt hinter dem Ortsausgang von St. Gingolph stößt, sind besonders bemerkenswert. Die ersten bestehen aus kalkreichem Tuff und werden durch Hunderte von kleinen Wasserläufen befeuchtet, die ihr Kalkkarbonat in schönen, transparent-braunen Stalaktiten ablagern – manche Felsen sind davon ganz eingehüllt. Einige Stalaktiten, die noch wachsen, sind nicht weich und bröcklig wie Stücke braunen Zuckers, sondern sind flexibel, wie eine zähe Paste. Die Felsen, die unter dem Tuff abbrechen, sind aus eisenhaltigem Stein, den Quarzadern in dünnen Lagen und Schichten gehärteten blauen Lehms durchziehen, die den Stein leicht trennbar machen. An einer Stelle fand ich eine Quarzader, die von einem langen kreisrunden Kanal durchbohrt wurde, der ganz mit blauem Ton gefüllt war.« Der Geologe, der auf diese Weise ein ganzes Buch füllt, bleibt dem Augenschein treu, er kann zwar noch schön finden, was er beobachtet, aber er unterliegt nicht dem Zwang, die Alpen nur zu schätzen, weil sie ruinös sind, »a ruined universe« – das machte sie in den Augen der Engländer nämlich so pittoresk oder so »rustikal«, »rural«, ein Epitheton, das Byron in Chamonix aus dem Mund einer englischen Lady vernahm. Und er sieht im Wachsen der Stalaktiten nicht gleich das Wirken Gottes. So wie er sich die Geologie autodidaktisch angeeignet hat, ist sie eine Erfahrungswissenschaft, die die sinnliche Auseinandersetzung mit dem Material verlängert und vielseitig gestalten hilft. Das gleiche gilt für die Meteorologie, die er so eifrig betreibt. Beide, die Wissenschaft von der

Erde und vom Himmel, können nachvollzogen, ja durch eifrige Beobachtung auch vom Laien bereichert werden. Jamesons »System of Mineralogy«, das Ruskin als Leitfaden benutzte, versprach seinen Lesern, »nur auf den äußeren Eigenschaften der Mineralien aufzubauen und gänzlich ohne die Hilfe der Chemie auszukommen«. Und an de Saussure, dem großen Geologen der Alpen, rühmte Ruskin später: »Er war in die Alpen gegangen, wie ich es mir selber vornahm, nur um sie zu *betrachten* und um sie zu beschreiben, wie sie waren, sie von Herzen liebend, sie, die positiven Alpen, mehr liebend als sich selbst, als die Wissenschaft oder als alle wissenschaftlichen Theorien.« Der jugendliche Liebhaber der äußeren Reize und der äußeren Daten hat also zwei große Gegenstandsbereiche: das Reich des Akzidentellen und das Reich der charakteristischen Merkmale. So verschieden sie an sich sind, so haben sie doch gemeinsam, daß sie nicht analytischer, sondern empirischer Bemühung zugänglich sind. Diese Grunddisposition sollte Ruskins beständigste und wertvollste Eigenschaft werden. In seinen jungen Jahren fiel es ihm natürlich schwer, das Gemeinsame so divergierender Interessen zu sehen; er empfand zwar die Vielfalt seiner Gegenstände nicht als Belastung, aber er meinte doch, er müßte »science« von »feeling« stärker trennen, nicht das eine durch das andere ersetzen, wonach einem Jugendlichen normalerweise am stärksten verlangt, aber doch unterscheiden. So schreibt er am 31. März 1840: »Ich habe mich dazu entschlossen, einen Teil des Tagebuchs für den Intellekt und den anderen für das Gefühl zu reservieren.«

6

Die Seite für das Gefühl war nicht allein dazu bestimmt, einen poetischen Reim auf alle Naturbeobachtungen zu machen. Das Bedürfnis reichte tiefer. Im Garten Eden von Herne Hill, in dem man nichts anfassen durfte, war Eva erschienen, wirklich nur erschienen. 1833 hatten die Ruskins in Paris den Lieferanten ihres Sherrys, den Teilhaber der Firma Ruskin, Telford & Domeq, den Spanier Pedro Domeq besucht, der mit seiner englischen Frau fünf Töchter hatte. John trat hier in einen Lebenskreis, der von dem seinen total verschieden war. Die Domeqs waren adlig, reich, urban, katholisch, demonstrativem Luxus zugetan; sie bildeten eine große Familie mit internationalen Verzweigungen. Sie waren genau die Art von Leuten, für die John James immer die besten Zimmer freihielt und die dann ganz andere Ziele ansteuerten als die Ruskins. Ihre Töchter besuchten feine Klosterschulen und zeigten sich in allen gesellschaftlichen Künsten wohlbewandert. »Es waren die ersten vornehm erzogenen und gut gekleideten Mädchen, die ich gesehen – oder wenigstens, mit denen ich gesprochen hatte.« John mußte natürlich passen, als sie mit ihm spielen, tanzen und plaudern wollten, aber er war sehr beeindruckt von der geschulten Art, mit der ihn die jüngste Tochter unterhielt. Daß sie ihm das Haus auf den Champs-Élysées und ganz Paris als »Paradies« rühmte, wird ihm wunderlich gewesen sein. 1836 waren vier Domeq-Töchter zu Gast in London bei den Ruskins. »Eine bedeutungsvolle Konstellation, wie das Kreuz des Südens, flammte am dunklen Firmament über meiner Londoner Vorstadt auf.« Ruskins Bericht über das Ereignis ist unübertreffbar und ist durch die Quellen nicht widerlegt worden: »Wie meine Eltern ihren jungen Novizen so hilflos in den feurigen Ofen der äußeren Welt werfen konnten, mag den Leser billigerweise verwundern. [. . .] In Wahrheit vielleicht noch klösterlicher erzogen als die Mädchen selbst, ohne eine Schwester oder Kusine als Zuflucht oder Gefühlsableiter, ohne körperliche Spiele, um meine Träumereien zu unterbrechen, war ich an Händen und Füßen gebunden in den Feuerofen dieser vier Mädchen geworfen, – was Wunder, daß sie mich innerhalb von vier Tagen in ein Häufchen Asche verwandelten. Ja, es bedurfte höchstens so lange, aber der Aschermittwoch dauerte für mich vier Jahre lang. Der geschickteste Entwerfer in irgendeiner Kunst hätte Mühe etwas zu erfinden, was im äußeren Anblick so komisch und in seinem inneren Wesen so tragisch wäre, wie mein Zustand in jenen Tagen.

Clothilde, Adèle Clothilde mit ihrem vollen Namen, [. . .] wurde von mir Adèle genannt, da ich so zu ihrem Namen einige schöne Reime hatte, wie shell, spell, knell. Der Kreis ihrer schönen Schwestern ließ Adèle nur noch strahlender erscheinen, und meine Scheu und Unbeholfenheit wurde noch gefestigt oder in die Irre geführt durch ein patriotisch-protestantisches Selbstbewußtsein, das sich weder durch Höflichkeit noch durch Mitfühlen im Zaum halten ließ. In Gesellschaft saß ich voller Eifersucht wie ein Stockfisch da und fühlte mich sehr elend, bis sich eine glückliche Gelegenheit zu einem tête-à-tête zeigte und ich meine in Paris erzogene, spanisch-katholische Herzensgebieterin mit meinen eigenen Ansichten über die spanische Armada, die Schlacht bei Waterloo und die Transsubstantiation zu unterhalten versuchte.« Ruskin warb um das Mädchen mit den ihm zur Verfügung stehenden Mitteln: Er schrieb ihr lange Briefe in drolligem Französisch, er schrieb für sie eine Schauergeschichte über einen italienischen Banditen, die sogar veröffentlicht wurde, er schrieb Gedichte, die ebenfalls ihren Verleger fanden – all das amüsierte Adèle, aber nicht so sehr wie ein fashionabler Ausflug oder ein Tanzvergnügen. All das war auch so romantisch versponnen, daß sie vielleicht ahnen, aber nicht wissen konnte, was sie in dem jungen Engländer angerichtet hatte. Und John, der es wußte, wußte nicht, was er damit anfangen sollte: »Ich hatte weder die Entschlossenheit genug, um mir Adèle zu gewinnen, noch den Mut, ohne sie zu leben; ich überdachte nicht, wie alles kommen sollte, und gewahrte nicht, wie ungenießbar mein Zustand mich für meine Umgebung machen mußte.« Den Eltern, die ihren Sohn zu gut kannten, blieb die Veränderung nicht verborgen, aber sie hielten sie erst für eine vorübergehende Aufwallung und dann, als die Affäre sich hinzog, für eine Krankheit, deren Ende man still abwarten mußte. Ernsthafte Chancen bestanden keine. Die Töchter des Domeqs waren den Söhnen des europäischen Hochadels vorbehalten, und beide Seiten hätten den Unterschied der Religion für eine unüberwindbare Trennmauer erklärt. Nachdem die Mädchen ein englisches Internat bezogen hatten, kam es zu wiederholten Begegnungen in den folgenden Jahren, aber zu keiner Veränderung des Status quo. Adèle zeigte kein Engagement, und John hob sie in Gedanken und Versen in den Himmel – er hatte sein »ideal beloved« gefunden und war unglücklich und beschäftigt. Der höchste Ausdruck, den er seinem neuen Zustand geben konnte, liegt wohl in den beiden Gedichtzeilen (die nicht zugleich der höchste Ausdruck seiner poetischen Kunst sind):

Nature has lost her spirit stirring spell
She has no voice, to murmur of Adèle.

Was so nicht stimmt. Die Jahre 1836 bis 1840 stehen vielleicht im Zeichen von Adèle, aber sie bleiben wegen ihr nicht stehen. Sie bringen neue Reisen, neue Kunsterfahrungen – Prout tritt zurück und für Ruskin eröffnet sich das Universum Turner – und »nature's spirit stirring spell« ist nach wie vor ungebrochen: die Studienzeit, die Oxforder Jahre 1837 bis 1840 haben gerade dort ihre Inspirationsquelle. Das zielt nicht direkt gegen die Tiefe und Ernsthaftigkeit von Johns emotionaler Beanspruchung, eher gegen die Hilflosigkeit ihrer formelhaften Verarbeitung. Aber es ist auch nicht ganz ungefährlich, wenn man sich den Namen der Geliebten reimgerecht macht und wenn eine erste unerhörte Liebe sich von einer Dichtung und Weltanschauung bestätigt weiß, die Liebe grundsätzlich als unerhörbar betrachtet.

Nachdem akademische Tutoren und kurze Besuche von Privatschulen und Kursen am King's College seinen Bildungsgang ein wenig dem Zeitüblichen angepaßt hatten, nahm John Ruskin Anfang 1837 seine Studien in Oxford auf. Die Mutter zieht anläßlich dieses Einschnitts Bilanz: »Unser Kind ist in sein 19. Lebensjahr eingetreten und hat bisher keinem von uns beiden Anlaß zu ernsthafter Verärgerung gegeben. Da wir die göttliche Versicherung haben, die aus dem Gebot folgt: Erziehe ein Kind für den Weg, den es gehen soll, dann wird es im Alter auch nicht davon abweichen, so wage ich die Prophezeiung, daß sein künftiges Betragen sich vom bisherigen nicht sehr unterscheiden wird.« So ganz sicher scheint sich die Mutter ihrer Sache nicht gewesen zu sein, sonst wäre sie nicht für die Dauer der Studien nach Oxford gezogen, um über den Sohn zu wachen, eine Handlung, die Ruskins Position an der Universität wohl kaum erleichterte. Er hat sehr viel später in »Präterita« dazu angemerkt, daß er es sich besonders hoch anrechnete, die Anwesenheit der Mutter niemals als peinlich empfunden zu haben. 30 Jahre vor Ruskins Immatrikulation hatte der Student Byron die bloße Ankündigung eines Besuchs seiner Mutter wie folgt kommentiert: »Sie deuten die Möglichkeit Ihres Erscheinens in Trinity [College] an; in dem Augenblick, da ich von Ihrer Ankunft höre, verlasse ich Cambridge, und wenn auch zeitweise oder gänzliche Ausschließung die Folge ist.«

Für einen Dandy wie Byron war »Oxbridge« sicher ein geeigneterer Ort als für den lernbegierigen Studiosus John Ruskin. Was Byron 1805 klarsichtig festgestellt hatte: »Das College erweitert den Horizont in jeder Hinsicht, nur nicht in der Gelehrsamkeit«, galt noch unverändert für das Jahr 1837, besonders wenn man von Stand war oder reiche Eltern hatte. Dann nämlich konnte man sich von den Normalstudenten, den Commoners und dem geregelten Schulbetrieb absentieren und »die Musen, arme Teufel, ganz vernachlässigen«. John James hatte selbstverständlich keine Kosten gescheut und seinen Sohn als »Gentleman Commoner« angemeldet. Das bedeutete keine andere und bessere Ausbildung, sondern nur: keine Aufnahmeprüfung, bessere Unterkunft, Verpflegung und noble Gesellschaft. Johns Tischgenossen, Zimmernachbarn und täglicher Umgang waren von nun an junge Adlige, ein Umstand, der die Eltern zutiefst beglückte, den Betroffenen aber mehr oder minder unberührt ließ. John war nach Oxford gegangen, um zu studieren; die adligen Studenten gedachten drei amüsante Jahre zu verbringen. Da war eine merkwürdig verschobene Konfliktlage vorgezeichnet. John mußte seinen Studierwillen gegen eine Kamarilla junger Lebemänner durchsetzen und sich gleichzeitig von den Eltern vorhalten lassen, er kapsele sich ab, anstatt die so ehrenvollen sozialen Kontakte zu pflegen, »er verliere Grund bei der höheren Klasse«, wie der Vater klagt. Die Eltern wußten wohl kaum, wozu sie den Sohn da anhielten, bei aller Überwachung. Ruskin hat ihnen später einmal deutlich Bescheid gestoßen – anders kann man das wohl nicht nennen: »Du und Mutter wart entzückt, wenn ich in Gesellschaft mit Männern wie Lord March und Ward ging, mit Männern, die ihre Schubladen voll schweinischer Bilder hatten, die offen mit ihren Mätressen herumspazierten, die fluchten, spielten, tranken, die nicht mehr im Kopf hatten als die Namen von Rennpferden, die die Gefühle eines Rohlings besaßen, deren Unterhaltung bei Tisch Prostituierte hätte erröten lassen und ihnen die Zurückweisung von Bösewichten eingetragen hätte, mit Männern, die mich sofort meines Geldes am

Spieltisch beraubt hätten und gelacht hätten, wenn ich ihren Lastern verfallen und an ihnen gestorben wäre.«

Während John einen freien Tag benutzt, um sein College, das ehrwürdige Christ Church College, zu zeichnen, reiten zwei seiner adligen Konstudenten die Strecke Oxford–London–Oxford um die Wette, und als er die Zeichenstifte einpackt, nach sechs Stunden, kommen die beiden zurück: der Sieger kurz vor dem Verlierer, letzterer zu Fuß, nachdem er ein Pferd zu Tode geritten und einem zweiten die Beine gebrochen hatte.

In keiner anderen Situation hat sich Ruskin so geschickt und menschlich erfolgreich verhalten wie im Studium. Er hat die unablässigen Störungen, Streiche und Anbiederungen der jungen Roués ohne Schwierigkeiten pariert. Wenn es geboten war, nahm er an ihren Gelagen teil und erwies sich als der trinkfeste Sohn eines Weinhändlers; er verteilte seine Zuwendung so gleichmäßig als möglich, und er war offensichtlich gut gelitten, sonst hätten sich die Lords nicht um einen Bürgerlichen und offenkundigen Bücherwurm so nachhaltig bemüht. Er hat den Verkehr und die Freundschaft mit den wenigen Gleichgesinnten gesucht und wurde von ihnen nicht minder geschätzt. Ein 20jähriger, der weitgereist und in vielen Dingen beschlagen war, der Mappen und Kästen mit erstaunlichen Dingen gefüllt hatte, der war selbst in Oxford eine Rarität und hatte bald Zugang zu den Tischen und Abendgesellschaften einiger Professoren und zu den wissenschaftlichen Gesellschaften. Er hat das Desinteresse, ja die offene Ablehnung der anderen, der Mehrzahl der Lehrer ertragen, ohne Schaden zu nehmen: Die Hüter des Grals »Alte Sprachen« hatten natürlich bald bemerkt, daß bei Ruskin nichts auszurichten war. Schließlich hat John es verstanden, die Gegenwart der Mutter und der Kusine Mary mit großer Selbstverständlichkeit in sein Leben zu integrieren – wenn die Mutter einmal über den von den Lords gefoppten Sohn schreibt: »Er macht sich nicht viel aus sich selbst – ist das nicht ein Glück?«, so hat dieses Urteil Bestand. Schlafwandlerisch sicher ist Ruskin seinen Weg durch diese merkwürdige Mischung aus scholastischem Lehrbetrieb und feudalem Gutleben gegangen, kein Tor, eher ein junger Mann, der mehr anzufangen wußte als fast alle um ihn herum.

Das Problem der Oxforder Jahre war das Studium, nicht das Soziale. Das Curriculum der Undergraduates bestand aus den Fächern Alte Sprachen, Mathematik und Theologie mit ihren Nebenfächern Ethik und Philosophie – keiner dieser Gegenstände hatte Ruskin bis dahin fesseln können und keiner sollte in seinem Leben große Bedeutung erhalten. Er hat sehr fleißig gearbeitet, manchmal zur Zufriedenheit, häufiger zur Überraschung der Lehrer, die auf seinen bunt zusammengestoppelten Bildungsgang mit Verachtung hinabsahen, aber sein Herz war nicht bei diesen Sachen, und er hat vom offiziellen Kurs der Studien nicht mehr profitiert, als ihm eine gründliche humanistische Schuldbildung auch gegeben hätte. Nicht von ungefähr hat er im Moment des Studienbeginns seine erste größere kunstkritische Arbeit begonnen, »The Poetry of Architecture«, eine Reihe architekturästhetischer Betrachtungen, die von 1838 an im »Architectural Magazine« erscheint und kleinere Arbeiten nach sich zieht. Oxford konnte ihm für diese Art von Fachschriftstellerei nichts geben; der erste Professor für Kunst und Kunstpädagogik in Oxford begann seine Arbeit 32 Jahre später; sein Name: John Ruskin. Die einzige Herausforderung, die er damals wirklich angenommen hat, war der Newdigate Prize, der jährlich verliehene Preis für das beste Gedicht eines Oxforder Studenten. Ruskin schickte dreimal ein bildungs- und metapherngeladenes Poem ein und gewann beim dritten Mal, was ihm ein Auditorium von 2000 Zuhörern und eine Begegnung mit William Wordsworth einbrachte. Den Newdigate-Preis zu gewinnen, war so ungefähr die beste Empfehlung für einen Dichter, der ein Verfasser galanter Festgedichte und empfindsamer Albumpoesie werden und bleiben wollte. Für Ruskin kam eine solche Förderung allerdings zu spät: Er war bereits ein Albumpoet. In dem jährlich erscheinenden Lyrik-Taschenbuch »Friendship's Offering« des Herausgebers William Henry Harrison publizierte er seine Gedichte seit 1835. Obwohl alle Beteiligten sich größte Mühe gegeben hatten, daß der Preis beim dritten Mal an John ging, hat sich doch keiner Illusionen über dieses Ereignis gemacht. Selbst der Vater, der sich eingestand, daß er die Produkte seines Sohnes normalerweise überbewertete, wollte nicht, daß in anderen Publikationen Johns mit dem Zusatz »Träger des Newdigate-Preises«

geworben wurde: »Wenn wir John auch nicht länger als ›Das Kleine Phänomen‹ ausgeben können, so schrecke ich doch davor zurück, daß das Wohlwollen seiner Freunde ihn nun in die Welt der Literatur als eine Art großes Phänomen schickt [...].« Gleichwohl hegte der Vater »die Hoffnung, daß aus John, wenn er geschont wird, noch ein ganzer Dichter wird«. Man sieht aus diesem einen Nebensatz: »if spared«, wenn er geschont, d. h. weder durch Lob verzärtelt noch durch Kritik verprellt wird, welch total veraltete Vorstellung vom Werden eines Dichters sowohl die Eltern und ihre Ratgeber als auch das literarische Oxford mit seinen geschniegelten Preispoemen pflegten. Die einzigen wirklich lesenswerten Gedichte Ruskins sind seine Liebesgedichte, sind Verse einer Erfahrung, die ihn nicht schonte.

Daß Ruskin am Ende des Studiums nicht wiederholen konnte, was William Wordsworth über seine Jahre in Cambridge gedichtet hat: »Mehr noch beschwerte meinen Geist ein Unbehaustsein/ Ein Wissen, daß ich nicht hierher gehörte/ Und daß die Zeit für mich nichts abwarf«, das ist dem Glück zuzuschreiben, daß das Christ Church College wenigstens einen Lehrer hatte, der dem Studenten half, seine privaten Forschungen auf einem Gebiet zu intensivieren: William Buckland, Kanonikus von Christ Church und Professor der Geologie und Mineralogie. Durch ihn blieb Ruskin mit der Entwicklung der Geologie in Kontakt; als Mitglied der Geological Society, als häufiger Besucher des British Museum und als Sammler und Forscher von eigenen Gnaden wäre er zu Hause in London auch weitgekommen, aber in einer so prägenden Situation wie dem Studium, in der Auseinandersetzung mit ein, zwei Lehrern schärfte sich zum Methodenbewußtsein, was sonst vielleicht nur als bloßer Sammeltrieb weitergewirkt hätte. Die Geologie war die Schlüsselwissenschaft der Zeit. Auf ihren Gebieten wurde die Zukunft der Geschichtsschreibung, der Theologie, der Biologie und Anthropologie entschieden. Und als Ruskin in den späten 30er Jahren sich den großen Fragen näherte, war noch wenig entschieden. Ungelöst war vor allem das heikelste aller Probleme: Ließ sich der biblische Schöpfungsbericht mit den Erkenntnissen der Geologie und Paläontologie vereinbaren? Cuvier hatte 20, 30 Jahre zuvor aus den

Knochenfunden des Pariser Beckens Tatsachen herausgelesen, die von der »natürlichen Theologie« noch nicht verdaut waren. Lebewesen, ganze Arten hatte Cuvier in seinem Beinhaus der Erdgeschichte rekonstruiert, die schon seit langem ausgestorben waren. Das ging aber schlecht mit dem Alten Testament überein, das einerseits nur eine historische Spanne von ca. 6000 Jahren seit Erschaffung der Welt zuließ und andererseits von Gottes schützender Hand über allen Arten explizit kündete. Cuvier hielt sich in dieser Frage bedeckt, aber die von ihm angestoßene stratigraphische Geologie war seitdem schnell vorangeschritten, gerade in England, und immer neue seltsame Wesen tauchten aus dem Dunkel der Zeiten auf, immer tiefere Straten wurden ausgebeutet, immer drängender erhob sich die Frage, ob das Buch der Bücher neben dem Buch der Natur Bestand haben könnte. Da kamen die christlich orientierten Naturwissenschaftler (und das waren neun von zehn) auf eine Idee, die für kurze Zeit Entlastung brachte. Wenn die ausgestorbenen Arten wirklich vor unendlich langer Zeit gelebt haben sollten, dann war das zur Zeit des Paradieses: Die Zeit des Paradieses ist zeitlos, da ließen sich Äonen der Naturgeschichte unterbringen. Nur tauchte dann eine neue heikle Frage auf: Gab es den Tod, die Auslöschung der Arten im Paradies? Als dieses Erklärungsmodell und diese theologische Streitfrage diskutiert wurde, studierte Ruskin in Oxford. Und Ruskin wäre nicht Ruskin, wenn er nicht gleich die Familie mit diesem Problem infiziert und selbst als Traktatschriftsteller in die Debatte eingegriffen hätte. William Bucklands These lautete: Ja, die ausgestorbenen Tiere haben im Paradies gelebt, sie sind damals umgekommen, indem sie sich gegenseitig auffraßen – das könne man nicht eigentlich Tod nennen. Der Kommentar Margaret Ruskins: »Die Frage ist schon sehr beunruhigend. Ein Glück nur, daß weder unser Wohlergehen hier, noch unser Glück im Himmel von ihrer Lösung abhängt – es wäre dem Doktor [Buckland] und seinen Kollegen dringend anzuraten, daß sie die Bibel in Ruhe ließen, bis sie endgültige Klarheit gewonnen haben.« Der Vater, der sich mit dem Problem auf einer Vertreterreise abplagte, schrieb (ohne Bucklands Lösungsvorschlag zu kennen): »Die Monster, die wir auf Grund der Chronologie der Geologen leben lassen müssen, endeten nach Gottes Ratschluß ihr Leben auf eine Art und Weise, die noch nicht Sterben hieß.« Der Sohn schlägt zuerst den oberklugen Weg ein und argumentiert naturwissenschaftlicher als die Naturwissenschaftler. Die Gesetze des Stoffwechsels besagten ganz einfach, daß pflanzliches Leben auf dem Zerfall des tierischen, und tierisches auf den Zerfall des pflanzlichen Lebens angewiesen ist. »Wenn wir also von Leben, Nahrung, Wachstum sprechen, dann reden wir im gleichen Moment von Tod und Vernichtung. Diese Gesetze galten auch im Garten Eden. Das grüne Gras war dazu bestimmt, Fleisch zu werden. Das war Zerstörung.« Während die anderen die Tatsache, daß der Tod schon im Paradies wütete, definitorisch wegerklären möchten, stellt sich Ruskin positiv dazu: Tod ist die Bedingung von Leben. Das Thema Verfall scheint den am Pittoresken geschulten Theoretiker nicht zu schrecken. Der zweite Teil seiner Antwort ist ebenfalls nicht ohne individuelles Gepräge: Man dürfe nicht versuchen, den Schöpfungsbericht (an Eastern allegory) in seinen historischen Aussagen allzu wörtlich zu nehmen. »Was wir sind, das wissen wir, was wir sein werden, wissen wir auch, was wir gewesen sind, weiß nur Gott.« Ein erstaunlicher Satz für den Studenten der Wissenschaft der Geologie, die gerade dabei war, das Wesen und die Ausdehnung der Zeit neu zu bestimmen, erstaunlich auch, weil er im Jahrhundert der Geschichtsschreibung und Geschichtswiederholung geschrieben wurde. »Was können wir wissen?«: die Gegenwart und die Zukunft – die Geschichte dagegen ist in Gottes Hand? Mit dieser resoluten Umkehrung der Perspektive beginnt Ruskin sich seinen Standort freizumachen. Zuerst beschäftigt ihn das Präsens, die Natur in ihrer ewigen Fülle der Erscheinungen, die Kunst als dasjenige Organ der Geschichte, das am gegenwärtigsten und nur zu bereit ist, den dokumentarischen Sinn an den Augenschein zu verraten. Was ihn noch kaum zu fesseln vermag, ist das Geschiebe der Epochen, Stile und Individuen, die Gesetze des Werdens, Vergehens und Handelns. An die Gegenwart wollte er wohl die Arbeit seines Lebens geben. Doch war die Zeit schlecht gewählt. Das Jahrhundert des Historismus ist die Epoche grundstürzenden Wandels. So schnell wird das Präsens der Kunst und Natur zur Vergangenheitsform gebeugt, daß der Gegenwartsforscher einen weiten Spagatschritt machen und mit einem Bein in der Vergangenheit, mit dem anderen in der Zukunft stehen muß, Historiker und Prophet zugleich. Das ist die Normalstellung des viktorianischen »Weisen«, aber keiner hat sie so sehr als Verrenkung empfunden wie Ruskin, der mit seinem ganzen Sensorium auf das Gegenwärtige ausgerichtet war. Keiner hat auch die jugendlich unbekümmerte Antwort auf die Frage: Was können wir wissen? so bitter gebüßt wie Ruskin. Die unerträglich gewordene Jetztzeit abstoßend, zwischen Historie und Zukunft pendelnd, von beiden zurückgeworfen, blieb ihm schließlich das als Gewißheit, was er ursprünglich Gott hatte überlassen wollen, das Wissen, was er gewesen war.

Die Spekulationen über Genesis und Geologie hatten den Effekt, daß Ruskin in Zukunft von ihnen ließ und sich wohl auch klarmachte, wie schwer die Ämter des Priesters und Wissenschaftlers miteinander zu vereinbaren waren. Buckland hatte seine handfesten Probleme mit der Orthodoxie in Oxford; Lyell (kein Geistlicher) hatte auf Grund seiner geologischen Thesen die Professur am King's College in London aufgeben müssen. Das schienen wenig verlockende Aussichten zu sein. Autorität hatte John zu Hause genug; sich innerhalb eines Systems von Dogmen kreativ zu verhalten, sollte seine Sache nicht werden. Von Buckland hat er dann auch etwas ganz anderes gelernt, etwas Methodisches, das freilich nicht ohne Hinblick auf die zahlreichen Verbotstafeln entwickelt worden war. Sammeln, Bestimmen, Klassifizieren, solch klassische Vorgehensweisen hatte Ruskin sich naturwüchsig angeeignet, jetzt erfuhr er, daß der Musterwissenschaftler, der Paläontologe, mehr können muß: er kann am aktuellen Bestand ergänzen, rekonstruieren, rückwärtsgewandt wahrsagen. Sein Arbeitsgebiet ist nicht der ordentlich gefüllte Sammlungsschrank, sondern das unscheinbare Detail, das an sich kaum sammlungs- und klassifizierungswürdig ist. Der mikrologische Blick – »to see a world in a grain of sand« (Blake) – erschließt aus der Spur das vergangene lebendige Ganze: »[. . .] heute genügt es, den Abdruck eines gespaltenen Hufs zu sehen, um daraus zu schließen, daß das Tier, das die Spur hinterlassen hat, ein Wiederkäuer war. Und diese Schlußfolgerung ist genauso sicher wie irgendeine der Physik oder Ethik. Diese eine Spur reicht aus, um dem Beobachter die Form der Zähne, Kiefer, Wirbel, aller Bein-, Schenkel-, Schulter- und Beckenknochen des vorbeigelaufenen Tieres mitzuteilen [...].« Im Sinne dieser Gewißheit Cuviers handelte Buckland. Er war ein scharfsichtiger Spurenleser. Als erster untersuchte er fossile Regenspuren und Hageleinschläge und zog daraus Schlüsse über die klimatischen Verhältnisse der Vorzeit. Er nahm sich die Augen der Trilobiten vor und folgerte, wie die Lichtverhältnisse in den Meeren beschaffen waren. Das Indizienparadigma, wie man dieses methodische Vorgehen genannt hat, zielt auf eine Verlebendigung der fragmentarischen Vergangenheit. Es ist das klassische induktive Verfahren, es komplettiert die Relikte der Vergangenheit zum Leben; sie erhalten keine neue Ordnung, sondern werden in die alte zurückprojiziert; Ausgangspunkt ist das individuelle Faktum, nicht das System. Ruskin mußte dieses Vorgehen sehr willkommen sein, denn es bestätigte seine empirische Begabung und seine Zuwendung zum Detail; zugleich förderte es ihn, weil er nun über das bloße Festhalten, Identifizieren und Sammeln zu rekonstruktiver Verstandesarbeit und wissenschaftlicher Phantasie angeregt wurde. Es bot auch die Möglichkeit – was er damals sicher noch nicht erkannt hat –, eine gemeinsame Basis für die Erforschung der Werke der Natur und der Werke der Menschen zu finden.

Von der Begegnung mit Buckland hat Ruskin auch in persönlicher Hinsicht profitiert. Buckland war der erste Naturhistoriker, mit dem er in ein engeres Verhältnis trat, und dieser Exzentriker lehrte ihn, daß man vieles sein kann, wenn man Wissenschaftler ist, und daß man nichts ist, wenn man nur Wissenschaftler sein kann. Buckland verkörperte den Typus, den man »Urvieh« nennt: ein Anarchist in seiner Lebensführung, ein Freund exzessiver Geselligkeiten, ein manischer Sammler und von Beruf Priester, Lehrer, Wissenschaftler und Autor. Leben war ihm nichts von der Forscher- und Dozententätigkeit Abtrennbares und umgekehrt: Ruskin, der oft bei ihm eingeladen war, erlebte, wie Buckland und seine Freunde Wahrscheinlichkeitsrechnungen an Glücksspielen durchführten, wie sie danach auf Stelzen durch die Bibliothek stiegen und bei anderer Gelegenheit eine junge Dame mit einer lebenden Schlange als Halsschmuck auf eine Abendgesellschaft schickten. Wenn aus dem jungen Gentleman Commoner nie ein Bücherwurm, ein Spezialist, ein Systematiker geworden ist, dann dürfen wir auch das der prägenden Einwirkung seines Lehrers William Buckland zuschreiben.

Die Oxforder Jahre brachen unversehens mit einer emotionalen und physischen Katastrophe ab. Am 28. Dezember schrieb Ruskin in sein Tagebuch: »I have lost her.« Adèle hatte England verlassen, um sich in Paris mit einem französischen Baron zu verheiraten. Kurz nach der Hochzeit im März 1840 spuckte Ruskin Blut, wurde von der Universität genommen und durfte zwei Jahre lang seine Krankheit auskurieren, bei der es sich vermutlich nicht um die gefürchtete Schwindsucht handelte. Der Prozeß der Heilung war langsam, aber ganz und gar erfolgreich. Zehn Monate verbrachte Ruskin im Süden, ohne diesmal so aktiv und unternehmungslustig sein zu können wie früher. Der Schatten der Krankheit und Adèles Schatten fällt »on the old road«; das Tagebuch »feiert« düstere Jahrestage. Doch weiter füllen sich die Notizbücher mit Memoranden und die Mappen mit Skizzen und Aquarellen. Im Mai 1842 endlich, bei leidlich wiederhergestelltem Befinden, kann Ruskin seinen Bachelor in Oxford machen. Damit stellte sich verschärft die Frage: »Was sollte ich werden? Was tun?« »Mein Vater, obgleich sein eigener Stolz durch das Bewußtsein befriedigt wurde, der erste im Sherry-Handel zu sein, sah und fühlte in seinem Sohn Geisteskräfte, die in diesem Geschäft nicht voll zur Entfaltung kommen würden. Sein Ideal für meine Zukunft erforderte, daß ich im College in die beste Gesellschaft kommen, alljährlich sämtliche Preise gewinnen und mit der besten Note abschließen sollte; dann würde ich Lady Clara Vere de Vere [eine Gestalt Tennysons] heiraten, so gute Poesie schreiben wie Byron, nur fromme, und ein, allerdings protestantischer Kanzelredner werden von der Macht Bossuets. Mit vierzig Jahren sollte ich Bischof von Winchester und mit fünfzig Primas von England sein.« Die Mutter, die ihn ja Gott versprochen hatte, erkannte, wie Ruskin meinte, mehr seine wissenschaftlichen Neigungen an und wäre es zufrieden gewesen, wenn aus ihm ein naturalisierender Landgeistlicher geworden wäre wie White of Selborne. Ruskin selbst hatte während der Zeit seiner Krankheit sehr intensiv das Problem seiner Berufswahl überdacht; er hatte sich keineswegs aus Bequemlichkeit um die Frage gedrückt, wie die Lebenserinnerungen es darstellen, aber mehr als die negative Tendenz, dem Wunsch der Eltern nicht zu entsprechen, war nicht herausgekommen. Bevor also diese einschneidende Entscheidung getroffen werden mußte, gingen die Ruskins erst einmal auf Reisen – in die Schweiz.

II
Der Graduierte von Oxford
1842–1845

I

Im Februar 1843 malt George Richmond den gerade 24 Jahre alt gewordenen John Ruskin (Abb. 3). »Das Bildchen stellt mich dar, wie ich inmitten einer offenen Landschaft, in rotem Rock und weißen Hosen an einem malerischen Pulte sitze, einen pompösen Kreidestift in der Hand, hinter mir in der Ferne Mont Blanc, zu Raffaels gefälliger Anmut verallgemeinert.« Es scheint so, als nehme der Maler diesmal keine Zuflucht zu Verkleidung und Entrückung. Das Prosaische dieser Gegenwart wird am leblosen Detail so genau herausgekehrt, wie man es nun auch wieder nicht wissen will. Vier Jahre nach Erfindung der Fotografie sieht man auf diesem Aquarell schon jene häßlichen maschinengedrechselten Möbel, die bald zum Inventar der Porträtateliers gehören. Ruskin wird etwas später von der »fatalen Neuheit« des zeitgenössischen Meublements sprechen. Besonders auffällig ist der Kontrast zwischen den angestrengten Knorpeln der Hockerbeine und der mühelosen Eleganz von Figur und Kleidung. Letztere kommt noch von der Mode der vorviktorianischen Zeit her, ist noch hellfarbig und nicht düster, akzentuiert die Körperfunktionen und verhängt sie nicht – man beachte die angesetzten und seitlich geschlitzten Manschetten an den Ärmeln des Gehrocks. Weder die Zeit noch Ruskin haben hier zu ihrem Stil durchgefunden. Wenige Jahre später ist die viktorianische Tracht festgelegt und hat Ruskin sich für die seine entschieden, die er dann bis zum Lebensende trägt.

Der junge Mann dieses Bildes hat sich vom Pult ab- und uns zugewandt. Sein Blick geht jedoch nicht direkt zum Betrachter, sondern nach links unten ins Unbestimmte. Dem vollkommenen Oval des Gesichts ist ein träumerischer, weicher Ausdruck eingeschrieben. Gäbe es nicht die gelenkige Energie des Körpers darunter, so wäre da nur der schöne, schönsinnige Sohn reicher Eltern. Zweifellos hat der Maler richtig gesehen, daß die präzisen Züge des Gesichts – immer noch, muß man im Hinblick auf Northcotes erstes Porträt sagen – eingepackt waren in Jugend und in Sicherheit, wie sie nur der Reichtum gewährt. Der späte Ruskin hat seine damalige Situation nicht anders beurteilt: »Was sollte ich werden oder beginnen? [...]

mir fehlte jegliche Lust zu Abenteuern, und ich war es ganz zufrieden, mein behagliches Zimmer allezeit in Ordnung und mein Essen von drei Gängen regelmäßig um 4 Uhr bereit zu finden.« Wenn also die Besinnlichkeit des Ausdrucks wirklich mehr sagen will, dann könnten das Sensibilität, eine romantische Gemütslage, vielleicht auch persönlicher Kummer sein, aber noch nicht ein Leiden an der Welt, das später die Züge zur Kenntlichkeit reduziert. Wenn man das so zusammensieht, das vage, weiche Gesicht und der quasi-professionelle, nur im Moment entlastete Körperhabitus, so ergibt sich das ganz treffende Bild eines Menschen, der tüchtig ist, ohne schon lebenstüchtig zu sein.

Noch andere Einzelheiten stehen heraus und bedürfen des Kommentars: das Pult und vor allem der Hintergrund. Es war nichts Außergewöhnliches, als Zeichner zu posieren. Schon im 18. Jahrhundert hatten sich Adlige, ja gekrönte Häupter mit Stift und Portefeuille porträtieren lassen. Aber nie hat einer am Pult gesessen. Diese schwere Beigabe kann nicht mehr als Attribut eines vornehmen Zeitvertreibs gelten. Überhaupt, was ist das für ein Möbel? Zum Davorsitzen erscheint es unpraktisch, zum Gebrauch im Stehen zu niedrig. Benützt der Zeichner und Aquarellist oder der Schreiber ein solches Pult? Eine schräge Unterlage dient beiden, für den Zeichner ist diese etwas klein. Außer einem Gegenstand, der aussieht wie ein zweiter Kreidehalter, liegt nichts auf der Platte, das weiterhelfen könnte, kein Schriftstück, kein Zeichenkarton. Haben wir es vielleicht mit einem praktischen Verwandlungsmöbel zu tun, verstellbar, mehreren Zwecken dienlich, das Oberteil vielleicht abnehmbar, als Reisepult? Diese Schwierigkeiten sind wohl nicht nur unsere. Mit Ausnahme seines ersten Erscheinens auf der Akademie-Ausstellung, wo es als »John Rusken [!] jun., Esq.« firmierte, ist dieses Porträt immer unter dem Titel »Der Autor der ›Modern Painters‹« geführt worden. Ruskin und Richmond waren sich zuerst 1840 in Rom begegnet und hatten seither Kontakt gehalten. Richmond war einer der vielen pädagogischen Berater des Zeichenschülers Ruskin gewesen, und wenn ihm auch die Richtung von Ruskins Übungen in den Jahren 1842/43 wenig behagte, so wird er doch gemerkt haben, daß hier ein Talent sich entwickelte, das die

Möglichkeiten und Ansprüche dilettantischer Zeichenpraxis weit hinter sich ließ. Gleichzeitig dürfte ihm nicht entgangen sein, daß Ruskin schon als Kunstschriftsteller und Lyriker hervorgetreten war. Vielleicht hat er sogar gewußt, daß sein Bekannter in diesem Moment sein erstes Buch so gut wie beendet hatte. Er hat also weder zu einem konventionellen Beiwerk gegriffen, noch hat er Ruskin schmeicheln wollen, als er ihn als Zeichner porträtierte, und er hat richtig darin gehandelt, daß er die Assoziation an den Schriftsteller Ruskin offenhielt. Daß hier eine programmatische Existenz sich begründete, die ihren Sinn gerade in der Einheit von ausübendem Künstler und räsonierendem Kritiker, von Praxis und Theorie sah, das hat Richmond noch nicht erkennen können. Drei Monate später las man dann im Vorwort zu »Modern Painters« Band 1: »Ich habe versucht, jede Behauptung dieser Arbeit auf Beweise zu gründen, die mit ihrer eigenen Stärke stehen und fallen und die sich ebensowenig auf fremde Autoritäten zu beziehen brauchen wie eine Beweisführung nach Euklid. Doch ist es nur recht und billig, wenn das Publikum weiß, daß der Autor kein reiner Theoretiker ist, sondern sich von Jugend an den mühsamen Studien der praktischen Kunstausübung gewidmet hat.«

Besonders merkwürdig ist der Hintergrund. Ruskin schreibt in »Präterita«, er sei im Freien sitzend dargestellt. Das hieße: Er sitzt auf einer Terrasse, irgendwo in der Schweiz, mit dem Massiv des Mont Blanc in der Ferne. Auf einer Terrasse mit Pult? Die Landschaft des Hintergrunds ist derart vage gehalten, in Raffaels Manier konventionalisiert, sagt Ruskin, daß sie genausogut als Bild durchgehen könnte, womit der Raum, das Studio seine Geschlossenheit zurückerhielte. Diese Unentschiedenheit macht mehr Sinn, als dem Maler bewußt gewesen sein kann. Er wußte natürlich, daß das praktische Hauptinteresse seines Gegenüber der Landschaft galt. Vielleicht wußte er auch schon, daß das erste Buch, das als Manuskript im Pult lag, ein Traktat über Landschaftsmalerei war. Aber niemand, auch die Freunde nicht, ahnten, daß in diesem Moment von Ruskin die sprachlichen und theoretischen Voraussetzungen dafür geschaffen wurden, die Kunst wie die Natur zu sehen und die Natur wie die Kunst, und daß dieses

Sehen vieles einschloß, authentische Erfahrung, Wissenschaft, künstlerisch-praktische Aneignung. So kann man sich folgende Lektüre des Porträts zurechtlegen: Dargestellt ist John Ruskin, der Vermittler von Kunst/Natur. Er hat sich von seiner schreibenden/zeichnenden Tätigkeit abgewandt, nicht der Landschaft, sondern dem Betrachter zu. Das bedeutet mehr, als daß die Arbeit so gut wie getan ist – die offene Seite nach vorn, die Öffentlichkeit wird jetzt wichtig. Der Autor verliert sich nicht gut romantisch wieder an die Natur. Die Unendlichkeit, in die der Blick geht, ist eher vorne, bei uns, als in dem präparierten Stück Natur zu suchen.

Richmonds Bild ist in höherem Maße ein Situationsporträt, als man das bisher vermutet hat. Wenn es stimmt, daß schon der dreijährige John sich die blauen Berge Schottlands als Hintergrund seines ersten Porträts wünschen durfte, dann wird wohl der 24jährige erst recht bei der Wahl der Landschaftsfolie mitgeredet haben. Warum malt George Richmond Ende Februar in London, zu einer Zeit übrigens, als unmäßig viel Schnee gefallen war, das Mont Blanc-Massiv an den Horizont und nicht den Blick von Denmark Hill auf die Norwood-Hügel oder ins Themsetal bis nach Windsor? Die drei Ruskins waren von Mai bis August des Vorjahres wieder auf Tour durch Frankreich und durch die Schweiz gewesen. Ihr Ziel war der Mont Blanc bzw. Chamonix, wo John geologische Studien treiben wollte. Es gab auch noch einen anderen Grund für diese Reise. Seit einigen Jahren verkehrten die Ruskins mit dem Maler William Turner; sie hatten schon vorher, bevor sie ihn persönlich kannten, Aquarelle von ihm gekauft und setzten das gezielt fort – 1843 erwarb der Vater für fast 500 Pfund acht neue Aquarelle. Obwohl der nunmehr 57jährige Maler weiterhin hohe Preise erzielte und es zu einem beträchtlichen Vermögen gebracht hatte, konnte er nicht unbedingt als erfolgreicher Künstler gelten: Die Kunstkritik und das breite Publikum begegneten seinen späten Werken mit aktivem Unverständnis. Turners 1842 ausgestelltes Werk »Snow: Storm, Peace and War«, eine wüste Sturmszene auf dem Meer, nannten die Kritiker ein Gemisch aus »Seifenlauge und weißer Tünche«; bei Ruskin eingeladen, beklagte sich der Maler eines Abends über seine Verächter: »›Seifenlauge und weiße Tünche‹! Was wollen sie denn? Ich möchte wissen, wie sie sich die hohe See vorstellen? Ich wünschte, sie wären mittendrin gewesen.« Hier spielt Turner auf die bekannte Tatsache an, daß er besagten Schneesturm im Kanal selbst erlebt hat: Vier Stunden lang, so geht die Geschichte, habe er, an den Mast gebunden, dem Toben der Elemente standgehalten – ein moderner Odysseus mit unverbundenen Augen. Auf den jungen Ruskin hat diese Künstlertat sicher großen Eindruck gemacht. Nicht nur weil sie abenteuerlich war, sondern auch weil sie eine Überzeugung festigen half, die langsam in ihm gewachsen war: daß den Dingen, die ihn interessierten, den Wolken, Steinen, Bäumen, nur durch Erfahrung, nicht durch Abschauen, Lesen, Analysieren, Wissen etc. beizukommen war. Ruskin war nur zu bereit, Turners Ruhm zu retten; bereits 1836, in der Woche vor seiner Immatrikulation in Oxford, hatte er eine kurze Verteidigung des Malers als Antwort auf eine vernichtende Kritik geschrieben. Das Stück wurde dem Künstler vorgelegt, aber nicht publiziert. Turner klagte zwar gerne über die Kunstkritik, wollte die Sache aber nicht aufgebauscht sehen. Auch der Vater wehrte zu großen Überschwang des Sohnes ab. Als dieser ihm 1842 schreibt, er würde sich verzehren vor Hunger nach Turners Bildern, kommt die brutal-gemütliche Antwort: »Ich mag Turner nach Roastbeef und Pudding und nach einigen Glas Sherry.« 1842 nun hatte Turner eine Art Subskription ausgelegt: Bei einem Kunsthändler waren 15 Skizzen nach Schweizer Landschaften ausgestellt, die der Künstler nach Auftragseingang zu fertigen Bildern ausführen wollte. Die Ruskins bestellten zwei davon. Auch die nähere Betrachtung der Schweizer Landschaftsaufnahmen ergab, daß es sich »um unmittelbare Natureindrücke« handelte und nicht um komponierte Phantasiestücke. So eilten die Ruskins in die Alpen, um ihre im Entstehen begriffenen Turners in natura zu sehen. Der Maler selbst folgte erst später im Sommer, als seine Klienten schon wieder auf dem Rückweg waren. Aber er erreichte sie auf andere Weise. Auf der Post in Genf fand Ruskin eine oder einige der Kritiken, die zu Turners neuesten Bildern erschienen waren. Kritiken wie die folgende: »Dieser Herr hat es schon früher vorgezogen, mit Sahne, Schokolade, Eigelb oder Johannisbeergelee zu malen – hier bietet er erneut die ganze Palette seines Küchenschranks auf.« »Die Kritik versetzte mich in Wut«, erinnert sich Ruskin ein Jahr später, »und an diesem Vormittag [...] beschloß ich, ein Pamphlet zu schreiben und die Kritiker in die Luft zu jagen. Am Montag gingen wir nach Chamonix, und am Dienstag stand ich um vier Uhr morgens auf, in der Erwartung, meine Streitschrift um acht fertig zu haben.« Es sollten 18 Jahre und fünf Bände mit 2500 Seiten werden, und am Ende machte das »Pamphlet« seinen Autor mindestens ebenso berühmt wie den Maler, zu dessen Ehrenrettung es geschrieben worden war. Aber angefangen hatte alles an jenem Dienstag in Chamonix am Fuß des Mont Blanc. Hatte nicht William Blake gedichtet:

Great things are done when men and mountains meet;
This is not done by jostling in the street.

So ist es nur recht und billig, wenn sich Ruskin im Februar 1843, als ihn Richmond porträtierte und als das »Pamphlet« im ersten Teil weitgehend abgeschlossen war, den Mont Blanc als Hintergrund malen ließ. Das Tagebuch hält für den 24. Februar 1843 fest:

»Bei Richmond. Hatte eine angenehme Sitzung. Er sagte, mein Hauptziel in der Kunst sei die Unendlichkeit, was er gut geraten hat, wenn er es geraten hat. Sprach bei Turner vor. Bestand darauf, daß ich ein Glas Wein nehme. Tat es aber nicht. Er war ausgesprochen gut gelaunt heute. Der Himmel möge geben, daß meine Arbeit ihn nicht tödlich beleidigt.«

Warum nun die geplante Wiederaufrichtung von Turners Ruhm den Maler »tödlich beleidigen« sollte, möchte man wohl wissen. Diese Frage führt gleich ins Zentrum von Ruskins literarischem Schaffen. Der abhängige Sohn machte sich unabhängig, indem er schrieb. Das gilt spätestens seit Band 1 der »Modern Painters« und hält an bis zur letzten Veröffentlichung. Wenn es ihm richtig erschien, kannte er keine soziale Rücksichtnahme, keine ängstliche Vorsicht, kein taktisches Kalkül. Und so mußten auch die Helden seiner Bücher gewärtig sein, daß grundsätzliche Kritik sie nicht verschonte. Der frühe Turner kommt in »Modern Painters« nicht gut weg und seine Maltechnik wird herb getadelt. (»Kein Bild von Turner ist nach einem Monat noch in Ordnung.«) Aber solche Rügen mögen von Turner hingenommen worden sein als notwendiger Kontrast zu den Elogen seines Bewunderers (»Engel der Apokalypse«, »Prophet Gottes«, »mächtiger Geist«, »größter Landschaftsmaler aller Zeiten«). Was ihn mit Sicherheit unwillig werden ließ, war Ruskins Abrechnung mit Künstlern und Schulen, die er – und nicht nur er – zu den Leitsternen seiner Kunst zählte. Daß er dadurch gerächt werden sollte, daß nun Claude Lorrain, Nicolas Poussin, Salvatore Rosa und Canaletto und ganze Schulen der Malerei wie die Niederländische Gegenstand öffentlicher Hinrichtung wurden, das konnte ihm nicht behagen. Er war in vielen Dingen ein sehr vorsichtiger Mann, einer, der die Wagnisse freier künstlerischer Existenz früh erfahren hatte und deshalb Respekt vor den großen Meistern, Solidarität unter Kollegen, Achtung vor den Institutionen seines Metiers sehr hoch schätzte. Wenn sich schon nicht Frieden mit den Kritikern machen ließ, dann wollte er doch seinen Beitrag zum Zusammenhalt der Künstler untereinander leisten. Keinem Kritiker und erst recht nicht seinem Fürsprecher hätte er zugebilligt, was ihm Gesetz seines künstlerischen Schaffens war, daß man kompromißlos sein mußte.

2

Der 24jährige »Graduierte von Oxford« – nur diesen Autorenvermerk trug das Buch, das eigentlich bei Byrons Verleger Murray erscheinen sollte, von diesem aber abgelehnt wurde – warf sich ebenso unbekümmert in den Richterstuhl der Kunstkritik, wie er unter den adligen Mitstudenten in Oxford gewandelt war und mit den wissenschaftlichen Koryphäen seiner Tage verkehrt hatte. Wer mit 18 Jahren den Meteorologen ein Grundsatzpapier »über den gegenwärtigen Stand der meteorologischen Wissenschaften« vorgelegt hatte, brauchte vor den Kunstkritikern nicht zurückzuschrecken, deren Prinzipienlosigkeit und Ignoranz immer wieder zutage trat: »Seit Jahr und Tag hörten wir über Turners Werke nichts anderes, als daß es ihnen an *Wahrheit* mangelt. Jeder, der auf ihre Kraft, Erhabenheit und Schönheit verwies, erhielt nur eine Antwort: sie sind nicht wie die Natur. Ich trat also meinen Gegnern auf ihrem eigenen Grund entgegen und bewies durch gründliche Untersuchung der Tatsachen, daß Turner wie die Natur ist und daß er mehr Natur zeigt, als jeder andere Maler vor ihm.« Das war das Programm, das auch in dem umständlichen Titel der ersten Ausgabe formuliert wurde: »Die Modernen Maler: Ihre Überlegenheit als Landschaftskünstler über alle Alten Meister, bewiesen durch Beispiele aus den Bereichen des Wahren, Schönen und Geistigen, anhand der Werke moderner Maler, besonders derjenigen J. M. W. Turners.« Und noch einmal: »Ich werde [. . .] mit Sorgfalt und Unparteilichkeit die Ansprüche der alten und neuen Landschaftsmalerei auf naturgetreue Darstellung überprüfen. Ich werde hier keine Beachtung den Qualitäten des Schönen, Erhabenen und Phantastischen schenken. Ich werde nur auf die Wahrheit, auf die schiere, klare, direkte Wiedergabe der Fakten sehen, und in jedem Fall werde ich, so gut ich es kann, zeigen, was die Wahrheit der Natur ist, und dann nach nichts anderem suchen als nach einem schlichten Ausdruck dieser Wahrheit.« Wer dieses Programm durchführen will, bedarf einer breiteren Basis, als sie Kunstkritiker und -historiker normalerweise hatten und haben. Merkwürdigerweise macht Ruskin davon in seinen Vorworten zur ersten und zweiten Auflage von Band 1 (1843 bzw. 1844), in denen er Ziele und Mittel so säuberlich wie ein Besteck ausbreitet, keine Erwägung. Er sagt nur, daß er selbst in der praktischen Kunstausübung nicht unerfahren sei und daß er auf einer Kenntnis aller bedeutenden Galerien zwischen London und Neapel aufbauen könne, was stark übertrieben war. Erst in Band 3 umschreibt er die Reichweite seiner Operationen: »Die Arbeit eines Kritikers, der ehrlich und gerecht sein will, erstreckt sich über mehr Gebiete, als ein einzelner normalerweise übersehen kann. Er muß sich einigermaßen in den Naturwissenschaften auskennen, d. h. in der Optik, Geometrie, Geologie, Botanik und Anatomie; er muß sich mit den Werken aller großen Künstler und mit dem Klima und der Geschichte ihrer Zeiten vertraut machen. Er muß ein ganz guter Metaphysiker sein und gleichzeitig ein sorgfältiger Beobachter der Naturphänomene.« Das ist schon das erweiterte

Programm der 50er Jahre; für den Anfang gilt aber uneingeschränkt die Kooperation zwischen Natur- und Kunstwissenschaften. Ruskin beklagt, sicher zu Recht, die Ignoranz und Borniertheit der Kollegen: »Man frage einen Kunstkenner, der ganz Europa abgelaufen hat, wie das Blatt der Ulme geformt sei. Kaum einer wird es wissen, und doch jede Landschaft redselig kritisieren, die er in den Galerien von Dresden bis Madrid gesehen hat. Er wird vorgeben zu wissen, ob sie naturwahr sei oder nicht. Wenn man einen enthusiastischen Schwätzer in der ›Sistina‹ fragt, wie viele Rippen er hat, so erhält man keine Antwort, aber es wäre seltsam, wenn er aus der Tür ginge, ohne einen belehrt zu haben, daß diese und jene Gestalt schlecht gezeichnet sei.«

In diesem Punkt fühlte er sich überlegen; er war von der Natur zur Kunst gekommen, und mit 24 konnte er hier wahre Autorität beanspruchen: »Ich hätte nicht so kühn gesprochen, wenn meine Erziehung mir nicht eine Grundlage gegeben hätte, die mich zu einem besseren und gerechteren Kritiker Turners machte. In einem Alter, da andere Kinder Grammatik lernten, nahm man mich in die Berge und ließ man mich am Ufer der Seen von Como und Luzern wandern. Und seitdem habe ich mich der reinen, wilden, einsamen Naturszenerie zugewandt, die üblichen Ablenkungen des Reisenden – Kunst, Antikes, Leute – links liegenlassend, was sehr unglückliche Auswirkungen natürlich auf meine Kenntnisse des Menschlichen hatte, aber enorm jene Sensibilität für das Schöne in Gottes Schöpfung begünstigte, die zu verbreiten ich nun bestrebt bin.« Vorerst ging es ihm aber nicht um das Schöne und um das Besondere, sondern um die weitverbreiteten und alltäglichen Naturphänomene; es galt, mit den Worten von Wordsworth, »Paradiese und Elysische Haine als Hervorbringungen des Alltags zu entdecken«. »Die vornehmsten Schönheiten der Erde«, schreibt Ruskin im Kapitel über den Himmel, »können nur von wenigen geschaut werden, und es ist nicht ausgemacht, daß der Mensch immer unter ihnen weilen soll, [. . .] aber der Himmel ist für alle da.« Wenn die Natur nicht in ihren Sonderleistungen bemüht wird, dann bleibt ihr Anspruch dennoch groß: »Gott ist nicht im Erdbeben, nicht im Feuer, sondern in stillen, kleinen Lauten zu vernehmen. [. . .]

Die unaufdringliche Majestät ist in der Tiefe, in der Ruhe und im Bleibenden, in dem, was man suchen muß, um es zu sehen und zu lieben und um es zu verstehen, in Dingen, die die Engel täglich für uns bereiten und täglich anders, die uns nie mangeln und sich nie wiederholen, die immer zu finden sind und doch nur einmal gefunden werden. [. . .] Sie muß der Künstler, der die höchsten Ziele verfolgt, studieren.« In dieser Passage ist bereits versammelt, was Ruskins Naturbegriff ausmacht, wo er herkommt und was ihn von anderen unterscheidet. Zweifellos profitiert er von der Nobilitierung des Alltäglichen, welche die Literatur und die Kunst des Pittoresken eingeleitet hatte, und von dem pädagogischen Impetus, der alle Vertreter des Pittoresken beseelt – gilt es doch immer erst einmal, den Betrachter für die ästhetischen Qualitäten des Normalen zu sensibilisieren –, im gleichen Zusammenhang sagt ja auch Ruskin: »Wer aus der großen schwatzenden Menge kann mir die Formen und die Abgründe der weißen Gebirgskette beschreiben, die gestern nachmittag den Horizont umgürtete? Wer hat den feinen Sonnenstrahl erblickt, der von Süden kam und auf ihren Gipfeln brannte, bis sie in blauem Regenstaub dahinschmolz? Wer hat dem Tanz der toten Wolken zugeschaut, als das Sonnenlicht gestern abend von ihnen gewichen und der Westwind sie wie welke Blätter vor sich hertrieb? Alles zog vorüber, unbeachtet, ungesehen.« Aber solche Nähe zur Sicht und Absicht der Theoretiker des Pittoresken kann einen fundamentalen Gegensatz nicht verstellen. Ruskin sucht nicht nach Zuständen der Natur, die zu Bildern taugen und die sich dann formelhaft verselbständigen und den Platz der Natur usurpieren. Er sagt, daß wir auf die Wolken nicht achten, habe seinen Grund nicht zuletzt darin, daß wir, durch Bilder belehrt, immer schon zu wissen meinen, wie sie sind. »Die Anschauung, die die meisten Gebildeten von Wolken haben, setzt sich aus Bruchstücken blauweißer Erinnerungen an die Alten Meister zusammen.« Die Abbreviaturen der Landschaftsmalerei verstellen den Blick in die Tiefe der Natur. Diese wird allerdings auch nicht vom sezierenden Forscher erschlossen. Das Konzept des 19. Jahrhunderts, Natur als Faktizität, als Resultat mechanischer und chemischer Prozesse auf mikrologischer Ebene zu begreifen, hat zwar seine Nähe zu Ruskins

Auffassung, vor allem in puncto Detailgenauigkeit, aber es ist aus seiner Sicht genausowenig »wahr« wie die pittoreske, ein rahmende und schichtende Perspektive. Wahr ist alle Apperzeption, die nicht das Faßbare, sondern das Unfaßbare anstrebt und die lebendig dem Leben begegnet. Es geht nicht um Kunst oder Wissenschaft und erst recht nicht, niemals um Zustände der Natur, die quasi kunst- und wissenschaftsförmig sind, es geht um einen Prozeß der Aneignung, um das Erleben des Lebens, um die eine, entscheidende Dimension der Natur, die bei Ruskin Unendlichkeit heißt, aber auch Vielfalt und Reichtum. Um wieder Blake zu zitieren:

> If the doors of perception were cleansed everything
> Would appear to man as it is, infinite.

Die Idee der Plenitudo, der göttlichen Fülle und Vielheit der Welt, reicht zurück bis zu Plato, den Ruskin viel gelesen hat, und erscheint wieder bei den englischen Neuplatonikern wie Richard Hooker, auf den »Modern Painters« sich wörtlich bezieht, und ist fortan in der europäischen Geistesgeschichte ständig präsent. Die Fassung, die ihr die Zeit um 1800 gab, pointierte Vielheit als Verschiedenheit, Fülle als Ergebnis anhaltender Entwicklung und Kreativität. Daran knüpft Ruskin an, nicht an die ebenso aktuelle Auslegung von »infinity« als dem Prinzip des Erhabenen, das durch schiere Größe, Masse oder Besonderheit das menschliche Fassungsvermögen übersteigt. Für Ruskin ist die Unendlichkeit innen – sie wird perspektivisch erschlossen, sie kann an jedem Phänomen studiert werden. Auch hier also die Domestizierung von Untersuchungsgegenstand und Interesse.

»Infinity«, dieser Nenner aller natürlichen Dinge hat verschiedene Zähler. Unendlich vielgestaltig sind die Wolkenformationen, ist das Zusammenspiel von Tageslicht, Klima und bewölktem Himmel, unendlich tief ist der Himmel. Die Bäume haben unendlich viele Blätter, die Blätter unendlich viele Zacken und Adern, kein Blatt gleicht dem anderen, kein Blatt hat durchgängig die gleiche Färbung. Jede Landschaft geht ins Unendliche, die Tonstufen ihrer Tiefe sind unendlich nuanciert. In unendlicher Vielfalt bilden sich Reflexe auf der Wasseroberfläche, unendlich ist die Zahl der Wellen und ihrer Verlaufsformen. Die Natur hat Tiefe, wo immer sie erscheint. Dem bemühten Blick eröffnen sich je nach Gegenstand die Dimensionen der Bewegung, der Gestaltvielfalt oder der Nuancierung. Dies erst einmal zu konstatieren, vor aller künstlerischen oder theoretischen Absicht, bedarf einer eigenen Wissenschaft. Ruskin hat später einen schönen Namen für sie gefunden und hat sie »science of aspects«, die »Wissenschaft von den Erscheinungen« genannt. Im Zusammenhang heißt das: »[. . .] es gibt genausogut eine Wissenschaft von den Erscheinungen der Dinge, wie eine ›Natur‹-Wissenschaft existiert. Und es ist genauso wichtig, herauszuarbeiten, welche Wirkungen die Dinge auf das Auge oder das Herz machen, wie festzustellen, aus welchen Atomen oder Schwingungen der Materie sie bestehen.« »De singularibus non est scientia – Von den Einzelheiten gibt es keine Wissenschaft«: das war die Stammweisheit der »science of facts«, negativ formuliert. Als positive Forderung schien ihr unabdingbar, festzustellen (genau das ist ihr Wort: festzustellen), was immer, überall, von allem, notwendig und absolut gilt. Die »science of aspects« dagegen, will sie ihrer Aufgabe als »Kommentatorin der Unendlichkeit«, der lebendigen Fülle, gerecht werden, setzt auf die »individuellen oder partikulären Wahrheiten« (individual or particular truths), nicht auf die »generellen« (general truths), auf die »seltenen Wahrheiten« (rare truths), nicht auf die »häufigen« (frequent truths), auf die Deskription, nicht auf die Diagnose. Ihre Vertreter wollten zu den »wenigen Sterblichen« gehören, die nach Carlyle »dauerhaft mit dem Glück gesegnet sind, kein System zu haben«.

3

So wie Ruskin die Natur betrachten wollte, haben es vor ihm Leonardo und Goethe getan, Naturforscher ohne System, Erforscher einer Natur ohne System. In der Naturkunde das Individuelle beider Seiten zu erhalten, auf der Seite des Betrachters als spezifisch menschliche Sinnesvielfalt, Polyästhesie, auf der Seite der Natur als ungeteilte Breite und Komplexität der Erscheinung, das war Goethes Anliegen und persönliche Verfahrensweise, mit der er sich nicht mehr durchsetzen konnte. Aus der Vielzahl einschlägiger Äußerungen seien nur zwei herausgehoben, die jedem Systematiker den Mut hätten nehmen müssen und die Ruskin sicher sehr gefallen hätten. Zur Subjektseite sagt Goethe: »So ruhen meine Naturstudien auf der reinen Basis des Erlebten«; zur Objektseite: »Jedes Lebendige ist kein Einzelnes, sondern eine Mehrheit, selbst insofern es uns als Individuum erscheint, bleibt es doch eine Versammlung von lebendigen, selbständigen Wesen, die der Idee, der Anlage nach gleich sind, in der Erscheinung aber gleich oder ähnlich, ungleich oder unähnlich werden können.« Und da ist noch eine weitere Übereinstimmung zwischen Goethe und Ruskin: Die lebenslange Abscheu vor präparierten Zuständen der Natur, vor Medien und Hilfsmitteln zwischen Mensch und Natur, vor der Natur auf der »Marterbank« der Versuchsapparate. »In der Mitte liegt das Besondere, den Sinnen Angemessene, worauf ich angewiesen bin« – wenn Mikroskop und Fernrohr Goethe zu weit gingen, dann fand Ruskin schon die Brille unangemessen. Von früh an teilt er dem Tagebuch die Zustände seiner Sehkraft mit: Als ihn Schübe des Wahns heimsuchen, fürchtet er eher den Verlust des Augenlichts als Störungen des Geistes, und es ist eine der ganz wenigen positiven Tagebucheintragungen der letzten Jahre, wenn es heißt: »Ich kann alles erkennen, in der Ferne und in der Nähe, von den blauen Linien dieses Papiers angefangen bis hin zu den Schneefeldern des ›Old Man‹.«

In England waren es um die gleiche Zeit vor allem Coleridge und Wordsworth unter den Dichtern und Turner und Constable unter den Malern, die sich gegen eine sezierende Naturbetrachtung und für »ein Unterscheiden ohne Trennen« (Coleridge) aussprachen. Wordsworth, dem »Modern Painters« unendlich viel mehr verdankt als nur das Eingangszitat aus »The Excursion«, fragt in einer verworfenen Passage von »The Ruined Cottage« (1795): »War es uns vorbestimmt, daß wir über den Dingen in ihrer Sonderung brüten und brütend hinabsinken, daß wir sie in abtötender und geistloser Teilung betrachten, um nur noch weiter und weiter zu unterteilen [. . .]?« »Laßt uns erwachen aus diesem Schlaf des Vergessens!«, ruft der Dichter und fordert eine Rückkehr zu einem lebendigen, lebenspendenden Austausch zwischen uns und der Dingwelt: »So vorgenommen [thus disciplined] werden alle Dinge in uns leben und wir werden leben in allem, was uns umgibt.« Wordsworth selbst hat erstaunlich wenig Gebrauch von diesem Programm gemacht. Es war seine Schwester Dorothy, die ihre Tagebücher mit feinen Naturbeobachtungen füllte und von ihrem Detailreichtum dem Bruder mitteilte. Aus ihrer Feder dürfte die vom Bruder in »A Guide to the Lakes« aufgenommene Passage stammen: »Ich will mich mit einem Beispiel für die besondere Färbung, die der Schnee verursacht, begnügen – für die Maler dürfte es nicht uninteressant sein und für seine Genauigkeit kann ich mich verbürgen: es stammt aus dem Memorandenbuch eines Freundes, der [!] Augenzeuge der Erscheinung war. ›Ich bemerkte den wunderbaren Effekt des verwehten Schnees auf den Bergen und den durch ihn bewirkten vollkommenen Farbton. Von der Spitze der Berge bis nach unten hatte sich aus Pulverschnee und Gras ein tiefes Oliv gebildet, das durch Braun ein wenig aufgewärmt wurde und auf diese Weise sich harmonisch, in kaum wahrnehmbaren Abstufungen mit dem Weiß verband. Die Verwehungen machten, daß der Schnee nicht monoton wirkte. [. . .] In der Ferne wurde Loughrigg-Fell sichtbar, der Wannenrand des Sees. Er erschien in einem reichen Orange-Oliv, der See darunter hatte ein helles Olivgrün, dem Ton der Berge und Hügel in Easedale benachbart. Schließlich war da die Kirche, in der Mitte des Blickfelds, umgeben von ihren Tannen. Nächst der Kirche kamen neun deutlich zu unterscheidende Hügel, von denen sechs uns ihre bewaldeten Seiten zukehrten, und zwar Eichenwälder mit leuchtenden roten Blättern und schneeüberstäubten Zweigen. Diese Hügel – untereinander lebendig gestaffelt und in mannigfaltige Beziehung zur ganzen Ansicht angeordnet, so verschieden vom Schnee überstäubt, einige gerade so viel, daß ihr Laubwerk tiefbraun hervortrat, einer so weiß, daß er die anderen aufhellte – sie waren da so selbstverständlich plaziert, als sollte ihr Kontrast mit dem vollkommen nackten und vom Schnee unberührten Gipfel in der Ferne das Ganze harmonisch abrunden‹.« Diese Einblendung in Wordsworths Führer kann Ruskin nicht unbekannt geblieben sein: 1824,

1826, 1830, 1837 und 1838 war er mit den Eltern auf Sommertour im Lake-District gewesen, und wenn ihm auch das Andenken des Lokaldichters Robert Southeys noch heiliger war als das Wordsworths, so wird er kaum ohne den »Guide« gereist sein. Wordsworth legt die Beobachtungen seiner Schwester (?) dem Maler ans Herz, und davon, von der Fachtheorie des Pittoresken, hat die Passage auch etwas, besonders gegen Ende, wo der erhaben monolithische Berg gegen das Geschiebe der kleinen Hügel abgesetzt wird. Aber es kommt auch zu Beobachtungen, die weiterführen. Wenn es um die merkwürdigen Farbeffekte des Schnees geht oder darum, wie die Hügel in Beziehung zueinander *und* zum Ganzen stehen, dann geraten einem automatisch mehr Gewichte gleichzeitig in die Hand und man muß energisch der Versuchung widerstehen, zu isolieren und hervorzuheben. Und was das Erstaunlichste und Wichtigste ist: Führer zielen auf Dauer und auf die Möglichkeit allgemeinen Nachvollzugs dessen, was sie beschreiben. Wordsworths Landschaft ist jedoch von einem ganz bestimmten Ort aus und zu einem ganz besonderen, nicht wiederholbaren Zeitpunkt erlebt worden, nämlich bewußt im Winter, da sich die wenigsten Touristen in den Lake-District verirrten. Die »science of aspects« erhebt Anspruch auf die Gültigkeit des Augenblicks.

Wenn es eine klassische Ausgangssituation für den Erforscher der Erscheinungswelt gibt, dann ist es die folgende: Vor ihm eine bewegte Wasserfläche, über ihm ein bedeckter Himmel mit gelegentlichen Sonnendurchbrüchen, auf dem Wasser verschiedenfarbige, vorüberschwimmende Gegenstände, im Hinterkopf die unzureichenden Gesetze der Optik und Spiegelperspektive. Das war das lebenslange Untersuchungsinteresse (»the peculiar study of our lives«) des Professors für Perspektive an der Londoner Kunstakademie und des passionierten Anglers William Turner, der Stunden und Tage am Meeresstrand und am Ufer von Flüssen und Seen verbringen konnte. Seine Beobachtungen hat er in seinen Bildern veröffentlicht; seine Aufzeichnungen über diese flüchtige Welt der Spiegelungen sind zum größeren Teil privat geblieben, zum kleineren in seine Vorlesungen eingegangen. Turner (und später Ruskin) wollte die Phänomene des Lichts als schnellen Einstieg in die

Unendlichkeit der Natur benutzen. Seine Vorlesungen sind »eine Träumerei über die unfaßbare Art, wie Licht weitergetragen wird und verlorengeht, wenn es von einer unbegrenzten Vielfalt von Oberflächen und Materialien gespiegelt und zurückgespiegelt wird, von denen jede ihre Farbe mitbringt und mit der anderen mischt, wie es schließlich in jeden Spalt dringt, ›so daß totale Dunkelheit so lange nicht eintritt, als irgendeine refraktierte Lichtquelle noch eine gegenüberliegende Ebene erreicht‹. Turners Axiom umfaßt eine ganze Weltanschauung: ›Wir müssen begreifen, daß jeder Gegenstand Lichtstrahlen empfängt und sie an alle Oberflächen der Umgebung weiterspiegelt.‹« Seinen Zuhörern gegenüber äußerte er die Hoffnung, daß die »eingehendere Betrachtung der Reflexionen« »am Ende zu sicheren Axiomen führen« und ihrem Erforscher einen Ruhmesplatz zusichern könnte, der »solange bestehen wird, wie es die englische Schule der Malerei und solange es Spiegelungen geben wird«. Was Turner seinen Kunststudenten jedoch an praktischen Experimenten zumutete, wird sie nicht gerade zum begeisterten Mitarbeiten motiviert haben. Er demonstrierte, wie Licht durch verschieden hoch mit farbigen Flüssigkeiten gefüllte Glasballons gefiltert wird; er stellte polierte Metallkugeln nebeneinander auf und zeigte, wie sich der Raum in jeder Kugel widerspiegelt und wie sie dieses Bild der nächsten Kugel mitteilt, und er lenkte die Aufmerksamkeit auf das Reflexionsverhalten rauher Oberflächen. Denn ganz im Gegensatz zu dem letzten Zitat war Turner gar nicht an »positiven Erkenntnissen« interessiert; die Natur der Sache selbst, sagt er an anderer Stelle, würde »jeden Versuch vereiteln, die Lichtreflexe auf irgend etwas wie eine Regel oder praktische Anwendung zurückzuführen. Was an einem Tag einer Ursache zu gehorchen scheint, wird am nächsten durch eine andere Atmosphäre zunichte gemacht.« Das war, ein Vierteljahrhundert später, auch Ruskins Überzeugung. Dem Maler, schrieb er, würde die Kenntnis aller optischen Gesetze nicht viel nützen, wenn er nicht über einen großen Vorrat an Ad-hoc-Beobachtungen verfügen könnte. »Tausende exquisiter Effekte kommen in der Natur vor, die vollkommen unerklärlich sind und nur geglaubt werden können, wenn sie gesehen werden, und die Kombinationen und Anwendungsmöglichkeiten der oben aufgeführten Gesetze [der Spiegelperspektive] sind so zahlreich und verwickelt, daß keine Wissenschaft und keine Bemühung analytischer Art mit ihnen Schritt halten können.« Die bewegliche Natur und hier vor allem die Gewässer waren die ideale Versuchsanordnung, um diese Schwierigkeiten sinnfällig zu machen. Die Regeln der Spiegelperspektive funktionierten ja nur auf Grund der Prämisse, daß die spiegelnde Oberfläche glatt und opak ist. Wasser, der Spiegel der Natur, ist jedoch nicht nur leicht oder stark bewegt, sondern auch transparent und »bildet deswegen eine Fläche, deren spiegelnde Kraft von dem Winkel abhängig ist, unter dem die zu reflektierenden Strahlen einfallen. Je kleiner der Winkel ist, desto größer ist die Zahl der reflektierten Strahlen. Von der Zahl der reflektierten Strahlen hängt die Stärke des Spiegelbildes ab, von der Zahl der durchgelassenen Strahlen hängt die Sichtbarkeit der Dinge unter Wasser ab. Also stehen Transparenz und Spiegelkraft des Wassers zueinander im umgekehrten Verhältnis.« Das sind noch Erkenntnisse, die sich der Optik verdanken, aber jetzt setze man den ganzen Apparat in Bewegung und erhöhe die Zahl der Komponenten. Turner: »Er meditierte über die ›Erscheinung eines weißen Körpers, der den Fluß hinunterschwimmt‹. Obwohl seine ganze Oberfläche hell über dem Wasser stand, das eine gelbliche Wolke reflektierte, ›zeigte doch die Wolkenspiegelung des weißen Körpers in sich keine hellen oder dunklen Reflexe, sondern war als ganzes dunkel‹.« Eine andere Aufzeichnung: »Spiegelungen erscheinen nicht nur dunkler, sondern auch länger als der Gegenstand, der sie verursacht, und wenn die Kräuselung oder das Tal der Welle lang genug ist, um einen Winkel zum Auge zu bilden, dann sind es diese ondulierenden Linien, die das Objekt reflektieren und das Bild aller senkrecht stehenden und unter dem Betrachter befindlichen Objekte transportieren. Aber im Fall sich verkürzender Linien und Gegenstände scheinen die Regeln ihre Kraft zu verlieren [...].« Zu demselben Phänomen Ruskin 25 Jahre später: »Venedig 17. Mai, 4 Uhr nachmittags. Gegen Osten ist das Wasser ruhig und reflektiert den Himmel und die Schiffe auf folgende Weise: Der blaßblaue Himmel spiegelt sich im gleichen Ton wider, nur eine Idee dunkler, aber der Rumpf der Schiffe, der schwarz ist, bildet sich in blassem

Seegrün ab, also in der natürlichen Farbe des Wassers im Sonnenlicht. Dagegen werden die orangenen Masten, noch naß vom letzten Schauer, ohne Veränderung ihrer Farbe gespiegelt, nur nicht ganz so leuchtend. Ein Schiff hat einen weißen, ein anderes einen roten Streifen: von beiden nimmt das Wasser keine Notiz.

Merkwürdig, ein Boot zieht vorüber mit weißen und dunklen Gestalten an Bord, das Wasser reflektiert die dunklen grün und läßt die hellen aus. Das rührt vor allem daher, daß die dunklen Figuren in Kontrast zu dem hell reflektierten Himmel stehen.

Ein Boot, das nahe am Kai dümpelt, wirft einen deutlichen Schatten auf das gekräuselte Wasser. Diese Tatsache verdankt sich zur Gänze der gesteigerten reflektiven Kraft, die das Wasser im Schatten gewinnt, denn wo die kurzen Wellen nach hinten ansteigen, nehmen sie das tiefe Blau des Himmels auf und erscheinen dunkelgrün und wo sie nach vornehin ansteigen, reflektieren sie das bleiche Grau der Wolke kaum dunkler als das Grün.« Diese Stelle stammt aus Ruskins Tagebüchern, wo derlei präzise Wirklichkeitsaufnahmen Hunderte von Seiten füllen – von den Herausgebern oft ausgelassen. Das zitierte Beispiel hat Ruskin jedoch so, wie es hier steht, in »Modern Painters« übernommen und auf diese Weise die nach wie vor persönliche und punktuelle Verfassung dieser Wissenschaft betont. Mit Sicherheit hatte er damals keine Kenntnis von Turners schriftlichen Notizen, gerade deshalb ist es so schön zu beobachten, wie Lehrer und Schüler hier gemeinsam die gleichen Probleme im Abstand von über zwei Jahrzehnten bearbeiten. Warum bildet das bewegte Wasser nur die orthogonalen Linien ab und nicht die sich verkürzenden, schrägen? Ruskin: »Gekräuseltes Wasser, das die entferntere Seite der kleinen Wellentäler sehen läßt, reflektiert eine Vertikale klar, indem jede Seite ein Stück der Gesamtlänge widerspiegelt – was vom Auge leicht zusammengesetzt wird. Doch wenn die Linie schräg bzw. horizontal verläuft, wird die Reflexion äußerst wirr und unzusammenhängend bzw. so gut wie nicht mehr sichtbar. Es war dieser Umstand, der es verhinderte, daß die oben erwähnten roten und weißen Streifen der Schiffe reflektiert wurden.«

»Die Malerei ist eine Wissenschaft. Warum also kann die Landschaftsmalerei nicht als Teil der Naturwissenschaften gelten und ein Landschaftsbild als ein Experiment? Die Kunst, die Natur zu sehen, ist eine Sache, die ungefähr auf die gleiche Weise erlernt werden muß wie das Entziffern von Hieroglyphen.« Es ist bedauerlich, daß Ruskin den Autor dieser Sätze als Künstler und Theoretiker nicht stärker berücksichtigt hat. John Constable war schließlich neben Turner *der* Beobachter der alltäglichen Natur, nicht weniger als sein Rivale dem »Übergänglichen« verpflichtet, um Goethes Wort aus seinen Gedichten für den Klassifikateur der Wolken, Luke Howard, aufzugreifen. Constable hat wie Turner »Wolkendienst« geleistet, er hat auf die Spiegelungen des Lichts auf Gewässern und nasser Vegetation achtgegeben und alles Atmosphärische für sein Arbeitsgebiet erklärt. Wie Ruskin verachtete er malerische »Manier« (handling) bei der Naturwiedergabe, weil die Natur auch keine Manier kenne; er praktizierte und empfahl die Arbeit vor dem Objekt, denn »die Vollkommenheit« müsse man »in ihrer ursprünglichen Quelle, der Natur« aufsuchen – das Studium »vergangener Vortrefflichkeiten« führe zum »eklektischen«, nur das »Studium der Natur« »zum originellen Stil«. »Die Welt ist weit, keine zwei Tage sind gleich, nicht einmal zwei Stunden, und seit der Erschaffung der Welt hat man keine zwei identischen Blätter an einem Baum gefunden.« »Phantasie allein brachte niemals Werke hervor [. . .], die einen Vergleich mit der Wirklichkeit aushalten.« Solch gleichgerichtete Denkweise hätte Ruskin eigentlich überzeugen müssen, aber es gab hier, wie nicht selten in seinen Urteilen, eigentümliche Idiosynkrasien. Doch muß man nicht nur annehmen, daß Ruskin durch Nichtbeachtung Constables Turners Vorrang unangefochten halten wollte; es sind auch sachliche Differenzen zu verzeichnen. Constable, der noch größere Schwierigkeiten als Turner hatte, sich mit seiner Kunst durchzusetzen, mochte eine unsichere Zwischenstellung zwischen faktenorientierter Wissenschaft und einer rein imaginativen Kunstübung nicht aushalten. Da er für letzteres nicht geschaffen war, erklärte er sein Metier wie einst Leonardo zur Wissenschaft. Zu dem Eingangszitat dieses Abschnitts nehme man noch einmal das folgende: »In einem Zeitalter wie dem unsrigen sollte Malerei verstandesmäßig aufgenommen werden – weder mit blindem Erstaunen noch aus einer Perspektive, die Malerei nur als poetische Bestrebung betrachtet. Sie ist vielmehr eine rechtmäßige, wissenschaftliche und mechanische Betätigung.« Turner und Ruskin hätten diese Einordnung nicht gutgeheißen. Sie hätten auch nicht aus der von ihnen so sehr geschätzten »Naturgeschichte von Selborne« (1789) des Gilbert White gerade die von Constable angezogenen Sätze unterstrichen: »Ein System darf auf keinen Fall verworfen werden. Ohne System wäre das Gebiet der Natur eine weglose Wildnis, aber das System sollte unserem Vorhaben dienstbar sein und nicht dessen Hauptgegenstand.« Was Turner und Ruskin ja gerade zu stärken suchten, war der dritte Weg zwischen Phantasiekunst und Naturwissenschaft. Ruskins Unterscheidung zwischen einer besonderen »science of aspects« und der etablierten »science of facts« ist durchaus schon bei Turner ausgebildet: Er trennt das, was er die »Wissenschaft des Sehens« (science of vision) nennt, von einer Vorgehensweise, die er nur umschreibt und die wir kurz »Kunst des Sehens« nennen können, womit nicht die freischwebende Vision gemeint ist, vielmehr eine Apperzeption, die sich nicht entäußert, sondern sich von der Relation zwischen Subjekt und Objekt nährt – mit Ruskins Worten: »Die Wissenschaft studiert die Beziehungen der Dinge untereinander, die Kunst [d. i. die angewandte Wissenschaft der Erscheinungen] studiert allein ihre Beziehung zum Menschen.«

4

Wer sich über den Kunstbegriff des jungen Ruskin orientieren will, wird immer auf die Sätze aus dem Schlußkapitel von Band 1 der »Modern Painters« gestoßen, die sich an junge Künstler richten: »Sie sollen zur Natur gehen in Einfalt des Herzens und mit ihr fleißig und vertrauensvoll wandeln; nichts anderes denken, als wie sie am besten in ihre Absicht eindringen und ihre Lehren beherzigen können; nichts ablehnen, nichts auswählen, nichts verachten, alle Dinge für recht und gut halten und sich immer an der Wahrheit erfreuen.« Aus dem

»rejecting nothing, selecting nothing and scorning nothing« hat man leicht das Programm eines Naturalismus, einer rein imitativen Kunstübung abgeleitet und dabei übersehen, daß Ruskin hier dem beginnenden Künstler Ratschläge erteilt – Ratschläge, die in ihrer Überzogenheit auch taktische Bedeutung hatten, denn noch war solcher Rat und solche Praxis keineswegs etabliert. Gesagt ist mit ihnen nicht, daß Kunst durchweg so verfährt, ja daß sie auf dem Weg zur Vollendung überhaupt so verfahren könnte. Die Kunstlehre idealistischer Observanz hatte solche Kunstübung nicht empfohlen, aber für möglich gehalten: »Denn da diese Art der Imitation rein mechanisch vorgeht«, sagt Reynolds, »[. . .] kommt der langsamste Geist hier am weitesten.« Die neue Kunstlehre, die nicht nur von Kunst etwas versteht, behauptet das genaue Gegenteil: Sie empfiehlt die wahre Abschilderung der Natur, hält sie aber – in letzter Instanz – für unmöglich. Zitieren wir einmal Ruskins Zeichenlehrer J. D. Harding und seine 1845 erschienenen »Principles and Practice of Art«: »Kunst ist außerstande, eine identische Nachahmung auch nur eines Objekts und erst recht nicht aller Objekte zu geben, die eine Landschaft ausmachen. Können alle Blätter eines Baums und all seine Äste in ihrer Formvielfalt wiedergegeben werden? Unmöglich. Alle Grashalme und Kräuter? Unmöglich. Alle die ungezählten Erscheinungen bewegten Wassers? Unmöglich. Alle Gebäude, die eine Stadt aufweist und alle ihre Fenster und Türen? Unmöglich. Gibt es irgend etwas in der Landschaft, das tale quale nachgeahmt werden könnte? Nein, es gibt nichts dergleichen: ›Unmöglich‹ steht auf allem in deutlichen Buchstaben geschrieben.« Auch Ruskins Konzept einer entwickelten Kunststufe läßt sich auf die Formel bringen: Nachahmung des Unnachahmlichen. Ruskin hat oft betont, daß die Nuancen, Schwebungen, flüchtigen Zustände und Varietäten der Natur nur unvollkommen in die Materie der Malerei zu übertragen sind; das gibt dem Maler aber nun nicht den Freipaß, sein Sujet in Kürzeln und Konventionen abzuhandeln. Er muß stets versuchen, in Kenntnis der wahren Beschaffenheit der Objekte und unter Berücksichtigung ihrer Erscheinungsgesetze mit seinen endlichen Mitteln die Unendlichkeit zu gestalten. Nirgendwo darf Malerei sich verfestigen, überall muß sie die Ahnung einer unauslotbaren Tiefe und Vielfalt suggerieren. »Gleich ob es sich um Blattwerk, Wolken oder Wellen handelt, ein Urteil über die Wahrheit eines Gemäldes bildet man sich am besten, indem man nach dem Ausdruck der Unendlichkeit Ausschau hält. Denn wir können ganz sicher sein: was nicht unendlich ist, ist nicht wahr. Daraus folgt freilich nicht, daß der Ausdruck der Unendlichkeit in der Malerei immer schon wahr ist, aber er kann nicht ganz falsch sein. Denn es ist dem Menschengeist unmöglich, irgendeine Art Unendlichkeit aus sich zu erfinden oder sich durch eigene Kombination die Vorstellung beständigen Wechsels zu bilden, die alle Wiederholung ausschließt. In dem Moment, da wir uns auf uns verlassen, wiederholen wir uns. Ist in einem Werk aber ein Ausdruck von Unendlichkeit sichtbar, so entstammt er der Natur. Nehmen wir aber nur Wiederholung wahr oder fehlt jede Spur von Unendlichkeit, dann ist die Natur nicht befragt worden.« Will man den vielen Definitionen des Menschen eine weitere hinzufügen, dann kann man mit dem jungen Ruskin sagen: Der Mensch, auch der Künstler, ist ein sich wiederholendes Wesen. Seine Umgebung dagegen ist auf Vielfalt und Unendlichkeit angelegt. Aus dieser Spannung ergibt sich die große lebenslange Aufgabe: der Außenwelt nachzueifern, durch Realisierung, d. i. Wahrnehmung und Verwirklichung von Vielfalt.

Ruskin hat diesen Gedanken später ins Gesellschaftspolitische gestreckt – im Jahre 1843 diente er ihm als handliches Kriterium, gute und schlechte Kunst, neue und alte Landschaftsmalerei voneinander zu scheiden. Die gerade angefangene Passage geht weiter: »Nehmen wir noch einmal das bereits herangezogene Bild von Salvatore Rosa (Nr. 220 der Dulwich-Galerie, London): Da wir sofort erkennen, daß die beiden Wolken sich in jeder ihrer Formen wiederholen, daß jede aus ungefähr zwölf weißen Pinselstrichen gebildet ist, die alle den gleichen Verlauf und die gleiche Länge haben, und da wir diese zählen und ihren Durchmesser angeben können, also jemand anderem einen exakten und vollständigen Begriff von diesem Himmel in all seinen Teilen und Verhältnissen geben können – deswegen können wir auch, ohne daß wir wissen, wofür die weißen Dinger stehen, ohne Bezug auf Himmel oder andere Teile der Natur ganz klar sagen, daß sie mit nichts Ähnlichkeit haben, sondern einen erheblichen Verstoß gegen alle Prinzipien und Formen der Natur darstellen. Wenn wir als Gegenbeispiel Turners Himmel in seinem Bild ›Rouen, vom Katharinen-Berg aus gesehen‹ nehmen und bemerken, daß da eine Tiefe über den Hügeln am Horizont erscheint, in die wir wieder und wieder hineintauchen, ohne an ein Ende zu stoßen, und wenn wir weiter feststellen, daß von dieser tiefen Region an bis zum Zenit der ganze Himmel ein einziger Ozean alternierender Wellen aus Wolken und Licht ist, so eng verwoben, daß das Auge nicht Ruhe findet und von einer Welle zur anderen eilt, bis es sich im Wolkenwehen ganz verliert, ja daß wir, das Bild in kleine Quadrate aufteilend, doch nicht ausmachen können, wie das Ganze zusammenhängt, wenn wir schließlich gewahr werden, daß da nicht eine Linie aus Millionen ist, die sich wiederholt, die unverbunden bleibt, die nicht Geschichten von Tiefe und Räumlichkeit mitteilt und neue bewegliche Formvorschläge macht – dann wissen wir ein für allemal, ohne Test und Überprüfung auf Gesetzmäßigkeit, daß diese Unendlichkeit nur auf Wahrheit sich gründet, daß sie sich der Natur verdankt, weil der Mensch sie nicht hervorgebracht haben kann, und daß jede Form wahrheitsgetreu ist, weil keine der anderen gleicht.«

Ruskin hat der Landschaftskunst der Alten Meister zwei Verstöße gegen das Prinzip Unendlichkeit vorzuwerfen. Sie berücksichtigten nicht die Vielfalt der Erscheinungen, sondern begnügten sich mit wenigen Formeln für Baumschlag, Wasser, Himmel etc., und sie ließen es überall dort, wo sie Vielfalt andeuteten, an Tiefe fehlen. Es falle schwer, so sagt er zum Thema Unendlichkeit als Vielfalt, »Respekt vor den Alten Meistern zu bewahren«, wenn man ihre systematischen Himmel mit dem vergleiche, was auch nur »in einer einzigen Stunde des Tages« am Himmel geschehe, »wenn die Natur in einer ihrer noblen Sphären sich wirklich an die Arbeit macht: Stelle dich bei Tagesanbruch auf einen isolierten Gipfel, wenn die nächtlichen Nebel von der Ebene aufsteigen, und betrachte ihre weißen, Seen gleichen Strecken. Sie fluten und winden sich in Buchten und Schlünden um die vereinzelten Gipfel der unteren Berge, nur vom Aufdämmern gegrüßt, kälter und stiller als das ruhige Meer unter mitternächtigem Mond; wenn der erste Sonnenstrahl sich auf ihre silbernen Kanäle stiehlt, hebt sich der Schaum von ihrer wogenden Fläche und schwindet dahin; drunten in der Tiefe lagern die glitzernde Stadt und die grünen Weiden wie Atlantis zwischen weißen, sich schlängelnden Strömen; flockiges Licht fällt schneller und breiter zwischen gestirnte Türme, je mehr die bekränzten Wellen sich brechen und über ihnen verschwinden und die grauen Schatten der verworrenen Spitzen und Kanten der dunklen Berge auf der Ebene kürzer werden. Hat Claude [Lorrain] das gemalt? Warte noch ein wenig; dann sammeln sich die zerstreuten Nebel in den Abgründen und fluten zu dir empor aus den gewundenen Tälern, bis sie sich in ruhigen Massen, leuchtend in Morgenlicht, auf die höheren Bergabhänge niederlegen, deren meilenweite Ketten zerschmelzen im lichten Gewand, bis sie dahinschwinden, im Glanz verloren, um oben am heiteren Himmel wieder aufzutauchen wie ein wilder, glänzender, unmöglicher Traum, grundlos und unerreichbar, ihre Linien verschwindend im substanzlosen, höhnenden Blau des Sees da unten. Hat Claude das gemalt? Warte noch etwas. Dann sammeln diese Nebel sich zu weißen Türmen und stehen wie Festen an den Vorgebirgen, massig, bewegungslos, jeden Augenblick höher in den Himmel wachsend und längere Schatten auf die Felsen werfend. Aus dem blassen Blau des Horizonts bilden sich Truppen schneller, dunkler, spitzer Nebel, die den Himmel zollweise mit ihrem grauen Netzwerk überspannen, das Licht aus der Landschaft treiben und mit ihrer Finsternis das Singen der Vögel und die Bewegung der Blätter enden. Dann bilden sich horizontale Balken schwarzer Schatten unter ihnen und schwarzgelbe Kränze winden sich – man weiß nicht wie – um die Bergrücken. Man sieht nicht, wie sie sich bilden, aber wenn man auf eine Stelle blickt, die eben noch klar war, hängt eine Wolke über dem Abgrund wie ein Falke über seiner Beute. Hat Claude das gemalt? Und dann hört man das Sausen des plötzlich erwachten Windes und sieht die nebeligen Wachttürme weggefegt von ihren Gründen und wogende Vorhänge opalen Regens in die Täler gleiten, aus den belasteten Wolken in schwarzen Fransen oder in bleichen Säulen auf dem Spiegel des Sees einherschreiten, und beim Weiterschreiten zu Schaum werden [. . .]« So geht, nein rollt diese Passage weiter; fünfmal, von Tagesanfang über Dämmerung und Nacht bis zum erneuten Morgengrauen muß Claude Lorrain sich die Frage gefallen lassen: »Has Claude given this?« Und der Leser erfährt nur durch knappe Fußnoten, daß die authentische Schilderung der wetterwendischen Natur Bilder von Turner, zehn an der Zahl, vor Augen hat: In dem hier zitierten Ausschnitt sind allein fünf verborgen.

Der eigentliche Affront von »Modern Painters« bestand nicht so sehr darin, daß ein 24jähriger dem »göttlichen Claude« Fehler oder Einfallslosigkeit bei der Behandlung von Bäumen, Wolken und Wasser vorrechnete, sondern in der letztlich von allen anerkannten Tatsache, daß der unbekannte Autor über einen Erfahrungsschatz und über sprachliche Mittel verfügte, die in den ewig milden Himmeln und verklärten Tiefen Claudes kein Material, keine Inspiration mehr fanden, ganz im Gegensatz zur englischen Tradition des Bildgedichts und der pittoresken Literatur. Der Leser merkt sehr wohl, wen Ruskin durch seine großen Beschreibungen auszeichnet: nicht den »gelehrten« Poussin, nicht den »wilden« Salvatore Rosa und auch nicht den vielbesungenen »süßen« Claude, es sind nur zwei Künstler, die in »purple passages« gewürdigt werden: die Natur und Turner. Und immer dann wird aus der »science of aspects« eine »poetry of aspects«, wird das Gericht zum Gedicht, wenn das Dreigestirn der Landschaftsmalerei oder irgendein anderer hochbewerteter Alter Meister eines Besseren belehrt werden sollen. So in der folgenden Stelle, in der es um den zweiten Verstoß gegen das Prinzip Unendlichkeit, um mangelnde Tiefe geht: »Man nehme die Straße inmitten der wirklich bedeutenden Landschaft von Poussin in der Dulwich-Galerie, die jedenfalls groß empfunden ist. Die Häuser sind viereckige tote Massen, auf einer Seite licht, auf der andern dunkel; statt der Fenster haben sie schwarze Tupfen. Keine ihrer Flächen, die das Geringste suggerierte. Die lichte Mauer ist ein totes Grau, und die Fenster ein totes Schwarz. Wie anders würde uns die Natur behandeln. Sie zeigte uns, wie der Mais über der Mauer hängt und das Bildnis der Jungfrau in der Ecke steht; die scharfen, gebrochenen breiten Schatten der Dachrinne und die tief gerippten Ziegel mit den Tauben darauf und das in die Mauer eingebaute, ausgehauene römische Kapitäl; die weißen und blauen Streifen der in den Fenstern liegenden Matratzen und die flatternden Bastjalousien. Alles wäre da; nicht an sich, nicht erkennbar als Mais, Jalousien oder Ziegel, aber als ein Durcheinander von gelben und schwarzen Tupfen und Strichen, zu subtil, als daß das Auge ihm folgen könnte, und doch mikroskopisch genau, jedes Atom der Flächen mit Geheimnis umwoben, aus dem sich die Impression von Leben und Wahrheit von selbst ergibt.« Das Fazit dieser Betrachtung: »Die Natur wirkt nie leer und nie bestimmt, immer geheimnisvoll und immer reich an Überfluß. Sie läßt dich immer etwas schauen und niemals alles.«

Wenn es sich so verhält, daß die Natur keine Wiederholung kennt und daß Gesetzmäßigkeiten an ihr nur in isolierter Form festgestellt werden können, daß aber ihr Normalzustand das Ineinander aller nur denkbarer Wirkungsweisen ist, dann wird der Maler seiner Aufgabe nur vor und in der Natur gerecht werden können, und auch der Kritiker, der den Wahrheitsbeweis anzutreten hat, müßte sich eigentlich gleich neben ihn oder zumindest später in seine Fußstapfen stellen. Wir haben schon gesehen, daß »Modern Painters« auf den Spuren Turners begonnen wurde, und so ging es dann auch weiter: Ruskin hat Hunderte von Turners Aufnahmestandorten ein zweites Mal aufgesucht und die dort entstandenen Bilder aktiv nachvollzogen: sehend, zeichnend, schreibend. Landschaftsmalerei bedeutet Einordnung des Betrachters nach Raum und Zeit: »Der Maler plaziert den Betrachter an die Stelle, an der er selbst steht, er setzt ihn vor die Landschaft und läßt ihn da.« Kunstkritik, die sich als vergleichende Erfahrungswissenschaft etablieren will, kann auch nicht anders verfahren. Sie wird nicht einen abstrakten Dialog zwischen hohen Kriterien und möglichen Kunstleistungen pflegen, sondern wird immer wieder radikal vor dem einzelnen Bild beginnen und an den eigenen Erfahrungsinhalt anschließen müssen. Und sie braucht den gegenwärtigen, den geistes- und sinnesgegenwärtigen Leser. Von seiner ersten großen Veröffentlichung an schafft sich Ruskin ein aktives, aktivierbares Gegenüber, keinen »dear or gentle reader«, den man betulich an die Hand nimmt, sondern einen Mitarbeiter, der bereit ist, Aufgaben zu übernehmen, sehr konkret Stellung zu beziehen und nicht müde wird, mit dem Autor zusammen Details durchzubuchstabieren. Der Kritik muß es gelingen, die Erfahrung des Bildes, das nicht präsent ist, und der Naturszenerie, die im Grunde nur einmal präsent war, wiederholbar zu machen. Ja, sie muß dort, wo das Bild versagt, ohne künstlerische Vorarbeit die »Wahrheit« der Natur rekonstruieren; sie muß also für den Fall vorbereitet sein, daß sie alles selbst machen muß.

Wie so etwas möglich ist, sei an einem Beispiel genauer studiert. »Da hängt im ersten Saal der Nationalgalerie eine dem Gaspar Poussin zugeschriebene Landschaft, ›La Riccia‹ oder ›Le Riccia‹ benannt, ganz nach der Laune der Drucker von Galeriekatalogen.« Bildbeschreibungen fangen in dieser Zeit nicht gleich beim Werk an; Bilder sind noch nicht generell verfügbar, sondern einzig, sie haben einen Ort. Aber für Ruskin ist es besonders wichtig, sich, den Leser und das Werk einzuorten, weil er seine Urteile weniger in Prinzipien, als in der Nachvollziehbarkeit einer bestimmten Wahrnehmungssituation verankern will. »Ob diese Landschaft dem alten Ariccia, heute La Riccia bei Albano, gleichen soll, möchte ich nicht entscheiden, denn die meisten Städte der Alten Meister ähneln ebenso sehr diesem wie jenem Ort.« Die erste Enttäuschung: Was da konkret benannt und einjustiert wurde, ist so konkret offenbar nicht gemeint. »Jedenfalls stellt sie eine Stadt auf einem Berge dar, der von 32 Büschen bewachsen ist, die alle die gleiche Größe und die gleiche Anzahl von Blättern haben.« Eine Prosa, so sachlich, daß sie schon wieder unsachlich wirkt. Auch der Leser, der nicht in die Ästhetik des Unendlichen eingeführt wurde, ahnt nach diesem Satz: Wo gezählt werden kann, kommt man nicht weit. »Diese Büsche sind in ein und demselben stumpfen, undurchsichtigen Braun gehalten, dessen Lichter grünlich schimmern und dessen Grundfarbe sich über ein Stück Felsen hin erstreckt, das in der Natur neben den glänzenden Farben des Laubes kühl und grau gewirkt hätte, und das deswegen hier, wo es völlig im Schatten steht, ausdrücklich und absichtlich in sehr hellem, hübschem, positivem Ziegelrot erglänzt – das einzige in dem Bild, was farbig wirkt.« Das Kapitel, aus dem wir zitieren, handelt von der Farbe. Der Hauptton der alten Landschaftsmalerei ist Braun und Grünbraun – noch Turner und Constable hatte man mit der Empfehlung zugesetzt, das Braun einer Cremoneser Geige als Grundfarbe anzunehmen. Eine derart herabgestimmte Wiedergabe von Wäldern und Wiesen verlangt nach kontrastreicher Durchbrechung: »deswegen« muß der Felsen, dessen Farb- und Helligkeitswerte sich realiter gegen das lebendige Grün nie durchsetzen könnten, ziegelrot erscheinen. Ruskin geht hier – scheinbar verständig – auf die Systemzwänge dieser Malerei ein, pointiert ihre Entscheidungen positiv, doch nur, um die Ironie seiner Beschreibung weiter anzuspannen: »Den Vordergrund bildet ein Stück Landstraße, die, um ihre größere Nähe oder die Tatsache, daß sie ganz im Hellen liegt, zu bekunden oder aber wegen der üppigen Vegetation, die gewöhnlich auf solchen Straßen wächst, in einem sehr kühlen Grüngrau gehalten ist. Und die Wahrheit des Bildes wird rechts durch eine Anzahl Punkte am Himmel vervollständigt, mit Stengeln dran, die in einem nüchternen, gleichmäßigen Braun gehalten sind.« Wenn alles im System des Bildes bleibt, dann handelt der Referent offenbar nur rechtmäßig, wenn er zum Schluß die Angaben der Malerei nicht mehr beim Namen der Natur nennt: »a number of dots with a stalk to them« – das reicht. Vier Sätze (im Englischen). Kein explizites Urteil, keine Aufregung im Namen irgendwelcher Kunstregeln, der Kritiker bleibt bedeckt und ungerührt. Und jetzt dies: »Vor nicht langer Zeit stieg ich auf eben diesem Stück Landstraße abwärts; von Albano kommend ist es die erste Biegung.« Das Bild der Natur wird ebenso konkret nach Zeit und Ort eingeführt wie das Bild der Kunst. Und vergessen ist der Zweifel, ob es sich bei dem herangezogenen Bild der Kunst überhaupt um ein topographisches Porträt handelt. Für diesen Kritiker lohnt sich der Einsatz erst, wenn die Realität direkt erreichbar wird. »Es gewitterte, als ich Rom verließ, und über die ganze Campagna fegten schwefelblaue Wolken, hier und da rollte ein Donnerschlag, und über dem Claudinischen Aquädukt flutete das Sonnenlicht und erhellte die Bögen, die ins Unendliche führen wie die Brücke zum Chaos.« Der hypotaktische Stil des unangenehm sachlichen Kritikers gerät mit einem Mal in Schwingung; bestimmte Akzente wechseln ab mit unbestimmten; das Rollen der Parataxen, Merkmal der Ruskinschen »purple passage«, kündet sich an. Man muß das Original hören, nicht lesen:

»It had been wild weather, when I left Rome, and all across the Campagna the clouds were sweeping in sulphurous blue, with a clap of thunder or two, and breaking gleams of sun along the Claudian aqueduct, lighting up the infinity of its arches like the bridge of chaos.« Daß hier skandiert und in Anklängen gereimt wird, ist das eine; mächtiger wirkt der große Rhythmus, die Folge von Bestimmt–Unbestimmt, Bestimmt–Unbestimmt. Zweimal Angaben über Vorgänge des Wetters, zweimal wird durch »and« der Blick aufgerissen und über die Örtlichkeit geführt, dann eine Überhöhung, eine Übertreibung (infinity of arches) und ein Vergleich (bridge of chaos), der zehn Zeilen zuvor noch völlig deplaziert dagestanden hätte. Aber das alles ist erst Vorhut und Vorprobe, ein Satz wie ein sehr langer, schöngliedriger Fühler. »Als ich über den weiten Abhang des Albaner Berges stieg, drehte das Gewitter nach Norden, und die edlen Umrisse der Türme von Albano und die dunkle Anmut seines Ilex-Tales hoben sich von reinen Streifen des abwechselnd blauen und bernsteinfarbenen Himmels ab. Oben lichtete es sich allmählich und leuchtete nun durch die letzten Fetzen der Regenwolke – in tiefer, zitternder Bläue, halb Äther, halb Tau. – Die Nachmittagssonne sandte schiefe Strahlen über die felsigen Abhänge von La Riccia und benetzte die Massen hohen, verworrenen Laubwerks, immergrün und herbstlich durchfärbt, wie mit Regen.« Ruskin kommt zum Thema, um zu sagen, daß sein Begriff nicht ausreicht: »Das war nicht mehr Farbe zu nennen – das war eine Feuersbrunst. Purpur und hochrot und scharlach, wie die Vorhänge vor Gottes Tabernakel sanken die in Lichtschauern frohlockenden Bäume ins Tal; jedes einzelne Blatt zitternd, schwimmend und brennend vor Leben; jedes einzelne Blatt, das den Sonnenstrahl widerspiegelte oder fortpflanzte – war erst eine Fackel und dann ein Smaragd.« Ja, selbst der Baumschlag kann rot erscheinen; nur wer ihn für immer auf braungrün festgelegt hat, muß nach Kontraststellen suchen. Die Gesetze der Lokalfarben lösen sich auf, wo nicht nur die Farbe, sondern mit ihr das Lokal in Schwingung gerät. Und nichts hält mehr die sonore Rede auf, bis sie ins Unendliche geht und den Horizont erreicht: »Weit droben in den Ausbuchtungen des Tals wölbten sich die grünen Schluchten wie gewaltige Wogen eines kristallenen Meeres, von Blüten wie mit Schaum überschüttet; silberne Strahlen von Orangeblüten wirbelten in den Lüften um sie her, sprühten auf über den grauen Felsmauern wie tausend Sterne, sanken und loderten, je nachdem der sanfte Wind sie trug und fallen ließ. Jeder Grashalm brannte, wie wenn der goldene Himmelsboden sich plötzlich leuchtend öffnete, bis das Laub sich wieder über ihm zusammenschloß; es war wie Wetterleuchten, das bei Sonnenuntergang aus der Wolke bricht. Die bewegungslosen Massen dunkler Felsen – dunkel, doch glühend von Scharlachmoosen, die ihre stillen Schatten über ruhelose Pracht breiten; darunter die Fontäne ihr marmornes Becken mit blauem Nebel und launischem Plätschern füllend; und über allem – als ein reiches Gelände von Rosa und Ambra – die heiligen Wolken ohne Dunkel, die nur in unermeßlicher Ferne leuchten, zwischen der feierlichen, sphärischen Stille der Steinfichten. Sie zogen vorüber, um sich endlich in dem letzten weißen, blendenden Glanz der endlosen Linie zu verlieren, in der die Campagna mit dem Leuchten des Meeres verschmilzt.«

Wer verdenkt es dem worttrunkenen Autor, daß er dieses Naturgemälde mit den Mitteln der Malerei für unerreichbar hält, auch von Turner nicht: »Selbst in seinen kühnsten und blendendsten Versuchen konnte Turner dem nicht annähernd nahekommen.« Dieser Kritiker hat nicht den rechten Begriff der Sache – immer wieder deutet er an, daß Begriffe, Regeln und Normen nicht greifen –, er hat die Sache selbst, er hat sie jedenfalls besser als die von ihm Kritisierten. Das also ist das Neue und Unverschämte an dem Anonymus des Jahres 1843: Er etabliert Kritik als Ersatzvornahme oder, um ein Wort William Blakes zu gebrauchen, er betreibt Kritik als Nachahmung, Nachahmung als Kritik. Er urteilt nicht, er demonstriert. Kritik ist für ihn, was sich selbst und den Gegenstand der Beurteilung, die anderen Kunstwerke, verbrennt, um im Auftrieb die Höhe der großen Sache Natur zu erreichen. Verbindlich ist allein noch die Konkretheit der Erfahrung; verbindlichmachend die Sprachkunst, die die Erfahrung wiederholbar macht.

Natürlich reicht es nicht aus, daß der Kritiker, der Leser und der Betrachter sich wieder an dem Ort einfinden, an dem das

Naturschauspiel sich ereignete. Solches ist zwar eine wichtige Voraussetzung, zumindest für den ersten in dieser Reihe, denn wie Walter Pater für sein Jahrhundert richtig erkannte: »Das moderne Denken unterscheidet sich vom alten dadurch, daß es das Relative und nicht das Absolute pflegt. Der moderne Geist kennt und erkennt nichts, es sei denn relativ und unter Bedingungen.« Doch verlangt die Art der Aneignung und Wiederaneignung, wie sie Ruskin vorexerziert, ein Organ, das noch mehr Eigenschaften hat, als nach Zeit und Ort einjustiert zu sein. Seine oben zitierte Definition der Landschaftsmalerei: »Der Maler plaziert den Betrachter an die Stelle, an der er selber steht, er setzt ihn vor die Landschaft [. . .]«, geht denn auch noch weiter: »In zweiter Hinsicht muß der Maler dem Betrachter [. . .] die Gefühle und Gedanken mitteilen, die die Naturgegenstände in ihm auslösten [. . .] Dann *plaziert* der Maler den Betrachter nicht nur, sondern er *spricht mit ihm*, er macht ihn zum Teilhaber seiner eigenen starken Gefühle und schnellen Assoziationen.« Kunst verlangt nicht nur die synästhetische, sondern auch die sympathetische Aktion und Reaktion; sie ist nicht nur Bericht, sondern auch Ausdruck. Der zweite Betrachter, der Kritiker, ist folglich gehalten, durch die Beschreibung auch Verständnis und Mitempfindung zu wecken. Daß dies in Ruskins Wortgemälde der Landschaft um Ariccia geschieht, dürfte außer Zweifel stehen. Dem heutigen Leser, der an der Opulenz viel späterer Kunstschriftsteller sich den Magen verdorben hat, geschieht da vielleicht viel zuviel – ekstatischer Realismus ist sehr fremd geworden. Aber wenn man ganz genau hinschaut, so wird man feststellen, daß der Hymnus doch immer an der Sache bleibt, daß er nicht das vermeintlich höhere Niveau des Gefühlsechos oder der Idee anstrebt. Was zuletzt am Horizont figuriert, ist der wirkliche Horizont, die Unendlichkeit des Endlichen, also die Transzendenz des Sinnlichen und nicht des Übersinnlichen. Ruskin bewegt den Leser, indem er vieles in Bewegung setzt: die Prosa, die am Anfang so trocken daherkommt und am Schluß in Kaskaden fällt, den Autor, der im Gehen die Landschaft erfährt und nicht wie sein pittoresker Vorläufer vom festen Aussichtspunkt das Bild »nimmt«, die Landschaft, die unter den Wechselwirkungen von Wetter und Licht pulsiert. Was der

Autor »zum Leser spricht« (talks), ist keine Naturgeschichte mit Moral; es ist die Natur als Geschichte, als Geschehen, die da »erzählt« wird – »Verzeitlichung des Räumlichen« hieß schon das Erfolgsrezept der englischen Romantiker. Die Moral ist der Prozeß, die »Teilhabe« an den »starken Gefühlen und schnellen Assoziationen«, nicht diese selbst; die Lehre lautet wieder, wie bei der »science of aspects«, daß nur lebendige Apperzeption dem Leben beikommt.

Wie Ruskin Bilder »erzählen« kann, wie Bild und Vorbild in seiner Bilderzählung eins werden, das sei ohne kommentierende Unterbrechung durch einen berühmten Text belegt, durch die Beschreibung von Turners Meereslandschaft »Das Sklavenschiff« (1840), das sich im Besitz der Familie Ruskin befand (heute Boston, Museum of Fine Arts): »Es ist ein Sonnenuntergang auf dem Atlantik nach einem längeren Sturm, d. h. der Sturm ist nur einen Moment lang zur Ruhe gekommen, und die zerrissenen und zerflatterten Regenwolken ziehen noch in scharlachroten Linien über den Himmel, um sich in der Tiefe der aufkommenden Nacht zu verlieren. Die Fläche des Meeres, soweit sie das Bild zeigt, zerfällt in zwei große Kämme von enormer Kraft der Aufwölbung. Sie gehen nicht eigentlich in die Höhe und kulminieren auch nicht an einer bestimmten Stelle, sondern sind wie ein breites Sich-Heben des Ozeans, wie ein tiefer Atemzug, den das Meer nach den Qualen des Sturms tut. Zwischen diese Kämme fällt das Feuer der untergehenden Sonne und füllt und färbt die Rinne mit einem schrecklichen, aber strahlenden Licht, mit jenem intensiven und fahlen Glanz, der wie Gold brennt und wie Blut tränkt. Entlang dieses feurigen Pfads oder Tals tanzen die Wellen, durch welche die großen Kämme sich unablässig bilden; sie heben sich in dunklen, unbestimmbaren, phantastischen Formen und werfen hinter sich einen schwachen und geisterhaften Schatten auf den angestrahlten Schaum. Sie erheben sich nicht überall, sondern immer drei oder vier bilden zusammen wilde Gruppen, sie tun das unberechenbar und wütend, so wie die Strömung der großen Kämme es ihnen abzwingt. Und sie lassen zwischen sich trügerische Flächen ebenen und wirbelnden Wassers frei, das bald von grünem Lampenlicht erhellt wird, bald das Gold der sinkenden Sonne zurückwirft, bald von den vagen Bildern des Wolkenbrandes über ihnen eingefärbt wird, der in Flocken aus Karmesin und Scharlach auf sie niedersinkt und sein Flackern ihrer rücksichtslosen Bewegung steigernd mitteilt. Purpurn und blau erscheinen die fahlen Schatten der Brecher gegen den Dunst der Nacht, der sich kalt und tief sammelt, um wie der Schatten des Todes an das schuldige Schiff (Fußnote: Es ist ein Sklavenschiff, das seine Sklaven über Bord wirft. Die nahe See ist übersät mit Leichen.) heranzutreten, wie es sich durch die scheinende See durcharbeitet, wie es mit dünnen Masten blutige Linien an den Himmel schreibt und wie es zur Strafe in jene gefährliche Farbe getaucht wird, die Schrecken an den Himmel malt und ihre Flammen mit dem Sonnenlicht mischt und das wüste Grab der Wellen überstrahlend die See rot tränkt.«

Mit Texten dieser Art hat Ruskin ein Genre begründet, das wir kurz Kunstliteratur (Literature of Art) nennen. Es unterscheidet sich von älteren Versuchen auf diesem Gebiet darin, daß es nicht Dichtung über Kunst, über Kunst hinweg, in moralisierender Absicht, und nicht Dichtung wie Kunst (Ut pictura poesis, ut poesis pictura) sein will, also nicht mit malerischen Mitteln dichtet. Man könnte sagen: Kunstliteratur kommt aus einer doppelten persönlichen Erfahrung, aus der Erfahrung des Bildes und aus der Erfahrung des Bildgegenstandes im weitesten Umfang. Sie möchte Erfahrung erfahrbar machen, Sinn verleihen im Prozeß. Diese eigentlich plausiblen Unterscheidungen müssen dringlich gemacht werden, weil die neueren Ruskin-Interpreten, vom Ableitungsfieber ihrer kunstwissenschaftlichen Kollegen angesteckt, Ruskin fest in der Tradition einer Bildexegese sehen, die mit den Mitteln der Typologie, der Symboldeutung, der poetischen Assoziation und der moralisierenden Didaktik arbeitet. Jeder, der sich mit unserem Autor beschäftigt hat, weiß, daß der junge Ruskin in dieser Tradition groß geworden ist und daß er ein Leben lang von ihr gezehrt hat. Aber wer sein erwachsenes Werk als bloße Folgeerscheinung evangelikaler Erziehung und pittoresker Jugendlektüre beschreibt, wird vor zwei Fragen kapitulieren. Er wird die großen Phasen, Brüche und Umbrüche dieses Lebens nicht begreifen, und er wird kaum plausibel machen können, was die Beschäftigung mit Ruskin eigentlich lohnt und warum die großen Vertreter dieser Gattung Kunstliteratur – genannt seien nur Swinburne, Pater, Wilde, Proust, und erinnert sei an poetae minores wie George Moore und Philip Hamerton – alle von Ruskin herkommen, vom Jahr 1843 und nicht erst vom Jahr 1873, als Paters »Studies in the History of the Renaissance« erscheinen. Zugegeben, wir haben in Band 2 der »Modern Painters« eine Bildbeschreibung, die den Regeln typologischer Auslegung gerecht wird: »Die Ruine bedeutet den göttlichen Wahrspruch über die Juden: das christliche Gebot kündigt sich in den undeutlichen Bewegungen am Morgenhimmel an, aber der Eckstein des alten Gebäudes ist noch intakt, wenn auch die Werkzeuge der Bauleute unbenutzt herumliegen, und der Stein, den die Bauleute verworfen haben, wird einmal der Schlußstein dieser Ecke sein.« Hätte Ruskin nach dieser Methode und in diesem Stil seine Analysen abgeleistet, dann wäre er heute so vergessen wie etwa die emsige Inhaltskundlerin Anna Jameson, die zur gleichen Zeit die Ikonographie des christlichen Bilderkreises für ihre protestantischen Landsleute erschlossen hat. Aber gegen die eine Textstelle stehen im ersten Band hundert andere von der Art, wie wir sie bisher zitiert haben, Passagen, welche die eine und oberste Wahrheit der Unendlichkeit als Inhalt der Natur und als Ziel der Kunst nicht gegen die fixen Wahrheiten einer Bildersprache eintauschen.

»Mir will scheinen, als wäre ich bislang blind gewesen und als hätte dieses Buch mir neue Augen verliehen«, schrieb Charlotte Brontë nach der Lektüre von »Modern Painters«. Dieses Buch lehrte anders sehen und anders schreiben, wenn es um Natur und Kunst ging. Ruskin hatte nicht nur »the whole body of cognoscenti, dilettanti, and all haranguers, essayists and critics« in den Schatten gestellt, wie es die Zeitschrift »Britannia« ausdrückte, er hatte auch sich selbst überwunden, seine anfängliche tiefe und gemütliche Verwicklung in die literarische Überlieferung der englischen Kunstwelt. Elf Zitate von Dichtern habe ich auf den 630 Seiten des ersten Bandes gezählt, im Erstlingswerk eines belesenen Autors. Es sollte also Schluß sein mit dem lässigen Pendeln zwischen den Künsten, mit der Bildungsassoziation, wie sie Kritiker bevorzugen, die mit Bildern als Bildern wenig anzufangen wissen. Und damit hat

Ruskin sich auch von Turner emanzipiert. Gerade das Beispiel des »Sklavenschiffs« kann das verdeutlichen. Turner folgte mit großer Hingabe und Bewußtheit der älteren Tendenz zum Sinnbild mit literarischem Apparat. Er autorisierte eine allegorisierende Lesart seiner Bilder geradezu schrankenlos. Der Lichteinfall, mit dem er Wickcliffes Geburtsort auszeichnet, ist für ihn »das Licht der glorreichen Reformation«, und die aufflatternden Gänse im Vordergrund erklärt er als den »Aberglauben, den der Genius der Reformation verscheucht«. Ruskin ließ er lange den Hintersinn irgendeiner Einzelheit seines Napoleon-Bildes suchen und wollte dem Ratlosen am Ende nicht auf die Sprünge helfen. Er liebte es, seine Gemälde durch Verse zu begleiten, durch eigene Dichtungen oder durch Zitate. Seine Reverenz vor der sozial höher rangierenden Kunst der Literatur kommt darin zum Ausdruck, aber auch seine große Liebe zur Dichtung. Dem »Sklavenschiff«, das den vollen Titel trägt: »Sklavenschiff, Tote und Sterbende über Bord werfend – ein Taifun zieht auf«, hängte er die Verse an:

Ins Takelwerk alle Mann! Streicht die Top-Segel, zurrt sie fest!
Die böse Sonne, die dort untergeht und die zerzausten Wolken
Sie kündigen vom Nahen des Taifuns.
Bevor er euer Deck trifft, nehmt die Toten und die Sterbenden,
Werft sie über Bord und laßt sie in Ketten, wie sie sind!
Hoffnung, Hoffnung, trügerische Hoffnung!
Wo ist nun dein Markt?

Bild und Kommentar ziehen ihre Inspiration gleichermaßen aus Realität und Kunst. Es war wohl vorgekommen, daß Sklavenschiffe bei Sturm die Toten und Kranken über Bord gehen ließen, denn die Versicherungen leisteten Entschädigung nur für Verlust durch Wind und Wellen, nicht durch Krankheit. Das Setting der grausamen Szene, den blutroten Sonnenuntergang auf dem Meer, kennt die romantische Dichtung als Moment großer Tragik, schuldhafter Verstrickung. So beschreibt der von Turner hochgeschätzte Thomson in »Summer« einen Taifun (»a mingled mass of roaring winds and flame and rushing floods«), der ein Sklavenschiff vernichtet und Schiffer und Fracht dem Hai ausliefert (»one death involves tyrants and slaves«), von dem das Gedicht sagt: »he dyes the purple seas with gore, and riots in the vengeful meal«. Geht man von hier zum Zeithintergrund zurück zur damals aktuellen Debatte um das Sklavenproblem – 1840, als dieses Bild in London ausgestellt wurde, hielt Prinz Albert seine erste öffentliche Ansprache auf einer Versammlung der Liga gegen die Sklaverei – und sieht man Schiff und Schiffbruch in der langen und lebendigen Tradition der politischen Symbolik (Staatsschiff), dann wird man die Meinung der Forscher, die das Bild als zeitkritische Allegorie deuten, nicht abweisen können. Die Frage, die das Gedicht Turners an die »trügerische Hoffnung« richtet: »Where is thy market now?«, dürfen wir nicht nur als Hinweis auf das fehlgeschlagene Geschäft lesen – in einem weitergehenden Sinne heißt das: Wo und welcher Art ist dieser Markt, der mit Menschen handelt? Dann könnte die Zeitkritik des »Sklavenschiffs« präziser einer Ökonomie gelten, die alles verhandelt, die den »cash nexus« zum letzten und – wie man hier sieht – leicht zerreißbaren Band zwischen den Menschen gemacht hat.

Fünfzehn Jahre später hätte Ruskin Hinweise auf eine solche Deutungsmöglichkeit begeistert aufgegriffen. Aber 1843 – und daran wollen wir festhalten – steht das »Sklavenschiff« am Ende der Sektion über die »Wahrheit des Wassers« als »Vollendung jenes vollkommenen Systems der Wahrheiten, wie es durch Turners Werk gebildet wird«. Das Anekdotische am Bildinhalt gehört in eine Fußnote; Thema ist »die Kraft, die Majestät und die Todesfülle der offenen, tiefen, grenzenlosen See«; wesentlich am Bild ist, daß auch eine »so kühne Konzeption« »auf die reinste Wahrheit sich stützt und durch die konzentrierte Erfahrung eines Lebens hervorgebracht wird«. Der Wahrheitsbeweis wird nicht, wie es anhand anderer Beispiele geschieht, durch Einzelbeobachtung und Anwendung von Gesetzlichkeiten angetreten. Die »purple passage«, die das Literarische an Kunst durch Literatur ersetzt, ist der Test auf das große Werk. Das besondere Beispiel mag den Vergleich nahelegen, aber ist es nicht jedesmal so, als würde das vollgetakelte Schiff der Ruskinschen Prosa vom Sand der sachlichen Diskussion ins freie Wasser gehoben, wenn das Werk der »Wahrheit« es erreicht? Es geht ein Beben, Spannen und Entspannen durch das Gefährt, und dann findet es sich in einen großen, organischen Rhythmus, der alles unter seine Bewegungsgesetze integriert: die Erfahrungsherde des Vorbildes und des Bildes, den Wahrnehmungsablauf des ersten und des zweiten Betrachters, das Formale und das Inhaltliche. Natürlich ist auch diese Seelandschaft eine paysage moralisée, aber sie ist nicht als Landschaft mit Moral zu verstehen. Nur wenn alles mitlebt und mitspielt, teilt sie etwas mit. Die Botschaft ist für die Dauer der Bilderfahrung berechnet, sie mißt nach Intensitätsgraden, nicht nach dem Grad ihrer Transportierbarkeit.

5

Daß die Malerei die Natur nachzuahmen habe, welcher Kunsttheoretiker vor Ruskin hätte das nicht gefordert? Doch nur um sogleich große Hintertüren aufzumachen. Seitdem sie das Nachahmungspostulat ausgesprochen hat, ist die Entwicklung der normativen Ästhetik eine Geschichte der salvatorischen Klauseln gewesen. Sie hat bei wechselndem Begründungszusammenhang immer darauf gesetzt, daß große Malerei auch ohne wirkliche Vertiefung ins Vorbild entstehen kann. Vor der Relation Kunst–Natur hat sie Kategorien der Relativierung die größere Dringlichkeit eingeräumt: Bilder mußten stimmig sein, sie mußten mit den Anforderungen von Ort, Zeit, Thema und Adressat zusammenstimmen, und sie mußten in sich zusammenstimmen, der Teil mit dem Ganzen, die Farben untereinander und die formale mit der Regie des Inhalts. Ruskin hat gesagt, wie die großen Künstler der Vergangenheit verfahren sind: »Sie stellten nicht dar, was sie sahen, sondern was sie als Zutat eines hübschen Bildes für unverzichtbar hielten.« Und sie hatten recht, wenn sie so handelten: Nicht nur hübsche – bedeutende Werke, auch der Landschaftsmalerei, sind aus Konventionen und unter Harmonisierungszwang entstanden. Aber auch Ruskin hat recht: Es ist nicht unwichtig, zu erkennen, was Konvention ist, zumal wenn man, wie Ruskin es tut, an der Wechselwirkung zwischen ästhetischer und außerästhetischer Wahrnehmung festhält. Und wenn einem die Ansprüche des Vorbildes mindestens so viel gelten wie die des Bildes.

Die Kunstwissenschaft hat unter Umgehung Ruskins das Relativierungspostulat abgesegnet. Nicht die Differenz, sondern die Ganzheit ist für sie als höchster Wert verbindlich. Wenn man die Kunst von ihrem gesellschaftlichen und natürlichen Fundament abgehoben hat, ist man gehalten, sie aus ihren eigenen Voraussetzungen zu verstehen bzw. solche zu substituieren. Alle Stilhaltungen und Epochen – wir haben es längst verinnerlicht – sind vor Gott gleich. Naturtreue darf nicht länger Maßstab des Qualitätsurteils sein; wer heute noch den uniformen Baumschlag Claudes kritisieren würde, käme als Banause gescholten davon. Doch bedenklich stimmt nicht das Verbot als solches, das wissenschaftstheoretisch gute Gründe für sich mobilisieren kann. Sorge bereitet, daß mit dem Nicht-Dürfen das Können verkümmert. Wie Ruskins Kritikerkollegen werden die Kunstwissenschaftler keine spezifische Aussage über einen Baum Claudes machen, weil sie die konventionalisierte Ulme nicht mehr von der »wahren« Ulme unterscheiden können. Sie sagen dann lieber vorher, daß das nicht interessiere. Und wie ist es denn nun mit den Diagonalen? Werfen sie ihre Spiegelbilder so eifrig über das Wasser, wie sie es bei Canaletto und Belotto tun? Man hat manchmal den Eindruck, als habe die Abschaffung des Nachahmungsprinzips in Kritik (und Praxis) der Kunst weniger die Verwirklichung der Eigenrechte von Geschichte und Wissenschaft als die Befreiung von einer unangenehmen Last zum Ziel gehabt. Und es kommt nicht von ungefähr, daß wir diesen Fortschritt der Generation von Kunsthistorikern verdanken, die nach den Wegbereitern wie Ruskin, Burckhardt, Violet-le-Duc kamen. Es waren die ersten Nur-Kunsthistoriker, akademisch ausgebildet, unfähig zur Detailaufnahme, weil von den Fortschritten der Bildtechnik bereits entlastet. Von keinem Gründer der akademischen Kunstgeschichte ist ein zeichnerisches Werk wie das von Ruskin überliefert, das – unkatalogisiert – nach Tausenden zählt.

Nun hatte aber auch der Propagator des bedingungslosen Naturstudiums seine salvatorische Klausel. Es wird zu zeigen sein, daß Ruskin für seine Jahre und für seine Zeit erstaunlich weit gediehene Vorstellungen von den Bedingungen und Möglichkeiten des Mediums Malerei und seiner Rezipienten entwickelt hatte. Er verwies mit als erster auf die physiologischen Grenzen, die dem Menschen bei der Apperzeption der Natur und bei der Kunstwahrnehmung gesetzt sind, und auf den engen physikalischen Spielraum, den die Mittel der Malerei im Vergleich zur Palette der Natur haben. Für Ruskin war es genauso wichtig, daß der Maler den Gesetzen der Natur gehorcht, wie daß er medien- und wahrnehmungsgerecht arbeitet, ja für den späten Romantiker sind diese Gesetze zwar nicht an sich identisch, aber ihre Befolgung wird Teil der Identität des Malers. »Er kennt die Gesetze der Natur, diese sind ihm kein Zwang. Sie sind seine eigene Natur.« Von hier aus fehlt dann nur noch ein kleiner Schritt zu folgender, vielleicht überraschender Feststellung: »Jeder große Künstler gibt dir nicht die Naturszene selbst, sondern den Eindruck, den die Naturszene auf seinen ganz individuellen Geist macht.« Das ist, wenn man nicht gleich bis zu Plato zurückgehen will, einer Formulierung von Wordsworth nachgebildet, der in seiner Ergänzung zum Vorwort seiner Gedichte von 1815 geschrieben hatte: Dichtung »behandelt nicht die Dinge, wie sie sind, sondern wie sie erscheinen, nicht wie sie in sich selbst existieren, sondern wie sie für die Sinne und das Gefühl zu existieren scheinen«. In seinem zweiten Hauptwerk, den »Stones of Venice«, kommt Ruskin einige Jahre später noch einmal auf diese Unterscheidung zurück und macht eine wichtige Erweiterung, die wir zu Teilen schon kennengelernt haben: »Die Wissenschaft handelt von den Dingen, wie sie an sich sind, die Kunst allein von den Dingen, wie sie die menschlichen Sinne und die menschliche Seele affizieren. [. . .] Man beachte: Beide sind um Wahrheit bemüht – die eine um die Wahrheit der Erscheinungen, die andere um die Wahrheit der Essenz. Die Kunst gibt die Dinge nicht verzerrt wieder, sondern wahrhaft so, wie sie dem Menschen erscheinen. Die Wissenschaft studiert die Beziehungen der Dinge untereinander, die Kunst nur ihre Beziehung zum Menschen; sie fordert von jedem ihrer Gegenstände imperativisch das und nur das, was er für die Augen und die Seele des Menschen sein kann.« Die »science of aspects« und ihre Anwendung, die Kunst, hatten wir als eine Form der Aneignung kennengelernt, die ganz von der Sinnesgegenwart des beobachtenden Individuums abhängt; jetzt wird uns nahegelegt, das, was als Beschränkung erscheinen könnte, positiv als besondere Ausfilterung des menschlichen Sinns aller Objekte zu begreifen. Der Durchgang durch das Medium und durch die Sinne macht Natur kommunizierbar. Kunst, sagt Coleridge, »vermittelt und versöhnt zwischen Natur und Mensch. [...] Sie hat die Macht, die Natur zu vermenschlichen.« Der Dichter, sagt Wordsworth, »ist ein Mensch, der zu Menschen spricht«. Diese beiden erzromantischen Gedanken nimmt Ruskin noch einmal zusammen und gibt ihnen – 30 Jahre sind verstrichen – jetzt eine wissenschaftliche Grundlegung.

An keinem Gegenstand ließe sich besser demonstrieren, wie die Natur ist und was der Mensch von ihr haben kann, als an den Spiegelungen des Wassers. »Geh und stell dich an das Ufer eines Teiches an einem windstillen Tag, such dir eine Stelle, wo Entengrütze auf der Oberfläche treibt, nicht viel, nur ein Blatt hier und dort. Du siehst entweder die Pflanze oder die Spiegelung des Himmels im Wasser – beides zusammen kannst du nicht sehen, so sehr du dich auch bemühst.« Das Auge muß sich einstellen, auf die nahe Oberfläche oder auf die Objekte, die aus so großer Entfernung ihre Strahlen senden. Erkennt es die Spiegelung, dann schwimmen die Blätter nur als undeutliche Flecken dazwischen; ruht es auf der Gestalt und der Binnenzeichnung der Blätter, dann erscheint ihm der Himmel nur wie ein sinnloses Gewiege aus hellen und dunklen Reflexen. Während die Natur beides gibt, kann der Mensch nur eines festhalten und vor allem, er kann nur eines wiedergeben, wenn er Maler ist. Seine Wahl wird der »normalen« Wahrnehmung entsprechend ausfallen, und da der Fokus unseres Auges normalerweise auf die Oberfläche des Wassers eingestellt ist, von der wir die wichtigsten Informationen erwarten, können die Objekte auf der Oberfläche und die Schatten kurzer Gegenstände (herausragende Pfähle etc.) konkret und scharf erscheinen, während hohe Wolken und Bäume sich nur vage und vielfach im spiegelnden Wasser aufgelöst abzeichnen. Schon vor der einfachen Landschaft, die in zwei, drei Gründen bis zum Horizont führt, ergibt sich ein ähnliches Problem. Wir können nicht gleichzeitig die Daten des Vordergrunds und die des Hintergrunds klar und deutlich empfangen. Es gibt da eine kritische Zone innerhalb der ersten 450 Meter, sagt Ruskin:

Zwei Objekte in einer Entfernung von 9 bis 450 Meter verlangen einen Wechsel der Schärfeneinstellung; zwei Objekte, die vom Betrachter 450 bis 8000 Meter entfernt sind, lassen sich dagegen aus einem Fokus wahrnehmen. »Daraus ergibt sich die praktische Konsequenz, daß wir in einer wirklichen Landschaft die ganze mittlere und weitere Ferne deutlich zugleich erblicken.« »Wenn daher der Vordergrund in einem Gemälde wichtig ist, muß die Ferne unwichtig sein und umgekehrt. Denn wenn wir die nahen und fernen Objekte so darstellen, als ob auf einmal beide dem Auge das gleiche Bild darböten [...], übertreten wir eines der wesentlichsten Naturgesetze: wir stellen etwas als zugleich geschaut dar, was nur durch sukzessive Sehvorgänge geschaut werden kann und begehen damit einen ebenso großen Fehler, als ob wir die vier Seiten eines Kubus zugleich sichtbar machen wollen.«

Hinter dieser scheinbar so schlüssigen Argumentation verbirgt sich eine massive Prämisse, ein ästhetischer Imperativ, der nicht weniger dezisionistisch und aggressiv ist, als jene alten, die forderten: Ahmt die Antike nach! oder: Haltet euch an Raffael! Ruskin verlangt, das Bild müsse dem Sehbild entsprechen. Das ist eine Idee – und eine ästhetische Praxis –, die ganz dem 19. Jahrhundert angehört. Bisher hatte die Devise gegolten, daß Bilder zu sehen geben – jetzt sollen sie das Sehen geben. Der grundsätzliche Charakter dieser Wendung erlaubt es, von der zweiten anthropologischen Wende der Kunstgeschichte zu sprechen. Das 15. Jahrhundert hatte damit begonnen, durch Einhaltung einiger Rahmenbedingungen den Ansprüchen des Betrachters auf das Bild Rechnung zu tragen: nach Größen wie Distanz sowie horizontale und vertikale Standortbestimmung hatte die Malerei Betrachter und Bild fest einander zugeordnet. Das war eine geometrische oder mechanisch-optische Lösung der Rezeptionsproblematik; sie blieb so generell, daß die Objekte der Darstellung, gehorchten sie nur dem Primat der Einheit des perspektivischen Raums, relative Freiheit besaßen. Es wäre wohl niemandem in den Sinn gekommen, vom Bild nur zu verlangen, was des Auges ist. Bilder sollten Augen und Geist beschäftigen, fordern, überfordern, sollten Rezeptions- und Reflexionsprozesse auf ganz verschiedenen Ebenen anstoßen. Jetzt, im 19. Jahrhundert, wird das geometrische Modell des Wahrnehmungszentrums durch ein physiologisches ersetzt; an die Stelle des Bündels aller Sehstrahlen tritt ein Organ, das seine inneren Beschränkungen, aber auch seine inneren Möglichkeiten hat, um diese Beschränkungen aktiv auszugleichen. Mit beiden muß die Malerei arbeiten.

Den hier zutage tretenden Einstellungswandel förderten die seit der zweiten Hälfte des 18. Jahrhunderts eifrig vorangetriebenen Forschungen auf dem Gebiet der Optik. Es ist ein altbekannter, schon dem 19. Jahrhundert bewußter Grundsatz der Wissenschaftstheorie, daß das technische Modell das natürliche Pendant erst eigentlich begreifbar macht. Die Physiologie des menschlichen Auges und seines Nervenapparates konnte sich im Zeitalter der Camera lucida, des Stereoskops, der Fotokamera und der elektrischen Telegraphie auf eine neue Basis stellen. Gerade in England, das so hervorragende Wissenschaftler und Erfinder wie die drei Herschels, wie Graf Rumford, Thomas Young, David Brewster, William Hyde Wollaston, Henry Fox Talbot und die Wedgwoods aufzuweisen hatte, ergab sich ein Austausch zwischen Wissenschaft und Kunst beinahe zwangsläufig. Wer um die Jahrhundertwende etwa Thomas Youngs Schriften »Observations on Vision« (1793) und »Mechanism of the Eye« (1800) zur Kenntnis nahm, konnte alle entscheidenden Funktionsweisen des Auges hinreichend genau beschrieben und erklärt bekommen. Young lieferte die erste plausible (später freilich wieder verworfene) Deutung der Akkomodationsmechanik des Auges, er bestimmte sehr genau das »Feld der schärfsten Sicht« auf der Retina, er maß das Gesichtsfeld bei bewegter und unbewegter Pupille, und er entwickelte den ersten präzisen Optometer zur Feststellung der individuellen Sehleistungen. Es gelang ihm dabei der Nachweis, daß die Sehweisen auch der gesunden, nicht korrekturbedürftigen Organe stark variieren, daß also das Auge kein mechanisches Konstrukt, sondern ein individueller Sinn ist. Wir halten es für wahrscheinlich, daß Turner von den Ergebnissen des »Vaters der physiologischen Optik«, wie Young genannt wurde, profitiert hat, als er daranging, wissenschaftliche Literatur für seine Vorlesung an der Akademie aufzuarbeiten. Als Professor der Perspektive und als

Künstler, der nach Ruskin kein Bild perspektivisch richtig gemalt hat, kam ihm alles recht, was den lineargeometrischen Begriff des Gegenstandes erweiterte, die Wahrnehmungsphysiologie, die Farbperspektive, die Unwägbarkeiten der Spiegelperspektive. »Das Auge«, bedeutete er den Hörern seiner Vorlesung von 1811 (?), »empfängt das Bild aller Gegenstände auf einer parabolischen Kurve, denn wenn es in den Raum gerichtet ist, so kann es nur aufnehmen, was in sein begrenztes Feld einfällt, das die Form eines Kreises hat.« Das ist ein zentraler Satz seiner Kunsttheorie, der freilich, so wie er dasteht, wenig Sinn ergibt. Turner war auf dem Katheder ein schlechter Lehrer, er verwickelte sich in fast allen seinen Argumenten, er gebrauchte ständig falsche Anschlüsse – so auch hier. Was er sagen will, ist zweierlei: Die Netzhaut, die das Bild aller Objekte empfängt, ist im Schnitt parabelförmig gekrümmt – an anderer Stelle: »kreisförmig«; das Gesichtsfeld, eine von ganz anderen Faktoren bestimmte Größe, ist ebenfalls kreisförmig angelegt. Daß noch eine dritte Eigenschaft die Funktion des Auges wesentlich bestimmt, die bereits erwähnte punktuelle Schärfe, war Turner wohl ebenfalls bekannt – die folgende Wortkette läßt das vermuten: Der Gesichtssinn »kann immer nur einen Teil des Kreises wahrnehmen, auf den zu einer Zeit das Objekt geworfen wird, auf einen Teil des Kreises und nicht auf eine Fläche, so daß jede Linie vor dem Auge im Auge an einer parabolischen Kurve teilhat [. . .]«. Dieser Gedanke läuft wieder auf die Krümmung der Vertikalen und Horizontalen auf dem Augenhintergrund hinaus, aber den Anfang dürfen wir so interpretieren, daß die Stelle optimaler Auflösung bei gekrümmter Retina nur begrenzt sein kann. Wir wissen nicht, ob Turners Vorlesungen auch auf das Faktum eingingen, daß das Auge nicht nur einen bestimmten Punkt scharf und seine Umgebung abnehmend unscharf sieht, sondern sich auch sukzessive auf verschiedene Tiefenzonen einstellen muß. Seine Malerei deutet auf eine mehr als unbewußte Handhabung dieser physiologischen Gegebenheit. Ruskin hat das sehr schön herausgearbeitet: »Turner begann eine neue Epoche der Landschaftsmalerei, als er bewies, daß der Vordergrund zugunsten der Ferne abgewertet werden kann und daß es möglich ist, unmittelbare Nähe zum Betrachter darzustellen, ohne die Form der nahen Dinge ganz und fest wiederzugeben. Dies geschieht bei ihm nicht durch verwischte oder weiche Umrisse – immer ein Anzeichen schlechter Kunst –, sondern durch eine entschiedene Unfertigkeit, durch eine bestimmte, aber nur partielle Angabe der Formen, die das Auge als benachbart wahrnimmt und die es dennoch nicht fixieren und begreifen kann, so daß es, am Vordergrund keinen Halt findend, notwendig in die Tiefe weiterwandert, wo es dann zur Ruhe kommt.« Turner scheint diese kühne Neuerung wie selbstverständlich, fast schematisch eingesetzt zu haben; was ihn aber noch mehr beschäftigt hat als die Tiefenauflösung und worauf auch seine theoretischen Statements immer wieder hinauslaufen, war die sphärische Natur des Wahrnehmungsorgans und die Kreisförmigkeit seines Sehfeldes. Der Maler, der sich zuerst an Claudes sichere Kartuschenkompositionen gehalten hat: Kulisse links, Kulisse rechts, gesenkter Bogen dazwischen, beginnt irgendwann den unteren Halbkreis in Bewegung zu setzen. Bogenformen des Vorder-, Mittel- und Hintergrunds fangen an, wie Schiffschaukeln gegeneinander zu schwingen, die Segmente steigen hoch und höher, bis sie sich überschlagen, bis das Bild wie ein einziger Wirbel (vortex) kreist. »Hannibals Überquerung der Alpen« (entstanden 1812, ein Jahr nach den ersten Vorlesungen) und »Licht und Farbe nach Goethes Theorie« (1843) bezeichnen mit ihren wüsten, saugenden Spiralen die Extreme. Dazwischen liegen zahllose Bilder, in denen gekrümmte Horizonte, Segmente aus Landschaftszügen und Wolkenformationen die Struktur einer flachen Ellipse oder eines sphärisch geformten Hohlkörpers vorgeben. Bekanntestes Beispiel: die panoramatisch gestreckten Petworth-Landschaften (ca. 1828) – da biegt sich nicht nur der Rand der Terrasse zu den Seiten hin auf, da gehorchen alle Bildgegenstände den Gesetzen einer geheimnisvollen Schwerkraft, so als kreise das Ganze in einer flachen Schüssel. Nur die Mitte bleibt ruhig, die Sonnenstrahlen schneiden hier ein sicheres Dreieck aus. Diese Bilder sind augenförmig, keine Schnitte durch die Sehpyramide, sondern subtil gewölbte Schalen.

Die Feinheit der Abstimmung von Auge und Bild macht sich auch in Turners unscheinbarsten Werken, in seinen Buchillustrationen, bemerkbar. Turner hat fast ausschließlich Vignetten geliefert, also runde oder ovale Bildchen mit verschwimmenden, nicht gefaßten Rändern, keine Ausschnitte, sondern Kompositionen, die von innen heraus die Gesetze ihrer sphärischen Kleinstruktur zu erfüllen scheinen. So hat man richtig gesagt, daß »diese Gattung kein Fenster in den Raum impliziert, sondern durch das Aufsteigen korrelierender Formen aus einer unbestimmten Matrix gebildet wird«. Den Grund für diese Formgebung hat schon 1839 ein 20jähriger Kunstkritiker angegeben, und er hat dabei zum erstenmal das neue Paradigma der Malerei definiert, wenn wir davon absehen, daß Turner sich in seinen Vorlesungen irgendwann zu einer klaren Äußerung in dieser Richtung durchgerungen haben könnte. Unter dem passenden Pseudonym Kata Phusin (Gemäß der Natur) meldete sich damals Ruskin im »Architectural Magazine« zum Thema »Das regelrechte Format von Gemälden und Illustrationen« zu Wort: »Tatsache ist, daß genau genommen das stillstehende Auge in einem Moment nur einen *Punkt* klar und scharf erkennen kann. Alle anderen Punkte, die unser Blick umfaßt, erscheinen in dem Maße unscharf, als sie von diesem ersten Punkt entfernt sind, und wenn die Entfernung so groß wird, daß der Sehwinkel mehr als 30 Grad beträgt, dann wird der zweite Punkt unsichtbar. So können wir durch die Entfernung von 30 Grad die Reichweite unserer Sicht bestimmen. [...] die Randzone unserer Wahrnehmung ist dann keine harte Grenze, sondern weich und unbestimmbar.« Diese Art der fixierten Perzeption sei sehr selten, sagt Ruskin; normalerweise würden wir unsere »Aufmerksamkeit über das ganze Sehfeld gleichmäßig verteilen« und hätten dann ein kreisförmiges Bild, dessen Durchmesser einem Sehwinkel von ca. 60 Grad entspreche und dessen Zentrum den Augen gegenüberliege. Wenn wir die zentrale Prämisse einführen, daß Gemälde oder Graphiken »ein Ersatz für das natürliche Sehfeld« sein sollen, dann müssen sie sich in ihrem Format mit der kreisförmigen Gegebenheit unserer Wahrnehmung auseinandersetzen und sie müssen entscheiden, ob sie die Grenzen unserer Sicht über- oder unterschreiten. Obwohl der Kreis in »wissenschaftlicher Hinsicht das richtigste Format« sei, lehnt ihn Ruskin dennoch ab, u. a. deshalb, weil die Tiefenlinien durch die prägende Gesamtstruktur verzerrt würden – eine

Deformation, die Turner nicht gescheut hat. Ruskin kommt auf interessanten, hier aber zu weit führenden Wegen dazu, nicht den Kreis, sondern die Ellipse als Feld der ästhetischen Wahrnehmung anzunehmen, und diese Figur läßt sich natürlich sehr viel eher mit dem konventionellen Rechteck vereinbaren. Wichtig ist, daß Ruskin abnehmende Detailschärfe zu den Rändern hin empfiehlt und anrät, die Ecken des Rechtecks, die die Fläche der Ellipse übersteigen, mit kreisförmigen Pinselschlägen zu füllen, »um die ellipsoide Form zu betonen«. Alles müsse darauf hinarbeiten, daß bei richtiger Distanz »die Bildränder mit den Grenzen des Blickfeldes zusammenfallen« – würden sie es durchschneiden, dann wäre es, wie wenn eine Melodie mitten im Takt abrisse. Daß ist auch der Grund, warum Ruskin für Illustrationen, die sich niemals aus korrekter Distanz betrachten lassen, den Gebrauch der Vignette empfiehlt, »durch deren verschwimmende Ränder das Auge in dem Gefühl gelassen wird, es betrachte nur das Fragment eines Bildes. Alle Härte des Randes ist so vermieden, und wir haben den Eindruck, wir könnten jenseits dieser träumerisch unentschiedenen Grenze noch mehr sehen, wenn wir wollten, aber wir wollen nicht, sondern bleiben bei diesem uns angebotenen Punkt der Konzentration.« Man braucht kaum hinzuzufügen, daß Ruskin Turner als den Meister dieses Mediums rühmt – schließlich waren es dessen Vignetten zu Rogers' »Italy« (1830) gewesen, die »den Grundton meines ferneren Lebens bestimmten«, wie die Lebenserinnerungen für das Jahr 1832 festhalten.

Wer von dieser Arbeit des 20jährigen auf sein weiteres kunstkritisches Werk schließen wollte, würde eine naturwissenschaftlich gestützte Ästhetik, eine »psychophysische Kunstwissenschaft« im Stile der Fechner, Helmholtz oder Claudet erwarten (welche die englischen Ansätze im Abstand von mehreren Jahrzehnten rezipieren). Die Art der Beweisführung ist derart mathematisch-philosophisch stringent, daß man den älteren Schulen der Kunstbetrachtung, der romantischen und der klassizistischen, sowie dem eleganten, essayistischen Plauderton der Kunstkritik keine großen Chancen für den weiteren Verlauf des Zeitalters der Fakten einräumen möchte. Wir wissen, daß es anders kam, daß gerade Ruskin, der Natur- und Kunstliteratur zur hohen Form erhob, den

Ideen des frühen 19. Jahrhunderts, sagen wir kurz: den Ideen Wordsworths und Turners zu einer verlängerten, bis an den Anbruch der Moderne reichenden Blüte verhalf. Mit »Modern Painters« schrieb Ruskin keine »Kritik des Enthusiasmus«, wie sie die Zeit eigentlich nahelegen würde, er schrieb »enthusiastische Kritik«. Immer dann, wenn er wissenschaftlich argumentiert, verdankt er den Initialgedanken einer romantischen Idee und die Ausführung einer Wissenschaft, die romantisch durchdrungen ist, der »science of aspects«. Das Gemälde »zum Ersatz« oder, wie es auch heißt, »zum Stellvertreter für das natürliche Sehbild« zu machen, ist nur die Konsequenz aus allgemeinen Sentenzen, wie sie von fast jedem Vertreter der englischen Romantik überliefert sind. Wir können da an Blake erinnern, der sagt: »As the Eye, such the Object« und uns vor allem an Wordsworth halten, dessen »high argument« das reziproke Verhältnis von »gesehenem Objekt« und »Auge, das sieht« ist: »A balance, an ennobling interchange/ Of action from within and from without,/ The excellence, pure spirit, and best power/ Both of the object seen, and eye that sees.« Von Wordsworth stammt auch der bemerkenswerte Satz, daß es Art des »Dichters ist, den Menschen und die Natur als wesensgemäß einander angepaßt zu betrachten (essentially adapted to each other)«. Der Begriff der Adaption spielt auch bei Ruskin überall da eine Rolle, wo es um die Ableitung der Kunst aus den Möglichkeiten des Auges geht. Aber Ruskin hätte von der Kunst die Herstellung der großen Übereinstimmung erst gefordert, sie nicht als »wesensgemäß« vorausgesetzt, denn die ältere Kunstgeschichte pflegte ja geradezu die Regelwidrigkeit in dieser Beziehung, und in der neueren Zeit wuchsen die Schwierigkeiten, den Ausgleich herbeizuführen. Daß die »Balance«, der »erhebende Austausch« gefährdet sein könnte, wußten schon die Romantiker. Die Ursachen, die sie benannten, hießen nicht nur: Wissenschaft und Industrie, sondern auch »Despotie des Auges« (Coleridge). Sie warnten davor, daß das Auge, »der herrscherlichste unserer Sinne«, Geist und Herz »in absoluter Herrschaft sich unterjochte« (Wordsworth); der »äußeren Sicht« stellten sie als notwendige Ergänzung »die innere« gegenüber, und als höchstes Ziel schwebte ihnen der »Triumph der Vision über die Optik« vor. Hier gibt es keine Kongruenz zwischen Ruskin und der Romantik mehr. Ruskin hat die alles überragende Bedeutung des »äußeren Sehens« bis zum Schluß verteidigt. Aufgabe der Kunst ist es, die Möglichkeiten der Wahrnehmung für den Betrachter erfahrbar zu machen, ihn das Sehen zu lehren: »[...] er bleibt erfreut, mehr noch: unterrichtet und veredelt zurück, nachdem er nicht nur eine neue Szene betrachtet, sondern mit einem anderen Geist kommuniziert hat und für einige Zeit im Kraftfeld scharfer Wahrnehmung und starker [...] Gefühle gestanden hat.« Aufgabe des Künstlers ist dann die modellhafte Apperzeption, die sich der Natur direkt bemächtigt – »nichts stehe zwischen der Natur und der Sicht des Künstlers«, sagt Ruskin. Richtig ist, daß er die Rolle des Gefühls nicht unterschlägt: »the whole function of the artist in the world is to be a seeing and feeling creature«, aber es wird diese Bestimmung mehr wie eine traditionelle Formel mitgeschleppt. Die Emphase liegt stets auf der anderen Funktion: »Der ganze Wert ihres [der Kunst] Zeugnisses beruht darauf, daß sie Augenzeuge ist, all ihre Echtheit und Autorität beruht auf der persönlichen Beglaubigung des Menschen, der sie hervorbringt. Ihr ganzer Triumph beruht auf der Wahrhaftigkeit des einen Wortes, das vorangegangen ist: Vidi – Ich habe gesehen.«

Den Künstler – und durch ihn den Betrachter – mit allem Nachdruck aufzufordern, »ein Werkzeug von solchem Zart- und Feingefühl zu sein, daß kein Schatten, kein Hauch, keine Linie, kein plötzlich aufblitzender und ebenso schnell verschwindender Eindruck der sichtbaren Dinge um ihn herum [...] unberichtet bleibe oder aus dem Buch der Urkunden verschwinde«, derart einseitige Forcierung deutet immer auf eine bewußt oder unbewußt erfahrene Gefährdung des fraglichen Prinzips hin – davon handeln spätere Kapitel –, und sie bleibt eher Teil des Problems, als zu dessen Lösung beizutragen. Ruskin wollte die Kommunikation zwischen Natur und Mensch durch die Kunst sicherstellen; von den Beschränkungen der Kunst und der menschlichen Wahrnehmung wissend, wollte er deren »Grenzen zusammenfallen lassen«, wie es im Aufsatz von 1839 heißt, um eben die unbeschränkte Natur möglichst direkt, nur durch das eine Medium des Künstlerauges gefiltert zu erreichen. Sehen als Kommunikation, als

Kommunion mit der Natur heißt nicht: Sehen um des Sehens willen, Sehen als Selbstempfindung und -bestätigung des apperzipierenden Subjekts, aber die Gefahr droht diesem Konzept – und Ruskin ist ihr bisweilen erlegen –, Intensität mit Reinheit zu verwechseln und die Stimulation der Sinne von den Stimuli zu abstrahieren. »Alles, was wir an der Welt um uns herum wahrnehmen, bietet sich unseren Augen dar als eine Zusammenstellung von verschiedenfarbigen und verschieden hellen Flecken. Die Wahrnehmung fester Körper ist ganz und gar Ergebnis unserer Erziehung. In Wirklichkeit sehen wir nur farbige Flächen; und nur durch eine Reihe von Erfahrungen entdecken wir, daß ein schwarzer oder grauer Fleck die verschattete Seite eines Körpers anzeigt oder daß ein sich abschwächender Farbton signalisiert, daß das Objekt, auf dem er sich befindet, entfernt ist. Die ganze Wirkungskraft der Malerei im Technischen beruht auf unserer Fähigkeit, jenen Zustand zurückzugewinnen, den man die *Unschuld des Auges* nennen könnte, d. i. eine Art von kindlicher Sehweise, die die farbigen Flecken als solche wahrnimmt, ohne Wissen von ihrer Bedeutung – so wie ein Blinder sie sehen würde, wenn ihm mit einem Mal die Sehkraft zurückgegeben wird.« Dieser Text stammt schon aus dem Jahre 1857, aus Ruskins sehr erfolgreicher Zeichenlehre »The Elements of Drawing«. Er markiert nicht etwa den Zielpunkt einer Entwicklung, die seit 1839 stattgefunden hat, sondern belegt nur in besonders reiner Form eine Möglichkeit, die in Ruskins Lehre immer bereitliegt, die er aber nie verabsolutiert hat. Wie die vielzitierte Aufforderung, der junge Künstler solle am Vorbild der Natur »nichts ablehnen, nichts auswählen, nichts verachten«, richtet sich auch dieser Satz gezielt an den Anfänger, an den Adepten in ästhetischer Wahrnehmung und Praxis. Doch besagen solche Erklärungen natürlich nichts über die Rezeption dieser rezeptionsästhetisch fundierten Kunstbetrachtung. Wie so oft hielt man sich an die formelhafte Teilaussage. Wer mit Ludwig Feuerbach »die Wahrheit der Kunst« als »Wahrheit der Sinne« begreifen wollte, berief sich auf Ruskin. Die Botschaft der »Elements of Drawing« hat sogar auf Umwegen die französischen Impressionisten erreicht, die wie keine andere Kunstschule ihre Malerei aus der Gleichung Bild = Sehbild abgeleitet haben. Doch so wie Ruskin später den Impressionismus ablehnte und sich mit dessen größtem Vertreter in England, dem Amerikaner Whistler, in einen Prozeß verstrickte, so hat er auch Distanz zu einer rein physiologischen Ästhetik gehalten. Die »Wahrheit der Kunst« ist für ihn nicht nur die »Wahrheit der Sinne«, sie ist die Wahrheit der Natur, der inneren des Menschen und der äußeren der Schöpfung, genauer: die Wahrheit des Verhältnisses von Mensch und Natur.

6

In den Lebenserinnerungen »Präterita« findet der Leser einige wenig ergiebige Sätze über Band 1 der »Modern Painters«, der ja, wie man sich erinnert, 1842/43 geschrieben wurde. Das Jahr 1842 steht lebensgeschichtlich unter dem Zeichen der Espe im Wald von Fontainebleau, genauer der dort stattgefundenen Bekehrung Ruskins zur Natur. Die Viktorianer haben es sehr geliebt, ihrem Leben in der Rückschau durch dramatische Konversionsepisoden Spannung und Richtung zu geben; sie haben damit, wie so häufig, ein romantisches Motiv fortgeführt, haben es aber durch Häufung und Belastung deformiert, beinahe entwertet. Diese Krisen verlaufen stets nach dem gleichen Muster. Das Leiden an der Zeit und am eigenen Ich führt den Betroffenen in einen Zustand tiefer Niedergeschlagenheit, seelischer und körperlicher Erkrankung, großer Einsamkeit. Wenn dieser Verlust der ursprünglichen Einheit von Mensch und Natur, von Mensch und Gesellschaft am weitesten vorangeschritten ist, verhilft ein jäher Einfall, eine plötzliche Begegnung zu einem neuen Lebenskonzept, nicht zur alten Einheit, sondern zur Einsicht in eine Restrukturierung der alten Elemente.

Thomas Carlyle hat in seinem halb-autobiographischen »Sartor Resartus« (1833) eine kaum überbietbare Schilderung einer solchen »geistigen Wiedergeburt« geboten. Dem Professor Teufelsdröckh, dem Antihelden dieses Buches, war in jungen Jahren »alles, was das junge Herz wünschen und bitten konnte, [. . .] versagt« worden: Freundschaft, Liebe, berufliche Pflicht und Anerkennung, jegliche Möglichkeit, seine »vortreffliche Passivität« durch »nützliche, vernünftige Aktivität« zu ergänzen. Hoffnungslosigkeit, Glaubenszweifel und Berührungsängste hatten ihm die Lebenswärme geraubt; der »furchtbarste Unglaube [. . .] der Unglaube an sich selbst«, trieb ihn ziellos durch die Welt. »Erfüllt von solchen Gedanken und vielleicht der unglücklichste Mensch in der ganzen französischen Hauptstadt nebst Vorstädten, wandelte ich an einem schwülen Hundstage, nachdem ich weit umhergeschweift, die schmutzige kleine Rue Saint-Thomas de l'Enfer entlang unter vielem Unrat in einer schwülen Atmosphäre und über ein Pflaster so heiß wie Nebukadnezars feuriger Ofen, wodurch meine Gedanken ohne Zweifel nicht sehr angefrischt wurden, als mit einem Male eine Idee in mir aufstieg und ich mich fragte: Wovor fürchtest du dich eigentlich? [. . .] Was ist die Totalsumme des Schlimmsten, was dir bevorsteht? Tod? Wohlan, Tod [. . .] – ich will ihm entgegengehen und ihm Trotz bieten!

Und während ich so dachte, rauschte es wie ein feuriger Strom über meine ganze Seele und ich schüttelte die niedrige Furcht auf immer ab von mir. Ich war stark, von unermessener Kraft, ein Geist, fast ein Gott! Von dieser Zeit an war die Stimmung meines Unglücks eine andere. [. . .] Lange Jahre hatte das *ewige Nein* mit siegender Gewalt alle Falten meines Seins, meines Ich durchdrungen und nun stand mein ganzes Ich in angeborener gottgeschaffener Majestät dagegen auf und erhob mit Nachdruck seinen Protest. [. . .] Das ewige Nein hatte gesagt: Siehe, Du bist vaterlos, ausgestoßen und das Weltall ist mein (des Teufels); worauf mein ganzes Ich jetzt antwortete: Ich bin nicht dein, sondern frei und hasse dich auf immer! Von dieser Stunde an bin ich geneigt, meine geistige Wiedergeburt oder baphometische Feuertaufe zu datieren, vielleicht begann ich unmittelbar darauf ein Mensch zu werden.«

Mit dieser Gigantomachie höchster transzendentalphilosophischer Werte vergleiche man nun, wie Ruskin den Moment beschreibt, der ihm 1842 ein neues Leben bescherte. Auf dem Weg in die Schweiz machten die Ruskins mit dem immer noch kranken, fiebernden Sohn in der Nähe von Paris, im Wald von Fontainebleau, Station. »Matt und tief betrübt« verließ er das

Wirtshaus und schlug einen kleinen Fahrweg ein, »der zwischen jungen Bäumen dahinführte und wo nichts war als der blaue Himmel, der durch das dünne Geäst leuchtete. Dort legte ich mich auf einen Rasenabhang am Rande hin und versuchte zu schlafen. Aber ich konnte nicht schlafen, und bald fing ich an, mich dafür zu interessieren, wie sich die Zweige gegen den blauen Himmel abzeichneten, regungslos wie die Zweige eines Jesse-Stammbaums an einem gemalten Fenster.

Allmählich wurde ich etwas munterer, und mir schien, es ginge diesmal noch nicht ans Sterben und ans im Sand Begrabenwerden, obgleich ich im Augenblick nicht weitergehen konnte. Ich nahm mein Buch heraus und fing an, mit großer Sorgfalt eine kleine Espe auf der gegenüberliegenden Seite des Fahrwegs zu zeichnen. Noch matt, aber nicht ohne Fleiß begann ich sie zu zeichnen, und während der Tätigkeit schwand die Ermattung: die schönen Linien zwangen mich dazu, ihnen nachzugehen – nichts mehr von Ermüdung. Schöner und schöner gestalteten sie sich, wie sie sich voneinander sonderten und ihren Platz in der freien Luft einnahmen. Mit immer steigender Bewunderung sah ich, daß sie sich nach feineren Gesetzen ›komponierten‹, als sie Menschen bewußt sind. Endlich stand der Baum da, und alles, was ich bis dahin von Bäumen gewußt hatte, hatte sich in Dunst aufgelöst.

Der Efeu in Norwood hatte mich nicht so hoffnungslos gedemütigt, denn Efeu war einem immer als eine dekorative kleine Kreatur erschienen, die sich bei Gelegenheit auch wohl anmutig zu benehmen wisse. Daß aber alle Bäume des Waldes (denn daß meine junge Espe nur einer unter ihrer ungezählten Schar sei, sah ich wohl) schön sein sollten – schöner als gotisches Laubwerk, schöner als griechisches Vasenbildwerk, schöner als die zierlichsten Stickereien des Ostens und die kunstvollsten Gemälde des Westens – das setzte all meinen früheren Gedanken ein Ende, das gab mir Einblick in eine neue Welt der Wälder. Und nicht nur in eine Welt der Wälder. Die Wälder, die mir bisher nur als eine Wildnis erschienen waren, erfüllten, wie ich nun sah, in ihrer Schönheit dieselben Gesetze, die die Wolken leiteten, das Licht zerteilten und den Wellen ihren Rhythmus gaben. ›Er aber hat alles schön gemacht, zu seiner

Zeit.‹ Das wurde für mich die Interpretation des Zusammenhangs zwischen dem Menschengeist und allen sichtbaren Dingen, und ich ging diesen Waldweg zurück im Gefühl, er habe mich weit geführt – weiter als je die Schwingen der Phantasie getragen haben oder der Theodolit gemessen hat.«

Die undramatische, wenngleich folgenreiche Epiphanie im Wald von Fontainebleau ist bis in Motiv und Botschaft hinein einem Erlebnis nachgebildet, das Wordsworth aus seinen Jugendtagen berichtet. Miss Fenwick gegenüber kam der alte Dichter einmal auf seine Beschreibung einer Baumsilhouette vor dem Abendhimmel in »An Evening Walk« zu sprechen und fügte hinzu: »Ich erinnere mich sehr genau an den Ort, wo mich dieses Phänomen zuerst traf [first struck me]. Es war auf dem Weg zwischen Hawkshead und Ambleside, und es erfüllte mich mit großer Freude. Dieser Moment war für die Geschichte meiner dichterischen Entwicklung bedeutend; ich datiere von ihm her, daß mir die unendliche Vielfalt der natürlichen Erscheinungen bewußt wurde, die von den Dichtern aller Zeiten und Länder nicht beachtet worden war, soweit ich sie kannte. Und ich faßte den Entschluß, dieses Defizit nach Möglichkeit auszugleichen. Ich kann damals nicht viel älter als 14 Jahre gewesen sein.« Was das Gedicht »An Evening Walk« angeht, nahm Wordsworth in Anspruch, »daß in ihm kein Motiv ist, das ich nicht selbst gesehen habe, und an Ort und Zeit dieser Beobachtungen erinnere ich mich jetzt noch, in meinem 73. Jahr«. Der 67jährige Verfasser von »Präterita« hätte Gleiches für sich behauptet und hätte seinen Kritikern, die argwöhnen, die Episode im Wald von Fontainebleau sei Fiktion oder nachträgliche Sinngebung, vorgehalten, daß man gewisse »spots of time« (Wordsworth), »Stellen im Verlauf der Zeit«, nie vergessen könne, die »klar herausstehend die Kraft der Erneuerung beinhalten«, Szenen, die von außen »eine ganz gewöhnliche Ansicht bieten« und sich doch im betroffenen Subjekt als »Blitze« oder »Schein der Seelenerleuchtung« einstellen. Letzteres dürfte auch das beste Argument für die Authentizität der Akmé von Fontainebleau sein: Offenbarungen durch so unspektakuläre Dinge wie eine Espe oder eine Madeleine kann man gar nicht erfinden, man kann sie höchstens wiederfinden. Daran ändern literarische Vorprägungen nichts. Wer wie Ruskin viel Wordsworth gelesen, wer wie Proust viel Ruskin gelesen hat, ist natürlich vorbereitet, wartet geradezu auf die Epiphanie im Alltäglichen.

Die Botschaft, die Wordsworth und Ruskin von den Bäumen empfangen, ist weitgehend identisch und nur in einer Beziehung in jene Richtung erweitert, die wir im Zusammenhang des letzten Abschnitts dargestellt haben. Wordsworth und Ruskin entdecken die Tatsache der »unendlichen Vielfalt der natürlichen Erscheinungen«, entdecken, wie es in Wordsworths »Prelude« heißt, daß »Herz und Heimstatt unserer Existenz im Unendlichen ist und einzig dort«, im Unendlichen des Endlichen wohlgemerkt. Beide entdecken sie »den Zusammenhang zwischen dem Menschengeist und allen sichtbaren Dingen«; sie finden sich, indem sie die Natur finden. Mit den Worten von »Tintern Abbey« (1798):

Dann fühlt ich um mich, was mir selbst die Freude
Erhabenen Denkens störte, hohen Sinn
Von etwas, das ins tiefste Wesen dringt,
Das in dem Licht der Abendsonne wohnt,
Im großen Weltmeer, der belebten Luft,
Dem blauen Himmel und des Menschen Seele:
Ein Antrieb und ein Geist, der alles zwingt,
Was der Gedanke sich als Vorwurf wählt,
Und der durch alle Dinge ewig rollt.

Doch hier endet auch die Übereinstimmung zwischen Wordsworth und Ruskin. Wenn der Romantiker im eben zitierten Gedicht »ins Sein der Dinge schauen« möchte, hält Ruskin sich an die gemeinsamen Gesetze, die alles organische Leben durchwalten. Während der eine in letzter Instanz die mystische Vision anstrebt, erarbeitet der andere das Gesetzeswerk (»Modern Painters«) seiner »science of aspects«. Was für den einen schon Ziel und Erfüllung ist – »the moments monument« (Rossetti), kann für den anderen nur Anstoß sein. Man lese einmal das Kapitel über die Wahrheit der Bäume, um zu lernen, was man von Bäumen, von echten und von gemalten, alles nicht gewußt hat.

In der praktischen Konsequenz, die sie aus der Offenbarung

ziehen, stimmen Ruskin und Wordsworth dann wieder überein. Die »wise passiveness« (Wordsworth), den Zustand des »feinen Töpfertons«, »der den Abdruck jeder Sache aufnehmen kann« (Ruskin, s. o. S. 20) überwindend, wollen sie durch Dichten bzw. Zeichnen das eigene und das kollektive »Defizit ausgleichen«, »to supply the deficiency«. Was wirklich im Wald von Fontainebleau geschehen sein könnte, begreift man wohl nur, wenn man ganz stark die Tatsache, daß Ruskin die Situation zeichnend erlebt, bewertet. Denn die Behauptung, Ruskin sei damals zum »Propheten der Natur« bekehrt worden, mutet im Fall dieses eifrigen Naturforschers schwer verständlich an. Sein »Chrysalidenstadium« wurde beendet durch die Einsicht, daß er seit seinem zwölften Lebensjahr seine »ganze Zeit verloren hatte, und ich nie gelehrt worden war zu zeichnen, was wirklich da war«. Man hatte ihm eine Zeichensprache beigebracht, die schnell schöne Bilder produzieren half; nun begann er zu realisieren, »was wirklich da war« und was als Wirklichkeit alle Kunst überstieg – daß »meine junge Espe [. . .] schöner als die zierlichsten Stickereien des Ostens und die kunstvollsten Gemälde des Westens [war] – das setzte all meinen früheren Gedanken ein Ende«. Diese Einsicht dämmerte ihm zum ersten Mal 1842, als er auf einem Spaziergang in der Nähe des Elternhauses eine »nicht übel komponierte Efeuranke« fand, die genau nachzubilden ihn herausforderte. Das erste Mal, daß er der neuen Aufgabe annähernd Genüge tat, wäre dann im Wald von Fontainebleau gewesen, als er wie in Trance das Diktat der Espe nachzuschreiben begann. Ohne Zweifel ist ein solcher Moment erinnerungsfähig. Bei allem praktischen Tun kommt man an den Punkt, da die Schwelle vom Probieren zum Können überschritten wird, da der Ton zum ersten Mal rein klingt und der Körper mitschwingt. Eine solche Akmé läßt vergessen, was an Mühe vorauslag, und überstrahlt spätere Rückschläge und Durststrecken. Aus der Biographie zahlreicher Zeichenschüler ist uns das Glücksgefühl des ersten Gelingens überliefert. Ein erzwungenes, nicht planmäßig herbeigeführtes Beinahe-Erlebnis dieser Art berichtet Goethe in »Dichtung und Wahrheit«: »Ich wanderte auf dem rechten Ufer des Flusses, der in einiger Tiefe und Entfernung unter mir, von reichem Weidengebüsch zum Teil verdeckt, im Sonnenlicht hingleitete.

Da stieg in mir der alte Wunsch wieder auf, solche Gegenstände würdig nachahmen zu können. Zufällig hatte ich ein schönes Taschenmesser in der linken Hand, und in dem Augenblicke trat aus dem tiefen Grunde der Seele gleichsam befehlshaberisch hervor: ich sollte das Messer ungesäumt in den Fluß schleudern. Sähe ich es hineinfallen, so würde mein künstlerischer Wunsch erfüllt werden; würde aber das Eintauchen des Messers durch die überhängenden Weidenbüsche verdeckt, so sollte ich Wunsch und Bemühung fahren lassen. So schnell als diese Grille in mir aufstieg, war sie auch ausgeführt. Denn ohne auf die Brauchbarkeit des Messers zu sehen, das gar manche Gerätschaften in sich vereinigte, schleuderte ich es mit der Linken, wie ich es hielt, gewaltsam nach dem Flusse hin. Aber auch hier mußte ich die trügliche Zweideutigkeit der Orakel, über die man sich im Altertum so bitter beklagt, erfahren. Des Messers Eintauchen in den Fluß ward mir durch die letzten Weidenzweige verborgen, aber das dem Sturz entgegenwirkende Wasser sprang wie eine starke Fontäne in die Höhe und war mir vollkommen sichtbar. Ich legte diese Entscheidung nicht zu meinen Gunsten aus, und der durch sie in mir erregte Zweifel war in der Folge schuld, daß ich diese Übungen unterbrochner und fahrlässiger anstellte und dadurch selbst Anlaß gab, daß die Deutung des Orakels sich erfüllte.«

Das ist eine sehr schöne Parallele zu Ruskins Auseinandersetzung mit den Bäumen, die manchen Einblick in Verhaltensweisen und Erwartungen des 18. wie des 19. Jahrhunderts erlaubt. Sagen wir hier nur, daß Goethe in einer Kraftpose der Natur gegenübertritt, während Ruskin für seinen Zustand völliger Erschöpfung sich Kraft von der Natur holen möchte. Kein Regisseur der Kulturgeschichte könnte die Tableaus charakteristischer arrangieren: Goethe, der das Gelingen durch den Einsatz seiner ganzen Körperstärke erzwingen möchte, Ruskin, der es als passives Medium, auf das Bett der Natur gestreckt von ihr zugeteilt erhält. Zeichnen ist von nun an Ruskins höchste Form der Selbstvergewisserung, »der Selbsterziehung durch Realismus«. In allen Krisen greift er zum Mittel einer Zeichenkur, und alle Krisen deuten sich zuerst durch ein Nachlassen der Zeichenkraft an. Wenn Ruskin 1842 sein »Geburtsjahr« nannte, dann zeigt das, daß für ihn die

Vorgänge damals nicht nur unter der Rubrik geistig-künstlerische Entwicklung, sondern auch und vor allem auf der Seite des Lebens einzutragen waren. Das erste Medium schien gefunden, den permanenten Zerfall der Realität in der Zeit aufzuhalten, der ihm frühere Reiseerlebnisse so beschwert hatte. Das zweite Mittel, das Wortgemälde, stellte sich wenige Wochen später in Chamonix ein, als die Arbeit an »Modern Painters« begann. Aber man wird in Tagebüchern und Briefen vergeblich die Auflistung schriftlicher Tagespensen, die ängstlichen oder stolzen Bemerkungen zu entstehender Prosa suchen, wie das für das zeichnerische Werk die Regel ist. Das erste Mittel blieb auch in Ruskins Wertschätzung das erste. Hätte er über sein Nachleben befinden dürfen, wäre er wohl sehr gerne als Zeichner und Aquarellist in die Geschichte eingegangen. Wenn er in dieser Hinsicht nicht enttäuscht worden ist und heute als einer der großen realistischen Zeichner des 19. Jahrhunderts gilt, dann gründet sich dieser Ruf auf eine Gruppe von Werken, von Naturstudien zumeist, die nach 1842 entstanden sind, nachdem Ruskin den manieriert-pittoresken Zeichenstil seiner Lehrer überwunden hatte. Nicht von ungefähr zählen zu den bekanntesten ersten Blättern der neuen Phase zahlreiche nahsichtige Aufnahmen von Bäumen. (Abb. 4) In ihnen kommt vielleicht am besten zum Ausdruck, was Ruskins unverkennbaren Stil nach dem Schlüsselerlebnis ausmacht: So wie da die Äste ihre nervöse Energie spielen lassen, wie sie Last und Drang nach oben in einer elastischen und doch bestimmten Kurve ausgleichen, künden sie von jener Kategorie der »vital beauty«, die »Modern Painters« in die Debatte eingeführt haben. Damit ist die demonstrative Funktionserfüllung des Lebendigen, die »Erscheinung von Vitalität und Sensibilität« in allen Naturdingen gemeint – eine Art ästhetischer Überschuß aus Lebensüberschwang. Er kann nur realisiert werden, sagt Ruskin, wenn ihm das rezipierende Organ mit Sympathie begegnet, wenn es Vergleichbares entgegenzusetzen hat. Der Zeichner, der sein neues Leben von der Natur nimmt, möchte es ihr zurückgeben. Also doch, nach der »wise passivity«, der große Austausch: »from thyself thou must give/ Else never canst receive«.

So wie wir diesen Lebensabschnitt dargestellt haben, muß es

scheinen, als wäre Ruskin bei Fontainebleau zur Natur als dem »Ewigen Ja« bekehrt worden (während Prof. Teufelsdröckh wenige Meilen entfernt seine Befreiung vom gleichen Prinzip Natur als dem »Ewigen Nein« erlebt hatte). Und als hätte Ruskin hiermit die für den Viktorianer typische Wendung hin zur positiven Aufgabe und weg von der Introspektion gefunden. Das »Kenne dich selbst« wäre dann in ein »Wisse, woran du arbeiten kannst« übersetzt worden, denn »Prophet der Natur« zu sein, zu zeigen, »was wirklich da war«, schien die angemessen übergroße Berufung für einen viktorianischen »Heroen« zu werden. Ruskin hat das eine Zeitlang selbst so gesehen und gelebt und ist darüber seine Krankheit, nicht unbedingt seine Überempfindlichkeit losgeworden. Aber was Ruskin nicht hat sehen können und was den ersten tragischen Faden ins Lebensgewebe schießen läßt, war die Dringlichkeit eines Projekts, das sich nur scheinbar auf Ewiges eingelassen hatte. Im ersten Band von »Modern Painters« packte er die Wahrheit der Bäume, der Wolken, der Gewässer usw. in saubere Kapitel, die dem Gegenstand nur skizzenhaft gerecht werden konnten und deren Inhalt zur weiteren Ausführung an die folgenden Bände überwiesen wurde. Den letzten Band von »Modern Painters« schloß er in der Erkenntnis, daß das, »was wirklich da war«, nun gewesen war, daß das »Ewige Ja« zur Zeitform der Vergangenheit gebeugt worden war – von Kräften des Nein, die ihm ziemlich ewig dünkten.

III
Ein Verrückter oder ein Weiser
1845–1853

I

Im Februar 1852 erstattet Ruskin in Venedig seinem Vater in London einen Kurzbericht über sein Leben seit Erscheinen des ersten Bandes der »Modern Painters«. Dieser früheste autobiographische Text muß uns hier das gemalte Porträt oder Selbstporträt ersetzen, da aus diesen Jahren keine Bildquelle erhalten ist. Der lange Brief, den wir nur in seinem Schlußteil zitieren, berichtet weder von der Erfolgsgeschichte noch von der geistigen Entwicklung eines mittlerweile zu Ansehen gelangten Autors, er resümiert auch nicht die nicht ganz uninteressanten Wechselfälle der eigenen Vita – was Ruskin in der Rückschau ausschließlich für lebensbestimmend, also mitteilenswert hält, ist die Krankheitsgeschichte des vergangenen Jahrzehnts; er gibt eine Anamnese, wie sie ein Arzt nicht gründlicher erstellen könnte. In Venedig 1851 angekommen, »stellte ich zuerst fest, daß jede Stunde gedanklicher oder anderer Arbeit, besonders aber das Schreiben sofortige Beschleunigung des Pulses mit leichter Wangenrötung und Gefühl der Unrast mit sich brachte, daß ich keinen gesunden Schlaf hatte und oft nur auf vier bis fünf Stunden Nachtruhe kam, selbst wenn ich zeitig schlafen ging, daß jede anstrengende Tätigkeit mich unruhig und aufgeregt noch Stunden danach zurückließ, anstatt mich zu erschöpfen, und daß kleinste Belästigungen oder Unstimmigkeiten das gleiche bewirkten. Einmal geriet ich mit Herrn Cheney in einen kleinen Streit über die Frage, ob die Farbe der Mosaiken verblaßt sei und war nachher den ganzen Tag lang in nervöser Verfassung. Auch konnte ich anfangs hier nicht zeichnen – meine Hand zitterte derart, daß ich keine gerade Linie zeichnen konnte. Du wirst selbst aus den hingekritzelten Skizzen, die ich Dir schickte, gesehen haben, daß dieses Symptom verschwunden ist. Immer wenn ich in diesen Zustand der Unruhe geriet, dann stellte ich fest, daß mein Puls nicht nur schnell und heftig, sondern auch unregelmäßig schlug. Auf drei lange Schläge folgte ein kurzer, und der kurze schien eher eine Laune des Herzens zu sein, denn er wurde vom Puls nicht aufgenommen – aber ich kam da zu keinem schlüssigen Ergebnis. Dabei war es nicht die Beschleunigung des Pulses, die mich besorgt machte, sondern seine extreme Schwäche, wenn er nicht beschleunigt war. Wenn ich in gesundem Zustand auf meiner rechten Seite lag, konnte ich das Herz überhaupt nicht schlagen fühlen, dasselbe galt für jede andere Position, aber wenn ich ein paar Schritte lief oder rannten, dann fing es an zu galoppieren, wenn auch nicht so schlimm wie in den schlechtesten Zeiten davor – das krankhafte Pulsieren in der Rücken- und Schläfengegend hat sich gänzlich gegeben. Auch hat das Einschlafen und die Taubheit des einen Fußes aufgehört, wenngleich er noch immer eher einschläft als der andere. Bis vor kurzem wachte ich des Nachts öfters auf, und meine Hände waren völlig leblos, zumal wenn ich sie über den Kopf hinausgestreckt hatte, auch dieses Symptom ist verschwunden und tagsüber habe ich keine Gänsehaut mehr, obwohl meine Hände oft geschwollen und vom Frost aufgeplatzt waren. Soviel über den Kreislauf, nun zur Verdauung [. . .]«

Man kann es darauf anlegen, diesen Bericht nur vom Autor und von seinem Adressaten her zu verstehen, aber man kann die minuziöse Beobachtung der Symptome auch selbst als Symptom nehmen und in einen weiteren Rahmen stellen. Natürlich war die Introspektion und das Ernstnehmen körperlicher Beschwerden schon Tradition im Hause Ruskin, und natürlich wollten die stets besorgten Eltern wissen, wie es um den Gesundheitszustand des in der Ferne überwinternden Sohnes bestellt war. Doch selbst dann bleibt erstaunlich, mit welcher Einfühlung ein 33jähriger sich dieser Aufgabe widmet. Indem er sie sich ganz zu eigen macht, handelt er wohl auch unter dem Einfluß übergeordneter Kräfte. Es ist vielleicht nicht ganz fair, aber die Versuchung, aus Briefen *des* anderen großen Engländers in Venedig zu zitieren, ist viel zu groß, als daß man ihr widerstehen könnte. Auf die nicht minder besorgte Frage der Schwester, der Freunde, des Verlegers, wie es ihm in Venedig ergehe, kommt von Byron in den Jahren 1816 bis 1819 – da ist er um die 30 Jahre alt – immer wieder die gleiche Antwort. Er schreibt von seinen Liebschaften, selten von seinen Dichtungen, so gut wie nie von seiner körperlichen Verfassung, die nach allem, was wir wissen, viel schlechter war als die Ruskins: »So, Lauderdale hat eine Geschichte erzählt! [. . .] Was für ein ›Stück‹ meint er denn? Seit dem letzten Jahr bin ich Spießruten gelaufen [sic]. Ist es die Tarruscelli – die Da Mosti – die Spineda – die Lotti – die Rizzato – die Eleonora – die Carlotta – die Giulietta – die Alvisi – die Zambieri – die Eleanora de Bezzi (die die Mätresse des Königs von Neapel Gioaschino war, oder wenigstens eine davon), – die Theresina von Mazzurati – die Glettenheim und ihre Schwester – die Luigia und ihre Mutter – die Fornaretta – die Santa – die Caligara – die Portiera Vedora, die Bologneser Ballettänzerin – die Tentora und ihre Schwester, cum multis aliis? Einige von ihnen sind Gräfinnen und einige von ihnen sind Schustersfrauen; einige vornehm, einige mittel, einige niedrig und alle Huren; was meint das verdammte alte ›ladro porco fottuto‹? Ich habe sie alle gehabt und dreimal so viele obendrein seit 1817.«

Wenn man sich vergegenwärtigt, daß Byron zu vielen der genannten Namen die Liebesgeschichte en detail seinen Briefpartnern mitteilt, so kann man die ganz andere Natur des Selbstbildnisses, das so entsteht, unschwer erahnen. Dürer, der nackt und fragil vor dem Betrachter erscheint und auf den Punkt zeigt, der schmerzt, und Rembrandt, der als Verlorener Sohn unter den Huren dem Betrachter zuprostet – so etwa und etwas gewagt fällt der Vergleich zwischen den Porträtentwürfen Ruskins und Byrons aus. Wir haben hier nicht nur zwei grundverschiedene Temperamente und Angehörige anderer Klassen, sondern auch Phänotypen zweier Zeiten, die verschiedener kaum gedacht werden können. Die Unruhe des einen, des Repräsentanten des großen Revolutions- und Kriegszeitalters, kommt von außen und geht nach außen; sie verzehrt ohne Maß und abschließende Befriedigung Menschen, Sachen, Landschaften, Themen und Formen, schließlich das Subjekt selbst. Warum dem anderen, dem Mann der Jahrhundertmitte, dem Viktorianer das Herz schlägt und der Puls jagt oder beinahe ausfällt, weiß er gar nicht zu sagen. Das Körperinnere, in das er so tief hineinkriecht, verrät es ihm nicht, und mit dem Äußeren kommt er nicht zu Rande, obwohl (oder weil?) er es nicht verbraucht, sondern nur erhalten will. Vielleicht gilt letzteres aber auch für den Umgang mit seiner psychischen und physischen Substanz: Ruskin hat sich nicht geschont, er war kein Stubenhocker, sondern ein starker Wanderer, Bergsteiger und Ruderer, abgehärtet und fähig, große

Strapazen auf sich zu nehmen. Aber es gibt eine gewisse Balanceökonomie in diesem Leben, die den großen Sprung, den Bruch, die Gefahr des abenteuerlichen Endes nicht kennt. Byron war 36 Jahre alt, als er in Griechenland starb; Ruskin lebte fast 81 Jahre, eben so lang wie seine Königin und wie viele andere »Heroen« ihres Zeitalters. Sein Tod ist nicht minder signifikant als der Byrons: es war ein langer, kein plötzlicher Abschied, mehr eine Art von Regression, als von Progression und Vollendung.

Der Vergleich Byron–Ruskin, 1818-1852, fällt auf dem Gebiet Frauen, Erotik, Sexualität, auf das Byron so fixiert war, geradezu unbarmherzig trennscharf aus. Die äußeren Umstände hatten sich nicht grundlegend geändert: Venedig blieb noch lange ein Treibhaus der Erotik. Die verheiratete Venezianerin hatte quasi per Statut das Recht auf zwei Liebhaber, den »cavaliere serviente«, dessen Amt mit dem alten Begriff des »Kümmerers« ganz gut umschrieben ist – er begleitete die Angebetete auf Ausflüge, durch die Stadt, ins Theater, auf Feste –, und den »cavaliere amante«, der mehr oder minder nur für das Eine zuständig war – eine Funktion, die Byron in vielen Fällen unangefochten wahrnahm, während er sich stets weigerte, in der Form des »cavaliere serviente« aufzutreten. Nimmt man zu dieser bodenständigen Organisation des Liebeslebens die Erwartungen und Bedürfnisse der vielen Fremden, der jungen Adligen auf ihrer Tour, der internationalen Abenteurer, der auswärtigen Militärs, der Theaterleute und der in der Lagunenstadt gestrandeten Lebemänner und -frauen, so hat man das venezianische Perpetuum mobile der Erotik, eine gewaltige Liebes- und Vergnügungsmaschinerie, die auch nach massiven Störungen, wie sie zuletzt in den Revolutionsjahren 1848/49 eingetreten waren, schnell wieder ansprang, wie man nicht zuletzt den Briefen entnehmen kann, die eine gewisse Effie Ruskin 1849 bis 1852 aus Venedig schrieb. Die Vorstellung, Ruskin in diesem Treiben zu begegnen, mutet ebenso absurd an, wie die umgekehrte, Byron könnte in Venedig auf Distanz geblieben sein, um sich ganz der Dichtung zu widmen. Ruskin hat nicht nur die Freiheit des Reisenden und die Gunst des Ortes nicht genutzt, damals nicht, vorher und später auch nicht – was mehr ist und schlimmer, er hat das, was Byron angeblich täglich bei wechselnder Besetzung zu geben pflegte, kein einziges Mal sich und der Frau, die ihn begleitete und die die seine war, abverlangt. Nachdem nun fünf Bücher über Ruskins Ehe geschrieben worden sind, fühlt man das Bedürfnis, diesen Punkt kurz abzutun, aber das zentrale Faktum, daß Effie Ruskin geb. Gray aus ihrer ersten Ehe nach ärztlichem Attest als Jungfrau hervorging, ist zu sperrig und zu vielsagend, als daß man es umgehen könnte. Wie Ruskins Selbstzeugnis hat es den Wert eines Symptoms, das weit über das Einzelschicksal zweier Menschen hinauszeigt.

John Ruskin und Effie Gray fanden sich auf die damals in bürgerlichen Kreisen übliche Weise. Die Ruskins und die Grays waren alte und enge Bekannte aus schottischen Tagen. Die Grays hatten das Haus in Perth übernommen, in dem zuletzt die Eltern von John James gelebt hatten. Und als wollte die viktorianische Zeit die über sie gehegten Klischees bestätigen, wurde Effie Gray in dem Raum gezeugt, in dem der Großvater ihres späteren Mannes seinem Leben ein Ende gesetzt hatte. Daß die 1828 geborene Effie als junges Mädchen Patin bei Johns populärstem Werk stand, muß als erstes in ihrer Beziehung vermerkt werden: Für die 13jährige, die zu Besuch nach London kam, schrieb der Oxford-Student in kürzester Zeit und als Nebenwerk das Märchen »The King of the Golden River«, Englands erstes Kunstmärchen übrigens. Eine kürzlich erstellte Bibliographie hat 130 Ausgaben eines Textes gezählt, den Ruskin selbst für »völlig wertlos« hielt. Bei einem Wiedersehen im Jahr 1846 verliebte sich Ruskin in das hübsche und lebendige Mädchen, 1847 waren sie verlobt, 1848, am 10. April, am Tag der großen Chartisten-Demonstration heirateten sie. Die Erwartungen und Haltungen der vier Beteiligten, der drei Ruskins und Effies (ihre Eltern hielten sich ganz zurück), waren denkbar verschieden: Effies emotionales Engagement scheint das geringste gewesen zu sein – als Kind einer großen Familie (14 Kinder, von denen sechs jung starben), die in der Provinz lebte und, wie sich im Hochzeitsjahr herausstellte, kurz vor dem finanziellen Nichts stand, war sie von den Aussichten, die eine Heirat mit John bot, einfach entzückt. Er war der Sohn reicher Eltern, lebte die eine Hälfte des Jahres in London, die andere im Ausland, hatte einen Namen als Schriftsteller und kannte eine Menge interessanter Leute. Ihrer jugendlichen Unbekümmertheit und ihrem ausgebildeten Sinn für Konstellationen mochte sogar die Möglichkeit reizvoll erscheinen, als Vierte die versteinerte Weise des Trios von Denmark Hill in Bewegung zu setzen. Wenn man ihre Erwartung an die Ehe mit einem Satz umreißen kann: An der Seite Johns erhoffte sie sich die permanente »Saison«. Johns anfängliche Beteiligung war nach allem, was wir wissen, ganz anders und sehr schlicht strukturiert: Er hatte sich verliebt, und er blieb dieser Liebe eine Zeitlang treu, gegen alle Widerstände gefeit, im geheimen wohl einen zweiten Fall Adèle fürchtend. Im übrigen konnte er sich nicht um viel kümmern, da er von seiner Arbeit total absorbiert war. »Ich finde, daß Arbeit gut für mich ist«, schrieb er an die Verlobte, »und wenn ich mich mit Architektur oder Mathematik beschäftige, dann gerät Deine Person mir manchmal ganz aus dem Sinn – und es bleibt nur im Hintergrund das angenehme Gefühl, daß alles in Ordnung ist.« Wenn er sich je Gedanken über den Zustand des Verheiratetseins gemacht hat, dann gingen sie möglicherweise in diese Richtung: die Arbeit als das eigentliche und die Frau zur Abrundung des Gefühlslebens. Effie als Mitarbeiterin einsetzen zu können, daran hat er wohl auch gedacht, aber daraus wurde nichts – das hat er früh eingesehen. Daß sein Leben zu zweit in der Nähe der Eltern sich vollziehen würde, stand für ihn fraglos fest. Die Eltern haben die Verbindung erst zu hintertreiben gesucht und dann relativ entschlossen befürwortet und nach der Hochzeit bewußt oder unbewußt behindert. Die beiden alten, kranken Leute (sie war 66, er 62 Jahre alt) hatten gegen eine Verheiratung Johns nichts einzuwenden, aber ihre Pläne zielten höher. Statt der Rechtsanwaltstochter aus Perth erhofften sie sich eine Schwiegertochter von Rang, Namen und Reichtum. Eine solche stand gerade in jenen Jahren in Aussicht: Charlotte Lockhart, die Enkelin Sir Walter Scotts – eine Partie, die auch nach Johns Geschmack war –, die aber seinen Antrag zurückwies und einen anderen heiratete. Nachdem diese Entscheidung gefallen war, sträubten sich die Eltern nicht länger gegen Effie – aus zwei Gründen: Auch sie fürchteten die Folgen einer zweiten Adèle-Episode, und sie hatten wohl klar erkannt, daß eine Schwiegertochter vom Schlage der Lockhart, die eine gescheite, aktive und selbstbewußte Frau war, den Sohn der strengen Oberaufsicht von Denmark Hill entziehen konnte. Von dem jungen, quecksilbrigen Mädchen aus Perth war eher zu erwarten, daß es sich als formbar erweisen würde und die Stelle der gutmütigen Kusine Mary einnehmen könnte, die jahrzehntelang Stütze der Mutter gewesen war und gerade geheiratet hatte. Als kurz nach der Hochzeit herauskam, daß Vater Gray sich in Eisenbahnaktien verspekuliert hatte und das junge Paar ganz auf Kosten der Ruskins leben würde, begann die Stimmung der Alten wieder zu Ungunsten Effies umzuschlagen. Fortan sahen sie sich berechtigt, ja aufgerufen, in das Geschick der jungen Ehe und der ganzen Familie Gray direkt hineinzuregieren.

Dem späteren Urteil der Beteiligten und der Außenstehenden, daß diese Ehe besser nie geschlossen worden wäre, kann man nach Kenntnis der Motivlage nur beipflichten. John hat das Scheitern seiner Ehe mit drei Sätzen erklärt, die der Wahrheit sehr nahekommen: »Ich heiratete sie in dem Glauben, sie sei jung und attachiert genug, um sie nach meinem Willen beeinflussen und aus ihr die Frau meiner Wünsche machen zu können. Es stellte sich heraus, daß *sie* mich in dem Glauben geheiratet hatte, sie könnte mich als Ehemann nach ihren Vorstellungen modeln. *Ich* war gekränkt und enttäuscht, als ich entdeckte, daß ich sie nicht ändern konnte, und *sie* war gedemütigt und gereizt, als ihr klar wurde, daß sie mich nicht ändern konnte.« Nun erklärt eine schon fast normal zu nennende Ausgangskonstellation keineswegs, warum die Ehe nicht vollzogen wurde. Unglückliche Ehen waren geradezu eine viktorianische Spezialität, aber wie viele Kinder kamen nicht aus diesen Verbindungen (nimmt man nur die Kinderproduktion als Ausweis ehelichen Geschlechtsverkehrs)? Nachdem offizielle und private Verfahrensdokumente der Ungültigkeitserklärung der Ehe (1854) in großer Breite publiziert worden sind, gibt es immer noch keine befriedigende Deutung des Vorgangs – d. h. eigentlich sind es zwei Handlungsweisen, die der Erklärung bedürfen: ein anfänglicher Widerstand in John, der alles mögliche zum Anlaß genommen haben kann, und eine fortgesetzte, sechsjährige Hemmung, in die viele

Rationalisierungen eingeflossen sein können. Vielleicht kann es *die* plausible Deutung auch nicht geben, solange man nach dem einen Grund sucht. Effies Partei setzte sich 1854 mit dem Vorwurf durch, John sei impotent. Ruskin hat das stets bestritten, und für uns wäre das auch keine Erklärung, sondern ein Faktum, das selbst der Erläuterung bedürfte. Ruskin hat zu Protokoll gegeben, er habe an seiner Frau in der Hochzeitsnacht ein körperliches Mal entdeckt, das es ihm unmöglich gemacht hätte, mit ihr Geschlechtsverkehr zu haben. Da von irgendeiner Entstellung Effies nichts bekannt ist, hat man gemutmaßt, Ruskin, der nackte Frauen nur von Bildern kannte, habe an den Schamhaaren seiner Frau Anstoß genommen. Mit gleichem Recht ist spekuliert worden, ob nicht der gänzlich Unerfahrene von den Anzeichen einer just in die Hochzeitsnacht fallenden Periode verschreckt worden ist. Was gegen solche Auslegungen spricht, ist Ruskins dreijähriger Umgang mit den Adligen in Oxford, die, wie er selbst sagt (s. o. S. 53), an drastischer Aufklärung in Wort und Bild nicht sparten. Doch bleibt an Ruskins Worten etwas »dran«. Man muß nur das vorgegebene Erklärungsmodell, die Schuldzuweisung an den anderen, an die andere fallenlassen. Was auch immer Ruskin an seiner Frau gefunden hat, wichtiger ist, daß er etwas finden wollte, ja mußte. Denn in den Akten steht auch seine Aussage vermerkt: »Meine Leidenschaft wurde sehr durch meine Angst gebremst.« Die Angst vor der Hochzeitsnacht, die in den einschlägigen »Ratgebern« der viktorianischen Zeit eine große Rolle spielt, wird von der Psychologie als die bürgerliche Angst vor der Impotenz erklärt. Und diese Angst vor dem eigenen Versagen wird nach Männerart in eine angstmachende Vorstellung von der Frau übersetzt. Hierzu hat Ruskin einen bemerkenswerten Brief an Effie hinterlassen, der aus dem Jahr 1847 stammt und sich liest wie ein Dokument des Fin de siècle: »Aber Du weißt nun, meine Liebe, daß Du weder mehr noch weniger – halt, das meine ich nicht, denn Du bist mehr und zwar ein gutes Stück mehr, Du bist eine ziemliche und gänzliche Männerfalle, eine Fallgrube, eine Fangschlinge, ein Irrlicht, ein schönes Verhängnis, eine Medusa. Es tut mir leid, daß ich an so etwas Schreckliches in Verbindung mit einem so lieben Geschöpf denken muß, aber ich meine wirklich, daß wer sich Bowerswell [Effies Elternhaus] nähert, in der gleichen Lage ist wie Dante, der an das Tor der Stadt Dis tritt.« Nach anfänglichem Stammeln Mut gefaßt habend und mit Rückversicherung bei der Literatur fährt der Briefschreiber fort: »Ich kenne nichts, das an Schrecklichkeit den Vergleich mit Dir aufnähme. Du bist wie ein lieblicher Wald mit freundlichen Lichtungen und säuselnden Blättern, wo man sich im Spiel der Lichter und Schatten ergeht, bis man unversehens in die Mitte kommt, wo alles kalt und undurchdringlich ist und wo man gerne umkehren möchte – aber auf einmal ist man von wilden Rosenhecken und Dornen umzingelt, und nur zerrissen und blutend entkommt man [. . .]« Nun hat Ruskin sich freigeschrieben, d. i. gleichzeitig unfrei geschrieben, und er zieht nun einen Vergleich aus seiner vertrauten Welt: »Du bist das glänzende, weiche, geschwungene Feld eines Gletschers, das frischer Schnee deckt – eine himmlische Weide für das Auge und eine Verlockung für den Fuß, aber darunter, da ziehen sich Spalten hin und klaffen dunkle Stellen in dem kalten, kalten Eis, die Männer verschlucken und nicht mehr freilassen.« In Richtung einer netten und ganz normalen 19jährigen gesagt, muten diese akribisch gestalteten Phantasien der Angstlust peinlich und ärgerlich an. Daß Effie außer John auch andere Bewerber angezogen hatte, könnte höchstens Anlaß, aber nicht Motiv eines solchen Briefes sein. Seine wahre Adresse ist der Absender, ein bald 30jähriger Junggeselle, ein zweimal Abgewiesener, der sich aus eigenen und übertragenen Schwierigkeiten eine phantastische Entschuldigung schreibt. Ein Mann, der immer noch das Kind seiner Eltern war. Im Scheitern der Hochzeitsnacht machte sich auch etwas geltend, was man »nachträglichen« oder »nachgetragenen Gehorsam« nennt. John hatte sich gegen die Eltern durchgesetzt, indem er Effie heiratete; als es daranging, die Ehe wirklich zu vollziehen, wie die häßliche deutsche Formel sagt, »to consummate«, wie es noch schlimmer im Englischen heißt, als er sich zum ersten Mal mit einem anderen Menschen vereinigen und damit aus der Gemeinschaft der Eltern lösen sollte, da ergriff der Gehorsam die Angst oder die Angst den Gehorsam als Grund, um versagen zu dürfen. Er versagte auch, weil er als Kind seiner Eltern und seiner Lebens- und Zeitumstände einer geworden war, der aus der Konversion aller Triebansprüche in den einen »edelsten Sinn« des Auges seine eigentliche Lebenstätigkeit gemacht hatte. Als »reines Auge« auf sich und die Objektwelt konzentriert, fand er nicht die Mittel, die Schutzschicht aus Introspektion und Sensibilität zu durchbrechen, den Bruch, die Hingabe, die Selbstaufgabe zu wagen. Sich an die »himmlischen Augenweiden« haltend, wollte er lieber der Gefahr der tiefen »Spalten und dunklen Stellen« entgehen. Daß solche Enthaltsamkeit auf Dauer geradezu danach verlangt, sich in der sublimierten Form der schriftlichen Mitteilung allen zu öffnen, sei nur angedeutet. Es gibt eine Karikatur von Daumier, die zeigt, wie ein Bürger einem Bettler mit den Worten das Almosen verweigert: »Ich spende nur für die Armen Kamtschatkas!« Solcherart ist das Triebmodell der viktorianischen »Heroen«: eine phänotypische Grundstellung und Begabung, eine daraus abgeleitete hohe Verantwortung und eine Verweigerung im konkreten, besonders im eigenen Fall. In Ruskins Worten heißt das, später: »Ich werde mich niemals mit einer Frau verbinden – ich fühle, ob zu Recht oder nicht, daß mein Werk dieser Welt von Nutzen ist und daß ich ihm ganz gehöre.«

Ruskins Vita stand mit ihrer zentralen Absonderlichkeit keineswegs allein. Man nehme nur den Fall des hochverehrten Freundes und Mentors Thomas Carlyle. Sein nach innen und außen mit perfider Energie durchgesetzter Anspruch, nach Belieben »häßlich, dumm und unangenehm sein zu dürfen«, reicht nicht aus, um das Martyrium der reichbegabten Ehefrau Jane Welsh Carlyle zu begreifen. Er hat sie an den Rand des Selbstmords getrieben, u. a. dadurch, daß er ihr kleines Haus in Chelsea so lange umbauen ließ, bis die mehrfache Isolierung seines Arbeitszimmers jeden Laut der Außenwelt abschirmte. Wie ein Mönch von der Welt abgeschieden, formulierte er seine Kritik dieser Welt – und blieb und ließ unberührt. Auch diese Ehe, die immerhin 40 Jahre dauerte, ist nicht vollzogen worden – nach verläßlicher Auskunft des Freundes und Biographen James Anthony Froude. Auch Carlyle hat also den mehrschaligen Panzer nicht gesprengt.

Froude entwirft das Bild der Carlyleschen Ehe in den Umrissen einer antiken Tragödie. Dazu taugen diese und andere

Fälle aber nicht, Größe, Leid und Ernst der Beteiligten durchaus in Rechnung gestellt. Wenn wir uns bei den Ruskins fragen, warum das Fiasko der Hochzeitsnacht zum Dauerzustand der Enthaltsamkeit wurde, dann müssen wir eher eine Verkettung kleiner Schwierigkeiten und nicht den zentralen Knoten, das große Trauma zur Ursache machen. Nach dem wenig versprechenden Anfang gab es mannigfache Umstände, Zufälle, Egoismen und Rationalisierungen, die den Status quo erhielten, ja rechtfertigten: Effie war häufig krank, John hielt sich dafür und verrichtete ein Tagewerk, das andere wirklich krank gemacht hätte; die beiden reisten viel, waren für längere Zeiten voneinander getrennt; Effies Gemütszustand wurde durch Unglücksfälle in ihrer Familie immer wieder stark belastet; sie sagte, er wollte keine Kinder haben, er sagte, sie wollte keine Kinder haben, vermutlich waren beide auf Nachwuchs nicht sonderlich erpicht, John, weil er ungestört arbeiten, vor allem reisen wollte, Effie, weil sie sich für ihr Auftreten in der Londoner Gesellschaft einiges vorgenommen hatte; dann setzten die beiden sich und ihrem unnatürlichen Verhalten Fristen, Zeitpunkte, die dann auch wieder aus irgendwelchen Gründen verstrichen – und so verbanden sich Äußeres und Inneres zu einem schließlich undurchdringlichen Motivationsgestrüpp, das niederzulegen auch keinem Dritten ermöglicht wurde. Die Eltern wären hier die falsche Adresse gewesen, und mit Freunden und Verwandten sprach man »über so etwas« nicht. Wir handeln von einer Zeit, die Klavierbeine aus Anstandsgründen verhüllte – nein, es ist schon so, wie ein abgeklärter Kommentator den Fall gesehen hat: »Die Geschichte der Ruskinschen Ehe sollte uns nicht zu Urteilen und Anschuldigungen, sondern zur Sympathie mit zwei Menschen veranlassen, die sich in einem Netz aus verschrobenen Ideen über Sex, aus Frustration, verletzten Gefühlen und entgegengesetzten Temperamenten verfangen haben.« Der Zeitgenosse Gladstone hat ähnlich geurteilt, indem er Schuldzuweisungen an eine Partei entgegentrat und sagte: »There was no fault: there was misfortune, even tragedy.« »Misfortune« ist wohl das entscheidende Wort. Die Ehe der Ruskins war eben kein finsteres Drama und auch keine windige Pro-forma-Angelegenheit, wie viele andere Verbindungen der Zeit. Die beste Kennerin der Materie kommt zu diesem Gesamturteil: »Als Effie Ruskin verließ, erklärte sie, sie sei an seiner Seite nicht einen Moment lang glücklich gewesen, doch ihre Briefe beweisen ohne allen Zweifel, daß sie zusammen viele glückliche, ja fröhliche Momente erlebt haben, Zeiten der Sympathie, des gemeinsamen Spaßes, der Zuneigung, und daß sie trotz tiefgehender Enttäuschungen und bei kaum vorhandener Bereitschaft, für den Fortbestand ihrer Ehe Opfer zu bringen, einander während der ersten Jahre viel gegeben haben – eine Tatsache, die sie später nicht mehr wahrhaben wollten.«

2

Ruskin hat in seinen venezianischen Jahren begonnen, seine Empfindlichkeiten und seine Unempfindlichkeiten, seinen »Spleen« als »Unbehagen in der Kultur« zu deuten und damit zu befestigen, eine Strategie, wie sie Byron nie in den Sinn gekommen wäre. Wie Ruskin die Welt der Jahrhundertmitte beurteilt und seine Stellung in ihr, das hat er in einem anderen bemerkenswerten Brief, datiert Venedig 8. 1. 1850, festgehalten. Das Schreiben ist an seinen ehemaligen Tutor, den jetzigen Landgeistlichen W. L. Brown gerichtet und nimmt am Anfang eine Briefpassage Browns auf, in der dieser die Verurteilung der Eisenbahnen in »Modern Painters« Band 2 kritisiert: »›Ich gehöre zu denjenigen Menschen, die in der sicheren Erwartung leben, daß sie für alles, was ist, einen guten Grund finden.‹ Ihre Philosophie besagt also, daß wir den Zustand der Vollkommenheit erreicht haben, daß ein Ausgleich zum Positiven hin entsteht, wenn Mißstände auftreten, daß es einen natürlichen Gang der Dinge gibt, der einer inneren Notwendigkeit gehorcht. Meine Philosophie ist die, bzw. sie entwickelt sich immer mehr dahin, daß wir alles falsch machen, daß wir so schnell wie möglich einem Zustand des allgemeinen Elends zueilen, der uns zum warnenden Beispiel für alle anderen vernunftbegabten Kreaturen werden läßt. Ich betrachte unsere Ingenieurleistungen und unser Schrauben und Schleifen als reine Wahnsinnstaten. Und Sie glauben, daß alles seine Ordnung hat.« Die Frage, wie einer, der 1843 noch recht zuversichtlich in eine Welt blickte, in der er alles bis ins Kleinste von

Gottes Hand geregelt fand, kein Jahrzehnt später einen so düsteren Prospekt entwerfen konnte, beantwortet dieser Brief auch: »Bedenken Sie bitte für einen Augenblick, wie sehr Ihre ruhige Lebensstellung und Arbeit Ihre Anschauungen beeinflußt. Ihre Theorie hat nur in Ihrem eigenen Horizont Bestand. [. . .] Aber nun verlassen Sie die grünen Auen von Wendlefield und besteigen Sie meine Gondel und sagen Sie mir, wie sehr Ihnen der Anblick aus der Mitte der Lagune gefällt. Da ist der Markusplatz vor Ihnen; viele Leute sieht man, und eine Kapelle von 50 Soldaten spielt Walzer für sie. Ein Großteil der Zuhörer ist am Verhungern, sie gehen in der Sonne auf und ab, um sich warm zu halten. Die anderen sind da, weil sie nichts zu tun haben oder weil sie nichts tun. Aber alle würden sofort die walzerspielenden Soldaten umbringen, wenn sie könnten. Zu Ihrer anderen Seite ist eine Kirche mit einem korinthischen Portiko und davor steht eine Batterie von sechs Kanonen, die auf den Markusplatz gerichtet sind, um die Leute, die nichts zu tun haben, davon abzuhalten, die 50 Soldaten, die Walzer spielen, zu ermorden [. . .]« Warum die quietistische Theorie eines in England bleibenden Engländers zu Recht besteht, wo doch von dort kommend der »Wahnsinn« der neuesten Errungenschaften sich ausbreitet, vermögen wir nicht einzusehen; aber daß es die in Venedig und auf dem Weg nach Venedig gemachten Erfahrungen waren, die Ruskin aus der Position der ruhigen Natur- und Kunstbetrachtung vertrieben und ihm die Zuversicht raubten, das ist unschwer nachzuweisen.

»The Stones of Venice« (1851-1853), das literarische Ergebnis der venezianischen Jahre, sind Stolpersteine auf dem Weg zur Vollendung der »Modern Painters«. 1844, im Jahr nach Erscheinen von Band 1, war Ruskin wieder in Chamonix, wo alles begonnen hatte; 1845 reiste er allein ein halbes Jahr durch Oberitalien, um im Winter 1845/46 Band 2 der »Modern Painters« fertigzustellen – ein Werk der Unsicherheit, die durch dogmatischen Überschuß sowohl in ästhetischer als auch in religiöser Hinsicht kompensiert wird. Ruskin stellt hier ein einziges Mal seine große Gabe der nahsichtigen Analyse völlig zurück und liefert zum praktischen Band 1 eine Ästhetik und Naturtheologie nach, einen rein theoretischen Text, der nicht nur der Art nach, sondern auch in methodischer Hinsicht fremd im Werk steht. 1846 bereiste Ruskin erneut die Schweiz und Oberitalien; 1847 war für ihn ein schlechtes Jahr, eine Periode der Selbstzweifel, Krankheiten und emotionalen Beanspruchungen; 1848 machte Ruskin seine Hochzeitsreise durch die Normandie, und 1849 erschien als Ergebnis dieser Reise »The Seven Lamps of Architecture«, das erste Buch, das anzeigte, daß der Autor der »Modern Painters« bei andauerndem Interesse an der »Wahrheit« der Wolken, Berge, Wasser und Bäume ein neues Thema gefunden hatte: die Werke des Menschen. Daß da etwas auf ihn wartete, das seinen ganzen Einsatz verlangte, das hat er wohl zuerst auf der Reise durch Italien 1845 gespürt. Er war durch eine Veröffentlichung des Franzosen Alexis-François Rio darauf aufmerksam gemacht worden, wie wenig er über die »präraffaelitische« Kunst Italiens Bescheid wußte. Im Angesicht der anonymen Fresken, Reliefs und Inkrustationen des 12. bis 15. Jahrhunderts, aber auch vor den Werken eines Gozzoli und Fra Angelico wurde ihm klar, daß die Kritik der Galeriebilder ihn nicht unbedingt befähigte, mit Wandmalerei umzugehen. Methodisch ergab sich das Problem der Einbeziehung eines sehr viel größeren Kontextes; arbeitstechnisch ging es darum, diese Werke der Betrachtung überhaupt erst zu sichern, denn sie waren aufs äußerste gefährdet. Ruskin lebte in einer Zeit, da die Monumente der Vergangenheit der vereinten Kraft dreier zerstörerischer Tendenzen ausgeliefert waren. In den 40er Jahren war nach wie vor das Prinzip der Stilablösung in Geltung – der Klassizismus ersetzte und vernichtete, was ihm ästhetisch nicht in den Kram paßte. Gleichzeitig machten sich mit brutaler Gewalt schon die Anforderungen einer neuen Zeit bemerkbar, die für die Eisenbahn und Immobilienspekulation alte Stadtteile, für Gasleitungen Ornamente opferte und alles in zersetzende Abgase und Dämpfe zu hüllen begann. Schließlich gingen die ersten Denkmalpfleger und Kunstschützer ans Werk und »retteten« die gefährdeten Objekte, indem sie die historischen Reste durch »korrekte« Nachschöpfungen ersetzten. Der junge Ruskin hatte wie viele Bildungsreisende an Zuständen des Verfalls sein ästhetisches Gefallen gehabt – jetzt, 1845, traf ihn die Erkenntnis wie ein Schlag und machte ihn unruhig für Jahrzehnte, daß die Gletscher und Bäume, die

Turners und Claudes würden warten müssen, solange große Werke der Vergangenheit täglich verlorengingen, ohne ein Zeugnis zu hinterlassen. »Es ist eine schmerzhafte Angelegenheit, sich für irgend etwas zu engagieren, das die Menschen getan haben«, schreibt Ruskin im Mai aus Lucca, wo er die ersten präzisen Aufnahmen der Fassadeninkrustationen anfertigt, nicht unbedingt ein Beitrag für »Modern Painters«, sondern schiere Notwendigkeit, wie wir erfahren: »Der Kummer, den mir die Betrachtung der Marmor-Arbeiten an den Fassaden heute morgen bereitete: vom Salz der Meereswinde zerfressen, vom Frost zerspalten, von Pflanzenwurzeln gesprengt, die niemals beseitigt wurden, von verrosteten Eisendübeln nicht mehr gehalten, durchbrochen durch Ziegelmauerwerk für neue Anbauten, bei Restaurationen überputzt, beschossen während der Franzosenzeit, erhalten nur in Trümmern – und wie schön sind diese Trümmer!« (Abb. 14) In Pisa, wenige Tage später, muß er feststellen, daß die Fresken des Campo Santo immer dann zur Disposition standen, wenn es galt, ein neues Grabmal in die Wand zu setzen und daß der Plan erwogen wurde, Santa Maria della Spina einer Kai-Erweiterung zu opfern. Jahrzehnte später wurde Ruskin übrigens Augenzeuge des Abbaus dieser kleinen Kirche, und da wurde er handgreiflich gegen die Bauarbeiter – vergebens, wie sich versteht: »Ich glaube, ich werde noch den Ruin all dessen, was groß und gut ist in dieser Welt, erleben. [...] Warum wurde ich nicht 50 Jahre früher geboren? Ich hätte vieles retten können und hätte mehr gesehen und hätte der Nachwelt getreue Aufzeichnungen über das hinterlassen, was einmal war – und nun ist es zu spät.« Auf der Suche nach den Zeugnissen einer frühen religiösen Malerei merkt Ruskin, daß er sich um alles kümmern muß, um Architektur, Plastik, Kunstgewerbe und um die Quellen, die die Funde sichern helfen – nicht daß Ruskin intellektuelle Herausforderungen und Arbeit gescheut hätte, aber jetzt entgleiten ihm die Dinge zu schnell. In das beschaulich geplante Geschäft einer Kunstreise kommt ein Moment der Unruhe und Unzufriedenheit: »Ich werde ständig durch widerstreitende Anforderungen in Stücke gerissen: jedes Werk der Architektur ist im Verfall begriffen und alle Werke der Kunst schwinden dahin – ich möchte jedes Haus zeichnen und jedes Bild studieren, aber es geht nicht.« Der Zeichenstil wird gleichzeitig fragmentarischer und präziser. 1845 bringt für den Zeichner überhaupt den Wendepunkt. Der gelehrige Schüler Turners, Prouts und Hardings findet seinen Duktus, eine präzise, nahsichtige und sehnige Aufnahmeweise, die sich in der Natur ganz auf die energischen, lebendigen Züge der Bäume, Berge und Himmel konzentriert – Ruskin wird das später die »Lebenslinien« nennen. Vor Werken der Architektur siegen die Anforderungen der Bestandsaufnahme über den Hang zum Bildermachen. Immer seltener entstehen Totalen, Veduten, immer häufiger werden nur Details aufgezeichnet, aber die werden dafür mit Maßen und Schnitten versehen. Als Ruskin im Sommer 45 mit Harding zusammentrifft und beide die zeichnerischen Ergebnisse ihrer Tour miteinander vergleichen, erkennt Ruskin, was geschehen ist: »[. . .] seine Skizzen fallen immer hübsch aus, weil er ihre Teile ausbalanciert und weil er sie als Bilder plant. Meine sind immer häßlich, weil ich meine Skizzen nur als die Niederschrift bestimmter Tatsachen betrachte und sie auf die einfachste und deutlichste Weise und in größtmöglicher Zahl ausführe. Hardings Skizzen zielen auf den Eindruck, meine auf die Information.« Der Vater, der als Kunstsammler den Wert wohlgerundeter, stimmungsvoller Bilder zu schätzen wußte und auch zu wissen meinte, was man von seinem Sohn erwartete, das Prosagedicht nämlich, die poetische Einkleidung von Natur und Kunst, stand der neuen Tendenz verständnislos gegenüber: »Zur Zeit beschäftigt sich John mit Kunst«, schreibt John James 1846 aus Venedig an einen Bekannten, »und sucht dabei nach wahrer Wissenschaft. Für Sie und für mich ist das im Augenblick ein Buch mit sieben Siegeln. Was er treibt, wird weder Bild noch Gedicht – es ist eine bloße Aufhäufung kaum ausgearbeiteter Einzelstücke. Er zeichnet ohne Unterlaß, aber nicht auf die alte Art und Weise, von der wir gerne sagten: Ja, dieses Bild verdient einen Rahmen. Er zeichnet alles – und alles fragmentarisch, von der Kirchenkuppel bis zum Wagenrad, doch für den normalen Betrachter ergeben diese Stücke nur eine Unzahl von Hieroglyphen – alles wahr, absolute Wahrheit, aber Wahrheit in Mosaikform.«

Es hat den Anschein, und es gibt viele einschlägige Belege dafür, daß Gegenstand und Subjekt unter diesem Druck einander atomisieren; unzweifelhaft ist, daß Ruskin noch ohne Leitfaden sammelte und aufhäufte: »Ich lege ein Lager nach dem anderen an, schichte die Dinge stapelweise, ohne sie wirklich zu ergründen.« Aber es wächst doch auch das Gefühl für die Zusammenhänge oder zumindest das Bedürfnis, Kriterien, Fragen und Begriffe zu entwickeln, die für die Geschichtsbetrachtung das gleiche leisten wie die »science of aspects«, der rezeptionsästhetische Standpunkt und das Prinzip Unendlichkeit für die Behandlung der Landschaftskunst. Zwei Vorentscheidungen bringen die Jahre vor 1850, die Ruskin nie wieder revidieren sollte. Er war 1845 nach Italien gegangen, ohne intensive Quellenstudien getrieben zu haben. Während die erste Generation der deutschen Kunsthistoriker, die Rumohr, Gaye, Förster et alii sich durch die italienischen Archive gruben, um feste Anhaltspunkte für eine Chronologie zu schaffen, wurde Ruskin von der Notwendigkeit überfallen, die Werke in ihrem optischen Bestand, nicht in ihrer Quellengestalt zu sichern. Es schien ihm geboten, die Geschichte direkt zu konfrontieren, doch war diese Entscheidung weniger zwangsläufig, als persönlich motiviert. Er konnte wohl gar nicht anders, als sich an das sinnlich Gegebene zu halten. Die Geschichte, um die Ruskin bislang einen so großzügigen Bogen geschlagen hatte, holte ihn ein in der Gestalt ihrer fragwürdigen Gegenwart. Er begegnete einer Kunst, die eine ferne, ihm noch fremde Vergangenheit geschaffen hatte, einer Kunst, die – soweit er sah – von Gemeinschaftssinn, religiöser Identität und frohgemuter Naturnähe zeugte, er stellte an sich fest, daß sie ihn, den Evangelikalen, den Engländer, den Mann des Industriezeitalters, den an Turner geschulten Kenner von Tafelbildern und Aquarellen noch zu faszinieren vermochte, und er mußte gleichzeitig bemerken, daß die anderen, wenige ausgenommen, an den Hinterlassenschaften der Historie achtlos vorbeigingen, schlimmer noch, sie dem Verfall preisgaben oder ihren Bedürfnissen rigoros anpaßten. Diese Erfahrung stieß ihn auf ein Phänomen, das er bislang übersehen hatte: das zeitgenössische Italien. Seine Optik war die des unheilbar überlegenen Engländers gewesen, der, wie Shelley das ausgedrückt hat, Italien als zwei Länder erlebte: »Es gibt zwei Italien – das eine besteht aus grünem Land und transparenter

See und aus den mächtigen Ruinen des Altertums und aus blauen Bergen und aus der warmen Atmosphäre, die alles durchdringt. Das andere Italien besteht aus den Italienern unserer Tage, aus ihren Werken und ihrem Wesen. Das eine gehört zum Sublimsten und Lieblichsten, das die menschliche Einbildungskraft sich vorstellen kann, das andere ist total herabgekommen, abstoßend, ekelhaft.« Es ist nicht so, als ob Ruskin nach näherer Befassung mit dem zweiten Italien zu einem anderen Urteil gekommen wäre, aber er beginnt sich jetzt zu fragen, wie ein und dieselbe Nation einmal zu Höchstleistungen befähigt war und später nicht einmal mehr in der Lage ist, die Großtaten der Vorgänger zu würdigen. Er ahnt, daß er den Kontext zwischen dem Heute und dem Damals nicht zerreißen, daß er die Abscheu vor der Gegenwart nicht für den Traum der Vergangenheit eintauschen darf. Er geht daran, Geschichte aus dem Interesse, nein: Desinteresse der Gegenwart zu entdecken. Am 10. Juli 1845 schreibt er aus Parma an den Vater: »Ich bemerke, wie sich meine Einstellung Italien gegenüber in mehreren Punkten gewandelt hat. Ich nähere mich ihm mit mehr Interesse an seiner Realität und nehme eine weniger phantasiebestimmte und weniger genießerische Haltung ein. Ich lese es wie ein Buch, das durchgearbeitet werden muß und an dem man Freude hat, aber nicht wie einen Traum, der der Deutung bedarf. Das Romantische hat sich verflüchtigt, und nichts, was ich sehe, lenkt mich davon ab, daß ich im 19. Jahrhundert lebe.«

Es war nicht Ruskins Art, diese neue Erfahrung vor seinen Lesern als zu persönlich und irrelevant für die Sache zu verbergen. Am Ende der italienischen Forschungen steht kein historischer Traktat, der die Leser der Jetztzeit entzieht und als Augenzeugen an den Haupt- und Staatsaktionen der Vergangenheit beteiligt. Der »Praesentismus«, der »Modern Painters« auszeichnet, setzt sich in den »Stones of Venice« fort. Ruskins Standort ist das Venedig des 19. Jahrhunderts: In vielen »Einstellungen« und langen Kamerafahrten führt er den Leser an die Gegenwart der venezianischen Geschichte heran. Man vergleiche einmal, wie der von Ruskin so hoch geschätzte und von Turner illustrierte Samuel Rogers in »Italy« und wie die »Stones« die Annäherung an die Stadt schildern. Rogers:

The path lies o'er the sea invisible
And from the land we went
As to a floating city, steering in,
And gliding up her streets as in a dream,
So smoothly, silently.

(Turner hat diese Zeilen 1844 unter sein Bild »Approach to Venice« gesetzt.) Von der Poesie des sentimentalen »view-hunters« zur Prosa des modernen Reisenden, zum Reisenden in moderner Prosa: »And now come with me«, redet Ruskin den Leser am Schluß von Band 1 an, »for I have kept you too long from your gondola.« Er möchte ihn für die Mühen entschädigen, welche die Lektüre eines 400seitigen Architekturlexikons bereitet hat; er bietet ihm jetzt erst, was die anderen Autoren an den Anfang gestellt haben, die Annäherung an die Lagunenstadt: »Eine weitere Kurve und eine andere Kanalansicht, aber das Ende ist nun abzusehen. Der silberne Schnabel der Gondel zerteilt das Wasser schneller, der Kanal wird weiter, das Ufer niedriger, und sein üppiger Bewuchs endet in lohfarbenen Graszotteln an einem langgezogenen Strand. Vor einigen Jahren hätten wir an dieser Stelle zu unserer Rechten die Lagune bis zum Horizont sich erstrecken gesehen und über Malamocco den warmen Himmel des Südens. Jetzt erblicken wir nichts weiter als eine Art von niedriger und einförmiger Werftmauer, von flachen Bögen unterbrochen, um die Gezeiten durchzulassen – das ist die Eisenbahnbrücke, das auffälligste Objekt weit und breit. Aber am Ende dieser trostlosen Bögen, da steigt aus dem breiten Wasser eine unruhige Silhouette niedriger und verschachtelter Ziegelbauten, die gut dem Vorort einer englischen Industriestadt angehören könnten, wären da nicht die vielen Türme. Vier oder fünf Kuppeln, fahl und augenscheinlich weiter entfernt, erheben sich über der Mitte des Weichbildes, aber der Gegenstand, der das Auge zuerst anzieht und fesselt, ist eine düstere Wolke schwarzen Rauchs, die über dem nördlichen Teil brütet und die aus dem Glockenstuhl einer Kirche herausdringt.

Es ist Venedig.«

3

In Venedig, fand Ruskin, traten die beiden Italien, die »fahlen Dome« und der Campanile, den Venedigs größte Dampfmühle zum Schornstein umfunktioniert hatte, in eine schicksalhafte Konstellation. »Obwohl die letzten paar Jahre, die die ganze Welt grundstürzend verändert haben, für Venedig verhängnisvollere Folgen hatten als die fünf Jahrhunderte davor, obwohl die Annäherung an die Stadt nun gar keine erhebenden Momente mehr bietet, höchstens für den Augenblick, da die Maschine ihren rasenden Lauf über das Eisenband verlangsamt, obwohl viele Paläste für immer zerfallen sind, liegt noch so viel Magisches in ihrer Erscheinung, daß der Reisende verleitet wird [. . .], die Augen vor dem Ausmaß der Verwüstung zu verschließen.« Der verklärenden Tätigkeit der Phantasie möchte Ruskin »bei der vor ihm liegenden Aufgabe jedoch keine Funktion mehr einräumen«. »Das Venedig der modernen Roman- und Dramenliteratur gehört dem Gestern an, ist eine Blüte des Verfalls, ein Bühnentraum, den der erste Strahl des Tageslichts zusammenfallen läßt.« »Die kraftlosen Gefühle des Romantischen können die Reste der großen Zeiten, an denen sie klammern wie blühende Ranken, nicht retten. Wir müssen sie von den prächtigen Fragmenten herunterreißen, um diese aus eigener Kraft stehen zu sehen.« Wo verflossene Größe und Misere der Gegenwart so hart aufeinanderprallten wie sonst nirgends, mußte sich real entscheiden, ob das moderne Italien das alte »retten« konnte, und dabei ging es nicht um das »Schützen« (protecting) allein, wie Ruskin betont, sondern auch um die »Einsicht« (discerning) in die Historie, um die Lehre aus der Geschichte. An den bleibenden Zeugen der Vergangenheit, am harten Bestand ihrer Werke wollte Ruskin venezianische Geschichte und Gegenwart als Lehrstück aufführen: »the history of all men, not ›in a nutshell‹, but in a nautilus-shell« – das war Venedig für Ruskin. Die Weltgeschichte hatte die Serenissima als Großmacht, als Seemacht gekannt, auch als Zentrum der Kultur – ergab sich daraus nicht eine einzigartige Lernorganisation für den Engländer? »Dein Los, Venedig«, heißt es bei Byron, »ist eine Scham für die Nationen. Vor allem aber bedenke du, Albion, im Schicksal Venedigs das deine.« Turner, der die Stadt dreimal besuchte, hatte 1834/35 dem Bild »Venice« (Washington, National Gallery) die Londoner Hafenszene »Heizer beim nächtlichen Kohleverladen« (ebenda) als Pendant beigegeben, eine Paarung, die den morbiden Reiz der Spätzeit mit dem Pathos des Aufstiegs konfrontieren wollte. Der Venedig-Vergleich gehörte in England durchaus zur gängigen Währung politischer Rhetorik, wie folgender Redeausschnitt Disraelis belegt, der sich 1849 für die Prinzipien der »territorialen Produktion« (Landwirtschaft) gegenüber Handel und Exportproduktion einsetzte: »Obwohl Sie nach ihrer Vernichtung [der genannten Prinzipien] eine Weile prosperieren mögen, obwohl Ihre Häfen mit Schiffen gefüllt sein, Ihre Fabriken in jeder Ebene rauchen, Ihre Schmiedefeuer in jeder Stadt flammen mögen: ich sehe keinen Grund, weshalb Sie eine Ausnahme in der Entwicklung sein sollten, die das Buch der Geschichte mit Trauer berichtet, weshalb Sie nicht verblassen sollten wie die Farbe von Tyrus und zerbröckeln wie die Paläste von Venedig.« Die klassische Formulierung der Parallelsituation hat aber Ruskin gefunden, der wohl in Kenntnis der Worte Disraelis an den Anfang der »Stones of Venice« die mächtigen Sätze stellte: »Since first the dominion of men was asserted over the ocean, three thrones, of mark beyond all others, have been set upon its sands: the thrones of Tyre, Venice, and England. Of the First of these great powers only the memory remains, of the Second the ruin; the Third, which inherits their greatness, if it forget their example, may be led through prouder eminence to less pitied destruction.« Die Goncourts haben die realistischen Romane, die um die Jahrhundertmitte geschrieben werden, historische Romane über die Jetztzeit genannt, das gilt entsprechend auch für die »Stones of Venice«. Sie sind die letzten Steine, die einer in die vom Historismus geschlagene Bresche gelegt hat.

Zuerst kam Ruskin 1835 nach Venedig, dann wieder 1841. Beide Male changierte die Stadt für den pittoresken Reisenden bald im weichen Licht Turners, bald im geheimnisvollen Halbdunkel Byrons. »Gott sei Dank, daß ich hier bin. Das ist das Paradies unter den Städten.« Venedig wird noch als Traum erfahren: Das »andere« Italien ragt nicht störend ins Visier, als zu unbedeutend und verächtlich mußte gerade diese Seite erscheinen. Die Serenissima hatte 1797 ihre Selbständigkeit an Frankreich verloren, war dann gleich unter österreichische Hoheit gekommen, fiel erneut an Frankreich, um schließlich 1815 wieder für fünf Jahrzehnte österreichische Kolonie zu werden. Den Zeitgenossen galt das Schicksal der einstigen Republik als selbstverschuldet. Die Dekadenz ihrer Bevölkerung, so das verbreitete Urteil, habe seit langem eine Tendenz zur »Versklavung« gezeigt. »Erst seitdem ich einige Tage in Venedig lebe, habe ich einen Begriff davon, bis zu welchem Extrem Habgier, Feigheit, Aberglaube, Ignoranz, Triebhaftigkeit und all die unaussprechlichen Brutalitäten, welche die menschliche Natur entstellen, getrieben werden können.« Shelley, den wir hier zitieren, sieht diesen Endpunkt der Entwicklung schon früh in der Geschichte Venedigs angelegt: Die »Usurpation der Rechte des Volkes durch die Oligarchie«, also ein Vorgang, der sich an der Wende vom 13. zum 14. Jahrhundert vollzieht, habe den Samen zu den Sumpfblüten der Jetztzeit gelegt. Das ist ein auch für Ruskin wichtiger Gedanke: Im negativen Renaissancebild von Shelleys und Byrons Dramen »The Cenci« (1819) bzw. »Marino Faliero« (1820) und »The Two Foscari« (1821) gewinnt zuerst die Vorstellung Gestalt, daß das Verfallsdatum Venedigs sehr früh anzusetzen ist, zu einer Zeit, da äußerlich noch alles in Ordnung, ja die prunkvollen Jahrhunderte noch bevorstanden. Die so verächtlich betrachteten Venezianer der ersten Hälfte des 19. Jahrhunderts plagten andere Sorgen: Sie wurden immer weniger, weil Abwanderung und Seuchen sie dezimierten, und den Verbleibenden wurde die ökonomische Grundlage entzogen – Venedig mußte einen Großteil seiner Kapazität als Adriahafen an Triest abgeben. Die Luxusgüterproduktion stagnierte, und die besondere geographische Situation war nicht gerade dazu geschaffen, die Stadt zum Standort neuer Industrien zu machen. Die Besatzungsmächte konnten und wollten eine einschneidende Veränderung nicht herbeiführen. Sie taten viel, um den Schein zu wahren – Venedig war nach wie vor Ziel des mondänen Reisenden, noch nicht des Massentouristen, wie häufig zu lesen –, d. h. man reparierte und ersetzte alle Brücken, pflegte die Hauptkanäle und ließ dahinter zwei Drittel der Bauten leerstehen und verfallen.

1845, durch seine Erfahrungen in Lucca, Pisa und Florenz vorgewarnt, kann sich Ruskin nicht mehr auf den »picturesque point of view« stellen und mit Lady Morgan sagen, daß der Verfall den »Eindruck Venedigs eher gesteigert denn geschwächt habe«. Der Verlust einzelner Werke, den er an den anderen Orten beklagt hatte, drohte hier einem Gemeinwesen als ganzem. »All die Wandlungen zum Schlechten, die ich jemals in einer bestimmten Zeitspanne beobachten konnte, werden von der Entwicklung Venedigs übertroffen. Das grenzt an Vernichtung.« Ein Jahr später die gleiche Feststellung, in ein drastisches Bild gefaßt: »Wie ein Stück Zucker im Tee, so schnell schmilzt Venedig dahin.« Ruskin weiß nicht, was er mehr beklagen soll, den Verfall aus Not und Unachtsamkeit oder die Zerstörung im Zeichen von Erneuerung und Restaurierung. Die österreichische Verwaltung machte Anstrengungen, der Lagunenstadt den zeitgemäßen zivilisatorischen Komfort anzukleben: Die von Ruskin vermaledeite Eisenbahn wurde in diesen Jahren gebaut und 1846 eingeweiht, Gaslaternen wurden installiert – Ruskin: »Imagine the new style of serenades – by gas light.« –, Omnibus-Gondeln nahmen den Betrieb auf, und es wurde ernsthaft der Plan erwogen, einen Boulevard entlang dem Canale Grande anzulegen und die Eisenbahn bis ins Stadtzentrum fortzuführen. Wieder teilt sich dem Reisenden eine nervöse Unrast mit. Um mit dem Fortschritt mitzuhalten, muß er selbst schneller werden: »Du kannst Dir nicht vorstellen«, schreibt er im Dezember 1845 nach Hause, »was für einen unglücklichen Tag ich gestern hatte, als ich vor der Casa d'Oro saß und vergeblich versuchte, sie zu zeichnen, während Arbeiter sie vor meinen Augen demolierten. Schon an sich hätte sie mir das Höchste abverlangt, denn sie ist unendlich schwer zu zeichnen und wegen ihrer Vielfalt und Farbigkeit als Aquarellstudie kaum auszuführen, aber stelle Dir ein Arbeiten vor, wenn verdammte Maurer Stangen hochziehen und in die alten Mauern einschlagen und dabei die Profile abbrechen.« Und im gleichen Moment, da Ruskin eine ähnliche Passage mit den Worten schließt: »Venedig ist für mich verloren«, entschließt er sich zu retten, was noch zu retten ist – zumindest in papierener Form. Er macht keine Zeichnungen mehr, ohne Maße und Schnitte zu nehmen;

er entdeckt den überragenden Wert der Fotografie für Zwecke der Architekturaufnahme: »Unter all dem mechanischen Gift, das dieses schreckliche 19. Jahrhundert auf die Menschheit ausschüttet, hat es uns ein Gegengift gegeben, die Daguerreotypie«, aber er ist nicht mehr (noch nicht) in der Lage, das Ganze, »the general view«, zu erfassen. »There is now no pleasure in being in Venice.« Venedig wird ihm zur Pflicht. 1846 setzt er die Arbeit fort, 1849 bis 1850 sind Effie und John den Winter über in der Lagunenstadt, 1851 bis 1852 das zweite Mal. Insgesamt 15 Monate hat Ruskin vor Ort gelebt und gearbeitet.

Venedig hatte in der Zwischenzeit an europäischem Interesse gewonnen, und Ruskins Projekt war unvermutet dringlicher geworden. Am 22. März 1848 hatte sich Venedig erneut zur Republik erklärt und von den Österreichern befreit. Diese begannen im folgenden Jahr mit dem Versuch, die Stadt militärisch zurückzugewinnen, und konnten erst nach fünfmonatiger Belagerung, nach einem Dauerbombardement, wie es die Kriegsgeschichte noch nicht gesehen hatte, den heftigen Widerstand der Venezianer brechen. Als Venedig am 22. August 1849 kapitulierte, durfte es stolz darauf sein, die Fahne der Freiheit und nationalen Selbständigkeit von allen rebellierenden Völkern am längsten aufrechtgehalten zu haben. Während sich die politische Welt fragte, was ausgerechnet die als indolent angesehenen Venezianer zu dieser Widerstandskraft befähigte, sorgte sich Ruskin im fernen London um das Schicksal der nun doppelt und dreifach bedrohten Kunstwerke. Sobald die Reisewege wieder frei waren, im September 1849, eilten John und Effie nach Venedig – die ersten und für ein paar Monate die einzigen Reisenden in einer ausgepowerten, durch Cholera, Hungersnot und Kriegsverluste leergefegten, durch die Niederlage und das harte Kriegsgesetz demoralisierten Kommune. In dieser Atmosphäre ungeminderter Feindseligkeit, umgeben von bitterer Not und behindert von ungewöhnlicher Kälte, ging Ruskin wieder an die Arbeit. Sofort fand er, daß die bedeutenden Denkmäler das Bombardement weitgehend unbeschadet überstanden hatten, aber er erfuhr auch, daß nur technische Gründe ihre Zerstörung verhindert hatten und daß die Gefahr keineswegs gebannt war.

An Effie hatte sich bald ein Hauptmann Paulizza attachiert, der als Befehlshaber der Artillerie für das Bombardement Venedigs verantwortlich gewesen war: »he did something against Venice very wonderful with balloons«, schreibt Effie nach Hause und will damit sagen, daß Paulizza mit Hilfe von Ballons den ersten Luftangriff gegen die Stadt geführt hatte. Auch Geschütze mit drei Meilen Reichweite trafen nicht ins historische Zentrum, konnten den Lebensnerv der Stadt nicht ausschalten. Nachdem die Ballonabwürfe spektakulär, aber wenig wirksam gewesen waren, hatten die Österreicher nach der Kapitulation die Außenforts der Stadt mit schwersten Geschützen bestückt und im Zentrum selbst gutgesicherte Batterien postiert, die alle auf die Region von San Marco gerichtet waren (siehe Ruskins Brief an Brown). Es war ihre unmißverständliche und offen proklamierte Absicht, beim Ausbruch neuer Unruhen San Marco, die Piazza und den Dogenpalast zusammenzuschießen, dem Meeresspiegel gleichzumachen, muß man in diesem besonderen Falle sagen. Sie hielten das Zentrum Venedigs, dieses Schatzhaus Europas, als Geisel. Und Ruskin nützte in den folgenden Jahren jede Gelegenheit, in der Öffentlichkeit auf den Fortbestand dieser Drohung aufmerksam zu machen.

Über Johns Arbeitspensum im ersten gemeinsamen venezianischen Winter schreibt Effie an eine Freundin: »Ruskin ist den ganzen Tag über bis zum Dinner beschäftigt, denn er hat herausgefunden, daß die kurze Zeit, die wir hier bleiben können, bei der Quantität des zu Leistenden nicht ausreicht. Er zeichnet und notiert, fertigt Daguerreotypien an und nimmt Maße von jedem Palast, Haus, Brunnen oder Objekt von einschlägigem Interesse, so daß Sie sich vorstellen können, wieviel er zu ordnen und zu bedenken hat. Manchmal necke ich ihn ein wenig mit seinen 60 Türen und Hunderten von Fenstern, Treppen, Balkons und anderen Teilen, mit denen er sich Tag für Tag abgibt.« Ruskin hatte in der Tat den Vorsatz gefaßt, alle byzantinischen und gotischen Bauwerke auf den fünf Quadratmeilen der Lagunenstadt zu zeichnen und zu vermessen und jedes einzelne Objekt möglichst genau festzuhalten: »stone by stone, to eat it all up into my mind, touch by touch.« (Abb. 5, 6) Dieser naiv anmutende Materialhunger und dieses Bedürfnis nach totaler Einverleibung zog seine Berechtigung nicht allein aus der Gefährdung der Objekte, sondern auch aus der Erfahrung, die jeder Kunsthistoriker machen muß, daß man im Bereich des Visuellen nichts für gegeben nehmen darf. Daß die Vorgänger den Augenschein falsch interpretiert hatten, setzte Ruskin nicht groß in Erstaunen, daß sie den Augenschein oft erst gar nicht bemüht hatten, diese Feststellung machte es ihm unabdingbar, alles selbst zu tun. Der beste Kenner des Dogenpalastes versicherte ihm auf seine Anfrage, die Fenster der Sala dello Scrutinio hätten niemals eine Binnengliederung aus Maßwerk besessen. Ruskin greift sich eine Leiter, öffnet ein Fenster nach dem anderen und findet: »die Basen für die Schäfte des alten Maßwerks, die dazugehörigen Dübellöcher, die Anzeichen für den Durchmesser der Verstrebungen und schließlich in einem Fenster an der Rückseite, von dem die Autoren, die so viel über den Palast geschrieben haben, wohl nur wissen, daß es existiert, da fand ich noch einen torsierten Schaft mit Kapitell und allem.« Als Engländer den Ruf des Exzentrikers nicht fürchtend, legt sich Ruskin bei seinen Erkundigungen keine Zurückhaltung auf. Ein kleines Team ist es, das des Morgens vom Hotel Danieli aus aufbricht: Ruskin, sein englischer Diener George Hobbs, der italienische Diener Domenico, der Gondoliere, bisweilen Effie und ihre Begleiterin Charlotte Ker. Zu Wasser und zu Lande rücken sie den Bauwerken mit Meßband, Leitern, fotografischer Ausrüstung, Skizzen und Notizbuch zu Leibe. Wenn es sich um extrem schwierige Ansichten handelt, dann legt sich Ruskin durchaus eine halbe Stunde neben dem Hochaltar von San Marco auf den Rücken und zeichnet irgend etwas in der Höhe. »John erregt lebhaftestes Erstaunen bei Groß und Klein, und ich glaube, die Venezianer haben noch nicht ausgemacht, ob er total verrückt oder ein großer Weiser ist. Nichts vermag ihn zu unterbrechen – der Platz mag voll oder leer sein, John steckt entweder unter dem schwarzen Tuch und macht Daguerreotypien, oder er klettert zwischen Kapitellen herum, die so von Staub und Spinnweben eingedeckt sind, daß er wie nach einem Ritt mit einer Hexe zurückkehrt. Wenn er dann wieder unten ist, wartet er geduldig, bis Domenico ihn abgebürstet hat [. . .]« Am Ende der 15 Monate sind an Informationen zusammengekommen: 168 dichtbeschriebene und bezeichnete »worksheets«, das sind Bögen in (umgerechnet) DIN A1- bis DIN A0-Format, zwei große Notizbücher in DIN A4-Format mit 454 Seiten und acht kleine Notizbücher mit 582 Seiten. Die Zahl der Detailstudien, Grund- und Aufrisse, die in diesen Bänden und auf diesen Bögen enthalten sind, ist mit 3000 sicher nicht zu hoch angesetzt. Wenn man bedenkt, daß zur korrekten Aufnahme eines Portal- oder Fensterprofils im Durchschnitt 12mal maßgenommen werden mußte, dann wird der Umfang des Geleisteten noch deutlicher. Später wird Ruskin in »Präterita« schreiben: »600 Quartseiten Notizen, schön und eng beschrieben, jetzt nutzlos. Ebensoviele Zeichnungen, ebenfalls nutzlos.« Aber schon in Venedig hatte Ruskin das Gefühl, daß so genau, wie er vorging, es niemand wissen wollte, übrigens auch er selbst nicht, als er an die Abfassung der »Stones« ging. Die drei Bände geben immerhin noch ca. 1000 Objekte in Abbildungen, in der Mehrzahl sind das diagrammatische Darstellungen von Architekturteilen wie Basen, Profilen, Kapitellen etc. Aber selbst diese leicht zugänglichen Sachinformationen hat kaum jemand ernstgenommen. Die »Stones of Venice« wurden gelesen und benutzt als ein Stück Literatur, als Reiseführer, als Architekturtheorie und als gesellschaftskritisches Pamphlet. Doch seit 130 Jahren hat kaum noch jemand dieses Buch herangezogen, um es als das zu gebrauchen, als was es ursprünglich geschaffen worden war, als zuverlässige Aufnahme eines zu Teilen schon verlorenen Venedig. Erst heute beginnt die Ruskin-Forschung mit diesen Pfunden zu wuchern und der Kunstgeschichte klarzumachen, was z. B. San Marco einmal gewesen ist, bevor in einem beispiellosen Akt des Vandalismus die Restauratoren der 50er bis 70er Jahre zuschlugen. Wer wissen will, in welcher Anordnung die Säulen an der Südfront der Markuskirche gestanden haben, muß sich an Ruskins Zeichnungen und an seine Aquarelle halten, die uns das Aderwerk der ganz unterschiedlichen Steinsorten so genau vorführen, daß aus ihnen nicht nur die einstige Position der Säulen, sondern auch der Tatbestand evident wird, daß die Restauratoren einen Schaft durchaus auch einmal verkehrtherum einbauten.

Die genaue Betrachtung kann unglücklich machen. Das

erfuhr Ruskin zuerst an den Menschenwerken, nicht an der Natur: »Ich bin hier durch so viel harte, trockene, mechanische Arbeit gegangen, daß ich das Gefühl für den Reiz des Ortes fast ganz verloren habe. Die Analyse ist ein widerwärtiges Geschäft. [...] Man fühlt nur, wie man eigentlich sollte, wenn man nicht sehr viel über die Sache weiß. Wenn ich Sie nur einen Moment lang erleben lassen könnte, was ich erlebe, wenn ich auf dem Kanal fahre und meine Arbeit tue, wenn sich Venedig mir in der Gestalt so vieler ›Profile‹ darbietet und jedes Gebäude in mir nur Assoziationen von mehr oder weniger Provokationen, Problemen und Pein auslöst – Pein, wenn ich mit erfrierenden Fingern und rauhem Hals die Fensterbänke in der winterkalten Luft zeichnete, – Probleme, wenn die Profile der Fensterbänke nicht mit denen der Eingangstreppe und die Rückansicht nicht mit der Vorderansicht übereinstimmte, – Provokation, die ich von jedem Lebewesen in Venedig entgegennehmen mußte, von meinen Gondolieri, die immer nach Hause wollten und nicht einsehen konnten, warum man den ganzen Tag lang auf dem Canale Grande festliegen sollte, um anschließend zum Lido zu rudern, von meinem Koch, der unablässig versuchte, Krebse am wasserseitigen Hauseingang zu fangen und niemals welche fing, von meinem Valet-de-Place, der mich an Orte schleppte, wo es nichts zu sehen gab und bei Verabredungen an der falschen Stelle wartete, von meinem englischen Diener, den ich lässig rauchend auf dem Markus-Platz antraf und den ich, wenn es so weitergeht, seiner Mutter als Tunichtgut zurückbringen werde, von meinen Zierfischen, die im ganzen Raum Wasser verspritzten und meine Zeichnungen verdarben, von meinen Seepferdchen, die nie ihren Schwanz um meinen Stock ringelten, wenn ich es wollte, von einem Fischer, der vor meinem Fenster seine Krabben lebend als Köder aufspießt, wenn ich das Morgenlicht auf der Madonna della Salute studiere, von den Küstern aller Kirchen, die nie zu Hause sind, wenn ich sie brauche, von den Glocken aller Kirchen, die immer dann zu läuten anfangen, wenn ich im Turm arbeite, von den Gezeiten, die sich nicht so pünktlich einstellen, wie sie sollten, vom Wind, der meine Skizzen in den Kanal wehte und einmal den Gondoliere hinterher, vom Regen, der durch das Dach der Scuola di San Rocco tropft, von der Sonne, die jeden Nachmittag auf Tintorettos ›Ariadne und Bacchus‹ fällt und dort Blasen hervorruft, und vom Dogenpalast selbst, der der schlimmste ist, der einfach nicht preisgibt, wie er entstanden ist. (Ich nehme an, daß dieser Satz irgendwo einen Anfang hatte, also auch irgendwo enden muß. Aber ich kann kein Ende für ihn finden, also muß er bleiben, wie er ist.)«

Hätte ein großer Forscher der Jahrhunderte davor einen vergleichbaren Bericht über sein Projekt geben können? Was Carlyle wohl als erster auf die Formel brachte: »Die Dinge [...] werden dem Menschen ungehorsam«, die »Tücke des Objekts« also, ist wohl ganz eine Erfindung des 19. Jahrhunderts, eine neue Haltung gegenüber den Dingen – ein neues Verhalten der Dinge gegenüber den Menschen, würde der Erztheoretiker dieses Phänomens, Friedrich Theodor Vischer, korrigierend einwenden. Als neu und besonders charakteristisch für die Verfassung der Mid-Victorians tritt ihre Rollenunsicherheit hervor: Über der trockenen Faktenerhebung »verlieren sie das Gefühl«, und sie merken den Verlust – das ist das Entscheidende. Sie wissen, daß andere Erfahrungs- und Darstellungsweisen der Objekte existieren, sie haben sie selbst praktiziert, als sie »noch nicht so viel wußten«. Jetzt haben sie Angst, ein »Dryasdust« zu werden, wie Carlyle den bloßen Faktographen nannte; eigentlich erwarteten sie mehr von sich, den poetischen Aufschwung, die große Synthese, die geistreiche Reflexion, aber dann ruft sie die »Sache«, die den neuen Standards zufolge der systematischen und der totalen Erfassung bedarf, wieder zur Pflicht, und so schwanken sie zwischen Hingabe und Eingebung, zwischen Bindung und einer Freiheit, die sie sich nehmen, aber nicht eigentlich mehr haben. Eine weitere Errungenschaft des 19. Jahrhunderts, der Humor, zumal der Humor ingrimmigen oder morosen Einschlags, hilft ihnen über das alles, über die Tücken des Objekts und die Unsicherheiten der Rollenwahl nicht hinweg. Wie Ruskin bemerkt, hat der Satz, der Erfahrungsmodus, den er mitteilt, einen Anfang, aber kein richtiges Ende. Wird man zum Angriffspunkt »des Tendenziösen, was im Objekte überhaupt liegt« (Vischer), so verhakt sich eins ins andere, subjektive Bedrückungen nehmen die Gestalt objektiver an und umgekehrt, die Welt wird zur »Welt der kleinen Pein«.

Ruskins Fazit, daß er »all feeling of Venice« verloren habe, steht in merkwürdigem Kontrast zu seinem Vorsatz, die Architektur der Stadt »touch by touch« zu erschließen. Niemals wieder hat ein Historiker den taktilen Werten seiner Objekte so viel abgewinnen können. Das große Stichwort heißt: »mouldings«, Profile – das sind Schwellungen, Einschnürungen, Wulste, Grate, Hohlkehlen und ornamentale Zierformen, wie sie überall vorkommen, an Tür- und Fensterlaibungen, Stufen, Geländern, Säulen, Vorlagen, Simsen etc. (Textabb. 1) Ruskin hat den Aussagewert dieser abstrakten Bauplastik systematisiert und aufs äußerste strapaziert; ihm gaben sie mit einem Mal »den Schlüssel zum gesamten System der venezianischen Gotik an die Hand«, aber die Prämissen einer solch nahsichtigen und fragmentarischen Bauanalyse hat er aus der avanciertesten Methode der Architekturanalyse übernommen. Vermutlich auf der Italienreise von 1846 war er auf die Schriften der in Cambridge lehrenden Professoren Robert Willis und William Whewell aufmerksam geworden, die die unbestrittenen Autoritäten auf dem Gebiet der englischen Kathedralgotik waren – Willis' »Remarks on the Architecture of the Middle Ages« (1835) hat Ruskin später, als er seine Entlehnungen großzügiger kennzeichnete, »my grammar« genannt. Whewell und Willis entwickelten einen Ansatz weiter, der zuerst in einem populären Handbüchlein vorgestellt worden war, in Thomas Rickmans »An Attempt to Discriminate the Styles of English Architecture« (1817; 5. Auflage 1848 mit neuen Illustrationen, die von Le Keux gestochen wurden, der in der Folgezeit viel für Ruskin gearbeitet hat). Rickmans Ansatz ist der membrologische: Er zeigt die Entwicklung der Baustile anhand der verschiedenen Ausformung der einzelnen Architekturglieder (membra) auf. Im praktischen Vergleich wird dem Leser vorgeführt, wie z. B. Kapitelle in normannischer Zeit, in der frühen Gotik und in allen folgenden Stilstufen aussehen. Ruskin fand diese simple Gliederung so einleuchtend, daß er sie dem ersten Band der »Stones of Venice«, der den Titel trägt: »The Foundations«, zugrunde gelegt hat. In 30 Kapiteln behandelt er das Vorkommen der wichtigsten Archi-

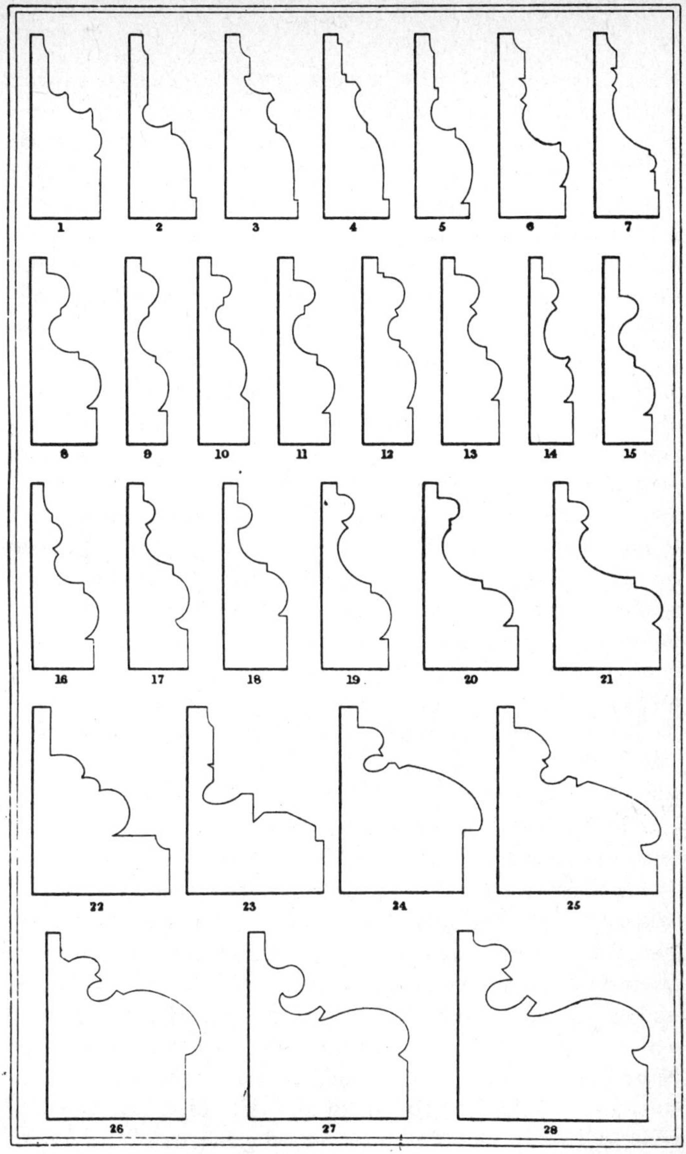
1
2
3
4
5
6
7
8
9
10
11
12
13
14
15
16
17
18
19
20
21
22
23
24
25
26
27
28

tekturglieder in Venedig, beim Fundament anfangend, bis zum Dach aufsteigend, und in einem zweiten Durchgang, nach den Funktionsträgern die Gliederungs- und Zierformen durch alle Stile verfolgend. Es ist ein organisches Konzept, das dieses Strukturmodell legitimiert. Alle Glieder eines Baus, vorausgesetzt sie datieren aus der gleichen Zeit, haben das gleiche Gepräge – das ist die Grundannahme. Anders ausgedrückt: Das Fortschreiten der Zeit erfaßt die Veränderung aller Glieder gleichmäßig. Das organische Ganze funktioniert dabei mehr im Sinne einer Idee, denn einer Realität. Die »Membrologen« schließen von dem Detail auf das Ganze, ohne es eigentlich zu haben oder zu verstehen. »The Stones of Venice« bieten als Totalansicht lediglich eine Vogelschauperspektive des Dogenpalastes, alles andere sind in diesem ersten Band, wörtlich verstanden, »Stones«, einzelne Steine. Doch dürfen die, die sich an die Glieder halten und den Körper wie eine Idee behandeln, als die eigentlichen Realisten gelten, denn wo gab es das funktionierende Ganze, die Stein gewordene Idee? Architektur war immer unfertig, zusammengestückt, irregulär. Erst in der gereinigten und rekonstruierten Lehrbuchform, die das späte 19. und das 20. Jahrhundert ihr gaben, gewann (?) sie ein einheitliches Erscheinungsbild. Und was den Pasticcio-Charakter historischer Architektur betrifft, so hat die venezianische Architektur zum Stilprinzip erhoben, was andernorts als Notlösung oder als Generationsfolge sich ergab. Ruskin: »Meinen Forschungen zufolge gibt es kein Gebäude in Venedig vor dem 16. Jahrhundert, das nicht an einem oder mehreren oder allen seiner Hauptteile wesentliche Veränderungen erfahren hat. Der größere Teil der Bauten zeigt Merkmale von drei oder vier Stilrichtungen, und in vielen Fällen haben die Restaurierungen oder Erweiterungen stufenweise die gesamte Struktur des alten Baukörpers ersetzt, von dem nur der Name geblieben ist und eine Restidentität, die sich im unregelmäßigen Anschluß der modernisierten Teile kundtut: das Testament des alten Baus setzt sich in allen folgenden eigensinnig und ausdrucksstark, wenngleich vergeblich durch; es ist durch Kodizille aufgehoben und durch Falschinterpretationen entstellt, aber hält doch noch zusammen, was sonst ein Ensemble von Verkleidungen wäre, für den Historiker so verwirrend wie für den Mineralogen das epigenetische (pseudomorphe) Kristall, das sich aus den Zerfallsprodukten eines anderen Kristalls ergibt. Die Kirche von San Marco z. B., die dem ersten Blick als harmonische Struktur erscheinen muß, ist in Wirklichkeit eine Zusammenfassung aller venezianischen Baustile vom 10. bis zum 19. Jahrhundert [. . .].« Vor einem solchen Puzzle erwies sich die Datierung von Bauten und baulichen Veränderungen mit Hilfe der stilistischen Bestimmung durchgeformter Einzelteile als einzig sinnvolle Methode – ein lückenloses Zeugnis der Urkunden zu erwarten, wäre vermessen. Soweit Ruskin die Hausakten in Stichproben eingesehen hatte, berichteten sie mit Vorliebe von Dekorationsmaßnahmen im Inneren zum Empfang irgendwelcher Noblen.

Es kam nun darauf an, möglichst geschlossene Reihen für die Entwicklung der einzelnen bauplastischen Elemente aufzustellen, so daß das Vorkommen eines charakteristischen Motivs in einem ansonsten verwirrten Befund die Datierung und Einordnung erlaubte. Zum Zweck der Differenzierung ging Ruskin einen Schritt weiter und begann, unterhalb der Ebene der traditionellen »membra« die Profilkurven zu analysieren und zu sortieren. Auch dieser methodische Schritt hatte eine besondere venezianische Notwendigkeit für sich: Die Architektur der Lagunenstadt hatte nicht nur Pasticcio-Charakter; sie war per Statut Spolienarchitektur. Von weit her und aus längst vergangenen Zeiten stammende Bauskulpturen, Importe, Raubgüter, waren mit Aplomb in entstehende oder bestehende Bauten gesetzt worden und hatten Nachfolgetaten der venezianischen Steinmetze ausgelöst, oft nicht sogleich, sondern im Abstand von Jahrzehnten oder Jahrhunderten und oft nicht direkt, sondern unter Bezug auf vorausgegangene Aktualisierungen. Wie kann man also sicher sein, daß dieses Element, das so früh aussieht und der Antike nahezustehen scheint, nicht in Wirklichkeit die Reprise einer Reprise ist und aus dem 15. Jahrhundert datiert? Hier bewährte sich das einfühlsame Nachfahren der Profile hervorragend – die Kurven, fand Ruskin, sind unverwechselbar wie eine Handschrift.

Auch in der konsequenten Benutzung dieses Auskunftsmittels ist er nicht originell. Rickmans Kompendium hat bereits ein eigenes Kapitel zum Thema »mouldings« und eine Reihe recht präziser Illustrationen, die – aufschlußreicher als die reinen Profillinien Ruskins – eine Kombination aus Schnitt und perspektivischer Ansicht bieten. Willis macht in seinen Kathedralmonographien ausgiebigen Gebrauch von Profilanalysen, um einzelne Bauphasen zu unterscheiden, und August Welby Pugin, der von Ruskin eifrig studierte und in den »Stones of Venice« heftig geschmähte Programmatiker des »Gothic Revival« entwickelt in seinen »True Principles of Pointed or Christian Architecture« (1841) gar eine kleine Theorie der »mouldings«, an die sich Ruskin ziemlich genau hält. Die Sorgfalt, mit der sich diese und andere Architekturhistoriker dieser einfachsten Form der Bauplastik widmen, ist beachtlich. Willis schreibt im Vorwort einer seiner Publikationen, er habe alle Profile mit dem Cymagraphen aufgenommen, dann mit dem Pantographen und der Camera lucida verkleinert und übertragen. Der »Cymagraph for copying mouldings« ist übrigens eine Erfindung von Willis, 1842 vorgestellt, ein kleiner Apparat, der dem Benutzer verbürgt, »daß er sich auf die Präzision der abgenommenen Konturen verlassen kann«. Während Willis also auf den Einsatz mechanischer Hilfsmittel baut, plädiert Ruskin wie stets für ein menschliches Engagement in diesen Dingen, ohne das Ziel absoluter Genauigkeit aus den Augen zu verlieren. Ein Vergleich macht deutlich, was er mit diesen subtilen Schwingungen des Steins verbindet: »Zoologen gehen in der Beschreibung der Kurven einer Muschel oder des Federkleides eines Vogels oft auseinander, obwohl sie ihr Objekt vor sich auf den Tisch legen und mit Muße studieren können – um wie vieles größer ist da die Wahrscheinlichkeit von Irrtümern bei Objekten, die aus der Entfernung und unter ungünstigen Bedingungen von Licht und Schatten betrachtet werden müssen und die oft im Lauf der Zeiten wesentliche Züge eingebüßt haben?« Die Kurvatur eines Muschelgehäuses – das ist wohl die entscheidende Assoziation: Profillinien sind »Lebenslinien«, wie überall gibt auch hier die Natur das Vorbild. Nicht anders als William Hogarth 100 Jahre zuvor, entwirft Ruskin eine Musterkarte von Schönheitslinien, doch während Hogarth die ideale Schwingung der »Analysis of Beauty«, die Schlangenlinie, Artefakten und Kunstwerken absieht, bzw. in letzter Konsequenz synthetisch

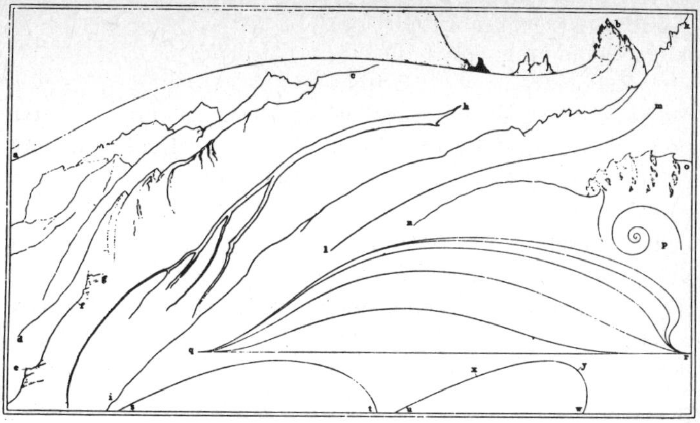

konstruiert, entnimmt Ruskin seine Kurven ohne Ausnahme der Natur: Es sind Umrisse von Blättern, Muscheln, Ästen, und das ideale Beispiel, die Kurve a b seiner Schautafel, lieferte ihm die Silhouette eines kleinen Gletschers am Ausläufer der Aiguille Blaitière bei Chamonix – für Ruskin »the most beautiful simple curve I have ever seen in my life«. (Textabb. 2) Wieder im Gegensatz zu Hogarth und seiner grazilen, aber doch deutlich ein- und ausschwingenden S-Kurve bevorzugt Ruskin langgestreckte Krümmungen: er sucht nichts Abschlossen-Ornamentales in ihnen, sondern die Auseinandersetzung von Kraft und Gegenkraft, den »Ausdruck von Bewegung und Kraft«. Das sind natürlich auch die Bedingungen, unter denen sich Kurven in der Architektur bilden, aber Ruskin warnt vor dem Glauben, mit den gröberen menschlichen Mitteln »die subtil verbundenen Kurvaturen der höchsten Entwürfe der Natur« nachahmen zu können – zwei einfache Kurvensegmente aus seiner Schautafel würden als Grundformen für die Zwecke der Architektur vollkommen ausreichen. Doch nimmt die unterschiedliche Variationsbreite von Natur und Kunst den Profillinien nichts von ihrem grundsätzlichen Interesse für den Interpreten: Sie abtastend, ist er den formenden Kräften einer Gattung und einer Epoche so nahe wie nirgendwo sonst.

Carlyle hatte durch seine Philosophie der Kleidung respektive des Schneiderns (entwickelt in »Sartor Resartus«, 1833) einer Verbindung von minuziöser Formanalyse und Hegelscher Rekonstruktion des Zeitgeistes vorgearbeitet: »Denn weder bei der Schneiderei noch bei der Gesetzgebung geht der Mensch bloß zufällig zu Werke, sondern seine Hand wird stets durch geheimnisvolle Operationen des Geistes geleitet. In allen seinen Moden und Bekleidungsversuchen lauert eine architektonische Idee im Hintergrunde.« »In allem diesem liegt bei Nationen sowohl als bei einzelnen Individuen eine unaufhörliche, unzweifelhafte, obschon unendlich komplizierte Tätigkeit von Ursache und Wirkung. Jeder Schnipp der Schere ist durch fortwährend tätige Einflüsse geregelt und vorgeschrieben worden, welche ohne Zweifel für Intelligenzen einer höheren Art weder unsichtbar noch unverständlich sind.« Daß der »Schnipp der Schere«, der einer Taille den Schwung, daß der Meißelschlag, der einem Wulst die Rundung gibt, als Hantierungen elementarer Natur nicht reduzierbar sind und daß sie unterhalb der Aufmerksamkeitsschwelle des Betrachters und des Benutzers und wohl auch des Urhebers der Bauwerke liegen (Carlyle: nur »Intelligenzen einer höheren Art« zugänglich), das macht ihren methodologischen Vorteil aus. Hier lautet die Prämisse: das unbewußt hervorgebrachte, anonyme Material hat den höchsten Auskunftswert. Man hat in dieser Beziehung vom Indizienparadigma gesprochen, einer fächerübergreifenden Erkenntnisweise, die von der toten Spur auf den lebendigen Ursprung schließt: Giovanni Morelli, der aus der automatisch immer gleichbleibenden Behandlung nebensächlicher Details wie Ohren, Fingernägel, Augenlider, feste Kriterien für die Zuschreibung von Gemälden und Skulpturen entwickelte; Francis Galton, der den Fingerabdruck als untrügliches Identifizierungsmerkmal erkennen und klassifizieren half; die Detektive Conan Doyles und Edgar Allan Poes, die ihre Kombinationskraft am leblosen Detail schulen, das sind bekannte Indizienparadigmatiker, Symptomatologen des 19. Jahrhunderts gewesen. Ihnen präludiert Ruskin auf den Gebieten der Architekturanalyse und des Natur-Kunst-Vergleichs, seinerseits auf diese Methode eingestellt von den klassischen Spurensicherern der Epoche: den Geologen und Paläontologen. Was er bei Buckland hatte lernen können, aus der versteinerten

Trittspur, aus den fossilen Knochen das Funktionsganze eines längst ausgestorbenen Tieres herauszulesen, das bewährte sich an den »abstract lines« von Naturdingen und Werken des Menschen.

5

Was aber gab es nun an diesen Formen zu entdecken, was Probleme der Datierung und Lokalisierung überschritten hätte? Ruskin ist nicht nur ein Theoretiker, sondern auch ein Praktiker des Reichtums und der Fülle gewesen. Er hat den beredten Linien so viele und so verschiedenartige Auskünfte abgewonnen, daß man sein methodologisches Vorgehen normalerweise als Pluralismus bezeichnen würde. Aber das ist nicht das richtige Wort. Ruskin hantiert nicht in bequemer Rücklage mit einem eingespielten Methodenangebot; in naher Auseinandersetzung, ja im Kampf mit den Objekten greift er eher aus Not denn aus Unentschiedenheit zu vielem, was Hilfe verspricht und was, wie sich meist herausstellt, als Werkzeug erst noch zubereitet und verfeinert werden muß. Sein Pluralismus ist ein Pluralismus der Frühe, eine ungeschlachte, oft skrupellose und manchmal großspurige Methodenvielfalt. »Die Arbeit des Suchens muß oftmals unmethodisch sein; man folgt den Adern der Mine, wo sie sich verzweigen, oder man tastet nach ihnen, wo sie unterbrochen sind. Und da die Mine, die in die Seele der Menschen reicht und wieder zurück in die Zusammenhänge von Seele und Handarbeit führt, vielfach in dunkle und verschlungene Wege aufgespalten ist, können wir unsere Arbeit nicht im voraus planen oder ihre Richtung vorwegentscheiden. Wir werden nicht versuchen, uns an irgendeine methodische Behandlung des Gegenstandes zu binden, sondern wir werden die Wahrheiten an den Stellen auflesen, wo sie sich uns darbieten.« Das hat Ruskin erst viel später geschrieben, aber das ist eine treffende Beschreibung seiner Arbeitsweise seit der Zeit, da er sich die »geheimnisvollen Zusammenhänge von Seele und Handarbeit« zum Thema genommen hat.

Wenn man im nachhinein benennen will, welche »Adern« er auf ihren »verschlungenen Wegen« verfolgt hat, dann wird man drei Tatbestände bzw. Ansätze hervorheben müssen: (1) den materialistischen, (2) den rezeptionsästhetischen und (3) den sozialhistorischen. Anders ausgedrückt, Ruskin untersucht die Faktoren (1) Material und Technik, (2) Betrachterbezug und (3) Arbeitsorganisation als die bestimmenden Kräfte, die die endgültige Gestalt einer Kurve festlegen. »Ich verlange vom Leser [...] nur, daß er die Wahl der Kurve und die Formung der Steine und die Entscheidung für eine bestimmte Anzahl von Steinen bewundert. Vieles mußte gewußt und bedacht werden, bevor diese Dinge entschieden wurden. Der Mann, der die Kurve auswählte und die Zahl der Steine bestimmte, mußte den normalen Tidenhub kennen, er mußte die Kraft des Hochwassers, seine Höhe und seine Strömungen beurteilen können, er mußte den Untergrund und seine Tragfähigkeit und das Gewicht des Bauwerks prüfen und berechnen, welcher Verkehr täglich seine Brücke belasten würde. All dies mußte er im einzelnen bedenken und mit den großen allgemeinen Gesetzen von Kraft und Gewicht in Einklang bringen.«

(1) Was Ruskin hier am Beispiel eines Brückenbaus ausführt, läßt sich auf die venezianische Architektur in allen ihren großen und kleinen Teilen übertragen. Einige Ruskinforscher erheben den Vorwurf, er habe kein Verständnis für die funktionalen Notwendigkeiten eines Baus gezeigt; andere behaupten dagegen, er sei einer der frühesten und wichtigsten Theoretiker des Funktionalismus und Materialismus gewesen. Setzt man für Funktion Struktur und meint man damit den Zusammenhang von Konstruktion und Bauaufgabe, von Liturgie und Kirchengrundriß, von Familienleben und Hausbau z. B., dann ist der ersten Partei recht zu geben. Ruskin war zwar ein guter Typologe: seine Entwicklungsgeschichte der venezianischen Palastfassade brauchte bis heute nicht revidiert zu werden, aber er war unfähig oder uninteressiert, die Veränderungen des Außen mit Wandlungen im Inneren zu verbinden. Begreift man Funktion aber von den Anforderungen und Gesetzmäßigkeiten der Bauproduktion und Bauphysik her, dann sind die »Stones of Venice« in vieler Hinsicht eine Inkunabel der Architekturgeschichte. Gerade Venedig machte es Ruskin leicht, gegenüber den Kunsthistorikern deutsch-idealistischer Obser-

vanz wie Lord Lindsay als kaltschnäuziger Materialist aufzutreten. Was für Darwin die Galapagos waren, hatte Ruskin in der Geschichte des Inselstaats Venedig gefunden, eine relativ geschlossene Versuchsanordnung, die unter hohem Außendruck stand, ein Beispiel für den Kampf ums Leben, für Anpassung durch langsamen Wandel, für Ausnützung des Gegebenen. »Es ist die Geschichte eines Volkes, das im wesentlichen unter sich bleibt, das von den Römern herkommt, das durch langen Widerstand diszipliniert worden ist und dessen natürliche Lage es dazu verurteilt, entweder prächtig zu leben oder zugrunde zu gehen: 1000 Jahre haben sie ums Leben gekämpft [they fought for life], 300 Jahre lang haben sie nach dem Tod verlangt, ihr Kampf wurde belohnt, ihr Ruf ward erhört.« Aus den Bedingungen der Lokalität läßt sich vieles plausibel ableiten: die Ziegelbauweise der Stadt – Steinbrüche waren nicht in Reichweite; die Verwendung edler Baumaterialien an prominenter Stelle – ist der Transport das Problem, dann kann man auch gleich Marmor und nicht den ebenso schweren Sandstein nehmen; die Verwertung bereits behauener Steine – gerade solche konnte man in Hafennähe, z. B. in den antiken Städten an den Küsten der Adria, haben; die Vorliebe für Inkrustation – der scheibenweise Einsatz kostbarer Materialien ist nicht nur sparsam, sondern auch in statischer Hinsicht günstig; ja selbst die Bauformen Venedigs sieht Ruskin aus lagebedingten Grundtypen herauswachsen: »Mit großer Anmut erinnert uns die majestätische Form des Dogenpalastes an die Jahre der Furcht und des Durchhaltens, als die Auswanderer von Prima Venezia sich wie heimatlose Vögel auf dem Sandstrand niederließen: seine viereckige Gestalt aus Marmorwand und gemalter Kammer, über vielen Arkaden sich erhebend, ist nichts anderes als das hohe Bild der ersten Pfahlhütte, die über den seichten Wassern der Lagune stand.«

Was im Großen gilt und von Ruskin mit einer demonstrativen Selbstverständlichkeit vorgeführt, nicht eigentlich expliziert wird, daß nämlich Architektur »die Intelligenz und Entschlossenheit des Menschen, natürliche Hindernisse zu überwinden« unter Beweis stellt, das wird an den einzelnen Baugliedern mit der gewohnten Akribie nachgewiesen. Bei der Betrachtung von Muscheln im Britischen Museum kommt

Ruskin 1848 ein Gedanke zum Formproblem, der sich für die Arbeit an den venezianischen Kapitellen, Basen und Simsen als äußerst nützlich erwies: »Ich denke jetzt, daß Form im eigentlichen Sinne als Funktion oder Exponent entweder von Wachstum oder von Kraft, von innen oder von außen wirkend, begriffen werden sollte und daß einer der ersten Schritte zu ihrer Bewunderung oder Beurteilung eine Analyse der Gesetze der Formbildung und der Widerstand leistenden Kräfte sein muß. Das heißt, daß alle Formen als Linien der Energie oder des Drucks oder der Bewegung zu lesen sind, als Ausdruck

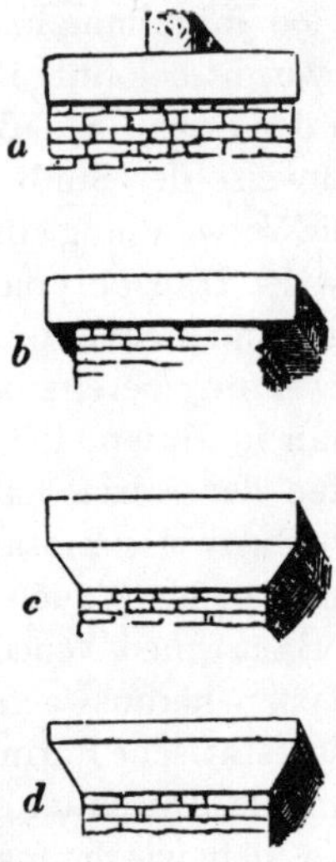

Fig. 4

einwirkender und entgegenwirkender Kräfte, und daß sie deswegen so wunderbar abstrakt und präzise ausfallen.« Auf das Echo dieser Tagebucheintragung sind wir schon gestoßen, und zwar an der Stelle, wo es um die »abstract lines« ging, die als Ausdruck von »Bewegung oder Kraft« (action or force) gedeutet wurden. Wie Ruskin dieses wahrhaft viktorianische Formverständnis – Form als Ergebnis und Ausgleich widerstrebender Kräfte, nicht mehr allein, wie in der Romantik, als Produkt inneren Wachstums – auf Architekturteile anwendet, sei am Beispiel des Schlußgesimses (cornice, Karnies) verdeutlicht.

Eine Mauer benötigt zum oberen Abschluß eine Platte, um gegen Regen geschützt zu sein oder um die Last von Dachbalken oder anderen Trägern gleichmäßig aufnehmen zu können. (Textabb. 3) Steht diese Platte über (b), um den Druck gleichmäßiger zu verteilen, um eine größere Auflagefläche zu schaffen und den Regen von der Mauer abzuleiten, dann empfiehlt es sich, die Platte abzuschrägen (c), um Abbrechen und Abwittern zu vermeiden, und zwar derart, daß die Erfordernisse der Lastaufnahme und -ableitung in einem befriedigenden Verhältnis stehen (d). In der auf diese Weise gewonnenen Form hat man den »Urtypus aller Gesimse«. (Textabb. 4) Aus dieser

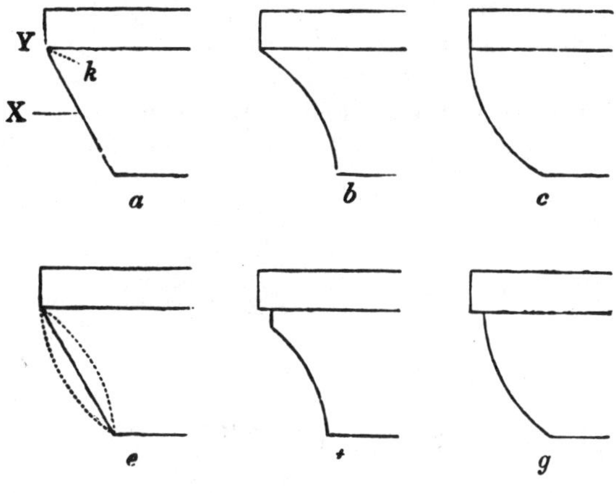

Fig. 5

»Hauptwurzel« steigen die konkave und die konvexe Variante auf, die erste (b), wenn es gilt, die Mauer zu bedecken und Regen abzuleiten, die zweite (c), wenn es darum geht, Last zu tragen. Läßt man die Platte oben ein wenig vorstehen (f, g), dann vermeidet man die Bildung einer gefährlichen Ecke am Übergang von Schräge und Vertikale. In einem sehr feuchten Klima wird die Abschrägung das Wasser nicht abhalten können, an Gesims und Wand herabzulaufen, hier ist eine tiefere Aushöhlung und eine schärfere Nase angebracht; so entwickelt

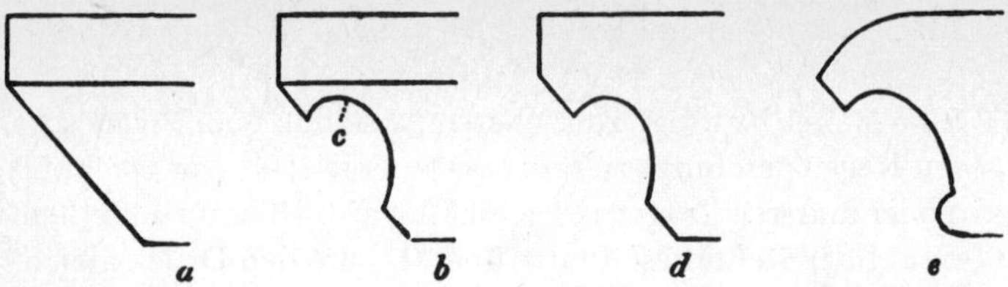

Fig. 6

sich der unterschnittene gotische Tropfstein, der auch oben abgerundet ist, um stehendes Wasser nicht zu begünstigen. (Textabb. 5) »Aber das entscheidende Merkmal der Formgebung ist das tief unterschnittene Profil. Wo immer wir dieses finden, können wir sicher sein, daß das Klima feucht ist (oder daß die Steinmetzen aus einer feuchten Gegend kommen) und daß der ganze Bau auf schlechtes Wetter eingestellt ist. Der Unterschnitt macht oft die einzige Differenz zwischen unseren und den Profilen ferner Länder und fremder Nationen aus. Textabb. 6 zeigt ein Profil mit einer äußeren und einer inneren Kurve – die letztere ist unterschnitten. Man nehme die äußere

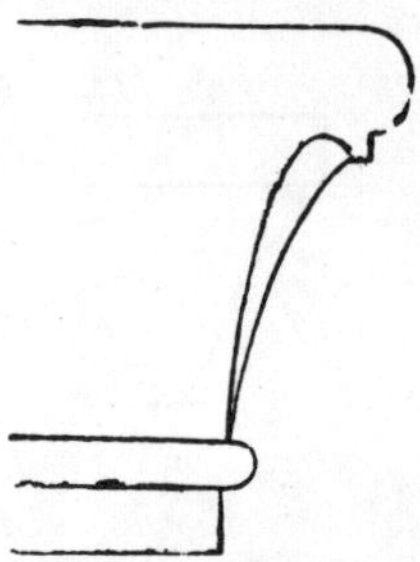

Fig. 7

Linie und man hat ein Profil, wo es in Venedig überall dort zu finden ist, wo die Architektur auf arabische Vorbilder und im besonderen auf die frühen Moscheen Kairos zurückgeht. Man nehme die innere Linie und man hat einen Tropfstein in Salisbury. In dem schmalen Zwischenraum zwischen diesen beiden Kurven, da liegt, wenn wir ihn richtig lesen, die Bahn einer anderen und mächtigeren Kurve, der über Land und See gekrümmten Erde, die sich zwischen der Wüste der Pyramiden und den grünen Wiesen und klaren Strömen Salisburys erstreckt.« Und dieser »schmale Zwischenraum« ist das Betätigungsfeld für die Phantasie und den Schmucktrieb oder für die Einfallslosigkeit und Gebundenheit oder für den Stolz und Eigensinn der Werkleute und Architekten. In der letzten Festlegung der Linie kann sich ihre Einfallsgabe »austoben«, sagt Ruskin, aber »nicht in der Abänderung der Grundformen«. »Der Erfindungsgeist wird durch natürliche Kanäle gelenkt und begrenzt«: Material und Einwirkung von Außen als Druck (force) bzw. Wetter (action) legen das Koordinatenkreuz fest, in dem sich eine Art Normalkurve als einfachster Ausgleich der widerstrebenden Kräfte ergibt, um die sich dann »eine unendliche Vielfalt von Kurvenvarianten« herumlegt, »Nachbildungen der Blätter des Waldes oder der Muscheln des Strandes, jedem Einfall und jeder Regung der Hand gehorchend«.

(2) Im Visier des Lesers der Profile muß also der Umriß des Notwendigen eingetragen sein, will er den Grad der Abweichung richtig deuten bzw. überhaupt erst erkennen. Venedig, selbst das kühne Produkt einzigartiger »Adaptionsleistungen« lehrt ihn, daß Architektur aus dem Zusammenwirken von Adaption und Variation entsteht, das sind noch einmal, jetzt auf höherer Ebene, »force« (materielle Bedingungen) und »action« (menschliches Zutun) als formbildende Kräfte. Doch mit der Berücksichtigung der »necessities of practice« und »physical accidents« ist der Faktor Adaption noch nicht ausreichend bestimmt: für Ruskin nicht weniger wichtig war die Adaption des Baus an die Ansprüche des Betrachters. Nicht des Benutzers, um das zu wiederholen. Den Funktionsabläufen, die einem Kirchengrundriß und der Zimmerfolge eines Palazzo Sinn geben, hat Ruskin an keiner Stelle seines Venedig-Buchs Rechnung getragen. Die Gründe für diese Einstellung sind unschwer zu erkennen. Ruskin schrieb »The Stones of Venice« als Fremder und als Reisender für Fremde und Reisende; sein Standpunkt mußte notwendig distanziert bleiben. Er schrieb als Protestant über eine vom Katholizismus geprägte Stadt, als Engländer über ein Volk und seine Besatzungsmacht, die er beide aus politischen, moralischen und religiösen Gründen ablehnte. Er mußte also den Gebrauch, den die Venezianer, die Österreicher und die katholische Kirche von den Bauten der

»guten Zeit« Venedigs (bis ca. 1418) machten, als Mißbrauch und Usurpation bewerten. Mit schmerzlicher Genugtuung vermerkte er, wie Teile des Dogenpalastes von den Italienern als Pissoir, von den Österreichern als Geschützstellung benutzt wurden, wie der Haupteingang San Marcos zu einem Laden für Spielzeug, Bücher und Flugschriften umfunktioniert wurde. In einem Appendix verzeichnet er akribisch, was am Sonntag, dem 24. Februar 1850 da alles ausgestellt war, wie nebeneinander der »Briefwechsel der Madame Pompadour« und eine »Moralerziehung für Töchter« aufgeschlagen lagen. Die Konsequenz, die er zieht, läßt an Deutlichkeit nichts zu wünschen übrig. Er ruft zur Unterstützung der notleidenden evangelischen Kirchen Frankreichs, der Schweiz und Piemonts auf und sagt zur weiteren Verwendung der Sakralbauten: »Ich habe schon mehrfach wiederholt, daß die Frage, wieweit Pracht der Architektur und Kunst mit Sinn und höherem Auftrag des Gottesdienstes übereingehen, für mich unentschieden ist. Je älter ich werde, desto strenger urteile ich in dieser Sache und desto weniger traue ich religiösen Gefühlen, die durch bunte Glasfenster und Kacheln ausgelöst wurden. Aber wenn in diesen Gegenständen wirklich ein Wert steckt, dann ist es unsere Pflicht, alle Kräfte gegen den Aberglauben zu richten, der sie entehrt hat; es gibt Tausende, die möglicherweise Nutzen aus ihnen ziehen könnten, die aber von dem Götzendienst, der sie umgibt, abgestoßen werden.« Vor der Übernahme der sakralen Kunst durch den wahren und aufgeklärten Glauben bleibt den Protestanten als legitime Verhaltensweise zunächst der Schönheitsdienst, die Kunstreligion, keine ganz kleine Aufgabe. In San Marco beobachtete Ruskin, daß die Gläubigen allein vom »Bühnenzauber des Aberglaubens«, sprich Weihrauch, Wärme, geheimnisvolles Halbdunkel, Glanz der kostbaren Materialien angezogen wurden. »Keinen Venezianer sah ich [. . .], der auch nur das geringste Interesse an der Kirche selbst [. . .], an der Bedeutung ihrer Architektur gezeigt hätte [. . .], d. h. wir haben in San Marco ein Gebäude, das noch den Zeremonien dient, für die es geschaffen worden war, das jedoch als Bauwerk für die Gläubigen bedeutungslos geworden ist. Man empfindet nicht die Schönheit, die es besitzt, man hat die Sprache vergessen, die es spricht, und inmitten der Stadt, zu deren Heil es gebaut wurde [. . .] steht es in Wirklichkeit vereinsamter da als die Ruinen in unseren englischen Tälern, durch welche die weidenden Schafe sich Pfade getreten haben [. . .].« Wenn die Kunst in ihr Recht gesetzt werden soll, bevor in ihr der richtige Glaube etabliert ist, dann muß ihre Rezeption besonders rein und bar aller religiöser Implikationen erfolgen. Denn die Gefahr ist groß, sagt Ruskin, daß die unterentwickelte Sinnlichkeit des Protestanten dem »bloßen Glitzerglanz der Römischen Kirche« verfällt, daß sie »schon durch die Goldfäden im Gewand eines Priesters an einen neuen Glauben geheftet wird«. So entwickelt sich ein Formalismus als Provisorium, als Vorhut künftigen und als Abwehr jetzigen Glaubens, ein Formalismus aus dem Geist des Protestantismus. Diese Geisteshaltung ist es, die im Hinblick auf San Marco, auf das Bauwerk wohlgemerkt, von einer »Vision«, von einem erst mal säkularisierten Seherlebnis sprechen kann, die die Fassade »a precious film«, »a confusion of delight« nennt, die eine architektonische Disposition dann schätzt, »wenn sie vor uns die Wände wie ein Buch aufschlägt und Säulen hinstellt, deren Kapitelle uns noch greifbar erscheinen«, und die zu dem erstaunlichen Satz fähig ist: »Einer weisen Eingebung verdanken wir es, daß die Straßen [Ruskin meint die Kanalfronten] von Venedig so viel Ornament zeigen, denn es gibt kein ruhigeres Lager zur Betrachtung als die Gondel.« Und in dieser Haltung gründet auch jener »Funktionalismus des Visuellen«, jene von Ruskin geforderte Adaption der Bauteile an die Bedürfnisse des Betrachters. Funktion, für sich genommen, hat der Baukörper, wenn er den Gesetzen der Architektur gehorcht; Funktion für uns hat er, wenn er den Gesetzen der »Sichtbarkeit« (visibility) entspricht.

Ausgerechnet der in den »Stones« so hart kritisierte Pugin – Ruskin zufolge ein aus ästhetischen Gründen zum Katholizismus Konvertierter – hatte 1841 festgelegt: »Eine weitere wichtige Bedingung, durch die die Gestalt eines Profils ganz wesentlich geregelt werden sollte, ist die Position, in der es zum Auge des Betrachters angebracht wird.« Ruskin, der ja Band 1 der »Modern Painters« rezeptionsästhetisch fundiert hatte, fiel es nicht schwer, diesen Gesichtspunkt auch in seine Architekturbetrachtung einzubeziehen. »Als nächstes haben wir die

Anforderungen der Wahrnehmung an die Ausformung der Architektur-Ornamentik und die verschiedenen Behandlungsweisen zu bedenken, die sich aus der Entfernung vom Auge notwendig ergeben. Ich sage ›notwendig‹ nicht aus Gründen der Arbeitserleichterung oder Ökonomie. Es ist töricht, ein Werkstück, das im Abstand von zwölf Metern erscheint, so sorgfältig auszuführen, wie es das Auge aus zwei Metern verlangt – nicht nur, weil die Feinheiten in der Distanz verlorengehen, sondern, viel schlimmer, weil die Wirkung der subtilen Arbeit auf die Ferne schlechter ist als die der rohen Behandlung.« Ein weiterer Grund für Ruskin, nahe heranzugehen, zwischen den Kapitellen herumzusteigen, den Grad der Detailausführung festzustellen, und dann die normale Fernsicht einzunehmen, um die Wirkung zu überprüfen. Eine gute Übung für den myopischen Profilbeschauer und Spurenleser. Die Kapitelle der Säulenarkaden des zweiten Geschosses des Dogenpalastes fand Ruskin zunächst denen des ersten deutlich unterlegen. »Erst als ich feststellte, daß einige der Kapitelle, die ich oben für die schlechtesten gehalten hatte, von unten gesehen, die besten waren, da erhielt ich den Schlüssel zu diesem ganzen wunderbaren System der Adaption, ein System, das ich in der Folge jedem Gebäude der großen Zeiten zugrunde gelegt fand, das ich untersuchen konnte.« Der guten Architektur Venedigs gelingt, was Ruskin gerne zum allgemeinen Maßstab erhoben wissen will: »Der Betrachter sollte an seinem Platz zufriedengestellt werden; er sollte das Gefühl gewinnen, daß die Dekoration, wo immer sie erscheint, gleichermaßen reich, voll und anmutig gestaltet ist, und nicht den Wunsch fühlen läßt, Türme zu ersteigen, um sie aus der Nähe zu begutachten. Er sollte sicher sein, daß er dort, wo er ist, alles hat.« Mit anderen Worten: Das Auge will vom Kunstwerk auf eine intelligente Weise angesprochen, es will beteiligt, betätigt sein, ohne immer schon Einsicht in die genaue Verfassung des Sinnesobjekts zu erhalten. »Das Auge wird ununterbrochen auch von Sachverhalten beeinflußt, die es gar nicht erkennen kann, ja man darf sogar sagen, daß es am meisten von dem beeinflußt wird, was es zuletzt erkennt.« Das sind nicht irgendwelche Feinheiten, die sich dem unbewaffneten Blick entziehen, sondern Mittel, die das Werkstück an die Sichtverhältnisse adaptieren. Die Steinmetze können das Muster, die Form, die Linien in entsprechendem Rohzustand belassen (rough cutting), und sie können »ihren Entwurf planvoll abändern«, indem sie ihn »vereinfachen« (simplification) oder in entscheidenden Zügen »verstärken« (emphasis). Bei der Skulptur des Adam an der Ecke des Dogenpalastes zur Riva dei Schiavoni fand Ruskin z. B. heraus, wie bei einer Entfernung von mindestens fünf Metern der »gespannte und fragende Ausdruck« der Augen zustande kommt: »Der Kunstgriff kann nur studiert werden, wenn man auf gleiche Höhe klettert; er ist von der Art, die man nur bei Werken akzeptieren kann, die auf Distanz berechnet sind: sechs Bohrlöcher hat der Bildhauer rings um das zentrale Loch für die Pupille angeordnet.« Eine solche Maßnahme hat in der Tat mit roher Ausführung nichts mehr zu tun, hier werden zusätzliche Informationen gegeben, die nur zugunsten der »visibility« gehen. Nach Ruskins Verständnis darf man solche Kunstgriffe auch nicht mit Tricks im Sinne einer Übervorteilung oder gar Überformung des Betrachters gleichsetzen. Im Gegenteil: es zeigt sich hier eine Berücksichtigung seiner Existenz und ein Tribut an sein Sinnesverhalten. Das Auge will das Geheimnis von »apparent and actual form« im Grenzbereich von bewußter und unbewußter Reaktion mitvollziehen, zwischen Ansicht und Einsicht pendelnd. Die Theorie vom »Anteil des Betrachters«, die in »Modern Painters« angefangen wurde, erhält hier eine systematischere Zurichtung: »[...] die richtigste Ausführung eines Kunstwerkes ist die, welche den Beschauer befähigt, es sich selbst genau in der Weise zu vervollständigen, wie es der Künstler von ihm verlangt, aber nicht die, welche ihm die Mühe dieser Vervollständigung ersparen möchte. Sobald die Idee völlig ausgedrückt ist, sollte die Arbeit des Künstlers aufhören. Jeder Pinselstrich, den er noch über den Punkt hinaus hinzufügt, an dem mit Hilfe der Phantasie des Betrachters die Geschichte erzählt sein sollte, ist eine Erniedrigung seines Werks. So ist eine Kunst falsch, die entweder ihren Gegenstand völlig verwirklicht oder es versäumt, solche Hilfen zu geben, die sich durch die betrachtende Phantasie verwirklichen lassen.« Auf die Maxime, daß der lebendigen künstlerischen Arbeit auch ein aktiver Betrachter entsprechen müsse, gründet Ruskin u. a. seine Ablehnung der Renaissance und ihrer Folgezeiten. Das Renaissance-Prinzip nennt er das Streben nach »universal perfection«; das bedeutet nicht nur Gleichmäßigkeit der Ausführung, sondern auch einen Grad der Detailbehandlung, der dem Betrachter nichts mehr zu tun übrig läßt. Kunst und Können beginnen um sich selbst zu kreisen; das oberste Ziel aller Kunst, »daß der Mensch sich dem Menschen mitteile«, der Austausch zwischen Urheber und Rezipient gerät außer acht. Am Ende stehen die Großtaten des isolierten Künstlergenies, die das Muster für die unfreie Arbeit des ausführenden Handwerkers setzen, und der ebenso unfreie Betrachter, der auch nur noch nachvollziehen kann, was ihm vorgegeben wird.

(3) An dieser Stelle stoßen wir schon auf die dritte »Ader«, für Ruskin eine Goldader; in ihrer Verfolgung fand er seine Formel, sein »godterm«. Wenn kein Mensch mehr mit Ruskin den eleganten Schwung eines Rottannenzweiges oder eine Säulenbasis in Venedig analysiert, weil beide von den gleichen Kräften ruiniert worden sind, dann wird man immer noch seine Formel zitieren und nicht beherzigen, die Formel, die er zuerst aus den Werken der gotischen Steinmetze Nordfrankreichs und Venedigs gewonnen hat. In ihrer frühesten Fassung lautet sie: »Die richtige Frage, die wir stellen müssen, wenn es um Bauornamentik geht, heißt: Wurde sie mit Freude ausgeführt, war der Steinmetz glücklich, als er an ihr arbeitete? Es mag härteste Arbeit gekostet haben, sie hervorzubringen [...] – wenn kein Glück dabei war, hat sie kein Leben.« »Der Wert der Dinge bemißt sich nach dem Grad der Lebensfülle, dessen sie sich erfreuen oder der sie hervorbrachte und dessen Spur sie noch tragen.« An den Profilen, sagt Ruskin, kann er die Qualität der Arbeit erkennen, d. i. die Qualität des Werkstücks als Folge der Qualität der Arbeitsbedingungen des Handwerkers, die wiederum sich als Folge der gesamtgesellschaftlichen Situation ergeben. An dieser entscheidenden Stelle ist es noch einmal ganz wichtig zu begreifen, warum Ruskin so eigensinnig bei den einfachen Elementen verharrt und dem Leser Analysen der großen Strukturen schuldig bleibt. Willis bemerkt an einer Stelle zu einigen Profilschnitten der Kathedrale von Winchester, sie lieferten »einen guten Beweis für die unter-

schiedlichen Fähigkeiten der Künstler (artists), die sie entworfen haben«. Ruskin hätte den Gedanken, daß da Künstler entworfen und Meißelknechte nach Plan ausgeführt haben, als »ungotisch«, als typisches 19. Jahrhundert abgetan. Auf diese Weise entstanden neugotische Kirchen, wie jene in Rouen, deren Ornamentik Ruskin studiert und an gute Vorbilder angelehnt fand und von deren Ausführung er sagte: »But it is all as dead as leaves in December: there is not one tender touch, not one warm stroke, on the whole fasade. The men who did it hated it, and were thankful when it was done.« Die Qualität einer Architektur definiert sich für ihn nach dem Grad der Freiheit, den sie dem ausführenden Handwerker (artisan, worker) läßt. Er engagiert sich für das Heer der Namenlosen, für die Bauhandwerker, die nicht sich, sondern ihre Arbeit in ihrer Arbeit ausdrücken. Ruskin kennt drei Möglichkeiten der Aufgabenteilung. Entweder der Künstler-Architekt entwirft alles bis ins kleinste Detail und läßt die Arbeiter die Risse exakt kopieren – das ist das System der Ägypter, der Antike, des Barock und aller folgenden Zeiten. Oder der Künstler-Architekt beruft Künstler-Skulpteure an seinen Bau und läßt ihre Arbeit einen selbständigen Rang neben der Architektur einnehmen – das ist das eigentliche Renaissance-System. Oder – und hier fällt die Rolle des Künstler-Architekten erst einmal aus – das System der Architektur »erkennt die Möglichkeiten des einfachen Arbeiters an, gibt ihm ein Feld für seine freie Betätigung, aber unterstellt ihn dem veredelnden Einfluß des planenden Geistes« – so hält es die Gotik, die Bauschule, welche die wahrhaft christliche und europäische heißen darf, christlich, weil sie »auch den letzten« Arbeiter berücksichtigt, europäisch, weil sie dem abendländischen Grundprinzip der Individualität Rechnung trägt: »Dies ist zum Ruhm der gotischen Architektur zu sagen, daß jedes ihrer Details, bis hin zur kleinsten Spitze oder Nische, Raum, Material und Antrieb für individuelles Streben bietet.«

Am Tag, als Ruskin an die Abfassung von Band 2 der »Stones of Venice« ging, trug er feierlich in sein Tagebuch ein: »1. Mai 1851, Denmark Hill, morgens. Ganz London ist auf den Beinen und mit ihm ein Gutteil der ganzen Welt. Ich sitze hier in der Ruhe meines Zimmers, höre, wie die Vögel singen und mache mich an den Beginn des zweiten Teils meines Venedig-Werks. Möge Gott mir bei der Vollendung helfen – zu Seinem höheren Ruhm und zum Besten der Menschen.« An diesem 1. Mai 1851 wurde im Glaspalast in London die 1. Weltausstellung eröffnet, ein Unternehmen, das der produktiven Vereinigung von Kunst und Industrie gewidmet war, wie auf dem Titelblatt des Katalogs allegorisch und in zahlreichen Adressen und Programmen rhetorisch beschworen. Wenn Ruskin diesem Anlaß fernblieb, dann nicht, weil den Venedig-Forscher die Belange der Gegenwart kaltließen, sondern weil er gerade jetzt, in Band 2 der »Stones«, zum Kernproblem der Weltausstellung einiges sagen wollte, auf seine Art und am Beispiel Venedigs. In der Tat bilden der Glaspalast und die in ihm ausgestellten Güter den harten, gar nicht so luziden Hintergrund für Ruskins Reflexionen über die Arbeit der gotischen Steinmetze und über Arbeit generell. Der Glaspalast war die Idee eines einzigen. Sein Plan forderte nicht nur millimetergenaue Präzision aller Einzelteile, also totale Unterwerfung sämtlicher Mitarbeiter unter den Willen des Architekten, besser: unter die von jeder Person abgelöste Logik des Bauens – mit dem Glaspalast kam auch eine Form der Arbeitsteilung in die Welt, wie sie seit den Tagen der Pyramiden nicht mehr gesehen worden war. Alle Bauteile, die genormten Glasplatten und die eisernen Rahmenteile kamen vorfabriziert an die Baustelle und wurden dort nur noch zusammengefügt. Der vorfabrizierende Arbeiter fertigte ohne Kenntnis des Gesamtplans einzelne, neutrale Glasplatten oder Profile an. Der den Bau erstellende Arbeiter handelte in Kenntnis des Plans, konnte aber seine Realisierung nicht mehr beeinflussen. Im funktionalen Gehäuse des Glaspalastes tobte sich nun die Dekorationswut der Jahrhundertmitte an Hunderttausenden von Objekten aus. Man darf dies nicht als Entlastung verstehen – das eherne Gesetz, das über die Artikel des Kunstgewerbes herrschte, war das gleiche, das die Errichtung des Glaspalastes ermöglichte. Absolute Genauigkeit und Gleichmäßigkeit regelte die Verteilung der vertrackten, allen Zeiten entlehnten Zierate über Gefäße, Stoffe, Möbel, Geräte, Maschinen etc. Dem Ideal am nächsten kam folglich das mechanisch produzierte Ornament. Dazu Ruskin: »Wo der Arbeiter zum Sklaven abgerichtet ist, da müssen die Teile eines Gebäudes sich vollkommen gleich sein, denn die höchste Effizienz seiner Tätigkeit kann nur dadurch erreicht werden, daß man ihm eine Verrichtung antrainiert und ihm nichts anderes zu tun gibt. Den Grad der Erniedrigung des Arbeiters kann man so mit einem Blick feststellen, indem man nur darauf achtet, ob die Teile des Gebäudes gleich ausfallen oder nicht.« »Und denke daran«, wendet sich Ruskin direkt an den Leser/Auftraggeber/Industriellen/Verbraucher, »von dir wird in dieser Angelegenheit eine klare Entscheidung abverlangt. Entweder du machst aus der Kreatur ein Werkzeug oder einen Menschen. Du kannst nicht beides haben. Den Menschen war es nicht vorbestimmt, mit der Genauigkeit von Werkzeugen zu arbeiten und präzise und perfekt in allen ihren Hantierungen zu sein. Wenn du ihnen diese Präzision abverlangst und ihre Finger wie Zahnräder greifen und ihre Arme abgezirkelte Bewegungen vollziehen läßt, dann mußt du sie entmenschlichen. All ihre Lebensenergie wird sich dann darauf richten, Zahnräder und Räder zu werden. All ihre Aufmerksamkeit und Kraft muß sich in die Fingerspitzen verlegen, und die seelische Energie wird sich in die zu ihnen führenden Nervenstränge ergießen – zehn Stunden pro Tag, auf daß diese Finger nicht von ihrer stählernen Präzision ablassen, und so werden Seele und Augenlicht verbraucht und mit ihnen das menschliche Wesen als Ganzes – ein Sack Sägespäne bleibt am Schluß übrig. [. . .] Man denke nicht, daß hier ein Wildgewordener, ein Exzentriker spricht. Es ist diese Degradierung des Arbeiters zur Maschine, die vor allen anderen Übeln der Zeit die Massen überall in diesen vergeblichen, zusammenhanglosen und zerstörerischen Freiheitskampf treibt, dessen wahres Motiv sie selbst nicht kennen. [. . .] Die Grundlagen der Gesellschaft waren niemals so erschüttert, wie sie es heutzutage sind. Daran schuld ist nicht der Umstand, daß die Massen zu wenig Brot, sondern daß sie keine Freude an der Arbeit haben, mit der sie ihr Brot verdienen [. . .].« Das ist noch einmal die Ruskinsche Formel, seine Erklärung des obersten Menschenrechtes im Zeitalter der Großen Industrie. Er ist nie für die umkämpften Rechtstitel der Pressefreiheit, des Freihandels, der Gleichberechtigung der Geschlechter und Rassen und vor allem des allgemeinen Wahlrechtes eingetreten – als gelernter, ja geborener Tory hielt er diese Ziele teils für schädlich, teils für unerheblich. Im Zentrum seiner theoretischen und praktischen Sozialkritik stand die eine Sorge, für den Arbeiter menschliche Arbeitsbedingungen zu schaffen, ihn durch seine Arbeit glücklich werden zu lassen. Wenn es vor allem dem Vordenker Carlyle zuzuschreiben ist, daß das Prinzip Arbeit zum Stichwort der Epoche erhoben wird, so war es Ruskin, der als erster die Frage nach der Qualität gestellt und damit die unglückliche Tendenz der Zeit zum Wert an sich, zum formalen Verhalten überwunden hat. »Der Mensch ist ein hantierendes Wesen« – »Produziere! Produziere! Und wäre es auch nur das erbärmlichste und winzigste Bruchstück eines Produkts, produziere es« – »Tue, was auch immer deine Hand zu tun findet« – »Arbeit ist Leben«, das sind Kernsätze Carlyles, die von diesem Prinzip des »Hauptsache, daß« sprechen. Ruskin blieb es vorbehalten, das »Was« und »Wie« der menschlichen Produktion zur Debatte zu stellen: »Wenn sich auch mit Fug und Recht behaupten läßt, daß Gott den Menschen zur Arbeit und nicht zum Müßiggang bestimmt hat, so scheint es mir ebenso evident zu sein, daß nach Seinem Willen jeder Mensch bei seiner Arbeit glücklich sein soll. Es steht geschrieben: ›Im Schweiße deines Angesichts‹, aber nicht ›Bei brechendem Herzen‹ sollst du dein Brot essen.«

Wie sich Ruskin die höchste Qualität von »work« im doppelten Verstande als Werk und Arbeit (nicht nur im künstlerischen Sinne) darstellte, hat er auf die kürzeste Formel in der Definition gebracht: »art which proceeds from an individual mind, working through instruments which assist, but do not supersede, the muscular action of the human hand, upon the materials which most tenderly receive, and most securely retain, the impressions of such human labour.« Systematisiert man das ein wenig, so erhält man einen kleinen Katalog von Qualitätskriterien, den Ruskin für die Zwecke seiner späteren sozialreformerischen Praxis eigentlich nicht mehr hat revidieren müssen: Dem Arbeiter, das ist jetzt wiederholt gesagt worden, muß in einem größeren Rahmen, der vorgegeben ist, ein Freiheitsspielraum gewährt werden. Die Ungleichmäßigkeiten seiner Handarbeit müssen nicht nur akzeptiert, sondern auch als natürlicher und menschlicher Produktion inhärente Wesenszüge gefördert werden. Reiner Kopistentätigkeit und der Maschinenarbeit vor allem gilt ein absolutes Verdikt, weil sie den Arbeiter zugrunde richten und den Rezipienten stumpf machen »for the bright, strange play of the living stroke«. Alle Arbeit muß sich in guten, unverfälschten Materialien und Formen verwirklichen; sie darf im Betrachter keine falschen Vorstellungen über den Charakter des verwandten Stoffes und über das Quantum an investierter Zeit und Geschicklichkeit erwecken. Sind diese Hauptvoraussetzungen und eine Reihe von Nebenbedingungen erfüllt, dann ergeben sich drei, für einen förderlichen sozialen Austausch von Produktion und Konsumtion notwendige Folgen: »Der Mensch ist glücklich bei seiner Arbeit«; das Ergebnis dieser Arbeit trägt zur »geistigen Gesundheit, Kraft und Freude« des Betrachters bei, und es erfüllt seinen sachlichen Zweck. Der Austausch zwischen Produktion und Rezeption hält Kunst, hält jedes Werk des Menschen am Leben. Nur wenn bei seiner Hervorbringung »jeder Wesenszug des Menschen beteiligt war«, kann es auch »jeden Wesenszug des Betrachters wieder in Bewegung setzen«.

Also gibt es an den »mouldings« mehrere Qualitäten festzustellen. Außer der obersten, die Arbeit als freie oder versklavte ausweist, zeigen die Werkstücke an, inwieweit Einsicht in die Funktion des Baus und in die Ansprüche des Betrachters ihre Entstehung leitete. Erst die Abstimmung dieser drei Faktoren ergibt das zeittypische Profil; erst die Kenntnis der jeweils besonderen Erfordernisse der drei Komponenten erlaubt das Qualitätsurteil und darauf aufbauend die Epochen- und Stilkritik. Für Ruskin ergab sich nach Sichtung des venezianischen Materials ein Dreierschritt, der in der Gliederung konventionell war, in der Akzentuierung jedoch der zeitgenössischen Auffassung widersprach. Zuerst kommt die byzantinisch-romanische Architektur in ihrer venezianischen Ausprägung, deren Wert Ruskin sehr hoch ansetzte. Während andere Autoren die Bauweise San Marcos »extrem häßlich« oder »ziemlich nichtig und ungeschickt« (Burckhardt) nannten, rühmte Ruskin ihre »festen Formen«, ihre »Ehrlichkeit und Direktheit«, die wirksame Abstraktion ihrer flachen Ornamentik und vor allem ihren überlegenen Farbsinn – »ich glaube, daß eines der wesentlichen Anzeichen für die Vitalität einer Kunstepoche ihre Liebe zur Farbe ist«. Die Arbeit ihrer Steinmetze fand Ruskin ernst und praktisch, erfinderisch innerhalb der Grenzen, die ihnen die antiken Vorbilder lassen, absolut sicher und gleichmäßig bei der Ausführung – »faithful energy« heißt das Stichwort. Den Eigenschaften der Gotik widmete Ruskin einen ganzen Katalog: »rudeness or savageness«, »changefulness or variety«, »naturalism or sympathy with the material universe«, »sense of the grotesque«, »rigidity or strength of will«, führte er an, doch entscheidend sind immer wieder die beiden ersten Kategorien, die umfassen, was wir bereits ausgeführt haben, daß der Arbeiter ungebunden ist und daß er nach seinen Möglichkeiten »Neues und Verschiedenes sagt«. Aus erwähnten geistesgeschichtlichen und aus praktischen Gründen, die hier ausgespart bleiben, nennt Ruskin »den gotischen Stil nicht nur den besten, sondern den *einzig vernünftigen*«; ein Gebäude wie der Dogenpalast ist für ihn »das Zentralgebäude der Welt«. Ruskin hat die Spätzeit der Gotik sehr genau studiert und die Zwangsläufigkeit ihrer »Entartung« aus den von ihm selbst aufgestellten Prinzipien abgeleitet. Aber die Wende, die die Renaissance brachte, konnte er auch nicht gutheißen; ihre »erste Neuerung«, »das Verlangen nach allgemeiner Vollkommenheit«, mußte zum bösen Ende die Arbeitsteilung und unfreie Arbeit seiner Jetztzeit heraufbringen. »Die Welt konnte sich nicht länger mit einer weniger vortrefflichen Technik oder einer geringeren künstlerischen Zucht zufriedengeben. Das erste, was man von jeder Leistung forderte, war eine formvollendete, schulgerechte Ausführung. [...] Man verlangte unnachgiebig technische Kunstfertigkeit und verlernte nach und nach, auf Zartheit der Empfindung zu achten; man verlangte unnachgiebig gründliches Wissen und verlernte nach und nach, Originalität des Denkens zu begehren. Die Selbständigkeit des eigenen Denkens und Fühlens, die man verschmähte, schwand, und nichts verblieb, als sich ob seines winzigen Wissens und seiner zierlichen Fingerfertigkeit zu beglückwünschen.« Merkmal der Renaissance-Kunst ist ihr Stolz: der Stolz auf die eigene Leistung, der »Stolz auf die Wissenschaft«, der »Stolz auf die Vornehmheit«, der »Stolz auf das System«. Diese Kunst kultiviert ihren Selbstwert; sie ist ohne lebendigen Austausch mit einem Gegenüber, heiße es Gott, Natur oder Mensch: »Niemals, unter keiner Art von Sklaverei, unter keiner feudalen Herrschaft, gab es eine solche Verleugnung der menschlichen Seelenhoheit und der brüderlichen Güte, welche der Mensch dem Menschen schuldet, wie in den aristokratischen Torheiten der Renaissance.«

6

Unbestreitbar ist, daß Ruskins Vorgehens- und Frageweisen einen hohen hermeneutischen Wert hatten. Nach Verwandtschaftsbeziehungen der Bauglieder untereinander, nach Spuren ihrer technischen und rezeptionsästhetischen Logik forschend und immer auf der Suche nach dem lebendigen Ausdruck im Stein häufte Ruskin viele feine und komplexe Detailanalysen an, wie sie vorher und nachher keinem Spezialisten geglückt sind. Ob er aber mit seinem System der Architekturbetrachtung auch das System der venezianischen Architektur gefunden hatte, wie er glaubte, muß stark bezweifelt werden. Allein die Vorstellung, daß der mittelalterliche Bauhandwerker in relativer Freiheit nach seinen Möglichkeiten arbeiten durfte, hat man hart, aber gerecht »pure Phantasie« und »sentimentalen Nonsens« genannt. Und das Wissen, daß ein Nachgeborener einmal als höchsten Wert der Gotik ihre »Roheit« und »Wildheit« bezeichnen würde, hätte die Architekten und Steinmetze des 13. und 14. Jahrhunderts an ihrem Tun verzweifeln lassen. Denn natürlich hätten sie für sich beansprucht, was Ruskin erst als die »Winterschäden« der Renaissance anführte: das Streben nach Vollkommenheit, die Strenge des Systems, den Stolz auf ihre Leistung. Auch dürften sie sich dem minderbefähigten Arbeiter gegenüber kaum so nachsichtig verhalten haben, wie es ihr später Bewunderer unterstellte. Mögen die Bauhütten Organisationen sozialer Sicherheit gewesen sein, sie waren bestimmt keine reformpädagogischen Horte. Daß Ruskin nicht in den Gründen, aber in der Sache meist recht hat, steht auf einem anderen Blatt. Wenn auch wir sagen können, daß die anonyme Bauskulptur der Gotik in puncto Freiheit und Fülle der Formerfindung und Lebendigkeit der Faktur spätere Produktion überragt, dann verweisen wir auf andere Ursachen als Ruskin: z. B. auf die Unbekümmertheit der Zeit beim Planwechsel im Großen, auf den geringen Abstraktionsgrad ihrer Planungsmethoden bzw. auf das Ethos des zünftigen Handwerkers, alles im Kopf und in der Hand zu haben, auf den Umfang der Bauvorhaben, auf den in der Organisation angelegten Zwang zur Innovation (nicht individuelle Freiheit zur Innovation, nach Ruskin) etc. Aber das kann hier kein Thema sein. Halten wir vielmehr fest, daß »The Stones of Venice« keine Architekturgeschichte sind und es auch der Intention nach nicht sein wollten.

Ruskin hatte durchaus zur Kenntnis genommen, daß im Gefolge der deutschen Historischen Schule die heimische Geschichtsschreibung und auch die junge Disziplin der Kunstgeschichte sich als Quellenstudium methodisch neu einzurichten begannen. In Venedig hatte Ruskin fast täglichen Umgang mit dem Historiker Rawdon Brown, der die Durchforschung der venezianischen Archive sich zur Lebensaufgabe gemacht hatte. So sehr Ruskin diesen Freund schätzte, so sehr fürchtete er doch auch die übergreifende Auswirkung von dessen unsinnlichem Umgang mit der Geschichte. Diese Furcht ging so weit, daß er den Vater von Venedig aus in die Bibliothek des Britischen Museums schickte, um Informationen zu beschaffen, die er von Brown in Minutenschnelle hätte haben können. Ruskin setzte eben blindlings – darf man sagen, um das Extrem zu pointieren – auf die Objekte, auf den Feinschnitt der Objekte. Er tat dies nicht nur, weil er ein Augenmensch war, sondern auch, weil er sich so gar nicht in das Ideal der Wertfreiheit und der Negation des forschenden Subjekts fügen wollte, das die Historische Schule als Lohn des entsagungsvollen Arbeitens gesetzt hatte. Geschichte im Interesse der Gegenwart zu schreiben, von dieser alten englischen Tradition hat Ruskin nicht abgelassen. Damit steht er aber keineswegs schon im Lager der idealistisch-philosophischen Geschichtsschreibung, die von der Aufklärung und von Hegel herkommt. Auch diese zweite große Alternative hat Ruskin gut gekannt: Dem Hauptwerk der Hegelschen Kunstgeschichte in England, Lord Lindsays »History of Christian Art« (1847), hat er ebenso eine lange Rezension gewidmet wie Eastlakes Handbuch »History of Oil-painting« (1847), das als bedeutender Beitrag der quellenkundlichen Schule gelten kann. Bei den Geistesgeschichtlern stieß Ruskin das Primat der Ideen und Prinzipien ab. Da sah er nur »metaphysical analogies« und da vermißte er die Herausforderung durch das Einzelwerk, die Berücksichtigung der »necessities of practice«, der materiellen Voraussetzungen der Kunstproduktion. Und er fand, daß diejenigen, die sozusagen immer auf dem Sprung zur großen Ableitung und Synthese lagen, viel zu zimperlich und enthaltsam in ihren werkbezogenen Urteilen waren: Bücher über Kunst müßten praktisch sein, hält er Lord Lindsay vor, seines sei »too finely woven, to the hard handling of the materialist«.

Ruskins eigene, eigentümliche Konzeption der Kunstgeschichtsschreibung kann man unter zwei Stichworte stellen: Kunstgeschichte als Kritik und Kunstgeschichte als Rettung. Beide Ansätze stehen im Dienst der Gegenwart. Auch der letztgenannte, denn diese Gegenwart, sagt Ruskin, ist nicht nur unfähig, große Architektur hervorzubringen, sondern auch, große Geschichtszeugnisse zu bewahren. Aufgabe des Kunsthistorikers ist es, zu sichern, was von Nichtachtung und aktiver Zerstörung bedroht wird. Diese Arbeit geschieht nicht in Archiven. Geschichte als Kritik soll nützen, was Geschichte als Rettung in die Scheuer gefahren hat. Inwieweit Ruskins Kriterien von zeitgenössischen und praktischen Interessen diktiert sind, haben wir z. T. schon angedeutet. Zugespitzt kann man resümieren: Ruskin will den besten Baustil, den er kennt, die farbige Gotik Oberitaliens, ins englische 19. Jahrhundert verpflanzen. Die »Stones of Venice« beginnen mit der Warnung, an England könnte sich ein ähnliches Geschick erfüllen wie an Karthago und Venedig, und sie enden mit dem Wunsch, es möge noch nicht zu spät sein, daß aus London ein zweites Venedig oder Florenz werde, in ästhetischer Hinsicht wohlgemerkt, »ein Venedig ohne Venedigs Despotie und ein Florenz ohne den Unfrieden von Florenz«. Den ganzen ersten Band, vollgepackt wie er ist mit bautechnischen Details, wollte Ruskin als eine Art Schnellkurs in Architektur gelesen wissen: »Ich werde den Leser von der Fundamentlegung aufwärts anleiten [. . .], ich werde ihm Steine und Ziegel und Stroh, Meißel und Kelle zur Verfügung stellen und ihn auffordern, mit dem Bau zu beginnen; ich werde ihm nur helfen, wenn er in Schwierigkeiten gerät [. . .].« In architekturästhetischer Hinsicht sind alle drei Bände als eine reiche Musterkarte angelegt, die aber mit strengen Verhaltensvorschriften versehen ist. »Ich war immer felsenfest davon überzeugt, daß es in Sachen Architektur eine Gesetzmäßigkeit gibt, die es uns erlaubt, gute Architektur zweifelsfrei von schlechter zu unterscheiden« – wir haben diese Gesetzmäßigkeit als ein Bündel von Kriterien kennengelernt, die je nach Lage der Front taktisch geschickt gegen die noch immer starke Renaissancetradition der englischen Architektur und für Ruskins zentrale Anliegen: für eine Adaption italienischer Gotik, für Farbe und für Vielfalt in der Architektur, ins Feld geführt wurden. Der Einsatz blieb nicht unbelohnt: »The Stones of Venice« und ihr Vorläufer »The Seven Lamps of Architecture« haben entscheidend dazu beigetragen, eine englische Spielart des Historismus durchzusetzen, welche die Kunstgeschichte »High Victorian Italian Gothic« nennt. Ruskin kämpfte hier nicht allein, und auch äußere Umstände begünstigten diese bunte Backsteinarchitektur, wie z. B. die Senkung der Ziegelsteuer 1850, aber gemessen an dem, was Kunsthistorikern und -kritikern sonst an Einflußmöglichkeiten gegeben ist, war der Erfolg groß und nachhaltig.

Gleiches kann man von Ruskins Wiederbelebung der italienischen Gotik und Romanik an Ort und Stelle sagen. »The Stones of Venice« sind ja auch eine »Anleitung zum Genuß der Kunstwerke Italiens«, wie Burckhardt seinen gleichzeitig erarbeiteten »Cicerone« (1855) im Untertitel nannte. War Venedig bis zur Mitte des Jahrhunderts bevorzugter »watering-place« der Aristokratie und der Demimonde gewesen, so ist seine spätere Attraktion für den englischen Reisenden der Mittelklasse, für den organisierten Tourismus u. a. eine Folge der »Stones«. Diese Wirkung trat nicht sofort ein, wie im Fall der praktischen Umsetzung, sie kam langsam und kulminierte am Ende des Jahrhunderts. Dann gehört der englische Tourist, der Venedig mit einer als Führer rearrangierten Ausgabe der »Stones« durchwandert, zum karikaturreifen Stereotyp. Sowenig es der englischen Außenpolitik gegeben war, Italien in ihren Einflußbereich zu ziehen, so vollständig gelang Ruskin mit

Unterstützung der verabscheuten Bundesgenossen Eisenbahn und Cook Travels die Landnahme. Die großen Kunstschätze Italiens, vor allem die Werke des unverdorbenen Glaubens und der guten Regierungsformen dem Aberglauben, den indolenten Italienern und den zerstörungswütigen Österreichern zu entziehen und dem ästhetischen Nutzen seiner protestantischen Landsleute zu übereignen, das war Ruskins erklärtes Ziel. Durch seine Schriften und Bauaufnahmen, durch seine Aktivitäten in der »Arundel Society« (die italienische Fresken in genauen Reproduktionen festhielt) und in der »Architectural Photographic Association« (die die fotografische Erfassung italienischer Architektur förderte) hat er sehr viel für die Erhaltung oder dokumentarische Sicherung der betroffenen Bauten und Malereien getan. Er kannte aber auch keine Skrupel, den Verkauf italienischer Kunst an die National Gallery zu vermitteln. Seine Schriften haben deutlicher als alle anderen in den Engländern das Gefühl gestärkt, daß ihre Nation berechtigt, ja aufgerufen sei, das kulturelle Erbe fremder Nationen anzutreten. Ruskin versäumte allerdings nie hinzuzufügen, daß keine Kultur diese Aneignung nötiger hatte als die englische des 19. Jahrhunderts. Wie schwer sich die englische Hand auf die »Stones of Venice« legte, erfuhr Ruskin, als die von den Vandalen/Restauratoren San Marcos abgenommenen Alabasterscheiben in England landeten und bald Londoner Treppenhäuser zierten. In späteren Jahren konnte Ruskin Vorlesungen über sein Lieblingsthema Inkrustation anhand von Originalbelegen halten.

Keine Rede kann davon sein, daß Ruskin mit zwei Büchern über Architektur schon Einfluß auf die kapitalistischen Produktionsbedingungen und auf die Sozialpolitik seiner Zeit ausübte. Er blieb zwar nicht ungehört: das Kapitel »The Nature of Gothic«, in dem er die mittelalterlichen Arbeitsformen rühmte und die modernen geißelte, kursierte bald als Sonderdruck unter Arbeitern – William Morris nannte es »eine der wenigen notwendigen und unvermeidlichen Äußerungen des 19. Jahrhunderts«. Aber Ruskin wußte sehr gut, daß hier noch viel zu tun war, zunächst für ihn, daß hier ein kapitales Thema wartete. Noch aus Venedig, gegen Ende der Abfassung der »Stones«, prophezeite er dem Vater: »Ich glaube, ich werde eines

Tages, wenn ich es erlebe, einen großen Essay über die menschliche Arbeit schreiben, und das wird die Arbeit meines Lebens sein. Eine wichtigere Aufgabe läßt sich nicht denken.«

So steckte dieses Buch die nächsten an, was von nun an der Normalfall sein wird. Aber »The Stones of Venice« bereiten auch in methodischer Hinsicht Neues vor. Wir haben oben die Konzepte Geschichte als Rettung und Geschichte als Kritik problemlos aufeinander bezogen. Hier müssen wir jetzt sagen: Was auf der Ebene der Intentionen zusammenarbeitet, klafft auf der Ebene der Verarbeitung und Darstellung auseinander. Vereinfacht gesagt: Wer Geschichte als Kritik betreiben will, braucht nicht alle byzantinischen und gotischen Bauten Venedigs bis in die letzte Profilkurve hinein analysiert zu haben. Es reichen vielleicht ausgewählte Belege. Ruskin stand hier erkennbar unter innerem und äußerem Druck. Er wußte selbst, daß er nicht alles unterbringen konnte, was er zumindest auf dem Papier erhalten wissen wollte; am Schluß seines Buches, im letzten Appendix, lädt er vor dem Leser noch eine Fuhre von 219 »mouldings« ab. Er wußte auch, daß er ganze Kapitel im argumentativen Stil füllen konnte und daß es nur weniger Realitätspartikel bedurfte, um das Feuer einer großen Beschreibung und Explikation in Gang zu setzen. Ruskin stand unter äußerem Druck, weil sein literarischer Sachwalter in London, der Vater, nicht Ruhe gab, solange er aus Venedig nur »small minute grave Business details« schickte und auf die »Eloquent passages – when you in fact, retire from Business and get to sea or up in the clouds« warten ließ, also auf das, was »Modern Painters« (John James: »Modern Painters is the *selling* book«) so berühmt gemacht hatte. Ruskin mochte sich erst einmal mit dem Argument wehren, das er auch im Vorwort der »Stones« gebraucht hatte: »Du weißt, ich habe ihnen [den Lesern] keine Romanze versprochen – ich versprach ihnen Steine [. . .], und um eine Beschreibung Venedigs im Stile Turners zu verfassen, verlangte es noch nicht einmal zehn Tage Studium oder Aufenthalt dort.« Aber was konnte er, der wirken wollte, der schließlich Venedig als Lehrstück vor seinen Zeitgenossen aufführen wollte, gegen den Einwurf des Vaters sagen: »Du kannst ein Autor für Deine Gegenwart nur werden, wenn Du auf den Geschmack des Publikums eingehst [. . .].« Der

Kompromiß, den Ruskin fand, bestand rein äußerlich darin, daß er den ersten Band voller Details packte und die beiden folgenden mit vielen »eloquenten Passagen« schmückte, mit großen Beschreibungen und inhaltsschweren Epochencharakteristiken. Aber der Druck, Geschichte als Kritik wirksam werden zu lassen, erzeugte außer dieser Grobgliederung noch ein zweites, wichtigeres Ergebnis, eine neue Klasse von Details. *Eine* Gewißheit ließ sich Ruskin weder von seinem Vater noch von irgendeinem anderen Kritiker abhandeln, damals nicht und bis zu seiner letzten Veröffentlichung nicht: daß nämlich kein Detail zu gering ist, um substanzielle Auskunft über höchste und allgemeinste Sachverhalte zu geben. »Größe des Geistes zeigt man nicht, indem man kleine Dinge nebenher behandelt, sondern indem man sie unter seiner Hand groß macht. Wer sich nicht für Kleinigkeiten interessiert, wird ein falsches Interesse für größere Dinge hegen [...].« In Venedig entdeckte Ruskin Details, die genauso unscheinbar waren wie die Profile, die aber attraktiver, sprechender wirkten, Details wie das folgende: »Im Chor von San Giovanni e Paolo steht ein anderes Grabmal, das des Dogen Andrea Vendramin [† 1478] [...] – nach Selvatico: ›der Höhepunkt, den die venezianischen Künste vermittels des Meißels erreichten‹. Diesen mit Staub und Spinnweben überdeckten Höhepunkt habe ich, wie jedes andere wichtige Grabmal in Venedig, mit Hilfe solcher Leitern erklommen, wie sie bei einem Küster zu haben sind. Mich überraschte zuerst die Plumpheit und der Gefühlsmangel in der Behandlung der gegen den Betrachter hin gesenkten Hand, die an der Mitte des Körpers hervorsteht, damit man sehen kann, wie fein sie gehauen ist. [...] Die Hand des Vendramin ist mit großer Mühseligkeit ausgearbeitet, doch ihre dummen und unbeholfenen Umrisse geben einem sofort den Eindruck, daß alle künstlerische Sorgfalt vergeblich war, und dieser Eindruck ist gerechtfertigt, denn sie wurde ganz und gar darauf verschwendet, Gichtrunzeln um die Gelenke herum auszumeißeln. Ich suchte, nachdem ich sah, wie die eine Hand ist, die andere. Erst glaubte ich, sie sei abgebrochen, nachdem ich aber den Staub weggefegt hatte, gewahrte ich, daß das unselige Machwerk nur *eine* Hand hat und nach innen nichts als ein Block ist. Das Antlitz, dessen Züge schwerfällig und unangenehm sind, wird dadurch, daß nur die eine Hälfte ausgearbeitet ist, ungeheuerlich. Auf der einen Seite der Stirne sind die Runzeln aufs sorgfältigste gemeißelt, die andere Seite ist glatt; die Mütze des Dogen ist nur auf der einen Seite ausgemeißelt, nur eine Seite der Wangen ist ausgeführt, die andere ist grob ausgehauen und außerdem entstellt; schließlich ist der Hermelin, bei dem die Zipfel und die Behaarung auf der einen Seite aufs peinlichste nachgebildet sind, auf der anderen Seite unbearbeitet gelassen: man ging von vorneherein bei der Arbeit von der Voraussetzung aus, daß man das Bild nur von unten, und zwar nur von einer Seite aus sehen könne.

Und tatsächlich war es fast für jedermann nur *so* sichtbar. Ich werfe dem Künstler nicht vor, daß er sich in der Ausführung des Werks von der Stellung, die es einnehmen soll, hat bestimmen lassen; ich würde im Gegenteil ihn deswegen gelobt haben, hätte diese Art der Behandlung nicht die Unehrlichkeit zur Bedingung gemacht, daß er nur ein halbes Gesicht, eine verunstaltete Maske zu geben brauchte, indessen wir eine Porträt-Ähnlichkeit des Verblichenen beanspruchen; und wenn, zweitens, dieser Art der Behandlung nicht eine ausgesprochene Gefühllosigkeit zugrunde läge, die nur in einem geistig und moralisch verkommenen Menschen bestehen kann: Wer mit einem Herzen in der Brust hätte, indem er die blassen Gesichtszüge des alten Mannes zeichnete, so unmajestätisch sie einmal gewesen sein mögen – jetzt wenigstens sind sie von der Weihe des Todes geheiligt –, wer hätte da, wo die graue Stirn sich wölbt und senkt, plötzlich einhalten und die Länge ihrer Adern nach der Zahl der Zechinen abmessen können?« In rezeptionsästhetischer Hinsicht geht diese Passage nicht über das oben Entwickelte hinaus. Ruskin lehnt eine Adaption an die Sehbedingungen aus Gründen bloßer Ökonomie ab. Er kennt den Betrachter nicht als einen, der umstandsbedingt das Werk nur partiell einsieht, sondern fordert ihn – Novalis würde sagen: als »den erweiterten Autor« – als den Vollender eines Werks, bei dem es auch wirklich etwas zu vollenden gibt und das nicht janusköpfig in zwei Seiten zerfällt: in eine delikat durchgebildete, die der Beteiligung des Betrachters nicht bedarf, und in eine roh bossierte, die den Betrachter als Bildhauer fordert und damit überfordert und ebenfalls ausschließt.

Das Neue an dieser Passage ist die Qualität des Details. Es ist etwas grundsätzlich anderes, ob man unterschiedslos Profile sammelt und analysiert oder ob man etwas findet (in diesem Fall: nicht findet), was man gar nicht gesucht hat. Das ist der Unterschied zwischen dem Detail, das aus dem System heraus spricht, und dem Detail, das als erratisches Fundstück plötzlich Zusammenhänge aufreißt. In mancher Beziehung steht die fehlende Hand des Vendramin der Espe im Wald von Fontainebleau nahe; wie diese hat sie Epiphaniecharakter, ist sie ein »Moment der Erleuchtung und der Transformation des Visuellen«. So ist auch ihre Sprachform eine ganz andere. Mit den Worten von John James Ruskin könnte man zwischen »minute grave Business details« und »eloquent details« unterscheiden. Die Profile an sich sagen überhaupt nichts, es sei denn, man baut mit ihnen wie Ruskin ein tiefgestaffeltes und nicht ohne Mühen zu durchwanderndes Gedankengebäude. Die fehlende Hand als schweres Indiz gegen die Renaissance-Kunst versteht wohl jeder und ganz bestimmt der Viktorianer, der auf das Thema Werkethik besonders sensibel reagierte. Die fehlende Hand pointiert all das, was die Profilanalysen in Kleinarbeit zusammengetragen haben, zu einer einzigen moralisch aufgeladenen Frage. Natürlich bedurfte es nach wie vor eines Ruskin, um diesen Fund zu machen und ihn überhaupt als Fund zu erkennen, das Problem ist nur, ob die Verlockungen, die vom »eloquenten Detail« ausgingen, nicht gefährlich groß waren. »Modern Painters« (für deren Vollendung Ruskin noch sieben Jahre, bis 1860 brauchte) und »The Stones of Venice« sind Ruskins originell recherchierte Bücher; die späteren Werke sind originell gedacht und geschrieben, und sie machen ergiebigen Gebrauch von originellen, evokativen Details: das können Zeitungsmeldungen, mitgehörte Gesprächsfetzen, Beobachtungen auf der Straße oder Bruchstücke der Kunstproduktion sein. Der Zugewinn an Direktheit und Brillanz, der sich so einstellt, soll nicht übersehen werden; was der späteren Produktion (bis hin zum dritten Hauptwerk »Fors Clavigera«, seit 1871) jedoch abgeht und was die ersten Werke zu einem unerschöpflichen Reservoir macht, ist ihre Vermessenheit, ihre typisch viktorianische Vermessenheit, die Unendlichkeit des Endlichen nicht nur im facettenreichen Bruchstück, sondern wirklich ganz und gar abbilden zu wollen: »stone by stone, to it all up into my mind, touch by touch.« So wäre es nur gerechtfertigt, Ruskins Geschichtskonzept unter ein drittes Stichwort zu stellen, das Geschichte als Realismus heißen müßte. Aber um mit Ruskin zu sprechen: »I have kept you too long from your gondola«; zu viele Steine und Profile haben im Weg dieses Kapitels gelegen. Schließen wir mit einer zweiten Ruskinschen Trouvaille, einer zweiten fehlenden Hand, die ein noch deutlicherer Fingerzeig auf die Gefahren und Reize des evokativen Details ist. An der Front, die der Dogenpalast zur Piazetta hin macht, enden die Säulen der Erdgeschoßarkaden in Kapitellen, die sich bei näherer Betrachtung als schwächliche Kopien ihrer Pendants an der Molofront erweisen. Das 15. Jahrhundert, die beginnende Renaissance, ahmt hier das 14. Jahrhundert nach. Ruskin sah genauer hin und bemerkte folgende Differenz zwischen Vor- und Nachbild: »Der wesentliche Punkt, den ich hier hervorzuheben habe, betrifft das neunte Kapitell, welches wie die übrigen achteckig und mit den Figuren der acht Tugenden ausgeschmückt ist [. . .]. Die aus dem 14. Jahrhundert stammenden Figuren haben etwas harte Gesichtszüge bei lebhaft lebendigem Ausdruck und stecken in den Alltagskleidern der Zeit. [. . .] die Hoffnung betet, indessen man über ihr eine Hand wahrnimmt, die aus Sonnenstrahlen hervordringt: die Hand Gottes (gemäß der Offenbarung: ›Der Herr gibt ihnen Licht‹); die Inschrift darüber lautet: ›Spes Optima in Deo‹. Dieser Vorwurf ist vom Arbeiter des 15. Jahrhunderts nachgebildet und mit roher und ungeschickter Hand gemeißelt: die Tugenden haben ihre harten Gesichtszüge und den lebhaften Ausdruck verloren; sie haben jetzt alle römische Nasen und gelocktes Haar. Doch sind die Posen und sinnbildlichen Verzierungen beibehalten, bis wir zur Hoffnung kommen; sie betet noch, jedoch nur zur Sonne: *Die Hand Gottes fehlt.*«

IV
Der Luther der Künste
1853–1860

I

Ein Autor hat es ein umgekehrtes »Déjeuner sur l'herbe« genannt: das ganzfigurige Porträt von John Ruskin, das John Everett Millais 1853 bis 1854 malte, zehn Jahre vor Manets berühmtem Bild (Abb. 9). »Dressed up« für die Natur, nicht zwanglos und entlastet, eine priesterliche Erscheinung, weder Tourist, noch Forscher, noch Künstler, so tritt der jetzt 34jährige Ruskin in seinem dritten Porträt vor uns. Die Beweglichkeit der ersten Bilder ist der starren Pose gewichen; der Maler unternimmt nicht einmal den Versuch, die Beinstellung als eingefrorenes Vorwärtsschreiten zu motivieren. Die Richtung, in die der Wanderer weitergehen könnte, ist durch den schäumenden Gebirgsbach verbaut. Was in den früheren Porträts als läßliche und einsehbare Fiktion übereinstimmte, Figur und Grund, Attribut und Formel, tritt nun trennscharf auseinander. Wir wissen und wir sehen, daß anders als bei den frei komponierten Bildern der Northcote und Richmond in diesem Falle alles so gewesen ist, wie es das Porträt zeigt. Dennoch (oder deswegen) geht nichts zusammen. Der Mann wirft und empfängt keinen Schatten, und kein Spritzer des wilden Wassers trifft ihn. Im übertragenen Sinne: Die makellose Kultur des Viktorianers läßt kein Echo der lauten und urtümlichen Natur vernehmen. Die Reaktion der Person geht nach innen. Es ist, als ob die Augen ihren eigenen Hintergrund abtasten, als ob das Ohr, von dichtem Haar überhangen, eher einem inneren Ton folgt, als ob die zusammengelegten Lippen und Finger sich selbst fühlen. Ein Mensch, der sich selbst genießt; eine Natur, die ihren Gesetzen folgt. Die Bildelemente sind nicht nur für sich, sie sind überdeterminiert. Überdetermination aber bedeutet nach dem Ende der sachlichen das Ende der symbolischen Korrespondenzen. Dem Sinnen des Wanderers antwortet keine Ferne und keine Unendlichkeit der Landschaft wie bei C. D. Friedrich, und jedes Attribut würde in diesem Rahmen peinlich wirken. Das Interesse des Malers gilt den harten und festen Fakten, dem Umständlichen der Außenwelt; seine Optik hat überall die gleiche Qualität, die des unverwandten, scharf durchzeichnenden, auf lange Belichtung eingestellten

Kameraauges. »Nature in the looking glass« hat Ruskin diese Aufnahmetechnik genannt.

Daß ausgerechnet dem »Propheten der Natur« ein Porträt gewidmet wird, das wie kaum ein anderes das Auseinandertreten von Figur und Grund, Kultur und Natur erkennen läßt, bedarf wohl der Erklärung. In diesem besonderen Falle sind schon die Entstehungsbedingungen des Bildes aufschlußreich. Als die Arbeit an Band 2 und 3 der »Stones of Venice« so gut wie abgeschlossen war, im Sommer 1853, gingen John und Effie Ruskin mit ihrem neuen Malerfreund John Everett Millais ins schottische Hochland, nach Glenfinlas, einem winzigen Flecken von der Art, die Günther Eichs Gedicht »unberühmter Ort« nennt. Was die Drei in dieses abgelegene, ungemütliche Hochgebirgstal verschlagen hatte, wissen wir nicht; eigentlich unerklärlich ist, daß sie es mehrere Monate an einem Ort ausgehalten haben, wo sie in winzigen, primitiven Quartieren logierten, wo es immer klamm und kalt war, wo beinahe täglich und manchmal tagelang der Regen aus tiefen Wolken fiel. Nicht ganz unerklärlich wird die Sache freilich, wenn man Johns alte Vorliebe für Gebirge und Gebirgswasser in Rechnung stellt, die noch genauer zu studieren er sich für die Fortsetzung der »Modern Painters« vorgenommen hatte, und wenn man von der neuen, in diesen engen Verhältnissen dramatisch aufgeflammten Liebe John Everetts zu Effie und Effies zu John Everett erfährt. Dem gemeinsamen Feriensommer folgte nur noch ein finsterer letzter Ehewinter in London voll viktorianischer Machinationen und Malicen. Am 26. April 1854 verließ Effie ihren Mann; am 15. Juli wurde beider Ehe wegen »unheilbarer Impotenz« Johns für ungültig erklärt; am 3. Juli 1855 haben John Everett Millais und Effie geheiratet. Es war gut, daß die Ehe der Ruskins auseinanderging; es war schlecht, daß die Affäre, über die ganz London sprach, Interessierten als Mittel diente, Ruskins Leben und Wirken zu untergraben. War schon die Zeit der Ehe unfruchtbar gewesen, so war es die Zeit der Scheidung erst recht. Der Haß, der Ruskin aus Londons einflußreichstem Kunstzirkel auf Dauer entgegenarbeitete, sollte sich in einem kommenden kritischen Moment als tödlich erweisen. Doch sind es nicht diese aufregenden Entwicklungen, die uns beim Verständnis des Porträts weiterhelfen, das der zweite vom ersten John malte – die bloßen örtlichen und zeitlichen Daten sind hier viel entscheidender.

Durch einen Besucher, durch Ruskins Freund Acland angeregt, faßte Millais auf einer Wanderung den Entschluß, ein Bildnis Ruskins vor dem Gebirgsbach zu malen. Eine Leinwand (150 × 130 cm) wurde besorgt. An der ausersehenen Stelle entstand ein kleiner Unterstand, und Millais machte sich an die Arbeit, mehrere Stunden am Tag, durch Regen, Kälte, Wind und Mücken beeinträchtigt, an körperlichem und seelischem Unbehagen leidend – »miserably damped in body and spirit«, wie er einmal seinem Freund William Holman Hunt schreibt. Ruskin dagegen war auf das höchste enthusiasmiert. Der Entstehung eines kapitalen Bildes beizuwohnen, ja an ihr beteiligt zu sein, war für ihn eine neue Erfahrung. Turner hatte ihm diesen Blick über die Schulter nie gestattet. Wir wissen von späteren Porträtsitzungen, daß Ruskin seine Maler mit guten Ratschlägen überhäufte – hier wird es nicht anders gewesen sein. In freundschaftlicher Konkurrenz ging Ruskin daran, den großen Gneis-Felsen zu zeichnen, der ganz links im Bild erscheint. So entstand eine seiner schönsten Zeichnungen, ein detailbesessenes Blatt, dennoch nicht kalt und tot, sondern energisch, sehnig in den Lineaturen, ein Musterbeispiel für Ruskins Kategorie der »vital beauty« (Abb. 8). Ruskin wollte hier die Mustertafel »Abstract Lines« der »Stones of Venice« (Textabb. 2) durch ein konkretes Beispiel ergänzen, wollte durch die Linien, »die Bewegung und Kraft ausdrücken«, die Geschichte des Steins erzählen, seine Bildung aus der flüssigen Materie, seine Verwitterung und mechanische Abnutzung. »Es gibt keine Naturgegenstände, aus denen man mehr lernen kann als aus den Steinen«, wird er wenig später in Band 4 der »Modern Painters« schreiben. Das Ergebnis übertrifft Millais' Parallelprodukt auf der Leinwand beträchtlich, aber es ist eben nur ein Detail, kein Bild: »Ich kann so wenig eine Geschichte schreiben, als ich ein Bild komponieren kann.«

Millais gehörte zu den sieben Gründungsmitgliedern der »Pre-Raphaelite-Brotherhood«, die sich 1848 zusammengetan hatten, um in England eine ehrliche, antiakademische Malerei zu begründen. Die harte, präzise Kunstübung der italienischen

Malerei vor Raffael war insofern ihr Vorbild, als sie deren (vermeintliche) Praxis, die Natur direkt und ungeschönt nachzubilden, zu ihrem Grundsatz erhoben. »Die präraffaelitische Kunst kennt nur ein Prinzip«, sagt ihr Hauptfürsprecher John Ruskin 1851, »das Prinzip absoluter, kompromißloser Wahrheit, das man nur erreicht, wenn man alles, wirklich alles bis hin zum letzten Detail vor der Natur und nur vor der Natur arbeitet. Der Landschaftshintergrund der Präraffaeliten wird unter freiem Himmel, vor dem Gegenstand selbst gemalt, bis er fertig ist. Die Figuren der Präraffaeliten, so kunstvoll sie angelegt sind, sind Porträts wirklicher Personen. Auch die winzigste Einzelheit entsteht auf die gleiche Weise.« Im Fall von Ruskins Porträt kommt die Landschaft zuerst aufs Bild, wird »inch per inch« auf der Stelle aufgenommen, erarbeitet, erlitten. Die stets verfügbare Figur des zu Porträtierenden bleibt im Umriß ausgespart. Damit hat sich der Prozeß des Porträtmalens umgekehrt, und die Wertigkeit der Bildelemente pendelt sich neu ein. Künstler wie Northcote und Richmond holten ihre Kunden ins Studio, um Physiognomie, Habitus und Kleidung abzumalen. Die Landschaften des Hintergrunds fügten sie nach freiem Ermessen hinzu, allenfalls auf Skizzen, aber nicht auf originale Szenerie zurückgreifend. Das Kind Ruskin hatte sich wünschen können, was ihm Northcote als Folie malen sollte. Blaue Berge, will es geantwortet haben – »eine hinreichend merkwürdige Tatsache, um darin eine Beziehung auf meine Zukunft zu erblicken«, meint der alte Ruskin.

1853 wird der Hintergrund für ebenso wichtig erachtet wie die Figur. Er hat Anspruch auf die gleichen Produktionsumstände: Das Vorbild ist präsent, wenn das Bild entsteht. So arbeitet die Fotografie, und wenn das vielstrapazierte Wort »fotografisch« im Zusammenhang mit der präraffaelitischen Malerei einen Sinn hat, dann vor allem in der werkgenetischen Perspektive. Daß der Gegenstand an der Erzeugung seines Bildes ursächlich beteiligt ist, an diesem Grundprinzip der Fotografie orientiert sich die realistische Kunst. Das geht so weit, daß Bilder liegengelassen werden, unvollendet bleiben, wenn das Bildsujet nicht erreichbar ist. Da helfen auch minuziöse Vorstudien nicht. Um die Landschaft zu vollenden, die nach den langen Sommer- und Herbstmonaten des Jahres 1853 immer noch Fragment war, mußte Millais im Mai 1854 ein zweites Mal in die feuchte Wüste von Glenfinlas. Er war froh, daß die neue Vegetation mit der des Vorjahres weitgehend übereinstimmte: »An Ort und Stelle zurückzukehren, ist so wunderlich – alles, was in der Zwischenzeit geschah, erscheint wie ein Traum. Kaum ein Blatt ist verrückt, denn die neuen haben beinahe dieselbe Form und Stellung angenommen.« Den Winter über war das Porträt entstanden, in Millais' Londoner Studio. Ruskin nimmt darauf Bezug, als er brieflich dem Künstler und erfolgreichen Nebenbuhler den Erhalt des fertigen Werks bestätigt: »Mein Vater und meine Mutter finden die Ähnlichkeit perfekt, sagen aber, daß ich gelangweilt aussehe, bleich und ein wenig gelb. Natürlich, nach drei Stunden Stehen auf einem Bein mit dem Blick über die Schornsteine von Gower Street, muß ich ja so wirken, als sei ich an den Dingen der Welt gänzlich uninteressiert.« Dann ist der makellose Zivilist und seine nach innen gekehrte Sinnesart also der Reflex von Gower Street, von London, von Kunstwelt im Atelier – so wie der Kristallschiefer, die Moose und Farne und das wilde Wasser sich direkt dem schottischen Hochland verdanken. Die »Wahrheit« des Bildes kommt aus den Entstehungsumständen, die ihrerseits eine größere »Wahrheit« aufschließen: Die Produktion von Kunst, von Landschaftskunst unter den Bedingungen eines entfremdeten Verhältnisses zur Natur, was noch weiter führt zu den Fragen menschlicher Produktion überhaupt im Zeitalter der durch Technik beherrschten Natur. In diese Richtung gehen Ruskins Gedanken in den 50er Jahren.

Gower Street, das Synonym für »moderne«, öde Architektur, taucht in Ruskins Werk noch einmal auf, und zwar in Band 3 der »Modern Painters«, den Ruskin eigentlich 1853 dem Vater auf den Weihnachtstisch legen wollte, der aber erst zwei Jahre später zusammen mit Band 4 erschien. Dort, wo man Gower Street erneut findet, findet man auch eine indirekte, kritische Auseinandersetzung mit Millais' Porträt im besonderen und mit der modernen Malerei generell. Nacheinander die Landschaftskunst der Antike, des Mittelalters und der unmittelbaren Vergangenheit und Gegenwart vergleichend, kommt Ruskin zu folgendem Merkmalskatalog: Die erste, spontan ins

Auge fallende Eigenschaft, sagt er, ist »cloudiness«, die Bewölktheit, der »Wolkendienst« (service of clouds) der modernen Malerei. »Wenn das Mittelalter ganz in Festigkeit, Klarheit und Leuchtkraft aufging, dann gilt für uns, daß wir uns an den Aspekten des Dunklen und Wechselhaften erfreuen, daß unser ganzes Glück in Dingen liegt, die jeden Moment sich verändern und vergänglich sind, daß wir das Höchstmaß an Befriedigung und Belehrung von den Erscheinungen erwarten, die sich nicht fixieren und nur schwer begreifen lassen.« Mit »cloudiness« meint Ruskin also mehr als die prominente Behandlung der Wolken in der modernen Landschaftsmalerei – man denke an Turner und Constable –, er verweist auf ihre grundsätzliche Erscheinungshaftigkeit. Wenn früher jedes Ding Anspruch auf deutliche und gleichmäßige Darstellung hatte, so geht jetzt, sagt Ruskin, schon ein roter Fleck für ein Gesicht durch. Alles ist dem Prinzip des Atmosphärischen unterworfen, ein Flor liegt über allem – und schärfer noch: »But now our ingenuity is all ›concerning smoke‹« – Rauch und Dampf als die treibenden Kräfte auch der modernen Landschaftsmalerei. An zweiter Stelle nennt Ruskin »love of liberty«, »Freiheitsliebe«. Der moderne Maler scheue die glatten, regulären Zustände der Dingwelt. »Bäume malt er nur, wenn sie frei wachsen, Flüsse nur, wenn sie ›ihren eigenen süßen Willen‹ haben. Er fürchtet das Förmliche bis hinein ins kleinste Detail. Er läßt die Ziegelmauern verfallen, die der mittelalterliche Maler säuberlich auszementiert hätte, und er treibt die Freiheitsliebe bis zur Zügellosigkeit, den Kult des Wilden bis zum Ruin – ästhetisches Vergnügen findet er in jeder Erscheinung, die Alter und Verfall anzeigt und die die Dinge dem Regiment des Menschen entzieht.« Die besondere Beachtung, die Berge und Bergeinsamkeit in der neueren Malerei finden, sind nach Ruskin ein besonders symptomatischer Niederschlag dieser allgemeinen Vorliebe für das Freie und Unkultivierte.

Drittes und letztes Charakteristikum der modernen Kunst ist in dieser Aufzeichnung ihre »starke Tendenz, das heilige Element der Farbe zu unterdrücken«. »Wenn der Maler des Mittelalters seinen Himmel strahlend blau und seinen Vordergrund leuchtend grün malt, wenn er die Türme seiner Burgen vergoldet und seine Figuren in weiße und purpurne Gewänder gibt, dann gilt für uns, daß wir unseren Himmel grau, unseren Vordergrund schwarz und unser Blattwerk braun malen – ja, wir glauben, daß wir dem Sonnenlicht genug Tribut geleistet haben, wenn wir den gefährlichen Glanz eines scharlachroten Mantels oder einer blauen Jacke zulassen.« Auch dieses Merkmal moderner Kunstübung läßt sich transponieren: »Vom ›dunklen Mittelalter‹ zu sprechen, ist also ganz und gar unangebracht, redet man von Kunst. Das Mittelalter war eine helle und leuchtende Zeit – unsere Epoche verdient es, im buchstäblichen, nicht im metaphysischen Sinne dunkel genannt zu werden. Das Mittelalter zeigte Gold – wir zeigen Umbra. Der Grund dafür sind z. T. ganz einfache Fehlentscheidungen: Wir bauen braune Ziegelmauern und tragen braune Mäntel, weil man es uns gelehrt hat und weil wir mechanisch fortfahren, es zu tun. Einiges ist allerdings auch in unserem Seelenhaushalt anders geworden. Wir leben in sehr viel traurigeren Zeiten, als es die alten waren, aber diese Traurigkeit ist nicht von der edlen und tiefen Art, sondern ein undeutlich quälendes Gefühl – Ermüdung des Intellekts und Unwohlsein an Leib und Seele kennen wir als seine Symptome.«

Das sind Belege für die Denk- und Schreibweise, die von den »Stones of Venice« auf die Fortsetzung der »Modern Painters« übergegriffen hat. Wenn die Argumentation des ersten Bandes zwischen Natur- und Kunstbeobachtungen pendelt, so geht es ab jetzt im freien Verkehr zwischen Kunst- und Zeitkritik hin und her. Gemeinsam ist beiden Teilen des Hauptwerks Ruskins Erzqualität: seine Genauigkeit und Konkretheit. Es gab am England der 50er Jahre genug auszusetzen – wieviel, das erfuhr und lernte Ruskin damals erst nach und nach –, und es gab eine Reihe etablierter Zeitkritiker: Carlyle, Dickens, Kingsley, Cobbett und andere, doch es blieb Ruskin vorbehalten, ein Detail wie die mit einem Mal dunkel gewordene Kleidung in Betracht zu ziehen. Große Ausnahmen (im Ausland): ein Ästhetikprofessor, den die gesellschaftliche Misere vom Epigonen Hegels zum deutschen Carlyle wachsen ließ, und ein französischer Lyriker, der als Dandy den Beziehungsbereich Mode und Gesellschaft immer genau studiert hatte. Friedrich Theodor Vischer: »Am schlimmsten aber ist es mit der Farbe bestellt. Volle Farben sind Kunstreitern und Seiltänzern geblieben, dunkle Miß- und Mistfarben allein sind nobel, wer diesem Geschmack nicht folgt, dem laufen die Kinder nach; der Farbensinn ist tot.« Charles Baudelaire: »Ist der Frack nicht das notwendige Kleidungsstück für unsere leidende Epoche, die auch noch auf ihren schwarzen, hageren Schultern das Symbol einer ewigen Trauer trägt? Und wohlgemerkt, der schwarze Frack und der Gehrock haben nicht nur ihre politische Schönheit, als ein Ausdruck der allgemeinen Gleichheit, sondern auch ihre poetische Schönheit, als Ausdruck der öffentlichen Gemütsverfassung – ein unabsehbarer Heereszug von Leichenbittern, politischen Leichenbittern, verliebten Leichenbittern, bürgerlichen Leichenbittern. Wir tragen jeder etwas zu Grabe.«

Wenn es wahr ist, daß Kunst und Leben eng zusammenhängen, dann kann man es der Malerei nicht verdenken, daß ihr Kolorit in einer Zeit herabgestimmt wird, die das Düstere in Tracht, Interieur und Bauweise bevorzugt. Von der Kunst kann man nur verlangen, was man selbst zu geben bereit ist: »Nicht indem Sie Bilder *erwerben*, sondern indem Sie Bilder *werden*, können Sie eine große Schule der Malerei heraufbringen helfen.« »That it is not so much in buying pictures, as in beeing pictures, that you can encourage a noble school«, ruft Ruskin im Herbst 1853, am Ende eines Vortrags, seinem Auditorium in Edinburgh zu. Man muß bei den Bedingungen für Kunst ansetzen, das wird ihm jetzt ganz klar. Kunst als Verschönerung, als falscher oder erhebender Schein, als Chimäre, die den Blick von der schlechten Realität weglenkt, genügt ihm nicht. Und in diesem Zusammenhang fällt ihm wieder Gower Street ein – Gower Street als Symbol nicht nur für monotone Ziegelbauweise, sondern überhaupt für die Vernachlässigung der nahen »personal beauty«, als Symbol für Mode gewordene Häßlichkeit im Alltagsleben. Die Realität von Gower Street ist es, die Kunst und Natur als Antidota notwendig macht und ihnen damit eine abgeleitete Funktion zuweist. »Obwohl sie und weil sie durch Mode und Brauch dazu gezwungen werden, all das zu produzieren und zu verbrauchen, was häßlich ist, entfliehen die Menschen halbverschämt in die Felder und Berge und finden dort die Farbe, die Freiheit und die Vielfalt und die Kraft und erfreuen sich ihrer in bisher nicht gekanntem Ausmaße; sie erholen sich von Gower Street unter wilden Gebirgsklippen, sie verfolgen hingerissen Sonnenauf- und -untergänge, um dort das Blau, das Gold und das Purpur zu sehen, das ihnen nicht mehr auf Ritterrüstung und Kirchentür aufscheint, und sie pflücken von den Wiesen und verstauen in ihre Herbarien die Blumen, welche die fünf Ordnungen der Architektur aus dem Bauschmuck ihrer Portale und Fenster verbannt haben.«

Obwohl Ruskin in diesen Jahren die Malerei der Präraffaeliten immer wieder als Ausnahme von den Stilzwängen des 19. Jahrhunderts feiert, so ist doch unschwer zu erkennen, daß auch ihre Kunst und das von Ruskin im weitesten Sinn mitverantwortete Porträt die gleichen Kennzeichen trägt: Es ist dunkelfarbig, sonnenlos, um bei diesem letzten Merkmal anzufangen, es ist genau in jenen Mischtönen gehalten, die mit Ruskins Worten dem »modernen Menschen gefallen, weil sie jene Melancholie ausdrücken helfen, die seinem mehr reflektierten und sentimentalen Charakter entspricht«. Der »gefährliche Glanz« einer blauen Jacke ist in diesem Bild schon Kühnheit genug, doch muß man dazu sagen, daß sich die Farbwahl dem Träger des Kleidungsstücks und nicht dem Maler verdankt. Einen blauen Gehrock und einen blauen, der Farbe der Augen korrespondierenden Binder zu tragen, war Ruskins bescheidener Protest gegen eine Kleidermode, die in Schwarz und Umbra schwelgte. Die dunkle Grundstimmung von Millais' Bild erstaunt insofern doppelt, als in der Tat die Präraffaeliten gegen das herrschende dumpfe Kolorit der Zeit stark- und reinfarbige Kontraste setzten und als der Fürsprecher solcher Farbwahl in diesem besonderen, ihn angehenden Fall nichts gegen die dunkle Malerei einzuwenden hatte: »Ich denke«, schreibt Ruskin am 4. August 1853, »daß das Bild deswegen besonders schön wird, weil keine Sonne in ihm ist – nur dunkle Felsen, von hängenden Pflanzen überwachsen und schäumendes Wasser in der Tiefe. Everett malt so leuchtend, daß kein Gegenstand für ihn zu gedämpft sein kann.« Einräumen muß man immerhin, daß der Maler die Farben unvermittelter nebeneinandersetzt, als es die Kollegen tun – bei aller Dunkelheit der Töne gibt es keinen zusammenziehenden Grundton, keine Anzeichen für »cloudiness« also, wenn man dieses Merkmal mit dem Atmosphärischen gleichsetzt. Dafür ist die zweite Bestimmung, nämlich »Freiheitsliebe«, besser: Bevorzugung der freien Natur, mehr als erfüllt, denn es ist im Bild neben Fels und Bergbach gleich mitgeliefert, was den Kultus des Wilden hervorbringt: Gower Street. Gower Street ist präsent im melancholisch-kultivierten Reflex der menschlichen Figur, im »rasierten Charakter« der Zeit würde Vischer hier sekundieren, ist präsent als das ganz Andere, das sich mit der Natur nicht vermitteln läßt. Der menschliche Körper als Fremdkörper oder, wie Ruskin es ausdrückt, »the figure's standing in the way« hat gerade in diesem persönlichen Fall seinen exemplarischen Sinn, denn in einer bemerkenswerten Selbstanalyse kommt Ruskin in Band 3 der »Modern Painters« zu dem Ergebnis, daß auch seine Naturliebe Kompensation, nicht Überwindung der uranfänglichen Trennung von der Mutter Natur ist. »Unsere Liebe zur Natur ist uns z. T. durch die mangelhafte Ausrichtung unserer sozialen und ökonomischen Strukturen aufgezwungen worden. [...] Ich bin in London geboren und hatte zwei oder drei Jahre lang keine andere Aussicht als die Ziegelmauer auf der gegenüberliegenden Straßenseite. Ich hatte weder Geschwister noch Spielgefährten, und obwohl ich mich still und glücklich zu beschäftigen wußte, brachte doch die Schönheit der Bergwelt [in die ihn die ersten Reisen führten] soviel Anregung und Abenteuer in mein Leben, wie das Landkind sie nie erfahren hatte.« Wir haben den Mythos von der unsinnlichen Kindheit als Grund lebenslangen Nachholbedarfs in Kapitel 1 auf seinen Realitätsgehalt hin überprüft. Die dabei geäußerten Zweifel ändern aber nichts an dem Hauptfaktum des gelebten Stadt-Land-Gegensatzes und können auch kein Argument gegen die Notwendigkeit einer Mythen- und Bilderproduktion sein.

Die Malerei Millais' versucht jedenfalls nicht mit malerischen Mitteln zu kitten, was die Zivilisation getrennt hat. Ist sie ehrlich – und dies hatte Ruskin als oberste Qualität der frühen Präraffaeliten gerühmt –, dann muß sie sein wie ihre Zeit: zerrissen und unberechenbar. »Da sich die Elemente des Fortschritts und des Verfalls auf so eigentümliche Weise im modernen Geist mischen, können wir von vorneherein für sicher annehmen, daß eine der hervorstechendsten Eigenschaften unserer Kunst ihr Mangel an Konsistenz ist. Das sieht dann so aus, daß Versuche in alle möglichen Richtungen unternommen und durch alle denkbaren Widerstände aufgehalten oder vereitelt werden, daß in allem, was wir tun, es beinahe unmöglich ist, die positiven und die negativen Erscheinungen auseinanderzuhalten, daß alle überkommenen Handlungs- und Denkweisen nach und nach über den Haufen geworfen werden und daß die Arbeit des Kritikers durch Erfolge, die ganz unerwartet kommen, und durch Stimmungen, die niemand genau definieren kann, permanent in Frage gestellt wird.« Hierzu noch einmal die Stimme des Geistesverwandten in Deutschland, der nicht von Malerei, sondern von den Inkonsistenzen des Zeitkolorits ganz allgemein spricht: »So in seinem Inneren eine Welt, nach außen tatenlos, verzehrt sich das Individuum in sich, wird zerrissen und dann blasiert. Völlig naturlos verschließt es sich inmitten der Mitteilung. Gutes und Böses haßt die Fülle der Erscheinung; alle gesellige Bewegung wird flach und unwahr, Sinnlichkeit wird Lüsternheit, der Freude schämt man sich. Absichtlichkeit hebt allen Genuß auf. Den Kulturformen hat die Zeit der Revolution auch jene [oben aufgeführten] Auswüchse abgestreift und völlige Kahlheit, armselige Knappheit, schmutzige Farblosigkeit, unstete Bettelei dagewesener Formen zum Gesetz erhoben, während zugleich eine Menge neuer Erfindungen aus einer Sphäre um die andere die lebendige Individualität abschneidet.«

Wenn eine Anmerkung Vischers zu dieser Passage zu Recht besteht, die sagt: »Zerrissenheit ist die vorletzte, Blasiertheit die letzte Form«, dann ist Ruskin nie weiter als bis zur vorletzten Entwicklungsstufe gelangt – die aber hat er bis zum Äußersten erfahren und durchlebt. Nach den »Stones of Venice« sind in ihm Desillusionierung und Unsicherheit gerade in bezug auf die liebsten und vertrautesten Dinge, sprich Malerei, Landschaftsmalerei, Naturstudium, Kunstkritik, so weit vorangeschritten, daß man sich fragt, wie es noch zu den drei letzten Bänden der »Modern Painters« kommen konnte. Heißt es doch im Zusammenhang mit den an sich gepriesenen Präraffaeliten: »Der Maler hat kein Amt und keine Berufung mehr. Er ist einer, der müßig über die Erde wandert und den Schatten seiner Phantasie nachjagt.« Und in bezug auf die gesellschaftliche Notwendigkeit von Kunst: »Tatsache ist, daß wir uns nichts aus Bildern machen – nein wirklich nicht. Die Akademie-Ausstellung ist ein Vorwand, um zu schwatzen und freie Stunden füllen zu helfen. Die Reichen unter uns kaufen gelegentlich ein Bild oder zwei, um eine freie Stelle zu bedecken oder um die Unterhaltung im Drawing Room vor dem Essen zu beschäftigen oder weil der Künstler gerade in Mode ist oder weil er arm ist oder – und das geschieht nicht selten – weil sie eine Kollektion von Belegstücken haben wollen, so wie man sich eine Schmetterlingssammlung anlegt [. . .] Aber die wahre Liebe zu Bildern und die Freude, die man aus ihrem Besitz ziehen kann, fühlt nicht mal einer unter tausend.« Am Ende fragt sich Ruskin, »ob Kunst [in diesen Zeiten] ein Verbrechen ist oder noch als Absurdität durchgeht«. Rechnet man diese und viele andere Zweifel und selbstkritischen Erklärungen zusammen, dann möchte man als Ergebnis einen zurückgenommenen, vorsichtigen, im ganzen gesehen resignierenden Ruskin der 50er Jahre erwarten. Für den Ausgang dieser Epoche mag das gelten, aber nicht für die Jahre 1853/54, in denen wir noch stehen. Dem entspricht schon der äußere Anschein, wie ihn unser Porträt entwirft, nicht. Unvereinbarkeit von Figur und Grund heißt auch, daß kein Prinzip nachgibt. Der Mensch hat hier eine geradezu dogmatische Präsenz, und das In-sich-Gekehrte kündet weniger von Kleinmut als von Sammlung. Eindeutig positiv fällt auch alles aus, was mit dem Bild an verbalen Reaktionen verbunden ist. Ruskin war der erste und blieb der bedeutendste Promotor der präraffaelitischen Sache während der 50er Jahre. Sein generelles Diktum lautete: »Diese Männer legen in England das Fundament für eine Malerschule, wie sie nobler die Welt seit 300 Jahren nicht mehr gesehen hat.« Und über das Porträt und seinen Maler heißt es: »the finest thing I ever saw him do« – ein Urteil, das übrigens auch von Charles Eastlake, dem Direktor der Nationalgalerie geteilt wurde, der als Parteigänger Effies eine intensive Feindschaft mit Ruskin pflegte: »one of the remarkable pictures of the world«. Und nachdem Millais und Ruskin sich entzweit hatten, versicherte letzterer seinem nächsten Protegé, dem Präraffaeliten Dante Gabriel Rossetti: »Von allen Malern, die ich kenne, verfügen Sie, im ganzen gesehen, über die größte Genialität.« Das alles zeugt nicht gerade von nachlassender Hoffnung in die Möglichkeiten zeitgenössischer Kunst, von Resignation und Ennui. Die eigene Produktion wird nach 1853 noch gesteigert. Die drei letzten Bände von »Modern Painters« erscheinen (1856, 1860); Turners Nachlaß wird bearbeitet, d. h. über 19 000 Blätter mit Zeichnungen und Aquarellen werden geordnet und bestimmt – aus diesen Studien entstehen drei Buchveröffentlichungen über den Meister; von 1856 bis 1859 kommt nun jährlich eine Salonkritik heraus; zwei Zeichenlehren werden verfaßt und Vorträge, Pamphlete und Gelegenheitsarbeiten fügen sich zu mehreren Büchern zusammen, die aktuellen Fragen der Kulturpolitik und Geschmackserziehung gewidmet sind – darunter so bekannte und wichtige Werke wie »Lectures on Architecture and Painting« (1854), »The Political Economy of Art« (1857, als »A Joy for Ever« 1880 neu publiziert) und »The Two Paths« (1859), ein Buch über die Prinzipien der Produktgestaltung. Bemerkenswerter noch als diese immense publizistische Arbeit ist die Tatsache, daß Ruskin seinen Wirkungskreis jetzt ausweitet. Bis 1853 war er einem kleinen Publikum als Kunstschriftsteller begegnet; danach erobert er sich erfolgreich die Rollen des Lehrers, des Vortragsreisenden und des Reformers, der versucht, seine Ideen in Wirklichkeit zu übersetzen. Die Wahl dieser Ämter, bzw. die Art und Weise, wie er sie auffaßt und gestaltet, ist so typisch für die mittelviktorianische Zeit, daß man sagen kann: Zu keiner Zeit war Ruskin so sehr von dieser Zeit wie in den 50er Jahren. Es sind auch seine besten Jahre, trotz seiner peinlichen Eheaffäre, trotz Verzagungen und neuer grundstürzender Konversionen. Er ist noch nicht zum Weisen erstarrt, er hat noch nicht die Freiheit des Exzentrikers, und er braucht noch nicht öffentlich die Ressourcen der eigenen Identität anzugreifen. Er muß noch um sein Publikum und seine Stellung kämpfen; er tut dies unter elegantester Ausnutzung sich bietender Möglichkeiten, mit großem Charme zumeist, bisweilen unerträglich anmaßend, dabei wie immer unabhängig bleibend. Noch lebt er nach vorne.

2

Der Ruskin der Jahre 1853 bis 1860 ist der Pädagoge, genauer der Kunstpädagoge. Er wird Zeichenlehrer für Arbeiter am Londoner Working Men's College, aber seine eigentliche Wirkungsstätte ist der Vortragssaal, in den ihn Industrielle, kunstsinnige Bürger, Zeichenlehrer, Arbeiter, Designer rufen. Erst seit den 50er Jahren grassiert in England das Vortragswesen – »es ist jetzt Mode, Vorträge *so amüsant* zu finden«, schreibt Jane Welsh Carlyle im Juni 1851. Von nun an gehen die bekannten Schriftsteller, Kritiker, Philosophen und Theologen alljährlich auf Tournee, und die Sache war so gut organisiert, daß man durchaus Vortragsreisender im Hauptberuf werden konnte. Die Aussicht, daß der Sohn als Commis voyageur in Kunstpädagogik durch die Lande reist wie der Vater in Wein, hat den Eltern ernste Sorgen bereitet. Aber John ist dem Versprechen, das er ihnen gab – »In keinem Fall denke ich daran, das Gewerbe des Vortragsreisenden aufzunehmen. Meine Hauptanstrengung gilt dem Schreiben.« –, nur bedingt treu geblieben. Der Erfolg der ersten Vortragsserie in Edinburgh im Spätherbst 1853 war so gewaltig – es erschienen 1000 Zuhörer –, daß sich seitdem die Verpflichtungen häuften. Schon in den 50er Jahren kam der Sohn so weit herum wie der Vater. Er lernte auf diese Weise kennen, was ihm sonst vermutlich verborgen geblieben wäre: Die Realität der englischen Industriestädte. Und er begegnete den Vorhaltungen der ängstlichen Eltern nun entschiedener: »Vorträge halten lehnst Du im Prinzip ab – ich auch«, versichert er dem Vater, um fortzufahren, »aber Vorträge bewirken viel Gutes. [. . .] Wenn ich eine unmittelbare Wirkung in irgendeine Richtung erzielen will, dann würde eine Vortragsreise von ein oder zwei Monaten mehr ausrichten als viele Bücher.«

Ruskin sprach in den 50er Jahren über angewandte Kunst, oder anders: über die Anwendung der Ästhetik auf allgemeine Probleme. Er ließ sich dabei durch Anlaß und Themenvorgabe nicht einengen. Wenn er in der Stadt der Eisenindustrie Turnbridge Wells Eisen zum Gegenstand des Vortrags macht, dann handelt er von dem »Wirken des Eisens in Natur, Kunst und Politik« – so der Titel. Das gibt ihm Freiheit, über Farben in der Natur, über Materialgerechtigkeit und Schmiedewerk in Bellinzona, über die »Instrumente der Politik«: Pflug, Kette und Schwert und natürlich gegen die Eisenbahnen zu sprechen. Eingeladen, um zu speziellen Problemen des Design und der Kunsterziehung Rat zu erteilen, hält er die »Einheit der Kunst« hoch – das ist der Titel eines Vortrags von 1859 und das ist der Tenor all seiner Reden: »Es gibt verschiedene Geschicklichkeiten, aber sie alle bewegt der eine Geist der Kunst«, und dieser Geist ist identisch mit dem Geist der Zeiten.

Kunsterziehung für viele, Zeichnen für alle, Kunst den Massen, das sind Forderungen und Programme, welche die englische Öffentlichkeit eine Zeitlang so stark beschäftigte wie die Abschaffung der Korngesetze in den 40er Jahren oder der Kampf um die zehnstündige Arbeitszeit, der von 1830 bis 1850 geführt wird. So übertrieben das klingen mag: Kunstpädagogik wird zur nationalen Schicksalsfrage erhoben – das geschieht in dem Moment, da England erkennen muß, daß sein Vorsprung in der Produktionsgüterindustrie und billigen Massenfabrikation deutlich konterkariert wird durch seine Unfähigkeit, bei der Erzeugung von Luxuswaren und Modeartikeln Trends zu diktieren. Warenästhetisch hinkte der Wirtschaftsriese den kontinentalen Produzenten hinterher. Das war neben vielen positiven das negative Fazit der 1. Weltausstellung von 1851. Es wurde ohne Beschönigung illusionslos gezogen, und es wurden praktische Konsequenzen sogleich eingeleitet. Man nahm sich vor, die allgemeine Kreativität nicht nur durch spezielle Ausbildung von Designern und Musterzeichnern, sondern eben auch durch Zeichenunterricht an den allgemeinbildenden Schulen zu heben – eine levée en masse der nationalen Ressourcen an Geschick und Geschmack war das Ziel. Der Mann, der all dies ins Werk setzen sollte und gesetzt hat, hieß Henry Cole, ein Jack-of-all-trades, der sich zuletzt bei der Vorbereitung der Weltausstellung bewährt hatte. »If you want steam, you must get Cole«, hat Prinz Albert über seinen nützlichsten Mitarbeiter gesagt. Cole, dessen Namen man in der Ruskin-Literatur meist vergeblich sucht, ist der eigentliche Widersacher dieser Jahre: Ruskin eilt als Ideologe und Pädagoge der künstlerischen Erziehung seiner Zeit weit voraus – erst seit 1890 setzten sich seine Ideen und Praktiken durch; Cole ist der Organisator, der in seiner Zeit Kunstunterricht allgemein institutionalisiert. 1873, im Jahr seines Rücktritts, konnte er folgende stolze Bilanz ziehen: »Seit dem Jahr 1852 habe ich beobachten können, wie aus 20 kränkelnden Design-Schulen 120 blühende Kunstschulen im ganzen Königreich wurden. 500 Abendkurse in Zeichnen wurden für Handwerker und Arbeiter eingerichtet. 180 000 Jungen und Mädchen erhalten jetzt elementaren Zeichenunterricht. [...] Das South Kensington Museum wurde eingerichtet als ein Zentrum, durch das die Nation die besten Werke aller Länder in Wissenschaft und Kunst kennenlernen kann, als ein Lagerhaus, das solche Objekte zu Ausstellungszwecken durch das ganze Land zirkulieren läßt.« Die drei Stützen des Systems sind hier genannt: die »Schools of Art«, die nach und nach in allen größeren Städten eingerichtet und von der Zentrale in London mit Lehrern, Lehrmaterial und Lehrplänen ausgerüstet wurden – sie bildeten in Tages- und Abendkursen Handwerker und Arbeiter aus, die in irgendeiner Weise Zeichnen für ihren Beruf gebrauchen konnten; der elementare Schulzeichenunterricht, der nach den Londoner Lehrplänen von Lehrern erteilt wurde, die durch eine kurze Fachausbildung der Zentrale gegangen waren; schließlich die Zentrale selbst, das South Kensington Museum (heute Victoria and Albert Museum) als die nationale Deponie und Umschlagstelle für Geschmacksmuster – hier wurden Wanderausstellungen aus Modellen, Ornamentvorlagen, historischem und zeitgenössischem Gerät zusammengestellt.

Das für englische Verhältnisse Unerhörte am Kunstschulwesen ist einmal die Tatsache, daß es eine Veranstaltung des Staates war und daß es zum anderen zentralistisch durchorganisiert war. Beides verstieß radikal gegen die »englische Ideologie«, die alle Erziehungs- und Bildungsaufgaben zur Privatsache erklärte. Die Zeichenschulen (Schools of Design), die ein erster Anlauf zur Hebung der Nationalgeschicklichkeit seit 1837 ins Leben gerufen hatte, waren nach den Militärakademien und der Kunstakademie (die sich selbst trug) die ersten und einzigen Schulunternehmungen des Staates gewesen. Und jetzt entstanden mehr als 100 Institute, über das ganze Land verteilt und nach einem strengen System funktionierend, wie es nur die politisch gänzlich anders strukturierten Staaten Preußens und Frankreichs kannten – Institute für Kunsterziehung wohlgemerkt, nicht etwa für Maschinenbau, Bergbau oder Fernhandel. Das Land hatte sich mühsam und ohne die Hilfe institutionalisierter Forschung die Maschinen erarbeitet, die fortan Maschinen zeugen konnten – damit erreichte seine industrielle Produktion eine neue Qualität und Stufe. Als aber nun geschafft war, was ungleich schwieriger und kreativer anmutet als die Herstellung eines gescheiten oder gängigen Entwurfs, als alles lief, wurde man sich der Gefahr bewußt, daß alles leerlaufen könnte, wenn niemand die Produkte haben wollte, die aus diesen großartigen maschinengezeugten Maschinen herauskamen. Angesichts einer in der Tat beängstigenden Situation – das Ende des industriellen Fortschrittskurses schien angezeigt – sprang der Staat so entschlossen und pragmatisch ein, daß er in Jahrhunderten geheiligte Prinzipien über Bord warf.

Und das ist der Moment, da auch eine nationale Nachfrage nach Ruskin entstand, nach dem Rat eines Autors, der in den gerade erschienenen »Stones of Venice« die These vertreten hatte, daß Kunst aus dem Gesamt der gesellschaftlichen Produktion herzuleiten sei und daß auch die Erzeugung des verborgensten Ornaments sich bestimmten Prinzipien verdanke. Die Diskussion um die Kunstschulen und ihre Lehrpläne, die Beschäftigung mit Fragen des Design, sind für das Wirken Ruskins in den 50er Jahren ein großer Resonanzkörper geworden. Die um Arbeiter, Kunsthandwerker und Lehrer mächtig erweiterte Kunstwelt wurde in the long run auch seine Klientel, obwohl oder weil er ein entschiedener Gegner des neuen Systems war. Seine Opposition ging nicht gegen die Verstaatlichung der Kunsterziehung; er hatte sehr bald begriffen, daß ein zentral gesteuerter Apparat einem prinzipienstarken Kunstlehrer, für den er sich hielt, die besten Verbreitungsmöglichkeiten bot: »Ich will, daß mein System im Marlborough House gelehrt wird«, schrieb er 1858 an den Vater – Marlborough House war damals noch die Adresse von Coles zentraler Kunstschule (Head School) und Museum. Ruskin kämpfte mit offenem Visier gegen die dort vertretenen Ziele und Lehrmethoden. Die Frage nach den Möglichkeiten einer nationalen

Kunstpädagogik stellte sich für Ruskin grundsätzlicher als für den Utilitaristen Cole, der ein gesellschaftliches Defizit punktuell und gezielt anging und die Ursachen und Begleiterscheinungen außer acht ließ. War denn Kunstpädagogik unter den Bedingungen der Industrie-(Un-)Kultur überhaupt möglich? War es sinnvoll, eine Spezialgeschicklichkeit zu fördern? »Machen Sie Designer aus uns!« Auf diese Bitte seiner zahlreichen Schüler und Zuhörer antwortete Ruskin mit der Frage: Sagen Sie mir, wie Sie sich die Zukunft Englands vorstellen, auf welche Zukunft wir alle hinarbeiten, und dann können wir untersuchen, ob es Lebensbedingungen für Designer geben kann. »Die Dinge stehen derzeit doch so, daß wir in England alles daransetzen, neben eine Fabrik, die 200 Arbeiter beschäftigt, eine zweite Fabrik zu stellen, in der 400 Arbeiter arbeiten. Ein einfaches, leichtverständliches Faktum. Nur: Was wird daraus? Wieviele Fabriken wollen wir haben? Oder wollen wir eine unendliche Zahl von Fabriken?« Und es sind ja nicht nur Fabriken, sagt Ruskin. Wieviele Ton-, Erz- und Kohlegruben wollen wir haben? Auch wäre es keine Schwierigkeit, das Bergland »in einen gigantischen Steinbruch für Schiefer und Granit zu verwandeln, der den Rest der Welt mit Baumaterial versorgt«. »Letzte Woche fuhr ich von Rochdale nach Bolton Abbey, voller Muße, nur um eine Landschaft zu sehen, die sehenswert war. Ich kenne kaum eine interessantere Strecke als die zwanzig Meilen zwischen Rochdale und Burnley, ein Tal, das einmal zu den schönsten des Hügellandes von Lancashire gehörte und ganz in der Hand der Schäfer war. Derzeit gibt es dort – ich sage das bewußt und bitte es wörtlich zu nehmen – keine Meile Wegstrecke ohne Hochofen oder Fabrik. Wollen Sie also, daß dies die Zukunft jedes Ortes in England werden soll?« »Wieviele Quadratmeilen englischen Bodens sollen dann innerhalb der nächsten 50 Jahre Kohlegrube, Ziegelei oder Steinbruch werden? Ich will einmal um der Klarheit willen annehmen, daß Ihr Erfolg total sein wird, daß von Meeresstrand zu Meeresstrand die Insel mit Schornsteinen so dicht besetzt ist wie Masten im Hafen von Liverpool stehen, daß es keine Wiesen dazwischen geben wird, keine Bäume, keine Gärten, nur ein wenig Getreide, das auf Hausdächern wächst und mit Dampfkraft gereift und geerntet wird, daß da auch kein Platz sein wird für Straßen, die folglich auf Viadukten über die Dächer der Mühlen oder in Tunnels unter der Erde geführt werden, daß der Rauch das Licht der Sonne außer Kraft setzt und Sie nur bei künstlichem Gaslicht arbeiten können, daß kein Hektar englischen Bodens ohne Schacht und Maschine ist, daß es also keinen Fleck geben wird, an dem Sie nicht Gefahr laufen, im nächsten Moment in die Luft gejagt oder in kleine Stücke gerissen zu werden. Unter diesen Umständen, wenn dies also die Zukunft Englands sein soll, wird kein Design und keine Weiterentwicklung der schönen Künste möglich sein. Hören Sie auf, sich in dieser Hinsicht weiter zu bemühen, verschwenden Sie Ihr Geld nicht an diese Sache.« Heißt das nun, daß Design-Pädagogik (und mit ihr alles andere) nur im Falle der totalen Zerstörung Englands sinnlos wird, im Falle einer negativen Utopie im wörtlichen Verstande: »kein Fleck, an dem Sie nicht Gefahr laufen, im nächsten Moment in die Luft gejagt zu werden«? Nein, Ruskin findet schon jetzt die Grundlagen einer ästhetischen Erziehung zerstört: »Der Wandel dieses Landes geschieht so schnell, daß es gänzlich absurd wäre, Prinzipien einer Kunstpädagogik für den gegenwärtigen Zeitpunkt zu formulieren. [. . .] Die Menschen, die von den erdrückenden und monotonen Verhältnissen der englischen Industrie umgeben und abhängig sind, haben nicht mehr die Kraft zum Entwurf. Mein Umgang mit dem englischen Arbeiter hat mich diese Tatsache gelehrt: Er ist intelligent und talentiert in höchstem Maße, aber ist unfähig, irgend etwas zu entwerfen. Und wenn er dieses Vermögen gewinnen soll, dann muß er die geeigneten Materialien und förderlichen Umstände vorfinden. Design entspringt nicht der eitlen Laune. Design ist das Ergebnis gesammelter Beobachtungen und angenehmer Lebensumstände. Ohne Beobachtung und Erfahrung kein Design, ohne Frieden und befriedigende Beschäftigung kein Design – alle Vorträge, Lehren, Wettbewerbe der Welt sind sinnlos, solange Ihre Arbeiter nicht in glücklichen Umständen und umgeben von schönen Dingen leben. Sie können ja keine richtigen Ideen über Farbe entwickeln, wenn sie nicht die lieblichen Farben der Natur unverfälscht gesehen haben. Sie können ihren Ornamenten nicht Leben und Schönheit verleihen, wenn sie nicht Leben und

Schönheit in ihrer alltäglichen Welt finden.« Also keine Design-Pädagogik, keine Kunsterziehung, bevor sich nicht die gesellschaftlichen Bedingungen von Arbeit und besonders von künstlerischer Arbeit geändert haben. Ruskins Haltung paßt aber nur dem ersten Anschein nach ins Klischee des Utopisten, der erst das Grundsätzliche neu geregelt wissen will, bevor er sich in die Praxis begibt. Zum einen hat er ja viele Jahre lang und nicht ohne Erfolg Arbeiter in Zeichnen unterrichtet, hat er also das »Absurde« durchaus versucht. Zum anderen ist seine Position nicht so radikal, wie sie – aus dem Zusammenhang genommen – wirkt. Im Grunde unterschreitet er sogar den gesellschaftstheoretischen Horizont, den er im Kapitel »Die Natur der Gotik« der »Stones of Venice« anvisiert hatte, das in der zweiten Hälfte der 50er Jahre bereits als Sonderdruck unter Arbeitern kursierte. Dort hatte er die moderne *Produktionsweise* kritisiert: »Wir haben letztlich die ›große Erfindung der Zivilisation: Arbeitsteilung‹, viel durchdacht und vervollkommnet; nur haben wir ihr einen falschen Namen angehängt. Recht gesprochen ist es nicht die Arbeit, welche geteilt wird, sondern der Arbeiter. Er wird in Maschinenteile zerlegt, aufgebrochen in kleine Fragmente und Teilleben.« Die Abrichtung des Menschen zum unfreien Werkzeug, die Mechanisierung und Versklavung des Arbeitslebens, vor allem die Uniformisierung von Produktion und Produzenten – das waren Ruskins Anklagepunkte von 1853, die Qualität industrieller Arbeit betreffend. In den späteren 50er Jahren schreitet er nicht etwa weiter zu einer Analyse der gesellschaftlichen Bedingungen, die der neuen Produktionsweise zugrunde liegen, sondern er reibt sich zusehends an Faktoren, die man Produktionsumstände nennen könnte. Die Monotonie der Fabrikarchitektur, der Industriestädte generell, die Vernichtung natürlicher Umgebung und die buchstäbliche Verdüsterung aller Verhältnisse und Dinge sind damit angesprochen. »Schönheit kann nur geschaffen werden durch Menschen, die schöne Dinge um sich herum haben und Muße, auf sie zu schauen.« Wenn der Ästhet sich als Sozialkritiker versucht, stößt er sich zuerst am unappetitlichen Äußeren der industriellen Realität – so wird man Ruskins Argumentation abtun, und doch hatte sie mehr für sich, als sie vom heutigen Standpunkt aus erkennen läßt. Wie tief der Schock über die Zerstörung der menschlichen und der äußeren Natur ging, können wir nicht ermessen, die wir glauben, Schlimmerem ausgesetzt zu sein. Für viele Engländer kam der Wandel zu schnell, als daß sie sich hätten assimilieren wollen und können. Im Jahre 1851 lebten zum ersten Mal in der Geschichte der Insel, in der Geschichte irgendeines Landes überhaupt, mehr Menschen in Städten als auf dem flachen Land. Somit war über die Hälfte der Engländer Umweltbedingungen unterworfen, die kein Industrierevier heute mehr seinen Bewohnern zumutet – wir werden darüber zu sprechen haben, wenn es um Ruskins Obsession geht, daß die Himmel immer dunkler würden. Nach den unruhigen 40er Jahren, welche die Grundsatzfragen in Sachen politischer Ordnung, Ökonomie und Weltanschauung stellten, welche es am Einfachsten und Wichtigsten fehlen ließen, an der Versorgung der Bevölkerung mit Lebensmitteln, Wohnungen und Arbeitsmöglichkeiten, widmet sich das folgende Jahrzehnt bei relativer politischer und ökonomischer Stabilität den Oberflächenphänomenen und Folgeerscheinungen der industriellen Revolution. Die 50er Jahre sind die Zeit der »systematischen Sanitärreform (Abwässerbeseitigung, Wasserversorgung, Straßenreinigung usw.), der durch den neuen Reichtum ermöglichten öffentlichen Gemeindebauten und der Aussparung offener Plätze und Parks in den Gegenden, die noch nicht gänzlich zugebaut waren«. Damals begann man auch über die Möglichkeiten verbesserter Massenbauweise und Stadtplanung nachzudenken; man behandelte die Dinge vom ethischen, pädagogischen, ökologischen und auch vom ästhetischen Standpunkt, nachdem der unmittelbare politische Druck gewichen war. Ruskin, der in den 40er Jahren die Zerstörung italienischer Kunstwerke wortreich betrauert hatte, aber den Tod von einer Million Iren durch Hunger und Epidemien offenbar nicht erwähnenswert fand, der am Tag der großen Chartisten-Demonstration 1848 im sicheren Schottland mit Effie vor den Traualtar trat, Ruskin kam als Sozialkritiker nach vorne, als seine Analysemethoden durchaus zeitgemäß und seine Gaben sehr wohl gefragt waren.

Verbesserung der Produktionsumstände lautete also die erste, nicht grundstürzend revolutionäre Forderung – eine Maxime, die sich auf die Lernumstände übertragen ließ. Ruskin fand die schäbigen Quartiere der Abendzeichenschulen dem Zweck ebensowenig angemessen wie die spartanisch leergeräumten Klassenzimmer des normalen Schulbetriebs. Hätte er das Sagen gehabt, so hätten die Unterrichtsräume so ausgesehen wie diejenigen, die er für seine Schüler ausrichtete, vollgepackt mit Dingen aus Kunst und Natur. »Das beste Studienzimmer ist meiner Meinung nach das schönste. Und eine ruhige Waldlichtung oder ein Plätzchen an einem Seeufer wiegen alle Schulräume der Welt auf.« Ruskins zweiter Ansatzpunkt hieß: Verbesserung der Produkte. Auch in dieser Hinsicht ging er einen von den Interessen der Politökonomie verschiedenen Weg, der freilich aktuelle Nöte eher ansteuerte als die abstrakten Winkelzüge der Wirtschaftstheoretiker. Die Produktionsumstände hatten die Ökonomen nur insoweit beschäftigt, als da ein schwer kalkulierbarer Grenzwert vorlag. Irgendwann war ein Zustand erreicht, unter dem der Arbeiter seine Tätigkeiten nicht mehr (für den Kapitalisten) gewinnbringend verrichten konnte. Es mußte im Interesse des Profits (nicht des Arbeiters) ein Ausgleich zwischen belastenden und förderlichen Faktoren gefunden werden. Für die möglichen Auswirkungen der Umweltbedingungen auf die Qualität der Produktion und der Produkte blieb da kein Gedanke übrig. Überhaupt steht das Problem Warenqualität quer zu den Denkweisen der Ökonomen. Für sie ist hier wieder eine Relations-, nicht eine Grundsatzfrage angesprochen. Die Qualität der Ware macht solange keinen Unterschied, als es um Absatz, Profit oder ganz einfach um Ausnützung vorhandener Produktionskapazitäten geht. »Ob sie [die Arbeit] anderen nützlich, ihr Produkt daher fremde Bedürfnisse befriedigt, kann aber nur ihr Austausch beweisen«, heißt es im »Kapital«. Gut im Sinne der Ökonomen ist das Produkt, das sich absetzen läßt. Das kann das billige Produkt sein, das nur kurz hält, das kann das mindere Produkt sein, das so tut, als handele es sich um Qualitätsarbeit, das kann das modische Produkt sein, dessen ästhetischer Gebrauchswert vor seinem materiellen verschlissen ist. Für die Ökonomen ergeben sich hier Rechenexempel und marktpsychologische Aufgaben. Die erste Hälfte des wirklichen Problems, nämlich: Wie bestimme ich die Qualität der Waren?, tun sie mit dem Satz ab: »Die Gebrauchswerte der Waren liefern das Material einer eigenen Disziplin, der Warenkunde« – das ist der Beitrag des »Kapitals« zu diesem Thema. Die zweite Hälfte des Problems, nämlich: Welche Warenqualität ist die gesellschaftlich sinnvolle?, können sie in ihrem System überhaupt nicht unterbringen. Da waren Außenseiter wie Ruskin aufgerufen, die verqueren Fragen zu stellen und den spezifischen Zeiterfahrungen zum Ausdruck zu verhelfen.

Die Aufhebung der handwerklichen Produktions- und Vertriebsordnung, die mit der Entfesselung der Großen Industrie einherging, konfrontierte die Menschen der ersten Hälfte des 19. Jahrhunderts mit einem Phänomen, das früher Notzeiten vorbehalten war oder als Einzelvergehen drastische Strafen nach sich zog. Gemeint ist die Verfälschung der Produkte. »England ist entsetzt darüber, daß man die Verfälschung der Lebensmittel und aller anderen Stoffe enthüllt hat«, schreibt der Englandbesucher Ralph Waldo Emerson 1856, und Ruskin zitiert ihn: »Man findet, daß Milch nicht mehr nährt, Zucker nicht mehr süßt, Brot nicht sättigt, Pfeffer nicht beißt, Leim nicht klebt. Im wahrhaftigen England ist alles falsch und gefälscht [. . .].« Hierzu die Angaben eines heutigen Sozialhistorikers: »Ale und Porter wurden mit Cocculus indicus (einem gefährlichen Gift, das als Ersatzstoff für Malz und Hopfen diente) behandelt; in frischgebrautes Bier kam Schwefelsäure, um Reife vorzutäuschen. Brot enthielt eine kleine Dosis Alaun, das minderwertiges Mehl bleichen half, aber auch Kartoffeln, Kreide und Pfeifenton wurden dem sogenannten Weizenbrot beigegeben. Tee wurde auf vielerlei Weise ›geschönt‹ – man mischte ihn mit gebrauchten Teeblättern, die mit Gummi behandelt und getrocknet worden waren, oder mit ›britischem Tee‹, der von den heimischen Hecken kam. Keine Schwierigkeiten bereitete es, Staub unter Pfeffer zu mischen oder Milch mit Wasser zu verlängern.« »Adulteration of food« – Verfälschung der Lebensmittel war der schlimmste Tatbestand einer epochalen Tendenz zur Erfindung von Ersatzstoffen und neuen Werkstoffen. Mancher Wandel hatte seinen Grund in neuen Technologien – so der Ersatz von Holz durch Metall; vieles war neu, weil es sich dem wissenschaftlichen Fortschritt verdankte – man denke an die totale Umstürzung der Chemie der Farben; einiges entsprang Launen und Experimenten – so die Möbel aus Pappmaché und Guttapercha, die man auf der 1. Weltausstellung bewundern konnte. Nimmt man zu den Neuerungen hinzu, daß auch altbekannte Produkte und Stoffe durch maschinelle Verarbeitung völlig neue Qualitäten erhielten, was Textur, Gleichmäßigkeit, Finish anbelangt und daß nun ein noch rasanterer Wechsel der Stile und Moden den Warenkörper in immer neue Formen zwang, so wird man der These folgen können, daß dem Zeitgenossen von 1850 sich die menschengemachte Welt in ganz anderen Geschmacks- und Tastwerten, Seh- und Geruchsempfindungen darbot als ein halbes Jahrhundert zuvor. Das ist der Hintergrund, vor dem Ruskin seinen lebenslangen Kampf für eine bessere Warenqualität aufnahm. Seinem religiösen Eifer entging nur ein Faktum, das wie kein anderes geeignet gewesen wäre, die Diskussion um die Warenqualität an die höchste Instanz heranzutragen. Katholische Theologen hatten herausgefunden, daß die sakramentalen Substanzen wie Brot, Wein, Öl, Wachs und Weihrauch seit Jahrzehnten gefälscht worden waren; da aber, wie Huysmans die Lehrmeinung spöttisch zusammenfaßte, »Gott sich weigerte, in Kartoffelmehl hinabzusteigen«, befiel namhafte Theologen der schreckliche Verdacht, das Jahrhundert sei soweit ohne die Gnade der Sakramente, sprich: ohne Gottes Segen geblieben. Ruskin hätte dem sofort zugestimmt.

So lautet die zweite Botschaft, die er seinen verdutzten Auditorien nahebrachte: Design ist sekundär; Vorrang hat die Qualität der Produkte. »We require work substantial rather than rich in make; and refined, rather than splendid in design. – Erst müssen wir lernen, ehrliche englische Waren zu erzeugen, dann erst, sie zu schmücken, wie es den jeweiligen Grazien gefällt.« Die Scheinproduktivität der großen Industrie soll nicht durch die Produktion von Schein gerettet werden. Qualität soll vor Quantität kommen, Solidität vor »wholesome evanescence«, »nützlichem Schwund«, wie Ruskin ironisch die Erscheinung nennt, die heute geplanter Verschleiß heißt. Erst in weiterer Hinsicht wird die Formgebung wichtig, dann nämlich, wenn es darum geht, die Produkte vor vorzeitigem ästhetischem Verfall zu bewahren. Um bei dem ihm Nächstliegenden, bei der Kunstproduktion anzufangen, schlägt Ruskin vor, neue Standards für die Produktion von Papier und Wasserfarben zu verwirklichen. Er wußte, wovon er sprach. Turner hatte sein Leben lang schwer gegen die Grundlagen seines Metiers gesündigt: durch mangelnde Sorgfalt bei der Farbzubereitung, durch mangelnde Geduld beim Aufbau der Farbschichten, durch übermäßig pastosen Auftrag. Wenn die Tore der Akademie-Ausstellung sich zum ersten Mal öffneten, waren Turners Farben noch weich und naß. Während der unmittelbar vorausgehenden Firnistage hatte er seinen Bildern letzten Lüster und Effekt verliehen. Er schönte seine Produkte, nicht anders als es ein Fleischer oder Brauer tat. Wenn es ums Ganze ging, griff er zu kurzfristig wirksamen Bindemitteln wie Leim, Wasser oder Bier. Die Folge war, daß die Bilder während der nächsten zwei Jahre ständig ihr Aussehen veränderten und ihre Farben schließlich »trübe, tot und dunkel wurden«, von den Sprüngen und Rissen gar nicht zu reden. Schon Band 1 der »Modern Painters« klagt: »Es ist zutiefst zu bedauern, daß ein so großer Maler der Nachwelt kein einziges Werk hinterläßt, nach dem seine wirklichen Fähigkeiten beurteilt werden können.« Turner gab dabei nur besonders leichtherzig einer Tendenz nach, die die Basis der gesamten Kunstproduktion umgestaltete. Mit der Erfindung des Farbkuchens im ausgehenden 18. Jahrhundert war den Malern von der Industrie die Mühe genommen worden, ihre Aquarellfarben selbst zubereiten zu müssen; seit der Erfindung der Zinntube (weithin eingeführt im zweiten Viertel des 19. Jahrhunderts) standen ihnen vorgefertigte, immer frische Ölfarben zur Verfügung. Von nun an stellten sie keines ihrer Mittel mehr selbst her: Pinsel, Farben, Bindemittel, grundierte Leinwand, Zeichen- und Aquarellzubehör, die Produktion all dessen, was einst zu den geheimen Künsten des Ateliers gehört hatte, überließen sie jetzt unkontrollierbaren Industrien und Zulieferern. Die Ergebnisse waren dementsprechend. Viele Farben verbleichten; die Mischung bestimmter Pigmente führte zu unvorhersehbaren Reaktionen; vor allem die Papierqualität verschlechterte sich dramatisch: Die bis dahin unbekannte Verwendung von Holzschliff und alaungefällter Harzleimung bedingte eine rapide Alterung und Farbveränderung des Trägers von Aquarellen, Zeichnungen, Graphiken und Schrift. Schade, sagt Ruskin in einer Nebenbemerkung, daß im gleichen Augenblick, da die Naturaneignung mit künstlerischen Mitteln ihren Höhepunkt erreicht, die Chancen für den Erhalt dieser Leistungen steil absinken.

Innerhalb von ca. 80 Jahren war verlorengegangen, was als wesentlicher Teil der Kunst gegolten hatte: Materialbeherrschung, technische Kniffe, handwerkliches Ethos, Naturnähe der Mittel. Wichtige Techniken waren in Vergessenheit geraten. Mit welchen Mühen und dürftigen Ergebnissen wurden nicht gerade in England die Verfahren der Fresko-Malerei wiedererarbeitet, um den Neubau des Parlaments auszustatten. Manche Bilder mußten zweimal ausgeführt werden und entstanden schließlich doch nur auf Leinwänden, die man in die Wand einließ. Nicht anders erging es einem Projekt, das Ruskin sehr gefördert hatte. Im gleichen Jahr 1857, als er seine Vorträge über die »Politische Ökonomie der Künste« in Manchester hielt, taten sich in Oxford, teils auf seine Anregung hin, sieben präraffaelitische Maler zusammen, um die Wände der neuerbauten Union Hall mit Bildern aus dem Sagenkreis der Arthur-Legende zu bedecken. Ein Unternehmen aus echt mittelalterlichem Geist, wie alle Beteiligten und ihr Promotor fanden, aber mit unerwartet neuzeitlichem Ausgang: Schon ein Jahr später war von den Malereien kaum mehr etwas zu entdecken. Ruskin hatte für all das einen drastischen Vergleich bereit: Michelangelo soll einmal auf Geheiß des Piero de Medici eine Statue aus Schnee geformt haben – genauso widme sich die Gegenwart dem »service of annihilation«. Sie lasse eine große »Statue aus Schnee errichten und verschwende ihre Arbeit an vergängliche Dinge«, sie lasse zerfallen oder zerstöre aktiv, was ihr vergangene Epochen übereignet hätten, und sie sorge dafür, daß ihre eigenen Produkte die Nachwelt erst gar nicht erreichten. »Man kann einen Stich von Dürer, der 200 Jahre alt ist [sic!], ohne besondere Vorsicht behandeln, aber es ist sehr die Frage, ob nicht schon nach 100 Jahren die Mehrzahl moderner Aquarelle als weiß-braune Fetzen endet. Und unsere Nachkommen, die diese Blätter verächtlich zwischen den Fingern zerreiben, werden halb zornig, halb verärgert in unsere Richtung sagen: ›Diese vermaledeiten Leute des 19. Jahrhunderts! Sie dampften um die ganze Welt, um Geschäfte zu machen, aber sie konnten nicht ein Blatt Papier herstellen, das überdauert.‹« (Wie immer gingen Ruskins Voraussagen beinahe in Erfüllung. Fachleute prognostizieren, daß das Papier der »Alaun-Epoche« ohne konservatorische Maßnahmen im nächsten Jahrhundert nicht mehr brauchbar sein wird – dann hat es immerhin 150 und nicht nur 100 Jahre gehalten.)

Während »wir in England enorme Anstrengungen machen, neue Künste aller Arten und Richtungen hervorzubringen, obwohl wir wissen und zugeben, daß der größte Teil nichts taugt, während wir immer neue Tapetenmuster und neue Formen von Teekannen und neue Bilder, Statuen und Bauwerke produzieren und ein großes Gegacker anhebt, wenn eine Teekanne oder ein Bild eine Spur von Qualität aufweisen«, über all diesem Verschleiß von Arbeitskraft, Geschick und Material, sagt Ruskin, gingen die eigentlichen Grundsätze einer guten Ökonomie verloren, die darin bestünden, »Arbeit weise zu verwalten [the wise management of labour], und das in dreierlei Hinsicht: als vernünftiger Einsatz von Arbeitskraft, als sorgfältige Bewahrung und als angemessene Verteilung ihrer Produkte«. Für die »Kunstgüterproduktion« wie für die Ökonomie im ganzen heiße das: Am teuersten komme das Billige und Schnellebige, nur die beste und dauerhafteste Arbeit zahle sich aus, und nur die Arbeit, die den Arbeiter glücklich mache, könne auf Dauer auch den Abnehmer erfreuen. Ruskin rekurriert hier natürlich auf die Erkenntnis der »Stones of Venice«, daß allein freie Arbeit den Produzenten wie den Konsumenten befriedige. Und weil er diesen Grundsatz beherzigt, kann er die Erwartungen derer nicht erfüllen, die auf konkrete Empfehlungen für Muster und Formgebung hoffen. Deswegen ist ihm auch der Nebeneffekt der »Stones« letzten Endes unheimlich, der nun Bauten im Stil der oberitalienischen Gotik, farbige Backsteinarchitektur, »streaky bacon style« hervorbringt. Selbstverständlich arbeitete er für eine nationale Erneuerung der gotischen Architektur, aber er wollte damit nicht ein Geschmacksmuster patentieren, sondern einen Rahmen schaffen, in dem sich die Kreativität der Bauhandwerker ausleben konnte. Nachdem es ihm und anderen gelungen war, einen gotischen Entwurf für das neue Oxforder Universitätsmuseum durchzusetzen, ging sein Engagement finanzieller und ideeller Natur dahin, eine Truppe irischer Steinmetze die figürlichen Kapitelle nach freiem Ermessen gestalten zu lassen. Nach vielversprechenden, heute noch sichtbaren Anfängen endete dieses Projekt ähnlich traurig wie die gleichzeitige Freskierung der Union Hall. Die Steinmetzen entwickelten sich so frei, daß die Universitätsbehörden sich ihrer wieder entledigten und die meisten Kapitelle ohne Schmuck blieben. Immer noch besser, wird Ruskin gedacht haben, als Kapitelle nach fremdem Entwurf behauen oder nach ein und demselben Muster ausgeführt. Noch einmal: Er wollte das Perpetuum mobile der Scheinproduktion nicht durch immer neue Entwürfe ölen, er wollte es durch Bloßlegen seiner Grundeinrichtung stören und die materiellen Voraussetzungen für eine Gegenproduktion schaffen. Deswegen die hartnäckige Befassung mit der Qualität der Produktion und der Produkte.

Bei der Durchsetzung seiner Ideen hoffte Ruskin auf die Unterstützung dreier ganz verschiedener Instanzen. Sie sind so verschieden, so antagonistisch, daß man daran deutlich erkennen kann, daß Ruskin das Politische an der Politischen Ökonomie für sich noch kaum geklärt hatte. Enttäuscht vom Adel, unsicher und ängstlich gegenüber dem Proletariat, versuchten die bürgerlichen Intellektuellen Englands eine Zeitlang die Kapitalisten, die Unternehmer und Fabrikherren als neue Führungsschicht aufzubauen. Carlyle hatte den Anfang gemacht und die phantastische Vorstellung von der »chivalry of labor«, vom »Rittertum der Arbeit« entwickelt. Er kontrastierte den »edlen glaubensstarken Ritter« des Feudalismus mit dem zeitgemäßen Typus des »unedlen, gottlosen Bukanier«, der 1000 Mann anheuert, sie zum »Sieg über die Baumwolle« führt, seine Trophäen zu Hause aufhängt, seinen Schatz der Bank übergibt und die Mannschaft entläßt. Das Bedürfnis nach »Hero-worship« ließ gerade rauhbeiniges Verhalten in positivem Licht erscheinen. Auch Ruskin hat den »captains of industry« einen wichtigen Stellenwert beigemessen; er verlieh ihnen – weniger romantisch, aber nicht weniger naiv als Carlyle – die Rolle des Erziehers und nannte ihre Produkte »educational instruments«, deren »Einfluß alle Moralerziehung in den Schatten stellen könnte«. »Sie müssen immer bedenken«, redete er sie 1859 in Bradford an, »daß Ihre Aufgabe als Produzenten ebenso die Formung wie die Belieferung des Marktes ist. Wenn Sie aus kurzsichtigem und rücksichtslosem Gewinnstreben jedem momentanen Bedürfnis der Massen nachgeben oder in Konkurrenz mit anderen Produzenten oder Nachbarindustrien durch Neuerungen und Gags die Aufmerksamkeit auf sich ziehen wollen, wenn Sie also jedes Design zur Werbung erniedrigen [. . .], dann werden Sie niemals gute Formgebung hervorbringen oder erkennen können. [. . .] Die Arbeit Ihres Lebens wird darin bestehen, den Geschmack der Allgemeinheit zu verderben und die öffentliche Verschwendung zu ermutigen. [. . .] Sie sollten aber in gewissem Sinne Autoren werden: so wie ein Schriftsteller, hat er erst einmal sein Publikum gewonnen, publizieren kann, was erzieht und unterhält, so ist es Ihre Aufgabe zu produzieren, was erzieht und schmückt. [. . .] Wie viele von Ihnen sind es zufrieden, die prosperierenden Geschäftsleute dieser Nation zu sein, wo Sie doch ihre Führer, Räte und Lenker sein könnten – Kräfte von subtiler, aber enormer Gestaltungskraft [. . .].« In zweiter Linie denkt Ruskin an die Hilfe des Staates, ein Vorschlag, der heute eher Gähnen hervorruft, damals aber, zumal, wenn man ihn in Manchester erhob, einem Redner den Geruch eigentlich staatsfeindlicher Bestrebungen eintrug. In Manchester, der Hauptstadt der Laissez-faire-Ideologie, rief Ruskin nach dem Vater Staat (paternal gouvernment), der nicht nur Untaten verhindert, sondern auch Taten fördert und lenkt, »der uns in unseren Beschäftigungen anleitet, uns gegen unsere Laster schützt und uns aus unseren Nöten erhebt: ein Regiment, das Unlauterkeit ebenso bestraft, wie es heute Diebstahl verfolgt, das uns zeigt, wie das disziplinierte Zusammenwirken der Massen dem Frieden ebenso nutzbar gemacht werden kann, wie das sonst im Krieg geschieht«. Für die Politische Ökonomie der Künste soll die Staatsintervention bringen: »Pflanzschulen« für junge Genies, staatliche Aufträge in Form von großen Ausstattungsprogrammen und Musterfabriken zur Herstellung guter Papiere und Farben. Nur der letzte, der kleinste Vorschlag ist Ruskins eigene Idee. Die Forderung nach staatlichen Kunstschulen und staatlichen Kunstaufträgen wurde bereits akzeptiert, wenn auch nicht Ruskins Vorstellungen gemäß. Aber den

Staat als »model employer«, als Betreiber von Musterfirmen in die Pflicht zu nehmen, das war neu, provokant, aber nicht ganz und gar utopisch. Es war ein Projekt, das gerade noch im »englischen System« untergebracht werden konnte. Anders als die französischen Nationalwerkstätten, die durch Abschöpfung großer Arbeiterpotentiale den Markt für Arbeitskraft und Produkte beeinflußten, sollten die Musterfabriken den kapitalistischen Produzenten ja nicht durch subventionierte Waren das Geschäft verderben, sie sollten sie nur eines Besseren belehren, als Bewerber unter Bewerbern, in Anerkennung der entscheidenden Instanz des Marktes, unter Anrufung der Einsicht und Verantwortungsbereitschaft des Verbrauchers.

Und damit ist Ruskins wichtigster Adressat genannt. Bei aller Hoffnung in die Mitwirkung der »Kapitäne der Industrie« und der »Piloten des Staates« bezieht Ruskin seinen Standpunkt doch letztlich auf der anderen Seite, dort, wo er vorher kunsttheoretisch den Grund bereitet hatte: auf der Seite des Rezipienten, des Verbrauchers. Nach den ungezählten Ökonomen des Geldes, des Kapitals, der Arbeit ist Ruskin der erste Ökonom des Verbrauchers gewesen, der erste Theoretiker des »Konsums der Konsumenten«, was zumal für England, für das Land der Produktionsmittelindustrie eine Besonderheit darstellt. Schon in den »Stones of Venice« heißt es, daß den »Übeln« der industriellen Revolution »nur durch eine dezidierte Nachfrage nach den Produkten und Ergebnissen gesunder und veredelnder Arbeit« vorgebeugt werden könne. Drei einfache Regeln seien dabei zu beachten: »Unterstütze nicht die Herstellung von Artikeln, die der Erfindungsgabe keinen Raum lassen. [Hier sind Güter gemeint, die nicht absolut lebensnotwendig sind.] Verlange nicht Vollendung [finish] als Selbstwert, sondern nur, wenn sie einem praktischen oder hohen Ziel dient. Unterstütze keine Produktion, die nur imitiert, es sei denn, sie diene der Reproduktion großer Werke.« Diesen Kodex könnte man zu der einen Forderung zusammenziehen: Kaufe nur die Produkte originaler Arbeit! Hinzu kam in den späteren 50er Jahren nur noch die Forderung: Kaufe nur haltbare Produkte! Die Befolgung dieser Appelle sollte Befriedigung nicht nur dem Verbraucher allein, sondern auch dem Arbeiter bringen. Hier zahlt sich auch in ökonomischen Dingen Ruskins organisch-einheitliches Konzept der Rezeptionsästhetik aus. Produzent und Rezipient stehen in einem fortwährenden Dialog, denn für alle Beziehungen, die über ein Werk geregelt sind, gilt, daß sich »darin eine Seele der anderen mitteilt«. »Die Produktion produziert daher nicht nur einen Gegenstand für das Subjekt, sondern auch ein Subjekt für den Gegenstand« – dieser Satz der »Grundrisse« (1857/58) von Marx wäre in Ruskins und Marxens Sinne zu ergänzen durch die Aussage: »Die Konsumtion produziert die Produktion.« Anders als Marx konnte Ruskin aber nicht begreifen, welche Autonomie und Eigenkraft das zwischen Herstellung und Gebrauch tretende Produkt in der Form der Ware gewinnen konnte, wie zerstörerisch sich diese dritte Kraft auf den lebendigen, lebenspendenden Austausch von Produktion und Konsumtion auswirken konnte. Ruskin konstruiert gerade in den späten 50er Jahren eine ganz unmittelbare Beziehung zwischen Arbeiter und Verbraucher, indem er den Kauf nicht als Kauf einer Ware, sondern als Kauf von Arbeitszeit interpretiert. »Wann immer wir Geld ausgeben, setzen wir Menschen in Arbeit [. . .], also werden wir ihnen Herr und Herrin; wir zwingen sie, innerhalb einer bestimmten Zeit einen bestimmten Artikel zu produzieren.« Wir entscheiden auf diese Weise, ob »nützliche, dauerhafte und dem Ganzen zuträgliche« oder »nutzlose, vergängliche und nur unseren Egoismus befriedigende Güter« erzeugt werden, und von uns als Verbrauchern hängt es ab, ob »unsere Arbeiter« »gesunde und gute Arbeit« verrichten.

Weil ihm (noch) der Ansatzpunkt fehlte, theoretisch wie politisch, die Produktionsverhältnisse selbst anzugreifen, beschwört Ruskin die Macht des Verbrauchers, durch Konsumverzicht und Bewußtheit des Kaufverhaltens auf die Produktion einzuwirken. Bedenkt man, daß der Großteil der englischen Bevölkerung nur über ein Existenzminimum verfügte, das keine großen Wahlmöglichkeiten zuließ, und daß ihr langer Arbeitstag bzw. vertragliche Bestimmungen sie dazu zwangen, sich in unmittelbarer Nähe ihres Arbeits- und Wohnorts (in den fabrikeigenen »tommy shops«) zu versorgen, so erscheint eine solche Aufforderung zu kritischem Einkaufsverhalten auf die typischen Gegebenheiten der Mittel- und Oberschicht zugeschnitten und nicht erweiterungsfähig als Programm, den »Übeln des Zeitalters« an die Wurzel zu gehen. So hätte Marx also doch recht, wenn er sagt: »In der bürgerlichen Gesellschaft herrscht die fictio juris, daß jeder Warenkäufer eine enzyklopädische Warenkenntnis besitzt.« Und nicht nur »Kenntnis« – das bürgerliche Konsumentenideal müßte ausgestattet sein mit allem, was den Bürger auch sonst ausmacht, mit Vernunft, Freiheit, Verantwortung. Andere Kritiker – unter ihnen Thorsten Veblen – haben gesagt, nicht nur die politische Rechnung, die dem Verbraucher die Kraft zum Umsturz einräumt, sei vom bornierten Klassenstandpunkt aus aufgemacht, auch im Verhaltenskodex des Käufers würden sich eindeutig Geschmacksideale der englischen Oberschicht niederschlagen. Der glatten Maschinenarbeit, der massenhaften Reproduktion, dem Kreislauf des Modischen würden hier nur die alten Werte des Handgemachten, individuell Produzierten, Soliden und Zeitlosen entgegengestellt – Werte, die nicht an sich und nicht gesellschaftlich sinnvoll seien, sondern vor allem eins bewirkten: soziale Unterschiede sichtbar herauszuarbeiten.

Auf den ersten Einwand hätte Ruskin antworten können: Ich denke für die, die ich erreiche, aber ich spreche nicht für die, die ich erreiche. Das England der 50er Jahre kannte keine Organisation der Werktätigen, keinen kritisch aktivierten Zustand des Proletariats, kurz: Die Massen der Arbeiter konnten kein erkennbarer Adressat für einen bürgerlichen Intellektuellen sein, der als Newcomer, ohne die 48er-Erfahrung, das Geschäft der Sozialkritik aufnahm. Es sind dies die Jahre, die Marx im Lesesaal des British Museum verbrachte, Politik allenfalls in Emigrantenkreisen machend. Es wird auch noch einige Zeit dauern, bis Ruskin seine Schriften an die Arbeiter Englands richtete und den Konsumentenstandpunkt aufgab, um über den Faktor Produktion–Gegenproduktion Reformen voranzubringen. Die 50er Jahre sind die Epoche einer sich konsolidierenden Mittelklasse – die Sozialstatistiker verweisen hierzu auf das besonders sprechende Indiz der Vermehrung des Dienstpersonals: es stieg im 6. Jahrzehnt um 26,8 Prozent auf 1,05 Millionen; die 50er Jahre gelten auch als die Zeit des Surplus-Kapitals, das trotz der weiter sich beschleunigenden Industrialisierung nicht zur Gänze reinvestiert werden konnte, also auch in Luxusgüter, Kunstgegenstände, Bauwerke umgesetzt wurde. Und die »ruhigen« und »einträglichen« 50er Jahre enden in der ersten Weltwirtschaftskrise (1857 bis 1859), die nicht nur bei den vielen Zeitgenossen, die Vermögen oder Arbeitsplatz verloren, sondern auch bei den Verschonten tiefen Zweifel über Sinn und Zweck des gesamtgesellschaftlichen wie privaten Wirtschaftens säte. Ruskins Karriere ist mit den Bewegungen dieses Mittelstandes und dieses Surplus-Kapitals verknüpft, und die »großartigen«, »famosen« Zusammenbrüche (Engels) von 1857 – das ist das Jahr der Vorträge über die »Politische Ökonomie der Künste« – haben ihn als beginnenden Kapitalismuskritiker enorm beflügelt. Aber er wirkt nicht als der Geschmacksratgeber oder Anlageberater oder Krisenmanager seiner Klasse. Er sagt nicht, wie der Käufer und Auftraggeber sich vor dem bestehenden Angebot verhalten soll, er sagt, was das Angebot lehrt und wie man es von der Produktion auf ändern müßte. Er leistet es sich auch angesichts einer stagnierenden Wirtschaft und steigender Arbeitslosigkeit, angesichts von einer Million aus Gemeindemitteln unterstützten Armen und Arbeitslosen im März 1858, die Forderung nach Belebung des privaten Konsums zurückzuweisen. Luxus sei nicht verwerflich, sondern volkswirtschaftlich erwünscht, hatte der New Yorker Stadtrat auf dem Höhepunkt der Krise als Motto ausgegeben: »Ein Millionär, der in zehn Jahren Kapital und Zins verpraßt, hat in Wirklichkeit eine Hundertschaft, die seine Luxusbedürfnisse befriedigte, Unternehmer und Angestellte, um seine Million reicher gemacht. Er mag ruiniert sein, aber die Nation hat profitiert und ist reicher geworden.« Was aber, fragt Ruskin die »gentlemen of the common council«, ist das Ergebnis, »das Produkt dieser Arbeit«, für das 1 Million Dollar aufgewandt wurde? »Das Produkt ist, wie Sie selbst sagen, ganz verbraucht, denn der Mann ist nun ein Bettler. Sie haben also als Nation Arbeit im Gegenwert von 1 Million erbracht, um als Endprodukt einen Bettler zu haben. Eine großartige Ökonomie, meine Herren, und von der Art, die in logischer Folge noch mehr Bettler erzeugt. Ein einfaches Beispiel mag Ihnen vielleicht Klarheit verschaffen. Wenn ein Schuljunge das Haus am Morgen mit fünf Schillingen verläßt und abends ohne Geld heimkommt, nachdem er alles in Kuchen investiert hat, dann sind Kapital und Zins dahin, und der Bäcker ist bereichert. So weit, so gut. Aber nun nehme man an, er hätte all sein Geld in ein Buch und ein Messer investiert, Kapital und Zins wären auch dahin, und der Buchhändler und der Eisenwarenhändler wären bereichert. Nun wäre aber auch der Junge bereichert: Er könnte am nächsten Tag seinen Schulkameraden mit Buch und Messer dienen und würde nicht im Bett liegen und den Doktor bemühen müssen.«

Ruskin möchte nicht der Theoretiker der Über-, noch der Unterkonsumtion sein. Er möchte als Ökonom die Lehre der »richtigen« Konsumtion (und Produktion) finden, das heißt, um es noch einmal zu zitieren, die Lehre vom »vernünftigen Einsatz der Arbeitskraft« und von der »sorgfältigen Bewahrung und angemessenen Verteilung ihrer Produkte«. So ist er auch gefeit gegen den anderen großen Fetisch der Volkswirtschaftler, gegen ihren Glauben, nur die »Erfindung neuer Bedürfnisse« (invention of new wants) könne die Produktion wieder und auf Dauer ankurbeln. Solange die »alten Bedürfnisse« noch nicht erfüllt seien, z. B. »die Armen noch nicht komfortabel behaust und bekleidet seien«, bezahle man die Erzeugung neuer Produkte (fancies) »mit der Arbeit, die von nützlichen Dingen abgezogen wird«. Ruskin ist keineswegs gegen Luxus und Überfluß eingestellt, aber er wünscht ihn sich als allgemeinen Zustand, als Ergebnis kollektiven und kooperativen Wirtschaftens, nicht als Lohn des egoistischen Verlangens weniger und als Belastung aller, auch der natürlichen Ressourcen. Noch zeigt er sich hinsichtlich der Erreichbarkeit seiner Forderungen optimistisch: »A time will come – I do not think even now it is far from us – when this golden net of the world's wealth will be spread abroad as the flaming meshes of morning cloud are over the sky; bearing with them the joy of light and the dew of the morning, as well as the summons to honourable and peaceful toil.«

3

Wie wir sehen, steht der Ruskin der 50er Jahre immer kurz davor, Thema und Anlaß der Kunstpädagogik abzustreifen und ganz ins Lager der Kulturkritiker und Ökonomen zu wechseln. Was ihn noch hält, ist die Erfüllung eines alten Versprechens. Die Abfassung von »Modern Painters« Band 3 bis 5, die ebenfalls in diese schon übervollen Jahre 1853-1860 fällt, war ein Unternehmen gegen die Zeit – gegen die ablaufende Lebenszeit des Vaters, dem er geschworen hatte, das Werk zu vollenden, gegen die eigene Entwicklung, die ihn weit von der ursprünglichen Motivation wegführte, gegen die allgemeine Tendenz der Zeit, die den Grundlagen des Buchs, Natur und Kunst, an den Lebensnerv ging. Letzteres wurde zur Hauptsorge. Als Ruskin die letzten Bände schrieb, fand er sich in der Situation wieder, in der Turner stand, als er, Ruskin, die Sache des großen Malers aufnahm. Er war bekannt, ja berühmt, gleichzeitig heftig umstritten und bekämpft (Lady Eastlake in der »Quarterly Review« über »Modern Painters«: »false assumptions, futile speculations, contradictory argument, crotchety views and romantic rubbish«), dabei innerlich unbewegt von öffentlicher Meinung, aber umgetrieben von der tiefen Sorge und schließlich festen Überzeugung, daß die Botschaft ungehört verhallen würde, daß niemand mehr sehen wollte, was (noch) da war und niemand mehr sehen konnte, was nicht mehr da war. Am Schluß der »Modern Painters« versucht Ruskin die »Geisteshaltung« zu beschreiben, in der Turner seine großen Werke geschaffen hat: »Was ich tue, will gut getan sein, aber ich weiß auch, daß keinen meiner Zeitgenossen kümmert und beschäftigt, was ich tue, und je besser ich es mache, desto weniger werden sie es begreifen.« Für Ruskin, für »Modern Painters« ist allerdings auch der tote Turner noch ein mächtiger Ansporn und ein Gegenstand der Analyse bis buchstäblich zur vorletzten Seite: »Von noch tieferer Verehrung für Turners Kunst bin ich erfüllt, als ich es am Beginn dieses Unternehmens war«, heißt es im Schlußkapitel. Die Durchsicht und Aufstellung des Nachlasses hatte Ruskin aufs glänzendste bestätigt. Warum Turner selbst in den unscheinbarsten Details recht hatte, wie Ruskin von Anfang an behauptete, erwies sich aus den zigtausend Blättern, die kein Naturphänomen auslassen und eine komplette, wenn auch total chaotische Verhaltenslehre des Wassers, der Wolken, der Pflanzen unter wechselnden Bedingungen darstellen. Aber auch diese Notizen bewiesen, daß Sammeln hier dem verzweifelten Versuch einer Rettung gleichkam: »Sein ganzes Leben scheint von der einen Sorge und Furcht begleitet, von dem Gefühl, daß alles dem Verfall geweiht ist«, schreibt Ruskin nach Ordnung des Nachlasses.

Er hatte seit dem Sommer 1846 in Tage- und Notizbücher und in Zeichnungsmappen eingebracht, was den Rest der »Modern Painters« füllen sollte und was er seinen Lesern versprochen hatte: die »Wahrheit« der Wolken, der Steine, der Pflanzen, des Wassers in noch genauerer Ergründung, als dies in den skizzenhaften Kapiteln von Band 1 geschehen war. Gower Street, das Symbol für England, für Anti-Natur, trieb den »Priester der Natur« immer wieder dorthin, wo es noch wild und einsam war: in die Alpen, nach Chamonix, wo alles begonnen hatte. Im Überschlag gerechnet sind etwa zwei Drittel aller Naturbeobachtungen in den Alpen gesammelt, und das hatte zur Folge, daß die »Wahrheit der Berge« am Ende einen ganzen Band beanspruchte (Band 4), während die »Wahrheit des Wassers«, die im Hinblick auf Turner natürlich eine Phänomenologie des Meeres hätte werden sollen, fehlt, und die anderen Gegenstände vergleichsweise kurz kommen. Bevor er ihre Einsamkeit schätzte, hat er die Berge geliebt, weil sie fest und konkret waren und weil sie eine Doppelnatur hatten, die seinem zwiefachen Interesse als Wissenschaftler und Künstler, als »Wissenschaftler der Erscheinungen« aufs glücklichste entsprach: In den Bergen zu sein, heißt, sie gleichzeitig als Nähe und Ferne zu erleben.

Ein Arbeitstag Ruskins im Hochgebirge von Chamonix: »Es war ein glorreicher Tag. Ich arbeitete am Mont Blanc [einer Zeichnung] vor dem Frühstück, direkt danach aufgebrochen, machte einige Aufzeichnungen, die Aiguille Bouchard betreffend, dann weiter zur Quelle neben dem Arveron, kam etwas näher heran als sonst, weil er sein Bett innerhalb von drei Tagen geändert hatte und nun dort floß, wo ich sonst gegangen war, kreuzte die Abhänge des Dru von der Brücke neben dem

Arveron aus, dann erstieg ich mit Couttets Hilfe [sein Bergführer] das Lawinenfeld bis zum Fuß der Felsen nahe dem Montanvert, hinauf konnten wir nicht, da ein böser Spalt zwischen ihnen und dem Eis klaffte, gerade dort, wo der Aufstieg möglich gewesen wäre, das gleiche auf der anderen Seite. Erst von einer höheren Stelle schafften wir den Übergang zu ihnen, ich entnahm die Proben 27,28 [es folgt die geologische Bestimmung des Felsgesteins]. Nach Untersuchung dieser Felsen – derjenige unter der Kaskade heißt übrigens Rocher du Chataigne – erstiegen wir ein gänzlich isoliertes Vorgebirge mit einer Gruppe von Föhren, das unmittelbar rechts von den kahlen Felsen ragt. Auf seiner Spitze sah man den Gletscher gegen den Himmel und durch die phantastisch verwachsenen Föhren hindurch, und man sah die großen Felsen zur Quelle hin rollen, nach vorne kippend wie eine brechende Welle, und die große Kaskade aus ihrer engen Bahn fallen wie ein wild drehendes Rad – unwiderstehlich wurde ich an Badende erinnert, die in einen See springen. [. . .] Das große Gewicht des Wassers macht, daß mir sein Sturz von allen anderen Kaskaden, die ich kenne, verschieden erscheint – die Wellen springen wie Steine und auf dem ganzen Weg kann man das Wasser als gelbliche Masse erkennen, umgeben von kleinen Wolken blauer Gischt. [Es folgen Hinweise auf diagrammatische Kurven des Wasserfalls und der Felssilhouetten.] Ich habe noch nie eine so wunderbare Szenerie gesehen wie das Gebirgstal an dieser Stelle, mit seinem schmalen, aber steilen Sturzbach, seinen mächtigen Felsen, die von oben, von der Moräne herunterkommen, und seinen vertikalen Mauern, die uns mit dem Gletscher und dem schrecklichen Katarakt darunter einschließen.« Was die Steine »sind«, sollen die geologischen Proben erweisen, wie sie »erscheinen«, die zahlreichen Kurven und Profile, die ihnen aus der Fernsicht abgenommen werden. Ruskin ist seiner ursprünglichen Aufgabenstellung, die Schönheit und Wahrheit der Naturdinge an der »Konstanz ihrer Kurven« abzulesen, auch in den späten Bänden der »Modern Painters« treu geblieben – der Leser wird sich erinnern, daß die Mustertafel der »Stones of Venice« als schönste Lineatur das Profil eines kleinen Gletschers am Ausläufer der Aiguille Blaitière verzeichnete, aber nun gehört des Autors Vorliebe eher den ausdrucksstarken, schroffen Kurvaturen der Aiguilles, der Felsnadeln, denen er in den Jahren 1848 und 49 allein 36 große Zeichnungen und in »Modern Painters« mehr Raum widmet als den »central peaks«, den eigentlichen Berggipfeln. In ihrer reduzierten Struktur erfüllen sie für ihn die gleiche Leitfossil-Funktion wie die »mouldings« der venezianischen Steinmetze. Gerade weil ihre zackigen Profile keinen Anspruch auf Schönheit erheben, sind sie als Übungsstücke des Kurvendeuters so wichtig, denn es heißt jetzt: »Wir können keine Präferenz der Natur für bestimmte gekrümmte Linien feststellen, denn immer könnte erwidert werden, daß die Kurven nicht um der Schönheit willen geschaffen sind, sondern unwiderleglich den Gesetzen des natürlichen Lebens folgen.« Mit anderen Worten: »Es wird unsere Aufgabe sein, nicht so sehr das Sein der Formen dieser Erde als vielmehr ihr ständiges Werden zu beobachten.« Das ist die neue oder zumindest verstärkte Tendenz der »Modern Painters« der 50er Jahre, eine Historisierung der Naturbetrachtung einzuleiten, die Linien als Lebenslinien zu lesen, als Ausweis von Geschichte und als Ergebnis widerstreitender Kräfte. An den »Steinen von Venedig« hatte er gelernt, was er jetzt auf die Steine der Alpen überträgt. Die Kritik der Linien ließ sich genetisch vertiefen; alles, auch das Extreme und Häßliche wird lehrreich, sobald es auf seine Entstehungsbedingungen befragt werden kann. Aus der »Analysis of Beauty« wächst die »Analysis of History«, und bei diesem Übergang schließen sich Nah- und Fernsicht, »science of facts« und »science of aspects« produktiver zusammen. Die Lebenslinien bilden sich nach Gesetzen, die schon in der Feinstruktur organischer wie anorganischer Existenz angelegt sind. Da schadet die Anatomie der Erde nicht, wenn auch nach wie vor gilt, daß die entscheidende Kenntnis auf »ästhetische« Weise gewonnen werden kann. Es ist in diesem Zusammenhang aufschlußreich, aus Band 4 die Stelle zu zitieren, welche die Behandlung der Aiguille Blaitière abschließt. Da ist mit keinem Wort von der schönen Gletscherwölbung die Rede, da heißt es, ausschließlich auf die zerklüftete Felsnadel darüber bezogen: »Ich spreche also von herrschenden Linien oder Leitlinien nicht deswegen, weil sie als erste ins Auge fallen, sondern weil sie wie die Maserung des Holzes an einem Baumstamm das

Volumen, die Schwere und das Wachstum der Materie anzeigen. In der Natur oder in einer Fotografie werden diese Linien dem oberflächlichen Betrachter nicht auffallen, und ein durchschnittlicher Künstler wird eher das Schroffe ihrer Oberflächenstruktur aufzeichnen, genauso wie ihn zuerst die Rinde und das Moos des Baumstamms fesseln. Und auch ich bin ja immer strikt dagegen gewesen, die Beobachtung der äußeren und augenfälligen Fakten durch anatomische Kenntnisse zu ersetzen, aber Tatsache ist auch, daß bei wachsender Sehschärfe der Künstler gerade der Fakten inne und gewahr wird, die Wachstum und Machart einer Sache betreffen [. . .], so daß in Anbetracht dieser Felsen die Scharfsicht des Künstlers an seinem Vermögen gemessen werden kann, diese Kurven wiederzugeben, die der Aiguille Stärke und Anmut verleihen und von der Harmonie zeugen, mit der die Schichten zusammengebunden werden wie die Kieferknochen eines Sauriers.« Das also ist die Botschaft der letzten Bände und aller gleichzeitigen Veröffentlichungen an den Naturfreund und an den Künstler und an den Zeichenschüler, eine geschlossenere Empfehlung, als sie Band 1 abzugeben vermochte, wo es um die »kleinen, seltenen und individuellen Wahrheiten« ging, also um Probleme, wie sich ein rotes Segel auf langgestreckter Dünung in der Ferne widerspiegelt. Ob es sich um Bäume handelt oder um Felsen oder um Wolken: Das Erkenntnisziel sind nun die Hauptlinien eines Objekts als Ausdruck seiner vitalen Gesetzlichkeit. Für den Baum z. B. gilt, daß je höher die Äste am Stamm ansetzen, desto geringer ihre Krümmung ist und daß die Äste und Zweige so enden, daß ihre Endpunkte zusammengesehen eine große Kurve bilden. Auch an toten Objekten lassen sich solche »Lebenslinien« oder »talkative facts«, »redende Tatsachen«, feststellen: »Am Dach eines alten Hauses sieht und zeichnet ein schlechter Beobachter und Zeichner nichts anderes als die unregelmäßigen Flecken der Ziegel oder Schieferplatten. Ein guter Zeichner jedoch sieht alle Kurven und Knicke des Gebälks darunter [. . .], und er sieht die Spuren des Regenwassers, wo es schneller abläuft und wo es stagniert und Flechten ernährt.« Der Künstler darf nichts stillstellen; auch das scheinbar Tote verrät seine Vergangenheit und Zukunft: »Versuche also immer, wenn du eine Form betrachtest, die Linien zu sehen, welche Macht über ihr vergangenes Schicksal und über ihre zukünftigen Bestimmungen haben.« Diese Linien lesen und reproduzieren zu können, heißt gleichzeitig, den großen Zusammenhang aller Dinge, die Grammatik ihrer Verhaltenslehre in den Griff zu bekommen. Die »Lektion«, die er im Wald von Fontainebleau lernte, daß es nämlich »dieselben Gesetze [sind], die die Wolken leiteten, das Licht zerteilten und den Wellen ihren Rhythmus geben«, vermittelt er eigentlich erst 15 Jahre später, im letzten Band der »Modern Painters« und in der Zeichenlehre »The Elements of Drawing«. Als Gesetze, die alles »komponieren«, nennt er: »the law of principality«, »the law of repitition«, »the law of continuity«, »the law of curvature«, »the law of radiation«, »the law of contrast«, »the law of interchange«, »the law of harmony«, Gesetze, die sich vielleicht auf den Nenner einer großen Regel bringen lassen, die Ruskin als »the law of help« hervorhob. »Die Intensität des Lebens ist auch die Intensität der Unterstützung, die es gewährt und erfährt, ist der Zustand vollkommener Abhängigkeit aller Teile von allen. [. . .] Das höchste und erste Gesetz des Universums und der zweite Name des Lebens heißt also ›Hilfe‹. Und der Tod heißt auch ›Trennung‹. Geregeltes Zusammenwirken findet sich in allen Dingen und ist die Voraussetzung für Leben. Anarchie und Konkurrenz ist die Voraussetzung für Tod.« Daß der große Zusammenhang der Natur auch den Menschen umfaßt, war schon dem Zeichner im Wald von Fontainebleau klar geworden, daß damit nicht nur die eigentümliche Adaption seiner Organe an die Schöpfung und umgekehrt (»Sie [die Naturdinge] sind an den unsterblichen Teil im Menschen adressiert«) gemeint sein könnte, sondern daß auch der Sozialplan hier präfiguriert, wird ihm jetzt wichtig, in einer Zeit, da persönliche und allgemeine Schwierigkeiten sich gefährlich aufschaukeln. Hoffnung auf ein noch intaktes Muster und Realismus mischen sich auf eigentümliche Weise: wer das »Gesetz der Hilfe« verbindlich machen will, muß auch das »Gesetz des Bruches« anerkennen. »Hier«, heißt es am Schluß des Kapitels über die Aiguilles, »ist die Natur gehalten, eine wunderbare Form durch das dauernde Brechen der Materie hervorzubringen. Und schau an, wie sie unter diesen Bedingungen das Gesetz des Bruchs verändert. Wo weder Wachstum noch Weichheit der Materie Angriffspunkte meines Wirkens sein können, so scheint sie zu sagen, dort bleibt doch Kurvatur mein Ziel, und wenn ich meine Formen hervorbringe, indem ich sie breche, dann soll der Bruch in Kurven erfolgen. Wenn statt Tau und Sonnenschein meine Instrumente nur Blitz und Frost sein können, dann sollen deren gespaltene Zunge und kristalline Keile meine Gesetze der zarten Linie in Kraft setzen. Zerstörung statt Wachstum sei hier der Auftrag aller meiner Elemente, der Ruin könnte ohne Erneuerung über Jahrhunderte hinweg anhalten, doch die Bestimmungen der charakteristischen Schönheit, die für alle Kreaturen festgelegt sind, sollen deshalb nicht aufgehoben sein. Über den unaufhaltsamen Verfall der Felsen sollen die gleichen Gesetze wachen, die die elastische Biegung des Schilfrohrs und das Aufblühen der Rose regeln.«

Hier wendet Hoffnung in die Natur auch das »Gesetz des Bruchs« ins Positive, doch zeigen andere Äußerungen, das zeichnerische Werk zumal und die sozialpolitischen Lehren, die Ruskin den Alpen entnimmt, wie ernst sein Wirken genommen wird. »Cascade de la Folie, Chamonix« heißt eines der ausdrucksstärksten Blätter zum Thema, dessen Datierung zwischen Ende der 40er Jahre und 1856 schwankt. (Abb. 7) Hier haben wir das »Erdlebenbild«, nach dem die deutsche Landschaftstheorie verlangt hatte, statisch wirken dagegen die gleichgerichteten Versuche der deutschen Landschaftspraxis, man denke an Friedrich, Koch und Richter. Was die massiv gerundeten Abhänge dem Betrachter zukehren, ist (in der Sprache der »Modern Painters«) eine »unheimliche Narbe«, die das Wasser in ihre feste Substanz geschlagen hat, »ein nimmer heilender Riß und eine Wunde«. Oder ist es das Geschlecht, das sich da dunkel entfaltet? Das Geschlecht als offene Wunde? Kein Psychoanalytiker, der in der Fallgeschichte der Ruskinschen Ehe die Sätze von der Angst und vom Bemerken einer abstoßenden Entstellung an Effies Körper gelesen hat, wird an diesem Blatt ohne angeregte Spekulation vorübergehen wollen. Und hatte nicht Ruskin 1847 seine spätere Frau mit einem Gletscherfeld verglichen, das unter seiner frischen Schneedecke »gewundene Spalten« (winding clefts) verbirgt? Sicher erscheint allein, daß die private Unfruchtbarkeit, die sich vielleicht mit diesem Bild eine schwierige Entschuldigung malt, in der Kunst die Mittel der Verlebendigung findet. Denn keiner hat es verstanden, die Natur so zu spannen, wie Ruskin es konnte, immer das Sehnen- und Muskelspiel ihrer Bildungen testend. Hier geht das bis zum Bruch, besser: bis hinein in die Dialektik von Bruch und lebendiger Spannung, die auch für die Aiguilles, von Vernichten und Lebenspenden, die für die Berge schlechthin gilt. Wie ein Blitz durchfährt der Sturzbach den Hang, deutlich ist der Ansatzpunkt, an dem er den Berg weiter auftrennen wird, und doch erscheint die Wunde weich und fruchtbar. Auf den Erd- und Steinwällen, die die Nebenrinnen aufgeworfen haben, haben sich Kiefern und Knieholz angesiedelt, vom ablaufenden und aufspritzenden Wasser ernährt. Und indem das Wasser zu versickern und wieder aufzutauchen scheint, hat die dunkle Öffnung etwas von einem Quellgrund und erinnert an die lebenswichtigen Aufgaben der Berge, die Ebenen mit Wasser und Erde zu versorgen. »Die schäumende Gischt des aufgeregten Wassers, das Mitreißen von Fels und Erde entlang der wilden Schlucht, das sind keine Störungen im gnädigen Plan der Natur, es sind wohltätige Handlungen, die die Existenz der Menschen und die Schönheit der Erde erst ermöglichen.«

Zu lernen ist aus den Bergen, »daß alles, was an Gutem und Lieblichem in der Welt ist, einen dunklen Gegenpart hat« und daß »hier, wo die Schönheit und Weisheit des göttlichen Wirkens so deutlich sich manifestiert, auch das Schreckliche seines Zorns und das Unvermeidliche seiner Macht offenbar wird«. Die beiden Schlußkapitel des vierten Bandes heißen folgerichtig »Mountain Gloom« und »Mountain Glory«. Ruskin war über seinen eigenen positiven Erfahrungen in den Alpen nicht blind geworden für die Lebensbedingungen derer, die dort ansässig waren und unter den Folgen einer unberechenbaren Natur litten. Um die »Verdüsterung« ihres Lebens, diese Mischung aus Armut, Abgeschiedenheit, Inzucht, Aberglauben und härtester Arbeit aufzuhellen, bedürfte es keiner größeren Mittel, als sie jährlich in den Theatern von London und Paris ausgegeben würden, um die Bühne als liebliche Bergwelt und die Schauspieler als glückliche Senner und Sennerinnen auszustaffieren. Doch während Ruskin diese Maßnahmen am Beispiel der einschlägigen Ausgaben von Covent Garden uns vorrechnet, winkt er auch schon wieder ab: nein, es sei ihm lieber, »wenn die aufgeklärte Bevölkerung von Paris und London damit zufrieden wäre, nichts zu tun, und ihr Geld weiter für ihre eitlen Vergnügungen ausgeben würde und die Schweizer in der Düsterkeit der Berge, in rückschrittlicher Unabhängigkeit belassen würde«. Denn es deutet sich für Ruskin in den Lebenslinien der Berge eine neue Dialektik von »gloom and glory«, von Lebenspenden und Zerstören an, die, obwohl der Mensch sie verursacht hat, doch mehr zu fürchten ist als die drastischen Fügungen des Naturplans. Bruch und Spannung, Erosion und Landgewinn, Überschwemmung und Bewässerung – die Auseinandersetzung der naturbelassenen Kräfte ist dynamisch, aber nicht revolutionär. Ruskin hatte von Lyell gelernt, daß die Naturgeschichte nur ganz langsam vorankommt. Jetzt aber zieht in die Alpen mit dem »Fortschritt« eine neue Gangart ein. »Ich könnte eine Menge dazu sagen, wenn ich dadurch etwas ausrichten würde. Aber ich werde nichts bewirken. Der Einfall der Fremden in die Schweiz wird notwendig jedes Jahr größer, und je größer er wird, desto mehr wächst in der Menge die Zahl derer, die so schnell als möglich von Ort zu Ort reisen und an jedem Ort die Bequemlichkeiten und Vergnügungen vorfinden wollen, die sie aus Paris, London, Brighton und Baden kennen. [. . .] Das Tal von Chamonix [. . .] wird jetzt schnell in eine Art Cremorne Garden [ein Londoner Vergnügungspark] verwandelt, und ich ahne, daß binnen weniger Jahre Luzern aus einer Reihe symmetrischer Hotelbauten entlang der Seefront bestehen wird, daß die alten Brücken fallen und einer Eisenbrücke Platz machen müssen, daß dann eine Akazienpromenade das Ufer säumen wird, mit einem chinesischen Tempel am Ende, in dem eine deutsche Kapelle spielt, und daß dort die aufgeklärten Reisenden als Repräsentanten der europäischen Zivilisation vor der Kulisse der Alpen einen modernen Totentanz aufführen. All dies ist unvermeidlich, und es hat seine guten und seine schlechten Seiten. Ich stelle mir vor, wie der eifrige Vertreter der Moderne mir als Ergebnis all dieser Veränderungen preisen wird, daß dann meine melancholischen Trientiner Bergbauern in prosperierende Geschäftsleute, die verlassenen Wege von Sion in glänzende Durchfahrtsstraßen und die Sümpfe des Wallis in fruchtbare Gemüsegärten verwandelt sind. Ich hoffe es, und gleichzeitig versuche ich meine Gedanken schon ganz auf jenen Zustand der Gesellschaft einzurichten, der in vielleicht 20 Jahren erreicht sein wird, wenn in Europa alle Relikte der Vergangenheit vernichtet sind und wir uns Amerika gleichgemacht haben.« In der Tat: Ruskin hat nichts »bewirkt«. 1857 wurde in London der »Alpine Club« (der erste Alpenverein überhaupt) gegründet; 1863 organisierte Cook die erste Alpenreise. Vielmehr gilt, daß Ruskin eher das Gegenteil bewirkte. So wie seine Eltern und er einst an die Entstehungsorte von Turners Aquarellen in die Alpen gereist waren, so zogen ihm jetzt englische Touristen mit Band 4 der »Modern Painters« im Gepäck hinterher – die Gründer des Alpenvereins haben sich jedenfalls auf die begeisternden Bergbeschreibungen dieses Buchs berufen. Lediglich die Luzerner Kapellbrücke rettete Einspruch aus England vor dem Abriß; alle anderen Weissagungen haben sich erfüllt.

Die Beschreibung einer nahen geschichts- und naturlosen Zukunft will nicht nur der konkreten Gefahr wehren, daß »ein liebliches Gebirgstal in einen Abgrund voll Fabrikgestank und -arbeit verwandelt oder daß eine Verkehrslinie durch Schäfereinsamkeiten gelegt wird«, Ruskins Zivilisationskritik reicht weiter bis zu der Befürchtung, daß das menschliche Organ sich zurückentwickeln könnte, das geschaffen war, die Unendlichkeit der Schöpfung wahrzunehmen. In Band 3 der »Modern Painters«, der als Getriebe den Gegenstand des Buches in die neue Gangart der 50er Jahre übersetzt, kommt Ruskin auf diese zunehmende Apperzeptionsschwäche der Zeit zu sprechen. Ausgangspunkt sind die neuen technischen Errungenschaften, deren Auswirkungen auf den Menschen er ganz richtig in den Rahmen einer Medientheorie einzuordnen versucht: »Daß wir hundert Meilen in der Stunde zurücklegen, tausend Ellen Stoff in der Minute fabrizieren können, wird uns nicht das geringste stärker, glücklicher oder weiser machen. Es gab immer mehr in der Welt, als Menschen sehen konnten, gingen sie auch noch so langsam. Bei schnellem Gehen werden sie es nicht besser sehen. Schließlich werden sie bald herausfinden, daß ihre großen (wie sie meinen) Raum und Zeit überwindenden Erfindungen in Wirklichkeit nichts überwinden, denn Raum und Zeit sind in sich unüberwindlich und wollen außerdem auf keine Weise überwunden, sondern *ausgenützt* sein. Der Tor will Raum und Zeit immer verkürzen; der Weise will sie erst gewinnen und sodann beleben. Wenn man sie recht versteht, ist die Eisenbahn nur ein Mittel, die Welt kleiner zu machen, und was das betrifft, daß man nun imstande ist, von einem Ort zum anderen zu sprechen, so ist es freilich gut und schön, aber stelle dir vor, du hättest im Grunde nichts zu sagen.« Ruskin sekundiert hier Argumenten der nordamerikanischen Transzendentalisten, deren Rat und Unterstützung er viel zu selten gesucht hat, vermutlich, weil er aus Amerika wenig Positives erwartete. Aber Emerson hatte schon vor ihm geschrieben: »The light-outspending telegraph/ Bears nothing on its beam.« (1847) Und in Thoreaus »Walden« (1854) hätte er lesen können: »Wir beeilen uns, eine telegraphische Verbindung zwischen Maine und Texas zu etablieren. Es könnte sich aber herausstellen, daß Maine und Texas einander nichts mitzuteilen haben.« Auch das Folgende ist von Thoreau und könnte von Ruskin sein: »Es wird zu schnell gelebt. Man glaubt, es sei zweifellos notwendig, daß die Nation Handel treibe, Eis exportiere, daß man durch den Telegraphen sprechen und dreißig Meilen in der Stunde fahren könne. [...] Warum sollen wir in solcher Eile, solcher Lebensverschwendung leben? [...] Alle Zeiten, Orte und Gelegenheiten sind jetzt und hier. Gott selbst kulminiert im gegenwärtigen Augenblick und wird nicht göttlicher sein im Verlaufe aller Äonen. Wir sind nur dann imstande, alles Edle und Erhabene aufzufassen, wenn wir stets die uns umgebende Wirklichkeit in uns aufnehmen, uns von ihr ganz durchdringen lassen.«

Daß das Medium die Botschaft ist, haben alle ersten Benutzer eines neuen Hilfsmittels erfahren. Die Passagiere der historischen Eisenbahnfahrt von 1826 wollten nicht von Liverpool nach Manchester reisen, und die Betrachter der ersten Daguerreotypien wollten nicht wissen, wie Paris vom Quai d'Orsay aus erscheint. Daß aber diese erste Selbstbefriedigung des Mediums und am Medium nicht mit der alltäglichen Funktionserfüllung schwindet, sondern daß fortgesetzt gilt, daß das Mittel die Bedürfnisse befriedigt, die es schafft, diese heute zum Kleingeld der Zivilisationskritik gehörende These wurde zuerst von den genannten Amerikanern und von Ruskin aufgestellt. Doch dabei blieben sie nicht stehen. Der Selbstlauf der neuen Systeme, so fürchteten sie, könne nicht ohne Folgen für Mensch und Natur bleiben, deren Ressourcen er ständig angreift. Ruskin hat bis ins hohe Alter den landschaftzerstörerischen Aktivitäten der Eisenbahnplaner und -bauer Widerstand geleistet, aber seine größere Sorge und Kritik ist in dem kleinen Satz niedergelegt: »Es gab immer mehr in der Welt, als Menschen sehen konnten, gingen sie auch noch so langsam.« Das Sensorium des Menschen, seine Seele ist an sich schon, sagt Ruskin, »ein dunkler, verzerrter, gebrochener Spiegel« oder, mit einem anderen Vergleich, »ein dunkles Glas«, das nur mit Schwierigkeiten seiner Aufgabe, Gottes Schöpfung zu realisieren, gerecht wird. Aber es gibt Wahrnehmung, wenn sie auch dunkel ausfällt, »einzig und allein durch dieses Glas, sonst gibt es keine Wahrnehmung«. – »Through the glass, darkly. But, except through the glass, in nowise.« Wenn wir dieses Glas nun weiter schwärzen, wenn wir »es beschmutzen, beflecken und verachten«, gehen wir nicht nur unseres Sinnesvermögens verlustig, sondern berauben gleichzeitig die Natur ihres unendlichen Reichtums. Die Behauptung dieser Wechselwirkung von innerer und äußerer Rücknahme der Schöpfung (Ruskins Worte: »uncreation« und »to unparadise again«) reicht als Leitidee von Band 3 der »Modern Painters« bis zu den letzten Schriften der 80er Jahre. »Man is the sun of the world, more than the real sun. [. . .] Where he is, are the tropics; where he is not, the ice-world.« Wo er ist und doch nicht ist, d. h. wo das Glas schwarz geworden ist, da mußte eine Vernachlässigung der Details, dann der kleinen Dinge und schließlich vieler Teilbereiche die Konsequenz sein. Es war letzten Endes nicht mehr auszumachen, ob die säkularen Zerstörungen aus Prinzip oder aus Indifferenz erfolgten – weil man gar nicht sah und kannte, was man zertrat. Als Ruskin die »Modern Painters« schrieb, sammelte der Rektor von Hitcham (Suffolk), John Henslow, unterstützt von seinen Dorfkindern alle Gewächse der Gemarkung: 406 Spezies konnten sie zählen. 1860, im Erscheinungsjahr des letzten Bandes der »Modern Painters«, der u. a. von den Pflanzen handelt, kam für das Waldland von

Hitcham das »clearing«, die Rodung für landwirtschaftliche Zwecke. Ein Zensus 100 Jahre später meldete die gänzliche Ausrottung von 60 heimischen Pflanzenarten und die gefährdete Stellung vieler anderer. Wie es seitdem weiterging, ist erschreckend klar: »Kornblume seit vielen Jahren nicht mehr gesehen«, »Eisenkraut verschwand 1972«, »Flachs nur noch an Straßenrändern«, »Akelei ausgerottet«, »Sorbus ausgerottet« usw. Die Veränderungen in dieser kleinen, immer noch ländlichen Gemeinde waren nach Qualität und Quantität tiefgreifend, aber, so schreibt Richard Mabey, ein »Ruskinian« unserer Tage, »weil sie sich über vier Generationen verteilten, vollzogen sie sich so gut wie unbemerkt«. Wir können nur retten, was wir kennen – alles ist eine Frage der Apperzeption, hat Ruskin obstinat wiederholt: »Das größte, was eine Menschenseele jemals in dieser Welt erreichen kann, ist, daß sie etwas sieht und auf einfache Weise sagt, was sie sah. Hunderte von Leuten können reden, gegen einen, der denken kann, aber Tausende können denken gegen einen, der sehen kann. Klar sehen ist Dichtkunst, Weissagung und Religion – alles in einem.«

4

Klar sehen, das heißt jetzt zweierlei: Sehen des Sichtbaren, »personal observation of facts« in aller Geduld, Eindringlichkeit und Hingabe, aber auch Sehen des Vorhersehbaren, Vision, Divination. Die Bände 3 bis 5 müssen zwei grundverschiedene Stillagen und eine Spaltung des Zeitlichen aushalten. Explikation des Seins wechselt ab mit der Vorhersage einer Zukunft ohne Zukunft. Man darf den Zitaten dieses Kapitels nicht entnehmen, daß Ruskin ein reiner Theoretiker und Kritiker geworden ist. Dagegen stehen Hunderte von Seiten über die »Wahrheit« der Wolken, der Pflanzen, der Berge. Aber weitgehend außer Kraft gesetzt ist das Verfahren von Band 1, zuerst die Fakten zu erheben und dann die Aussage der Alten und der Modernen Meister über diese Fakten zu vergleichen. Zwischen den Bänden 1 bis 2 und 3 bis 5 liegen die »Stones of Venice«, »touchstones«, »Prüfsteine«, wie Ruskin sie nennt, insofern, als nach ihrer Berührung nun auch kein Stein der Alpen mehr betrachtet werden kann, ohne daß die Optik historisch eingefärbt wäre – historisch im Sinne der doppelten Frage nach der Genese des Steins und der Genese meines Interesses an dem Stein. Die Zeugenschaft der Kunst wird dadurch geschmälert, ja fragwürdig. Denn wenn Ruskin als Historiker auch niemals historistisch vorgeht, so kann und will er sich doch nicht der Einsicht verschließen, daß Kunst nicht ohne ihre Entstehungszeit zu verstehen ist. Und da bedarf es eben schon gewaltiger Anstrengungen, um zu verstehen, warum ausgerechnet ein Maler des 19. Jahrhunderts der überlegene Landschaftsmaler aller Zeiten werden konnte. In Band 1 konkurrierten Claude Lorrain und William Turner bei gleichen Startbedingungen um das gleiche Ziel: die Wahrheit der Natur. In Band 3 bis 5 hat sich bei gleichbleibendem Ziel die Zahl der Bewerber vermehrt, und ihre Versuche werden nun nacheinander bewertet, nach Maßgabe ihrer sehr verschiedenen Startbedingungen, aber immer noch vom ungetarnten Richterstuhl der Gegenwart aus. Es bleibt Turners Siegerplatz zwar unangefochten, doch der Charakter seines Siegs und des ganzen Wettkampfs der Künste hat sich stark verändert. Standen Rang und Aussagewert der Landschaftsmalerei für den jungen Ruskin unbestritten fest, so bewertet er in seiner mittleren Zeit alle künstlerischen Äußerungen gesteigerter Zuwendung zur Natur als Zeichen eines abgeleiteten Interesses »unbehauster Geister« (disembodied spirits), die nicht unbedingt »die höchste geistige Potenz und die reinsten moralischen Prinzipien verkörpern« – er sagt dies, um sich selbst in die lange Reihe derer einzubeziehen, denen die »Liebe zur Natur teilweise durch die mangelhafte Ausrichtung unserer sozialen und ökonomischen Struktur aufgezwungen wurde« – wir haben diese Stelle und die Problematik des modernen Naturkultus schon aus Anlaß des Porträts herangezogen. Es wird zwar noch einmal die Mahnung bekräftigt, daß genaues Naturstudium und selbstloser Faktendienst das heilsamste in dieser Zeit seien, aber es klingt dies schon wie ein Rat an Zurückbleibende. Der Schüler Turners zieht nun mit dem Bild des Meisters in eine andere Richtung fort, einem Ideal zu, das ihm selbst immer dringlicher wird. Aus dem reinen Auge, dem unermüdlichen Beobachter und Sammler, dem »Wissenschaft-

1 James Northcote, John Ruskin, 1822, Öl/Lwd., Aufbewahrungs-
ort unbekannt.

2 (*links*) John Ruskin, Merton College, 1838, Federzeichnung, weiß gehöht, Education Trust, Brantwood, Coniston.

3 (*oben*) George Richmond, John Ruskin, 1843, Aquarell, Aufbewahrungsort unbekannt.

4 (*oben*) John Ruskin, Bäume am Berghang, Feder laviert, Bembridge School, Isle of Wight.
5 (*rechts*) John Ruskin, Südseite der Markus-Kirche, Venedig, 1851, Feder und Aquarell, Engl. Privatbesitz.

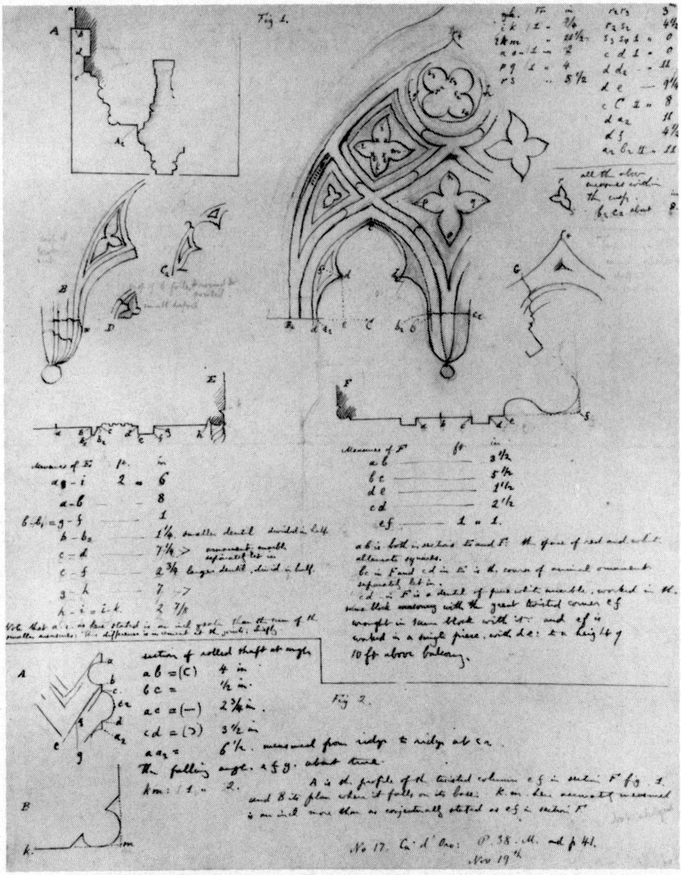

6 John Ruskin, Studien an der Ca d'Oro, Venedig, ca. 1849, Bembridge School, Isle of Wight.

7 John Ruskin, Cascade de la Folie, Chamonix, 1849?, 1856?, Feder und Aquarell, Birmingham, City Museums and Art Gallery.

8 John Ruskin, Gneisfels, 1853, Feder laviert, Ashmolean Museum, Oxford.

9 John Everett Millais, John Ruskin, 1853/54, Öl/Lwd., Engl. Privatbesitz.

10 John Ruskin, Rose LaTouche, 1874, Bleistift gehöht, Bembridge School, Isle of Wight.

11 W. Downey, W. B. Scott, John Ruskin und D. G. Rossetti, 1863, Fotografie, Radio Times Hulton Picture Library.

12 John Ruskin, Straße in Venedig, 1876/77, London, Borrough of Southwark, South London Gallery.

13 John Ruskin, Selbstporträt, ca. 1873, Bleistift, Education Trust, Brantwood, Coniston.

San Michele · Lucca

14 (*links oben*) John Ruskin, San Michele, Lucca, 1845, Feder laviert, Oxford, Ashmolean Museum.
15 (*links unten*) John Ruskin, San Martino, Lucca, 1882, Feder laviert, Education Trust, Brantwood, Coniston.
16 (*oben*) Hubert Herkomer, John Ruskin, 1879, Aquarell, London, National Portrait Gallery.

17 Angie Acland, John Ruskin und Hery Acland, 1893, Fotografie.

ler der Erscheinungen«, macht Ruskin nun den Propheten Turner, den Visionär, den Inspirierten, dessen »mächtiges Unterbewußtsein« (mighty unconsciousness) »die Gesetze des Sichtbaren bis in ihre letzten Feinheiten hinein ergreift«: »All das fliegt ihm zu, ohne daß er es will; ein alles unterjochender Traum, der schreit: ›So muß es sein‹, hat von ihm Besitz ergriffen; er kann nur noch sehen und handeln, wie der Traum befiehlt.« Turner, sagt Ruskin, hat sich diese Prophetenrolle nicht erwählt und angemaßt, sie wurde ihm zudiktiert in einer Zeit, die blind geworden war »gegenüber den schrecklichen und traurigen Wahrheiten, von denen das Universum voll ist«. So wird auch sein Erbwalter, der Ruskin im juristischen und übertragenen Sinne war, von zunehmender Unruhe und Ungeduld gepackt. Wie im Venedig-Buch sucht er nun auch für »Modern Painters« nach Bedeutungsträgern, die schlagartig erschließen, was sonst nur geduldiges Durchbuchstabieren der Phänomene zugänglich gemacht hat. In der Sinnkrise greift er nach vermeintlich gehaltvolleren Symbolwelten: zum einen nach der Natur direkt, ohne den Filter der Kunst, und zwar nach einer Natur, die nicht mehr vorrangig als Erscheinungswelt, sondern als Merkwelt, als eine von lauter Gesetzen, Vorweisungen und Symptomen durchwirkte Schöpfung begriffen wird; zum anderen nach den Sinnbildern, die schon auf der Ebene der großen Botschaften funktionieren. Das »Gesetz des Bruchs« wird damit auch für »Modern Painters« wirksam. Die Prosa der letzten Kapitel steht aus den gefälligen und elastischen Lineaturen der früheren Texte heraus wie die Schroffen der Aiguilles aus den idealen Wölbungen der Gletscher und Berglehnen. Und genauso unvermittelt kommt der Umbruch des Thematischen. Auf 2500 Seiten Naturbetrachtung und Kritik der Landschaftsmalerei folgen – ohne Erklärung und Überleitung – zwei Kapitel über Historienmalerei. Kein logischer und erst recht kein krönender Abschluß – Ruskin hat das selbst so gesehen: »Die Zeit ist gekommen«, heißt es zu Anfang des letzten Kapitels, »daß dieses Werk endet, nicht daß es sich vollendet.«

Dem unvermittelten Themenwechsel kommt man am ehesten auf der Ebene des Biographischen bei. Ruskin wußte, daß er ein gespaltenes Verhältnis zur Figurenmalerei hatte; er glaubte lange Zeit, daß ihm praktische Ausübung dieses Fachs nicht gegeben sei, und da er das Prinzip der authentischen Erfahrung über alles setzte, wollte er sich auch nichts vornehmen, was er nicht nachvollziehen konnte. Große Schwierigkeiten bereitete ihm deshalb die starke Faszination, die das Werk der dezidierten Nicht-Landschafter Tintoretto und Veronese auf ihn ausübte, das zudem in einer Zeit entstanden war, die nach Maßgabe seiner Konstruktion der venezianischen Geschichte eine Periode tiefen Verfalls sein mußte. Eine Klärung brachte eine erneute Konversions-Episode, besser: eine »unconversion«, wie der Betroffene den Vorgang nannte. Er fand in Turin statt, an einem Sonntag im Juli 1858. Ruskin hat in seinen Schriften ausgiebig Gebrauch von diesem Ereignis gemacht, hat aber auch zugegeben, daß es sich nicht um eine »plötzliche Bekehrung« handelte, sondern um den Abschluß von »Gedankenreihen, die mich seit Jahren zu diesem Ziel hingeführt hatten«. In Ermangelung eines protestantischen hatte er an diesem Sonntag einen Waldenser-Gottesdienst besucht. Als ihm das öde Lamentieren des Predigers »über die Nichtigkeit der weiten Welt« zuviel wurde, verließ er Kirche und Gottesdienst und ging in die Gemäldegalerie, wo er mit vollen Zügen das Gegengift einnahm, den sinnlichen Reichtum von Veroneses großem Bild »Salomon und die Königin von Saba«. »Durch die offenen Fenster fluteten mit der warmen Luft bald kräftig schwellend, bald leise verhallend die Töne der Militärmusik vom Palasthofe herein. [. . .] Und indem allmählich die Vollkommenheit der Farben und Töne Macht über mich gewann, schien sie mich schließlich in dem alten jüdischen Glaubenssatze zu befestigen, daß alles, was freudig und recht getan werde, mit Hilfe und im Geiste Gottes geschieht. [. . .] An jenem Tage entledigte ich mich meines evangelikalen Glaubens, und fortan gehörte er für mich zu den abgetanen Dingen.« Die Akmé, die die Espe im Wald von Fontainebleau brachte, und der »Zusammenbruch vor der ›Königin von Saba‹« in Turin 1858 stehen rahmend am Anfang und am Ende der Arbeit an den »Modern Painters«. Gemeinsam ist ihnen, daß die Herausforderung der Situation zeichnend angenommen wird. So wie es damals galt, die Linien der Espe sich zu erarbeiten und mit ihnen die Gesetze natürlicher Bildung, so will Ruskin nun der menschlichen Figur Herr werden. Er läßt sich ein Gerüst vor Veroneses Bild errichten und malt und zeichnet mehrere Wochen lang »bis zur Erschöpfung ein Ehrenfräulein der Königin«. So ertüchtigt er sich nicht nur zum Figurenmaler – »Meine Skizzen nach Turner und Veronese sind wertvoll, meine Naturstudien taugen zu gar nichts«, schreibt er mit der Übertreibung, die die gelungene Arbeit diktiert, dem Vater –, so wendet er sich jetzt auch innerlich dem Menschen zu, der Wahrheit »der schönen Gesichter und kraftvollen Glieder, dieser merkwürdigen, wilden, phantastischen Energien«. Und er nimmt sich nach der »Geschichte des Erdlebens« die Geschichten der Menschen vor.

Die beiden letzten Bilder Turners, die Ruskin am Schluß der »Modern Painters« analysiert und denen er mehr Raum widmet als allen anderen, je ein Kapitel, sind Bilder mythologischen Inhalts: »Der Garten der Hesperiden« (1806) und »Apollo erschlägt Python« (1811). Mit der gleichen Akribie, mit der er einige Kapitel zuvor noch Blatt- und Zweigstellungen verzeichnet hatte, setzt er nun die verworrenen Mythologien der Griechen auseinander. Er ist jetzt am Ende der 50er Jahre dort angelangt, wo ihn manche seiner Interpreten immer schon sehen, im Lager der Mythopoeten und Deuter sinnbildlicher Bilder. »Everything's got a moral, if only you can find it«, sagt die Herzogin zu Alice. Damit ist die Devise der kommenden zweiten Lebenshälfte ausgegeben. Im nächsten Kapitel soll die Bedeutung des Mythos für Ruskin als Person und als Autor im Zusammenhang dargestellt werden. Hier reicht vielleicht schon der Hinweis, daß beide Bilder einen großen und gefährlichen Drachen enthalten, ein Phantasietier, das nur finsterster Assoziation fähig ist. Diese Wahl zeugt von der Erwartung einer irrationalen Übermacht und deutet an, warum der »alte Weg« schließlich verlassen werden mußte. Dem Mythos das Schlußwort zu lassen, kommt dem Versuch einer Beschwörung gleich, einer Art Gegenzauber, der jetzt zu stärksten Mitteln greift, nachdem die subtilen und geduldigen nichts ausgerichtet haben.

»Apollo und Python« interpretiert Ruskin sehr persönlich auf Turner bezogen. Das Bild symbolisiere den von Turner einsam vorangetriebenen Kampf des farbigen Lichtes gegen die Dunkelheit seiner Zeit und ihrer Malerei. Aber anders als dem griechischen Gott, dem der Sieg über »Verderben« und »tödliche Sünde« gelang, sei Turner kein Erfolg gegönnt gewesen. Sein Publikum habe geschrien: »Perish Apollo. Bring us back Python.« Das Bild markiert den Scheinsieg unübersehbar: Aus dem Leib des sterbenden Monsters ringelt neugeboren ein kleiner Drachen hervor. »Wehe dir, Turner. Die Vernichtung auch des kleineren Drachenwurms konnte er anscheinend nicht denken. Inmitten der Macht und Schönheit der Natur sah er immer diesen Todeswurm durch die Gräser kriechen. [. . .] In dieser Hinsicht war er ohne Hoffnung [. . .] und so wurde er der Maler, der die liebliche Natur mit dem Wurm an der Wurzel malte: Rose und Wurm, beiden hat er seine ganze Gestaltungskraft gegeben und nie hat er die eine ohne den anderen gegeben.« Der Drachen, den Turner auf dem zweiten Bild über den paradiesischen Garten der Hesperiden herrschen läßt, ist unbesiegt und unangefochten; nach komplizierten mythologischen Filiationen kommt Ruskin dazu, ihn den »Drachen des Mammon« zu nennen. Und damit ist der weitere Wirkungsbereich des rauchspeienden Monsters angesprochen: Das groteske Symbol des Kapitalismus verdunkelt und erstickt den Garten England. Ruskin geht so weit, dieses Werk »das erste große religiöse Bild unseres Malers und das sichtbare Zeugnis unseres Glaubens« zu nennen. »Es ist ein Bild der traurigen Farben, es kennt weder Fra Angelicos Weiß und Gold, noch Peruginos Karmesin und Azur, sondern jenen Stich ins Schwefelgelbe, der einem Paradies des Rauches wohl ansteht. Diese Macht, die da auf der Berghöhe erscheint, müssen wir als die Britische Madonna ansehen [. . .] Das ist keine Ironie, sondern entspricht durchaus der Wahrheit. [. . .] In jeder Stadt und Nation, die die Vergangenheit gekannt hat, haben große Männer erklären müssen, welcher geistigen Macht die Hauptverehrung der Nation entgegengebracht werden sollte. So haben wir in Athen den Triumph der Pallas und in Venedig die Himmelfahrt der Jungfrau – hier in England aber ist uns für immer die Himmelfahrt des Drachens als geistliches Ziel gesetzt worden. Kein Hl. Georg ist in diesen Tagen gesehen worden, keine Tötung des Drachens ist heute mehr möglich.« »Keine Hoffnung«, »für immer«, »kein Hl. Georg«, »keine Tötung des Drachens«: die fünf Bücher der »sichtbaren Schönheit« haben nach Meinung ihres Autors zum Schluß nicht nur keinen Gegenstand und keinen Auftrag, sondern auch keinen Leser mehr. »Wenn ich gerade ›Sie werden finden‹ schrieb, dann muß ich mich eigentlich fragen, wer mir noch zuhört. Denn um die Schönheit finden zu können, muß man Freude an ihr haben. Früher einmal sprach ich frohen Muts über schöne Dinge, weil ich dachte, ich würde verstanden. Nun kann ich nicht mehr, denn es will mir scheinen, als würde sich niemand um sie kümmern. Wo immer ich in England oder im Ausland hinkomme, da sehe ich, daß die Menschen alle Schönheit zerstören, so weit ihre Macht reicht.« Ruskin hatte seine Sache immer vor einem Publikum vertreten. Wo es um Abstrakta ging, ist sein Stil in der besten englischen Tradition stehend diskursiv und offen, wo es um Bilder aus Kunst und Natur ging, hatte er versucht, den Leser an seinen Erfahrungen direkt teilnehmen zu lassen. Jetzt, da das Buch (und nicht nur das) zu Ende geht, tauchen nicht nur neue Bilder auf, jetzt schlägt der Dialog in den Monolog um. 1855 noch hatte Ruskin Robert Browning aufgefordert, sich den Ansprüchen des Lesers weiter zu öffnen. Brownings abweisende Antwort möchte man über die freien Rhythmen des Schlusses von »Modern Painters« setzen: »I write in the blind-dark, and bitter cold, and past post-time as I fear.«

Das Folgende ist der innere Monolog eines Propheten ohne Volk – darüber sollte auch die direkte Anrede nicht täuschen. Hier spricht einer, der in einer Paraphrase zum Thema »Frieden« (so die Überschrift des letzten Kapitels) unruhig noch einmal die Merkposten abfragt, die er zum bösen Schluß in das Werk eingeführt hatte: die Bilder und Obsessionen von Tag und Nacht, Licht und Finsternis, Garten und Wüste, Gärtner-Gott und Drachen, Leben und Tod. Der Theoretiker der Rezeption, der am Ende seines zweiten Hauptwerks vom Leser gefordert hatte: »You must all be mine, as I am all yours; it is the only condition on which we can meet each other [...] face to face, heart to heart«, muß wohl ein anderes Modell des Austausches vor Augen haben, wenn er sich jetzt an »Chaoskinder« und »Kinder des Drachens« wendet. Zumindest den treuen Leser und Mitarbeiter von »Modern Painters« hat er aus der ästhetischen Kirche hinausgepredigt. »Erdgeborene, Chaoskinder – Kinder dieser Welt mit ihren öden Meeren und ihren Medusa-Wolken, Kinder des Drachens, Wolken ohne Wasser, Schlangen-Wolken, deren Anblick Menschen in Steine verwandelt: Die Zeit des Wehklagens wird kommen.

›Dein Reich komme zu uns‹, so sollen wir beten! Aber wie wird es kommen? Mit großer Macht und großer Herrlichkeit, so steht es geschrieben, und doch wird sein Nahen von vielen nicht bemerkt werden, das steht auch geschrieben. Ein seltsames Königreich in der Tat. Und doch gar nicht so seltsam, denn das gleiche erleben wir mit jeder Morgenröte.

Wenn es Zeit wird, daß wir aus den schweren Träumen dieser Welt erwachen, warum sollte das dann anders sein als das Aufwachen aus den Träumen der Nacht? Zuerst das Singen der Vögel, gebrochen und leise, dann für erwachende, nicht für sterbende Augen erscheint ›heller und heller der dunkle Ausschnitt des Fensters‹, dann das Morgengrauen und dann das Rosa des Morgens und schließlich das Licht, das bis an die Ränder des Himmels reicht.

Dieses Königreich herbeizuholen, ist uns nicht gegeben, aber gegeben ist uns, es zu empfangen. Es ist schon da, aber noch nicht angenommen, denn die Menschen lieben das Chaos am meisten, und die Nacht mit ihren Töchtern. Wie in den Tagen des alten Elias gilt immer noch die einzige Frage: ›ob wir es annehmen wollen‹. [. . .]

Wir haben die Wahl. Wir können dem feuerspeienden Drachen in der Wüste dienen, oder Gott, dem Herrn, der in der Kühle des Morgens in seinem Garten geht. [. . .] Die Entscheidung ist klar vorgezeichnet. Auf der Höhe seines Wüstenberges thront sichtbar der Versucher mit seinem alten Versprechen: die Königreiche dieser Welt und ihren Ruhm. So wie Christus euch Frieden verspricht, so treibt jener euch zu Arbeit an: zu Arbeit und Sorge, niederem Streben und grausamer Hoffnung. Solange ihr lieber besitzt als gebt, nach Macht und nicht nach Gnade strebt, solange eure Reichtümer euch zum Rivalen anderer Menschen oder Nationen machen, solange ihr nach Überlegenheit und nicht nach Liebe trachtet, solange ihr in eurem Verlangen die ersten und nicht die letzten seid: solange dient ihr dem Herren, der über alles Letzte gebietet, dem

Feind, der zuletzt überwunden wird, dem Tod, und die Krone des Todes sollt ihr tragen, mit den Würmern daran, und den Lohn des Todes sollt ihr einstreichen, von dem der Wurm zehrt, und ihr sollt wieder Erde werden und zum Grabe sagen: ›Du bist mein Vater‹, und zum Wurm: ›Du bist meine Mutter und meine Schwester.‹

Ich überlasse euch die Entscheidung und die Wahl zwischen dieser ruchlosen Arbeit und dem verheißenen Frieden, zwischen dem Lohn des Drachens und der Gabe des Morgensterns, dieser Hörigkeit hier und der Ausführung eines Willens dort, der euch der Erde entzieht und der euch mit einer Stimme anspricht, die nicht aus dem Grabe kommt und sagt: ›Mein Bruder, meine Schwester, meine Mutter.‹«

V
Der wilde Ruskin
1860–1870

I

Kann eigentlich keiner dieser drei Männer richtig gehen oder stehen? (Abb. 11) Oder seine Hände zwanglos halten? Warum hat die nervös gespannte Greisenhand des Mittleren, der gerade 44 Jahre zählt, den Stock so umklammert, als gelte es einen gewaltigen Streich zu tun in die Richtung, die der Blick berechnend und böse anvisiert? Wie faßt dieser Mann eigentlich einen städtischen Gehstock an?

Drei Ehrenmänner, die ein Fotograf von sinistren Händeln aufstört? Eine kleine Gruppe von Laienschauspielern, die im Alltagskostüm proben und im Moment weitere Regieanweisung erwarten? Oder Schlimmeres: Drei Internierte beim Spaziergang im Anstaltsgarten von einem fanatischen Wissenschaftler fürs Archiv abgelichtet?

Nein, es sind zwei Künstler, die einen etwas exzentrischen Besucher aus der Ferne in ihre Mitte nehmen. Sie tragen ohne große Lust die neue Tracht der Zeit: runder weicher Hut, einreihiger, offener Rock über ebenso einreihiger, aber eng geschlossener Weste, weite, ausbeulende Beinkleider. Diese Kleidung hat ihr eigenes tektonisches Zentrum: Es wirkt so, als sei alles an diesem obersten Knopf des Überrocks festgemacht – mit dem Körper kommuniziert das Unorganische jedenfalls nicht. Da zeigt der Fremde schon anderen Zuschnitt. Seine Kleider formen den Körper nach, sind Ausdruck und nicht Verkleidung. Und die Energie des Körpers scheint die angepaßten Röhren und Hülsen zu verlangen. Wenn dieser Mann den langen Rock ablegte, stünde er da wie einer, der die Beweglichkeit und Freiheit hat, wirklich mit dem Stock zu fechten oder zu boxen oder zu rudern, während die beiden anderen, ohne Hut und Oberkleid, ans Pult paßten oder in den Lehnstuhl. Vom Gentleman, der überall zu Hause ist, zum Clerk, der nur im Haus zu Hause ist, verläuft so nicht die hier greifbare Entwicklung des englischen Mannsbildes?

Und dabei bedenke man, daß die beiden domestizierten Herren links und rechts einer Profession angehören, die solchen Dekor eigentlich selten zum Ausweis hat. Es sind zwei Maler, und der rechte, der Mann mit dem Bart und der bleichen Gesichtsfarbe, ist außerdem Dichter, Lyriker und ein absoluter Bohémien, wenn es je einen im mittelviktorianischen England gab. Zur Zeit der Aufnahme lebte er mit einem seiner Modelle und mit befreundeten Malern und Dichtern in der »Chelsea Menagerie«, einem Haus an der Themse, benannt nach den menschlichen und tierischen Fabelwesen, die es bevölkerten. Pfauen gab es in dem Garten, der den Schauplatz für unsere Fotografie stellt, Waschbären, Känguruhs, Zebus und Gürteltiere; im Haus lebten außer vielen Ziervögeln Murmeltiere und ein Wombat. Dort ging alles so zu, wie das Klischee vom Künstlerleben es haben will. Nacht und Tag waren vertauscht, die Kette der Gelage und Feiern riß nicht ab, Bücher wie »Justine« oder »Les Fleurs du Mal« wurden in diesem Haushalt abschnittweise vorgelesen wie andernorts ein Dickens-Roman, es wurde viel gestritten, hart gearbeitet, sehr viel Geld verdient und noch mehr ausgegeben.

Wenn nun schon das Habituelle des gelernten Bohémiens den inneren Ärmelschoner erkennen läßt, aus welcher freien Sphäre muß dann der Fremde kommen, angetan mit blauem »frockcoat«, heller Weste und Hose aus schmiegsamem, nicht knisterndem »homespun«, blauem Halstuch und hohem Zylinder (hinter dem rechten Bein im Gras liegend)? Es ist ein Kaufmannssohn, 44jährig, wie gesagt, bei und von seinen Eltern lebend, ein Schriftsteller, der sich eine persönliche Mode ebenso leistet wie eine eigene Meinung. Von Herkommen und Lebensform zweifellos kein Bohémien, gehört er auch denen nicht, die ihn als ihren Klassengenossen beanspruchen. Ist er dann ein Dandy, also ein Angehöriger jener britischen »Sekte«, von der Carlyle sagt: »Ein Dandy ist ein kleidertragender Mensch, ein Mann, dessen Beruf, Amt und Lebenszweck darin besteht, Kleider zu tragen. [...] Während andere sich ankleiden, um zu leben, lebt er, um sich anzukleiden. [...] Kleidung ist seine Inspiration, er dichtet in Kleidern.« Die Tracht dieses Mannes vereint in subjektiver Kombination Elemente, die die Dandy-Mode 20, 30 Jahre zuvor benutzt hatte, die mit anderen Worten jetzt hoffnungslos veraltet sind. Ist er, der sich noch altertümlicher kleidet als sein Vater, dann ein Dandy, der durch den ostentativen Rückgriff, als ein Historist der Kleidung, die Nahrung einholt, die er laut Carlyle als einzige zum Leben braucht: die Blicke der anderen? Dann wäre er als

»kreativer Enthusiast« in Sachen Mode aber notwendig gezwungen, die vergangenen Kleiderstile so rasch zu wechseln wie seine Zeit es tut, wenn sie baut oder Gegenstände des alltäglichen Gebrauchs entwirft. Und das ist hier nicht der Fall. Dieser Dandy leistet sich die wirkliche Provokation und Normüberschreitung, die dem Dandy erlaubt ist; er hat sich irgendwann in sorgfältiger Abstimmung von Form, Farbe und Material für seine Kleidung entschieden, und er ist dieser Kombination wie vorgenommen treu geblieben, solange er für sich selbst sorgen konnte, ca. 40 Jahre lang. »Natur und Instinkt machen mich zum Konservativen, der alte Dinge liebt, nur weil sie alt sind, und neue haßt, nur weil sie neu sind. Es geht mir gegen den Strich, irgendeine Doktrin der Innovation zu entwickeln.« Der Blick auf die Kleidung der neben ihm Stehenden könnte ihn darin bestätigen, daß Fortschritte nur für den Preis besonders extravaganter »Wegschritte« erlaubt sind. Was einen bescheidenen Zugewinn an Komfort bringt, der hohe Schluß von Weste und Rock, der den auswechselbaren Stehkragen ermöglicht, der knöpfbare Hosenschlitz und die Hosen- und Rocktaschen, kurz die »praktischen Details«, die das 19. Jahrhundert in seiner zweiten Hälfte wie manisch ausheckt, werden konterkariert durch einen schreienden Verlust an organischer Abstimmung des Ganzen und durch das punktuell Modische, das nur den Auslöser für den Wechsel abgibt. Hier ist es die Art, wie der Rock geknöpft wird, von der man nicht absehen kann. Baudelaire: »Diese grimassierenden Falten, die wie Schlangen ein abgetötetes Fleisch umspielen, haben sie nicht auch ihren geheimnisvollen Reiz?« Indem er verzichtet, den Innovationen zu folgen oder sie anzuleiten, erreicht dieser Sonderfall eines Dandys das hohe Ziel der »dandyistischen Religion: Selbstkultur« auf eine Weise, die ihm freie Hand für alles andere, für alle anderen läßt. Diese Freiheit, die er sich in Dingen »persönlicher Schönheit«, wie er das nennt, nimmt, möchte er als Gesetz seines Daseins überhaupt gelten lassen. Mit seinen eigenen Worten: »Ich habe absolute Muße, das zu erforschen, was ich wissen will. Ich kenne keine Sorge oder ängstliche Zurückhaltung, unabhängig wie ich bin von Gruppeninteressen, von Bindungen an Parteien, Rassen oder Klassen, von anerzogenen Vorurteilen. Es stimmt, daß ich als Tory aufgewachsen bin, doch später wurde aus mir etwas anderes, Unbeschreibbares – sicherlich kein Tory.«

»The indescribable thing«, das so stolz auf seine Autonomie ist, sucht in diesen Jahren sehnlich nach Freundschaft, Liebe und Anerkennung, es möchte die Stimme hören, die sagt: »Mein Bruder, meine Schwester, meine Mutter«, und möchte es selbst sagen können. Das ist auch das Motiv, das ihn in den Garten von Cheyne Walk zieht, zu William Bell Scott (links) und Dante Gabriel Rossetti. In der vorausgehenden Dekade hatte Ruskin Rossetti und dessen »ideal beloved«, die unglückliche Elizabeth Siddall, die 1860 Rossettis Frau wurde und schon 1862 den (Frei-?)Tod durch übermäßigen Gebrauch von Opiumtinktur fand, durch Aufträge und großzügige Zuwendungen gefördert, ja am Leben erhalten. Im Juni 1863, als das Foto entsteht, ist das nicht mehr nötig – Lizzie ist tot und Rossetti verdient mit seiner Malerei mehr, als Ruskin im Jahr zur Verfügung hat; jetzt hat der einstige Mäzen und bisweilen ungnädige Kunstrichter etwa den gleichen unsicheren Stand wie die »emanzipierte Menage« am Themsestrand. Der Feind Millais hatte ihm 1853/54 auf glattem, unebenem Grund eine sicherere Position eingeräumt und einen gesammelteren Ausdruck verliehen, als Ruskin zehn Jahre später einzunehmen fähig ist, trotz Ausfallschritt und Halt an Rossetti. Er stützt sich auf den Nebenmann und holt ihn so eng heran, daß die Stütze im Ungleichgewicht Halt am Gestützten findet. Ein merkwürdig kippeliges Arrangement, das über die Selbständigkeit der hier Versammelten zu denken gibt – auch ein Bild, das im Widerspruch die Wahrheit sagt. Ruskin hat es nicht anders als kontrovers bewerten können. Gegenüber Rossetti, der das Foto in Umlauf brachte, nennt er es ein »optisches Pamphlet, schlimmer als alle anderen Skandalgeschichten und Lügen, die über mich erzählt werden«; dem Vater schreibt er: »So schlecht sie auch sein mag, so schätze ich die Fotografie mit Rossetti und Scott 50mal höher als alle anderen, die man bisher von mir gemacht hat.«

2

Gemeinsam haben Ruskin und die Bohémiens von Chelsea, daß sie nicht glücklich sind und daß ihnen die Gesellschaft zuzusetzen beginnt. Die Gesellschaft, die auf das »Laissez-faire«- oder »Let alone«-Prinzip baut, läßt den heftigsten Kritiker dieses Prinzips nicht mehr allein gewähren. 1860 hatte Ruskin den alten, durch die Fortsetzung von »Modern Painters« lange verhinderten Plan wahrgemacht und seinen »great essay on Man's work«, »mein einziges Buch, das wirklich ein Buch heißen darf«, niedergeschrieben. Was 1862 als »Unto This Last« gebunden herauskam, hatte 1860 als Artikelserie über Politische Ökonomie für das »Cornhill Magazine« begonnen und war nach wütenden Leserreaktionen von seiten des Verlegers abgebrochen worden, wohlgemerkt von Ruskins eigenem und bis dato einzigem Verleger. Dessen Begründung: Ruskins Beiträge seien einfach »zu tief in der Wolle von sozialistischen Häresien gefärbt«. Das gleiche wiederholte sich, als Ruskin 1862/63 den Lesern von »Frazer's Magazine« seine volkswirtschaftlichen Theorien unterbreiten durfte. Wiederum stoppte der Verleger (ein anderer) die Artikelfolge. Die publizierte Kritik fällte ein einmütiges Verdikt: »Nur ein Genius wie Mr. Ruskin konnte solch hoffnungslosen Unsinn hervorbringen«, die Theoretiker der Politischen Ökonomie »haben eine bessere Behandlung verdient, [. . .] als von einer wahnsinnigen Gouvernante zu Tode gepredigt zu werden«, »traurig ist der Anblick eines Genius, der seine Möglichkeiten verkennt und sich selbst zum Gespött macht«, »seine wilden Worte werden die Springfedern einiger Herzen lösen und ehe wir uns versehen, bricht eine moralische Schleuse auf und ertränkt uns alle«. Die »Saturday Review« befand: »Die Gefühle eines Engländers verletzt Mr. Ruskins Betragen am meisten dadurch, daß er die Nation, zu der er gehört, gröblich verleumdet. Unser Land gibt keinen Anlaß zur Klage. Our's is not a country to cry about.« Allein der letzte Satz würde Ruskins Entscheidung rechtfertigen, sich nun ganz der Gesellschaftskritik zu verschreiben. Erstaunlich ist dabei nicht diese Richtung, die sein Denken nimmt – sie war seit den »Stones« abzusehen gewesen und nur durch »Modern Painters« so lange verstellt worden –, bemerkenswert ist die Ausschließlichkeit, mit der die »new epoch«, das Jahrzehnt 1860 bis 1870, dem neuen Thema gehört. Wenigen Vorträgen und Artikeln kunstpädagogischer und kunsthistorischer Art, keiner eigenständigen Publikation, stehen gegenüber: die beiden erwähnten Artikelserien und die Buchpublikation »Time and Tide« (1867) über Politische Ökonomie, ein Buch über Erziehungsfragen (»Sesame and Lilies«, 1865), ein weiteres über Mythologie (»The Queen of the Air«, 1869), eine Einführung in Geologie und vieles anderes für Kinder (»The Ethics of the Dust«, 1866) und ein Sammelband zu verschiedenen gesellschaftspolitischen Fragen (»The Crown of Wild Olive«, 1866). Eine solch radikale Neuorientierung ist in der englischen Literatur ohne Beispiel. Um es Ruskin gleichzutun, hätte Carlyle nach Abschluß des achtbändigen »Frederick II« sein Lebenswerk auf Gartenbau, hätte Marx nach Vollendung des »Kapitals« (1867) sich ganz auf Musikgeschichte umstellen müssen. Niemand darf da verwundern, daß die Kritiker überfordert waren und gereizt reagierten.

Keine bessere Presse erhielten die Leute von Cheyne Walk. Sie waren zwar bei ihren Leisten geblieben und hatten auch nicht gegen das Grundgesetz der kapitalistischen Ökonomie, gegen den Zwang zur Freiheit von Handel und Produktion, dafür aber gründlich gegen den Moralkodex der Zeit verstoßen; sie wollten, wie Algernon Charles Swinburne, »meteorischer« Mitbewohner der Chelsea Menagerie, einmal sagte, »so verletzend und anstößig wie nur möglich« sein. Als Swinburne nach vielen vergeblichen Anläufen seine »Poems and Ballads« herausbrachte – Ruskin war das Manuskript Stück für Stück mit dem Autor durchgegangen –, schrieb der Kritiker Robert Buchanan: »Der Ruhm unserer zeitgenössischen Dichtung basiert auf ihrer transzendentalen Reinheit. Swinburne ist unrein um der Unreinheit willen.« John Morley, der Rezensent der »Saturday Review«, fand »Poems and Ballads« »voll von Stücken, die einem Verkäufer schmutziger Graphik die Röte ins Gesicht treiben würden« – »unspeakable foulness« war sein abschließendes Urteil. Swinburnes Verleger sah sich in Erwartung einer Obszönitätsklage gezwungen, das Buch zurückzuziehen; der Autor gab es in die Obhut eines Verlagshauses, das für pornographische Spezialitäten bekannt war. Als Dante

Gabriel Rossetti nach ganz anderen Schwierigkeiten seine gesammelten Gedichte publizierte – er mußte das Manuskript erst aus dem Grab seiner Frau herausholen lassen –, las man aus der Feder Robert Buchanans: »Hier ist ein erwachsener Mann, vermutlich intelligent und kultiviert, der für andere erwachsene Männer die verborgensten Geheimnisse der geschlechtlichen Verbindung aufzeichnet, und dies von einem so krankhaften Bedürfnis besessen, sinnlich aufgeladene Atmosphäre und rein animalische Empfindungen sorgfältig zu dichterischem Wort werden zu lassen, daß wir ob dieser schamlosen Nacktheit nur schaudern.« Die von Buchanan losgetretene Lawine wuchs über mehrere Monate bedrohlich an und traf den Autor am Ende voll, als die »Saturday Review«, das gleiche prinzipienfeste Organ des Mittelstandes, das schon Ruskin und Swinburne hingerichtet hatte, den Vorwurf der Immoralität zum Gegenstand eines Leitartikels erhob. Der sehr empfindliche Rossetti, der sich seit Beginn seiner Laufbahn von verschworenen Kritikern verfolgt fühlte, griff zu demselben Mittel, das seine Frau aus dem Leben befördert hatte, zur Überdosis eines Betäubungsmittels. Er überlebte, entwickelte aber in der Folgezeit immer bedrohlichere Verfolgungsängste. Die drei kritisierten Kritiker oder Tabuverletzer fühlten sich also mitnichten bestätigt, sondern reagierten durchaus betroffen, was uns naiv anmutet, doch ist ein Unterschied zu machen zwischen der Reaktion eines Swinburne: »Das Fell dieses kleinen Reptils verdient die Peitsche, sein Kopf einen Tritt mit dem Absatz, sein Hintern einen Tritt mit der Spitze«, und den Befürchtungen eines Ruskin: »Eigentlich lasse ich nicht zu, daß Kritiker mich aus der Ruhe bringen, aber ich kann nicht schreiben, wenn ich kein Publikum habe. Diese Artikel über Politische Ökonomie gaben 80 000 Lesern von meiner besten Arbeit zu kosten; sie schmeckte ihnen nicht; nun [nach dem Abbruch der Publikation] darf ich nichts mehr nachreichen. Ich könnte ebensogut einem Raum voller Holzscheite und Ziegel predigen.« Natürlich verfügte Ruskin über Mittel und Möglichkeiten, seine Theorien in Buchform zu publizieren, aber er wußte auch, daß wirkliche Verbreitung nur durch die großen, vielgelesenen Monatszeitschriften und Quarterlies zu erhoffen war. Den 80 000 Lesern von »Cornhill's« (eine sehr hoch angesetzte Schätzung übrigens) standen keine 1000 verkauften Exemplare von »Unto This Last« in zehn Jahren gegenüber – in die Hunderttausende gehende Auflagen kamen erst sehr viel später. Anders als seine Schriftstellerkollegen hatte Ruskin so gut wie nie die Zeitschriften mit Beiträgen beliefert, darin Rossetti vergleichbar, der sich weigerte, seine Bilder auf Ausstellungen zu zeigen. Und diese selbstgewählte Distanz rächte sich nun, als er das große Forum suchte. Da blieb ihm wieder nur der Vortragssaal, aber in den wurde er jetzt seltener gerufen, was kein Wunder ist, wenn man feststellt, daß er mit seinen Zuhörern nicht anders umsprang als mit den Lesern von »Cornhill's« und »Frazer's«.

Als die braven, aber ein wenig naiven Bürger von Bradford Ruskin einluden, damit er ein Ausstattungsprogramm für den Neubau ihrer Börse entwickele, bekamen sie folgenden Rat: »So wie die Dinge stehen, kann ich Ihnen nur vorschlagen, den Fries mit hängenden Geldbeuteln zu schmücken und die Säulen unten recht breit zu machen, damit man dort Wechsel anschlagen kann. Im Allerheiligsten Ihres Tempels würde ich eine Statue der hl. Britannia vom Markte aufstellen. Als Helmschmuck sollte sie vielleicht ein Rebhuhn tragen, um ihren mutigen Kampf für hohe Ideale und ihre Jagdleidenschaft anzuzeigen, und um ihren Hals könnte in goldenen Lettern die Inschrift erscheinen: Perdix fovit quae non peperit – Vergebens heckt, wer nicht Leben schenkt. Als Speer sollte sie ein Weberschiff halten und auf ihrem Schild soll kein Kreuz, sondern der Milanesische Eber zu sehen sein, zur Hälfte geschoren, mit der Stadt Genezareth im Feld und der Inschrift ›Auf dem besten Markt‹. Ihr Schnürleib aus Leder, der über der Brust kreuzweise wie eine Geldweste gefaltet sein soll, soll dreißig Schlitze haben, um an jedem Tag des Monats ein Geldstück aufzunehmen. Und ich bin fest überzeugt, daß die Leute strömen werden, um Eure Börse und ihre Göttin zu sehen und ihr zu willfahren.« Es ging schon in Ordnung, wenn »savage Ruskin«, der »wilde Ruskin«, die Geißel der Gesellschaft, selbst Schläge einstecken mußte. Ruskins Taktik ist einfach: Er benutzt seinen Ruf, *der* Kunstsachverständige Englands zu sein, als trojanisches Pferd zum Einzug in die Zitadellen des Manchester-Kapitalismus. So wie in Bradford funktionierte das im

Grunde immer: »Meine lieben Yorkshire-Freunde, ihr habt mich hergebeten, um über den Neubau eurer Börse zu reden, aber ganz im Ernst und um Verzeihung bittend, muß ich euch sagen, daß ich das nicht tun werde, sondern gezwungen bin, über ganz andere Dinge zu sprechen. [...] Hätte ich auf eure Einladung geantwortet: Ich komme nicht, was kümmert mich eure Börse, dann wärt ihr zu Recht beleidigt gewesen, weil euch die Gründe meiner groben Mißachtung verborgen geblieben wären. Also bin ich doch gekommen, in der Hoffnung, daß ihr mir geduldig zuhören werdet, wenn ich euch erkläre, warum ich zu diesem und vielen anderen Anlässen heute nichts sage, während ich früher die Gelegenheit, ein solch gewogenes Publikum zu beraten, dankbar benützt hätte.«

Daß Ruskin nun seinen »Kneifzangen-Griff, seine rotglühenden Kneifzangen« an der Gesellschaft erprobt, wie Carlyle lobend anerkennt, mag ihm die Tore der Chelsea Menagerie weiter geöffnet haben, als es früher Geldzuweisungen und kunstkritischer Rat getan hätten. Aber er brachte noch mehr mit. Der Weisung von Turin war er in strenger Observanz gefolgt. Jedem, der es hören wollte, erzählte oder schrieb er von seiner Paganisierung. Er sei »now pretty nearly infidel«, er sei ein »Apostat« und »Ikonoklast«, müssen die Eltern vernehmen; Rossetti, der ihn 1862 porträtiert, erfährt während der Sitzung, daß ihn der Glaube an die offenbarte Religion verlassen habe; William Rossetti, der Bruder, findet im gleichen Jahr, daß »sich seine Denkweise über religiöse Dinge geändert hat und daß aus dem glühend frommen Protestanten ein Ungläubiger geworden ist ohne Bindung an die christliche oder irgendeine andere Religion«. Den Künstlern von Cheyne Walk wird an dieser Sinnesänderung besonders willkommen gewesen sein, daß Ruskin, der zu Zeiten der Abfassung von Band 2 der »Modern Painters« geneigt war, Fra Angelico selbst über Turner zu stellen, der als oberste Regel ausgegeben hatte, daß gute Kunst nur von guten Menschen kommen könne, der noch 1858 bei der Durchsicht von Turners Nachlaß dessen pornographische Zeichnungen verbrannt hatte, daß der einst so keusche Kritiker nun bereit war, zu erklären: »One would have thought purity gave strength, but it doesn't. A good, stout, self-commanding, magnificent Animality is the make for poets and artists, it seems to me.« Und noch weitergehend: »Im Ernst, um ein herausragender Maler zu werden, darf man nicht fromm sein, eher ein bißchen sündig und ganz und gar diesseitig orientiert (entirely a man of the world).« Diese Haltung ermöglichte es ihm nicht nur, Swinburnes Gedichte zu verteidigen, sondern auch selbst den Sprung vom noblen Denmark Hill in die Themseniederung tun zu wollen. Die Eltern zu verlassen, mit denen ihn nur noch Pflichttreue, aber keine Liebe mehr verband, und im Chaos von Cheyne Walk Quartier zu nehmen, der in der Tat geplante Wechsel wäre nicht weniger grundstürzend gewesen, als die Umstellung der Lebenstätigkeit von Kunstgeschichte auf Kritik der Volkswirtschaft. Daß es dazu nicht kam, hat neben anderen Motiven seinen Hauptgrund paradoxerweise darin, daß Ruskins Vater Anfang 1864 im Alter von 78 Jahren starb. Er hinterließ seinem Sohn ein Vermögen von 120 000 Pfund zur freien Verfügung und ein schlechtes Gewissen als Fessel. Wenn Freud den Tod des Vaters »das bedeutsamste Ereignis, den einschneidendsten Verlust im Leben eines Mannes« nennt, dann zielt das auf tiefe Konflikte wie Ödipuskomplex und »Schuldgefühl des Überlebenden«. In diesem besonderen Fall lagen die Verhältnisse etwas einfacher: Ruskin hatte sich in den letzten Jahren mit seinem Vater »über alles und jedes im Universum zerstritten«, vor allem natürlich über das Engagement in polit-ökonomischen Fragen. Der Vater hätte den Sohn gerne weiter als schönmundigen Natur- und Kunstschriftsteller beschäftigt gesehen; der Sohn, der zwar des Vaters Ökonomie und Wohltätigkeit stets vorbildhaft fand, griff als Kritiker des Kapitalismus und speziell seines monetären Systems die Grundlagen für den Handel des Vaters und damit die Basis seiner ganzen Existenz an. Das war eine Form, sich loszusagen, ohne wirklich loszukommen; die andere bestand in fortgesetzter Selbstanalyse, die ohne praktischen Schluß blieb und deren Äußerungen in einem 70jährigen Vater sicher den falschen Adressaten hatten. Wenige Wochen vor seinem Tod las dieser im letzten Brief, den er von seinem Sohn erhielt: »Zwei furchtbare Fehler sind es, die Mama und Du an mir begangen habt: Ihr habt mich in Luxus und Verweichlichung aufgezogen, so daß ich derzeit unkultivierte Länder nur mit Koch im Gefolge bereise, und Ihr habt mir entgegengearbeitet, wann immer Leben und Leidenschaft ernstlich gefragt waren. [. . .] Wenn ich den Mut und die Erfahrung gehabt hätte, resolut meinen eigenen Weg zu gehen, dann wäre ich nun glücklich und gesund, und ich würde Euch doppelt so stark lieben [. . .] und wäre voller Energie für die Zukunft und könnte von mir selbst absehen. Statt dessen haben sich meine in die Pflicht genommenen Kräfte vergebens erschöpft, und um des Überlebens willen treibe ich allerlei Selbstsüchtiges und das zu einer Zeit, da ein Mann auf die Aufgaben des Mittelalters durch die Erfolge der Jugend vorbereitet sein sollte.« Dieser Brief, das muß man hinzufügen, beginnt mit der Klage, daß ein Versuch, vor Ort zu zeichnen, aus Erschöpfung und Enttäuschung abgebrochen werden mußte: »Nach ein oder zwei Stunden läßt die vitale Energie nach, die einst einen ganzen Tag anhielt und für den Rest des Tages denkt man ans Sterben und an die ›Zeiten, die vorüber sind‹.« Wir hatten bereits mehrfach Anlaß, darauf zu verweisen, daß Ruskin das Zeichnen als Gradmesser seiner Vitalität benutzte: Im intensiven Verkehr mit der Realität möchte er Leben erhalten – im doppelten Sinn von Empfangen und Bewahren. Dieser immer gefährdete und mit hohen Erwartungen belastete Austausch (man denke an die »Zeichenstunden« im Wald von Fontainebleau und in Turin) soll nun unterbrochen sein. Ruskin weist die Schuld den Eltern zu, die ihn nicht lebenstüchtig gemacht haben. Er, der von seinen Eltern die Ausdauer auf Reisen gelernt hat, der die Kraft hat und noch lange haben wird, zehn Meilen an einem Stück zu rudern und die höchsten Gipfel der Alpen zu ersteigen, stellt sich als verweichlichtes, abhängiges und absterbendes Geschöpf seiner nächsten Umgebung dar. Übertreibend und verabsolutierend gibt sich der Klagende hier als einer zu erkennen, der mit schmerzlicher Befriedigung weiß, daß sich nichts ändern kann. Der Satz, der der herben Kritik folgt, heißt: »Yes, I shall be home (D. V.) on Saturday.« Nein, zwischen einem 78jährigen Vater und einem 45jährigen Sohn sind diese Dinge nicht mehr produktiv zu wenden; was in den letzten Jahren noch geschieht, ist späte Grausamkeit und Reue. 1862/63 geht er demonstrativ über Weihnachten nach Mornex in der Nähe von Genf, wo er einen Gegenhaushalt aufschlägt und sich mit Landkäufen und Ansiedlungsplänen trägt (»I must find a home«). Es erschrecke ihn, aber er fühle sich glücklich, läßt er die Eltern wissen. »Cruel« notiert er später an den Rand der Aufzeichnungen, die er in Mornex macht. So brachte der Tod des Vaters ihm nicht, was er ihm abgefordert hatte, »das einzige, was ich auf der Welt haben kann, nämlich Freiheit«. Der unbefriedigende Schluß dieser ungewöhnlich intensiven und im Negativen wie Positiven reichen Vater-Sohn-Beziehung ließ einen Stachel zurück. Der lebenslange Dialog der beiden – sie schrieben sich buchstäblich jeden Tag, wenn sie getrennt waren – brach mit der Frage des Sohnes ab: »Wie wollen wir uns über irgend etwas verständigen, solange Du denkst, daß das, was ich jetzt betreibe, nur oberflächliche Beschäftigung ist und nicht aus der Tiefe kommt?« Aber mit der enttäuschenden Verständnislosigkeit schwand auch der letzte Partner, der ihn unbequem forderte und von dem er gelernt hatte, unbequem zu sein. Offen und rücksichtslos, wie sich der alte in Brief und Gespräch gegeben hatte, wollte der junge Ruskin wohl gegenüber der Öffentlichkeit sein. Mehr als Pietät veranlaßte ihn, die Laudatio der Grabinschrift mit den Worten enden zu lassen: »Dies sagt sein Sohn, den er über alles liebte und den er lehrte, die Wahrheit zu sprechen.« Diese Tugend verließ ihn gerade unter dem Eindruck des Todes nicht. Wer sein Mitleid in die üblichen Formeln goß, lief Gefahr, auf das Hohle seines Handelns und auf die eigentlichen Nöte der Zeit hingewiesen zu werden. Den Freunden dagegen schilderte er den Vorgang des Sterbens, so wie er ihn von Anfang bis Ende miterlebt hatte. Das Fazit, das er Henry Acland mitteilt, unterscheidet sich nicht sehr von dem Inhalt des letzten, vorwurfsvollen Briefs an den Vater: »Du hast wahrscheinlich noch nie einen Fall wie diesen gesehen, in dem ein Vater sein Leben für seinen Sohn opfert und diesen zwingt, daß er das seinige dem Vater opfert und es ihm umsonst opfert. Es ist alles in allem der Stoff für eine exquisite Tragödie – eine Art ›Lear‹ des Handelszeitalters. In Cordelia findet kein Wandel statt, und ihre Freundinnen schreiben ihr Kondolenzbriefe – bereute sie denn nicht den Schmerz, den sie ihrem Vater bereitet hatte, als sie zu gegebener Zeit nicht sprach?« Ruskin bereute und blieb unverwandelt. Er bereute, daß er den Vater spät, zu spät gekränkt hatte und daß er nicht zu Kritik *und* zu Liebe fähig gewesen war. Er blieb unverwandelt, weil der Tod keine Lösung brachte. Er fand den Schmerz zwar nicht »zerstörerisch«, sondern hart und klar, ja kräftigend, aber es gab andere zerstörerische Schmerzen, »viel tödlicher als dieser«. Rein äußerlich änderte sich erst recht nichts – im Gegenteil: Er war nun stärker als zuvor ans elterliche Haus und an seine 83jährige Mutter gebunden. Erst zwei Jahre nach dem Tod des Vaters nahm er das alte Leben wieder auf und ging wieder auf lange Auslandsreisen. Die Pläne, das Freigehege von Cheyne Walk zu bevölkern, hatten sich zerschlagen.

3

Das eigentliche Eintrittsticket zur Chelsea Menagerie waren eine schwierige Sexualität und lang sich hinziehende, qualvolle Liebesgeschichten. Es würde viel zu weit führen, hier auch nur aufzulisten, welche Spezialitäten der »Psychopathia sexualis« sich aus den Biographien der Rossettis, Swinburne, Scott, Morris u. a. belegen ließen. Es reicht, wenn wir versuchen, den Beitrag des assoziierten Mitglieds John Ruskin zu würdigen. Nach dem Scheitern seiner Ehe hatte er Freunden großspurig versichert: »Meine wahren Sorgen liegen woanders. Ich könnte wieder eine Frau haben, wenn ich eine wollte, aber was ich nicht wiederbekomme, ist das nördliche Querhaus der Kathedrale von Rouen.« (Wo Restauratoren ihre Arbeit aufgenommen hatten.) Später sah er seine Chancen und Möglichkeiten etwas realistischer: »Ich werde mich niemals mit einer Frau verbinden – ich fühle, ob zu Recht oder nicht, daß mein Werk dieser Welt von Nutzen ist und daß ich ihm ganz gehöre.« Und als diese Gewißheiten auch genommen waren, klingt es nur noch kläglich aus ihm: »Niemals glaube ich, daß mich irgend jemand liebt – das Beste, was ich erwarte, ist, daß man mit mir ›auskommt‹, aber ich kann einfach nicht glauben, daß ich geliebt werden könnte.« Da geschah etwas, was er mit schönen Worten so beschreibt: »Ein kleines Kind legte seine Finger ans Ruder und bestimmte sich zu meinem Liebling.«

Die Geschichte von Rose LaTouche (Abb. 10) und John Ruskin ist eine der großen unglücklichen Romanzen des viktorianischen Zeitalters. Sie ist viktorianisch und unglücklich, weil die Bewegungen dieser beiden ohnehin behinderten Menschen von den schwersten Gewichten ihrer Zeit herabgezogen wurden. Wir können uns hier nicht so kurz fassen und auf die ebenso reichlich vorhandene Literatur verweisen wie im Fall der Ehe mit Effie. Rose ist die bei weitem wichtigste Gestalt in Ruskins erwachsenem Leben; die Auseinandersetzung mit ihr forciert bestimmte Tendenzen des Alterswerks und bildet den Schlüssel zu manch schwieriger Passage. Von ihrer Präsenz und ihrer Verborgenheit im Werk gilt, was Ruskin über die Mythen gesagt hat: »Man muß darauf vorbereitet sein, die griechischen Legenden so zu lesen, wie man Fäden durch die Figuren eines Seidendamastes verfolgt. Ein und derselbe Faden durchläuft das ganze Gewebe und ist doch Teil verschiedener Muster. Mit anderen Farben vereint, erkennt man ihn kaum, und unter wechselndem Licht erscheint er mal hell, mal dunkel. So mischen und kreuzen sich die griechischen Legenden so lange, bis sie sich zu einer Arabeske verknotet haben, an der man manchmal Schwarz nicht von Purpur, Blau nicht von Smaragd unterscheiden kann – was ihre Wahrheit nur erhöht, denn die Wahrheiten der Gefühle, für die sie stehen, sind auf die gleiche Weise verwickelt, aber noch viel schwieriger zu entziffern und in eine Ordnung zu bringen.«

Was sich da 1858 anspinnt und bald hoffnungslos verheddert, 17 verquälte Jahre lang, bis zu Roses Tod 1875 (und für Ruskin noch viel länger), das ist der Stoff einer Psychomachie – Ruskins präraffaelitischer Freund Burne-Jones hätte ihn zum Vorwurf einer Teppich-Serie nehmen können. Es ist der Kampf um die Seele eines jungen Mädchens, geführt von vier Parteien, von Rose selbst, von John Ruskin, von Maria LaTouche, der Mutter, und von John LaTouche, dem Vater. (Wohlgemerkt: ein Kampf um die Seele – an den Körper reichte er nicht, wieder nicht.) Die LaTouches waren eine bekannte irische Familie, Bankiers und reichbegütert, ansässig in London und Irland. Der Vater hatte eine merkwürdige Karriere zurückgelegt: Groß geworden als jovialer Herrenreiter und Jäger, wie ihn der Gesellschaftsroman kennt, wurde er zum fanatischen Baptisten bekehrt, der sich in der Londoner Stadtmission engagierte und Prostituierte auf den rechten

Pfad zurückführte. Sein Glaubenseifer hatte eine stechend calvinistische Färbung. Die Mutter fand sich weder mit der ersten noch mit der zweiten Art ihres Mannes zurecht. Von der irischen Adelskultur bzw. -unkultur abgestoßen, hatte sie ihre Zuflucht bald zu reger schriftstellerischer Tätigkeit genommen. Ihre kulturellen Ambitionen waren es auch, die sie zu Ruskin führten. Sie hatte ihn um Rat betreffs des Zeichenunterrichts ihrer Kinder gebeten. (Solche Anfragen wurden häufig an ihn gerichtet; nach Veröffentlichung der Zeichenlehre »The Elements of Drawing« [1857] galt er dilettierenden Zeichnern aller Klassen, von den Arbeitern bis zu Angehörigen der irischen Oberschicht, als nationale Instanz.) Nicht weniger religiös als ihr Mann in seiner zweiten Phase, folgte Maria LaTouche den eleganteren und liberaleren Glaubenslinien der Kirche von Irland. Im offenen Spannungsfeld dieser Ehe wuchs die 1848, im Jahr von Ruskins Hochzeit mit Effie, geborene, jüngste Tochter Rose auf. Der Vater, der seine Frau nicht bekehren konnte, formte das Kind nach seinen neuerworbenen calvinistischen Grundsätzen. Als Rose 19 Jahre alt war, schrieb sie die Geschichte ihres Glaubens und damit die Geschichte ihrer Kindheit im Stile peinlicher Gewissenserforschung nieder: »Ich habe schon gesagt, daß ich die Religion liebte, und wie ich älter wurde, nahm ich all die Lehren meines Vaters an. Ich glaube, ich war ein ›ernstes‹ Kind. [. . .] Er lehrte mich, daß es nur einen wirklich notwendigen Gegenstand, ein würdiges Ziel aller Gedanken, einen Lebenszweck und eine Lebensregel gäbe, und das sei Gottes heiliges Wort. So las und strebte ich und ließ alles andere fallen, mit dem einen Ziel, vollkommen zu werden. (Ich tat dies ohne Dünkel, und ich verfolge dieses Ziel immer noch, obwohl ich im Rückblick das Fehlerhafte jener kindlichen Bemühungen erkenne, die so viel gekostet – und gewonnen – haben.) Ich sah und glaubte fest daran, daß die ewigen Dinge den Wert der irdischen unendlich überstiegen. [. . .] Wenn ich von Fasten und Beten las, dann fastete und betete ich. Da Papa sagte, daß die Bibel zu studieren die große, wichtige Aufgabe unseres Lebens sei, so las ich sie in meiner freien Zeit, wenn ich von meinen anderen Studien ermüdet war – ich las sie nicht offen, dazu hatte ich das unschuldige Vergnügen an ihr verloren, sondern ich versteckte sie, wenn Bruder oder Schwester hereinkamen – und dann ging ich in Papas Zimmer und sprach mit ihm über diese Dinge. [...] Ich versuchte, weiterhin eine gute Schülerin zu sein und meine Lektion zu lernen, aber die alten Gegenstände waren schal geworden, und der Kampf mit den zwei Naturen (ich war ja noch ein Kind) und das ständige Nachdenken machten mich sehr reizbar und auch unkindlich. So wurde ich krank und alles verursachte in mir ständiges Kopfweh, und das war eine beschwerliche Zeit, meine ganze Kindheit. Ich war nicht sehr häufig glücklich.« Das schreibt, wie gesagt, eine Neunzehnjährige. Man möchte meinen, daß sie die Introspektion tief genug vorangetrieben hat, um zu ahnen, daß der Rückblick die Vorausweisung auf die letzten acht Jahre ihres Lebens mitumfaßt. Sie waren nicht weniger beschwerlich (weary), unglücklich, von schweren religiösen Krisen, Krankheit und der weiblichen maladie du siècle Migräne gezeichnet. Wenn Roses hingehauchtes Bild dennoch nicht nur die schöne, aber bigotte Seele zeigt, dann liegt das an der einen ihrer beiden Naturen, die sie ihre »Child nature as well as animal nature« nennt und von der sie sagt, daß sie »ihr ein großes Vergnügen an allem, was schön ist, beschert hat«. Und nicht nur Schönheitsliebe: Sie war für alles Wilde zu haben, für Reiten, für Jagen durch Wald und Feld, für Auf-Bäume-Klettern, für alle ungefaßten Zustände der Natur. Ihren Intellekt möchte man dieser Seite ihres Naturells zuordnen: Rose besaß eine schnelle Auffassungsgabe, sie spielte flink auf mehreren Gedankenreihen und konnte sehr witzig sein. Und so lernte Ruskin sie kennen, als Zehnjährige, und lieben als Dreizehn- oder Vierzehnjährige. Er hat sie früh stilisiert, um sie vor sich und anderen älter zu machen, und später spiritualisiert, um mit ihr durch unzählige Bilder, Personen und Dinge kommunizieren zu können. Aber was ihn wirklich angezogen hat und grausam gebannt hielt, war die schnelle Art, die Behendigkeit und »Wendungslust«, von der Freud einmal spricht. Für einen Mann von der Konstitution Ruskins ist das Mädchenhaft-Unberechenbare eine ganz wesentliche Reizquelle: Lockung und Widerstand sind hier noch Spiel und ohne Gefahr. Alle seine tiefen emotionalen Bindungen geht er mit jungen Mädchen oder mit etwas älteren Mädchen ein, die er als sehr junge gekannt hat: Adèle war 15, als er sich in sie verliebte; auf Effie hat er zuerst ein Auge geworfen, als sie 13 war, und fünf Jahre später erklärte er ihr seine Liebe; Rose begegnete ihm im Alter von zehn, und der 18jährigen machte der bald 57jährige den Heiratsantrag. Und alle drei gehörten nicht in die Reihe der stolzen oder der müden Schönheiten. Sie waren quicklebendig, nahbar, aber umtriebig.

Es liegt also nicht fern, Ruskin unter die Nympholeptiker, unter die Liebhaber kleiner Mädchen zu rechnen. Wie ist es sonst zu verstehen, daß er einer reformpädagogischen Mädchenschule jahrelang als Lehrer, Freund und Geldgeber die Treue hält, daß er Hunderte von Briefen an die Schulgemeinde und an einzelne Mädchen richtet und es sich bei keinem seiner zahlreichen Besuche nehmen läßt, mit den Schülerinnen zu toben, Verstecken zu spielen und zu tanzen? Und ihnen, die gleichaltrig sind mit Rose und die Eingeweihten seiner beginnenden Liebesgeschichte, klagt er, was denjenigen, der den Kindgeliebten verfallen ist, als Hauptreiz und Hauptsorge bedrängt: daß sie sich dauernd, aber eben auch auf Dauer verändern: »Ich werde Rose so lange nicht sehen können«, schreibt er im Mai 1861, »nicht vor dem Winter, nehme ich an, und dann wird sie jemand anders sein. Kinder sind so schlimm wie Wolken bei Sonnenaufgang, goldener Wandel, aber immer Wandel – ich war furchtbar traurig heute morgen.« Es sei Ruskins Fehler gewesen, so halten ihm mehrere Biographen vor, daß er versucht habe, die Liebe zum Kind zu konservieren und sie auf die fertige Frau übertragen zu wollen. »Hätte er sich nur«, schreibt Quentin Bell, »eine neue Huri aus der Kinderstube geholt, wie es Lewis Carroll tat«, alias C. L. Dodgson, der bekannteste aller Nympholeptiker und zu Ruskins weiterem Bekanntenkreis ebenso gehörend wie »seine einzig geliebte Alice«, d. i. Alice Lidell. Im Falle Effies mag dieser Rat angehen, im Falle Roses nicht. Jetzt steht mehr auf dem Spiel, jetzt sind die Lebenschancen auch nicht mehr so günstig verteilt, und jetzt hat alles, auch das Privateste, den Charakter eines Demonstrativvorhabens. Ruskin hatte sich vorgenommen, das Leben dieses Mädchens, die lebendige und wilde Rose den abtötenden Einflüssen des Calvinismus zu entziehen. Indem er zur Rettung der Geliebten all dem entgegenarbeitete, was seine eigene Kindheit belastet hatte und ihn immer noch niederzwang, bezog er die Rettung seiner selbst mit in den Prozeß ein (und verdüsterte er gleichzeitig das Bild seiner Kindertage). Diese Strategie blieb keinem der vier Beteiligten verborgen: Die Mutter folgte Ruskins frecher Religionskritik ein kleines Stück, aber nur so lange, als Munition gegen den Fanatismus ihres Mannes zu gewinnen war, dann wurde es ihr zu heikel und sie hintertrieb mächtig die Beziehungen zwischen John und Rose. Der Vater muß Ruskin von Anfang an mit scheelem Blick betrachtet haben. Was konnte er Gutes von einem Gast und Freund der Familie erwarten, der als Kritiker des Adels und des Kapitalismus hervorgetreten war und im privaten Gespräch sich als zum Unglauben Bekehrter erwies? Rose, von den Eltern auf die Gefährlichkeit des Umgangs hingewiesen – die Mutter zeigte ihr, einem Kind, einschlägige Briefe Ruskins, die nicht für Rose bestimmt waren –, Rose begann, für das Seelenheil des Freundes zu beten, was Ruskin zu noch heftigeren Unglaubensbekenntnissen herausforderte. Wenn Rose ihm schreibt, »sein Heidentum quäle sie sehr« und ihn bittet: »Du darfst den Einen Wahren Gott nicht aufgeben«, und ihn fragt: »Wie könnte man Dich lieben, wenn Du ein Heide bist?«, dann wütet John in Wendungen wie: »Ja, auch ich bin ein Heide geworden« und »Heidnisch-Sein ist bei weitem nicht das Schlimmste«. Nehmen wir hinzu, daß die arme Rose gleichzeitig das Streitobjekt der elterlichen Orthodoxien war, dann kann man sich leicht die tatsächliche und nicht nur eingebildete Zerrissenheit ihres Zustandes vorstellen: »Herz und Wünsche, Kopf und Verstand, meine Vorstellungen von Gut und Böse und die meiner Eltern, alles zog nach verschiedenen Richtungen und verwirrte ein Gehirn, das Verwirrung nicht erträgt«, urteilte sie später über diese Jahre. In ihrer Glaubensgeschichte scheint sie eher die Seite Ruskins als die des Vaters zu ergreifen, denn es heißt dort: »Man muß bedenken, daß der Calvinistische Glauben, den mich mein Vater lehrte, für mich alles nur schlimmer machte.« Und: »Die Briefe, die mir damals Mr. Ruskin schrieb, waren sehr hilfreich und fügten mir keinen Schaden zu, was auch immer andere darüber denken mögen.« Aber gefolgt ist sie bei vielen entscheidenden Schritten dem Vater (Ruskin: »She's Cordelia – twenty times worse«), wenn sie nicht, was ebenso häufig geschah, in Krankheit flüchtete. Daß sie an prominenter Stelle ihrer Lebensgeschichte dem Vers des 116. Psalms: »Ich werde wandeln vor dem Herrn im Lande der Lebendigen« die bitteren Worte nachsetzte: »Only it was not really walking in the land of the living«, das haben sich alle Herren, denen sie gerecht werden wollte, anzukreiden, auch John Ruskin, der sich zu ihrem Pfadfinder in das »Land der Lebendigen« bestimmt hatte.

Die kurzen Daten dieser Liebesgeschichte, soweit sie in den Zeitraum von 1860 bis 1870 fallen: 1861 verlebte Ruskin glückliche Ferientage auf Harristown, dem Landsitz der LaTouches. 1862 sahen sich John und Rose in London, dann drei Jahre nicht mehr. Die Eltern unterbanden den Verkehr – aus oben erwähnten Gründen. »Sie haben das Kind mir weggenommen [...] und seit diesem Tag im April 1862 habe ich keine glückliche Stunde mehr gehabt – alle meine Arbeit ist verdorben.« Im Winter 1865 kommt es zu einer erneuten Begegnung in London. Ruskin findet, daß Rose »zu einem schrecklich irischirischen Mädchen herangewachsen ist« – was immer das heißen mag. In einem hat sie sich jedenfalls nicht geändert, wie ein Brief der Mutter aus dem gleichen Jahr erkennen läßt: »Sie ist vollkommen wild, und ich kann mir nicht vorstellen, wie aus ihr jemals eine ›junge Lady‹ werden soll. Sie ist draußen von morgens bis abends, sie will keine Kleidung, die nicht auch der Bauer trägt, sie kennt keine Rücksicht auf irgendwelche Zwänge der Zivilisation.« Das Wiedersehen steht unter einem glücklichen Stern: »Happiest times for all of us, that ever were to be.« Und Ruskin fühlte sich ermuntert, Rose einen Antrag zu machen. Rose sagt, er solle drei Jahre warten; die Eltern sagen nicht direkt nein, beginnen aber, sobald die Liebenden wieder auseinander sind, die Beziehung zu unterminieren. Als erstes untersagen sie den Briefverkehr, als nächstes weitere Treffen. Rose und John teilen sich über gemeinsame Freunde mit, aber das führt auf die Dauer zu Verzerrungen, Brüchen und Störungen der Kommunikation. Roses Verhalten wird allen Beteiligten immer rätselhafter. Als ihr die Eltern endlich erlauben, wieder zu schreiben, läßt sie Ruskin, der von der Aufhebung des Verbotes weiß, eine Botschaft des Inhalts zukommen: »Mein Vater und meine Mutter haben mir verboten, Dir zu schreiben und von Dir Briefe zu erhalten.« Der Note fügt sie zwei Rosenblätter bei, die der so Beschiedene auslegen kann, wie er mag. Doch die gesammelten Unsicherheiten, Quertreibereien und Rückschläge dieser Wartejahre werden durch eine Aktion in den Schatten gestellt, die Ruskin aus der Bahn geworfen hat wie keine andere bis dahin. Die Szene des Trauerspiels betrifft Effie Millais, geschiedene Ruskin. Enter Effie, exeunt John and Rose. Und Effie spielt hier nicht nur sich selbst, sie hat die allegorische Rolle der Gesellschaft übernommen. Maria LaTouche wendet sich an die ihr bis dato unbekannte Effie Millais, um ein Urteil über den Freier ihrer Tochter einzuholen. Effie, an der Seite des immens erfolgreichen, aber auch unendlich korrumpierten Millais zur Spitze des viktorianischen Kunstolymps aufgestiegen, eine tüchtige Agentin ihres Mannes, reich und einflußreich, Effie wittert die Chance einer späten Rache und fürchtet neuen Wirbel um vergangene Dinge – ihre Auskünfte fallen verheerend aus: »Ich denke, sein Verhalten kann nur als Eingebung des Wahnsinns entschuldigt werden. [. . .] Er ist durchaus unnatürlich und in dieser einen Eigenschaft sind alle anderen enthalten.« Die Andeutungen über Ruskins »Unnatur« waren präzise und vage genug, um die LaTouches in ihrer Haltung zu bestätigen und Rose in schlimmste Zweifel zu stürzen. Mehr und schlimmer noch: Von Effie in Bewegung gesetzt, zimmerte das stets dienstfertige Geschlecht der Juristen eine tödliche Falle für Ruskin. Es sei ihm untersagt, so geht die Argumentation, ein zweites Mal zu heiraten, denn wenn aus seiner neuen Verbindung ein Kind hervorgehe, dann wäre der 1854 ermittelte Scheidungsgrund Impotenz hinfällig, folglich die erste Ehe wieder gültig, folglich die Ehen zwischen Effie und Everett Millais und John und Rose LaTouche ungültig und die Kinder aus dieser falschen Ehe illegitim usw. (Daß diese Rechtsmeinung eine entgegengesetzte hervorrief, darauf kam es schon nicht mehr an – Effie drohte für den Fall einer erneuten Verheiratung Johns, das Scheidungsurteil an die Öffentlichkeit zu tragen.) Als Ruskin von diesen Machinationen erfuhr, wußte er, »daß alles vorbei ist« – und er hatte recht: Der langerwartete Tag nach drei Jahren des Wartens, gleichzeitig der Tag, an dem Rose großjährig wurde, verstrich ohne Ergebnis, und als Ruskin nach vier Jahren Rose zum ersten Mal wiedersah, ihr ganz zufällig am 7. 1. 1870 in einer Ausstellung begegnete, da verleugnete sie ihn. »Diese Sache«, sagt Ruskin zu Effies Intervention, »ist öffentlich immer gegen mich gestanden, von 1854 bis heute.« Wie sollte er sich Rose erklären, einer Hypersensiblen, in deren vergrübelte Vorstellungswelt Bibel- und Traktatlektüre monströse Bilder von Laster und Unnatur gemalt hatten? Hätte er ihr sagen oder schreiben sollen, was er den Zwischenträgern offenbarte, daß er sehr wohl potent sei, daß er einer sei, der sich selbst befriedige, ein Fruchtbarer nur vor sich selbst? Hier die verwirrte Sexualkonfession eines Viktorianers: »Habe ich Ihnen nicht schon oft gesagt, daß ich ein anderer Rousseau war? Mit der Ausnahme, daß das Ende meines Lebens das beste sein wird, ja schon ist, und nicht nur das Beste, sondern geheilt von dem Übel, das sein Tod war. Aber schon lange, bevor ich sie kannte, war ich der, für den Rose und Sie mich immer hielten, und ich bin und werde ihrer würdig sein. Kein lebender Mensch könnte reiner lieben und inniger verehren – von der Sünde bin ich schon geheilt.« Alles, was Ruskin für sich und Rose verlangt hatte, war ein Leben in Unabhängigkeit von den Eltern beider Seiten und damit den Fesseln der überkommenen Religion und Moral, ein Leben, das Leben schenken würde, eine letzte Chance, fruchtbar zu sein. Er kämpfte gegen die ablaufende Lebenszeit und gegen den Widerstand der Gesellschaft für das Ziel, das er der Politik im großen gesetzt hatte, für »extension of life«, für die »Erweiterung des Lebens« und für »immediate life«, für »Leben jetzt«. Doch er mußte im Privaten erfahren, was ihn schon zum Kritiker des Ganzen hatte werden lassen, daß der Apparat aus Religions- und Sexualmoral, aus Arbeits- und Sozialmoral, der über sein Land und seine Zeit herrschte, lebensverengend und abtötend wirkte; er ahnte, daß ihm und Rose der »englische Tod« drohte, den er so beschrieben hat: »No decent, calculable, consoled dying. [...] But the life [...] rotted down to forgotten graves through years of ignorant patience, and vain seeking for help from man, for hope in God – infirm, imperfect yearning, as of motherless infants, starving at the dawn; oppressed royalties of captive thought, vague fits of bleak, amazed despair.«

4

Wenn wir uns jetzt den Auswirkungen dieser emotionalen Katastrophe auf Ruskins literarisches Schaffen zuwenden, so müssen wir im folgenden drei verschiedene Ebenen der Verarbeitung auseinanderhalten. Auf der ersten wird mit und über Rose direkt gesprochen. Während sieben langer Jahre darf Ruskin die Geliebte nicht sehen, und Korrespondenz ist ihm oft auch untersagt. Da weicht er in die Schriften aus, um sie oder ihre Hüter zu erreichen. Nehmen wir das Beispiel »Sesame and Lilies« (zuerst 1865), eines der erfolgreichsten Bücher Ruskins, ein kleiner Traktat über Erziehung und moderne Kultur. Das Vorwort der zweiten Auflage (ebenfalls 1865) benutzt Ruskin, um das Thema, das er in »Modern Painters« Band 3 und 4 begonnen hatte, auf den neuesten Stand zu bringen: die Zerstörung der Alpen durch den Tourismus. Das hat zwar mit dem Gegenstand von »Sesame and Lilies« nur am Rande zu tun, aber Ruskin fühlt sich verpflichtet, seine Leser mit einem »Ceterum censeo« immer wieder auf die alten, unerledigten, ja sich verschärfenden Probleme zu stoßen. Dort liest man: »Vor ein oder zwei Jahren blieb ich auf dem Montanvert, um Alpenrosen zu malen, und ging jeden Tag hinaus, um mein Lieblingsbeet zu betrachten, das im Schutze eines Felsenkreises makellos aufblühte, der, wie ich dachte, hoch und eng genug war, um es vor rohen Blicken und pflückenden Händen zu bewahren. Aber als ich einmal in der Nähe war, wurde es vom Späher einer wandernden Schulklasse aus englischen und deutschen Burschen entdeckt. Er rief seine Kameraden, sie schwenkten herab zu dem Beet, warfen sich auf der Stelle hin, wälzten sich hin und her, schrien und halloten, kämpften und trampelten alles nieder. Außer Atem vor Toben schließlich pflückten sie die schönsten der übriggebliebenen Blüten, um sie an die Kappe zu heften, und zogen frohen Muts weiter. Sie ließen mich zurück, und ich hatte einiges zum Nachdenken. Zum einen über die große Macht der Schönheit, die sie derart erregte, zum anderen über das Wesen der Jugend, die nur erregt wird, indem sie zerstört.« Dieses Erlebnis ist facettenreich wie ein Traum: unberührte Alpenrosen, der schützende Felsenkreis, das Lieblingsbeet, der zerstörerische Einbruch der fremden, jungen Burschen, die die Zivilisation in die Bergeinsamkeit geführt hat, die Macht der Schönheit und die »Lust, sie zu zerstören«, der nachdenkliche, nicht eingreifende Freund der Rosen (»true lover of natural beauty«) – der Leser muß diese Teile mehrfach zusammensetzen und wird wohl finden, daß sie in jeder Konstellation eine passende Introduktion zu dem Buch eines Autors bilden, der »meine arme Rose« (»my poor roses« heißt es im Zusammenhang mit der Zerstörungsszene) vor Gefahren von innen wie von außen warnen will. Der sich glücklich preist, sie noch »knospend« (budding) und »makellos« (faultless bloom) gesehen zu haben und der am Ende des Vorworts schreibt: »Zu den wenigen Tröstungen meiner verbleibenden Jahre gehört, daß es mir einst gegönnt war [. . .], von Mailands Marmordach die Rose Italiens [Monte Rosa] in der Morgensonne erblühen zu sehen, bevor ein menschlicher Fuß diesen Gipfel entweiht und bevor sich in seine glühenden Felsen die Schatten der Traurigkeit mischten [. . .]«

Der Text des Buches selbst geht schnell von der Allusion zur deutlichen Ermahnung und zur direkten Verdammung über. Erziehung müsse in sich selbst »Beförderung des Lebens« (advancement of life) sein – d. h. sie dürfe weder der neuen Religion des »getting on«, des Vorankommens, noch der alten der »Beförderung zum anderen Leben« dienen. Da erklingt an die eindeutige Adresse die Warnung vor »falscher religiöser Lehre« und Fanatismus, der ihre Anhänger »aufgeblasen« macht: »Eure bekehrten Kinder, die ihre Eltern belehren wollen [nicht die Eltern zwar, aber die Freunde]; eure bekehrten Sünder, die ehrbare Männer belehren wollen, eure bekehrten Dummköpfe, die nach einem Leben in kretinöser Betäubung plötzlich innewerden, daß da ein Gott ist, und sich von nun an für sein auserwähltes Volk und seine Boten halten [»low and selfish« nannte Maria LaTouche das erste Leben ihres Mannes – als einen Baptisten-Missionar im papistischen Irland feierten seine Glaubensbrüder den Konvertierten], ihr Sektierer aller Arten, kleine und große, Katholiken oder Protestanten, High Church oder Low Church, die ihr euch einzig im Recht und alle anderen im Unrecht denkt [Ruskin in einem Brief: »diese verfluchte Sekte, in der sie groß geworden ist«], und vor allem ihr, die es in jeder Sekte gibt, die ihr glaubt, daß die Menschen durch richtiges Denken allein und nicht durch richtiges Tun gerettet werden, durch Worte, nicht durch Taten, durch Wünsche, nicht durch Werke [Ruskin im Anblick der irischen Güter der LaTouches: »ein Park ohne sichtbare Grenzen und die halbe Landschaft als Pachtzahler sind merkwürdige Paraphernalia eines Christenlebens«] – Kinder des Nebels seid ihr alle, Wolken ohne Wasser, Körper aus Dampf und Rauch, ohne Blut und Fleisch, ihr aufgeblasenen Dudelsäcke, derer die Teufel sich zum Spielen bedienen, verdorben und verderbend: Swollen with wind and the rank mist they draw.« Wer von den Angesprochenen sich nicht gemeint fühlte, weil zu heftige Invektive an jedem abprallt, der wurde vielleicht durch folgende ruhigere Warnung erreicht: »Es gibt *eine* gefährliche Wissenschaft für Frauen [. . .] und das ist die Theologie. Merkwürdig und bedauerlich ist, daß diejenigen, die in Selbstbescheidung an der Schwelle der exakten Wissenschaften verharren, wo jeder Schritt nachvollziehbar und sicher ist, sich kopfüber, ohne den geringsten Zweifel an ihrer Kompetenz in eine Wissenschaft stürzen, in der die größten Männer nur zaghaft aufgetreten sind und die weisesten irrten. [. . .] Merkwürdig ist an Wesen, die geschaffen sind, Liebe sichtbar zu verkörpern, daß sie da, wo sie die geringste Gewißheit haben können, am schnellsten verurteilen [. . .], ja daß sie glauben, daß der Erlöser sie zu einer Geisteshaltung inspiriert, die nur häuslichen Unfrieden heraufbeschwört, und daß sie es wagen, die Hausgötter des Christentums in häßliche Idole ihrer selbst umzumodeln [. . .].« Und hier ist es um die rationale Auseinandersetzung geschehen. Der Abschnitt, der im Stil des Essayisten anfängt: »There ist *one* dangerous science for women«, endet mit einem Geifer des Predigers, der immer noch eins draufsetzt: »into ugly idols of their own: – spiritual dolls, for them to dress according to their caprice; and for which their husbands must turn away in grieved contempt, lest they be shrieked at for breaking them.« Auch das folgt aus der hohen emotionalen Belastung, unter der die Arbeit jetzt steht: Es kommt zu einer regelmäßigen Endbetonung, zur verbalen Überreaktion, wenn der Redner oder Schreiber sein Argument mit gewaltigen Schlägen dem Ende zutreibt. Die Tendenz zur verselbständigten Rede, zum veröffentlichten Bewußtseinsstrom, die am

Schluß der »Modern Painters« zuerst durchgebrochen war, zeigt sich jetzt öfter – schubweise.

Ruskin wußte, welch hervorragendes Verständigungsmittel »Sesame and Lilies« abgab, hatte er doch ein Drittel dieses Buches der Erziehung junger Mädchen und der Rolle der Frau gewidmet. Der Allusionen und direkten Verweise sind zu viele, um sie hier aufzuführen, aber es sei noch gezeigt, wie er die Schrift aktualisiert und den Entwicklungen der Liebes- und Leidensgeschichte anpaßt. Im Entwurf für das Vorwort einer Neuausgabe von 1871, d. i. nach Effies Intervention, bekennt er, er habe in der Zwischenzeit mehr »von den schlechten, als von den guten Seiten der Frauen« zu sehen bekommen. Es gäbe da welche, die hätten »ihn die düstersten Geheimnisse griechischer und syrischer Tragödien begreifen gelehrt«, und es gäbe andere, die glaubten, »alles könne zu einem guten Ende gebracht werden«, wenn nur »den Lehren seichter Religion« willfahren werde. »Ich habe Mütter gesehen, die ihre Töchter behüteten wie einst Athalia die ihren, und Kinder, die ihren Eltern gehorchten wie die Töchter des Herodes.«

Und Rose? Natürlich hat Rose »Sesame and Lilies« gelesen, denn Ruskin hatte ein Exemplar ihr zugeeignet; über ihre Reaktionen wissen wir in diesem Falle nichts, aber wie gut der Dialog zwischen Autor und Leserin funktionierte, wissen wir aus einem anderen. 1869 veröffentlichte Ruskin »The Queen of the Air«, einen Essay über die »Sturm- und Wolkengötter der Griechen«, ein Buch, das nicht müde wird, die Schönheit und Humanität der antiken Mythologie zu preisen. »Darin ist hier und da ein Wort enthalten, das nur [Rose] verstehen wird«, verrät er einer Vertrauten, und Rose versteht. An den Rand der Stelle, wo Ruskin auf die Korruption des antiken Schlangensymbols durch das Christentum und die parallellaufende Korruption der Christenheit zu sprechen kommt: »Und wahrlich, wenn ich so zusammenzähle die Tatsachen ungesunder Religion, dekadenter Kunst, gnadenloser Kriegführung, knochenbrechender Arbeit, schaler Lustbarkeiten und vergeblicher oder niedriger Hoffnung [. . .], dann will mir scheinen, daß diese Rasse selbst noch halb im Schlangenzustand verharrt, dem Lehm noch nicht entkommen ist, eine eidechsene Brut voller Bitterkeit« – dazu notiert Rose fragend: »Arme grüne

Eidechsen, sie sind nicht bitter, warum nicht ›Schlangenbrut‹?« In der Tat, warum »lacertine breed« und nicht »serpentine breed«, wo doch das ganze Kapitel von Schlangen handelt? Nur wer weiß, daß Maria LaTouche im Ruskin-Kreis »Lacerta«, die Eidechse, genannt wurde, wird verstehen, warum Rose hier prompt reagierte und warum Ruskin die Wortwahl ein wenig daneben lenkt und warum dann wie nach Berührung einer Springfeder ein böser Schlußakzent folgt: »a lacertine breed of bitterness – the glory of it emaciate with cruel hunger, and blotted with venomous stain: and the track of it, on the leaf a glittering slime, and in the sand a useless furrow.«

Im Text von »The Queen of the Air« ist die Geschichte von John und Rose aber nicht nur auf der Ebene der kleinen Botschaften angesprochen, die von der »impliziten Leserin« in ihren Randkommentaren verdrossen aufgelöst werden. Was die Begegnung mit Rose in John freigesetzt hat, sexuelle und emotionale Wirrungen, die Probleme des alternden Mannes, soziale und religiöse Häresien, das alles ist zuviel, um entweder direkt oder in den homöopathischen Dosen der Allusion verarbeitet zu werden. Ruskin greift jetzt verstärkt zum Mittel der Symbolbildung, zu den Vorräten kollektiver Mythen, um über seine Anliegen deutlich und verdeckt zugleich reden zu können. Carlyle sagt: »Das Symbol ist Offenbarung und Verhüllung in einem« – und damit ist fast alles gesagt.

5

Wir haben gesehen, wie am Ende der 50er Jahre, am Ende von »Modern Painters«, ein kritischer Druck entstanden war, der sich in einer neuen Sprache und in einem Themenwechsel, im Rückgriff auf eine bedeutungskräftige Bilderwelt entlud. Die Gründe für diesen einschneidenden Wandel, der Werk und Leben zweiteilt, waren weniger im Biographischen als im Kontext von Werk und Zeit zu suchen. Die stärkeren Mittel wie Bibelton und Prophetenpose wurden gewählt, weil der »alte Weg« sich angesichts der Veränderungsgeschwindigkeit der historischen Entwicklung als zu langsam und zu beschaulich herausgestellt hatte. Jetzt, in den 60er Jahren, kommt ein Innendruck hinzu, der die Tendenz zur starken, bereits vorgeprägten Botschaft ebenfalls begünstigt. Und damit sind wir wieder in der Chelsea Menagerie, die zu Recht die Keimzelle des englischen Symbolismus genannt werden darf.

Die Präraffaeliten, die von Anfang an geschwankt hatten, ob sie in der Nachfolge ihrer Vorbilder gute Realisten oder gute Ikonographen sein wollten und eine Zeitlang beides zu verbinden gewußt hatten, tendierten seit der zweiten Hälfte der 50er Jahre entschiedener zu einer Wunschwelt aus historischen, mythischen und phantastischen Elementen. In seinem programmatischen Text »Hand and Soul« (1849/50) hatte Rossetti die Sinnbildmalerei noch als eine von drei Möglichkeiten und nicht als die höchste bewertet: Naturnachahmung und »Vervielfältigung von Abstraktionen« rangieren unter der Malerei als Selbstausdruck. Für die zweite Programmschrift der Präraffaeliten, für das kurzlebige »Oxford and Cambridge Magazine« (1856), gehen Selbstausdruck und Symbolismus nahtlos ineinander über. Nicht von ungefähr spricht Rossetti im Zusammenhang dieser Zeitschrift von »The Dreamland«, wenn er die geistige Heimat seiner Mitbrüder charakterisieren will: diese Publikation schwelgt geradezu in symbolischen Visionen und somnambulen Phantasiestücken. 1857 bzw 1858 beginnen James Thompson und William Morris die lange Reihe ihrer allegorischen Dichtungen mit »The Doom of a City« und »The Defence of Guenevere«; 1858 ist das Jahr, das mit dem Erscheinen von George MacDonalds »Märchengeschichte für Erwachsene« »Phantastes« die Geburt einer neuen Literatur sieht – Kunstmythen könnte man ihre Produkte nennen –, ein unbekanntes Ereignis, das bis heute reichende, bekannte Folgen hat. Auch hier sind die persönlichen Beziehungen gesichert: MacDonald war es, der für viele Jahre der unterbundenen Kommunikation den Mittelsmann zwischen Rose und John spielte und der Beichtvater beider Parteien war. Man hat 1859 das Schicksalsjahr der englischen Literatur genannt, weil es die Veröffentlichung von Fitzgeralds »The Rubáiyát of Omar Khayyám«, George Eliots »Adam Bede«, Mills »On Liberty« und Darwins »The Origin of Species« brachte. Mit dieser Wendemarke will man den Skeptizismus und Pessimismus als

Hauptmerkmal der späteren viktorianischen Literatur betonen; ihre symbolistische Tendenz und die Schlüsseljahre 56/57/58 verdienten aber mindestens die gleiche Aufmerksamkeit, denkt man an die Breite, Fruchtbarkeit und Länge dieser Bewegung, die damals ihren Ausgang nahm. Selbst eingefleischte Realisten wie Ruskin und Dickens haben sich ihr nicht entziehen können: als Gemeinplatz wird heute schon die emblematische Verschlüsselung von Dickens' Romanen der späteren 50er Jahre gehandelt, aber daß Ruskin, der »Priester der Natur«, zum Künder einer Ersatzrealität wird, ja als »the major Romantic mythmaker of the Victorian era« gilt, das beweist wohl am besten die Sogkraft und innere Notwendigkeit dieser Entwicklung.

Der Bruch war tiefgehend, aber nicht total. Ruskins Rückwendung zum Mythos ist ein Hilfeersuchen, nicht schon eine Preisgabe ans Irrationale. Was die beiden Kontinente dieses Lebens zusammenhält, ist und bleibt bis zum Ende das Interesse an der Naturerkenntnis. Man könnte sagen, daß der Mythos nach 1860 die Rolle einnimmt, die vorher die Kunst gehabt hat: beide filtern die »Wahrheit« der Natur auf menschliche Weise, für menschliches Sensorium aus. Der »science of facts« wird ein zweites Mal der Kampf angesagt: nach der »science of aspects« tritt ihr nun eine »science of essence«, eine Kunde »ewiger Wahrheiten« (eternal facts) entgegen. Sie zu verstehen, bedarf es anderer Qualitäten, als sie die Forscher der Erscheinungen und Fakten mobilisieren – weniger Sinnesempfänglichkeit, als Lebenserfahrung ist gefragt: »Um die Mythen richtig zu lesen, muß man zuerst begreifen [. . .], daß sie auf den Gesetzen aufbauen, die für die menschliche Natur im allgemeinen gelten, daß sie dunkel wahrnehmen, was für alle Zeiten als wahr erkannt wird, daß wir sie nur verstehen können, wenn wir eine gewisse Vorstellung von ihrer Wahrheit selbst erarbeitet haben und daß ihre Fülle mehr und mehr entwickelt und manifest wird, wenn sie in der Folgezeit vom Spiegel verwandter Geister zurückgeworfen wird. Sie werden Homer besser verstehen, nachdem Sie seine Reflektion im Werk Dantes gesehen haben, genauso wie Sie neue Formen und subtilere Farben an einer Hügelkette entdecken, wenn Sie ihr Bild auf der spiegelnden Oberfläche eines Sees betrachten.«

Unschwer ist hier zu erkennen, wie sich der Theoretiker der Rezeption und der Theoretiker der »infinity«, der unendlichen Vielfalt, eines neuen Themas annimmt. Der Mythos ist aktuell, d. h. seine Botschaft ist adressiert und unabgegolten, ja sie potenziert sich durch immer neue Bearbeitungen, d. h. der Mythos ist komplex. Wir haben im Zusammenhang mit Rose schon die Passage zitiert, wo Ruskin das »Lesen« der Sagen mit der Verfolgung eines Fadens durch die reich changierenden Muster eines Seidendamastes vergleicht. Bezeichnend ist auch die Stelle, an der er über die mangelnden Möglichkeiten der sprachlichen Darstellung klagt, das Ineinander der symbolischen Bezüge dauernd präsent zu halten: »Um der Klarheit willen bin ich gezwungen, nur eine Bedeutung jeweils herauszuarbeiten. Athenas Helm ist manchmal eine Maske, manchmal ein Zeichen des Zorns, manchmal ein Äquivalent für das höchste Licht des Äthers, aber ich kann nicht von all dem auf einmal handeln.« Per Statut räumt Ruskin dem Mythos die Kraft zum Doppel- und Vielsinn ein. Jede seiner Bedeutungen produziere quasi automatisch ihr Gegenteil – Ruskin spricht hier von »der merkwürdigen Umkehrung bzw. dem Rückstoß (recoil) des Sinnes, die zu beinahe jedem großen Mythos gehören«.

Was nun den Wahrheitsgehalt der Mythen anbelangt, so begreift Ruskin ihn als Ergebnis persönlicher Naturauslegung – im doppelten Verstand als »Produkt einer instinktiven Tätigkeit des menschlichen Geistes im Naturzustand, die bestimmte Tatsachen bewußt macht, die Beziehung auf sein Schicksal und Glück haben«, also als individuelle Botschaft, und weiterhin als »unbewußte Wahrheit« in der »akkuraten mythischen Darlegung natürlicher Phänomene«, »deren Entdeckung und Erklärung zu den Triumphen der modernen Wissenschaften gehört«, also als ebenso »instinktive« Erfassung überindividueller Wahrheiten, »ewiger« Naturgesetze. In letzterer Hinsicht war Ruskin durch den Oxforder Sanskritisten Max Müller angeregt worden, der den Mythos als Reflex elementarer Naturvorgänge erklärt hatte, aber während Müller diese These nur zum Ausgangspunkt seiner Überlegungen zum Sprachursprung nahm, machte Ruskin hier Ernst und überraschte seine Leser mit wiederholten Hinweisen, daß bestimmte Aussagen der griechischen Mythologie nichts anderes seien als die poetische Umschreibung und Vorwegnahme einer aktuellen naturwissenschaftlichen Erkenntnis. Mit dieser Mythendeutung steht Ruskin in seiner Zeit allein; objektivierend, wie sie sich gibt, verdankt sie ihren Antrieb doch sehr stark dem persönlichen Wunsch, das Band mit der Natur nicht abreißen zu lassen. Wenn der Mythos immer von uranfänglicher Einheit und Lösung aus ihr handelt, dann ist Mythologie häufig der Versuch, diese Entwicklung rückgängig zu machen – wie wir hier sehen, muß das nicht einer Beschwörung des Irrationalen gleichkommen. Das Naturfundament des Mythos wirkt so stark auf diesen Deuter, daß er bisweilen die menschliche Verarbeitung, die er zuvor als wesentlich erklärt hatte, wieder abstreiten möchte, um die Sache selbst zu erreichen. »Ob wir den wahren Sinn des vom Menschen gemachten, changierenden Mythos fassen, hängt wohl sehr stark davon ab, ob wir zuerst den Sinn seiner natürlichen, unwandelbaren Grundlage begreifen. Die tote Hieroglyphe mag dies oder jenes bedeuten – die lebendige Hieroglyphe bedeutet immer das gleiche, sie ist ebenso sehr eine Hieroglyphe wie die andere, ja mehr noch, sie ist – ›eine heilige und bezeichnete Gestalt‹, ein Wesen mit einer inneren Sprache. Die Helmschlangen des Königs oder des Gottes auf den Pfeilern Ägyptens sind ein Mysterium, doch die Schlange selbst, die am Fuß des Pfeilers dahingleitet – ist sie kein Mysterium?« Man fragt sich, wie dann eine Kunde der »lebendigen Hieroglyphen«, also eine Mythologie der »Naturmythen« (natural myths) unabhängig von der Naturmythologie der Alten aussehen könnte. Ruskin löst diese Aufgabe, wie so oft, literarisch, nicht systematisch. Er tut es kurz, mehr spielerisch, aber wir verdanken diesen Skizzen einer Ausdruckslehre (nicht mehr Erscheinungslehre) der Natur einige der schönsten Stellen englischer Prosa. Es werden die Impromptus wie Überfälle entfesselt – in deutsche Sprache lassen sie sich nicht zurückbinden. Hier die »lebendige Hieroglyphe« Schlange: »That rivulet of smooth silver – how does it flow, think you? It literally rows on the earth, with every scale for an oar; it bites the dust with the ridges of its body. Watch it, when it moves slowly: – A wave, but without wind! a current, but with no fall! all the body moving at the same instant, yet some of it to one side, some to another, or some forward, and the rest of the coil backwards; but all with the same calm will and equal way – no contraction, no extension; one soundless, causeless march of sequent rings, and spectral procession of spotted dust, with dissolution in its fangs, dislocation in its coils. Startle it; – the winding stream will become a twisted arrow; – the wave of poisened life will lash through the grass like a cast lance.«

Ein solcher Text mag verstanden werden als extrem mimetische Manifestation seines Gegenstandes, als Erneuerung des Versuchs, Leben lebendig zu reproduzieren. Und doch verweist die geradezu magische Sachnähe auf ein Anderes, das in der Theorie des Mythos zum ersten Mal zugelassen wird: auf die persönliche Betroffenheit und lebensgeschichtliche Verwicklung des Interpreten. Da muß man sehr genau unterscheiden: Die »Wissenschaft der Erscheinungen« schöpfte aus dem Archiv authentischer Beobachtungen und instrumentierte menschliches Sinnesvermögen – das hieß nicht Subjektivität. Ruskin bestand in diesem Zusammenhang ausdrücklich auf der »obliteration of the self before the object«. Der Text, der der Schlange gewidmet ist, scheint dagegen eher die geheimen Korrespondenzen zwischen »self« and »object« herauszukehren. Die persönliche Faszination durch ein Lebewesen füllt hier so restlos die kollektiven Verhaltensweisen der Vergangenheit aus, daß man berechtigt ist, nach den zugrunde liegenden Erfahrungen (nicht mehr Beobachtungen) zu fragen.

Gerade Ruskins Explikation der Schlangensymbolik läßt erkennen, warum er den Mythos in seiner Vielfalt und Widersprüchlichkeit, aber auch in seiner elementaren Wahrheit an ihn adressiert begriff und warum er, ein »mind of the same mirror-temper«, aufgerufen war, ihn zum tieferen Verständnis umzusetzen. Die »göttliche Hieroglyphe« der Schlange versinnbildlicht »die dämonische Kraft der Erde«, die auf dem Felde Leben schenkt und im Grab Leben beendet: »Schlangen tragen den allegorischen Wagen des Ackerbaus«, bezeichnen als Attribut des Äskulap und der Hygieia die Heilkraft; auf der anderen Seite arbeiten sie »als Wurm des ewigen Verderbens gegen die Götter, vor allem gegen die Licht und Leben spendende Kraft Apollons«. Schlangen sind das Symbol der Reinigung und der

Unsterblichkeit – man denke an den ägyptischen Ouroboros, die Schlange, die sich in den Schwanz beißt; Schlangen sind aber auch das Erkennungszeichen des Bösen, des Verderbens – man denke an die Schlangen in den Händen der Furien oder an das Schlangenhaupt der Medusa.

»Die Griechen hatten keine häßlichen Träume« – Ruskin hatte sie, und der Grund, sich öffentlich mit dem Schlangenmythos zu befassen, sind seine perennierenden Schlangenträume. Ein Beispiel, das für die Nacht auf den 9. März 1869 verzeichnet ist – damals arbeitete Ruskin an seinen mythologischen Studien: »Nahm zuviel Wein. Träumte, ich machte einen Spaziergang mit Joan und Connie [seine Kusine und deren Freundin Constance Hilliard, zwei junge Frauen], ging dabei alle möglichen Abkürzungen über die Felder und schickte die beiden außenherum. Auf dem Rückweg sprangen wir Erdbänke rauf und runter, die, wie ich zuletzt sah, ein Strom ausgewaschen hatte. Dann träumte ich, wie ich Joanna eine schöne Schlange zeigte und ihr sagte, daß es eine harmlose Art sei. Sie hatte einen dünnen Hals mit einem grünen Ring, und ich ließ sie [Joan] die Schuppen anfühlen. Dann ließ sie mich die Schuppen anfühlen, und die Schlange wurde zu einem dicken Ding, wie ein Blutegel, und klebte an meiner Hand, so daß ich sie kaum abziehen konnte – da wachte ich auf.« Man braucht im Deuten von Träumen nicht sehr weit gekommen zu sein, um sich über Anlaß und Inhalt des zweiten Traumabschnitts Sicherheit zu verschaffen. Eine Schlange, die zuerst dünn ist und unter Mitfühlung einer Frau dann dick wird und sich an seiner Hand festsaugt, dieser Traum wird durch einen starken Körperreiz in Bewegung gesetzt. Es ist ein Pollutionstraum oder ein Traum, der mit morgendlicher Erektion infolge starken Harndrangs einhergeht (»nahm zuviel Wein«), und die Schlange hat hier natürlich phallische Bedeutung. Ruskin konnte wissen, daß der mythische Gebrauch des Tieres häufig in die gleiche Richtung weist: Das von ihm verwendete Standardwerk von James Ferguson, »Tree and Serpent Worship« (1868), deutet diese Möglichkeit jedenfalls an. Doch will solche Rückführung des Traums auf einen organischen Reiz recht wenig sagen; viel wichtiger erscheint, daß Symbol und Vorgang mit Werten besetzt sind. Die Schlange der Träume, die private Hieroglyphe wird ebenso gegensätzlich (»doppelzüngig«) erlebt wie die »lebendige Hieroglyphe« – wir erinnern an Ruskins physiognomische Miniatur des Tiers. Ungestört ist die Schlange »schön« und »von der harmlosen Art«; gestört wird sie häßlich, böse und ekelerregend, wie die starke Assoziation mit dem Blutegel beweist. Aber offenbar geht ein mächtiger Reiz von der Versuchung aus, die Schlange vom harmlosen in den gefährlichen Zustand zu überführen. Die Abfolge des Traumgeschehens liegt jedenfalls fest. Der Träumer erwacht vom Kampf mit der bösen Schlange wie von einem Alp, und aus dieser Perspektive erscheinen ihm alle Schlangenträume als Obsessionen. Daß »das Böse seines Geistes diese Form annimmt«, steht für ihn fest; glücklich verzeichnet er längere Zeiträume »ohne abstoßende oder Schlangen-Träume«. Wenn wir das Traumgeschehen als kaum verhüllte Umschreibung masturbatorischer Praktiken lesen, dann wird die negative Schlußbetonung noch besser verständlich. Das war die »Sünde«, Rousseaus Laster, derer er sich schuldig bekennen mußte, als Effies Vorwurf der »Unnatur« die Beziehungen zwischen ihm und Rose vergiftete, und von der er sich geheilt erklärte, was nach Auswertung bestimmter Zeichen des Tagebuchs und im Hinblick auf vermehrte Traumtätigkeit mit Schlangen fraglich erscheint. Daß es in den Jahren des Wartens auf Roses Ja-Wort (1865-68) besonders darauf ankam, sich von der »Sünde« freizuhalten, daß andererseits das lastende Urteil der Impotenz nur durch dauernde Selbstbefriedigung widerlegt werden konnte, eröffnete jene Art von psychischer Zwickmühle, die Obsessionen perennierend und Symbole zu Symptomen macht. Es ist deswegen verhältnismäßig gleichgültig, ob die Schlangenträume als schuldhaftes Erleben nächtlicher Pollution oder als schuldhafte Verarbeitung fortgesetzten Masturbierens oder als schuldhafte Wiederaufnahme von »Jugendsünden« gelesen werden – schuldhaft besetzt sind sie in jedem Falle, und folglich wird man verstehen können, warum Ruskin dieses Symbol »zu der Art und Weise, wie man Sünden bereut oder wie man Schicksalsschläge betrauert« in Beziehung gesetzt hat. Und noch etwas anderes wird hier deutlich: Ruskin, der sich zum Retter Roses aus den Fängen der Moral und Religion ihrer Eltern, ihrer Zeit aufgeworfen hatte, konnte sich selbst aus der gleichen Gefangenschaft nicht befreien. Sein bis zum Schluß währender Kampf mit der »Schlange«, d. i. mit der »Sünde«, zeigt an, daß er die viktorianische Verdammung der Selbstbefriedigung sich gänzlich zu eigen gemacht hatte. Wenn am Ende des Traums die Schlange zum saugenden Egel wird, dann ist das eine bildliche Umdeutung der damals von der Schulmedizin und von allen einschlägigen »Hausbüchern« vertretenen Auffassung, daß Onanieren dem Manne die Kraft aussauge und sein Leben verkürze. William Acton, viktorianische Kapazität der Sexualwissenschaft, warnte: »Hingabe [an dieses Laster] ist fatal. Von Salomos Zeiten bis heute gilt, daß es zu einem ›Haus des Todes‹ führt. [. . .] Apathie, Gedächtnisschwäche, Verlust der Konzentration und geistiger Kraft in Verbindung mit mangelndem Selbstvertrauen, Antriebsschwäche, Reizbarkeit und inkohärenter Sprache sind die charakteristischen Symptome chronischer Demenz, die aus der Masturbation im Jugendalter resultieren.« Die »wissenschaftliche« Ursachensetzung eines so schweren »Krankheitsbildes« ist sehr einfach, so einfach, daß sie kollektives Besitztum sein konnte: »Die große Verausgabung des Samens erschöpft die Lebenskraft.« Das Gefährliche an solchen ärztlichen »Erkenntnissen« ist der Effekt, den sie im Verein mit Volksglauben, Moral und Religion in den »Sündern« erzeugen. Das implantierte Schuldbewußtsein führt bei denen, »die sich selbst mißbrauchen«, wie es im Jargon der Zeit heißt, zu eben den psychischen und physischen Merkmalen, die die Ärzte als Folge der angenommenen körperlichen Schäden diagnostizieren. Im Erkennen der sekundären Symptome ist diese Medizin wieder ganz groß: Schon Acton wußte, daß die Angst, die den Masturbierenden erfüllt (und die er, Acton, hochtreiben half), »in der Religion einen bekannten Gegenstand der Beschäftigung oder Ableitung findet«.

Doch ist die Symbolik dieses einen Traumes noch nicht ausgelotet. Die Beziehung zu Rose verschärft nicht nur allgemein den Druck auf das Traumleben Ruskins in diesen Jahren; das Ziel der Wachwelt nimmt natürlich auch vielfältige Gestalten für das Treiben der Nacht an. Bei diesem Traum verdient Beachtung, daß der Träumer die Schlange einer jungen Frau zeigt und daß beide einander die Schlange zu fühlen geben: erst läßt er sie die Schlange anfassen, dann sie ihn – und die Schlange wird dick. Das ist eine vom Traum sehr kunstvoll gefügte Sprache. Hier wird nicht nur das Gegenseitige der Liebesbeziehung herbeigewünscht, hier setzt sich auch in letzter Konsequenz wieder der Autoerotiker durch, denn seine eigene (von der Frau angeleitete) Berührung läßt die Schlange anschwellen und nicht umgekehrt. Diese Frau wird im ersten Traumstück Joan und im zweiten, wo es um die Schlange geht, Joanna genannt. Die hier angesprochene Kusine hieß im Ruskinschen Haushalt, dem sie seit 1864 angehörte, für gewöhnlich Joan. Daß Ruskin schreibt, er habe im Traum einer Johanna die Schlange gezeigt, rückt die Frau deutlicher an das Inbild der Jungfrauen, an Jeanne d'Arc heran und von der konkreten Joan Ruskin ab. Wir wollen annehmen, daß letztere nicht nur als »Tagesrest« im Traum auftaucht, sondern auch den Platz der eigentlich gemeinten »wilden« Jungfrau einnimmt. Die Zensur ließ eine so direkte Beteiligung Roses an dem durchsichtigen Vorgang nicht zu; da mußte die ungefährliche Verwandte als nächster Stellvertreter herhalten. Wer solchen Spekulationen nicht folgen will, muß doch akzeptieren, daß Frau und Schlange die wesentlichen, das Traumgeschehen vorantreibenden Elemente sind, und diese Tatsache ist es, die einen weiteren Beziehungsbereich eröffnet. Was der Traum zu besonderen Komponenten zerlegt, ja einander gegenüberstellt, meint er oft als Ganzes, als Identität und Sinnergänzung. Daß Mädchen und Frauen schlangenhafte Züge tragen und umgekehrt, dafür finden sich in Mythos und Bilderwelt ebenso wie in Ruskins persönlicher Mythologie Belege genug. Die »Wendungslust«, das Bewegliche, ständig sich Verändernde und Nicht-Faßbare waren es schließlich, die ihn an die Kindgeliebten und besonders an die eine banden. »Eines meiner schönsten Erlebnisse in Turin«, schreibt er dem Vater 1858, »betraf eine Schar vernachlässigter Kinder, die in einem Sandhaufen spielten – darunter ein Mädchen von ca. 10 Jahren, mit schwarzen, über die Augen fallenden Haaren, halbnackt, geschürzt bis übers Knie und schöngliedrig; es lag im Sand wie eine Schlange und schoß plötzlich hoch, als ein älteres Kind es reizte [. . .].« Zehn Jahre später erinnern ihn Musik und Grotesktanz eines kleinen Artistenmädchens an eine Klapperschlange, und wenn er in seinen Dialogen mit den Schülerinnen von Winnington (»The Ethics of the Dust«, 1866) ein danteskes Tal schildert, in dem Schlangen auf den Bäumen wohnen, dann wehrt er das Entsetzen einer Zuhörerin mit der wenig tröstlichen Versicherung ab: »Die Schlangen würden dich nicht beißen; die einzige Gefahr wäre, daß du dich in eine verwandelst.« Die Vereinigung von Frau und Schlange will ihm als Inbegriff des Bösen erscheinen: »Halb Mädchen, halb Schlange [...] ist sie der Geist schicksalsschwangeren Übels oder der Treulosigkeit, denn im Mantel der Sanftheit tritt sie auf und Gewalt hat sie über viele sanfte Dinge – im besonderen über einen Kuß.« Wenn man von obsessiven Träumen wie dem folgenden erfährt, wird man solche Fixierungen eher verstehen können: »Wurde unruhig. Hatte Geschmack im Mund. Und träumte den schrecklichsten Schlangentraum meines Lebens. Die tödlichste Schlange drang unter der Tür in den Raum hinein. Sie richtete sich wie eine Kobra auf – mit schrecklich runden Augen und hatte Brüste wie eine Frau oder wie Medusa. Sie kam mir nach und folgte mir aus dem einen Raum, der wie das hintere Wohnzimmer in Herne Hill war, in einen anderen. Ich nahm einige Stücke Marmor vom Tisch und warf nach ihr, und das schüchterte sie ein und sie ging zurück. Aber eine kleine Schlange klammerte sich an meinen Hals wie ein Blutegel, und nichts konnte sie da ablösen.« Die Traumdeuter fänden hier sicher ebenso lohnende Beschäftigung wie bei dem ersten Schlangentraum – uns muß die Assoziation genügen, die in Ruskins Werk bleibt und die daran erinnert, wie genau Ruskin am Ende von »Modern Painters«, Turners »Apollon und Python« analysierend, beobachtet hatte, daß aus der tödlichen Wunde der großen Schlange eine zweite, kleine hervorwächst, daß also der Kampf mit der Schlange, d. i. »der Kampf der Reinheit mit der Befleckung [pollution], des Lebens mit dem Vergessen, der Liebe mit dem Grab«, ein endloser und vergeblicher ist. Im zweiten Schlangentraum hat das Tier, das erst unter der Tür durchgeht und beim Gleiten in den Raum sich aufrichtet, Merkmale der Frau angenommen. In der Verdichtung der Schlange zum doppelgeschlechtlichen Wesen gelingt es der Traumtätigkeit, Schuld abzuwälzen und die Frau zur Versucherin, ja zum Prinzip des Bösen zu stilisieren. Es gelingt ihr so natürlich nicht, den Zwang zu lösen – darauf verweisen nicht nur der erfolgreiche Angriff der zweiten Schlange, sondern auch »die schrecklich runden Augen«. Die Schlange hypnotisiert durch ihren unverwandten Blick und ihre merkwürdigen Bewegungen: »Sie mag ein Basilisk sein oder nicht«, schreibt Ruskin einmal sehr direkt über Rose, »ich muß ihr dienen, leben und sterben für sie – jetzt. Nehmen wir einmal an, sie wäre keine Schlange, sondern eine Blume oder ein Stein. Frauen sind in Blumen verwandelt worden, warum nicht Blumen in Frauen?« Doch wäre damit, um dies in Parenthese zu sagen, der Bann, der vom ständigen Bedeutungswandel ausgeht, noch nicht gebrochen. In einer äußerlich unmotivierten Digression seiner Mythologie der Schlangen kommt Ruskin auf die der Schlange zuzurechnenden Pflanzen und dabei auch auf die Rosengewächse zu sprechen, zu denen der Apfel gehört, »auf die Familie der Rosen, deren Blumen und Früchte allen hochstehenden Kulturen als Zeichen sowohl leidenschaftlicher Versuchung als auch reiner Freude gegolten haben – von Evas Lust bis hin zur Krone der Madonna«. Der ganz junge Ruskin hatte einmal geschrieben: »Der Symbolismus, so interessant er sein mag und so wirksam er die Schöpfung durchprägt, ist ein gefährliches Spielzeug. Ganz Europa hat zwei Jahrhunderte lang seine Zeit umsonst an ihn verschwendet. Wir sollten ihn nur fortsetzen, wenn die Sache ganz offen auf der Hand liegt oder wenn sich die Gefühle eines ganz bestimmten Augenblickes in Symbole fassen lassen – dabei sollten wir ihnen nicht mehr Wert beilegen, als es Phantasieprodukte verdienen.« Die Wahrheit dieser frühen Erkenntnis hat sich am älteren Ruskin grausam erfüllt. Symbolismus ist nicht nur ein gefährliches Spielzeug; er ist das totale Labyrinth, denn jeder Weg ist richtig und falsch.

»Die größten Mythen sind von den Männern, die sie erzählen, im Zustand der Willenlosigkeit und Passivität gesehen worden, gesehen worden mit so großer Deutlichkeit, wie sie der Traum eines jeden von uns hat, wenn wir in der Nacht am klarsten träumen [. . .], also können sie nur von denen gedeutet werden, die in einem gewissen Grade ebenfalls Visionen haben und Träume träumen.« Die symbolische Kraft und Bedeutungsvielfalt der Schlange, die primäre und sekundäre Quellen der Mythologie verzeichnen, hat Ruskin in den Träumen der späteren 60er Jahre »realisiert« und im Wachen begriffen als etwas, das »ursprünglich unverstanden«, »späteren Jahrhunderten zur Einsicht aufgegeben worden ist«. Doch wenn all diese Implikationen des Mythos ihm zugänglich waren, das Wendige der Schlange, ihre Polarität zwischen Gut und Böse, Männlich und Weiblich, Fruchtbar und Unfruchtbar, Leben und Tod, warum, so fragt man sich, konnte oder wollte er nicht auch seinen Träumen auf den Grund sehen, anstatt sie zu erleiden und sie quasi als Selbstversuche für seine mythologischen Exerzitien auszuwerten? Er hat schließlich in »The Queen of the Air« ein Modell der Mytheninterpretation entwickelt, das für die Traumdeutung kaum der Revision bedarf: »Drei strukturelle Bestandteile muß man da unterscheiden, die wie Wurzel und Äste funktionieren. Die Wurzel kommt aus der physischen Realität – Sonne, Himmel, Wolken, Meer sind die Ursprungsfelder; daraus wird die persönliche Inkarnation, eine vertrauenswürdige und gesellige Gottheit, mit der du Hand in Hand gehst wie ein Kind mit seinem Bruder und seiner Schwester, und dazu kommt die moralische Bedeutung des Bildes, die in allen großen Mythen für immer wahr und segensreich ist.« Wer mag, kann hier die drei Faktoren Traumerreger (organische Reize, »Tagesreste«, Motive), Traumgestaltung (Übersetzung in Bild und Aktion) und Traumzensur (Entstellung, Affektbesetzung, Affektverschiebung) vorbenannt finden. Doch verschärft die Voraussetzung solcher Einsichten die Frage keineswegs, warum Ruskin die feinen Instrumente immer von sich weg richtete, vielmehr wird sie in dem kurzen Text gleich beantwortet. Ruskin konstruiert die Mythenbildung als positives Gegenstück zu seiner (funktional gleichgerichteten) Traumtätigkeit. Wenn es im veröffentlichten Text heißt: »Die Griechen hatten keine häßlichen Träume«, repetiert gleichzeitig das Tagebuch: »disgusting dreams«, »horrible dream«, »vexatious and ugly dreams«. Anders als die Mythen geben die Träume ihm keine freundlichen Schutzgottheiten an die Hand, sondern Schlangen, die sich festsaugen; sie vermitteln keine »segensreiche« Wahrheit, sondern spiegeln ihm »das Böse seines Geistes« wider. Die Träume sind notwendig, um den Mythos zu verstehen, aber das Verständnis des

Mythos ändert nichts an den Träumen. Sie können die Dualität von Gut und Böse nicht aushalten; immer ist es der Schrecken, nicht ein helles Glücksgefühl, das den Träumer hochreißt: »So finden wir auf der einen Seite Fruchtbarkeit und Gesundheit, auf der anderen Verderben und Krankheit. Bemühe dich, dies einmal in seiner ganzen Tiefe nachzuvollziehen – derjenige wird es können, der die Qualen vergeblicher Wünsche gekannt hat, der erlebt hat, wie ein dürstendes und hungerndes Herz sich hin- und herwindet und sich selbst verzehrt.«

Die Perspektive des Leidens unterscheidet den modernen Träumer vom mythenstiftenden Griechen. Der Grieche habe die Dinge klar und deutlich, bei voller Beherrschung der Mittel und bei ruhigem Herzen dargestellt: »everlasting calm in the presence of all fate«, nennt Ruskin den prominenten Wesenszug griechischer Kunst und Mythologie. Den Modernen sei diese Haltung nicht gegeben: »das wilde Sich-Krümmen und Kämpfen« und »das allgemeine Aufspannen der Seelenfäden zu Geigensaiten«, das kennzeichne sie im Gegensatz zu den Alten, »die nie etwas Substanzielles aus ihrem Inneren geholt haben«. In dieser Hinsicht ist auch Ruskin Moderner. Er kann das Material, aus dem die Mythen sind, nicht einfach in seinem Doppelsinn als Fügung akzeptieren; er muß es wirklich nachvollziehen und erleiden, von jeder Gegenbewegung aufs neue überrascht und angezogen.

Das heißt also: Die Rede über den Mythos erfüllt das gebieterische Bedürfnis, öffentlich zu verhandeln, was ihn privat umtreibt, und sie gibt ihm das, was ihn verwirrt und verängstigt, in reiner und klarer Form. Mit Nachdruck versichert er, daß seine Belege und Beispiele einzig »der hohen Zeit der griechischen Religion«, dem Zeitalter der Pindar und Aischylos entstammen; die weitere Geschichte der Mythologie, ihre Rezeption durch das Christentum eingeschlossen, gilt ihm als Verfallszeit – das Endprodukt, die eigene Wiederholung der Mythen im Traum steht ihm dafür als sicherer Beweis. Die Perspektive ist demnach – von Ruskin selbst erkannt – eine historische. Die Lösung der aktuellen Problematik wird nicht in ihr selbst und durch sie hindurch – das wäre die Empfehlung des 20. Jahrhunderts –, sondern im Gegenbild einer guten Vergangenheit gesucht. Den zweiten Schlangentraum betreffend drängt sich eine Assoziation zu verführerisch auf, um sie zu unterdrücken: daß der Träumer die »tödlichste« Schlange bezwingt, indem er Marmorbrocken nach ihr wirft, sollte das nicht mit seiner Hoffnung auf die Reinigungskraft der Antike in Beziehung stehen?

6

Aus der Rede über den Mythos wird in den 60er Jahren die mythische Rede als Hauptform der Kommunikation. Wir haben ihre frühen Zeugnisse und die dünne Linie ihrer Herleitung bereits kennengelernt. Die »Stones of Venice« brachten zuerst den emblematisch eingekapselten, aber strategischen Einsatz von Sinnbildern. Die fehlende Hand Gottes war da ein schwerbelastetes Indiz für den beginnenden Untergang der Serenissima. In Vorträgen der 50er Jahre rekurriert Ruskin schon mehrfach auf die Allegorienwelt des italienischen 14. Jahrhunderts, deren bedeutendste Schöpfungen, Giottos Allegorien in Padua, er seinem französischen Übersetzer und Gefolgsmann Proust nahelegte, der wiederum seinen Übersetzer Benjamin mit der Wertschätzung dieser Gestalten beerbte. In den 60er Jahren stellt Ruskin dann seine eigenen Allegorien auf: man denke an die phantastische Allegorie des Kapitalismus, an die Göttin »Britannia of the Market«, die er für das Allerheiligste der Börse von Bradford vorgesehen hatte. Von Rekurs und Wiederaneignung lebt auch der Bibelton, den wir zuerst im Finale der »Modern Painters« gefunden haben. Wenn eine schubweise und nicht in Girlanden geformte Rede auch insgesamt den Stil der Arbeiten nach 1860 beeinflußt, so nehmen die eigentlichen Paraphrasen prophetischer Bücher doch nur wenig Raum ein. Sie kommen wie Anfälle und wirken in der wüsten Folge der Bilder und Worte ungesteuert. Aber immer markieren sie Stellen, wo Zeit und Individuum ihre Belastungen zusammenlegen. Das gleiche gilt für Ruskins Privatmythologie oder Mythologie des Alltagslebens, die sein spezifischer Beitrag zur symbolistischen Bewegung ist. Aus der allegorischen Welt des Mittelalters schöpfen auch die Präraffaeliten, und der Bibelton klingt wie eine gemäßigte Fassung des »Carlylese«, der vertrotzten, immer schrill gestimmten Sprache Carlyles. Aber die Arbeit mit Szenen und Realitätsfragmenten wie der Zerstörung des Rosenbeetes (s. o. S. 270) zeichnet wohl nur Ruskins Werk seit 1860 aus. Wir haben im Zusammenhang dieses Erlebnisses den Vergleich mit einem Traum gezogen – weitergehend könnte man an den Begriff des »Großtraums« denken und von symbolischen Großaufnahmen reden – das wären Tableaus, in denen vieles zusammenkommt, vieles realistisch ineinandergefügt und doch wie eine einzige symbolische Adresse wirkt.

Mit diesen Mitteln ist das Instrumentarium benannt, das Ruskin für die Hauptarbeit der 60er Jahre, für die politökonomischen Schriften zur Verfügung steht. Sie vertreten nicht nur unorthodoxe Thesen, sie gehen auch in ihrer Darstellungsform unbetretene Wege. In welcher Abhandlung über Volkswirtschaft und Politik könnte man sonst finden: einen mythologischen Traktat über die Sirenen als Teil der Diskussion der Geldproblematik, eine Darlegung sozialer Gerechtigkeit anhand der Sprüche Salomos, eine Beschreibung der grotesken Akrobatik japanischer Gaukler zur Illustration moderner Freizeitunterhaltung? Welcher Nationalökonom hätte den Präraffaeliten Burne-Jones aufgefordert, eine Programmschrift buchkünstlerisch auszustatten und mythologische und allegorische Gestalten wie Ceres, Proserpina, Plutus, Invidia, Lady Poverty etc. als Initialfiguren zu entwerfen? Wer würde seine Analyse der Kategorie »Besitz« beginnen mit: »Unter der Kreuzung des Querschiffs im Mailänder Dom liegt schon seit dreihundert Jahren der einbalsamierte Körper des St. Carlo Borromeo. Er hält einen Krummstab in Händen, und auf der Brust ruht ein Smaragdkreuz. Angenommen, der Krummstab und die Smaragde wären nützliche Dinge, kann der Körper so betrachtet werden, als ›hätte‹ er sie? Gehören sie ihm in der nationalökonomischen Bedeutung von Eigentum? Wenn nicht [. . .], bei welchem Grad der Belebung und zu welcher Zeit hat dann der Körper die Fähigkeit zu besitzen? Und weiter. Als neulich ein kalifornisches Schiff unterging, gürtete einer der Passagiere sich eine Geldkatze mit zweihundert Pfund Gold um. Mit der fand man ihn dann am Meeresgrund. Als er nun unterging, hatte er da das Gold oder hatte das Gold ihn?« Wer solch »pikante« Kasuistik nur für unernst hält, muß erfahren, daß Ruskin im Zusammenhang dieser Beispiele einen seiner bedeutendsten Lehrsätze entwickelt, der heißt: »daß Besitz oder ›Haben‹ keine absolute, sondern eine verschieden abgestufte Macht ist und daß Besitz nicht nur in der Menge oder Art des zu besitzenden Gegenstandes besteht, sondern (und zwar in noch höherem Grade) in seiner Anpassung an die ihn besitzende Persönlichkeit und deren lebendige Kraft, ihn zu verwerten«. Weiter könnte man fragen: Welcher Nationalökonom nahm seine positiven Erkenntnisse nur aus Homer, Plato, Xenophon, Dante und aus der Bibel und vertraute im Kampf um das richtige Verständnis der zentralen Kategorien immer auf deren etymologische Ableitung? Denn auch für die politischen und sozialen Wissenschaften soll gelten, daß die ersten Erkenntnisse die besten sind und »daß die höchsten Wahrheiten und nützlichsten Gesetze durch ganze Bildergalerien von Träumen hindurch verfolgt werden müssen, die nur der Unwissende für Träume halten wird«.

Damit ist ein weiteres wichtiges Moment angesprochen, welches die »neue Epoche« von der alten trennt. Denkform und Darstellungsmittel sind das eine; Herleitung und Gewinnung der Erkenntnisse das andere. Um es zu pointieren: Die »Modern Painters« und »Stones of Venice« der Politischen Ökonomie hat nicht John Ruskin, sondern Karl Marx geschrieben. »Unto This Last«, »Munera Pulveris« und »Time and Tide« stützen sich auf gründliche Lektüre der antiken und mittelalterlichen Ökonomen, auf die kursorische Kenntnisnahme zeitgenössischer Autoren, auf intensive Zeitungslektüre und auf eine Verfügungsmasse symbolischer Konfigurationen. Würde man dies auf »Modern Painters« und »The Stones of Venice« übertragen, so hieße das, Ruskin hätte seine Informationen aus Lucretius' »De natura rerum« und Lyells »Principles of Geology« bzw. aus Sismondis Geschichte Italiens und Selvaticos venezianischer Architekturgeschichte gewonnen. Das Prinzip der totalen Einverleibung des Gegenstandes – »touch by touch, stone by stone« –, Wissenschaft als Realismus soll also nicht mehr gelten. Ruskin schreibt seine Politische Ökonomie als Kritik der gleichnamigen Wissenschaft, die er aber eine »Bastardwissenschaft« nennt, und als Philosophie einer utopischen Wirtschaftsordnung, nicht aber als Kritik der Volkswirtschaftslehre und als Kritik der Volkswirtschaft, wie Marx es tat, der vielleicht weniger Industriestädte und Fabriken von innen gesehen hat als Ruskin, der aber mit dem jahrelangen Studium der Blaubücher der Fabrikinspektoren ein unendlich reiches Quellenmaterial erschlossen hat. Wenn Ruskin im Methodenstreit mit den »klassischen Ökonomen« (Smith, Ricardo, Malthus, Mill etc.) der Gegenseite abstraktes und aprioretisches Denken vorwirft, dann schreibt er sich seine eigene Kritik. Der gelernte Empiriker weiß die Schwächen des hypothetischen Vorgehens treffend zu geißeln, aber kann ihnen außer seiner Grundsatzkritik keine wirkliche Alternative mehr entgegensetzen. Auch er arbeitet nun dezisionistisch, auf der Grundlage freigeschöpfter Ideen, subjektiver Spekulationen und mythologischer bzw. etymologischer Ableitungen. Nach den Vorarbeiten zur »Politischen Ökonomie der Künste« (so lautete der Titel der Vorlesungen in Manchester 1857) hätte man erwarten können, daß Ruskin seine ökonomischen Untersuchungen als »science of aspects« aufziehen würde, als Kritik der kapitalistischen Produktionsweise anhand der Gestaltung ihrer Produkte und ihrer Arbeitswelt. »Ein und derselbe Instinkt treibt mich bei der Erwägung politischer Fragen und bei der Ergründung der Gesetzmäßigkeit architektonischer oder geologischer Formen an«, schrieb er noch 1856. Daß er später meinte, er müsse sich vom Kopf auf die Füße stellen, hat nicht nur, wie man immer sagt, mit dem Themenwechsel zu tun und ist auch nicht mit dem Vordringen des Mythos restlos erklärt, sondern umfaßt auch die ganz andere Arbeitsweise und Realitätsaneignung. Die Politische Ökonomie wurde seit 1860 wie die Mythologie als »science of eternal facts«, »everlastingly and practically true«, als Wissenschaft ewiger und ursprünglicher Wahrheiten etabliert. So kann der Autor dieser Doktrinen an jeder Stelle zu erkennen geben, daß er über »die erste richtige Analyse der Gesetze der Politischen Ökonomie« verfügt. In seinem Fall ist es nicht unwichtig, darauf hinzuweisen (was er auch selbst tat), wo diese Schriften entstanden sind – immer hatte er ja seine Inspirationen aus der Auseinandersetzung mit dem präsenten Objekt gezogen. »Unto This Last«, die Artikelfolge, die am

Anfang der »new epoch« steht, ist in Chamonix geschrieben worden, wo schon einmal alles angefangen hatte – man kann hier durchaus von ›gelebter Vita‹ sprechen; »Munera Pulveris«, die zweite Serie, entstand in Mornex nahe Genf. Soviel sich an diesen Orten für »Modern Painters« holen ließ, so fern lagen sie doch den Themen englischer Wirtschaftspolitik. Sie wurden diesmal aufgesucht, um Distanz zum Gegenstand zu haben, »um dem Leiden der Welt aus dem Weg zu gehen«, und bald hallte die stille Natur von diesem Leiden wider – Ruskin war einem Phänomen verfallen, das er selbst »pathetic fallacy« (pathetische Täuschung) genannt hatte und gegen das er den wirklichen Naturforscher gefeit hielt, nämlich in ein Übertragungsverhältnis mit der Natur zu geraten. Man denkt an Nietzsche und Munch, wenn man liest, wie er seinen Zustand in den Alpen beschreibt: »Die Einsamkeit hier ist sehr groß, und der Friede, der mich derzeit umgibt, ist wie die blutgetränkte Grasdecke eines Schlachtfeldes. Darunter liege ich begraben, und der Schrei der Welt dringt weiter an mein Ohr, ohne Unterbrechung, bis daß ich mein Haupt wirklich zur Ruhe lege. Von Tag zu Tag wächst mein Grauen über Wahn und Schrecken der Menschheit.« »Ich werde zerrissen zwischen meinem Verlangen nach Ruhe und Gutleben und dem Gefühl, daß dieser schreckliche Ruf der menschlichen Verbrechen nach Widerstand und des menschlichen Elends nach Hilfe mir gilt, und mir will scheinen, daß es der Ruf eines Flusses voller Blut ist, der mich inmitten seiner schwarzen Klumpen wegtragen wird.«

Wenn die Mythologie das Korrektiv seiner privaten Bilderwelt werden sollte, dann war die Politische Ökonomie geplant als kollektive Wunscherfüllung seines eigenen Lebens. Man beachte den Parallelismus, den das Stichwort »Leben« an einer wichtigen Stelle von »Unto This Last« auslöst: »Leben, einschließlich der Macht der Liebe, der Freudigkeit und der Begeisterung. Das Land ist das reichste, das die größte Anzahl edler und glücklicher Menschen ernährt; der Mensch ist der reichste, der, nachdem er seine eigenen Lebenskräfte aufs höchste verwirklicht hat, nun auch seinen hilfreichen Einfluß auf das Leben seiner Mitmenschen, sowohl durch seine Persönlichkeit, als durch seine Besitzmittel, in ausgedehntestem

Maße geltend macht.« Politische Ökonomie definiert Ruskin geradezu als Wissenschaft vom Leben; ihr Zweck sei »die Sicherung des Lebens, und zwar des gesunden und glücklichen Lebens«, »die Erweiterung, Verteidigung und Erleichterung des Lebens«. Die tiefen Gegensätze, die am Ende von »Modern Painters« aufgebaut wurden, der Dualismus von Leben und Tod, Tag und Nacht, Gesellschaft und Einsamkeit, Fruchtbarkeit und Unfruchtbarkeit liegt auch als Argumentationsmuster den volkswirtschaftlichen Traktaten zugrunde. Das, was sich selbst als Politische Ökonomie bezeichnet, nennt Ruskin die »moderne Personifikation des Todes«, »von allen Plagen, die das menschliche Denken befallen haben, die am meisten entartete, stumme und paralysierende«. Was dieser Theorie in der Praxis des englischen Kapitalismus entspricht, nennt er »bads« statt »goods«, »illth« statt »wealth«. »Illth«, d. i. der »unproduktive Einsatz von Arbeit« und Kapital zur Erzeugung überflüssiger, lebensabtötender Güter (bads); »illth« ist das Kennzeichen eines Systems, das aus der Vernichtung von Leben kein Leben, aus den Folgen des Fortschritts keinen Fortschritt erzeugen kann: »Unsere Städte sind eine Wüstenei aus Spinnereien, aber das Volk hat keine Kleider. Wir haben jedes Blatt unserer Wälder mit Asche und Ruß bedeckt, und das Volk erfriert. Unsere Häfen sind ein Wald aus Handelsschiffen, und das Volk stirbt den Hungertod.« Dagegen setzt Ruskin sein berühmtes Mahnwort: »There is no wealth but life. Nur Leben ist Reichtum.« Die diesen Grundsatz auszuführende Wissenschaft hat festzulegen, welche Güter »wirklich nützliche und lebenspendende Dinge sind und durch welche Art von Arbeit sie hervorgebracht und verteilt werden sollen«. Sie ist keine Wissenschaft dessen, was geschieht wenn, sondern eine Lehre dessen, was geschehen soll; sie ist eine Ethik, in deren Zentrum der Wertbegriff steht. Die »klassische Ökonomie« hatte zwischen Gebrauchswert und Tauschwert unterschieden und sich fortan nur noch um den Tauschwert gekümmert. Ruskin möchte dem Gebrauchswert zu seinem eigentlichen Recht als Orientierungsbegriff allen Wirtschaftens verhelfen. Hier ist seine »true definition« von valor, Wert: »Valor kommt von valere = gut oder stark sein (hygiaino); als Mensch, stark *im* Leben sein oder etwas taugen; als Sache, stark *fürs* Leben, oder wertvoll sein. Wertvoll sein, bedeutet also Wert oder Nutzen für das Leben haben. Wahrhaft wertvoll oder nützlich ist das, was mit aller Kraft zum Leben führt. Je weniger es zum Leben führt oder je mehr seine Kraft gebrochen ist, desto weniger wertvoll ist es dem Verhältnis nach.« Die Entscheidung für das Leben, die der Produktion und Konsumption einer jeden Ware zugrunde liegen muß, gibt auch den Rahmen für die Regelung der großen Fragen ab. Die »klassische Ökonomie« suchte ängstlich und unfrei ihren Weg zwischen den Schreckbildern der Über- und Unterkonsumption, der Über- und Unterbevölkerung, der fallenden Lohnquote und der sinkenden Profitrate. Sie war tief durchprägt von den protestantischen Tugenden der Sparsamkeit, Kargheit und Pflichterfüllung. Ruskin hatte in dieser Beziehung noch eine Rechnung mit seinem »abgetanen« evangelikalen Herkommen aufzumachen. »Nur Leben ist Reichtum« sollte auch heißen, in Fortführung der alten Gedanken über Vielfalt und Unendlichkeit, daß das Leben ein reiches und üppiges sein sollte. »Sicherung« *und* »Erweiterung« des Lebens nennt er die Aufgaben der Nationalökonomie. Während seine Gegner die Massen auf dem Niveau des Existenzminimums halten und lieber noch dezimieren wollten, durch Geburtenkontrolle und Auswanderung, fordert Ruskin auf, zu erkennen, »daß die wahren Adern des Reichtums von Purpurfarbe sind und nicht im Gestein, sondern im Fleisch gefunden werden – vielleicht wird dann sogar erkannt, daß die Aufgabe und das Endziel allen Reichtums in der größtmöglichen Hervorbringung breitbrüstiger, klaräugiger und frohgemuter menschlicher Wesen besteht. Unser moderner Reichtum hat, glaube ich, eine ganz andere Tendenz. Die meisten Nationalökonomen scheinen das Wachstum der Menschenmassen als nicht förderlich für den Reichtum anzusehen, oder förderlich nur, wenn die Massen in mattäugigem, engbrüstigem Zustande verbleiben.« Während die »klassischen Ökonomen« für die Vielen den Mangel und für die Wenigen einen abstrakten Reichtum verwalten wollen, entwickelt Ruskin, allen englisch-protestantischen Traditionen zum Trotz, eine Vision der Überflußgesellschaft. Die Worte Ökonomie, ökonomisch müßten vom Nebensinn des Sparens befreit werden; sie bedeuteten Verwaltung des Hauses, Regelung der Volkswirtschaft, »weiser

Einsatz von Arbeit«. »Und die Arbeit eines Volkes kann bei richtigem Einsatz die gesamte Bevölkerung mit gesunder Nahrung und bequemer Wohnung versorgen und nicht nur damit: auch mit guter Erziehung und mit Gegenständen des Luxus [. . .].« »Luxus ist unzweifelhaft in Zukunft möglich, und zwar ein unschuldiger und unvergleichlicher Luxus für Alle und mit Hilfe Aller!« Er ist erst dann möglich und erlaubt, wenn er für alle gleich verwirklicht ist, »für diesen Letzten, wie für dich« – »unto this last, even as unto thee« (Matth. 20, 14).

Von Ruskins Bestimmung des Warenwertes als »Lebenswert« (vital value, vital use) läßt sich seine gesamte Rekonstruktion des volkswirtschaftlichen Lehrgebäudes verstehen. Seine Theorie des Nutzens, der Kosten, des Kapitals, seine Theorie der Arbeit, des Lohns und der Arbeitsbedingungen, seine Theorie des Goldes und des Geldes, seine Theorie des Verbrauchs und der Nachfrage, all diese z. T. revolutionären, z. T. sophistischen, z. T. hausbackenen Reflexionen eines Außenseiters, die wir hier nicht nachzeichnen wollen, haben ihr Fundament und ihren Schlußstein in einer qualitativen Analyse, in der Frage nach den sozialen Kosten und Nutzen allen Wirtschaftens. Wir wollen hier den Nationalökonomen Ruskin nur eine kurze Wegstrecke begleiten, die durch ein schwieriges Problem führt und erkennen läßt, wie sich bei ihm ältere und neuere Ansätze hilfreich verbinden. Der »Lebenswert«, sagt Ruskin in Fortsetzung seiner bereits zitierten etymologischen Ableitung von »valor«, »ist unabhängig von der Meinung und der Quantität«, es handelt sich um einen »intrinsischen«, »objektiven« Wert, der für jede Sache unabhängig von Marktsituationen und subjektiver Wertschätzung festgelegt ist. »Du kannst davon denken, was du willst, davon gewinnen, soviel du willst, der Wert an sich wird dadurch nicht größer oder geringer.« Mit dieser Position entfernt sich Ruskin am weitesten von allen nationalökonomischen Lehren, ebensoweit von den klassischen wie von den antiklassischen Schulen, seien es die materialistische, die deutsch-historische oder die Schule der Grenznutzentheoretiker. Den Nutzwert erst einmal als objektiv und fix zu betrachten, »als Macht, die ihm der Schöpfer aller Dinge verliehen hat«, war ihm ein Bedürfnis in einer Zeit, da ihm fast alles ins Wanken geriet. Wenigstens die Dinge sollten feste Prägung und Währung behalten, als »Typen« und »Worte«, deren Sinn der Mythologe, als lebenspendende Mächte, deren Kraft der Ökonom einzulösen hat. Aber er geriet mit dieser dogmatischen Setzung natürlich auch in Widerspruch zu den eigenen Aussagen, denn der »Lebenswert« ist eine transitive Bestimmung; er setzt einen Empfänger und Genießer des Wertes voraus. So muß Ruskin die Einseitigkeit wieder aufheben und den Wertbegriff zweifach ansetzen: als »intrinsic« und als »effectual value«. »Damit der Wert an sich realisiert werden kann, bedarf es eines bestimmten Zustands im Rezipienten. Damit die Qualitäten von Nahrung, Luft und Blumen [mit diesen Beispielen hatte Ruskin vorher operiert] ihren vollen Nutzwert erfüllen können, müssen die entsprechenden Organe der Verdauung, der Atmung und der Wahrnehmung im menschlichen Empfänger vollkommen funktionstüchtig sein. Die Produktion von wirklichem Wert verlangt also zweierlei: erstens, die Produktion eines substanziell nützlichen Gebrauchsgutes, zweitens die Produktion der Fähigkeit, es zu nutzen. Wo Wert an sich und Aufnahmefähigkeit [acceptant capacity] zusammenkommen, da realisiert sich wirklicher Wert, d. i. Reichtum. [. . .] Ein Pferd verkörpert keinen Wert für uns, wenn wir nicht reiten können, ein Bild ist nutzlos, wenn wir nicht sehen können, ein edler Gegenstand ist nichtig, wenn er nicht auf einen edlen Menschen trifft.« Zum Merksatz verkürzt heißt das: »Wealth, therefore, is the possession of the valuable by the valiant. Reichtum ist demnach der Besitz von etwas Wertvollem in Händen des Tüchtigen, der es zu verwerten weiß.« Wer den Begriff der »acceptant capacity« richtig versteht und nicht sogleich in die falsche Nähe gleichzeitig formulierter subjektiver Wertlehren rückt, wird einen Schlüssel zu Ruskins Gesamtwerk in die Hand bekommen. Der Text spricht wohlgemerkt nicht von den Bedürfnissen der Rezipienten, sondern von ihrer Fähigkeit, Werte zu realisieren. Bedürfnisse lassen sich manipulieren und künstlich erzeugen, unabhängig von dem, was den Lebensfunktionen des Menschen und dem Gemeinnutzen der Volkswirtschaft zuträglich ist. Ruskin war einer der ersten, der darauf verwiesen hat, daß die Werbewirksamkeit englischer Waren ihren Nutzwert zu übersteigen beginne und daß der »Lebenswert« der Waren, die sich nicht durch Design verformen ließen, durch Verfälschung radikal reduziert werde. Die Ruskinsche Wirtschaftsethik hat mit den subjektiven Wertlehren und Relativitätstheorien nichts gemein, nicht den subjektiven Faktor. Es ist richtig, daß Ruskin über den Begriff der »acceptant capacity« die Konsumption und damit den Verbraucher aufwertet: »Die Produktion läßt sich daher nur richtig nach der Art und Weise und dem Zweck ihres Verbrauchs beurteilen. Die Produktion besteht nicht aus Dingen, die nur mühsam entstanden sind, sondern aus solchen, die zweckmäßig verbraucht werden können; es handelt sich für die Nation nicht darum, wieviel Arbeit sie anstellt, sondern wieviel Leben sie erzeugt. Denn wie der Verbrauch der Endzweck aller Produktivität ist, so ist Leben wiederum der Endzweck des Verbrauchs.« Ruskin schließt damit an seine Kunsttheorie und an seine ersten Ausflüge auf das Gebiet der »Politischen Ökonomie der Künste« an (s. o. S. 220 ff.). Eine abstrakte, quantitative Betrachtung von Produktion und Konsum (»Hauptsache, die Schornsteine rauchen«) ist ihm nicht möglich. Die Qualität der Ware muß auf substanzielle Eigenschaften und Fähigkeiten im Verbraucher treffen und diese entwickeln helfen – man beachte, daß Ruskin von »der Produktion der Fähigkeit«, die Ware zu nutzen, spricht. Das zielt auf eine dialogische und dynamische Form des Austauschs hin, wie sie die Romantik für das Mensch-Natur-Verhältnis und Ruskin für seine Rezeptionstheorie entwickelt hatten. Und hier wird noch einmal der Wunsch deutlich, gegen einen Zustand zunehmender Entfremdung von der Natur, von der Kunst, von der Gesellschaft ein organisches Konzept zu setzen, das verbürgt, daß der Mensch ein Adressat bleibt, daß er weiterhin von den Naturdingen und Artefakten gemeint ist.

Der amerikanische Wirtschaftshistoriker James Clark Sherburne hat, ausgehend von der Werttheorie und der Kategorie »acceptant capacity«, eine kurze Zusammenfassung des organischen Wirtschaftskonzepts von John Ruskin versucht, die mir sehr brauchbar erscheint: »Indem Ruskin den Wertbegriff auf lebende Menschen bezieht, ist es ihm möglich, die drei ökonomischen Zähler: Produktion, Produkt und Konsum auf einen Nenner zu bringen. Da Wert oder Nutzen ›sehr viel mehr von der Person als von der Ware abhängt‹, kann Ruskin vom

Nutzen des Konsums und der Produktion ebenso sprechen wie vom Nutzen des Produktes selbst. Die Entwicklung von ›acceptant capacity‹ und ›valiant men‹ hängt von nützlicher Produktion ab, denn die Qualität des Produktionsprozesses bestimmt auf der einen Seite den Wert des Produktes und auf der anderen die Lebensqualität des Arbeiters, sein Konsumverhalten und die Qualität der Produkte, die er verlangt – kurz: die ›acceptant capacity‹ des Arbeiters. Ruskin verweist auf den hohen Gin-Konsum englischer Arbeiter als Indiz für die Tatsache, daß erniedrigende Arbeit den Qualitätsstandard des Konsums erniedrigt. Wenn nützlicher Verbrauch auf nützlicher Produktion basiert, dann ist auch das Gegenteil richtig, denn die Qualität des Konsums bestimmt die Qualität des nachgefragten Produkts, bestimmt die Lebensqualität des Verbrauchers, folglich seine ›valiant power‹ als Arbeiter. Produktion, Produkt und Konsum formen in Ruskins vitaler Ökonomie ein Dreieck abhängiger Elemente. Der Mensch bildet den Mittelpunkt dieser Struktur, die Nutzen und Wert mit lebenspendender Kraft erfüllen.«

Man wird fragen, was die geradezu panischen Reaktionen von Ruskins Lesern, Kritikern und Verlegern ausgelöst hat, als diese Lehren zuerst an die Öffentlichkeit traten. Nichts von dem, muß man antworten, was wir hier referiert haben. Das alles ließ sich wie so viele utopische Versuche auf dem Gebiet der Nationalökonomie mit den Worten »unmöglich« und »sentimental« abtun. Was das Strafgericht zur Folge hatte, waren die praktischen Maßnahmen, die Ruskin aus seinen grundsätzlichen Überlegungen ableiten wollte, Forderungen wie: Fixlöhne, staatlicher Schulunterricht, staatliche Werkstätten und Läden für Qualitätsprodukte, staatliche Werkstätten für Arbeitslose, berufliche Weiterbildung für Arbeitslose, staatliche Versorgung der Alten und Schwachen – dies allein ist der konkrete Forderungskatalog von »Unto This Last«. Keine dieser Maßnahmen war zur Zeit ihrer Anregung durch Ruskin Gegenstand der Diskussion, der Planung, geschweige denn der Realisierung; alle verstießen sie gegen die ehernen Grundsätze der »englischen Doktrin«, die da hießen: freies Spiel der ökonomischen Kräfte, kein Staatsinterventionismus, keine Ethik in ökonomischen Dingen, außer der einen und obersten: Armut und Reichtum sind selbstverschuldet. Zumal Ruskins Forderung, Arbeitskraft nicht als Ware zu behandeln, sondern nach festgesetzten Löhnen gleich und gerecht zu entgelten, versetzte die Gemüter in Wallung. Ungern ließ sich die besitzende Klasse darauf hinweisen, daß sie das Prinzip Arbeitsmarkt nur für die Massen der Besitzlosen, nicht aber für sich selbst gelten ließ. Warum, fragte Ruskin, gibt es fixe Honorare und Gehälter für Ärzte, Rechtsanwälte, Richter, Hochschullehrer, Regierungsbeamte, Pfarrer etc. und nicht für Land- und Fabrikarbeiter, Matrosen und Bergleute? Also existiert in England keine reine, sondern eine gemischte Ökonomie. Also ist der Wirtschaftsliberalismus kein Grundgesetz, sondern ein Instrument der Ausbeutung, »die Kunst, das höchste Maß von Ungleichheit zum eigenen Nutzen zu schaffen«.

Es waren die konkreten Reformziele, die Ruskin direkte Kritik und erst späte Gefolgschaft einbrachten. Mit wem hätte er sich auch zu seiner Zeit durchsetzen sollen, vorausgesetzt, er wäre an praktischer Politik interessiert gewesen? Wer hätte ihn unterstützen mögen, einen Tory mit radikalsozialistischen Neigungen, einen Verächter der parlamentarischen Demokratie? Die offiziellen Torys, die nach außen »landed interest« vertraten und im Inneren schon genauso vom englischen System der Politischen Ökonomie überzeugt waren wie alle anderen Parteien? Die Fortschrittsleute mit ihren Eisenbahnen und Hochöfen, die Gentry mit ihren Heckenzerstörungen und Waldrodungen, die radikalen Demokraten mit ihrem Verlangen nach allgemeinem Stimmrecht, was in Ruskins Augen ein Fetisch war? Die Arbeiter mit ihren erstarkenden Organisationen, die nun auch für den industriellen Fortschritt votierten? Erst eine neue Generation von Politikern und Parteien, christlich-sozialer und sozialdemokratischer Prägung, konnte zumindest mit Ruskins Prinzip der sozialen Gerechtigkeit etwas anfangen. Das war schon nach seinem Tod, als die Auflage von »Unto This Last« die Hunderttausend überschritten hatte. Die Gründungsväter der Labour Party beriefen sich mehrheitlich auf Ruskin, ebenso die starke Gruppe der »Revivalists«, die einen Gilden-Sozialismus nach mittelalterlichem Vorbild anstrebten, und Gandhi hat die Begegnung mit »Unto This Last« nicht anders beschrieben als Ruskin seine Konversionen im

Wald von Fontainebleau und in der Galerie von Turin: »Dieses Buch markierte den Wendepunkt meines Lebens [. . .]. In diesem großen Werk fand ich einige meiner tiefsten Überzeugungen niedergelegt [. . .], und deswegen ergriff es mich so stark, daß ich mein Leben fortan änderte.« Ein ironisches Schlaglicht fällt insofern auf diese Szene, als Gandhi ausgerechnet in einem Eisenbahnabteil bekehrt wurde.

Wenn man zusammenstellt, welche konkreten Forderungen Ruskins erfüllt worden sind, so wird man ihn einen der erfolgreichsten Soziallehrer des 19. Jahrhunderts nennen können: staatliche Schulen, Berufsschulen, feste Lohnsätze, Arbeitslosenunterstützung und -umschulung, Alterssicherung, staatliche Qualitätskontrollen, Arbeitsbeschaffungsmaßnahmen – die »unmöglichen« Vorschläge von »Unto This Last« sind genauso Realität, Selbstverständlichkeit geworden wie die späteren Forderungen nach staatlicher Vorratswirtschaft, Zins- und Preiskontrolle, Nationalisierung aller Straßen, Kanäle, Häfen und Eisenbahnen, nach einer europäischen Wirtschaftsgemeinschaft. In der Tat eine optimale Bilanz für einen Theoretiker, der auf die Formulierung seiner politischen Ideen nicht die politische Organisation zu ihrer Durchsetzung folgen ließ (wie Marx). Zugleich eine tragische Bilanz. Denn all das hat sich einrichten lassen, ohne daß auch nur ein Kerngedanke Ruskins beteiligt gewesen wäre. Soziale und ökologische Kosten-Nutzen-Rechnung, qualitatives und organisches Wirtschaften, »vital use«, »extension of life«, »immediate life«, sorgsamer Umgang mit eigenen und fremden Ressourcen, all dies sind Agenda geblieben. Und für uns verschärft sich die Tragik dadurch, daß die sekundären Errungenschaften, die sich auf Ruskin berufen können, z. T. schal geworden sind, z. T. pervertiert werden. Staatliche Intervention zur Arbeits- und Profitsicherung heißt heute, einen Kanal bauen, der nach glasklarer Erkenntnis anderen Verkehrswegen das Wasser abgraben und trotz ausgeschalteter Konkurrenz hohe Verluste einfahren wird, heißt Naturzerstörung für immer, heißt kurzen Vorteil gegen langen Nachteil eintauschen, heißt »illth« statt »wealth«.

VI
Der Professor
1870–1878

I

1873/74 zeichnete und aquarellierte Ruskin eine Serie von Selbstporträts, wohl auf Anregung seines amerikanischen Freundes Charles Eliot Norton. Wir müssen annehmen, daß diese ungewöhnlichen Arbeiten zu einem Programm gehörten, das Norton als »Diätetiker der Seele« Ruskins sich ausgedacht hatte. Im fernen Boston lebend, war Norton durch einen kontinuierlichen Briefwechsel mit dem Freund verbunden und wußte über dessen Seelenleben oft besser Bescheid als die engsten Mitglieder des Ruskinschen Hauses. Ruskin teilte sich diesem Mann so rückhaltlos mit, weil er wußte, daß er hier einen Partner gefunden hatte, der stark belastbar war (»You are always too strong for me.«) und für sich selbst und für ihn Sorge tragen konnte, ohne in eine Übertragungssituation zu geraten. Denn bei aller Bereitschaft, auf die Nöte des Freundes einzugehen, blieb Norton doch zu sehr »Amerikaner«, wie Ruskin gesagt hätte, um wirklich betroffen zu sein und sympathetisch reagieren zu können. Im Grunde teilte er die Ansicht Ralph Waldo Emersons, seines berühmten Ostküsten-Kollegen, der 1873 nach einem Besuch bei Ruskin gemeint hatte: »Ich frage mich, wie ein solcher Genius von einem so schwarzen Teufel besessen sein kann. Ich bin nicht bereit, diese tiefe Verzagtheit bei ihm zu entschuldigen. Bei einem Mann von solchen Gaben als Poet und Seher, wie er schließlich einer war, ist das abscheulich. [...] Man konnte sich einfach nicht mit einem Manne unterhalten, der insistierte, jede Hoffnung auf den Fortschritt der Welt aufgegeben zu haben. Er sollte einmal nach Amerika kommen, um wieder zur Räson gebracht zu werden.« Norton hielt ähnlich einfache und im Grunde vernünftige Rezepte bereit, um seinen Freund aus den tiefsten Verstrickungen zu lösen, aber da er dessen Verzweiflung über den Lauf der Dinge nicht teilte, schob er alle Schuld auf Fehlentwicklungen und Fehlentscheidungen in den ganz persönlichen Bereich. Sein gern zitiertes Gesamturteil, nach dem Tod des Freundes gesprochen, zeugt davon, zeugt vom praktischen Sinn des Amerikaners, der dafürhält, daß ein wenig »professional help« und männliches Zusammenreißen die Sache wieder ins Lot bringt: »I have never known a life less wisely controlled, or less helped by the wisdom of others than his. The whole retrospect of it is pathetic; waste, confusion of one of the most gifted and sweetest natures the world ever knew.« Indem Norton die Kur aufs Individualpsychologische abrichtete, verstieß er gegen seine andere, sehr viel tiefer reichende Einsicht: »Keine Seele hat man gekannt, die direkten Einflüssen zugänglicher war, die mit feinerer Einfühlungsgabe und Sympathie auf die Ausstrahlungen von Mensch und Natur antwortete. Sie funktionierte wie eine Äolsharfe; an heiteren Tagen, unter der Einwirkung leiser Lüfte vibrierten ihre Saiten melodiös, doch als die Wolken sich zusammenzogen und die Winde aufkamen, da schwangen sie so wild im Sturm, daß der Resonanzboden zu reißen drohte.«

1873/74 hatte Ruskin längst den Zustand erreicht, da sein Leiden an der Lebensgeschichte nicht mehr zu trennen war von seinem Leiden an der Zeitgeschichte und beide Depressionen wie Abflüsse alles ansaugten, was in Natur und Gesellschaft einst heilbringend gewesen war, um es sich unterirdisch mitzuteilen. Norton war wie der gesamte Freundeskreis (große Ausnahme: Carlyle) der Überzeugung, daß Ruskin die Politökonomie besser lassen und sich wieder Kunst und Natur zuwenden sollte: »Ihr Enfluß wird durch geduldige Arbeit dieser Art tiefer, dauerhafter und hilfreicher sein, als durch Ihre heftige und ungeduldige Auseinandersetzung mit Menschen, die Ihrer Worte doch nur spotten.« »Ich bin wie die Glocke in dem alten Kinderreim, die ohne Unterlaß tönt: Bleib bei deinen Leisten. Stick close to your art.« Solche Appelle waren (auch aus anderen Gründen) nicht erfolglos. Regelmäßig gingen jetzt Zeichnungssendungen nach Boston, und die 70er Jahre sahen erneute Kunststudien, so detailliert und intensiv wie nur drei Jahrzehnte zuvor. Insgesamt zehn eigenständige Buchveröffentlichungen zu Themen der Kunst und Kunstgeschichte fallen in den Zeitraum dieses Kapitels. Weit davon entfernt, diese neue, auch im Ansatz neuartige Reihe von Schriften herabwürdigen zu wollen – ihre Lektüre machte einen Marcel Proust zum Anhänger und Übersetzer Ruskins – oder bestreiten zu wollen, daß Ruskin bei der Aufnahme von Fresken und Gletschern zeitweilig Frieden und Befriedigung, ja die Kraft zum Weitermachen fand, so muß man doch sagen:

Es ist der alte Film, der da abläuft. Die Arbeit vor der Kunst und vor der Natur bringt Leiden, weil sie mit dem Tempo der Zerstörung nicht gleichhalten kann: »Meine Zeit in Florenz war ein wütender, unablässiger Kampf; wie ein Feuerwehrmann in schwelender Ruine versuchte ich, soviel wie möglich zu retten, was des historischen Eingedenkens oder des Ansehens wert war.« In Chamonix, im Herbst des gleichen Jahres 1874, findet er die alte gewundene Zufahrtsstraße zur großzügigen Fahrstraße ausgebaut: »Dies ermöglicht großen Omnibussen, unseren Tramways vergleichbar, den Pöbel von Genf nach Chamonix in einem Tag zu karren. Away they bowl, as if to Epsom; the harder they go the merrier.« Was er seinen Lesern einst als Antidotum gegen romantischen Historismus oder blinden Fortschrittsglauben verschrieben hatte, das Aushalten der Gegensätze von Damals und Jetzt, von Natur und Kultur, von positiv und negativ, vermag er selbst nicht mehr zu leisten. Es ist ihm bisweilen, als seien Innen und Außen asynchron geworden, als würde die Welt zappelig und in schrillen Tönen quiekend ablaufen wie ein Uhrwerk ohne Widerstand. Nicht nur, daß jetzt der Rhythmus von Verzückung und Verzagung, von Aufbruch und Einbruch immer kürzer wird – das Glück des Heute und das Unglück des Gestern und Morgen scheidet nun eine feste, dunkle Wand. Die Individualpsychologen, die ihn als Manisch-Depressiven sehen, haben leichtes Spiel, anhand der Tagebücher das Auf und Ab der Stimmungskurve zu verfolgen: »6. August 1874. Furchtbar verzagt und verwirrt letzte Nacht. 7. August. Gestern großartiger Tag des Lernens. 9. August. Keine Freude an irgend etwas.« Ruskin selbst hat dieses totale Aufgehen in der jeweiligen Phase genau gesehen und beschrieben, ohne es steuern zu können: »Wenn ich einen Sonnenuntergang betrachte, vergesse ich den Sonnenaufgang; aber der Sonnenaufgang am nächsten Morgen läßt mich den Sonnenuntergang vergessen.« Doch man sollte einen Moment innehalten, bevor man hier von »folie circulaire« spricht und nur an die Wiederholungszwänge der Träume, der Sexualität oder der Geschichte mit Rose denkt – Roses Motto lautete übrigens: »Je reviendrai« (was Ruskin erboste) und Ruskins Motto hieß: »To-day To-day To-day«. Man muß auch sehen, daß Ruskin weiter herumkam und schneller die Szene wechselte als viele andere schreibende Zeitgenossen. Bis hin zu den letzten, von Wahn und Obsession diktierten Äußerungen darf man den Realgehalt seiner Beobachtungen nie unterschätzen. Vielleicht bildeten ja seine »folies circulaires« nur zwangshaft, aber genau die größeren Kreisläufe ab, nicht die natürlichen, sondern die kollektiven Prozesse in Wirtschaft, Politik und Kunst.

Wenn es einen unbestechlichen Indikator für Ruskins zunehmende Gefährdung gibt, dann ist es das zeichnerische Werk. Welche psychohygienischen Erwägungen Norton veranlaßt haben, seinem Freund eine Reihe von Selbstporträts abzuverlangen, ergründen wir nicht. Die Ergebnisse müssen ihn erschreckt haben. Nehmen wir das vermutlich 1873 entstandene Bleistiftporträt, das den 54jährigen zeigt. (Abb. 13) Es wirkt auf den ersten Blick wie eine Ausdrucksstudie, wie eine »tête d'expression«, an der der Zeichner die Signaturen der tiefen Verzweiflung, der Melancholie oder, um es mit dem Wort der Zeit zu sagen, des »Spleen« aufsucht. Denn so zwingend der Ausdruck auch ausfällt, der Substanz scheint er äußerlich. Das Gesicht ist nicht gealtert oder in Falten zerwühlt, das Haupthaar und die langen Koteletten wachsen dicht und stark, der Habitus ist fest, ungebeugt. Doch dann wird man sehr bald gewahr, daß einzelne Züge der Verzweiflung nicht gelegt, sondern eingeschliffen sind: die Braue, die das helle Auge überwölbt, senkt sich über dem verschatteten. Dieses Merkmal, der Kontrast von Licht und Schatten und manches andere Detail machen, daß das Gesicht in zwei Hälften zerfällt: in eine wirklich verfinsterte, sich selbst drohende und in eine nur leicht verlorene, eher morose Mimik. Zusammenbindet sie der bänglich zuckende Mund, zusammen sind sie wie Licht und Wetterleuchten, ein Gesichtsbild, in dem Epizentren sich verselbständigt haben und außer Kontrolle zu geraten scheinen. Damit mögen die »terrible subtleties« angesprochen sein, von denen Ruskin im Zusammenhang mit dieser oder einer anderen Zeichnung an Norton schreibt und von denen er sagt, daß sie »seine Sorgfalt und Kraft, zu vollenden, bis zum Äußersten fordern«: »terrible subtleties« im doppelten Sinn von »schrecklich schwierigen« und »erschreckenden Feinheiten«.

Wer die Pathognomik des Gesichts jedoch für Mimikry oder

für das Ergebnis nervöser Übersteigerung hält, schaue sich die Feinstruktur der Zeichnung an. Dieses unterste Niveau verrät untrüglicher als das der Ausdrucksgestaltung, daß die unbewußten Reaktionen neuen und zwingenden Gesetzen gehorchen. Wir haben immer feststellen können, daß der Theoretiker der Lebenslinien und der subtilen Profile auch der Zeichner der großen, energisch gezogenen Linie war. Der lebendigen Natur wußte er jeweils noch eine Extraspannung abzugewinnen. Jetzt ist auch die Zeichentätigkeit unter das »Gesetz des Bruchs« getreten, das »Modern Painters« zuletzt zugelassen haben. Im Gegensatz zur Schreibfeder haben Bleistift und Aquarellpinsel nicht mehr die Kraft, sich zusammenhängend, zusammenreißend zu äußern. Wortschatz und Syntax sind wie ausgewechselt. Dieser Zeichner arbeitet in kurzen Impulsen, heftig, aber nicht schwungvoll, sicher, aber nicht souverän. Seine Striche sind oft so krüppelig wie die Äste der von ihm verachteten niederländischen Landschafter. Seine Reuezüge und Überarbeitungen fahren ungehalten über die Strichlagen, die zuerst da waren. Eine Tendenz zum Sich-Verbohren treibt das nahe Erscheinungsbild auseinander, äußert sich als widerspenstiger Wirbel und in sich zurücklaufende Schraffe. Erschreckend die bröckelige Linie, die vom Revers rechts nach unten führt. Wie von einem kranken Tier getreten, stoppelt sich diese Spur zusammen; es ist, als ob der Zeichner hier auf der Spitze seines Mediums steht und es mutwillig bis zum Bruch beansprucht. Und dort, wo Zartheit gefordert ist, in den verschatteten Partien des Gesichts, da bleiben die Striche zwar konstant und in sich ausdruckslos, fliehen aber in Scharen und ballen sich wieder wie von unkontrollierbaren Magneten abgelenkt.

Was wir hier kurz beschrieben haben, ist der Duktus eines fertigen, durchgearbeiteten Blattes. Nur als wüst können dagegen die Faustskizzen bezeichnet werden, die in diesen Jahren auf Reisen entstehen (Abb. 12, 15). Der Zeichner, den wir als kläubelnden Detaillisten kennengelernt haben, geht nun oft mit dickem Stift und großmotorischen Bewegungen ans Werk; er fährt über Details und Ornamente, über Umrisse und Fluchtlinien hinweg; er, der die Impressionisten nicht mehr theoretisch verarbeiten kann, zeigt sich nur noch an Licht und

Schatten, an Flecken und losen Formen sowie an saugenden Tiefen interessiert. Wenn diese Arbeiten gut sind und nicht nur fahrig und von einem gewissen Starrsinn zerquält, dann erinnern sie entfernt an das, was Georges Seurat zur gleichen Zeit mit dem dicken Blei hervorbringt. Aber immer gibt es diese gestörten Stellen, wo es zu kurzen, hackeligen Reaktionen kommt, zu einem bösen Automatismus. Das sind Symptome eines Realitätsverlustes, einer unterbrochenen Kommunikation mit der Natur. Was wie Deformation wirkt, ist in Wirklichkeit die Schrift einer neuen Information, einer Sprache, die sich selber spricht. So ist Ruskin doch von der epochalen Tendenz eingeholt worden, die er in Band 3 der »Modern Painters« beschrieben hat, von der Tendenz zum Selbstlauf, zur Selbstverwertung, zum Indirekten, zum Medium als Botschaft. Gemessen am Lebensprogramm dieses Menschen ist das eine schlimme Entwicklung, aber wir dürfen sie noch nicht verabsolutieren und müssen später auch noch etwas zu ihrer möglichen überindividuellen Begründung sagen. Für den Augenblick hat das Porträt die höhere Wahrheit als die Antistudien, denn es läßt beides erkennen: es hält die Substanz fest, die durchaus noch vorhanden ist, und es zeigt, wie manches außer Kontrolle gerät und sich auf verbohrte Weise verselbständigt. Ruskin hat seinen Zustand selbst so begriffen. Nach einer schweren Krankheit im Jahre 1871, die von Obsessionen zum Delirium hochgetrieben wurde, schrieb er: »Ich wußte sehr gut, wie krank ich war. Seit meiner Kindheit bin ich nicht mehr so nahe dem dunklen Tor gewesen. Aber ich wußte auch besser als jeder andere, wie stark die letzten Ankerseile und -rollen doch noch waren.« Wenn auch die Ups and Downs immer schneller aufeinanderfolgen, die Träume bedrückender, die Schriften verwirrter, das Auftreten hastiger werden, so gibt es in diesen Jahren doch noch den höflichen und gepflegten, den charmanten und hilfsbereiten Ruskin, den Redner, der seine Auditorien provoziert und gleichzeitig bezaubert, den Family-Man, der der Freund aller Kinder ist, und den Vertrauten ungezählter Korrespondenten und Ratsuchenden. Und es gibt bei zunehmenden persönlichen Verpflichtungen zum ersten Mal die öffentliche Verpflichtung, das Amt.

2

Der reiche Rechtsanwalt und Kunstsammler Felix Slade hatte durch seine Stiftung ermöglicht, daß an den Universitäten London, Cambridge und Oxford »Professuren für die Bildenden Künste« (Fine Arts) eingerichtet wurden. Mit dem Ruf, der erste Slade-Professor Oxfords zu werden, mit der ersten offiziellen Anerkennung für Ruskins Arbeit, realisierte sich spät, was die ursprüngliche Intention seiner Studien in Oxford gewesen war: eine ausgewiesene Profession zu ergreifen, Geistlicher oder Wissenschaftler oder Hochschullehrer zu werden. Und es zeigte sich, daß damals und jetzt daraus doch nichts werden konnte und daß Ruskin sehr gut daran getan hatte, sich nicht beruflich an eine Institution zu binden. Bereits seine Studienzeit 1837 bis 1842 hatte offenbart, daß er zumindest zur ordentlichen Hochschullehrerlaufbahn nicht taugte. Er hatte nie die Anlagen für jene englische Spezies des Dozenten besessen, der sich 1870 selbst »pre-scientific« nannte und 1840 noch das Profil der großen Universitäten prägte: ein Mann mit traditioneller Konzeption seines Fachs, beschlagen in der klassischen Philologie und hochreligiös. Aber Ruskin gehörte 1840 wie 1870 auch nicht zu den eigentlichen Wissenschaftlern, den Spezialisten und Koryphäen. Bei aller Begabung zur Empirie hätte er niemals die Selbstbescheidung und Geduld besessen, sein Leben der positivistischen Ergründung einer einzigen Sache zu widmen. So kam er 1870, 30 Jahre nach seiner Studentenzeit, nach Oxford zurück als der, der er damals gewesen war, als ein Außenseiter, erweitert freilich um die Kompetenzen des anerkannten Exzentrikers und Provokateurs.

Zwischen den Stühlen, den Lehrstühlen der »pre-scientific« und der »scientific men«, richtete sich Ruskin ein. Ihm behagte die neue Situation sichtlich. Er liebte Amt und Dekor so sehr, daß er sich nach einiger Zeit dort installierte, wo man als Oxford-Dozent oder Student eben lebte, in einem der alten Colleges, im Haus des Corpus Christi College. »Bei aller Trauer über das, was hätte werden können, über das, wofür ich eigentlich kämpfe und über das, was ich verloren habe, bin ich mir doch des vielen Guten bewußt, das ich besitze, zumal der Fähigkeit, Freude und Hilfe geben zu können, und ich gestehe, daß es schon eine sehr angenehme Sache für einen alten Gentleman ist, in einem Chorgestühl zu sitzen und Bach zu hören und Ediths zu haben, mit denen man flirten, Prinzen, mit denen man spazierengehen und Pussies, die man lieben kann.« So schreibt er 1873 an »Pussie«, an seine Kusine Joan Severn. »Ich sitze heute nacht in einem sehr wohnlichen Raum, der ganz mir gehört, habe vier Wachskerzen und ein schönes Feuer am Brennen, erwarte ein College-Diner, das in aller Form serviert wird und vorzüglich gekocht ist. In der Ecke hängt ein Tizian-Porträt und über dem Kamin Turners ›Boulton Abbey‹, 15 Skizzen von Mantegna liegen in meiner Schublade, und jedes Buch in London, das ich haben will, wird mir besorgt, und mein Bankier hält für mich 1000 Pfund bereit. Ich glaube also, daß es zu weit ginge, wenn ich von meinen Mitsterblichen irgendeinen besonderen Anteil an Mitleid oder Mitempfinden erwartete oder verlangte.«

Doch Ruskin wäre nicht Ruskin und wir brauchten nicht aufmerksam und erwartungsvoll dieses Leben zu verfolgen, wenn er wirklich den Lehr- zum Lehnstuhl gemacht und fortan das Leben eines endlich zu Ruhe und Ansehen gelangten Oxford-Fellow geführt hätte. Nicht die äußeren Umstände allein, die ihm immer so viel bedeuteten, sondern auch die Tatsache, daß er zum ersten Mal wirklich zuständig war und sich nicht seine Aufgabe, sein Publikum selbst suchen, selbst bereiten mußte, machte ihm die Oxford-Professur so wertvoll. »Was auch immer geschehen mag«, erklärte er zeremoniös der Mutter den Auftrag, »die herrschende Macht hat zugelassen, daß ich in Oxford nun meine Kunststudien für andere betreiben kann.« »Ich denke, die Zeit ist wirklich gekommen, daß ich von einigem Nutzen bin.« Er fügte sich in das Zeremonielle des Unversitätsbetriebs mit Geschmeidigkeit, ja Unterwürfigkeit; er hatte, als ihn der Ruf ereilte, ohne Not Acland versichert, er werde sich bei der Erfüllung seiner öffentlichen Pflichten eines ruhigen Tons befleißigen und keine Meinung vertreten, an der die Universität Anstoß nehmen könnte, und der Dekan seines Colleges empfing von ihm die Versicherung, daß er jetzt seine Lehre »mit dem System der Universität in engere Harmonie als früher« bringen wolle – doch es verging nur kurze Zeit, da gab es Unruhe in der Universität, und wenig später schauten viele

Engländer nach Oxford, wie immer, wenn es um Ruskin ging, mit Belustigung oder Ärger oder Freude oder zumindest mit gemischten Gefühlen.

Daß Ruskin sein Versprechen, »Feuer zu machen ohne Rauch«, nicht hielt, lag nicht daran, daß er »nicht anders konnte« oder daß man ihn provoziert hätte. Wie jeder große Lehrer tat er nichts anderes, als den ursprünglichen Sinn seines Amtes und seiner Institution ganz ernst zu nehmen. Cambridge und Oxford waren im 19. Jahrhundert Gegenstand zahlreicher Reformideen gewesen: Nach heftigem Streit hatte Oxford 1864 einen für damalige Verhältnisse revolutionären Schritt getan und hatte zugelassen, daß Studenten der Naturwissenschaften das einstige Hauptfach der Klassischen Philologie nach dem ersten Studienjahr abwählen konnten. Ein Fellow aus dem zweiten Glied, der für anderes als für seine wissenschaftliche Karriere berühmt werden sollte, C. L. Dodgson alias Lewis Carroll, nannte die Reform »einen Schritt zur totalen Aufgabe des bis dato unversehrten Prinzips, daß die Klassische Philologie essentieller Teil der Oxford-Erziehung ist«. Das Studium der Alten Sprachen aus der Mitte zu nehmen, das bedeutete in den Augen der Reformgegner ein Nachgeben gegenüber den utilitaristischen und materialistischen Tendenzen des modernen England, bedeutete Ausbildung statt Bildung. Und das war auch nicht im Sinne Ruskins. Er kämpfte für »general education« im doppelten Wortsinn: allgemein im Sinn von Bildung für alle und allgemein im Sinn von allgemeinbildend. Und so konnte er dem Dekan anläßlich der Annahme des Rufes versichern: »Es gibt in diesen Dingen keinen zeitgenössischen Irrtum, den ich mehr bedauere, als die zunehmende, zerstörerische Tendenz, aus der Universität einen Ort der Ausbildung für Beruf und Lebensunterhalt zu machen, und nicht, wie sie es war und wie sie sich gegen allen Druck der Öffentlichkeit erhalten muß, einen Ort, an dem der Charakter geformt wird, der das Leben anmutig und ehrbar macht, wenn es gewonnen wurde.« Wieweit diese Auffassung von der Universitätsspitze und von den Kollegen geteilt wurde, erkundete Ruskin nicht. Er glaubte sich mit dieser Grundvoraussetzung im Recht, und er war im Recht, wenn man seinen Lehrauftrag betrachtet. Abgesehen davon, daß ausformulierte, berufsspezifische Studiengänge im heutigen Sinne nur ansatzweise existierten, gab es überhaupt kein Berufsstudium, für das ein »Slade Professorship of the Theory of Art« hätte wirken können. In Oxford studierten Theologen, Philologen und Naturwissenschaftler. Was Ruskin ihnen bot, war notwendig Teil eines »Studium generale«, nicht anders als das Studium der antiken Literatur, Theologie und Geometrie, das noch zum Pflichtpensum eines jeden Studiengangs zählte. Die Kunst als Teil der »Humanities« durchzusetzen, an solch herausragender Stelle wie Oxford, das hieß zuerst einmal eine Antwort auf die alte Frage nach dem Nutzen der Schönen Künste zu geben. Diese Antwort von Ruskin zu hören, mußte insofern interessieren, als seine genau zehnjährige Abwesenheit von diesem Forum Zweifel an der Gültigkeit seiner ästhetischen Lehren, ja an seiner weiteren Zuständigkeit als Kunsttheoretiker geweckt hatte. Es waren in der Zwischenzeit gerade in Oxford neue Leute aufgetreten, deren Theorie schnell arrivierte, und es gab nach wie vor zwei englische Grundeinstellungen zum Thema Kunst, die Ruskin schon zu Beginn seines Wirkens vorgefunden hatte und die er bislang kaum hatte beeinflussen können. Die Oxforder Vorlesungen boten eine großartige Gelegenheit, zur Steuerung der alten und der neuen Tendenzen die eigene Lehre noch einmal zusammenzufassen und zu erproben. Und sie geben uns die Gelegenheit, die summierte Form von Ruskins Kunsttheorie im Zusammenhang darzustellen.

3

Historisch erhärtet, zum Habitus geronnene Theorien waren – wie gesagt – zwei konkurrierende Auffassungen über die zeitgenössische Aufgabe der Künste. Alt und ehrlich war eine Theorie, die sich noch am gentilen Umgang mit Kunst gebildet hatte und die ihre gemütsstärkenden, erbauenden und zerstreuenden Wirkungen pries. So hatte man sich im Elternhaus Ruskins der Kunst gewidmet: Erquickung durch Lektüre am Abend, leichte Beschäftigung bei der Betrachtung von Kupferstichen und Bildern nach dem Essen, Unterhaltung mit lustigen Künstlern beim Dinner – also angenehme Bereicherung im durchaus ökonomischen, aber auch im übertragenen Sinne, das war die Funktion von Kunst gewesen. Ein bereits bemühtes Zitat des Vaters trifft hier präzise: »Ich mag Turner nach Roastbeef und Pudding und nach einigen Glas Sherry.« (Kein Wnder, daß der Sohn im letzten Brief an den Vater dann schrieb: »Ihr wußtet gar nicht, wie sehr Ihr mir in Sachen Turner entgegengearbeitet habt.«)

Diese Form satten Kunstgenusses ist nicht nur Bestandteil, ja Markenzeichen der Kultur des »well-to-do Englishman« gewesen und geblieben – weit über das 19. Jahrhundert hinaus –, sie ließ sich auch unter dem Druck der Zeiten sozialintegrativ ausbauen. Im Revolutionsjahr 1848 verschreibt Charles Kingsley Englands Arbeitern den Besuch der Nationalgalerie als Entlastungsmittel: »Gemäldegalerien sollten ein Paradies für den Handwerker sein, eine Art von Lustgarten, in dem er sich ergeht, um sein Auge und Herz an schönen Gebilden und lieblichen Farben zu weiden, während er der getünchten Wände und der häßlichen, farblosen Dinge müde ist, deren die Werkstatt und Fabrik voll sind. [. . .] Da spannt das überarbeitete Gemüt seine Schwingen aus und streckt sich über das düstere Häusermeer von Stein und Eisen, von rauchenden Kaminen und sausenden Rädern hinaus nach der Welt von Schönheit – nach den zukünftigen Dingen –, ja wahrlich nach denen, die einmal sein werden! Glaube es mir, du überanstrengter Arbeiter, trotz deiner schmutzigen Gasse, deiner überfüllten Wohnung, deiner besudelten Kleidung, deiner schlecht genährten Kinder, deiner schmalen, bleichen Frau – glaube, daß auch dir und den Deinen eines Tages dein Teil von Schönheit zufallen wird.« Nach dem Essen ein Turner aus der eigenen Sammlung; statt Essen nach der Arbeit ein Turner in der Nationalgalerie; das liegt so weit nicht auseinander, daß es nicht unter die gleiche Vorstellung paßte: Kunst entlastet und kompensiert, ist Gegenwelt und Überwelt.

Ebenso englisch, aber jüngeren Datums und eigentlich zeitgemäß war die Überzeugung, daß das Prinzip Kunst überwunden und für die neue Zeit ohne Gebrauchswert sei. Bulwer-Lytton hatte schon 1833 die Tatsache und ihre Entwicklungsumstände deutlich herausgearbeitet: »Als Byron starb [. . .] wandten wir uns mit einem Seufzer dem aktuellen und praktischen Leben zu. [. . .] Wir waren in der Situation eines Mannes, der nach einer Zeit der Träume und Extravaganzen sich zusammenreißt, um hinfort vernünftig und sparsam, überlegt in seiner Lebensführung und sorgsam mit seinem Besitz zu sein.« Thomas Love Peacock verdient es, als Sprecher dieser Richtung zitiert zu werden, da er bei aller Heftigkeit ohne spießbürgerlich-utilitaristische Beschränkungen ist. Bereits 1820 heißt es bei ihm: »Während die Historiker und Philosophen [d. i. die Naturwissenschaftler] sich immer mehr Wissen aneignen und die Wissenschaft vorantreiben, wälzen sich die Dichter noch immer im Schlamm vergangener Unwissenheit und stochern in der glutlosen Asche toter Barbaren herum, um für die erwachsenen Säuglinge unseres Zeitalters Rasseln und andere Spielzeuge aufzufinden. [. . .] Ein Dichter in unserer Zeit ist ein Halbwilder in einer zivilisierten Gesellschaft. [. . .] [Dichtung] kann nie einen Philosophen, Staatsmann oder einen in irgendeinem anderen Lebensbereich nützlichen rationalen Menschen schaffen; sie kann niemals den Anspruch erheben, an den Bequemlichkeiten und Nützlichkeiten des Lebens teilzunehmen, welche einen so rapiden und kräftigen Aufschwung erlebt haben.« Peacock stellt sich konsequent auf den Standpunkt des historisch denkenden Theoretikers; er fragt also nicht: Was ist Dichtung? sondern: Was kann Dichtung noch? – in einer Zeit, die den Menschen ganz anders fordert als früher. Kunst war wichtig und groß, solange sie die Emanzipation des Menschengeschlechts beförderte, als »geistige Rassel, die in der Kindheit der zivilisierten Gesellschaft die Aufmerksamkeit des Intellekts aufrüttelte«. Nun ist sie nicht mehr das »Herzstück des intellektuellen Fortschritts« und »der Grund ist nicht in einem Steckenbleiben oder Niedergang der intellektuellen Entwicklung zu suchen, sondern darin, daß sich die intellektuelle Kraft und der intellektuelle Fortschritt neue, bessere Kanäle geschaffen [. . .] haben«. Diese Ansicht, die sich auf höchste Lehrmeinungen der deutschen Kunstphilosophie hätte berufen können, ist in England auf ein unerträglich niedriges Niveau herunterphilosophiert worden. Vor allem der neue Mittelstand und seine Ideologen, die »Dampfmaschinen-Intellektuellen«, fanden sich in der Überzeugung, die der unselige Jeremy Bentham vorformuliert hatte: »Vorurteile beiseite,

Kegeln ist genauso wertvoll wie Musik und Dichtkunst. D. h. wenn Kegeln mehr Vergnügen bereitet, dann ist es wertvoller als beide. Und jeder kann es spielen, während nur wenige ihre Freude an Dichtung und Musik haben.« Die Philister hielten Kegeln für wertvoller – jede Kulturgeschichte lehrt uns, wie unendlich erfindungsreich die viktorianische Zeit auf dem Gebiet von »games and pasttimes« war. Sie ist die erste Epoche, die eine Kulturindustrie in großem Stil gehabt hat. Ruskin und Matthew Arnold haben mächtig gegen diese kulturfeindliche und antiintellektuelle Grundströmung angekämpft, doch sie konnten leicht deren Widerstand und die Schwierigkeit ihres Unterfangens daran ermessen, daß sie das kritische Gewissen der Zeit, den erklärten Feind der Utilitaristen, Thomas Carlyle, nicht für ihre Bestrebungen gewonnen haben. Carlyle hat nie so recht verstanden, was sein Freund Ruskin eigentlich mit Kunst vorhatte – um nur eine seiner vielen kaustischen Bemerkungen zu zitieren: »Wie kann Ruskin«, sagt Carlyle in einem Gespräch Anfang der 70er Jahre, »seine Beschäftigung mit Kunst überhaupt rechtfertigen? Kunst bewirkt doch nichts in diesen Tagen, ist gut für nichts, ja mir ist kein Gebiet bekannt, das mehr Heuchelei und leeres Geschwätz hervorbringt. [. . .] Die Malerei unserer Tage hält selten eine Andeutung von Sinn und Hilfe für unsere Seelen bereit – was sie hervorbringt, ist reine Leere und Eitelkeit, manches ist das Werk des Teufels, das Meiste gehört ohne Verzug in den Limbo dei Bambini.« So haben damals sicher die meisten Engländer gedacht und gehandelt.

Zwischen diesen rücksichtslos Platz greifenden Doktrinen, die mit dem Widerspruch »Kunst ist wichtig, weil sie entlastet« – »Kunst ist unwichtig, ja schädlich« doch beide nur ausdrücken wollten, daß sie anderes, Wichtigeres kannten, entwickelte sich aus naturgemäß kleinen Anfängen zu beträchtlicher, europäisch wirksamer Statur eine dritte Haltung und Lehre, die zu erkennen gab, daß sie außer Kunst überhaupt nichts Wichtigeres und anderes gelten ließ. Als Ruskin nach Oxford kam, fand er die Lilien der »Neuen Ästhetik« zur Blüte entfaltet. Sie waren damals noch ein Lokalphänomen, sollten es aber nicht lange bleiben. Ihr Ursprungsland hieß Frankreich; im Glashaus von Cheyne Walk waren sie aufgegangen, um dann im »cold frame« Oxford großgezogen und fortgepflanzt zu werden. Baudelaire und Gautier in Paris, Swinburne und Whistler in London, Arnold und Pater in Oxford – so hießen ihre Gärtner.

Mit Matthew Arnold, dem Oxford-Professor für Dichtkunst von 1857 bis 1859 und 1861 bis 1865, und mit Walter Pater, seit 1858 Student, seit 1864 Junior Fellow in Oxford, sind auch die beiden Varianten der neuen Lehre benannt: die liberal-humanistische und die ästhetizistisch-lebensphilosophische. »Culture and Anarchy«, 1869 erschienen, Arnolds kulturphilosophisches Hauptwerk, ist eine Streitschrift gegen den Streit, gegen die permanente Aufregung über Politik und Religion, gegen das puritanische Prinzip des »Porro unum est necessarium«, also gegen den Glauben an die Kraft der *einen*, notwendigen Theorie oder Maßnahme. »Culture and Anarchy« plädiert für mehr Abstand vom Tagesgeschäft, für eine Haltung der »desinterestedness«, die »ein freieres Spiel der Bewußtseinskräfte« ermöglicht, für die »Perfektionierung unserer selbst«, d. h. für eine Tätigkeitsform, die mehr nach innen als nach außen gerichtet ist. »And the culture we recommend is, above all, an inward operation.« »Was wir anstreben, ist eine vollere und harmonische Entwicklung unserer Menschlichkeit, eine freie Beweglichkeit des Geistes in bezug auf Standardvorstellungen, ist Spontaneität des Bewußtseins, ist Süße und Licht – und all das wird durch Kultur erzeugt und am Leben erhalten.« Dem deutschen Leser müssen diese Wendungen bekannt vorkommen; durch den (neben Carlyle) besten Kenner unserer Literatur konnte das Kulturprogramm des deutschen Idealismus in England neue Aktualität, ja Popularität erlangen, als es in der Tat »draußen« sehr laut und hektisch wurde. »Die Anarchie im besonderen, mit der Arnold während der Abfassung dieses ›Essays über Politik und Gesellschaftskritik‹ (1867-1869) konfrontiert wurde, war die Anarchie (oder ihre Vorzeichen), die sich mit Begriffen oder Vorgängen verbindet wie: ›shooting Niagara‹ [Carlyles Formel für die englische Politik, die zur Erweiterung des Wahlrechts führte], zweite Reformbill [die das neue Wahlrecht und eine Umverteilung der Stimmbezirke brachte], Gewerkschaftsunruhen, Terror des Fenianismus [der irischen Emanzipationsbewegung], Reform-Liga-Agitationen in Hyde Park, Kampagne des John Bright [der für das Stimmrecht der Arbeiter kämpfte], Murphy-Krawalle in Birmingham und Manchester [1867/68].« Wenn Arnold in diesem »Zeitalter des Schocks« (age of shocks – Disraeli) einen Hort der Besinnung, wenn er zwischen den anerkannten nationalen Doktrinen, zwischen dem »harten und vulgären Liberalismus der Mittelklasse« und den »häßlichen, grotesken Illusionen des Protestantismus« einen Ort freier Geistigkeit suchte und fand, dann war es Oxford – Oxford, das »von dem hitzigen intellektuellen Leben unseres Jahrhunderts nicht verwüstet worden ist«, das »nicht im Siegeszug der modernen Zeit mitgegangen ist« – »und doch, wer es da so liegen sieht, tief eingetaucht in Sentiment, seine Gärten im Mondlicht ausbreitend und von seinen Türmen letzte Botschaften des Mittelalters kündend, wer möchte da bestreiten, daß sein unaussprechlicher Reiz uns immer noch unserem wahren Ziel näherbringt, das Ideal oder Vollkommenheit oder ganz einfach Schönheit heißt [. . .]?«

Walter Pater, ein Hörer Arnolds, veranstaltete zur gleichen Zeit in Oxford »Conferences on the External Improvement of Pater«: Freunde sollten da herausfinden, wie der grazile, aber nicht gerade attraktive Pater seinem großen Lebensziel Schönheit näherkommen könnte. »Ich würde zehn Jahre meines Lebens für gutes Aussehen geben«, soll er gesagt haben. Das Ergebnis der Beratungen war übrigens ein voller Lippenbart, wie ihn Nietzsche (später) trug. Pater war ein vollkommenes Gegenstück nicht nur zu den »Barbarians at play« (Arnold), deren laute Männlichkeit Oxford nach wie vor erfüllte, sondern auch zum Ruskin der Jahre 1837 bis 1842. Ruskin machte gute Miene zum Spiel der Barbaren und zur versteinerten Pflicht des Studiums und zog aus Oxford, was er sonst noch bekommen konnte. Er übertraf den Universitätsbetrieb an Neugier und Aufnahmefähigkeit. Pater hielt sich aus allem heraus und hielt sich gleichzeitig im Schatten der Institution bedeckt (er blieb Oxford in untergeordneter Stellung 30 Jahre verbunden). Er war weder ein guter Student noch ein guter Lehrer, gemessen an Universitätsmaßstäben, er trieb lieber feine, aparte Dinge, kultivierte sich selbst, seinen Stil und kümmerte sich wirklich um nichts, was außerhalb der Mauern von Brasenose College geschah. Arnold hatte, als er den Rückzug nach Innen empfahl, die Anarchie und Barbarei seiner Zeit authentisch erfahren – beinahe 40 Jahre diente er als Schulinspektor –, Pater nahm dankbar für gegeben, daß die Zeiten schlecht seien, und kannte seitdem »nur noch zwei Themen«: »selfindulgence and art«. Dieses Zitat stammt aus dem 1877 erschienenen Dialogroman »The New Republic« des Ruskin-Schülers William Hurrell Mallock, in dem Pater als ein Mr. Rose auftritt, als ein leiser Widersacher von Ruskin, Arnold und vieler anderer Ideologen seiner Zeit. Damals lag nur ein dünnes Buch von ihm vor, die »Studies in the History of the Renaissance«, 1873 erschienen, und doch war er als Typus schon romanfähig, denn außer einem Stück erlesener Prosa hatte er eine Lebensform kreiert. Das macht die zierliche, dandyhafte Gestalt wichtiger als den strengen Theoretiker Arnold und macht Pater zum geheimen Gegenspieler Ruskins in den Oxforder Jahren. Mit der Entwicklung des Oxford-Ästheten war es ihm gelungen, gegen den jovialen Kunstgenießer und den puritanisch-utilitaristischen Kunstverächter einer dritten Haltung Leben zu geben – und dies im Herzen einer großen englischen Institution und nicht irgendwo am freien Rand der Gesellschaft. Was Pater über die Aufgabe der Kunst zu sagen hatte, hat er, nie wieder übertroffen, bereits 1868, in einem seiner frühesten Aufsätze gesagt: »Wir verfügen über eine begrenzte Zeitspanne und dann sind wir nicht mehr. Einige verbringen diese Zeit lustlos, andere in höchster Erregung, die Weisesten jedoch unter den ›Kindern dieser Welt‹ verbringen sie mit Kunst und Gesang. Denn das einzige, was uns bleibt, ist, diese Frist zu erweitern und die gegebene Zeit mit so vielen Pulsschlägen wie möglich anzufüllen. Große Leidenschaften vermitteln uns dieses beschleunigte Lebensgefühl, hinreißende Begeisterung, das Leid der Liebe, die verschiedenen Formen enthusiastischer Tätigkeit, aus selbstlosen oder anderen Beweggründen, die vielen von uns selbstverständlich sind. Nur sollte man sicher sein, daß es auch wirklich Leidenschaft ist und daß *sie* uns diese Früchte eines höchst lebendigen und vielgestaltigen Bewußtseins schenkt. Von dieser Lebensweisheit besitzt die poetische Leidenschaft, die Sehnsucht nach Schönheit und die Liebe zur Kunst um der

Kunst willen am meisten. Denn die Kunst kommt zu uns mit dem freimütigen Angebot, den flüchtigen Augenblicken unseres Lebens nichts als den höchsten Wert zu verleihen, und dies allein um der Augenblicke selbst willen.«

4

Und nun tritt Ruskin in Oxford auf. Der Vorlesungsraum des Museums ist zu klein, das Auditorium muß umziehen in das Sheldonian Theatre, wo vor vielen Jahren der Student Ruskin sein Preisgedicht vorgetragen hatte und wo er jetzt 1000 Zuhörer anreden kann. Wer erwartet hatte, daß der erste »Slade-Professor für Bildende Künste« die Stichworte direkt aufgreifen würde, die das Oxford der 60er Jahre gegen seine Lehre ausgegeben hatte, wird enttäuscht. Eher umständlich setzt der Redner seinen Zuhörern auseinander, was er vorhat und was er von ihnen verlangt. Seinem alten Grundsatz treu, daß gerade in den Künsten Theorie ohne Praxis nichts vermag, wird er die Stiftung des Felix Slade durch 5000 Pfund aufstocken, die der Bestallung eines Universitätszeichenmeisters und der Einrichtung einer eigenen Kunstschule samt angegliederter Lehrsammlung dienen. Seine Vorlesungen, so bedeutet er dem Auditorium, seien durch praktische Übungen zu ergänzen; später würden sie nur noch Vorbereitung und Begleitung eigener Kunstproduktion sein. Höflich und geduldig weist er auf den möglichen Nutzen solch praktischer Übungen für alle Wissenschaftszweige hin, und der heutige Leser der damals gesprochenen Worte glaubt fast körperlich den blasierten Widerstand all derer zu spüren, die gekommen waren, um den notorischen Provokateur und Schönredner zu hören und sich angenehm kitzeln zu lassen, aber nicht, um etwas zu tun, etwas so Langwieriges und Mühevolles wie Zeichnen lernen. Doch wenn sie sich da schon versagten, wie mögen sie dann die höhere Sinngebung dieser praktischen Studien aufgenommen haben? Die folgende Passage ist nach lange getarntem Anweg der schnellste Einbruch ins Zentrum des Ruskinism: »Das Beste, was ein Kunstlehrer Ihnen beibringen könnte, würde nicht darin gipfeln, Sie die Wasserlilien im Teich von Cherwell richtig zeichnen zu lassen (falls er es könnte, würde die Arbeit doch nicht so viel wert sein wie die Lilien selbst), wenn sowohl er wie Sie nicht zugleich danach trachteten – wie ich hoffe, daß wir alle miteinander danach trachten werden –: in den Gesetzen, welche die subtile Arbeit regeln, den Schlüssel zu den Gesetzen, welche *alle* Arbeit regeln, zu finden, nach denen wir hinfort, und zwar besser als bisher, zu leben haben werden: nicht nur in Übereinstimmung mit unserem eigenen Gewissen, sondern unter dem Schwergewicht ganz buchstäblicher Notwendigkeit.« Ein wenig systematisiert und durch andere Passagen erweitert, kann dieser Text das Fundament unserer Zusammenfassung von Ruskins Kunsttheorie werden.

(1) Kunst ist Arbeit, und auch von Laien kann sie nur praktisch erfahren werden. »Die Definition der Kunst heißt: menschliche Arbeit durch menschliches Denken geregelt.« Ruskin warnt seine Schüler, das eine ohne das andere haben zu wollen, z. B. sich die Mühen zeichnerischen Naturstudiums durch das schnelle Fotografieren nehmen zu lassen. »Fotografien geben Ihnen nichts, wofür Sie nicht mit Arbeit zahlen müssen; sie sind unschätzbar zum Festhalten mancher Tatsachen und zur Vervielfältigung von Zeichnungen großer Meister; aber weder die fotografierte Gegend noch die fotografierte Handzeichnung wird Ihnen mehr Gutes offenbaren als in der Natur selbst steckt, bevor Sie den entsprechenden Preis ihrer eigenen Aufmerksamkeit und Anstrengung gezahlt haben.« Das Zeitalter habe das »volle beglückende Bewußtsein der Kräfte des Könnens eingebüßt«, indem es auf allen Gebieten »Geschicklichkeit durch Mechanismus« ersetze. »Darin besteht der Hauptglaube oder vielmehr Hauptaberglaube des 19. Jahrhunderts.« Daß »die Freude an der Geschicklichkeit, die Achtung vor der ihr eigenen Würde« geschwunden sei, habe für das Gebiet der Künste zur Folge, daß theoretische und praktische Studien auseinanderfielen und daß die theoretische Auseinandersetzung »ohne Begriff davon bleibe, was die Ausübung des Rechten kostet, so daß alle Freude und Verehrung, die wir fühlen sollten, indem wir eines fähigen Mannes Werk betrachten, uns heute fast verloren ist«. Der neuen Kunstschule Oxfords setzt Ruskin als erstes Ziel, »wirklich nachzuempfinden, was andere Menschen in der kurzen Spanne ihres

Lebens gefühlt haben«. Wirkliches Nachempfinden großer Kunstleistungen, das heißt Eigenleistung und authentische Erfahrung, ohne die es keine Kunst und Kunsterfahrung gibt; über die »Kräfte des Könnens« mag es dann gelingen, die kurze Spanne des eigenen Lebens zu erweitern, die Nachempfindung zum Selbstgefühl zu steigern: »Diejenigen unter Ihnen, welche zum Verständnis kommen, was Malen wirklich heißt, werden sich auch eines Tages freuen, sogar bis zum freudigen Lachen – jenem höchsten Lachen, welches aus schierem Entzücken über die ruhige Festigkeit und Feurigkeit einer Hand entspringt, die jeden Wunsch und Willen so leicht auf die Leinwand überträgt, wie der Wind auf Wasser wirkt.«

(2) Kunst ist nicht das Höchste. »Niemals sollte sie ganz allein um ihrer selbst willen dasein.« Die gezeichnete Wasserlilie ist weniger wert als die reale Wasserlilie. Und an der gezeichneten Wasserlilie ist am wichtigsten, was sie über die reale Wasserlilie bzw. über das Verhältnis Natur–Kunst aussagt, als »Vermittlerin zur Erkenntnis«. »Ich bin dafür bekannt, daß ich mich vor allem für den Bildgegenstand interessiere und die Kunst nur als ein Mittel betrachte, dem Gegenstand zum Ausdruck zu verhelfen.« Von hier leitet sich die vielleicht bekannteste Formulierung der Oxforder Vorlesungen ab: »All great art is praise. Alle große Kunst ist Lob, ist Feier, ist Rühmung, ist Lobeserhebung. Die Kunst des Menschen ist Ausdruck der durch Vernunft und Bildung entwickelten Freude an Formen und Gesetzen der Schöpfung, von welcher er einen Teil bildet. [...] Um diese Theorie vollständig zu entwickeln, muß man bedenken, daß wir unser Entzücken über das Schöne und Liebliche nicht minder durch Kummer über dessen Verschwinden, als durch Freude über dessen Dasein ausdrücken; ein großer Teil der Kunst ist deshalb tragisch oder reflektiert; alle wahre Kunst jedoch ist Lobeserhebung. [...] Damit sich unsere praktische Arbeit bewähre und die Quelle gesunder Lebensenergie bleibe, müssen wir also zum Grundsatz erheben, daß unsere Kunst etwas lobt, was wir lieben. Vielleicht bloß eine Muschel oder einen Stein, vielleicht einen Helden, vielleicht Gott: die Intensität und Weite unserer Liebe bestimmen die Stellung, die wir in der Welt einnehmen; mögen wir jedoch klein und groß sein, das Lebenskräftige, was

wir im Bereich der Kunst zu schaffen vermögen, muß der Ausdruck wahrhaftiger Freude über etwas Wirkliches sein, welches besser ist als die Kunst. [...] Dies ist die Hauptlehre, die ich, soweit meine Kraft reichte, mein Leben lang lehrte: Nur das Bild ist edel, das man aus Liebe zur Wirklichkeit malte. Es ist ein Gesetz, welches das höchste Ziel der Kunst in sich schließt; es ist auch eins, welches mit Sicherheit die ersten Schritte dahin lenkt. Wer vom Wunsch beseelt ist, etwas darzustellen, was er liebt, wird schnell und sicher vorwärtskommen. Wer zeichnen will, um eine schöne Zeichnung zu machen, dem wird es niemals gelingen.« Ruskin konstruiert nicht im nachhinein, wenn er sagt, diese Lehre habe er sein Leben lang vertreten: die ersten Ansätze dazu finden sich in Band 1 der »Modern Painters«. Aber was sich im Laufe der 30 Jahre verändert hat, ist die Existenzgrundlage seiner Definition. Damit die Kunst ihren Dienst an der Natur erfüllen kann, muß es Natur geben. Zu Ruskins traurigen Lebenserfahrungen gehört, daß diese Voraussetzung nicht mehr selbstverständlich gilt. »Bedenken Sie auch: Sie können, und wäre es auch nur als Muster, ohne die Wirklichkeit kein Bild haben: keine Landschaft von Turner, ohne eine Gegend für ihn zu malen, kein Porträt von Tizian, ohne einen Menschen zum Porträtieren. Das brauche ich Ihnen in dieser einfachen Redeweise wohl kaum erst zu beweisen; aber zu der Schlußfolgerung daraus habe ich bisher noch keine Seele überreden können: daß nämlich die Vorbedingung aller Kunst darin besteht, unser Land sauber und unsere Leute schön zu machen.« Aufgabe der Kunst muß also sein, die »natürliche« Voraussetzung für Kunst zu schaffen. Das übersteigt den Radius normaler ästhetischer Aktivitäten gewaltig, das kann heißen, die Natur für England überhaupt erst wieder zurückzugewinnen: »Dasselbe England, das die halbe Welt beherrschen soll, darf nicht selbst ein Schlackenhaufen sein, zertrampelt von streitenden, verelendeten Volksmassen. Es muß wieder das England werden, das es einst war, aber auf allen Gebieten des Schönen noch mehr: so glücklich, ungestört und klar, daß es in seinem Himmel – von dem der unheilige Rauch abgezogen ist – jeden Stern deutlich sehen und nennen kann und auf den Feldern, schön und ordentlich gehalten, jede Pflanze, die den Tau trinkt. Und unter den grünen Gängen seines Zaubergartens muß es, eine heilige Circe, als treue Tochter der Sonne die Künste des Menschen überwachen und die göttliche Erkenntnis fremder Völker sammeln, umgewandelt von Wildheit zur Mannheit, erlöst aus der Verzweiflung zum Frieden.«

(3) Die Arbeit der Kunst muß im Zusammenhang mit gesellschaftlicher Arbeit stehen. »Ihre Gesetze«, so sagt unser Ausgangstext, »enthalten den Schlüssel zu den Gesetzen, welche *alle* Arbeit regeln«, regeln sollten. »Das Studium der Schönen Künste könnte nicht von Rechts wegen mit der ernsten Arbeit an englischen Hochschulen verknüpft werden, ohne einen klaren, energischen Protest gegen die Verirrung der nationalen Produktionskraft, welche gegenwärtig alle günstigen Erfolge eines solchen Studiums in größerem Umfange illusorisch macht. Ich kann Ihnen leicht beibringen, wie es jeder mittelmäßige Zeichner kann, wie Sie Ihren Bleistift halten und Ihre Farben anlegen müssen, aber es hat wenig Zweck, daß ich das tue, während die Nation Millionen und Abermillionen für die Zerstörung von allem ausgibt, was Stift und Farbe darzustellen haben, sowie in der Förderung falscher Formen der Kunst, welche nur die teuersten und ungenießbarsten aller Torheiten sind.« Was den Einsatz seiner »Produktionskraft« angehe, liege vor England eine schicksalhafte Entscheidung, »die höchste, welche einer Nation jemals zur Annahme oder Absage vorgelegt wurde«. Der jetzige Zustand sei unhaltbar geworden: Englands »unbeschäftigte Armen werden von Tag zu Tag verzweifelter und gewalttätig verbrecherischer« und die ökonomische Situation zwinge auch die Mittelklassen zur Einsicht, daß sie ihre »törichte Einbildung, vom Nichtstun aus den Wucherzinsen leben zu können«, aufgeben müßten. Der Ertrag der englischen Volkswirtschaft sei abstrakter Reichtum und kollektive Verelendung und Zerstörung; er resultiere aus der Abtötung menschlicher Geschicklichkeit durch mechanische Arbeit. Unfähig »zu frohem Selbstvertrauen« und »bar aller schöpferischen Phantasie« in seinen Verrichtungen, sei das Zeitalter »doch eingebildet genug, um das ganze Sonnensystem abzuschaffen, wenn es nach ihm ginge«. Die Kunst könne sich von diesen Bedingungen nicht ausnehmen: »Die Kunst eines Volkes ist der Ausdruck seiner gesellschaftlichen und politischen

Tugenden. [. . .] Die Kunst, das heißt die allgemeine schöpferische und formbildende Energie eines Volkes, ist ein mathematisch genauer Exponent seiner ethischen Lebenskraft. Wir können edle Kunst nur von edlen Menschen haben, zusammenwirkend unter Gesetzen, welche ihrer Zeit und Entwicklungsstufe angemessen sind.« Wenn man wie Ruskin das Zeitalter der großen Industrie nicht als Fortschritt der Menschheitsgeschichte betrachtet, muß man angeben, auf welcher Entwicklungsstufe denn allgemeine und künstlerische Produktion angemessen zusammenwirken könnten. Ruskin plädiert für sehr einfache, d. h. sehr schwierige Maßnahmen, die beide Aktivitäten untrennbar zusammenhalten: »Alle Künste beruhen zuerst und zuletzt auf Bodenkultur durch Menschenhand, dann auf der Anmut, Würde und Menschenliebe bei der Ernährung, Bekleidung und Behausung der Bevölkerung.« Der neue Anfang der Kunst besteht nach Ruskin im sorgsamen Umgang mit der Natur, in der »Lieferung gesunder, unverfälschter Nahrung«, in der Bereitstellung »guter und haltbarer Kleidung« und in der Schaffung »solider, schöner und säuberlich eingerichteter Wohnungen, in angenehmer Lage, hellem Licht und guter Luft«. Kollektive Kunstarbeit müsse bei der Stadt- und Landschaftsplanung ansetzen: »Es ist unmöglich, eine richtige Sittlichkeit, Zufriedenheit oder Kunst in irgendeinem Lande zu haben, wo die Städte so gebaut sind, oder besser gesagt, verbaut und verklebt sind; gräßlich verschimmelte Schwären, die in Fetzen und Flecken sich übers Land verbreiten, welches sie aussaugen. Wir müssen lieblich gelegene und gebaute Städte haben, welche zur Form kristallisiert, nicht steif geronnen sind; in Größe beschränkt, nicht den Schorf ausschwitzend in kreisendem Schandgeruch, sondern jede gegürtet mit ihrem heiligen Gartenband, mit Kränzen von Gärten voll von blühenden Bäumen und sanft geleiteten Strömen.« Wenn die erste Bestimmung Kunst unter dem Arbeitsbegriff versammelte, so kulminiert die dritte in der wechselseitigen Ergänzung: Arbeit muß (wieder) Kunst werden. »Leben ohne irgendwelche geistige oder körperliche Tätigkeit ist Schuld. Tätigkeit ohne eine Spur von Kunst ist Brutalität. Für die Worte ›gut‹ und ›böse‹, auf Menschen angewendet, kann man annähernd die Worte ›Schaffer‹ und ›Zerstörer‹ einsetzen. Die

Schaffenden ringen Zoll um Zoll dem Chaos die Ordnung ab; mit ihrer Hilfe werden alle Dinge erhalten und erweitert. Ihre Tätigkeit ist Kunst und ihre Spur ist Schönheit.«

Leicht war zu erkennen, wie sich die drei Bestimmungen durchdrangen und im Grunde zu der einen Erkenntnis zusammenkamen, daß Kunst unter den herrschenden Bedingungen unmöglich ist: »Bleibt in diesem Zustand, wenn ihr wollt, aber seid versichert und überzeugt, daß das ein Zustand ist, den die schönen Künste niemals mit euch teilen werden.« Was Ruskin von den Oxford-Ästheten trennt, ist das unnachgiebige Nachdenken über die Prämissen. Und das Festhalten an der Voraussetzung aller gesellschaftlichen Voraussetzungen, daß man ihrer durch individuellen Willensakt nicht Herr werden kann. Indem er Kunst weiterhin auf Gedeih und Verderb mit Natur und Gesellschaft zusammenbindet, erweist er sich demonstrativ als altmodisch und unbelehrbar, als ein Denker, der das Erbe von Aufklärung und Romantik noch für das Ende des 19. Jahrhunderts bewahrt wissen will. Er wehrt sich dagegen, das Prinzip Kunst zur Entlastung des einzelnen zu mißbrauchen, sondern will ihm die Kraft erhalten, im Zusammenwirken mit den anderen gesellschaftlichen Faktoren »seinen allgemeinen Nutzen und seine allgemeinen lebenspendenden Segnungen zu entfalten«. Was er schon in den »Stones of Venice« und in den Vorlesungen der 50er Jahre ausgesprochen hatte, braucht er jetzt in Reaktion auf den Ästhetizismus nur noch zu pointieren: Kunst, die sich selbst Zweck ist, verdirbt; Kunst, die nur dem Genuß weniger gewidmet ist, hat kein Daseinsrecht.

Man hat gesagt, Ruskins erste Oxforder Vorlesung wirke wie die Arbeit eines Schülers, so redlich und komplett sei hier zusammengefaßt, was Ruskins Lehre ausmache. Solche Meinung verkennt die strategische Situation, in der die Lektionen gehalten wurden, und verkennt Ruskin: Er war ein Konservativer auch sich selbst gegenüber, er wartete gerne mit neuen Themen, aber nicht mit neuen Postulaten auf, solange die alten nicht erfüllt waren. Dabei ist es nicht so, daß er ganz ohne Verbindung zu den Konkurrenten dastünde. Wenn das Lehrbuchwissen ihn als den eigentlichen Gründungsvater des Ästhetizismus kennt, dann ist diese Interpretation unzulässig verkürzt, aber nicht ganz ohne Ansatzpunkt. Die Wendung, die Pater der englischen Kunsttheorie gab, war die gleiche, die Nietzsche für den deutschen Sprachraum einleitete: die Wendung zum Vitalismus. Kunst als Steigerung, Erweiterung, »Vivifizierung« des Lebens, »immer mit dieser harten, edelsteingleichen Flamme zu brennen, immer diese Begeisterung zu erhalten«, da hat Ruskin nicht mitgehalten, zumal wenn es nur um das eigene Leben ging und wenn der Zweck aller Bemühungen in sich selbst zurücklaufen sollte: Leben um des Lebens willen, Kunst um der Kunst willen. »Nicht die Frucht der Erfahrungen, sondern die Erfahrung selbst ist dabei das Ziel« – Ruskin hätte mit Recht diesen Satz Paters in die von ihm so heftig bekämpfte Zeittendenz zum Wert an sich, zum Medium als Botschaft, zur Selbstverwertung der Produktion eingereiht, um so mehr, als diese Tendenz ja nun auch auf ihn überzugreifen beginnt, wie die Zeichnungen andeuten. Aber ganz getrennt von der lebensphilosophischen Ästhetik kann man auch Ruskin nicht denken. Zahlreiche Formulierungen wie »ethische Lebenskraft«, »gesunde Lebensenergie«, aber auch der Kernsatz »All great art is praise« zeugen von tieferen Verbindungen. Es ist kein selbstbezüglicher, sondern ein transitiver Vitalismus, den er vertritt, geprägt von der Erwartung, daß die dienstbare Haltung belohnt wird, und von der Hoffnung, daß der große Zusammenhang zwischen Natur und Mensch noch funktioniert. Der Mensch preist eine Schöpfung, »von welcher er Teil ist«, heißt es an der entscheidenden Stelle, d. h. er preist auch sich, aber er preist dann seine Schöpfung und nicht, wie bei Pater und Nietzsche, sein eigenes Schöpfertum. Nur bei Ruskin kann man diese Sätze finden: »Gerade in diesem Ausdruck der eigenen Unzulänglichkeit liegt es, was das Kunstwerk wertvoll macht. Deshalb, weil eine Fotografie sich selber nicht kritisieren kann, ist sie wertlos. Das Herrliche eines großen Gemäldes liegt in diesem seinen Zartgefühl, und sein Reiz besteht darin, daß ein liebendes Herz mit Freuden sagt, daß es etwas Besseres als ein Bild gibt. Auch spricht es mit den Stimmen vieler: die Bestrebungen Tausender Toter samt ihren Leidenschaften sind heute in den Bildern ihrer Kinder. Nicht mit der Kunst einer Stunde, noch eines Lebens, noch eines Jahrhunderts, sondern mit Hilfe zahlloser Seelen muß ein schönes Werk geschaffen werden. Und wie das Sich-Unterordnen, das Verständnis, der natürliche, lautere Herzenstrieb und die Ausdauer in saecula saeculorum da sein müssen, um ein Gemälde zu schaffen, so auch müssen wir dies alles wieder erkennen, um eins nachzuempfinden.« In dieser erbötigen Position gegenüber Natur und Kunst bleibt Ruskin unheilbar Viktorianer der ersten Jahrhunderthälfte und Sprecher einer Religiosität, die er längst überwunden glaubte. Schönheitsdienst und Kunstreligion gibt es natürlich auch bei den Oxford-Ästheten, aber sie fallen ebenso absolut und emphatisch aus wie der Kult des eigenen Genius. Ruskin gehört auch darin einer früheren Zeit an, daß er weiter in Kategorien der Vermittlung und nach dem Modell einer Balanceökonomie denkt. Was die ästhetische Bewegung im Rausch zu erjagen trachtet, will er im Austausch haben, als Ergebnis geduldiger Arbeit, aktiver Wahrnehmung und gegenseitiger Achtung und Liebe. Der Mensch möchte sich von der Natur als ihr Teil, von der Kunst als ihr Erbe anerkannt wissen: noch einmal, ein letztes Mal wird dieses organische Konzept entwickelt, das schon der frühen Ästhetik und dann der ökonomischen Theorie Struktur gegeben hatte. Das heißt z. B. für die Landschaftsmalerei, sagt Ruskin in seiner zweiten Vorlesung, daß ihr Naturdienst sich nur dann realisiert, wenn sie das konkrete humane Interesse an der Natur oder, andersherum gesehen, die Bestimmtheit der Natur für den Menschen herausarbeitet. »Die Bedeutung einer Landschaft besteht ganz und gar in ihrer Beziehung zu gegenwärtig oder früher einmal anwesenden Figuren oder zu in ihr wirksamen menschlichen Kräften.« »Landschaftsmalerei ist die zugleich reflektierte und leidenschaftliche Darstellung der physikalischen Bedingungen, die der menschlichen Existenz vorbestimmt sind.«

»›Modern Painters‹ waren auch eine Art Vorlesung, aber eine Vorlesung ohne Ende, und nun will ich hier ihren Schlußpunkt setzen.« Ruskin hat dies in der letzten Oxforder Vorlesung vor dem Zusammenbruch gesagt, aber getan hat er es in der ersten. Gegen die heutige Wertschätzung der späteren, »wilden« Vorlesungen wollen wir als die besondere Leistung der »Lectures on Art« festhalten, daß Ruskin in einer Zeit äußerer und innerer Verwirrungen zu dieser klärenden Wiederholung und kumulierenden Betrachtung fähig war. Nur noch in seinen Lebenserinnerungen ist es ihm gelungen, sich antizyklisch zu verhalten – viele der anderen Vorlesungen und Schriften der 70er Jahre drehen das Rad der »folie circulaire« schneller und schneller.

5

Nach einigen Semestern in Oxford mußte Ruskin feststellen, daß seine Bemühungen um eine Integration von praktischen und theoretischen Kunststudien gescheitert waren. Die von ihrem Gründer üppig ausgestattete Kunstschule der Universität florierte nicht – »selbst in den besten Tagen konnte ich nicht mehr als zwei bis drei Undergraduates in meine Schule ziehen«, schrieb Ruskin im Rückblick, was etwas untertrieben war, aber selbst wenn man die etwa 15 Besucher der praktischen Kurse gegen die mehreren hundert Hörer der Vorlesungen hält, dann wird das Mißlingen von Ruskins Absichten und die Zähigkeit der Verhältnisse, gegen die er zu kämpfen hatte, immer noch deutlich. Es war genau das eingetreten, was er als Befürchtung in den Antrittsvorlesungen angedeutet und an anderer Stelle klarer ausgesprochen hat: Man wollte ihn hören, aber nicht für die Sache arbeiten, »man will für eine Stunde angeregt und unterhalten werden, man will, daß die Erkenntnisse, um die ein Mann ein halbes Leben lang gerungen hat, zuerst versüßt werden, um sie schmackhaft zu finden, und dann zu winzigsten Pillen ausgeformt werden, um sie in homöopathischen Dosen herunterschlucken zu können und weise zu werden. So geht das aber nicht.« »Ich bin nun entschlossen, die Männer erfahren zu lassen, was ich unter nützlicher Kunst verstehe. Ich habe fünf Jahre lang geduldig gewartet, ob die Vorlesungen irgendeinen Erfolg zeitigen. Es kam keiner, und nun werde ich es anders versuchen.« Ruskin wollte also ein Zeichen setzen und ein Projekt finden, das die Spreu vom Weizen trennte und dem Anspruch seiner Lehre, Theorie und Praxis zu vereinen, gerecht wurde. Oxford war ja Ruskins bevorzugter Ort für Versuche in diese Richtung. Mit großem ideellen und praktischen Einsatz hatte er die Entstehung des Museumsbaus gefördert; seine Beteiligung ging so weit, daß er eigenhändig einen Pfeiler hochmauerte, den man später allerdings wieder abtragen mußte. Und die Ausschmückung der Debating Hall, das Gemeinschaftsprojekt der Präraffaeliten, war ihm und allen Beteiligten als Muster einer neuen/alten Form des Zusammenarbeitens und -lebens erschienen. Nun nahm er sich etwas sehr Einfaches und doch Spektakuläres als Demonstrationsprojekt vor: Er baute mit seinen Studenten eine Straße. Es war ein kleiner verwahrloster Karrenweg vor Oxford, an dessen Neuanlage und Befestigung er sich mit seinen Schülern machte. Es galt auszuschachten, Drainagen zu legen, Steine heranzufahren, zu zerklopfen und kunstgerecht zu schichten. Nicht lange, und das Picken der Spitzhacken war in Oxford und ganz England zu hören. Keiner seiner öffentlichen Auftritte ist so sehr beredet worden wie Ruskins Hincksey-Projekt – so hieß der Vorort. Nichts anderes war geschehen, als daß die Söhne der Reichen und Adligen ihre Muskeln nicht wie sonst beim Rudern, Reiten und Ballschlagen betätigten, sondern einmal in den Dienst einer nützlichen Sache stellten. Eine monatelange Pressekampagne, Karikaturen und Illustrationen sowie Prozessionen von Schaulustigen an den Ort des Geschehens bewiesen nur, daß Ruskin sich hier einer Obszönität schuldig gemacht hatte: Er hatte die direkte soziale Aktion von denen verlangt, die im Innersten des englischen Kastensystems lebten. Daß ihn nicht nur »kein einziger Tutor unterstützte«, sondern daß sich nun alle Oxford-Dons bestätigt sahen, die die Berufung des notorischen Provokateurs mißtrauisch verfolgt hatten, war vorauszusehen gewesen – Freund Acland, der Ruskin an die Hochschule geholt hatte, mußte für die »Times« eine bombastische Rechtfertigung dieses lächerlich einfachen Vorhabens verfassen –, aber bei den Studenten stellte sich der gewünschte positive Ausleseeffekt ein. Die Hincksey-Diggers wurden zu Ruskins Oxforder Kerntruppe, und nicht von ungefähr waren unter ihnen Studenten zu finden, die später die zweite Oxford-Bewegung entscheidend prägten, also praktische Sozialpolitik betrieben, Männer wie Arnold Toynbee, Andrew Lang und Alfred Milner. Walter Pater und seine Nachahmer sucht man in dieser Mannschaft vergebens – von einer Ausnahme abgesehen. Und diese Ausnahme sollte die Botschaften der ästhetischen Religion am weitesten tragen und so zum großen Verhinderer Ruskins werden: es war der junge Oscar Wilde, 1874 in seinem ersten Studienjahr und noch hin- und hergerissen zwischen Ruskins »gospel of labour« und Paters »holy writ of beauty« – so nannte er dessen »Studies in the History of the Renaissance«, die er damals zuerst las. Es ist gesagt worden: »Das Oxforder Straßenprojekt schlug aus drei Gründen fehl: der Boden war schwierig, die Undergraduates zu faul, und Oscar Wilde unterbrach den Fortgang der Arbeiten dauernd, um Vorlesungen über die Schönheit der Erdfarben zu halten.« Doch ist dies nur eine der vielen Versionen, die Hincksey-Diggers betreffend. Zum Verhinderer des Straßenbaus wurde Wilde nicht – so wie er die Vorgänge darstellte, ist es sogar ihm und nur ihm zu verdanken, daß das Projekt in einer schwierigen Phase nicht steckenblieb. Die Straße wurde gebaut, sie wurde, wie abzusehen war, keine besonders gute Straße, aber sie war auch nicht – wie Ruskin später in einem seiner Anfälle zerstörerischer Selbstkritik gesagt hat – »die schlechteste Straße der drei Königreiche«.

Ruskin hatte also die heimliche Herausforderung angenommen und den Ästheten gezeigt, wo seiner Meinung nach Ästhetik und Leben zusammengehen mußten – nicht im Inneren (»culture [. . .] is [. . .] an inward operation«: Arnold) und nicht in Innenräumen (»I [. . .] look upon life as a chamber, which we decorate«: Mr. Rose, d. i. Pater in Mallocks »New Republic«), sondern dort draußen, wo die Vorbedingungen und die Stimulanzien für Kultur, Innerlichkeit und Kunst geschaffen werden, in der menschenwürdigen Gestaltung der Natur: »Ich sage Ihnen, daß so lange weder vernünftige Kunst, noch Politik, noch Religion in England existieren kann, bis sie die Gärten und Zimmer Ihres Privatvergnügens vernachlässigen und sich dazu entschließen, die Straßen, die die Behausungen der Armen, und die Felder, die der Spielplatz ihrer Kinder sind, nach den Weisungen jener himmlischen oder irdischen Geister wiederherzustellen, die mit glücklicher Hand all das belohnen, was anständig und ordentlich, schön und rein ist.« Daß das Demonstrativobjekt dieser »Wiederherstellung« eine Straße sein mußte, hat seinen präzisen Ruskinschen Sinn. Er hatte wie Wordsworth, Dickens und viele andere die Zerstörung der englischen Landschaft durch Industrialisierung, Eisenbahnen und neue Straßen beklagt. Ruskins geballter Zorn galt dabei den Eisenbahnen, die er sowohl von der Seite des Reisenden, als auch von der Seite des Naturschützers ablehnte. Der Eisenbahnbau hatte eine ganz neue Form der Landschaftsarchitektur gebracht; die neuen Strecken »schnitten wie ein Messer durch das feine Gewebe einer alten Agrikulturlandschaft. Sie hinterließen ihre Narben in Park und Busch, sie legten hohe Erdwälle quer über die Wiesen – ›eure Eisenbahndämme, höher als die Mauern von Babylon‹, wie Ruskin sagt –, sie schliffen kurzerhand jeden Hügel, der sich ihnen in den Weg stellte«. Gigantisch waren die Erdwerke, die für den Eisenbahnbau verrichtet wurden: tiefe Einschnitte (cuttings) in die Berge und Hügel – Stephenson plante als Maximum an Steigung für die Strecke London–Birmingham ein Verhältnis 1 zu 330 – und gewaltige Dämme (embankments) zur Überquerung von Niederungen. Auf der Strecke London–Southampton wurden 16 Millionen Kubikfuß Erdreich bewegt. So entstanden die geraden Eisenbahnlinien mit geringen Steigungen, die noch heute dem Eisenbahnverkehr gerecht werden. Der Straßenbau folgte in gehörigem Abstand den Ingenieurleistungen der Eisenbahnbauer: für seine Trassierung übernahm man die bis dahin kaum gebräuchlichen Mittel des Einschnitts und der Aufschüttung. Nach den großzügig geführten Römerstraßen war der Prototyp der englischen Straße der gewundene Weg, »the winding lane« gewesen, der in vielen sanft geschwungenen Kurven seinen Lauf zwischen natürlichen und juristischen Hindernissen suchte, den Gegebenheiten der Landschaft folgend und diese den Reisenden durch dauernd wechselnde Blickpunkte erschließend. Dieser englischen Spezies Straße machten die neuen Ingenieure durch Begradigungen, Stichstraßen und Neubauten nach und nach den Garaus. Und es war Ruskin, der mit seinem Straßenbau die erklärte Absicht verfolgte, die Lektion der richtigen, humanen Wegführung und Landschaftsarchitektur neu zu lehren. »Zunächst einmal möchte ich meinen Oxforder Zeichenschülern einen Begriff davon vermitteln, wie eine Landstraße zu sein hat. Ich jammere und klage immer über die Eisenbahnen, und ich möchte die Schüler wissen lassen, was ich mir an ihrer Stelle wünschte, beginnend mit einer Nebenstraße, die über die Dörfer führt [...], mit einem Fußweg für Menschen, der kunstgerecht angelegt ist, durch eine schöne Gegend führt und ordentlich ausgeschmückt ist. [...] Diese Landstraße am Abhang des Hügels, mit ihrem unregelmäßigen Baumbewuchs, der sie schützt, aber nicht verdunkelt, hat es in sich, zu einem der reizendsten Plätze Englands zu werden, wenn nur ein wenig Feingefühl und Geduld bei den leicht zu verrichtenden Arbeiten aufgewandt wird.« Daß Ruskin seinen Gärtner zum Aufseher der Arbeiten machte und ihm die Nivellierungsmaßnahmen übertrug, steht als sprechendes Symbol für die ganze Tendenz dieses Unternehmens: Er machte den Gärtner zum Gärtner des »Gartens England«.

Noch in einer anderen Hinsicht war der Straßenbau bei Oxford ein exemplarisches Projekt. Die Oxforder Studenten traten in Konkurrenz zu den »navvies«, den Erdarbeitern, die im 19. Jahrhundert in England als Prototyp des Handarbeiters noch vor den Webern, den Fabrikarbeitern oder den Bergleuten rangierten. »The English Navvy« stand für eine eigene Arbeiterklasse, die landsmannschaftlich verbunden, hoch organisiert war und relativ gut verdiente. Nicht von ungefähr hat Ford Madox Brown die »navvies« als Vertreter der Handarbeiter in die Mitte seines großen Gemäldes »Work« (1852 bis 1863) gesetzt. Hier ist es eine Gruppe irischer Arbeiter, die in einem Londoner Mittelklasse-Vorort mit Ausschachtungsarbeiten beschäftigt ist, umgeben von Angehörigen der Oberschicht, von Arbeitslosen und Geistesarbeitern. Nach Browns eigener Erläuterung des Bildes wählte er den »navvy« als den »Vertreter des Arbeiters, der im Freien, sichtbar arbeitet« (outward and visible type of work). Genau das machte diese Form der Arbeit auch für Ruskins Absichten attraktiv: Arbeitend zeigten sich seine Studenten der Öffentlichkeit, mußten sie sich zu ihrem Tun bekennen, Kommentare und Spott ertragen. In Browns Bild stehen rechts neben der ausgegrenzten Baustelle zwei Männer im Gehrock, »die anscheinend nichts zu tun haben«. »Es sind Geistesarbeiter [...], die den Grund zu wohlgeplanter Arbeit und zum Glück der anderen legen.« Als Vertreter dieses Standes wählte Brown Thomas Carlyle und Frederick D. Maurice, zwei Freunde Ruskins, die wie dieser das

Problem der Arbeit im industriellen Zeitalter und die soziale Frage durch ihre Schriften und durch ihr öffentliches Wirken bewegt hatten. Es wäre alles in allem auch keine schlechte Wahl gewesen, Ruskin den Platz des prominenten »Geistesarbeiters« in »Work« einzuräumen, und besonders gut hätte diese Wahl mit Browns literarischer Vorlage harmoniert, mit Carlyles Philosophie der Arbeit in »Sartor Resartus«: »Zwei Menschen ehre ich und keinen dritten. Erstens den sich mühenden Arbeiter, der mit von der Erde geschaffenen Werkzeugen mühsam die Erde besiegt und sie zum Eigentum des Menschen macht.« »Einen zweiten Mann ehre ich und noch höher – den, welcher für das geistig Unentbehrliche arbeitet, [. . .] der mit himmelgeschaffenen Werkzeugen uns den Himmel erobert! Wenn der Arme und Bescheidene arbeitet, damit wir Nahrung haben, muß dann nicht der Hohe und Stolzbegeisterte für ihn wieder arbeiten, damit er Licht, Führung, Freiheit und Unsterblichkeit habe?« Aber Carlyle kennt – den selbst begründeten Dualismus nicht achtend – doch noch einen »dritten Menschen«, der die Bestimmung der anderen beiden in sich vereint. Die folgende Stelle hat Ruskin sicher nicht ohne Anteil gelesen: »Unaussprechlich rührend jedoch ist es, wenn ich beide Würden vereinigt finde und wenn der, der äußerlich für die niedrigsten der menschlichen Bedürfnisse arbeiten muß, innerlich auch für die höchsten arbeitet. Etwas Erhabeneres auf dieser Welt kenne ich nicht, als einen Heiligen, der den Boden pflügt, wenn jetzt noch irgendwo ein solcher anzutreffen wäre. Ein solcher wird dich zurückführen bis nach Nazareth. Du wirst den Glanz des Himmels aus den Tiefen der Erde aufsteigen sehen, gleich einem Lichte, welches in großer Finsternis scheint.«

6

»Du, der du prophezeist, der du glaubst, beginne du auch zu erfüllen« – dieser Botschaft Carlyles (an die sich der Meister nie gehalten hat) wollte Ruskin nachleben, wenn er Projekte wie den Oxforder Straßenbau anging. Aber er wußte auch oder zumindest sehr bald, daß er sein Amt, seinen Wirkungskreis und seinen Gegenstand nicht überschätzen durfte, gerade wenn es um den Übergang ins Leben, um das »Erfüllen« ging. Die in den 60er Jahren gewachsenen Zweifel am gesellschaftlichen Sinn der Kunst ließen sich auch bei angestrengtestem Umgang mit ihr nicht dauerhaft unterdrücken. Kennzeichnend ist folgende Episode. Auf dem Weg zur Vorlesung kam Ruskin an einem kleinen zerlumpten Mädchen vorbei: »Sie war ein sehr hübsches kleines Mädchen und ging völlig in ihrem Spiel mit Kreisel und Peitsche auf. Aber all ihre Vitalität ließ sich nicht so recht in diesen lebenspendenden Akt der Züchtigung umsetzen, denn an den Füßen hatte sie ein riesiges und in Auflösung begriffenes Paar Frauenschuhe, in denen ihre kleinen Füße dreimal Platz fanden.« Während der Vorlesung über italienische Kunst dann, »während ich sprach, wußte ich, daß alles, was hier auch immer über Kunst gesprochen würde, von mir oder von anderen, niemandem helfen könnte. Denn unser aller vornehmster Gegenstand wäre Kunst in Oxford heute und nicht Kunst in Florenz damals gewesen. Und das Problem Kunst in Oxford heute hing einzig und allein von unserer Fähigkeit ab, die Frage zu lösen, von der ich wußte, daß ich sie meinem Auditorium nicht einmal unterbreiten durfte, die Frage: Warum tragen unsere Mädchen zu große Schuhe?«

So sann er sehr bald auf weitere Entlastung und startete ein Parallelprojekt, das ihn mindestens so beschäftigt hielt wie das Amt in Oxford. Er schrieb, ganz allein, eine Monatszeitschrift in Briefform, adressiert an die »Workmen and Labourers of Great Britain«. Die Zeitschrift mit dem merkwürdigen Titel »Fors Clavigera« erschien von Januar 1871 bis Dezember 1884 (durch Krankheit unterbrochen 1878 bis 1880) – das ist ziemlich genau der Zeitraum von Ruskins Slade-Professur. »Fors« war von Anfang an ein Erfolg. Die Erstauflage jedes Briefes betrug 1000 Exemplare; durch Nachdrucke steigerte sich diese Zahl auf ca. 4000, und seit 1882 erschienen jeweils zwölf Briefe gesammelt in Buchform, so daß wir zu Lebzeiten eine Verbreitung von 5000 Exemplaren annehmen dürfen. Für ein Privatbulletin eine hohe Zirkulation, zumal wenn man bedenkt, daß in England 25 000 Zeitungen und Zeitschriften registriert waren, darunter mehrere hundert »literarische«, und daß die Auflage der eingeführten Monthlies oder Quarterlies zwischen 7000 (»Edinburgh Review«) und 1000 (»National Review«) schwankte. Der Autor, dem sich die Monatszeitschriften verschlossen hatten, weil sie fürchteten, »mehrere hundert Subskribenten zu verlieren«, hatte sich sein Forum selbst geschaffen. Und er organisierte sich nun auch Produktion und Vertrieb neu. Er nahm alle Bücher von seinem bisherigen Verleger und gab Vertrieb und Herstellung in die Hände eines seiner Zeichenschüler am Working Men's College. George Allen, Sunnyside, Orpington, Kent, lautet seit den 70er Jahren die allen Lesern Ruskins vertraute Adresse eines Verlegers, der nur im Auftrag eines einzigen Autors handelte. Ruskin war auf diese Weise nicht nur Englands erster Autor geworden, der seinen eigenen Produktionsapparat hatte, er statuierte hier auch gleich ein Exempel in Ruskinscher Ökonomie. Allen verkaufte die Bücher und die Zeitschriften zu festgesetzten gleichen Preisen an Direktbezieher und Buchhändler, auf diese Weise das eingeführte System der Rabatte und freien Preisgestaltung umgehend. Daß Ruskins Verleger in freier Natur angesiedelt war und daß dort andere Arbeitsbedingungen herrschten als in vergleichbaren Häusern, versteht sich beinahe von selbst. Daß die Bücher und Hefte nicht mit der Maschine genäht werden durften, ist richtig; daß sie nicht per Eisenbahn spediert werden durften, gehört wohl der Legende an. Sagen wir noch, daß Ruskins Experiment in alternativer Ökonomie nach Anfangsschwierigkeiten florierte: In den besten Zeiten nahm er pro Jahr 4000 Pfund aus dem Geschäft – das war mehr, als der Vater erwirtschaftet hatte –, und das war ein Glück, denn in dem Moment, da die eigenen Einnahmen stiegen, hatte Ruskin das väterliche Erbe ausgegeben, zum großen Teil verschenkt. Hier angehängt noch zwei biographische Daten: Seit 1871 besaß Ruskin nicht nur ein Amt, ein eigenes Bulletin und einen eigenen Produktionsapparat, sondern auch »zum ersten Mal in meinem Leben die Ruhe eines eigenen *Heims*«. Er hatte, ohne vorherige Besichtigung, ein Haus im schottischen Lake District, oberhalb des Sees von Coniston, erworben, ein Haus, das den Namen Brantwood hatte und von einem radikalsozialistischen Drucker und Holzschneider namens Linton angeboten wurde: »Es waltete ein besonderes Schicksal über meinem

Hauskauf. Der Mann, von dem ich es kaufte, Linton, wollte eine ›Republik‹ gründen, und er druckte dort einige Nummern der Zeitschrift ›Republic‹, die so etwas ist wie ›Fors Clavigera‹. [. . .] Nun wird es kein ›republikanisches Zentrum‹ werden, aber ob die Landbesitzer ringsherum meine Art des Toryismus mehr schätzen werden, muß abgewartet werden.« Brantwood war Ruskins Wohnsitz von 1872 bis 1900. Mit dem Kauf dieses Anwesens wiederholte sich ein Vorgang, den das Jahr 1863 gesehen hatte. Ruskins letzter Brief an den Vater war eine schonungslose Abrechnung ihrer Beziehungen; die letzte Tat des Sohnes, die die Mutter erlebte, war, daß er sich ein eigenes Haus kaufte. Sie starb Ende 1871, 90jährig. Nicht daß der Sohn zu beidem, zu Kritik und Verselbständigung, nicht berechtigt gewesen wäre. Nur – als sie kamen, kamen sie unglücklich und zu spät. »Der Verlust unserer Mutter«, kondolierte Carlyle dem Freund, »markiert eine neue Epoche in unserer Lebenswanderschaft, eine einsamere und ernstere, als wir es je erwartet hätten.« Ruskin begann sie auf die für ihn typische Weise: er ging zurück. Als Kind war er oft dort gewesen, wo er sich nun sein Domizil schuf; wo der Junge mit dem Geologenhammer unterwegs gewesen war, ging der Mann daran, Gewässer umzuleiten, einen Hafen zu bauen und seine Wälder zu lichten. Aber auch gewaltige Schläge gegen das britische Dickicht zu tun.

»Ich begann die Arbeit an ›Fors‹ als ein Nebenwerk, um mein Gewissen zu beruhigen und um mir das Glück zu sichern, das meine eigentliche Lebenstätigkeit oder das, was ich dafür hielt, die Kunstpädagogik in Oxford und anderswo, bringen sollte.« Das »Nebenwerk« freilich übertrifft alles an Rang, was noch in diesen Jahren entsteht. Die 1900 Seiten und 650 000 Wörter von »Fors« bilden nicht nur Ruskins Hauptwerk dieser Jahre, sie sind sein erstaunlichstes und sein aktuellstes überhaupt. Wenn es den Herausgebern der gesammelten Werke scheinen mochte: »There is no other book in the world quite like it«, so sind wir heute dem Verständnis ein wenig nähergerückt worden. Da nämlich Ruskin recht hat, daß Dante uns Homer zugänglicher macht, können wir auch »Fors« besser aufnehmen, nachdem es die »Fackel« gegeben hat. Beide sind Ein-Mann-Unternehmen, beide sind unberechenbar, da sie auf das jeweils neueste Stichwort warten, beide sind unproportioniert, weil sie dem scheinbar Unbedeutenden zu übergroßer Aufmerksamkeit verhelfen, beide sind maßlos, weil sie am größten aller Monster, an der Normalität Maß nehmen. Soll man ihre Differenzen auf den kürzesten Nenner bringen, so könnte man sagen: »Die Fackel«, das ist: Einer gegen alle; »Fors«, das ist: Einer gegen alles. Kraus schlägt sich mit seinen Kollegen, den Journalisten und Literaten und mit den korrupten, unfähigen Sachwaltern öffentlicher Belange. Sein Material ist vorrangig die Wirklichkeit der Zeitungsnachricht. Ruskin ficht durch »Fors« nur wenige persönliche Scharmützel aus, und wenn er auch oft Zeitungsmeldungen zum Anstoß nimmt, so wird er dadurch doch nicht zum Medienkritiker, sondern bleibt, was er war: Kritiker der Sachen, Kritiker der Gesellschaft, des Kapitalismus, der Religion, der Technik, der Naturzerstörung, der Kunst und Kritiker seiner selbst.

Der Titel »Fors Clavigera« hat keinen so prägnanten Sinn wie »Die Fackel« – Ruskins berüchtigte Titelkreationen haben das nie. Er hielt für »Fors« drei Übersetzungen bereit: Force (körperliche Stärke), Fortitudo (Seelenstärke) und Fortune (Glück, Schicksal, Zufall), und »clavigera« löste er ebenfalls dreifach auf, je nachdem er clava, die Keule (Attribut der Stärke), clavis, der Schlüssel (Attribut der Geduld), oder clavus, der Nagel (Attribut des Schicksals) einsetzte. So kann es also keine eindeutige und deutliche Übersetzung des Titels geben, sondern nur eine anlaßgemäße, fließende: der Titel als Teil, nicht als Index der Strategie von »Fors«. »Mit dem Titel wollte ich auch auf den sprunghaften und akzidentellen Charakter dieses Werks aufmerksam machen.« Er wollte im Namen der Göttin des Zufalls seinem Bewußtseinsstrom freiesten Lauf lassen. Es war dabei nicht so, als ob er sich die Arbeit für Oxford zu einseitig, zu konzentriert auf Kunstgeschichte eingerichtet hätte. In die Jahre bis 1878 fallen außer acht kunsthistorischen Publikationen vier Bücher zu Themen wie moderne Naturwissenschaft (»The Eagle's Nest« 1872), Vögel (»Love's Meinie« 1873 ff.), Botanik (»Deucalion« 1875 ff.), und Geologie (»Proserpina« 1875 ff.). Mangel an Zeit und Konzentration verführten ihn dazu, diese Abhandlungen in Fortsetzungen erscheinen zu lassen – zwischen der ersten und der letzten Lieferung von »Proserpina« lagen etwa elf Jahre –, so daß er – ein besserer Redakteur seiner selbst – alles gleichzeitig auf dem Schreibtisch hatte: »Auf meinem Tisch häufen sich [...] Manuskripte vier oder fünf verschiedener Bücher, die an sechs oder sieben Stellen weitergeführt sein wollen.« Daß er inmitten vielfältigster Buch- und Vorlesungsprojekte noch ein Medium brauchte, um ein Rezept über Gänse-Pie mitzuteilen, um anhand von »Moutarde Diaphane«, durchsichtigem Senf aus Bordeaux, das System der modernen Volkswirtschaft bloßzulegen, um eine akribische Liste aller Eisenbahnunglücke des Septembers 1873 aufzustellen, daß er, wenn er die Romane Walter Scotts behandelte, sich sehr bremsen mußte, wie er schreibt, um nicht »ihre Beziehungen zu Eisenbahnen, Gesellschaftsbanken, Landbesitz, Parlamentarismus, Waldhuhn-Jagd, Rasentennis, Monatszeitschriften, Frühjahrsmoden und Weihnachtskarten« darzustellen – Ideenflucht und Assoziationsreichtum dieses Ausmaßes, Ruskin wußte es selbst, siedeln am Rande des Wahns: »Wenn ich die Harlekinsmaske für einen Moment abnähme, würdet ihr sagen, ich wäre ganz einfach verrückt.« »Kommt es Dir eigentlich nie in den Sinn, daß Du selbst verrückt sein könntest?«, fragt er sich in Gesellschaft seiner Leser. »Nun, ich bin so allein in meinem Denken und Tun, daß, wenn ich es nicht schon bin, ich es sicher bald werde, aus schierer Einsamkeit, nicht aus Gründen meiner Arbeit.« In einer Zeit, da seine »Wut täglich wilder und verrückter wird« (daily maddening rage), findet er gerade in der Arbeit an »Fors« die notwendige Bestätigung. »Fors« ist also Gestaltung und Abwehr des Wahns zugleich, oder besser: eine großartig funktionierende Schleuse zwischen zwei Wahnwelten. Denn, so geht die leicht zu erwartende Reaktion, wer ist eigentlich verrückt: die Ökonomen, die in der »Überproduktion« die Ursache der Krise der 70er Jahre sehen, oder der Autor von »Fors«, der sich für eine andere Verteilung der gesellschaftlichen Reichtümer einsetzt; die Gesellschaft, die die neue Riesenkanone »Woolwich Infant« mit 700 Pfund-Geschossen füttert, oder der Autor von »Fors«, der ihr dazu Zeitungsberichte über die hungernden und sterbenden Kinder der Londoner Elendsviertel vor Augen hält? »Ihr Narren allerorten!«, redet Ruskin seine Leser an: »Es scheint mir die vorbestimmte

Aufgabe des 19. Jahrhunderts zu sein, an allen Dingen das ausgewählte Muster vollkommenen Wahnsinns zu entwickeln, so daß unsere Zeit allen folgenden zur Warnung dienen muß.« Wie wahnsinnig sich zu gerieren, hat also Methode, wenn es Narren zu predigen gilt; wie manisch die Übergänge und Schaltstellen zu befahren, hat also Methode, wenn *ein* Grundprinzip, *eine* kollektive Verblendung, besser Verdüsterung den großen Zusammenhang sichert. Über ein schweres Unwetter am Karfreitag 1876 nachsinnend, gesteht Ruskin den Lesern von »Fors«, daß ihn die Frage, ob die Sonne an jenem ersten Karfreitag stillgestanden habe, nicht interessiere; das eigentliche Wunder sehe er darin, daß heute noch das Sonnensystem funktioniere. Und er sei zutiefst verwundert darüber, daß seine Zeitgenossen auf dieses lebenspendende Wunder nichts gäben: »Verwundert bin ich bis zur buchstäblichen Erstarrung von Hand und Kopf. Gestern las ich, wie Fors es wollte, in Eduard B. Tylors Buch über den Glauben der Griechen an Apollo: ›Wenn die Sonne ihre Bahn zieht, dann sind auch gleich der glitzernde Wagen, die Räder, der Fuhrmann und die Pferde da.‹, und ich las Frederic Harrisons Aufsatz über die Menschlichkeit und einen Brief über unsere Leinenindustrie – und meine Hände sind kalt heute morgen von dem Schrecken, daß es ein Sonntag ohne Sonne ist, und mein Kopf steht still, schwindelnd nach all den Drehungen, und ich weiß nicht, wie ich das Viele, das ich sagen will, sagen soll, zumal ich es oft gesagt habe. In all meinen neueren Büchern, von ›Unto This Last‹ über ›The Eagle's Nest‹ bis hin zu vielen Stellen in ›Fors‹, findet ihr Hinweise auf die Wechselbeziehung zwischen natürlichem und geistigem Licht. Daraus ziehe ich nun die folgende unmißverständliche Summe: Du kannst die reale Sonne, d. h. natürliches Licht, natürliche Farbe nicht aufrichtig lieben, wenn du nicht die geistige Sonne, Gerechtigkeit und Wahrheit liebst. Für ungerechte und unwahre Menschen gibt es keine wirkliche Freude an natürlichem Licht. Sie wissen nicht einmal, was das Wort bedeutet. [. . .] Solange Bill Sykes [in ›Oliver Twist‹] weiß, daß er ein Räuber und Jeremy Diddler [in ›Raising the Wind‹ von James Kenney] weiß, daß er ein Schurke ist, ist beiden noch etwas Himmelslicht geblieben – wenn aber alle stehlen, betrügen, friedlich zur Kirche gehen und das Licht ihres ganzen Leibes Finsternis ist, wie groß ist dann die Finsternis! Die physische Folge jener geistigen Niedertracht ist gänzliche Mißachtung der Schönheit des Himmels, der Reinheit der Flüsse und des Lebens der Tiere und Pflanzen. Und so glaube ich, daß die Naturkräfte zusammen mit dem Menschengeist unterdrückt und pervertiert werden und daß die Stürme und die natürliche Dunkelheit, die uns heimsuchen wie christliche Zeiten nie zuvor, in Verbindung mit dem abscheulichen Wahn stehen, der sich in unseren Gehirnen ausbreitet.«

Was ist »Fors«? »Fors« ist eine »Serie von Briefen und ist als solche persönlich angelegt. [. . .] Diese Briefe schreibe ich für Menschen, die etwas über mich erfahren wollen und die ich hoffentlich zu Mitarbeitern gewinnen kann, also sind sie von Anfang bis zum Ende mit persönlichen Dingen angefüllt.« Davon braucht nichts zurückgenommen zu werden. Ruskin benützt die Gattung nicht als Fiktion wie so viele viktorianische Autoren: er veröffentlicht einen wirklichen Briefwechsel, denn es schreiben ihm viele Leser Briefe, die er in den Text aufnimmt oder in Anhängen abdruckt. Ebenso reagieren die Zeitungen, die er zitiert, auf seine Zeitung und werden dann erneut zitiert. So entsteht eine lebendige Kommunikation, deren Themen und Partner über viele Nummern präsent bleiben können. Das stärkt in der Lesergemeinde das Gefühl des Eingeweihtseins; wer zu spät kommt oder unvorbereitet eine Nummer von »Fors« aufschlägt, könnte fürchten, er störe.

»Fors« ist ein gesellschaftskritisches Pamphlet, zu gleichen Teilen aus Anklage und Programm, aus Analyse und Satire bestehend. »Fors« ist immer auf der Höhe der Zeit: der deutsch-französische Krieg, die Commune, die Maßnahmen des liberalen Reformkabinetts unter Gladstone, die großen Politika der 70er Jahre: Education Act, Land Laws and Housing Question, der Imperialismus Großbritanniens sowie die zyklischen Bewegungen des Kapitalismus, all das wird in »Fors« sensibel registriert. Die Antworten und Analysen, die »Fors« gibt, sind Verlängerungen der Theorien der 50er und 60er Jahre, aber sie sind griffiger und didaktischer. Zwei Beispiele: Ruskin erinnert sich an eine Einladung der irischen Oberschicht, bei der die Überreste eines großen Picknicks den zuschauenden Bauernkindern mit der Auflage überlassen wurden, »daß sie sich ordentlich an den Haaren ziehen«. Der Autor von »Fors« macht daraus den Brief »The Great Picnic«, um seinen Lesern vor dem Hintergrund des deutsch-französischen Krieges auseinanderzusetzen, daß das Leben der »herrschenden Klassen Europas seit 800 Jahren eine große Picknick-Party gewesen sei« und daß ihr Hauptvergnügen darin bestanden habe, »die Bauern Europas sich an den Haaren ziehen zu lassen«. Ruskin geht auf eine kunsthistorische Exkursion nach Furness Abbey und fährt im Zug zurück, zusammen mit einer Gruppe von betrunkenen, zerlumpten Eisenbahnarbeitern. In einem Abteil begegnen sich zwei Klassen nach ihrer Tagesarbeit, nach Betrachtung einer Klosterruine des 14. Jahrhunderts und nach knochenbrechenden Erdarbeiten, und der Autor von »Fors« sinnt darüber nach, wie »eigentlich alle Maßnahmen der Politik und der Ökonomie darauf zielen, die Arbeiter zu überreden, weiter die Erde umzugraben, damit wir Ästheten, die gerne stillsitzen und nachdenken und bewundern, etwas zu essen haben«. So entsteht der Brief »The Abbot's Chapel«.

Sein politisches Bekenntnis legt der Autor mit den Worten ab: »Ich bin ein Kommunist der alten Schule, der Röteste unter den Roten.« »Ich war, wie mein Vater es vor mir gewesen, ein eifriger Tory von der alten Schule – ich meine von der Schule Walter Scotts und Homers.« Die Verwirrung, die Ruskin so anrichtet, will mitteilen, daß Politik im klassischen Sinne von Partei- und Außenpolitik für ihn nicht zählt, worin er dem Verfasser der »Fackel« nahekommt, der »freudig [...] das Odium der politischen ›Gesinnungslosigkeit‹ auf der Stirne« trägt und »auch in Fragen der Politik die ›Wilden‹ für die besseren Menschen hält«. Politik ist das Medium der »daily maddening rage« der anderen, die unfähig sind, zu erkennen, daß es jenseits von politischen Glaubenskriegen und bewaffneten Auseinandersetzungen der Nationen nur einen »wirklichen Krieg« gibt, den Krieg zwischen Kapitalisten und Arbeitern, und nur ein wirkliches Problem, wie nämlich der Mensch sein Verhältnis zur Natur und zu seinem Mitmenschen neu regelt. Zur Beantwortung dieser Frage gibt das politische Credo immerhin den Hinweis, daß wir uns einen Kommunismus »der alten

Schule«, d. i. den Agrarkommunismus eines Thomas More (aus dessen »Utopia« »Fors« ausgiebig zitiert), gepaart denken müssen mit autoritären Machtstrukturen. In zwei »Gebote« läßt sich das ökonomische Programm des Autors von »Fors« fassen: »Daß jeder gute Arbeit für sein Brot leisten soll, und daß jeder gutes Brot für seine Arbeit bekommen soll.« Zur politischen Durchsetzung reicht ihm ein Gebot: »Daß Land denen gegeben werde, die es bestellen, und Werkzeuge denen, die sie gebrauchen.«

»Fors« ist auch das Zirkular einer utopischen Gesellschaft, der »Guild of St. George«, mit der ihr Gründer eben diese Forderungen verwirklichen wollte. Die Leser von »Fors« hoffte Ruskin zu Mitgliedern, Förderern und Mitarbeitern der Gilde zu gewinnen. »Wir werden versuchen, ein kleines Stück englischen Bodens schön, friedlich und fruchtbar zu machen. Wir werden auf ihm keine Dampfmaschinen und keine Eisenbahnen dulden. Wir werden dort keine Lebewesen haben, um die sich niemand kümmert, unglücklich werden nur die Kranken sein, müßig nur die Toten. Wir werden dort keine Freiheit haben, sondern uns klaren Gesetzen und bestimmten Personen fügen. Wir werden dort keine Gleichheit kennen, sondern Vorzüge anerkennen und Schlechtigkeiten verdammen, an wem wir sie finden. Wenn wir irgendwohin gehen wollen, tun wir das ruhig und sicher und nicht mit 40 Meilen in der Stunde bei Gefährdung unseres Lebens. Wenn wir irgend etwas befördern wollen, tun wir das auf dem Rücken von Tieren oder auf dem eigenen oder auf Wagen und Booten. Wir werden genug Blumen und Gemüse in unseren Gärten, genug Korn und Gras auf unseren Feldern haben – und wenig Ziegelmauern. Wir werden Musik und Dichtung haben, die Kinder werden das Tanzen und Singen lernen und die Alten vielleicht auch [. . .].« Von Ruskin weitgehend finanziert, betrieb die »Guild of St. George« (die bis heute existiert) so verschiedene Unternehmungen wie die Zeichenschule der Universität von Oxford, einen Teeladen in London, Straßenreinigung ebenda, ein Museum für Arbeiter in Sheffield, eine Handbibliothek für Gildenmitglieder; sie förderte die Wiederaufnahme der Leinenindustrie in Langdale und der Handweberei auf der Isle of Man; sie besaß Häuser, Land und Wald in verschiedenen Teilen Englands, und es kam auch zur angestrebten Gründung von Agrarkommunen. Doch selbst das Eingreifen von Ruskins Gärtner Downes, der wieder unentbehrlich war, konnte den Landprojekten nicht zum Florieren verhelfen. Mit Ausnahme der Belebung der lokalen Industrien und des Museums, das Ruskin über viele Jahre hinweg mit großem Enthusiasmus aufbaute, müssen die Projekte der Gilde als Fehlschläge bezeichnet werden. Drei Gründe kamen hier zusammen. Ruskin führte sieben Jahre lang einen grotesken Kampf, bis die englische Justiz eine Rechtsform für eine Gesellschaft gefunden hatte, die wirtschaften, aber ohne Profit wirtschaften wollte. Als endlich die Genehmigung kam, war Ruskin ein enttäuschter und kranker Mann, der mit seinen Kräften haushalten mußte. So hat er sich in den entscheidenden Projekten, außer durch Geld und Rat, mit eigener Hand und Kampfbereitschaft nicht mehr engagiert. Beide Gründe mögen den dritten mitbedingt haben, daß nämlich so wenige den zahlreichen Aufrufen zu Spenden und aktiver Mitarbeit folgten. Zur Strafe müssen die passiven Leser von »Fors« sich in vielen Nummern den tragikomischen Gang des Gildengeschehens vorerzählen lassen.

»Fors« ist eine Zeitung nicht nur von John Ruskin, sondern auch über John Ruskin. In »Fors« erzählt er zuerst seine Kindheit; für »Fors« macht er seine »Taschen aus Glas«, d. h. er legt seine Finanzverhältnisse bloß; in »Fors« berichtet er von erneuerter Religiosität; »Fors« ist der Ort, wo er mitteilt, »daß die Frau, die einmal die meine werden sollte, im Sterben liegt« und wo der Leser nicht nur die monatlichen Irritationen des Gemütslebens erfährt, sondern auch die tiefen Einbrüche: »Ich bin in einem Traumzustand, nicht wissend, was ich tue«, heißt es kurz vor dem ersten großen Anfall. »Kein Zweifel, ich genieße es so ziemlich, über mich selbst zu reden, auch über meine Verrücktheiten«, kein Zweifel aber auch, daß solch öffentliche Selbstbefragung aus der anerzogenen Tradition der Evangelikalen sich herleitet. Deswegen erzählt er zum Beispiel die Kindheit: »Ihr sollt wissen, welche Einflüsse mich in den Zustand versetzt haben, in dem ich euch nun schreibe.« Und deswegen legt er Rechenschaft über seine Finanzen und damit über seine vielfältigen karitativen Unternehmungen ab: »Ich halte es nur für richtig, daß die Leute sehen können, daß ich praktiziere, was ich predige.«

»Fors« ist natürlich auch die Chronik der laufenden Zerstörungen. Daß die Himmel immer düsterer werden, die Gletscher schmelzen und dafür Schottlands öltragende Flüsse brennbar geworden sind, daß die italienischen Kunstwerke weiter demoliert und »renoviert« werden und Englands letzte Flecken unberührter Natur von Eisenbahnlinien erreicht worden sind, das alles erfahren die Leser von »Fors«, und in dieser Penetranz und Prägnanz wohl nur sie. Man hat »Fors« Ruskins Apokalypse genannt. Wenn man daran festhalten will, dann wäre »Fors« die Apokalypse im Präsens, die Offenbarung dessen, was geschieht (nicht dessen, »was in Kürze geschehen soll«), »gedeutet und gesandt« durch keinen Engel (nicht »durch Seinen Engel«) »zum Knecht Johannes«. »Fors« wäre die Apokalypse in Fortsetzungsform, die unterhaltsame, spannend gemachte Apokalypse und damit nicht nur Ruskins, sondern des 19. Jahrhunderts eigene Apokalypse. Daß die Hölle nicht das Ende, sondern die Dauer im Jetzigen ist, diese zeitgenössische Einsicht diktiert zusammen mit der alten Grundüberzeugung, daß alles mit allem zusammenhängt, Form und Inhalt von »Fors«.

7

Das kann »Fors« am besten selbst sagen. Hier ist die Kurzform eines Briefes, Letter 20 »Benediction«, datiert Venedig Juli 1872, ein Brief über Segen und Fluch und alles andere. »Meine Freunde, ihr habt wahrscheinlich gedacht, ich hätte die Fassung verloren, als ich das Pfeifen des Lido-Dampfers verflucht nannte.« Denn im vorausgehenden Brief hatte es geheißen: »Ich kann heute morgen nicht schreiben, weil das verfluchte Pfeifen der dreckigen Dampfmaschine des Lido-Dampfers mich stört, der am Kai vor dem Palazzo Ducale auf die dreckige Bevölkerung von Venedig wartet, die weder Fisch noch Fleisch, weder Edel- noch Fischermann ist, die es sich nicht leisten kann, gerudert zu werden, noch selbst zu rudern, die tagsüber die Piazetta rauchend und spuckend auf und ab läuft und sich am nächsten Morgen in einem kreischenden Kessel zum Lido ziehen läßt, um sich dort für neuen Tabakgenuß gesundzubaden.« Solche Expektorationen eines in Venedig berühmten Engländers blieben natürlich nicht ungehört und unbeantwortet: vier italienische Zeitungen brachten und kommentierten diesen Abschnitt, »La Stampa« unter der Überschrift »Un accesso di Spleen« und mit dem sicher berechtigten Hinweis, daß der gescholtene »Mob« zum größten Teil aus Fremden bestehe. Ruskin liebte es, in einem Mikroklima von Anspielung und Provokation Aussagen, die er mehr beiläufig getan hatte, im nachhinein geradezu wissenschaftlich erklären zu müssen. Er setzt sich also hin und schreibt eine halbe Seite über die Notwendigkeit des Fluchs in verfluchten Zeiten, um dann unterbrochen zu werden: »Nun zieht gerade ein kleiner Schraubendampfer ohne Deck vorbei, vorne und hinten beflaggt, mit nur einem Passagier an Bord. Das Schiff ist keine zwölf Meter lang und doch hallte der Schlag seiner Schraube fünf Minuten lang so laut über die Lagune, daß ich dachte, es käme ein großer, neuer Dampfer von der See herein, und aufstand, um hinauszuschauen.

Bevor ich diesen letzten Satz vollenden konnte, erhob sich der Schrei eines Jungen, der am Kai irgend etwas Schwarzes verkaufte, so durchdringend über den permanenten Lärm der Gondolieri, daß ich alles stehen und liegen lasse, um zu sehen, was er zu verkaufen hat. Es waren halbverfaulte Feigen, zur Unzeit von Sommerstürmen herabgeworfen. Ich bemerkte, daß der Junge seinen Dauerruf ›Fighiaie‹ ebenso klar im Stehen wie in der Hocke herausbrachte, die er einnahm, wenn er Kunden mit einer Portion der schwarzen Masse bediente. Sein Gesicht trieb mir Tränen in die Augen, so offen und süß und intelligent war es – und so traurig. Ich gab ihm drei sehr kleine Münzen, aber nahm, zu seinem Erstaunen, keine Feigen. Er konnte sich weder vorstellen, wie billig mir der Anblick seines Gesichtes und seines Korbes kam, noch was diese Früchte, ›die man nicht essen konnte, so schlecht waren sie‹, die hier vor dem Palast der Dogen von Venedig verkauft wurden, für denjenigen bedeuteten, der die Zeichen der Erde, des Himmels oder der See lesen kann.« Da wir nicht mehr zu diesen »Lesern« gehören, muß hinzugesagt werden: die schwarzen, ungenießbaren Feigen, die der Herr dem Propheten Jeremias zeigt, sind das Sinnbild des schlechten Teils des jüdischen Volks, den Gott

»an allen Orten« verflucht hat, bis daß er »umkommt« (Jeremias 24, 1-10); sie sind die Feigen der Apokalypse, die »der mächtige Wind«, der »Zorn Gottes« »zur Unzeit« abwirft (Apokalypse 6, 13,17); sie sind die »Sommerfrucht«, die der Herr dem Propheten Amos zeigt, um ihm zu bedeuten: »Das Ende ist gekommen über mein Volk Israel [...] und die Lieder in dem Palaste sollen in ein Heulen verkehrt werden« – eine Passage, die auch einen Grund für all diese Flüche nennt, einen Grund, der an der Gestalt des armen Feigenhändlers sinnfällig wird: »Höret dies, die ihr den Armen unterdrückt [...] und sprecht: Wann will denn der Neumond [...] und der Sabbath ein Ende haben, daß wir Korn feilhaben mögen und das Maß verringern und den Preis steigern und die Waage fälschen, auf daß wir den Armen um Geld bringen [...] und Spreu für Weizen verkaufen?« (Amos 8, 1-6) Die scheinbare Abschweifung war also nur eine räumliche: zum Straßenhändler hinabsteigend, hat Ruskin über nichts anderes gesprochen als über den Fluch und seine Gründe und seine Erscheinungen. Und er kann in seinen Gedanken über die Tatsache fortfahren, daß Fluchen zur Alltagserscheinung, zur kleinen Münze der Umgangssprache wird, während die Kirche immer weniger dieses Mittel anwendet und lieber billigen Segen spendet, um den Armen keine materielle Hilfe geben zu müssen und die Reichen sich geneigt zu halten. Wir blenden uns dort wieder in den Text, in die Sendung ein – man verzeihe das Wort und höre –, wo Ruskin auf merkwürdige Fluch- und Segensformeln zu sprechen kommt, die Körpergliedern und Sinnen gelten: »Glaubt ihr, daß die Verheißung: Der Lahme wird springen wie ein Hirsch und der Stummen Zunge wird Lob sagen (die Dampfpfeife der ›Capo d'Istria‹ unterbricht mich, das Schiff ankert vor meinem Fenster und kehrt seinen schwarzen Bug gegen den roten eines anderen Dampfers am nächsten Pier. Im Augenblick, 6 Uhr 30, 4. Juli, sind es neun große Schiffe, die zwischen Redentore und Canale dell' Arsenale liegen, darunter ein gepanzertes. Fünf stehen unter Dampf, das größte ein englisches Schiff, eine Viertelmeile lang, stößt Dampf aus allen Öffnungen und bläst mit so gewaltigem Röhren aus dem Schornstein – Pfiff Nummer 2 der ›Capo d'Istria‹ –, daß ich mich hier in meinem Raum nur mit Mühe verständigen könnte) – glaubt ihr, sage ich, daß diese Form des Segens das Gleiche sagen will wie: Der Lahme wird springen wie ein Löwe und des Stummen Zunge wird trauern? Ich glaube nicht, ich denke, daß hier ganz besondere Aktionsweisen der Glieder gemeint sind (Pfiff Nummer 3 der ›Capo d'Istria‹; ich schreibe weiter, damit ihr euch eine genaue Vorstellung über die Intervalle der modernen Musik bilden könnt. Das englische Schiff setzt sein Röhren fort, unterlegt den Sopran der ›Capo d'Istria‹ mit seinen Baßtönen, und ein zehnter Dampfer kommt hinter dem Armenischen Kloster in Sicht): eine besondere Aktionsweise ist, ich wiederhole es, in beiden Fällen gemeint. Der Lahme soll springen (vierter Pfiff von der ›Capo d'Istria‹, diesmal unter höchstem Druck, geht mir wie ein Messer durch den Kopf) wie eine unschuldige und fröhliche Kreatur springt, und die Lippen des Stummen sollen sich melodiös bewegen: so will es der Segen (fünfter Pfiff, ein doppelter, von der ›Capo d'Istria‹, jetzt ist es bald sieben Uhr und da kommt mein Kaffee – ich muß aufhören, zu schreiben. Sechster Pfiff, die ›Capo d'Istria‹ legt ab, an Bord die frühen Badegäste. Siebter Pfiff, ich weiß nicht von welchem Schiff – ich zähle nicht weiter).«

Es sei die Lektüre ebenfalls unterbrochen, um zu rekapitulieren, daß dieser Brief in seinen gegenständlichen Schilderungen von Wiederholungen handelt. Das »dreckige Volk« von Venedig, das rauchend und spuckend den Tag über müßiggeht und am nächsten Morgen im Bad Kräfte schöpft, um den Tag rauchend und spuckend müßigzugehen ... vollzieht eine unfruchtbare Kreisbewegung, wie sie Ruskin an zahlreichen sozialen Vorgängen beobachtet, nicht nur am Müßiggang, auch an der Arbeit. Was zunächst als Faktum konstatiert wird, wechselt im Folgenden in Gestalt der Dampfersignale auf die Ebene der Darstellung über. Gedankengang und Gang der Außenwelt werden streng synchron und gleichberechtigt behandelt – Fazit: ein Nebengedanke, der nicht mehr intendiert, als den präzisen Sinn einer biblischen Segensformel zu bestätigen, also zu wiederholen, wird durch die wiederholten, »verfluchten« Pfiffe des Dampfers, der Teil des zuerst beschriebenen Kreislaufs ist, zunichte gemacht. Der äußere Wiederholungszwang siegt über den inneren, der Fluch über das Bemühen um Segen. Keine Stelle könnte besser die Vermutung belegen, daß Ruskin seine »folie circulaire« nicht als Leiden, sondern als geschärftes Organ für die Pathologie des Alltagslebens empfinden mußte. Keine Stelle begründet nachhaltiger, warum Ruskin in »Lebensfragen« den Darwinismus ablehnte und gleichzeitig durch sein Geschick dessen Gesetz erfüllte. Er wollte sich nicht den veränderten Lebensbedingungen anpassen, er wollte sein Sensorium gegenüber den fatalen Erscheinungen des modernen Lebens offenhalten, solange es ging, bis zur Vernichtung seiner Spezies.

Die dritte Wiederholung ist ganz anderer Natur und beansprucht einen anderen Sinn. Ruskin »liest« den Straßenjungen und seine Früchte als Zeichen des erneuerten biblischen Fluchs, als apokalyptische Vorweisung. Lesen (hard ecclesiastical reading) und Wahrnehmen, diese beiden Grundeinstellungen wechseln in schneller Folge ab und durchdringen sich zum Teil. Ruskin wird nie die »visible facts« ganz auf ihren Sinngehalt hin abziehen können. Deswegen wird ihm auch, wie sogleich gezeigt wird, Carpaccios Kunst und der harte Realitätssinn ihrer Mysterien so wichtig. »Für Carpaccio muß alles, was er darstellen will, wirklich sein. Ob daraus später ein Symbol wird oder nicht, ist egal. Die erste Bedingung heißt Realität.« Nicht anders Ruskin. So wie er am Ende der 50er Jahre Symbole in sein Werk einführte – es waren die Drachen Turners, denen er in langer Beweisführung naturwissenschaftliche Möglichkeit bestätigte, so wie er später die »lebende Hieroglyphe« der Schlange niemals ganz gegen ihr »totes« Bild in der Symbolik eintauschen konnte, so verhält es sich auch im Fall der von ihm entdeckten symbolischen Tableaus, hier des Feigenhändlers. Daß man seinen Kaufruf auch dann klar vernimmt, wenn der Junge sich bückt, wird verzeichnet, obwohl es zur sinnbildlichen Konfiguration nichts beiträgt. Aber es bleibt dabei, daß es sich bei Lesen und Wahrnehmen um stark differenzierte Zugangsweisen handelt. Und es bleibt auch bei der abschüssigen Tendenz, die immer vom Realgehalt zum Symbolgehalt führt. Wieviel Hoffnung auf Entlastung und Sinnzuwachs in diesen Übergang ein jedes Mal investiert worden ist, macht wiederum der 20. Brief von »Fors« deutlich. Nachdem er sie der Kakophonie der »Dampfermusik« gehörig ausgesetzt hat, führt Ruskin die Leser aus dem Schallraum seines Hotelzimmers an den stillsten Ort, den er in Venedig gefunden hat, in das Schlafzimmer der Hl. Ursula, wie es im bekannten Gemälde Vittore Carpaccios erscheint. (Dargestellt ist, wie die Prinzessin im Traum die Botschaft eines Engels empfängt, der ihr gebietet, dem Brautwerber, dem Prinzen aus England das Ja-Wort zu geben.) Die nun folgende seitenlange Beschreibung des Bildes, ein geradezu verräterisch ruhiger und folgerichtiger Text, hat in »Fors« Seltenheitswert. Jeden Gegenstand nimmt Ruskin sich mit einer Andacht vor, die ebenso aufgeräumt und befriedigt wirkt wie Ursulas Raum. Erst das Ende des Abschnitts sagt als Fazit, was im Atem der Darstellung schon spürbar geworden ist: »So träumt die Prinzessin mit gesegneten Augen, die keines irdischen Lichts bedürfen, um zu sehen. Carpaccio hatte den hübschen Einfall, sie den Engel so deutlich träumen und sogar seine geschlitzten Ärmel erkennen zu lassen und sie einen so kleinen Engel träumen zu lassen, einen Puppenengel geradezu, der ihr da den Palmzweig und die Botschaft bringt. Doch das eigentlich Charakteristische und Liebliche dieses Bildes ist: Alles strahlt deutlich die Freude ihres stetigen Lebens aus. Königliche Macht über sich selbst und glückliche Übereinstimmung mit ihren Blumen, ihren Büchern, ihrem Schlaf, ihrem Wachen, ihren Gebeten, ihren Träumen, ihrer Erde, ihrem Himmel.« Entscheidend sind hier die Worte: »the evident delight of her continual life«. Zu continual, fortwährend, dauerhaft und stetig, muß man ein zweites Attribut hinzunehmen, das für Ruskin das »gute Leben« kennzeichnet: »immediate life«, Leben jetzt. In der Auseinandersetzung mit den Verkehrsgeräuschen hatte Ruskin seine Leser die Qualität des modernen Lebens erleben lassen. Da war an sich ja beides gegeben, Unmittelbarkeit und Kontinuität des Lebensflusses, aber beides war von außen auferlegt worden und konnte nicht zu eigenem Leben anverwandelt werden. Keine »glückliche Übereinstimmung« mit den Dingen, also auch keine »königliche Macht über sich selbst«. »Continual life« jetzt wird erfahren als durch Störung wachgehaltene Sinnesgegenwart, als Leben genannter Dauerreflex auf die »Wiederkehr des Immergleichen«.

Ruskin beeilt sich, den Leser ins nächste Wechselbad zu

schicken und ihm anhand eines Gegenbildes zur Hl. Ursula den Typus des modernen Menschen vorzuführen, der von der neuen Kultur bereits konditioniert ist. Nachdem er den Vormittag mit der Betrachtung des Carpaccio verbracht habe, schreibt Ruskin, seien ihm am Nachmittag, während der Zugreise von Venedig nach Verona, zwei amerikanische Mädchen begegnet, zwei Mädchen im Alter von 15 und 18 Jahren, also gleichaltrig mit Ursula, nicht von königlichem Geblüt, aber »Muster für all das, was das 19. Jahrhundert an Geld und Geist aufbieten kann, um sein Mädchenideal zu bilden, Kinder seines progressivsten Volkes, im Genuß aller Vorzüge politischer Freiheit, aufgeklärter Erziehung, billig zusammengestohlener Literatur [eine Anspielung auf das nordamerikanische Raubdruckwesen] und jedes nur denkbaren Luxus. Was immer Geld, Maschinen und Gedankenfreiheit für diese Kinder tun konnten, war getan worden. [. . .] Und sie reisten nun durch eine Landschaft, die wie keine andere der Welt geschaffen war, die Herzen junger Mädchen zu rühren und ihre Augen zu öffnen. Zwischen Venedig und Verona – Portias Villa am Rande der Brenta vielleicht in Sichtweite, Julias Grab als Ausflugsziel vor ihnen, die Hügel von Petrarcas Haus blau gegen den südlichen Himmel stehend. Herrlicher Sommersonnenschein, schräg einfallendes Licht, das durch das Weinlaub scheint, klare Sicht auf die Alpen, vom Gardasee bis nach Cadore und tief hinein nach Tirol. Welch ein Gemach für Prinzessinnen, dies alles, wenn wir uns die beiden als Prinzessinnen vorstellen, und welche Träume wären hier nicht möglich!

Aber die beiden amerikanischen Mädchen waren weder Prinzessinnen, noch Seherinnen, noch Träumerinnen. Indem sie sich grenzenlos gehenließen, hatten sie sich zu zwei Portionen einer weißen, formbaren Masse reduziert, die nur noch zu Schmerz- und Unlustempfindungen fähig war. Fliegen und Staub wollten an ihnen kleben wie an Lehm, und so nahmen sie denn zwischen Venedig und Verona nichts anderes wahr als Fliegen und Staub. Im Moment, da sie das Abteil betraten, zogen sie die Vorhänge herunter, und dann begann ein Sich-Rekeln, Hin- und Herwerfen und Lümmeln in den Polstern und ein vergeblicher Kampf gegen jeden Körperreiz, den sie nicht länger ertragen mochten. Sie trugen dünne, weiße Kleider, die sich bei all den Verrenkungen hinten zu öffnen begannen; sie hatten französische Romane, Zitronen und Zuckerstückchen, um sich die Zeit zu vertreiben. Die Bücher hingen nur noch am Ende der Fäden, mit denen sie zusammengenäht waren; dafür waren sie an den Ecken umgeknickt, und beim Umblättern, das unter Anfeuchten der Finger vor sich ging, hielten die Mädchen bisweilen ein klebriges Blatt in der Hand. Von Zeit zu Zeit schnitten sie sich eine Zitrone auf, zerrieben ein Stück Zucker auf dem offenen Fleisch, bis eine dickliche Fruchtmasse entstanden war, die sie dann aussaugten und deren weiße Haut sie auskauten, um den bitteren Geschmack zu haben. Nur einen Satz hatten sie auf dieser 50 Meilenstrecke für das übrig, was außerhalb des Abteils lag und das war, als sie auf einer Station die Vorhänge hochließen und die Alpen sichtbar wurden. ›Bringen dir die Schneekappen da Kühlung?‹ ›Nein, ich wünschte, sie täten es.‹ Und so fuhren sie ihres Weges, ihre gezählten Meilen der Unlust lang, mit verschlossenen Augen und gequälten Gliedern.«

Ruskin hatte an einem Tag das Leben unter dem Segen und das Leben unter dem Fluch »in seinen reinsten Zuständen« vorgefunden. Gesegnet ist Ursula in ihren Gliedern und Sinnen, weil sie in Übereinstimmung mit sich selbst auch Dinge sieht, »die nicht sind«. Verflucht sind die Amerikanerinnen, weil ihre »qualvolle Indolenz« sie sogar »blind macht für die Dinge, die sind«. Wenn man mit der Natur auf der Basis verkehrt, daß man von ihren Schneefeldern nur Kühlung erwartet, dann hat man den großen Zusammenhang mit ihr verloren und dann gehört man wirklich in den neuen Kontext aus Maschine (Eisenbahn), Interieur (Abteil) und Komfort (Romane, Erfrischungen), der sich Zivilisation und Fortschritt nennt. Ruskins widerhallendes Hotelzimmer und das zugezogene Abteil der Amerikanerinnen rahmen wie zwei Karikaturen ihr Mittelbild: das Schlafgemach der Hl. Ursula. Was im ersten Fall von außen kommt, die Unruhe, hat im zweiten Fall seinen Herd innen; beide Reaktionsweisen sind hyperästhetisch: so wie Ruskin jeden Pfiff registriert, so geben die Mädchen jedem Körperreiz nach, und diese Hyperästhesie ist es, die verhindert, daß man zu sich kommt und zur Aisthesis des anderen, des Innen oder des Außen. Der Überdruck auf die Sinne führt zur Hypoästhesie, zur Wahrnehmungsschwäche und zur Apperzeptionsverweigerung. Es bedurfte des immer noch hyperästhetischen Autors von »Fors«, dies sichtbar zu machen.

8

Wir verlassen nach der Episode mit den Amerikanerinnen den 20. Brief von »Fors«, um wieder zu Carpaccios »Traum der Hl. Ursula« zurückzukehren, zu dem auch Ruskin immer wieder zurückkehren mußte, nachdem er das Bild 1869 zuerst für sich entdeckt hatte. Was ihm gleich »als neue Welt« aufgegangen war, eben die Welt identischen, unbeschädigten Lebens, entfaltete seinen gezielten persönlichen Sinn erst langsam, erstaunlich langsam. Aber so sei das eben mit dem Mythos, schreibt Ruskin den Lesern von »Fors«, die Zeugen seiner mehrfachen Annäherungen an das Bild werden, er enthülle sich dem unvollkommenen Menschengeist nur allmählich, und was an »übersinnlichen Mächten« ihr zugeordnet sei, das erkenne die »gereifte Seele« erst, nachdem sie »ihr instinktives Verlangen und ihre figürlichen Wahrnehmungen« verarbeitet habe. Dabei fällt es nun wirklich nicht schwer, den Parallelismus der Ursula-Legende zu einer Liebesgeschichte des 19. Jahrhunderts auszumachen. Als Ursula 15 Jahre alt war, so will es der Mythos und so erzählt es ausführlich »Fors«, da befahl ihr ein im Traum erscheinender Engel, sie solle dem um sie werbenden englischen Königssohn das Ja-Wort geben, unter drei Bedingungen: Er müsse den christlichen Glauben annehmen, er müsse drei Jahre warten und ihr müsse Gelegenheit gegeben werden, vor der Hochzeit die heiligen Stätten in Rom und Jerusalem aufzusuchen. Bei dieser Reise wurden sie und ihr Gefolge von den Heiden erschlagen, so daß Ursula ewig Braut und Jungfrau blieb. Im 20. Brief von »Fors« gibt es keinen Hinweis darauf, daß Ruskin die Weisungen dieser Geschichte verstanden hätte, aber während eben dieses Venedig-Aufenthalts 1872 baut sich die symbolische Konstellation auf, die ihm später, wie er erkennen muß, beinahe »zur Falle wird«.

Während er den 20. Brief schreibt, signalisieren ihm Freunde aus England, daß Rose ihn sehen will, nachdem sie ihn sechs Jahre hat warten lassen. Doch Rose wäre nicht Rose, hätte sie nur gesagt: Er soll kommen. Von dem, »der gegen Gottes Reinheitsgebot wissentlich gesündigt hat«, verlangt sie, daß er sich »wie durch Wunder vollkommen ändere«. »Ich bin kein Heiliger«, antwortet Ruskin am 8. Juli 1872, als er gerade in San Giorgio dei Schiavoni aus einem Bild Carpaccios einen Vogel mit einer Pflanze im Schnabel kopiert, »aber Rose ist eine Heilige – und zwar eine grausame.« Und natürlich folgt er dem Ruf. Es kommt zu zwei Begegnungen in diesem Jahr, zu Tagen finster entschlossenen Glücks (»die ich mit dem Rest meines Lebens erkauft habe«), aber was nun wieder beginnt, ist der alte zermürbende Zyklus von Annäherung und Abstoßung, von Verzückung und Verzweiflung – »fear mixed with the enchantment«, wie Ruskin gleich nach der Erneuerung der Freundschaft festhält. Sie packten sich gegenseitig noch einmal die alten Lasten auf, obwohl sie beide wußten, daß der Boden, auf dem sie ihr groteskes Ballett aufführten, immer brüchiger wurde. Rose war schon schwer krank, als Ruskin sie 1872 wiedersah, und sie sollte sich in den folgenden drei Jahren nicht mehr erholen, obwohl (weil?) die Eltern, die so viel zerstört hatten, ihr nun Ruskin geradezu als Heilmittel verschrieben. Rose LaTouche starb am 25. Mai 1875. Mußte sie sterben, fragte sich Ruskin, weil er nicht »von ihr lassen konnte« oder weil sie »in ihrer Jugend durch religiösen Trübsinn und Wahn getötet wurde«? Für ihn selbst stand fest, daß Roses Tod »große Teile meines vergangenen Lebens zu einem toten Gewicht« hat werden lassen, und für den Rest seiner Tage hoffte er auf Roses Schutz und Führung. Das heißt: er ging weiter – es ging weiter in Träumen, Zeichen und Bildern. »Ein Kranz wilder Rosen ist so schnell nicht entwirrt«, hatte Rose 1862 prophezeit. Als sie starb, studierte Ruskin gerade die Blüten des Weißdorns – seine Betrachtungen hat er später unter dem Datum ihres Todes veröffentlicht: »Weiß, ja weiß in hohem Maße, und vollkommen rein, aber kein blendendes Weiß und keine Reinheit, die erbarmungslos alles andere in den Schatten stellt, wie Schnee es tut; eine gewisse Reinheit und ein bestimmtes Weiß nur, das sich durchsetzt gegen alles, was an dieser Blüte als

Unvollkommenheit, ja Enttäuschung und Verlust angesehen werden könnte. Denn jede kleine Rose hat in ihrem Zentrum ein dunkles Grün, nicht einmal ein hübsches Grün, sondern ein verblichenes, ins Gelbe tendierendes, unvollkommenes Grün, und rundherum, die ganze Blüte bedeckend, deren muschelförmige Blätter tief eingesetzt sind, graue Schatten in ihren Wölbungen. Und dann kommen noch hinzu die dunklen Punkte der toten Staubgefäße, die bei längerem Hinschauen wie eine Art grauer Sand sind, der freigebig über das ausgestreut ist, was zuerst als unbeflecktes Scheinen wirkte. Zusammengesehen erscheint das liebliche Ding dann mehr wie das Frühlingskleid eines 14jährigen Mädchens und nicht wie eine Blume.« »The longer one looks« findet sich Rose in allem, eine äußerst wandlungsfähige Suchfigur.

1875 trat sie mit ihm auf spiritualistischen Séancen in Kontakt, wie er glaubte und manchmal bezweifelte. 1876/77 erreichte sie ihn dann klar und deutlich durch Carpaccios »Ursula«. Es ist möglich, daß Ruskin die Chiffren dieses Mythos erst auflösen konnte, als sich sein letzter Teil erfüllt hatte, als die Prinzessin jungfräulich gestorben war, bevor sie sich mit ihrem heidnischen Engländer hatte verbinden können.

Carpaccios »Traum der Hl. Ursula« bringt im Spätherbst und Winter 1876/77 eine neue Akmé, die dritte nach Fontainebleau und Turin, eine weitere Konversion. Ruskin hat sie nicht anders erlebt und bewältigt als die anderen, nämlich zeichnend. Das Bild wurde von der Höhe der Museumswand abgenommen und ihm in einem besonderen Raum zur Verfügung gestellt, wo er es (mit Unterbrechungen) sechs Monate lang kopierte, in vier Versionen, darunter eine Kopie der Schlafenden in Originalgröße. Schon am zweiten Tag seiner privaten Aneignung dieses Bildes schreibt er an die Kusine Joan (die er »di ma« nannte), daß es ihm mehr als ein Bild und Ursula mehr als eine Prinzessin bedeutet: »Da liegt sie, so wirklich, daß ich fürchten muß, sie aufzuwecken, wenn es hier ganz ruhig ist. Wie schwer ist es doch geworden, zu glauben. Angenommen, es gibt die Hl. Ursula wirklich, liebe Ma – und sie nimmt jemand anderen, der auch schläft, für mich in Schutz?« Wenn Ursula hier noch als Schutzheilige von Rose angesprochen wird, so hält die unmittelbare Zukunft ganz andere Möglichkeiten bereit: Erst ist Ursula Roses Präinkarnation, dann treten beide in Personalunion als Revenant an ihren irdischen Liebhaber heran. Angestrengt kopierend hatte sich Ruskin in zahlreiche Gegenstände des Bildes verbissen, die er vorher anders oder gar nicht gesehen hatte. Diese venezianischen Details – »branching details« nennt er sie, »sich verzweigende Einzelheiten« – waren ihm jedoch nicht Anlaß, wie ein Vierteljahrhundert zuvor, über den Zusammenhang von Darstellung und Zeit, von Künstler und Gesellschaft nachzudenken. Jetzt zählt wirklich nur noch der symbolische Gehalt. Die Erneuerung des alten Programms, wie sie die erste Oxford-Vorlesung versucht hatte, ist schon wieder abgetan; die ungebrochen scharfe Wahrnehmungskraft steht nun ganz im Dienst der Jagd nach bedeutungskräftigen Einzelheiten, im Dienst des »Bilderlesens« (picture reading), wie Ruskin das nennt. Carpaccio bietet sich da als ideales Trainingsfeld an: »Man muß wissen, daß Carpaccio noch nicht einmal etwas ohne Bedeutung *ausläßt*.« Dieser Maler wird mit Hesiod, Plato und Dante in die Reihe der Männer gestellt, »welche die dem Menschenleben wesentlichen Wahrheiten *wissen*«. »Er sagt nicht viel, aber sein kurzes Buch ist von höchstem Wert.« Es enthält die »wahrste Prophezie«, die Venedig geäußert hat, »Venedigs Mythos«, der als »Lektion [. . .] für die Kreaturen dieser rastlosen Welt« bestimmt ist. Es fehlt hier der Platz, Ruskins komplexe Interpretation zu rekapitulieren, aber ein zusammenfassender Satz und die Auflösung einiger Details seien zitiert, um Methode und Inhalt dieser Lektüre zu dokumentieren. »Das ist die erste Lektion, die Carpaccio mit seinen venezianischen Worten für die Kreaturen dieser rastlosen Welt aufschrieb, daß Tod besser ist als *ihr* Leben und daß [heute] kein Bräutigam sich freut über die Braut, so wie die sich freuen, die weder freien, noch sich freien lassen, sondern sind gleichwie die Engel Gottes im Himmel.« Wie Ruskin zu diesem Fazit kommt, kann, wie gesagt, nicht in extenso hergeleitet werden. Deutlich wird jedoch, daß die Todesthematik und die Ruskinsche Privatmotivik das Interpretationsinteresse bestimmen. 1876/77 hatte Ruskin Venedig erneut als Stadt des Todes oder besser: das Leben in ihr als besonders schimpfliche Form des Sterbens empfunden: »Habe Venedig niemals so tot gesehen und war dort niemals so tot gewesen«, heißt es am 29. 12. 1876. Kein Wunder, daß selbst die unverdächtigen Passagen von »Fors« immer wieder durch letale Phantasien unterbrochen werden. Den Blick auf Canale Grande und Salute gerichtet, schreibt er auf einmal: »Die grüne Flut, die an meine Schwelle schlägt, ist voll treibender Leichen, und ich muß mein Essen stehenlassen, um sie zu begraben [. . .].« Und auch Carpaccios Bild, das ihm einst Versprechen unbeschädigten Lebens war, wird jetzt einheitlich als Vor-Bild des Martertodes der Heiligen gelesen, bis in die alltäglichen Details hinein, die sich zu Andeutungen des Endes zusammensetzen lassen.

»Die letzten ziemlich sicheren Beiträge zu unserer Lektüre des ›Traumbildes‹ besagen, daß die tiefroten Stangen, die aus dem Blumentopf stehen, die vier Nägel und die Lanzenspitze ihres [Ursulas] Herrn sind und daß das einzige offene Buch in ihrem Bücherschrank das Buch ihres Lebens darstellt, wobei die wiederum pfeilförmige Schnalle die Stelle markiert, von der es [bei Dante] heißt: ›Quel giorno non piu leggemmo avanti.‹ An jenem Tag lasen wir nicht weiter.« Das pfeilförmige Lesezeichen ist insofern von Bedeutung, als Ursula durch Pfeile getötet wurde – Ruskin entdeckte dieses Symbol noch an zwei anderen Stellen in ihrem Gemach. Bei all diesen Vor-Zeichen des Todes dürfen wir nicht vergessen, daß Ruskin Rose LaTouche zuletzt auf dem Krankenlager gesehen und vermutlich auch gezeichnet hat. Ursula ist die friedliche, aber ebenso todgeweihte Version dieser Erfahrung. Durchdringen sich hierbei noch objektiv gegebener Anlaß und private Assoziation zu einigermaßen nachvollziehbaren Deutungen, so beweisen die zahlreichen Anspielungen in Richtung Braut und Bräutigam, daß Ruskin sich immer mehr jener Form der Kunstbetrachtung annähert, die sein Gegenspieler Walter Pater 1873 programmatisch unter die Frage gestellt hatte: »Was bedeutet dieses Lied oder dieses Bild [. . .] für mich?«

Kurz vor dem Weihnachtsfest 1876 wartet Ruskin darauf, daß Rose ihm erneut Zeichen gibt, wie es vor Jahresfrist auf den Séancen geschah. Die Botschaften, die dann pünktlich und in rascher Folge eingehen, kommen, wie könnte es anders sein, von Ursula/Rose. Am 23. Dezember bringt ihm die Post zwei Briefe aus England; der eine enthält einen getrockneten Verbenenzweig, der andere ein Schreiben von Roses Mutter. Am 24. wird bei ihm ein Nelkenstock abgegeben, eine Pflanze von der Art, wie sie in der rechten Fensteröffnung vor Ursulas Zimmer steht. Dies war die aufmerksame Gabe einer in Venedig weilenden Irin, die von Ruskins Hauptbeschäftigung wußte: »from St. Ursula out of her bedroom window, with love«, sagte die begleitende Karte. In den folgenden Stunden, schreibt Ruskin nach Hause, »verdichtete sich alles nach und nach zu großer Klarheit und alles fügte sich zu einer Folge von hilfreichen und gesegneten Anspielungen, die sich an die besten Gefühle und Strebungen meines Lebens anschlossen«. Er schlief in dieser Nacht »wie ein Kind«, um am Weihnachtsmorgen weitere Geschenke zu empfangen, darunter Muscheln einer Spezies, die er gezeichnet hatte, als ihn 1867 (?) das Verbot von Roses Vater erreichte, die Geliebte wiederzusehen. »Dies war St. Ursulas Befehl, dem Master [Kurzform für John LaTouche] zu vergeben.« Er verläßt das Haus in einem Traumzustand (in a kind of dream), »in glücklichem, mühelosem Gehorsam« den Weisungen seiner Göttin folgend.

Der Weihnachtstag 1876 gerät zu einer großen Séance und Venedig zum großen Mysterientheater. Zuerst schicken ihn Ursula/Rose nach San Marco, um Dank zu sagen, dann findet er im Haus seines Gondoliere ein rührendes Weihnachtsbild vor, die 18jährige (!) Tochter mit ihrem Baby, dann geht es nach San Giorgio dei Schiavoni, in jene »cell of sweet mysteries«, wo ihn 1872 Roses Botschaft erreichte, »nach Hause zu kommen«. »Ich fragte mich, was der kleine Bär [d. i. Ursula] mir hier Besonderes zu sagen hatte – am Weihnachtstag.« Er nähert sich Carpaccios »Taufe des Sultan« und betrachtet wieder den Porphyrio, den Vogel der Keuschheit, der an einer Pflanze pickt – Ruskin hatte ihn kopiert, als Rose ihn rief: »Ich schaute mir die Pflanze genauer an. [. . .] Es war die Verbene *in Blüte*. Das reicht für heute, kleiner Bär, sagte ich, ich kann nicht mehr.« Ruskin verläßt die Kirche in dem Bewußtsein, »daß Weihnachten vorbei und die Lektion beendet ist«. Doch nur wenige Minuten später beginnt die zweite Serie von Weisungen, »in der alles ins Falsche und Blödsinnige wies. Alles, was mir begegnete, erwies sich als Falle oder als Enttäuschung.« Der erste Gondoliere, der ihn anspricht, »war ein abstoßendes Monster mit entzündeten Augen«, der Leibhaftige, wie er später wahrhaben will. Sich abwendend realisiert Ruskin, daß er nun bereit sein muß, »jede schmerzliche und häßliche Lektion auf sich zu nehmen, die Ursula für mich bereithält«. Der Rest des Tages vergeht in Fehlzügen und Spiegelfechtereien. Bei zwei Ausfahrten verirrt sich sein Boot im Nebel; das eine Mal steuert es irrtümlich das Irrenhaus von San Clemente an. Besuche bei Bekannten verlaufen unbefriedigend; der Tag endet mit starken körperlichen Schmerzen. Er fühlt, daß »der hilfreiche Geist mich verlassen hatte und daß ich nun, unfreundlicherweise, wie mir schien, auf meine eigene Klugheit und Tatkraft im Kampf mit dem widrigen Glück gestoßen wurde«. Das möchte er überhaupt als Lehre aus dieser »Christmas-Story« ziehen: daß man den Weisungen der höheren Mächte willenlos folgen muß, daß man aber gegen die Wirrungen und gegen die Angriffe des Bösen »die menschlichen Kräfte mobilisieren muß, die einem von Gott ebenso gegeben sind wie die beiden Engel, mit denen ich ging, Kräfte, die für solchen Kampf nur in langen Jahren des Mühens, Nachdenkens und Trauerns gewachsen sein können«. »Nun sehe man einmal«, ruft er beinahe triumphierend aus, »den Nutzen der Mythen, solange sie lebendig sind.«

Den Lesern von »Fors«, denen er in den folgenden Heften viel (nicht alles) zu erzählen hatte, erklärte er diese Folge von Bewährungen und Belehrungen (course of teaching) als bestanden – innerlich war er aber tief beunruhigt. Uns gilt die Refetischisierung des Bildes, d. h. die erneuerte Erfahrung der Bildermacht, als symbolistischer Spleen, aus dem Autoren wie Dante Gabriel Rossetti, Edgar Allan Poe, Oscar Wilde und Joris-Karl Huysmans spannende Literatur gemacht haben. Ruskin war aber, das muß noch einmal betont werden, an die sinnbildliche Seite der Bilder herangetreten, um den rapiden Sinn- und Sinnesverlust der Realität zu kompensieren und um mit unerträglichen inneren Spannungen zu Rande zu kommen. Hatte er nicht 1873 in »Fors« geschrieben, solange »es Bilder gäbe, die er nicht kopieren und Steine, die er nicht bestimmen könne«, solange habe er die »Qualifikation« für das Irrenhaus nicht erfüllt, solange – soll das heißen – habe er noch Kontakt zu einer heilsam fordernden, noch nicht in den Strudel des inneren und äußeren Wahns gerissenen Realität? Nun mußte er erfahren, was ihn schon die Beschäftigung mit dem antiken Mythos hätte lehren können, daß das Nachträumen des Traums, hier des Traums der Hl. Ursula, keine »glückliche Übereinstimmung [. . .] mit [den] Träumen« und kein »stetiges Leben« bringt. Das war auch der Bescheid des Schülers und Mythopoeten William Morris gewesen, von dem Ruskin 1868 die berühmten Verse hatte lesen können: »Dreamer of dreams, born out of my due time/[. . .] I cannot ease the burden of your fears« – nor of my own fears, möchte man hinzufügen. Vielmehr mußte ein von höheren Mächten arrangiertes Universum, in dem alles stimmt, ebenso Furcht einjagen, wie eine Menschenwelt, in der nichts mehr stimmt.

Ruskin hatte schon in jungen Jahren die symbolische Lektüre der Schöpfung »ein gefährliches Spielzeug« genannt – dies geschah in Abwehr der häuslichen evangelikalen Praktiken, die stark auf den typologischen Sinn der Bibel setzten. Im Alter fragt er sich und seinen Arzt, »ob das eigentümliche Verhalten der Menschen, die ununterbrochen eine Beziehung zwischen dem, was sie sehen, und etwas ganz anderem finden oder zu finden glauben, eine leichte Form dieser Krankheit [seiner Krankheit, s. Kap. VII] oder nur die Konsequenz ihrer pervertierten, wahrhaftigen Anlagen ist«. Die Hoffnung jedenfalls, »durch St. Ursulas Hilfe ein glücklicheres und gesünderes Leben zu führen«, hat sich für ihn nicht erfüllt. Nach den schlimmen Erfahrungen der ersten großen Attacke schreibt er an Norton: »Überarbeitung oder Kummer hätten mich schnell umgebracht, aber nicht wahnsinnig gemacht. Wahnsinnig wurde ich wegen der Hl. Ursula und anderer Heiliger, vor allem jungfräulicher Heiliger.« Während er in der unmittelbaren Folge der Weihnachtsbotschaft den Lesern von »Fors« seine Chiffrierleistungen, seine erneute Konversion und als deren Folge die Umwertung seiner italienischen Kunstgeschichte anpreist – jetzt rangieren »the signpainters of God«, das sind Giotto, Cimabue, Fra Angelico, Carpaccio wieder vor den vitalen Heiden Tizian, Tintoretto und Veronese –, währenddessen versucht er der Obsession dadurch Herr zu werden, daß er »jedes sündige Buch liest«, »um zu verhindern, daß St. Ursula ganz und gar ihren Willen bekommt«. Die Gesamtausgabe von Casanova, bildlich gesprochen, nach der Versucherin, die in diesem Fall eine Heilige ist, zu werfen, brachte jedoch nur kurzfristig Entlastung. Nach symbolistischen Exzessen der erlebten Art mochte eher die Radikalkur angezeigt sein, die Barbey d'Aurévilly den Verfassern der »Fleurs du Mal« und von »À Rebours« mit denselben Worten angeraten hatte: ihm »bleibt nur noch die Wahl zwischen der Mündung einer Pistole und den Füßen des Kreuzes«. Angesichts des »gesteigert christlichen Tons« der folgenden Schriften konnte man meinen, Ruskin habe sich entschieden – für die letztere Möglichkeit, spielt er doch einmal öffentlich mit dem Gedanken, Franziskaner in Assisi zu werden und versichert er das andere Mal den Freunden in »Fors«, sein Übergang zum Katholizismus sei noch nicht zu befürchten. Doch weder diese noch die andere Option hat er wirklich ergriffen. Die durch Leiden gestärkten Widerstandskräfte, auf die er nach dem spiritualistischen Weihnachtsabenteuer gebaut hatte, reichten weder zum Neuanfang noch zum Ende und auch nicht zur Synthese, die er anvisiert hatte, zur »Vita nuova«, zum verklärten Leben in und mit Rose. Sie reichten zum Weiterleben. Ihm war nicht die radikale, sondern die zeitgemäße Lösung beschieden: die Wiederholung. »Ich werde den Mythos von Ursula erst verstanden haben, wenn meine Tätigkeit als Interpret beendet ist.«

VII
Der einzige wahre Seher
1878–1890

I

»Ich hatte ihn im Jahre 1873«, schreibt Norton, »als einen Mann von kräftigem, mittlerem Alter verlassen, für seine Jahre eher jünger wirkend, aufrecht in der Haltung, behend in seinen Bewegungen, voller Vitalität, mit glattem Gesicht und wachen Augen. Nun fand ich einen alten Mann, der älter aussah, als er war, der einen krummen Rücken hatte und den Bart eines Patriarchen, der habituell müde wirkte, einen Menschen, den die Aura des Alters umgab.« Vergleichen wir Ruskins Selbstbildnis von 1873/74 (Abb. 13) mit dem Porträt, das der aus Deutschland stammende Hubert Herkomer 1879 von Ruskin malte (Abb. 16), so können wir Nortons Eindrücke gut nachvollziehen (bis auf den Bart, den es erst seit 1881 gibt). Die Person, die sich seinerzeit verzweifelt ins Auge blickte, hatte noch eine feste, anscheinend unbeschädigte Körpersubstanz. Jetzt ist die angestrengte Mimik einer Milde gewichen, die man bei näherer Betrachtung auch als Konzentrationslosigkeit und Erschlaffung lesen kann. Die rechte Augenbraue, die sich im Selbstporträt drohend nach unten wölbte, ein aktives Organ geradezu, ist jetzt ausdruckslos breit nach außen gezogen; der Mund, der immer von dem Gegensatz zwischen präzise geschwungener Ober- und fleischig vorspringender Unterlippe lebte, besteht nun aus zwei parallelen Fleischbändern; die Epizentren der mimischen Landschaft, die wir schon im früheren Bildnis feststellen konnten und als nervöses, überspanntes Spiel verstanden, sind nun flache Einbrüche in die einst rund gespannte Plastik des Gesichts. Das Weiche und Bewegliche hat nachgegeben; dafür tritt der Knochenbau stärker hervor.

Die Augen, Ruskins Wahrzeichen (»das Beste in meinem Gesicht und in meinem Leben sind die Augen«), wirken verloren. Da ist nichts Ablenkendes und keine Unendlichkeit vor ihnen, wohl auch kein innerer Rundhorizont, den sie abtasten. Es scheint ganz einfach so, als sei der Mechanismus, der sie ausrichtet, erschlafft, als würden die Steuerseile durchhängen. So geben sie der natürlichen Schwerkraft nach, und man kann sich kaum vorstellen, daß dieser Blick sich schnell sammelt und aufrafft. Wenn ihm dennoch etwas Ausweichendes, auf

Ausweg Sinnendes innewohnt, so braucht das kein Widerspruch zu sein. Möglich wäre es ja, daß die Augen das Nicht-Sehen als Ausweg suchen.

Die Zeitgenossen, die ihm nicht so nahestanden wie Norton, haben das natürlich anders empfunden. Ruskin ist nun reif, verklärt zu werden. »Sein Gesicht ist einfach schön!«, schreibt Ruskins Nachfolger im Amt als Slade-Professor, der Maler William Blake Richmond. »Da ist die gleiche ruhige Stirn wie früher, aber das Bündel zynisch wirkender Linien um die Nase ist verschwunden. Das ganze Gesicht erscheint nun in vollkommener Harmonie, in einem Zusammenhang von wunderbarer Schönheit – merkwürdig, sehr traurig, nach innen gerichtet, dabei geradezu heiligmäßig in seinem idealistischen Suchen nach etwas, das außerhalb des Gesichtskreises gewöhnlicher Menschheit liegt.« Richmond hat sicher recht, wenn er das Gesicht jetzt schön und harmonisch nennt. Gemessen an seinen jüngeren Zuständen, in denen sehr regelmäßige und ziemlich unregelmäßige Formen im Widerstreit lagen und so die Erscheinung äußerst wechselhaft gestalteten, kann die reduzierte Fassung des Alters durchaus als gleichmäßig und schön empfunden werden. Aber wenn man den von Herkomer Porträtierten als Träumenden und Abwesenden sehen will, dann kann man das genauer haben. Es ist in diesem Fall nicht ohne Bedeutung, wo das Bild gemalt wurde. Nach dem Tode seiner Mutter 1871 hatte Ruskin Denmark Hill verkauft und hatte sein Londoner Quartier nebenan in Herne Hill aufgeschlagen, das war jenes Haus, in dem er von 1823 bis 1842 gelebt und das er 1870 seiner Kusine Joan zu ihrer Heirat mit Arthur Severn geschenkt hatte. Zu seinem Studio bestimmte er sein altes Kinderzimmer; dort entstanden die Werke der 70er und 80er Jahre, soweit sie nicht in Brantwood geschrieben wurden; von dort ist das Vorwort zu den Lebenserinnerungen datiert, und dort ist auch unser Porträt entstanden. Der 60jährige, der in seinem Kinderzimmer sitzt, um porträtiert zu werden, entdeckt nicht mehr, wie sein Vorgänger vor 54 Jahren, Löcher im Teppich des Malers. Aber er denkt vielleicht daran, wie er die Löcher entdeckt hat. Wer als 60jähriger in sein Kinderzimmer zurückkehrt, ist abwesend und anwesend zugleich. Vielleicht erklärt das den abständigen Blick.

Richmonds Beschreibung, die so konventionell anhebt, wird besser, wenn sie fortfährt – Richmond hat mehr gesehen, als er wissen konnte: »Dieses Gesicht ist wahnsinnig, es hat die Schönheit, die die Gesundheit des Wahns verleiht. Welch Paradox! Es liegt vom Ideal dieses Jahrhunderts weit ab. Es formt auch mit keinem seiner Züge ein Ich, eine Person ab, sondern was es wirklich ausdrückt, ist ein großer, wenn auch verborgener Glauben und eine Summe der Überzeugungen, die auf allen nur denkbaren Wegen eingefahren wurde. Was da offenliegt, ist ein Hader mit dem Äußeren und dem Inneren und ein Traumland, das noch unerforscht ist, das ist keine hohe Flamme, sondern ein Schwelbrand, der die Idee eines schönen Feuers unterhält.«

2

Die starken Veränderungen, die wir an Ruskin feststellen, finden ihre Erklärung in den Vorgängen vom 14. Februar bis zum 23. April 1878. Während dieser Zeit erlitt er den ersten Schub des Wahns – fünf weitere sollten folgen. In der Sprache des Tagebuchs, an der Spitze eines leergelassenen Blattes: »Februar bis April – der Traum.« »Man könnte den Traum als einen kurzen Wahnsinn definieren und den Wahnsinn als einen langen Traum.« – sagt Schopenhauer. Ruskin hat sein Tagebuch jeweils bis an den Rand des Zusammenbruchs geführt, bis zu jenem Punkt, da der verstörte Geist sich an die Zerstörung des Körpers macht. Der evangelikale Trieb zur Selbsterkundung hielt ihn solange aufrecht – ein Arzt im Selbstversuch konnte nicht bewußter handeln. Wenn das Tagebuch sonst zwei bis vier Zeilen pro Tag hat und häufig nur Wetter und Stimmung notiert, so werden die Eintragungen, je näher sie dem Abbruch kommen, immer länger, bis zu vier Druckseiten lang. Sie sind dann Stenogramme eines rasch fließenden Bewußtseinsstroms, der alles, was in innerer oder äußerer Nähe ist, mit sich reißt. In seiner Grundstruktur ähnelt der »Traum«, solange er Wachtraum ist, der venezianischen Weihnachtsgeschichte des Jahres 1876, mit dem einen Unterschied, daß die Reizquellen aus dem Innenraum kommen. Aber der Prozeß ist der gleiche:

Ruskin läuft Stationen an, und jede dieser Stationen antwortet und schickt ihn weiter. Wenn er am 15. Februar, am Anfang der großen Ideenflucht, schreibt, er habe von bestimmten Bildern in seinem Zimmer »eine nicht enden wollende Reihe praktischer Belehrungen über die Funktionen von Bildern empfangen«, dann sind wir noch näher an dem, was in Venedig und im Grunde nicht so sehr weit entfernt von dem, was seit den späten 50er Jahren immer häufiger geschah: die Botschaft der Bilder, das Befahren der Relais, das Herstellen der Zusammenhänge, die Freude am »Übergänglichen« – all das ist ja nicht ganz neu.

Es begann am Valentinstag 1878 mit verschiedenen Bildern, Kopien nach italienischen Gemälden, die alle im Namen von Rose sprachen: »14. Februar. Sankt Valentin – und ich bekam die Madonna als Valentinsgeschenk! – Fors gab sie mir von Beata Vigri – das war das erste, worauf heute mein Blick fiel, und im Mondschein leuchtete mir die Schönheit ein, wie ich darauf schaute.« Dem sorgfältigen Kommentar von Helen Viljoen zufolge, ohne den alle diese Texte stumm bleiben würden, besagt dieser Eintrag: Der Zufall (Fors) wollte es, daß Ruskin zum Valentinstag als Geschenk einer venezianischen Freundin die Kopie eines Bildes der Bologneser Malerin Beata Vigri erhielt, die als Katharina von Bologna heiliggesprochen wurde. Das Bild zeigt die Hl. Ursula mit vier anderen Heiligen und die Nonne Katharina zu ihren Füßen. Warum das Tagebuch von der Madonna spricht, kann man wohl nur so verstehen, daß Ruskin in Ursula »meine Herrin«, Madonna Rose wiedererkannte und – damit nicht genug – daß auch die heilige Jungfrau Katharina, die die heilige Jungfrau Ursula malte, mit der von Ruskin geheiligten Jungfrau Rose zu verschmelzen begann. »Rose ähnelt in so vielen Zügen der Hl. Katharina von Bologna«, erklärte Ruskin einmal den MacDonalds. Das ist wie ein Sog, der den Interpreten anzieht, ein »symbolisme en abîme«, ein Symbol steckt im anderen, eine unendliche Tiefe von Verweisungen tut sich auf, die bald den Rückzug unmöglich macht. Am nächsten Tag meldet das Tagebuch: »Mein Valentins-Geschenk steht auf meinem Kamin zusammen mit Salomo und der Königin von Saba, und ich habe von ihnen eine nicht enden wollende Reihe praktischer Belehrungen über die Funktionen von Bildern empfangen, und die Polizei-Nachrichten und mein Vortrag und Miss Edgeworths Ormond und das Geheimnis moralischer Existenz, vor allem Carlyles schöner Sinn für Moral und der Hymnus, der in meinen Armen gesprochen wurde. (Ich *muß* mich an die Arbeit machen, sonst verschwinde ich noch ganz und gar in Traumland.)« Aufgeschlüsselt läßt dieser Auszug erkennen, welches Konfliktfeld sich jetzt aufbaut. Neben das Bild nach Beata Vigri hatte Ruskin offenbar eine zweite Kopie von der Hand derselben Bekannten gestellt, eine Nachbildung von Carpaccios »Salomo und die Königin von Saba« (heute meist Bastiani zugeschrieben) – ein Werk, an dem Ruskin bezeichnenderweise Carpaccios Fähigkeit gerühmt hatte, »alles, was er mit den Augen des Körpers oder des Geistes sah, zu spiritualisieren oder wie eine Vision zu lesen«. Das Thema erinnert ihn natürlich an seine Kopie von Veroneses gleichnamigen Bild in Turin, das 1858 die »unconversion« eingeleitet hatte, die Abkehr vom lebensabsperrenden Glauben seiner Mutter und seine Zuwendung zum sinnbejahenden »Heidentum«. Das war bekanntlich die Position, von der aus er Rose retten und gewinnen wollte und sich selbst mit dazu. Die Situation des Jahres 1878 wird aber durch die erneute Konversion bestimmt, die im Gefolge der »Weihnachtsgeschichte« 1876 stattgefunden hatte. Die Erwähnung von »Salomon und die Königin von Saba« mobilisiert sofort eine Reihe von Abwehrkräften, die dem Glauben und der Moral seiner höchsten Instanzen verbunden sind, die freilich, wie Götter häufig, nur indirekt angesprochen werden: Miss Edgeworths Traktate dienten der Mutter als Richtschnur für die Moralerziehung ihres Sohnes. Carlyle rückte nach dem Tode von Ruskins Vater in diese Rolle, und »the hymn said in my arms« bezieht sich auf eine rührende Episode aus der letzten Phase von Roses Krankheit: als sie heftig delirierte und nicht schlafen konnte, wurde Ruskin zu ihr gelassen, und in seinen Armen fand sie Frieden und Schlaf, indem sie bis zum Ende den Hymnus »Jesus, lover of my soul« aufsagte. Das Märzheft von »Fors«, das am gleichen Tage abgeschlossen wird und sich in seiner freien assoziativen Technik nicht sehr von den Texten des Tagebuchs unterscheidet, zitiert aus den Sprüchen Salomonis (!) einen Satz wie eine Gesetzestafel: »Mein

Kind, gehorche der Zucht deines Vater und verlaß nicht das Gebot deiner Mutter. Denn solches ist ein schöner Schmuck deinem Haupt und eine Kette an deinem Hals.« Doch welcher Art sind die Lockungen und Versuchungen, vor denen der biblische Text warnt? Warum sagt das Tagebuch am 16. 2., der Vortag sei ein Tag »harten Kampfes und Verlangens nach Geduld und Klugheit« gewesen? »17. Februar, Sonntag. Hielt oben an, hinter Kate, um ein wenig zu beten, nachdem ›ich meinen Weg gesehen hatte‹, zuletzt um ½ vier Uhr heute Morgen, mit Hilfe von Beata Vigri und – von Ophelia. Laß herein, welche heraus – Kommt niemals mehr [Let in – that out – Departed, nevermore]

✠

Der Teufel gab mir gerade den Spruch ein: ›Lasset uns nicht eitler Ehre geizig sein‹. Ich bin es nicht, Teufel. Ich will nützliche Ehre. ›Einander herauszufordern.‹ Teufel, schlauer Teufel, glaubst du, ich möchte Beata Vigri und die kleine Ophelia herausfordern?« Mit Ophelia wird eine dritte Präfiguration von Rose eingeführt, die das Wahnleben immer wieder beschäftigen wird. Ruskin hatte schon zu ihren Lebzeiten Rose mit Shakespeares tragischer Gestalt verglichen, die lieber den Eltern gehorcht, als ihrem Geliebten zu folgen, und darüber wahnsinnig wird. In diesem Zusammenhang drängte sie sich als ein weiteres Valentins-Geschenk auf, denn es heißt in ihrem mutwilligen Lied im vierten Akt der Tragödie:

Auf morgen ist Sankt Valentins Tag
Beim frühesten Tagesschein
Steh ich, 'ne Maid, am Fenster dir
Dein Valentin zu sein.
Und auf er stand, tät Kleider an,
Schloß auf die Kammertür,
Ließ ein die Maid, die als 'ne Maid
Nicht wieder ging herfür.
Let in the maid, that out a maid
Never departed more.

Die beiden letzten Verse verkürzt Ruskin auf eine Weise, die sie völlig harmlos macht. Für ihn waren sie so stark, wie gefährliche Zauberverse, daß er sie mildern mußte. Denn darum ging es in diesem Kampf: »Es war ein langer Versuch, Roses Geist, wenn nicht ihren Körper durch mich wieder lebendig zu machen.« Das Mädchen sollte herein- und nicht mehr herausgelassen werden – auch während des zweiten Zusammenbruchs benützte Ruskin diese Formel. Und am 20. Februar ist es dann so weit, daß er an MacDonald schreiben kann: »Lieber George, jetzt sind wir am Ende doch verheiratet [...] bin in großer Eile, habe so viele Dinge zu tun.« Aber die mystische Hochzeit von Rose und John steht nicht am Ende des Traums, am Ende steht der große Anfall. Mit dem Erscheinen von Ophelia/Rose hat nämlich die zuerst so allgemein gehaltene Konfliktsituation an Prägnanz, an Fleisch und damit auch an Ausweglosigkeit gewonnen. Wenn Ursula und Beata Vigri für Rose, die Heiligen, stehen, dann bezeichnet Ophelia das, was Rose selbst ihre »animal nature« nannte. Bei aller Spiritualisierung von Rose darf man doch nicht übersehen, daß sie die letzte Frau war, die Ruskin begehrt hatte und die auch nach ihrem Tod das Bild seiner Wünsche bestimmte. Selbst an ihrer heiligmäßigen Gestalt, an ihrem alter ego Ursula fasziniert ihn die Schönheit, nicht etwa die Reinheit, wie die erste Tagebuchnotiz belegt. Der eindeutige »Love-song« der Ophelia und der Sinn des Valentins-Tages, an dem man sein »sweetheart« erwählt und an dem nach altem Glauben die Vögel sich paaren, konkretisiert die Assoziationsfolge zugunsten »Turins«, um es kurz zu sagen. Dagegen setzt Ruskin das Kreuz des hl. Georg, des Siegers über den Drachen, die Schlange, die das Symbol der Befleckung ist. Das danach zitierte Fragment aus dem Galater-Brief, das ihm der Teufel (!) eingibt, führt im Zusammenhang gesehen auf die richtige Bedeutung des Kreuzes. Wie bei den letzten Zeilen von Ophelias Lied kürzt Ruskin das Zitat um die entscheidenden, verräterischen Worte. Galater 5, 24-26 heißt: »Welche aber Christo angehören, die kreuzigen ihr Fleisch samt den Lüsten und Begierden. So wie wir im Geist leben, so lasset uns auch im Geist wandeln. Lasset uns nicht eitler Ehre geizig sein, einander herauszufordern und zu hassen.« Galater 5 ist eine schrille Warnung vor den »Lüsten des Fleisches«; sie kommt Ruskin in den Sinn, als er in den Bann von Ophelia/

Rose gerät. Das möchte er – später – überhaupt als die Botschaft der drei ersten Attacken zusammengefaßt wissen, daß er des biblischen Wahrspruchs innewerde: »Denn wo ihr nach dem Fleische lebet, so werdet ihr sterben müssen; wo ihr aber durch den Geist die Taten des Fleisches tötet, so werdet ihr leben.« (Röm. 8, 13)

Damit sind die Autoritäten im Grunde benannt, die von nun an den großen, alten Streit um Rose und John, um das Leben beider im Fleisch oder im Geiste wieder aufführen. Phantastisch ist anzusehen, mit welcher Geschwindigkeit sie ihre Verkleidungen und die Fronten wechseln und was alles an Material sie anziehen und wieder abstoßen. Aus Pindar, Horaz, Dante, Shakespeare, Novalis, Keats, Wordsworth, Flora Shaw, »Punch«, »Telegraph Post« fließen Textbruchstücke ein; als bildende Künstler sind vertreten: Botticelli, Carpaccio, Beata Vigri, Tintoretto, Tizian, Burne-Jones, Richter, und alle Mitwirkenden aus Mythologie, Geschichte und Religion hier aufzuführen, würde zu weit führen. Der Gedankenstrom wird zum Maelstrom, dessen Strudel die halbe europäische Geistesgeschichte mitreißt und dessen Zentrum nicht ruhig und unbeteiligt bleibt, sondern sich gegenläufig zu bewegen scheint, um noch mehr mitzubekommen (I must put it all down as fast as I can). Die resultierende Beschleunigung ist schwindelerregend, und die Zeitsymbolik spielt eine immer größere Rolle – mal ist es die Uhr der Mutter, mal die des Vaters, die antreibt. Man überlasse sich einfach dem folgenden Textteil, ohne alles verstehen zu wollen: »Putting it into the drawer I come on my mothers watch in the case I used to be so fond of. What a clock is it? Six minutes to 12 – and a few seconds over – as far as I can see with my magnifying glass – my old eyes wont. – Oh yes the second-hand – (Second! life) twenty one seconds. – Time – Twice and a half time or so. I' am wasting it – Devil puts me in mind of Iachino – Imogene dear – the mole cinq spotted – we'll beat him, wont we?« Unter diesen Bedingungen werden die Symbole zu Kürzeln komprimiert. Was macht man mit Angaben wie: »Delphi first. Then Ägina. Behind Carpaccio.«? Das läßt sich durchaus erklären, aber man braucht dazu mehrere Seiten. Den Schluß des Treibens, die Stelle, wo der Strom den Katarakt hinuntergeht, bildet, wie könnte es anders sein, eine große venezianische Phantasie, die mit Roses Botschaft, die ihn in San Giorgio dei Schiavoni erreichte, anfängt und Tizian und Tintoretto, die Dogen Gritti, Dandolo und Selvo, die Pferde von San Marco und Piero, seinen venezianischen Gondoliere und ganz zum Schluß die Griechische Prinzessin miteinbezieht, die legendäre Frau des Dogen Selvo, die eine weitere und in diesem Text die letzte Maske von Rose ist.

Am Morgen des Karsamstag 1878 fand man Ruskin bewußtlos und fiebernd. Nach eigener Erinnerung hatte er die Nacht damit verbracht, ohne Kleider auf und ab zu gehen, in Erwartung eines Kampfes mit dem Teufel. Es folgte ein zehntägiges Ringen um sein Leben – der Kranke verweigerte jegliche Nahrungsaufnahme –, dann kamen lange Phasen sanfteren Deliriums, endlose unverständliche Monologe, plötzliche Angriffe auf die Pfleger und Verwandten, abgrundtiefes Mißtrauen gegen seine Umgebung. Nach knapp sechs Wochen schwerster Krankheit stellte sich plötzlich Besserung ein, am 8. April konnte Ruskin zum ersten Mal wieder ausgehen. Das ist in groben Umrissen das Muster aller großen »Träume« oder Anfälle, die Ruskin in den folgenden Jahren durchmachen mußte: sechs waren es insgesamt, 1878, 1881, 1882, 1885, 1886 und der letzte 1889, der den längsten, den elfjährigen Traum einleitete. Das Grundmaterial der »Symbolfluchten«, wie wir das einmal nennen wollen, was auf dem Papier geschieht, und der Alpträume, die er während der Phasen des Deliriums hat und an die er sich mit bemerkenswerter Klarheit erinnert, fällt jeweils sehr verschieden aus, aber als Protagonisten sind Rose und die Eltern immer dabei. Besondere Erwähnung verdient die Attacke des Jahres 1886 wegen des Motivs, das sie auslöste. Wenn Ruskin sich sonst nach vielen labyrinthischen Windungen in eine Sackgasse gelotst hat – 1878 war es, wie gesagt, die venezianische Falle, die sich zum Ende über ihm schloß –, dann genügte diesmal die unvermutete Begegnung mit dem lebenden Symbol, mit der »lebendigen Hieroglyphe«, um sofort den Traum beginnen zu lassen: »Ich hatte an dem Tag, bevor mein letzter Anfall kam, ein interessantes Zusammentreffen mit einer großen Viper, die mich auf der obersten Stufe der Landungsstufen überraschte [am See unterhalb von Ruskins Haus

Brantwood]. Ich schaute ihr in die Augen oder besser Nase, eine halbe Minute lang, dann verschwand sie in einem Grashaufen. Ich rief Tommy, einen starken Jungen von 18 Jahren, der weiter oben mähte und der mit einer Sense kam. In dem Moment, da er auf den Haufen klopfte, ringelte sich die Schlange zu einer glitzernden Spirale zusammen, was mich stark überraschte, sie züngelte nach der Sense, und erst beim fünften oder sechsten Versuch konnte Tommy den entscheidenden Schnitt tun. Schließlich kniete ich nieder und klopfte mit einem Stein ihren Kopf platt – und hoffe, diese Schlange war das letzte Haar von Medusas Haupt für mich.« Solches Handeln kann wohl nur nachvollziehen, wer Nacht für Nacht und während der großen Attacken von perennierenden Schlangenträumen heimgesucht wird und wer sich und sein Land unter den Schutz des Drachentöters Georg begeben hat. Aber merkwürdig bleibt, wie beziehungslos Ruskin das Ereignis neben seine Folgen stellt und wie er noch nach dem nächsten Anfall hofft, die Quelle der Obsessionen vorher endgültig besiegt zu haben.

Denn Ruskin hat sich über Sinn und Ursache seiner Anfälle viele Gedanken gemacht. Er hat die Tagebücher studiert und hat von den wüsten Träumen, die in die Zeit des Deliriums fallen, ausführlich Bericht erstattet: Freunden, Ärzten und seinen Lesern gegenüber. Es war nicht seine Art, Erfahrungen, die ihn tief beschäftigten, für sich zu behalten. Aber Verschweigen und Verdrängen hätte auch nicht viel genutzt, denn das viktorianische England trieb seine Heldenverehrung so weit, daß es sich per Zeitungsbulletin über die Lebensgefährdungen seiner Heroen täglich berichten ließ. Der Sinn dessen, was ihm widerfuhr, stand für ihn fest: Er ergriff die konventionelle Deutung, daß Wahnsinn als Strafe und als Botschaft kommt, die es zu entziffern gilt. »Die zwei Anfälle, die Du nennen magst, wie Du willst, sind beide Teile derselben Serie von Versuchungen und Belehrungen gewesen, aber diesmal bin ich etwas sanfter gepeitscht worden und habe schon mehr gelernt.« Sein Strafbedürfnis, die Lust, sein wirkliches und eingebildetes Versagen vor den Eltern, vor Gott, vor Rose, sein »Leben im Fleisch« zu sühnen, ist so gebieterisch gewesen, daß die Anfälle nicht den Schrecken für ihn hatten, den man unterstellen muß. Masochistische Tendenzen und evangelikale Selbstausforschung förderten einerseits den Wunsch »nach einer Erkundung der Grenzen des Wahnsinns – meine Erfahrungen sind noch nicht weit genug«, gaben andererseits ein Gefühl der Bestätigung und Befriedigung: »ich bin zufrieden mit dem Maß an Apokalypse, das ich verdiene«. So sehr er sich also in den Sinn seiner Krankheit fügen wollte, was die Ursachen anging, wußte Ruskin viele Gründe zu nennen. Ihre Kenntnis ist wichtig, weil sie in Verbindung mit den Strategien seines Weiterlebens und das heißt auch: seiner Werke stehen. Man darf die gerade getanen Äußerungen nämlich nicht dahingehend mißverstehen, daß Ruskin mit Lust das Aufgehen im Wahn gesucht hätte. Er besaß seit 1878 zwei Leben, die beide ihre Strafen und ihre Belohnungen austeilten. Welches das eigentliche war, wußte er nicht immer mit Sicherheit zu sagen: »Für etwa drei Wochen bin ich erneut verrückt geworden, und gerade erst bin ich wieder zu mir selbst gekommen – wenn dies mein Selbst ist und nicht jenes, das im Traum lebt.« Und so wie der Traum alles ansaugt, was das Leben, das kollektive Menschenleben ausmachte, so teilt er seinerseits dem Weiterleben seine Impulse und Motive mit oder bildet zumindest ein großes Widerlager, an dem die Leistungen der Wachwelt sich behaupten müssen. Wenn es eine subjektive Hierarchie der Ursachensetzungen gab, dann kann man einen obersten Grund, mehrere gleichberechtigte und einen verworfenen annehmen. Der verworfene, um mit ihm anzufangen, war der, den die Ärzte, bedeutende Spezialisten diagnostizierten: Sie erkannten auf Nervenfieber infolge von Überarbeitung. Nach dem ersten Anfall sagte Ruskin, es habe ihn ein Landarzt ins Leben zurückgeholt, der anerkannt hatte, daß es etwas an seiner Seele zu kurieren gab. »Tatsache ist, daß diese meine Krankheiten überhaupt nicht aus Überarbeitung resultierten, sondern die Folge starker Aufregung über bestimmte Richtungen meiner Arbeiten waren. [. . .] Das erste Mal war es eine lange Gedankenkette über St. Ursula.« »Überarbeitung und Kummer hätten mich schnell umgebracht, aber nicht wahnsinnig werden lassen. Wahnsinnig wurde ich wegen der Hl. Ursula und anderer Heiliger, vor allem jungfräulicher Heiliger. [. . .] Aber die Doktoren wissen weder etwas von St. Ursula oder St. Katharina [von Bologna] oder St. Lachesis – noch überhaupt irgend etwas von Bedeutung.« Daß »zu vieles Nachdenken über meine tote Rose«, daß die »Wiederholung« und Fortsetzung des Lebens mit den alten Autoritäten, die nun alle gestorben waren, oberste Ursache und wichtigstes Gestaltungsmaterial des Wahns waren, stand für Ruskin fest und muß auch von uns akzeptiert werden. Tiefer setzt er drei Motive an, die gleichzeitig wichtige Antriebe für sein literarisches Schaffen sind: Symbolzwang, Erinnerungszwang, Zwang der Zeit hätten ihn verrückt gemacht, sagt er, je nach Begründungszusammenhang und Bedürfnislage. Wir werden die beiden zuletzt genannten Ursachen und die mit ihnen verbundenen Werke ausführlicher darstellen – zum ersten nur soviel: Am Ende des letzten Kapitels haben wir jenen Teil der Selbstanalyse Ruskins zitiert, wo er von dem »eigentümlichen Verhalten der Menschen, die ununterbrochen eine Beziehung zwischen dem, was sie sehen, und etwas ganz anderem finden oder zu finden glauben« sprach. Zu bestimmten »gefährlichen Zeiten« fange eben alles an, sich zu verknüpfen und miteinander zu kommunizieren, »meine Bücher öffnen sich dann ununterbrochen, vielleicht zehnmal am Tag an Stellen, die immer auf ein und dieselbe Beziehung zurücklaufen, ohne daß die Art des Buches eine Rolle spielte – das kann Dante oder Punch sein –, sie alle öffnen sich wie Bücher der Weissagung«. Unter diesem schnell sich zusammenziehenden Netz aus selbsttätigen symbolischen Verweisungen versuchte Ruskin mehrmals ein Schutzgerüst zu errichten, das mit lauter sicheren und anerkannten Gleichnissen verstrebt war. Anders ausgedrückt: gegen die Bücher, die Fors zu »Büchern der Weissagung« machte, wollte er Bücher setzen, welche die Lehre der Sinnbilder auf große und heilsame Konventionen stützte. So war in den 60er Jahren »The Queen of the Air« entstanden, doch die enge Verarbeitung von privatem (gefährlichem) und kollektivem (gutem) Material, die den Wert der mythologischen Studien auszeichnet, konnte er sich jetzt nicht mehr leisten. »The Bible of Amiens« (1884) oder »The Shepherds Tower« (1881) fallen ab, weil sie in der Hauptsache nur auflösen und auflisten, was Monumente wie die Kathedrale von Amiens oder der Campanile des Florentiner Doms an Allegorien, Symbolen und religiösen Szenen aufweisen. Zugegeben – auch hier kommt es zu rasanten Symbolfluchten, und der Ruskinsche Topos der Annäherung an ein Kunstwerk hat keine phantastischere Ausformung erhalten als auf den ersten Seiten der »Bibel von Amiens«, aber über den »purple passages« darf man nicht übersehen, daß die Hauptarbeit, die hier geleistet wird, trocken-ikonographische Deutungen sind, kunstlos aufgereiht wie in einem Symbollexikon. Zusammengelesen wollen sie eine aus den Monumenten bezogene Heilige Schrift, eine Glaubenslehre sein, »geschöpft an den Quellen«, d. h. den reinen Überlieferungen des 13. und 14. Jahrhunderts entnommen. Die Ikonographie entsteht um 1850 in England, als protestantische Reisende für den Umgang mit der religiösen Bilderwelt des Kontinents ausgerüstet werden mußten – das war das erklärte Motiv etwa von Anna Jamesons »Sacred and Legendary Art« (1848) –, und sie erreicht in England in den 80er Jahren eine neue Dringlichkeit und Qualität, als es galt, die immer üppiger ins Kraut schießenden »endopsychischen Mythen« (Freud), die privaten Mythologien einer dem Symbolismus verfallenen Generation in ein neues Verhältnis zur Überlieferung zu bringen – Ruskins Entzifferung der Bauplastik von Amiens und Florenz, seine »Lektüre« Carpaccios und Botticellis werden veröffentlicht, als die Nachfrage nach seinen Werken zu kulminieren beginnt, und sie haben die bedeutendsten »Agenten« gehabt (man denke nur an Proust), so daß er seine europäische Wirksamkeit als Mythopoet, Ikonograph und Symbolist antritt.

3

Ruskin wußte vielleicht noch nicht, daß die Zeit einem angibt, *wie* man verrückt wird, aber er war sich schon sicher, *daß* man an der Zeit verrückt werden kann. Er sah sich in einer Schicksalslinie mit all den Künstlern und Philosophen, die ihm Vorbild und Gegenstand gewesen waren: »Wie viel weisere Leute als ich werden wahnsinnig zum guten (oder bösen) Ende: Turner in seiner letzten Zeit, Blake immer, Scott an seinem Stolz, Irving an seinem Glauben, Carlyle wegen des Geflügels nebenan.« Er, der letzte in der Reihe, beansprucht für sich das größte Recht, dem Wahn zu erliegen. An Carlyle läßt er z. B. nicht gelten, daß seine Wahnvorstellungen immer nur um die eigene Befindlichkeit kreisen: »Zwischen den Sternen und seinem eigenen Magen ist nichts in der Natur, was ihm der Wahrnehmung wert erscheint. Er geht z. B. für zwei Monate nach Nordwales und bemerkt von den Vorgängen in Cumberland nichts, absolut nichts, nur daß die Carlylesche Galle immer mehr überläuft.« »Die Krankheit, die mich vor zwei Jahren [1878] beinahe tötete«, setzt Ruskin dagegen, »entstand aus Kummer über die Entwicklung der politischen Angelegenheiten Englands und über Vorgänge in Venedig, die öffentlich und privat zugleich waren.« Auch diese Ursachenforschung können wir nachvollziehen. Es ist sicher nicht zu weit gegriffen, wenn man sagt, daß Ruskins »interwoven mind« in seiner großen Schlußbewegung den Tendenzen der viktorianischen Epoche folgt, die seine Lebenszeit so übergenau ausfüllt – abwärts folgt.

Die Zeit seiner Depression (1878 bis 1900) ist auch die Zeit der »langen Depression« Englands. Während der Jahre 1876 bis 1896 »verlor Großbritannien seinen Rang als ›Werkstatt der Welt‹ und war nur noch eine der drei großen Industrienationen und in wichtigen Punkten die schwächste«. Es verlor seinen technologischen Vorsprung, es verlor Wettbewerbsvorteile durch das Erstarken konkurrierender Kolonialmächte, und es verlor an Wirtschaftskraft, weil es die Ausbeutung im Inneren nicht mehr so zügellos vorantreiben konnte wie zuvor. Einer auf dem Rückzug befindlichen, sich refeudalisierenden Kapitalistenschicht stand nun zum ersten Mal in der englischen Geschichte eine organisierte Massenbewegung der Arbeiter gegenüber. Am Anfang der 70er Jahre hatte Englands Exportvolumen einen Wert von 256 Millionen Pfund, und die Arbeitslosigkeit betrug 1%; 1879 lagen die Ziffern bei 192 Millionen bzw. 12%. Zweifel kamen auf, ob der alte Kurs der richtige sei. Der populärste Wirtschaftstheoretiker der Zeit heißt nicht Marx, und er ist auch nicht unter den vielen unbeirrten Ideologen der kapitalistischen Expansion zu suchen, sondern es ist Henry George, der mit seinem weitverbreiteten, auch von Ruskin sorgfältig studierten Buch »Progress and Poverty« (1879) der allgemeinen Stimmung am besten entsprach. George stellte das Gesetz auf, daß Fortschritt soziales Elend produziert, daß wir »überall dort, wo die Bedingungen für den materiellen Fortschritt gegeben sind, wo die Bevölkerung am dichtesten, der Reichtum am größten und die Produktions- und Distributionsmaschinerie am höchsten entwickelt ist, die tiefste Armut, den erbittertsten Kampf ums Überleben finden [. . .]«. Diese Erkenntnis hätte man auch aus den Schriften Ruskins und Carlyles haben können, aber George hatte zur rechten Zeit die schlagkräftige Formel gefunden.

Daß die große Depression nicht ohne Auswirkung auf die Einzelpsyche blieb, läßt sich besonders klar an der »maladie du fin de siècle«, an der Neurasthenie beobachten. Diese Krankheit wurde 1878 von dem amerikanischen Arzt Beard »entdeckt« und beschrieben. Sie grassierte seitdem epidemisch in jenen bürgerlichen Kreisen, die bisher die Träger und Begünstigten des Fortschrittsoptimismus gewesen waren. Das vage Krankheitsbild kannte Symptome wie Reizbarkeit, depressive Gemütsstimmung, Unfähigkeit zu bisher gewohnten Arbeitsleistungen, rasche Ermüdung, Grübel- und Zweifelsucht – psychische Symptome, an die sich die verschiedenartigsten physischen Störungen anschließen konnten. Die Neurasthenie war der milde Ausdruck eines Stimmungstiefs, das gefährdeten und hellsichtigen Naturen, wie Ruskin eine war, noch ganz andere Abschwünge bescherte: Neurosen und Hysterien, die in dieser Vielfalt damals nicht nur zum ersten Mal beschrieben wurden, sondern wohl auch zum ersten Mal auftauchten, in klinisch reiner Form zumindest, durch ein Klima der allgemeinen Sensibilität und Permissivität treibhausmäßig gefördert. Ruskin ist ein gutes Beispiel für die Verlagerung der Autopsie vom Körper auf die Seele: empfindlich war man ja im Hause Ruskin immer gewesen, aber nach nicht leicht zu nehmenden Krankheitszeichen, wie sie der junge Ruskin an sich feststellen mußte, horchte und wartete er auf ein organisches Versagen – man denke zurück an Ruskins Anamnese zu Beginn des Venedig-Kapitels. Als ein solcher Schaden partout nicht eintreten wollte, bis zum Ende nicht, richtete sich das Interesse auf Inträtables im psychischen Bereich. Je später die Tagebucheintragungen, desto präziser werden die Ausschläge der Stimmung verzeichnet, bis hin zu jenen »Wahnzetteln« (würde es bei Nietzsche heißen), die noch im Strudel des Maelstroms verfaßt werden. Ja, es ist so, daß der große Anfall sich ab einer bestimmten Phase gegen den noch intakten Körper richtet, um endlich auch ihn zu stigmatisieren – dauerhaft in den Zerfall des Ich einzubeziehen. Dann setzt der Verwirrte sich nackt der Winterkälte aus, dann schlägt er durch Glas oder versucht auf andere Weise Hand an sich zu legen. Und wenn ihm die Selbstzerstörung mißlingt, weil er ständig bewacht und angebunden daliegt, dann erträumt er sich das gewaltsame Ende: Kugeln zersieben ihn, die Königin schlägt ihm das Haupt ab, er hat »eine Art von Kreuzigung zu erdulden«, er wird vergiftet. Daß die schweren Anfälle das körperliche Befinden unberührt ließen, wird man nicht sagen können, aber nie kommt es zur Parallelbildung körperlicher Dauersymptome. Den Körper erledigt erst eine Epidemie, nachdem der Geist schon lange vorher aufgegeben hatte.

Nicht nur Ruskin war der Ansicht, daß die Kunst, der sensibelste Anzeiger der Zeit, am Ende des achten Jahrzehnts eine deutliche Bewegung nach unten gemacht hatte. Der Schlager des Jahres 1879, »the picture of the day«, würde Ruskin sagen, war Millais' Sentimentalität »Cherry Ripe«, ein vergrößertes Sammelbildchen, das 1880 in einer Auflage von 600 000 Farbdrucken verbreitet und damit zum populärsten englischen Kunstwerk des 19. Jahrhunderts wurde. Ruskins Befürchtung, daß Werbung eines Tages der höchste Zweck der Kunst werden würde, erfüllte sich damals: Ein anderes Bild von Millais diente erfolgreich als Vorlage für eine Seifenreklame. Doch die späten 70er Jahre sahen nicht nur den traurigen Niedergang eines Teils der präraffaelitischen Bewegung, andere Schlüsselbilder der Zeit sind Manets »Nana« (1877) und Whistlers »Nocturne in Schwarz und Gold. Die fallende Rakete« (1877). Zu der ersten Art von Kunst, in der naturalistische Malerei und Literatur (Zola) sich nahekommen, schrieb Ruskin: »Die Rückwirkungen der heutigen moralischen Verkommenheit [...] auf die in einem lebenserstickenden Dunstkreis entwickelten, maßlos schlaffen Charakterzustände sind die beliebtesten Stoffe moderner Dichtung und die mit größtem Eifer behandelten Themen der jetzigen Philosophie geworden. [. . .] Unter dem bloßen Schwerdruck und der elektrischen Reibung des städtischen Lebens [. . .] entwickelt sich eine Weltanschauung, halb satirisch, halb beschwichtigend, welche sich nur mit der verjüngenden Kraft des Düngers und den unausbleiblichen Trübseligkeiten einer miasmatischen Vorsehung beschäftigt; nachweisend, wie eines jeden Fehler der eines anderen ist, wie Ansteckung kein Gesetz, Verdauung keinen Willen, und nutzbringender Schmutz keine Unehre kennt. Man hat dermaßen eine geistreiche Scholastik – man könnte sie die Theologie der Verwesung nennen – in bezug auf die jüngere Romanschriftstellerei gegründet, indem man ihr gleichzeitig einen gefälligen Ton geistlicher Würde und einen erquickenden Beigeschmack ketzerischer Keckheit gibt. Indessen hat die eingetrichterte Lehre den zweifachen Vorteil: Sie bedarf zur Grundlage keiner mühsamen Gelehrsamkeit und zur Ausübung keiner bürdevollen Selbstentsagung.« Das ist, früh und scharf formuliert, der Vorwurf der Asphaltkunst. Ruskins ästhetische Theorie, so wie er sie zuletzt zu Beginn der 70er Jahre noch einmal bekräftigt hatte, erlaubt keine Anpassung an die Zeitumstände. Die erste künstlerische Aufgabe heißt, Vorbedingungen für Kunst zu schaffen. Solange sie ungünstig bleiben, hat die Kunst nicht das Recht oder die Pflicht, das Realismusgebot von der Natur auf die Gesellschaft zu übertragen. Kunst, die sich der Darstellung des Verfalls widmet, ist selbst dem Verfall gewidmet. Hat diese Argumentation auch ihre Bedenklichkeiten, so gelingt es Ruskin doch ganz gut, gerade die Permissivität gegenüber dem Pathologischen als treibendes Moment der naturalistischen Bewegung, mit anderen Worten: die tiefe Verbundenheit von Subjekt und Gegenstand hervorzuheben. Für den viktorianischen Kunstkritiker zählt in diesem Zusammenhang die Aussage besonders, daß Nachgiebigkeit, Empfindlichkeit, nicht schon gleich künstlerische Arbeit ist. Dieser Kritikpunkt verbindet die Ablehnung des Naturalismus mit der des Impressionismus. Gegen Whistlers kühnes »Nocturne« richtete Ruskin 1877 in »Fors« die bekannten Sätze: »Ich habe von der eingefleischten Londoner Unverschämtheit schon viel gehört und gesehen, aber daß ein Narr zweihundert Guineen dafür verlangt, daß er dem Publikum einen Eimer Farbe ins Gesicht schütten darf, das ist mir noch nicht vorgekommen.« Der Prozeß, den Whistler gegen den Kritiker anstrengte und symbolisch gewann – der Beklagte hatte einen Farthing zu zahlen –, ist berühmt und gut dokumentiert, aber er hat wenig Aussagewert. Ruskin konnte und wollte nicht akzeptieren, daß Dauer und Intensität der künstlerischen Arbeit kein wesentlicher Bestandteil der »Kunstökonomie« mehr sein sollten, wie er sich ausdrückte. Whistler hielt dagegen, daß man zu den zwei Tagen Arbeit am Bild die Erfahrung eines Lebens hinzurechnen müsse. Ruskin wollte auch nicht konzedieren, daß ein »Arrangement aus Licht, Form und Farbe«, wie Whistler sein Gemälde nannte, den Namen Kunst verdiente. Der Theoretiker des »reinen Auges« und der »Sichtbarkeit« aller Dinge läßt sich vielleicht als Vorbereiter, aber nicht als Ideologe des Impressionismus beanspruchen. Es gibt da eine deutliche Trennlinie. Ruskin hatte z. B. gezeigt, wie eine Blattstellung oder eine Gesteinsformation aus der Nähe, aus zehn Metern, aus 100 Metern Abstand auf das Auge wirkt. Die Reduktion aufs Erscheinungshafte brachte für ihn ein Hervortreten der substanziellen Strukturen, der »governing lines«, war ein Vorgang, der Erkenntnisse freisetzte, und nicht im Interesse des Bildes zu schnellen Kürzeln führte. Ein Primat der Ansprüche der Bildmittel vor denen der Bildgegenstände hat er nicht anerkennen können. So fiel Ruskin nach erneuter Annäherung an die Kunstproduktion seiner Zeit im Grunde wieder auf die Erkenntnis zurück, die ihm am Ende der 50er Jahre das Geschäft des Kunsthistorikers und -kritikers hatte niederlegen lassen: daß Kunst unter den gegenwärtigen Umständen nutzlos, ja unmöglich sei. Durch eine Liste der 100 wichtigsten Bücher herausgefordert, die John Lubbock zusammengestellt hatte, machte Ruskin die seine auf und setzte an die Spitze Edward Lears »Book of Nonsense«. Das wäre ein schöner Schluß für einen Abschnitt über den vermeintlichen oder objektiven Verfall der Künste zu dieser Zeit, aber gesagt werden muß auch, daß Ruskin Kate Greenaway, die eine Gestalterin von Glückwunschkarten gewesen und als Künstlerin geblieben war, öffentlich, in einer Oxforder Vorlesung in die Reihe der bedeutendsten Künstler der Gegenwart und Vergangenheit hob und ihr privat versicherte, eine handgemalte Weihnachtskarte von ihr sei eine

»größere Sache als Raffaels hl. Cäcilie«. Wenn es einen Verfall der Künste damals gegeben hat, dann ließ er den Stand der Kunstkritik nicht unberührt.

Aber wenn es nur der Verfall von Menschenwerk und Menschengeist gewesen wäre, Ruskin hätte sich über ihn nicht mehr wundern müssen, nachdem er schon in den 50er Jahren, zur Zeit der ungebrochenen Prosperität die Signaturen der Melancholie und Freudlosigkeit am Epochenprofil erkannt und später das englische Wirtschaftssystem für »verrückt« erklärt hatte. Es gab aber auch Anzeichen dafür, daß die Natur alt und müde wurde und unwillig wie die Menschen dieser Zeit, die hohen Leistungen weiter zu erbringen. »Die 70er und die 80er Jahre des 19. Jahrhunderts waren weltweit eine Katastrophe für die Landwirtschaft« – in England, weil billige Importgüter den Markt überschwemmten und eben die heimische Natur nicht mehr mitmachte. Das Jahr 1879 erlebte eine schwere Mißernte, welche die Folgen der wirtschaftlichen Rezession drastisch verstärkte. In Irland brach eine Hungersnot aus, wie sie zuletzt die »hungry forties« gesehen hatten und wie sie nach der seitdem stattgehabten Entfesselung der wirtschaftlichen Kräfte eigentlich undenkbar gewesen wäre. Daß auch in der Folgezeit der »Garten England« oder das, was neben der »Werkstatt der Welt« davon übriggeblieben war, nicht mehr so recht florieren wollte, paßte sehr gut zu einer naturwissenschaftlichen Theorie, deren Popularisierung in die gleiche Zeit fällt wie Ruskins erster Zusammenbruch und wie Beards und Georges Veröffentlichungen zu den psychologischen und sozialen Folgen der Zeit. 1852 hatte William Thomson (Lord Kelvin) das zweite Gesetz der Thermodynamik formuliert, das auf erdgeschichtliche Dimensionen übertragen besagt, daß der Energieaustausch zwischen warmen und kalten Himmelskörpern irgendwann ein Ende hat und wir annehmen müssen, daß »das ganze Universum eine einzige gleichmäßig erhitzte, träge Masse sein wird und daß dann alles, was Leben oder Bewegung oder Schönheit heißt, aufgehört hat, zu existieren«. Es ist bezeichnend, daß diese Prognose über den Wärmetod der Erde in den 50er Jahren, zur Zeit ihrer Formulierung, ohne Resonanz geblieben war, daß sie erst nach Balfour Stewarts Buch »The Conservation of Energy« (1873)

auch die Nicht-Fachleute erreichte und in der Folgezeit allen Theorien zur Stütze diente, die der aggressiven Verbindung von Fortschrittsideologie und Darwinismus eine pessimistische Weltanschauung entgegensetzten. Für Tennyson, der 1850 auf »eine krönende Rasse« gesetzt hatte, »die die Erde und alles Irdische unter ihrem Kommando und das Buch der Natur offen vor sich hat« und die dem großen Ziel der Schöpfung: Gott, immer näher kommt – für Tennyson geht erst der Glaube an die Zukunft des Menschen und dann die Hoffnung auf den Bestand der Schöpfung verloren. Gottverlassene Kreaturen irren durch eine Welt, die ausglüht, das ist die Vision seiner späten Tage: »O, we poor orphans of nothing – alone on/ That lonely shore –/ Born of the brainless Nature who knew not/ That which she bore!« Wie lange noch wird die Erde die immer mehr Menschen ernähren, fragt er in »Locksley Hall. Sixty years after« (1886), wie lange wird es noch dauern, »bis diese erschöpfte Erde so tot sein wird wie der Mond? Denn tot nennt sie die neue Astronomie heute schon.«

»Chaos, Cosmos! Cosmos, Chaos! Who can tell how all will end?« – die Antworten, die Forscher so verschiedener Disziplinen wie Henry George, George M. Beard und Lord Kelvin auf diese Frage Tennysons geben, haben die Abkehr vom zeitgängigen Evolutionismus und Progressionismus gemeinsam. Darin war ihnen übrigens der für Ruskins Denken wichtige Charles Lyell vorausgewesen, dessen erdgeschichtliche Perspektive einen ähnlichen Entropiezustand heraufbeschwor wie ihn Lord Kelvin für die Thermodynamik des Universums hochgerechnet hatte. Wenn die Dauerkraft der Erosion alle Berge abgetragen und alle Täler ausgefüllt hat, dann ist die Erde tot, denn eine Erde ohne Berge ist eine Erde ohne Leben – warum, das kann man im 5. Buch der »Modern Painters«, im Kapitel »Mountain Glory« nachlesen. Die Anti-Evolutionisten sagen also, daß die Gegensätze kein permanentes Spannungsfeld aufbauen, das Leben schenkt bzw. neue Zustände produziert, sondern daß die Extreme entweder zum spannungslosen Ausgleich und Mittelwert tendieren, der das Ende ist, wie im Falle des Neurasthenikers, dem der heilsame Wandel von Arbeit und Ruhe abhanden gekommen ist und dessen Nervosität aus Unruhe und Untätigkeit gleichermaßen besteht, oder, wie im Falle des Gegensatzes von Reichtum und Armut, daß die antithetischen Momente einander nur unfruchtbar bestätigen, einander folgenlos bedingen. Ruskin war in der Lage, ja aufgerufen, diesen Theorien der Ermüdung und des spektakulären Endes eine weitere hinzuzufügen. Es dürfte nur wenige Menschen, vor allem nur wenige Laien im 19. Jahrhundert gegeben haben, die über einen so langen Zeitraum so präzise Wetterbeobachtungen niedergeschrieben haben. Dem Atmosphärischen hatte sein Interesse seit Kindertagen gegolten; die Ergebnisse dieses »Wolkendienstes« waren aber fast ausschließlich den Studien über Landschaftsmalerei zugute gekommen. Nun, am Ende seiner Tage legt Ruskin noch einmal ein meteorologisches Papier oder Pamphlet vor, so grundsätzlich und selbstsicher wie jenes, das er als 18jähriger »über den gegenwärtigen Zustand der meteorologischen Wissenschaften« verfaßt hatte. Es ist der letzte Ertrag seiner Wissenschaft, seiner »science of aspects«, ein persönliches Wissenschaftsdokument, aus unablässiger Beobachtung geschöpft. Er hatte nicht nur den Fachleuten, er hatte allen mitzuteilen, was der kollektiven Blindheit offenbar entgangen war, daß die Himmel immer düsterer würden und Nacht und Tag immer gleicher. Er wußte, daß man ihn einen »Träumer oder Verrückten« schelten würde. Selbst ihm mußte es als verdächtig auffallen, daß das neue Phänomen ausgerechnet seit dem Jahre 1871 datieren sollte, das war jenes Jahr, als eine Krankheit sich zum Delirium gesteigert hatte und ein böses Licht auf sein künftiges Geschick gefallen war. Aber er beeilt sich, den Zuhörern und Lesern seiner meteorologischen Studie »The Storm-Cloud of the Nineteenth-Century« (1884) zu erklären: »Die Tagespresse hat meine These, daß das Wetter sich in den vergangenen Jahren radikal geändert hat, als phantastisch oder geisteskrank zurückgewiesen. Ich aber bin zunehmend dankbar, daß mir für den Rest meines Lebens diese Gabe visionärer Vorstellung gegeben ist und daß ich zu jenen edlen Täuschungen neige, welche das spekulative Element im Menschen im Gegensatz zu seinem traumlosen Instinktzustand ausmachen – aber bei all meinen Arbeiten war ich in der Lage, die Kraft der kontemplativen Phantasie bewußt einzusetzen oder auszuschalten, so wie ein Physiker sein Teleskop gebraucht, und die

Anfälle morbider Vision kann ich sehr wohl noch von denen gesunder Wahrnehmung unterscheiden [...].« Und dem stets skeptischen Norton schreibt er: »Denke nicht, das sind die Äußerungen eines kranken Genies – ich versichere Dir, daß diese Fakten wissenschaftlicher Überprüfung standhalten.« In der Tat ist allein die Beweislage, die die Tagebücher schaffen, überwältigend. In guten wie in bösen Zeiten künden sie von langanhaltenden Schlechtwetterperioden, von der Dunkelheit der Tage und von unfruchtbaren Winden. Die Phänomene erweisen sich als so beständig, daß Ruskin sich mit Abkürzungen behelfen kann. Aber bisweilen äußert sich die Verzweiflung in großartigen Mitschriften des Wetters, die wohl in der gesamten meteorologischen Literatur ihresgleichen suchen. Auch Ruskin wußte von ihrem Wert und reihte sie als finster glühende Belegstücke in seine Argumentation ein: »Brantwood, 13. August 1879. Der schrecklichste und furchtbarste Gewittersturm, den ich erinnern kann. Er weckte mich um sechs, oder ein wenig früher – da rollte er ohne Unterlaß, in garstiger Nachahmung von Güterzügen. Die Luft war eine ekelhafte Masse schwülen, übelriechenden Nebels, wie Rauch; es regnete kaum, aber das Rollen und Rumpeln wurde heftiger, und es ging ein vages Zittern von Blitzen durch den Himmel, bis auf einmal paarweise rotviolettes Feuer in Strömen erschien, nicht gegabelt oder zickzackförmig, sondern in gekräuselten Bahnen, immer zwei zur gleichen Zeit, zwanzig bis dreißig Grad auseinanderzeigend und gut eine halbe Sekunde vor dem Auge bleibend. Danach großes Artillerie-Getöse, keine Kracher oder Explosionen, sondern Salven wie auf ein Kommando. Das dauerte eine Stunde, verzog sich dann ein wenig, ohne daß nennenswerter Regen gefallen wäre, ohne einen Schimmer Blau durchzulassen, und jetzt, um 7 Uhr 30 breitet sich wieder teuflische Manchester-Finsternis aus. 7 Uhr 45. Der Donner ist zurückgekehrt, die Atmosphäre hat sich zu einem schwarzen Nebel verdichtet, die Hügel sind unsichtbar, gerade noch erkennt man das gegenüberliegende Seeufer. Heftiger Regen in kurzen Schauern, wiederholte, aber wenig spektakuläre Blitze, und kürzerer Donner. Während ich diesen Satz schreibe, hat sich die Wolke in nichts aufgelöst, wie eine eklige Flüssigkeit in einer Flasche, und dies mit wundersamer, unnatürlicher Geschwindigkeit, und die Hügel sind wieder in Sicht. Wie ich die Augen erhebe, fährt ein doppelzüngiger, in sich gekräuselter Blitz seine schreckliche Lichtleiter zwischen mir und Wetherlam nieder. In der Höhe alles schwarz, über dem ›Kleinen Adler‹ eine zerklüftete Wolkendecke. 8 Uhr 30. Seit der letzten Eintragung wurde es dreimal hell und wieder dunkel, und jedesmal erschien mir die Dunkelheit verhaßter, bis sie mich in Blindheit schlug und meine Lektüre unterbrach. Ein fahler Glanz von weißen Cumulus-Wolken inmitten blaugrauer Himmelshöhen, für eine halbe Minute sichtbar durch den schwefligen Schornsteinausstoß dieser tiefen niederträchtigen Wolken, an der Stelle, wo ihre Lumpen am durchscheinendsten waren.« Selbst im Deutschen fällt es schwer, diese unenglischen Wortballungen wiederzugeben: »through the sulphurous chimneypot vomit of blackguardly cloud beneath«, und vollends unmöglich erscheint es, der Lautmalerei gerecht zu werden, etwa wenn es heißt: »the air one loathsome mass of sultry and foul fog, like smoke; scarcely raining at all, but increasing to heavier rollings, with flashes quivering vaguely through all the air«. Ruskin, der in den 40er Jahren die beschreibende Prosa schmiegsam, leicht und melodiös gemacht hatte, läßt sie seit den 70er Jahren dicht und heftig werden. Diese Sätze sind, wenn das überhaupt geht, komprimierter »Fors«-Stil und sind auch, wie »Fors«, nicht ohne Carlyles klumpige Sprache denkbar. Aber sie übertreffen das »Carlylese« in ihrer finsteren, gänzlich unmanierierten Energie. Carlyle ist immer rhetorisch; Tagebucheintragungen wie die zitierte sind es nicht, können es vom Anlaß her nicht sein. Vielmehr borgen sie, so will es scheinen, Rhythmus und Klang von der Sache. Die Worte kommen wie Einschläge, wie unter äußerem Druck. Ruskin selbst hat diesen Stil als seinen dritten bezeichnet, nach der, wie er sagt, »affektierten« Schreibweise, »die immer nach den besten Worten sucht« – damit sind vor allem »Modern Painters« gemeint – und nach der Diktion, »die größtmögliche Verständlichkeit anstrebt« – damit sind die politischen Traktate wie »Unto This Last« angesprochen. Zum dritten Stil, der das Ende von »Modern Painters« und »Fors« prägt, führt er aus: »[. . .] da sage ich alles, was mir in den Sinn kommt, nach meinem eigenen Belieben und mit den ersten besten Worten, und nachher bringe ich alles in einigermaßen adäquate Grammatik.« Bemerkenswert ist in diesem Sinne, daß Ruskin den Tagebucheintrag, ohne eine Silbe zu ändern, in den Text seines Vortrags übernimmt, aber ob das Diktat immer »nach meinem eigenen Belieben« erfolgt, darf man bestreiten.

Was Ruskin an Unwettern wie dem beschriebenen so erschreckend fand, geht aus dem Text selbst gar nicht so deutlich hervor. Ihn störte nicht die Dramatik dieses besonderen Ereignisses, sondern seine Unfruchtbarkeit. Er behauptete nicht, daß die Auftritte des Wetters seit den 70er Jahren heftiger geworden seien, im Gegenteil: »In den alten Zeiten, da war das Wetter überschäumend schön, wenn es schön war, und es war abscheulich schlecht, wenn es schlecht war; es hatte seine Anfälle und dann waren sie vorüber, aber es schmollte nicht drei Monate lang und versteckte nicht die Sonne während so langer Zeit [. . .].« Ruskin rekonstruiert mit Hilfe von Tagebucheintragungen und Zeichnungen die atmosphärischen Bildungen, die er in seiner Jugend gekannt hatte, »die guten, altmodischen, gesunden und mächtigen Formen des Wetters«. Sie seien zurückgetreten, z. T. ganz verschwunden zugunsten einer Erscheinung, die er »Stormcloud« oder »Plaguewind« (mit Wolken) nennt. 1875 schreibt er unter dem Eindruck dieses Phänomens ins Tagebuch: »Dieser Wind ist der Plagewind der achten Dekade des 19. Jahrhunderts, einer Periode, die zukünftiger Wettergeschichte für ihre bis dahin unbekannten Phänomene denkwürdig sein und die weitgehend unter dem Vorzeichen dieses elenden Windes stehen wird.« »Vor einer Stunde bewegten sich die Blätter vor meinem Fenster leicht. Nun zittern sie beständig, von einem allmählich stärker werdenden Wind bewegt, dessen Richtung sich kaum bestimmen läßt, der kommt und geht in Stößen von wechselnder Stärke, wie der Wind vor einem Gewittersturm, und der nie ganz aufhört. Die Richtung seiner höheren Strömungen läßt sich an ein paar unregelmäßigen Wolken erkennen, die schnell aus dem Norden herbeiziehen und die zuerst, als die Blätter sich bewegten, im Osten, über den Mooren erschienen.« Dieser Wind hat Wolken im Gefolge, die sich zu einer einheitlich grauen Schicht zusammensetzen, die »keine Regenwolken sind, sondern ein trockener, schwarzer Schleier, den kein Sonnenstrahl durchdringt«. Diese Wolken sind unfruchtbar, weil sie sich nicht entladen und weil sie das Licht wegnehmen, so wie der Wind unfruchtbar ist, der die Atmosphäre nicht reinigt, sondern, wie es scheint, nur hin- und herwirbelt. Ruskin wird nicht müde, diesen Wind als launisch und »boshaft« zu charakterisieren; unberechenbar sei sein Aufkommen und plötzliches Wegbleiben; er wehe aus allen Richtungen und kehre stets die bösen Eigenschaften jeder Windrichtung hervor, und wenn er wehe, dann würden »die Blätter zittern, so als gäbe es nur noch Espenlaub, aber das ist ein Zittern in Krämpfen, ein Ausdruck von Zorn ist ebenso darin wie von Furcht und Qual – während ich dies schreibe, sehe ich sie. Man kennt diese Art von Beben und Wimmern als Vorboten eines großen Gewitters, aber der Plagewind ist eher fiebrig und von Panik geschüttelt und sein Klang ist ein Zischen und keine Klage.« Es fällt auf, wie sehr Ruskin sich in seiner Analyse des neuen Wetters auf den Wind konzentriert und nicht auf seine Folgeerscheinung, die oft für Wochen geschlossene Wolkendecke. Und im gleichen Zusammenhang ist bemerkenswert, daß er immer wieder den Vergleich gebraucht: ein Wind wie vor einem großen Sturm und Gewitter. Der Plagewind, so wie ihn Ruskin beschreibt, ist dann wirklich ein zeitgemäßes Wetter: eine Anstrengung und Anspannung, die ohne Entlastung und Belohnung bleibt, ein Wind an sich, richtungs- und ziellos, kein extremes Phänomen, das einen großen Gegensatz produziert, sondern eine mittlere Erscheinung mit Dauerfolgen. Denn selbst die momentane Steigerung zum Gewittersturm, wie das Tagebuch sie festhält, endet wieder in dichtem, dunklem Nebel; der Plagewind »degradiert« das, was einmal ein Sturm war, sagt Ruskin.

Daß dieses Wetter alle Faktoren mindert und herabzieht und nicht die Kraft zur Veränderung hat, wird am deutlichsten erkennbar, wenn man seinen Einfluß auf die Sonne betrachtet. Dann muß man allerdings seine Augen gebrauchen, denn genausowenig, wie der Windstärkemesser anzeigen kann, ob es sich um eine stetige Brise oder um einen umspringenden Wind handelt, der das Instrument »erzittern« läßt, genausowenig sagt ein Photometer, ob die Sonnenstrahlen durch »eine dichte, flache Wolke oder durch eine lockere, tiefe« gehen mußten. »Ist das Wetter gesund, dann verbirgt sich die Sonne hinter einer Wolke wie hinter einem Baum, und wenn die Wolke weg ist, dann kommt sie wieder heraus so strahlend wie zuvor. Weht jedoch der Plagewind, dann erstickt eine Wolke von ca. 1000 Meilen Ausdehnung und fünf Meilen Tiefe die Sonne am Himmel.« Und diese Wolke vermag nicht, was schon »einer guten, tüchtigen Nebelschicht von hundert Fuß Tiefe« gelingt, das Sonnenlicht rot zu färben. Die Plagewolke bleicht die Sonne. »Blanched sun, blighted grass, blinded man«: »bleiche Sonne, giftiges Gras, blinde Menschen« – das ist die apokalyptische Vision des Johannes Ruskin am Ende seiner Tage, und das, was einer Tageszeitung damals, nach einem Monat ohne eine Stunde Sonne, einen Witz wert war, das möchte er zur sicheren Prophezie erheben: »daß das Britische Empire, in dem früher die Sonne nicht unterging, nun zu einem Reich geworden ist, in dem sie nicht mehr aufgeht«. Der Prozeß der »uncreation« hat eingesetzt, die Rücknahme der Schöpfung beginnt: »The earth becomes void again, the word goes forth: ›Let there be no light‹. There is no man, but only dust, and the birds of heaven are fled.«

»Coeli enarrant« – »Die Himmel künden« hat Ruskin eine Anthologie seiner Schriften über Wolken genannt. Wovon künden die Himmel also im Jahre 1884: »what do the heavens mean«, fragt das Tagebuch. Bisweilen sieht Ruskin im Verein mit den anderen Endzeittheoretikern Erschöpfung und Impotenz am Werk: »Die Plage der Dunkelheit und der giftigen Winde, andauernd, schrecklich, ängstigen mich mit dem Gedanken, daß Natur und Himmel nun ebenso versagen wie der Mensch.« »Am tödlichsten trifft mich, daß ich den Glauben an die Natur verloren habe, die keinen Frühling und keinen Sommer mehr hervorbringt, nur noch Nebel [...].« Doch dann »liest« er die Wolken auf Zeichen hin, die höhere Mächte an ihn und seine Zeit gerichtet haben könnten – der Himmel war ihm ja immer schon als die große Schreibtafel Gottes erschienen, ein Medium freilich, das den meisten verschlossen blieb. An »den Menschen der alten Zeit« wären Vorweisungen wie die jetzigen nicht verlorengegangen, hätten doch alle ihre Propheten als furchtbarste Warnung ausgesprochen, daß »das Licht von den Himmeln getilgt werden wird«. »Physical gloom«,

Verdüsterung der Natur, sei früher als Folge eines »moral gloom« begriffen worden – warum sollte das jetzt nicht gelten, nach dem, was in den letzten zwanzig Jahren gegen Gott und die Menschen gesündigt worden sei? In Fragen des Lichts helfe keine Naturwissenschaft, nur eine »moral Science of Light« weiter; wenn man schon nicht direkt auf die »Zeichen der Himmel« einwirken könne, so habe man doch »Gewalt über die Zeichen der Zeit«. »Ob Sie die Sonne zurückbringen können oder nicht, Sie können mit Sicherheit Ihre eigene Heiterkeit und Ehrlichkeit zurückbringen.« Es will uns scheinen, als hätte Ruskin das Ursache-Wirkungs-Verhältnis zwischen der Schwärze der Seele und der Schwärze der Himmel schon genauer gesehen oder zumindest die Stufen der Vermittlung deutlicher benannt. Es sei an den 66. Brief von »Fors« erinnert, wo es heißt: »Die physische Folge jener geistigen Niedertracht ist gänzliche Mißachtung der Schönheit des Himmels, der Reinheit der Flüsse und des Lebens der Tiere und Pflanzen. Und so glaube ich, daß die Naturkräfte zusammen mit dem Menschengeist unterdrückt und pervertiert werden und daß die Stürme und die natürliche Dunkelheit, die uns heimsuchen wie christliche Zeiten nie zuvor, in Verbindung mit dem abscheulichen Wahn stehen, der sich in unseren Gehirnen ausbreitet.« Damit ist doch wohl gesagt, daß zwischen den finsteren Himmeln und den finsteren Seelen eine ursächliche Beziehung waltet, zumindest in dem Sinne, daß die Menschen, die verlernt haben, die Natur zu sehen, auch nicht mehr sehen, was sie ihr antun. Daß die Zerstörung der Sinne und der sinnlichen Vielfalt einander bedingende Vorgänge sind. Der Text von »The Storm-Cloud of the 19th Century« enthält einige Ansätze in diese Richtung, aber sie werden nicht ausgeführt. Aus »The Eagle's Nest« (1872) wird die Passage herangezogen, die davon spricht, daß erst durch das Auge die Natur in den Stand der Schöpfung überführt wird und dies ohne Unterlaß, im Akt jeder Wahrnehmung – was für den neuen Kontext besagen würde: Die Rücknahme der Schöpfung beginnt, wenn das Augenlicht und das Licht der Natur verlöschen. Wenn »Fiat Lux« »Fiat Anima« bedeutet, dann heißt »Let there be no light«, daß auch das Ende aller korrespondierenden Seelenkräfte gekommen ist. Und aus »Fors« bringt der Text einige Zitate, die von der direkten Einwirkung des Menschen auf die Zeichen des Himmels reden. »Es sieht so aus«, heißt es im wiederverwendeten Letter 7, datiert Juli 1871, Matlock, »als ob sie [die grauen Wolken] aus giftigem Rauch bestünden, was sehr gut möglich ist, denn im Umkreis von zwei Meilen erheben sich bestimmt zweihundert Fabrikschornsteine.« Ruskin wußte auch, daß das Klima von Lancashire und besonders des Lake District, wo er ja sein Haus hatte, stark beeinflußt wurde von den Hochöfen, die sich seit 1854 und verstärkt in den 70er und 80er Jahren an der 15 Meilen entfernten Küste angesiedelt hatten. »Ein durch und durch schwarzer, tödlicher Vorhang über dem Himmel [. . .], kein Nebel, sondern eine 1000 Fuß starke Rauchwolke.« »Ganz Lancashire in schwarzem Rauch untergegangen [. . .]. Offenbar kein Zug frischer Atemluft in England mehr vorhanden.« Solch realistische Ursachensetzung genügt dem Autor aber offensichtlich nicht; man beobachte, wie in der folgenden, konkret ansetzenden Invektive die Verursacher mythisiert werden: Wenn das Gesetz der Schöpfung »Fiat Lux« heiße, schreibt Ruskin, »dann hat die Vereinigte Große Dampf-, Krach- und Rost-Gesellschaft (mit Sitz in London, Paris und New York) die Gegenorder ausgegeben: Es werde dunkel, und der Schöpfer hat nicht nur sogleich alle seine Gesetze, Rauch betreffend, in Kraft gesetzt, sondern hat obendrein, wunderbarerweise das Gegengesetz noch verstärkt, indem er aus dem Osten einen giftigen, schwarzen Wind von ganz furchtbar zersetzender und tödlicher Qualität schickte und das Licht wegnahm und den Himmel zu den verbleibenden Stunden in einen Aschendom verwandelte [. . .].« Ruskin bevorzugt Deutungen, die in den grauen Wolken tote Seelen, vom Teufel arrangierte Spottbilder oder eben Zeichen Gottes erblicken. Ungeachtet der Tatsache, daß solche Projektionen seinem Geisteszustand entsprochen haben mögen, zeigt sich hier wieder ganz allgemein die Kluft zwischen dem immer noch großen Reichtum an empirischen Daten und den mangelnden Erklärungsmöglichkeiten und -absichten. Die Naturwissenschaft scheint nur noch zu interessieren, woraus Sonne und Mond bestehen und wie sie sich bewegen, sagt Ruskin. »Ich würde für dieses Wissen keinen Pfifferling geben; ich kann sie doch nicht anders bewegen und ihre Materie nicht verändern;

ich würde aber viel dafür geben, wenn man mir sagen könnte, woher dieser bittere Wind kommt und woraus er besteht.« Hätte er diese Untersuchung selbst vorgenommen, wie er sich das früher für viele Gebiete zugetraut hatte, hätte er »physical science« und »moral science«, »science of facts« und »science of aspects« noch in fruchtbaren Austausch bringen können, dann wären ihm nicht nur die Erkenntnisse der Ursachen zugefallen, sondern er hätte auch den schönsten Beweis für die Präzision seiner Beobachtungen erhalten.

Heute wissen wir, daß Ruskin richtig gesehen hat. Was schon ca. 20 Jahre nach »The Storm-Cloud« in allgemeinen Zügen bestätigt wurde, ist heute durch die verfeinerten Methoden der historischen Umweltforschung vielfältig abgesichert und bewiesen. (Was nicht heißt, daß diese Methoden schon so verfeinert wären, daß sie von Ruskins Wetterbeobachtungen Kenntnis genommen hätten.) Die 70er und 80er Jahre sind eine deutlich herausgehobene Epoche der Umwelt- und Klimageschichte. Die Himmel verdüstern sich, die Luft wird dicker und ungesünder, das Klima wird feuchter und kälter. In der Folge sterben immer mehr Menschen an Krankheiten der Atemwege, es sterben aber ebenso Bäume und Tiere, auch auf dem Kontinent, nicht nur im nebligen England. Seit Anfang der 80er Jahre mehren sich z. B. die Klagen über Waldschäden im Deutschen Reich. Einige Klimadaten: »In den 20 Jahren von 1869 bis 1889 lag die Temperatur von 18 Jahren unter dem normalen Mittelwert. Die Daten über den Sonnenschein, die erst seit 1879 verläßlich sind, besagen, daß [. . .] 60% aller Tage der 9. Dekade Werte unter dem Durchschnitt hatten.« Die Häufigkeit von Gewittern steigt im Londoner Raum ständig von 1690 bis in die 70er Jahre; die Wetterlagen dort können sich so ungünstig gestalten, daß es im Extremfall zu einer um 40% erhöhten Sterblichkeit pro Woche kommt. Alle diese Entwicklungen scheinen im Winter 1883/84 zu kulminieren, der sonnenlos und unfreundlich ist wie keiner zuvor. Eine Woche, bevor Ruskin zum ersten Mal über »The Storm-Cloud« spricht, bevor er also seine nach Meinung der Zeitungen »phantastischen und wahnsinnigen« Theorien vorträgt, fällt das Barometer in London auf den tiefsten jemals gemessenen Stand. Die Gründe? »Die Schwefeldioxyd-Werte steigen von 1690 bis

1880, wonach sie wieder abfallen. Die Rauchkonzentration [Staubgehalt] erreicht ebenfalls ihre Spitze 1880 und fällt dann ab.« Diese Aussagen gelten wieder für London, können aber verläßlich auf ganz England und die industrialisierten Länder des Kontinents übertragen werden. Der Kohleverbrauch und damit die Verschmutzung und Vergiftung der Atmosphäre nimmt in gewaltigen Sprüngen bis in die 80er Jahre zu: Für die Städte, wo man sich heute an Werten von 80 mg SO^2 pro Kubikmeter orientiert, darf man eine Luftbelastung mit 150 mg Schwefeldioxyd annehmen. Kein Zweifel also, daß Ruskins verdüstertes Lebensende mit einem nie gekannten Höhepunkt der Umweltverschmutzung und Klimaverschlechterung zusammenfällt. Gegen Ende des 19. Jahrhunderts, sagt er, sei es dem Teufel gelungen, die Wirkung der Elemente zu verdrehen: die großen Feuer verbreiten Dunkelheit, weil ihr Schadstoffausstoß die Himmel verdüstert, die vielen Feuer lassen die Atmosphäre erkalten, denn keine Sonne dringt mehr durch die dunklen Wolken, und gleichzeitig schmelzen die Gletscher, deren Eis mit den dreckigen Ablagerungen auftaut. »Der Mont Blanc, den *wir* kannten, ist nicht mehr. Der ganze Schnee ist verseucht, die tieferen Felsen liegen bloß, das üppige Gleißen des Lichts, die Fülle der Macht, die Ewigkeit der Substanz, all das ist dahin – sogar die Unberührtheit, denn die dreckigen und tauenden Schneemassen sind grau im Verhältnis zu jenen frischgefrorenen Schneekränzen, die gerade aus den Wolken gefallen waren, damals, an jenem Morgen – vor wievielen Morgen?« Auch mit dieser Beobachtung hatte Ruskin recht. Die Gletscherschmelze der Jahre 1860 bis 1880 legte Flächen frei, die seit dem 16. Jahrhundert vom Eis bedeckt gewesen waren. Doch Ruskin war längst in einen Zustand geraten, da Recht-Bekommen nicht mehr froh macht und da die Hoffnung auf die alten Mittel der Abhilfe zusammenbricht. Was konnten die Landkommunen der »Guild of St. George« in einer Zeit ausrichten, da Stadt und Land nun unter derselben dunklen Decke lagen; welchen Einfluß hatten die moralischen Appelle von Englands prominentestem Umweltschützer, wenn ihm nicht einmal gelang, was Wordsworth noch erreicht hatte, nämlich den Bau einer Eisenbahnlinie in den Lake District zu verhindern? Und auch die Lust am Wüten, an der schrillen Invektive verließ ihn. Er schrieb zwar ins Tagebuch: »Plante Ende der siebten Vorlesung [von »The Art of England«], in der ich zeigen will, daß unsere Künstler auf ihre Art nicht besser sind als Nero, denn sie fiedeln und malen weiter, während London – nicht brennt.« Aber Norton gegenüber bekennt er offen: »Immer habe ich in den letzten 20 Jahren gedacht, daß, nachdem die bösen Leute die ganze Arbeit der guten Leute zerstört haben, die guten Leute aufstehen und die Arbeit der bösen zerstören würden, aber obwohl ich Birmingham bombardieren und den St. Gotthard-Tunnel in die Luft jagen und den Niagara auf jedes Hotel und jeden Dampfer in den Staaten fallen lassen könnte, weiß ich doch nicht, wie es danach weitergehen sollte und kann meine Vita nuova nicht auf ein neues Fundament stellen.«

4

Am 12. Februar 1878, kurz bevor der Strom der Assoziationen reißend zu werden beginnt, schreibt Ruskin in die Einleitung einer kleinen Turner-Publikation, daß nun »all seine Gedanken« zu denen zurückgehen, die er »nie mehr sehen wird«. Das Wahnleben ist ein Leben in der Vergangenheit, der privaten und der kollektiven. Je geschichtsloser, »blanker« die Gegenwart wird, desto stärker wird der innere Zwang zur Repetition fernster Erinnerungen: »Ich denke an die Vergangenheit, hoffe auf die Zukunft – und dann werde ich wahnsinnig.« »Beide Krankheiten [1878, 1881] waren an ein und demselben konsequenten Gedankengang beteiligt, der mit den Menschen um mich herum überhaupt nichts zu tun hatte, die sich von mir weiter und weiter entfernen, je mehr sie den Weg der modernen Zeiten folgen – ich für mein Teil gehe zurück und lebe mit meinem Vater und meiner Mutter und meiner Kinderfrau und mit noch jemand, die alle auf mich im Land Leal [im Himmel] warten.« Die Wiedergewinnung der eigenen Geschichte war aber ein Prozeß, der sich nicht sicher beherrschen ließ, sondern eher automatisch die alten Brüche, offenen Rechnungen, Fehlleistungen und Wunden ansteuerte, der seine momentanen Erfüllungen hatte, der schließlich nach vielen Kollisionen immer in die Katastrophe führte. Durch den Erinnerungszwang der »Träume« angeregt und geängstigt, gibt nun auch der »wache« Ruskin eine Version seines Lebens, zur Steuer der anderen, wirren und stark teleskopierten.

Dieses letzte Buch Ruskins, seine Lebenserinnerungen »Präterita« (Vergangenes), stellt die Interpreten und Biographen vor die schwerste Aufgabe. Schon deswegen, weil sie hier in enge Konkurrenz mit ihrem Gegenstand treten und in eine Vergleichssituation geraten, die bislang immer zu ihren Ungunsten ausgegangen ist, wie Quentin Bell fand. »Präterita« (in Fortsetzungen zuerst erschienen 1885 bis 1889) ist neuaufgelegt und weitergelesen worden, als Ruskin aus der Mode kam, und es wird greifbar und lesbar sein, wenn die derzeitige Woge des Ruskin-Interesses wieder verebbt ist, obwohl (weil?) ihm auf der Ebene der Fakten und des historischen Wahrheitsgehaltes jeder dürftig zusammengeschusterte Lebensüberblick den Rang abläuft. Denn das bereitet die erste Schwierigkeit, die es zu verstehen und zu vermitteln gibt: »Präterita« ist das Kunstwerk eines Autors, der von sich selbst in dieser Autobiographie behauptet: »Ich kann weder eine Geschichte schreiben noch ein Bild komponieren«, und es ist geformt aus der Materie eines Lebens, von dem der Lebende immer behauptet hatte, es sei formlos, inkonsequent, ohne Ziel (so aimless). Und die zweite Schwierigkeit hängt mit der ersten zusammen: Aus den schwierigen Voraussetzungen und in einer schwierigen Lebenszeit entstand ein sehr einfaches, man muß sagen: reines Werk. »Da alle Welt sofort behauptet, ich hätte den Verstand verloren, wenn ich etwas sage, was ihr nicht paßt, muß ich [diesmal] die Sache in aller Ordnung abwickeln.« Der Autor nimmt sich vor, »die Dinge, über die in diesem Buch berichtet wird, so schlicht wie möglich zu erzählen« und er will auf »flacheren Stufen« als früher voranschreiten. Mit Erfolg.

Wer den wahren Sachverhalt nicht kennt, wird sich den Autor von »Präterita« als einen feinen alten Herrn denken, der »zu seiner Erholung Erinnerungsblüten auf den Feldern seiner Jugend sammelt«, wie Ruskin selbst sagt. »Präterita«, geschrieben in den Jahren der äußeren und inneren Verdüsterung, ist frei von offenen Spannungen, von Hysterie, Aufgeregtheit und Zorn. Das gilt bis zur buchstäblich letzten Seite, die Ruskin in Druck gegeben hat – diese letzte Seite geht dann nahtlos in den aktuellen Text des Wahnlebens über. Die Lebensbeschreibung bricht dort ab, muß an der Stelle enden, an der auch das Leben nicht weitergekommen ist. Das vorletzte Kapitel des Buches erzählt von der Begegnung mit dem Kind Rose; die nächsten hätten folglich dem Mädchen und der Geliebten Rose gewidmet sein müssen, doch da verlassen Ruskin die Kräfte. Das letzte Kapitel wird diktiert von der Gewißheit des notwendigen Endes und sammelt in gedrängter Form einige Fakten und ist vor allem mit dem Abtragen einer Schuld beschäftigt. Das Schlußkapitel heißt »Joanna's Care«; hier dankt Ruskin der Kusine, die nach dem Tod seines Vaters die Stütze der Mutter und dann seine eigene Freundin, Mutter, Begleiterin, Bewacherin, schließlich Vormund und Erbin wurde. Das Schlußkapitel hat Ruskin Joan Severn diktieren müssen. Aber die letzte Seite, die wir später zitieren werden, gehört einem Ereignis des Jahres 1872 und führt damit in eine Zeit, da es zu den glücklichen Tagen der Wiederbegegnung mit Rose kam, für die Ruskin damals, wie er schrieb, »den Rest seines Lebens gegeben hatte«, da aber auch, wie immer, der harte Rückschlag, die erneute Abweisung kam und das Tagebuch die letzten Worte eines anderen verzeichnet: »It is finished.« Man hat »Präterita« Ruskins »Thanatographie« genannt, ein Schreiben zum Tode hin. So bestechend diese Formel klingt, so müssen wir doch andererseits erkennen – und das ist die dritte Schwierigkeit –, daß dieses Sterben auch ein Leben ist und daß auch in diesem Fall, wo Text und Kontext so grundverschieden aussehen, das Schreiben ein Leben ist. Nach der »Zeit der Arbeit«, sagt Ruskin, »kommt die Zeit des Todes, die in glücklichen Leben nur sehr kurz dauert, aber immer ist es eine *Zeit*. Der letzte Atemzug ist nur das *Ende* des Todes.« Die Theorie der autobiographischen Literatur sagt das so: »Autobiographie ist kein Spiegel des Lebens, sondern ein weiteres Stück Leben, kein Bild, sondern eine Handlung, die niemals so lange innehalten kann, um das Leben als ganzes zu überschauen, noch ihre eigene Bewegung bis zum Ruhepunkt verfolgen kann.«

Für jeden Viktorianer, der auf ein Mindestmaß an öffentlicher Aufmerksamkeit hoffen durfte, war die Abfassung einer

Autobiographie eine selbstverständliche Pflicht. Es dauerte übrigens nur vier Jahre nach Erscheinen der letzten Folge von »Präterita«, bis auch die, wie man damals sagte, »offizielle Biographie« Ruskins erschien: »The Life and Work of John Ruskin by W. G. Collingwood«. Von all den ungezählten Lebenserinnerungen und Lebensbeschreibungen des viktorianischen Zeitalters unterscheidet sich aber Ruskins eigener Versuch radikal. »Präterita« steht nicht in der Tradition der bekannten »Life and Work«- oder »Life and Letters«-Werke. Die Ordnung ist zwar locker chronologisch, verdichtet sich aber nie zur »outward biography« (Carlyle), die eine logische Folge von Begebenheiten und Handlungsweisen rekonstruiert. Aber wenn schon die zu erwartenden Ereignisse und die Mehrzahl der Schriften »mit völligem Stillschweigen« übergangen werden, dann füllt »Präterita« doch auch nicht die Lücken mit fortgesetzter Introspektion und Selbstoffenbarung, wie es eigentlich vom Autor von »Fors« anzunehmen wäre, der mit detaillierter Bloßlegung seiner Lebensumstände und Gedanken nicht gegeizt hatte. Ruskin hat zwar einmal gesagt: »Ich kenne keinen Menschen, dem ich mehr gleiche als Rousseau«, aber »Präterita« folgt in keiner Beziehung dem Muster der »Confessions«, in denen Ruskin sein eigenes Ich so deutlich widergespiegelt fand, daß er eine Seelenwanderung annehmen wollte. Wer die »Wahrheit« über Ruskins Ehe, Sexualität, Familienverhältnisse, wer die Schattenseiten und Geheimnisse dieses Lebens erfahren will, braucht »Präterita« erst gar nicht aufzuschlagen. Kein Wort über all die Ereignisse und Eigenschaften, von denen man sich in der Lebensbeichte vielleicht »befreien möchte«, wie Rousseau sagt. Ruskin befreit sich auf andere, einfache Weise, indem er in die Lebenserinnerungen nur aufnimmt, was ihm »Freude bereitet«, ihm in seinen alten Tagen schreibend Freude bereitet und Freiheit läßt, zu einer Zeit, da seine Träume und Phantasien unter dem Diktat unbeherrschbarer Gedankenströme und Assoziationen stehen: »Ich schreibe deshalb ohne Umschweife, in behaglicher Breite und spreche von allem, woran ich mit Freuden zurückdenke, hier und dort bei Dingen länger verweilend, deren Kenntnis anderen dienen kann, aber mit völligem Stillschweigen übergehe ich die Ereignisse meines Lebens, deren Gedenken mich nicht froh macht und deren Erzählung meinen Lesern nichts nützen würde. Auf diese Weise scheint mir mein beschriebenes Leben unterhaltsamer geworden zu sein, als ich anfangs erwarten durfte, nachdem ich die wechselnden Geschicke längst vergangener Tage prüfend überschaut hatte.«

Doch wenn dieses Buch schon nicht Lebensbuchhaltung und nicht Offenbarungsliteratur ist, was hat dann »Präterita« zum Inhalt und zur Richtschnur? Es sind noch einmal, ein letztes Mal, die Dinge, die hier zum Zuge kommen. »Alles, was ich [in »Präterita«] zu sagen habe, ist: Ich ging an diesen oder jenen Ort – und sah dies oder das. Und tat nichts.« Eine sehr präzise Charakteristik, wie schon der Blick ins Inhaltsverzeichnis zeigt: von 28 vollendeten Kapiteln tragen 21 Ortsnamen als Überschriften, Namen wie: »Die Quellen der Wandel«, »Fontainebleau« oder »Das Hotel zum Mont Blanc«. Selbst für das letzte Kapitel, das dem Dank an die Kusine gewidmet ist, standen konkurrierende Überschriften zur Verfügung wie: »Der Salève«, »Der Salève und Luzern«, »Der Strand von Boulogne«, »Königstein«. Diese Kapitelangaben sollen Stätten einmaliger Begebenheit (Fontainebleau) oder dauernder Attraktion (Das Hotel zum Mont Blanc) markieren. »Präterita« ist in erster Linie ein Buch über Orte und Landschaften, die »An der alten Straße« liegen, wie Ruskin eine späte Sammlung kleinerer Schriften genannt hat. An der Straße, die von London über den Kanal nach Nordfrankreich führt, Frankreich bis in den Süden durchzieht, dann durch den Jura in die Schweiz wechselt, über Genf ins Massiv des Mont Blanc vorstößt, die Alpen übersteigt, nach Oberitalien, wo ein großer oder kleinerer Kreis gezogen wird, bevor es auf dem beschriebenen oder einem parallelen Weg nach Hause geht. Ruskin hat diese Reise (mit Variationen und Abkürzungen) 26mal gemacht, zuletzt 1882 und 1888, zwischen welchen beiden Daten die Abfassung von »Präterita« liegt. Diese Form der Sachzuwendung ist in der englischen autobiographischen Literatur gewiß außergewöhnlich; nur ein anderer Autor des 19. Jahrhunderts hat sich programmatisch zu einer solchen Option erklärt, Thomas De Quincey am Anfang seiner »Confessions of an English Opium Eater«: »Nicht der Opium-Süchtige, sondern das Opium ist der wahre Held des Berichts und das legitime Zentrum, um welches das Interesse kreist.« Der Vergleich zwischen De Quincey und Ruskin muß nur auf den ersten Blick gesucht erscheinen; übertragen und nicht ohne Recht könnte man »Präterita« den Untertitel geben: »Confessions of an English Travel-Addict«, »Die Bekenntnisse eines reisesüchtigen Engländers«.

Nun ist der Gedanke, das eigene Leben als Reisebericht zu erzählen, nicht neu – das größte Beispiel dafür hat die englische Literatur mit Wordsworths »Prelude« gegeben. Doch bestehen hier markante Differenzen. Wordsworth benutzt das Medium des Reisens, der Erkundung des Fremden, um sich selbst zu erkunden und zu finden. Orte, Gegenden, Länder sind Mittel, nicht Selbstwert; ihr Erlebnisgehalt bestimmt sich kategorisch nach den Qualitäten Natur, Kultur und Natur und Kultur im Mischzustand; eine Bildung von »Zentren meines Lebens«, wie bei Ruskin, bleibt aus. Wordsworth braucht diese Entäußerung und Dezentralisierung nicht, weil er durch Irrwege und Rückschläge hindurch doch das Heim der Selbstgewißheit ansteuern kann. Der Autor von »Präterita« behauptet, ohne diesen festen Ort auskommen zu müssen. Er hat sein Heim an vielen Orten und nirgends. »Präterita« ist auch nicht eigentlich der Bericht der Lebensreise, sondern das Buch der Wiederkehr. Es beschreibt die Suche nach den mehrmals vergangenen und wiedergefundenen Dingen: »Praeterita means merely past things«, erklärt der Autor seiner Freundin Kate Greenaway. Dinge, so muß man präzisieren, die vergangen sind, weil sie sich in 50 Jahren drastisch verändert haben, auch die Alpen, die Gletscher, die Wolken, nicht nur die Städte, wie wir von Ruskin wissen, die aber nicht so verloren sind, daß der Autor ihrer nicht durch Wiederkehr schreibend habhaft werden könnte. Darin liegt der Unterschied zu dem Unternehmen »A la recherche du temps perdu«, »Remembrance of Times Lost«. »Perdu«, »Lost« ist hart und unerbittlich, wie das Wesen der Zeit. Die Topo-Graphie von »Präterita« lebt, eben weil sie ein »nettes« und »ordentliches« Buch-Schreiben sein will, von der Hoffnung auf die Lokalgötter, auf die belebende Kraft der präsenten Lokalität. Aber damit sind nur die Schwierigkeiten des Versuchs gekennzeichnet. Wie verhält sich einer, der erkannt hat: »Das ist der wahre Stand der Dinge, was mich anbelangt, im wörtlichen und übertragenen Sinne: die Menschen sind dahingegangen und die Dinge auch. Mein Vater und meine Mutter und Rose und Venedig und Rouen – alles ist dahin [...].« Sagt er, wenn es nur um die Dinge geht, wie sie einmal waren oder wie sie heute sind, oder vergleicht er beides, oder begnügt er sich damit, auf die großen Verluste nur schmerzlich berührt hinzuweisen und ansonsten den Frieden dieses letzten Buches nicht zu stören? Das Buch gibt darauf keine kohärente Antwort, aber wir finden eine Strategie und als ihr Ergebnis berühmte Stellen vor, die von »Präterita« bleiben werden. Um hier weiterzukommen, müssen wir die Entstehung des Buches näher betrachten.

Ruskin schrieb sein Leben, wie man Leben am unmittelbarsten schreibt: Er schrieb »Präterita«, anders als Manuskripte sonst, in Tagebuchbände. Und er schrieb es täglich, eine festgesetzte Zeit lang, so wie er es mit seinem laufenden Tagebuch hielt. Ohne dessen stringente chronologische Struktur zu haben, ist die Autobiographie das zweite Tagebuch. Und lebt von der Auseinandersetzung mit dem ersten. Noch genauer genommen ist »Präterita« das Ergebnis vier paralleler Vorgänge: (1) Ruskin liest für »Präterita« die Tagebücher. (2) Er liest und schreibt seine Bemerkungen an die Ränder. Er kommentiert sein Leben. Es berührt einen unangenehm, die dunklen Krakel der Altersschrift neben den flinken und viel helleren Zügen des laufenden Textes zu sehen. Später hinzugefügte Bemerkungen sind an sich nichts Neues in den Tagebüchern: Ruskin hatte für sie gewöhnlich die linke Seite freigelassen. Aber die letzten Randnoten haben wirklich etwas Abschließendes und Präpotentes. Sie wirken wie die Bemerkungen eines Vorgesetzten in der Denkschrift eines gutwilligen Zuarbeiters. Merkwürdig ist auch, daß Ruskin seine späteren Kommentare nicht nur datiert, sondern auch durch Unterschrift beglaubigt – ein Notar seines »beschriebenen Lebens«. Die Tiefenstaffelung des autobiographischen Materials, die so entsteht, ist oft beträchtlich, und die Gedanken des letzten Lesers bauen sich nur wie eine letzte Soffitte vor die Fluchten der »vergangenen Dinge«. Ein Beispiel: 1840/41 hatte Ruskin mit den Eltern die große Tour bis in den Süden Italiens gemacht und sein ausführlichstes Reisetagebuch verfaßt. Heimgekehrt beginnt er im Herbst 1841, am Jahrestag der Abreise aus England, das zweite Tagebuch dieser Reise – eine Reise auf dem Papier zur Rekonstruktion, Überprüfung und Korrektur der originalen Erlebnisse. Am 23. Oktober 1841 schreibt er: »Es ist merkwürdig, wie sich Fragmente in der Erinnerung total verselbständigen können und sich ganz prägnant vom Gesamteindruck des Tages abheben. Ich erinnere nur weniges deutlicher als jenes Zollhaus bei Nizza: die lange Holzbrücke, der schwatzende Postillion und die Stelle, wo man zum Wasser ging, über eine verfaulte Planke, wo ich in den Matsch geriet, und jenes hölzerne Wachhaus mit dem bramarbasierenden Korporal in Antibes – beides Dinge, die mit dem Gesamteindruck der Landschaft und mit den Stimmungen des Tages nichts zu tun haben.« Dazu bemerkt Ruskin am 20. 4. 1884, zweieinhalb Jahre später: »I have forgotten them now. J. R.« Das ist – neben den ungeschriebenen Erinnerungen – der Rohstoff von »Präterita«: eine Topo-Graphie wie ein Palimpsest, übereinandergeschrieben und übereinandergelebt, verbessert, verdeutlicht, verworfen. (3) »Präterita« zitiert also gerne die Tagebücher. »It is a great bore, to keep a diary but a great delight to have kept one«, liest man im Tagebuch am 30. 12. 1840 und 45 Jahre später wieder in der Autobiographie. »Präterita« schreiben, heißt auch, die Tagebücher ausschreiben. Man hat sogar den Eindruck, daß Ruskin die eigentliche Aufgabe der Rückschau, nämlich Tendenzen und Entwicklungsstufen dingfest zu machen, wiederum dem ersten Text überträgt: »Nun sollte ich wohl neben der ausführlicheren Schilderung dessen, was sich [auf der Italienreise 40/41] zutrug, hier auch etwas mehr darauf eingehen, wie es in meinem Inneren aussah, jetzt, nachdem ich mündig geworden. So setze ich denn ein paar von den Tagebuchaufzeichnungen hierher [. . .].« (4) »Präterita« ist auch, wie bereits angedeutet, geschriebenes, nicht nur »beschriebenes Leben«, in mäßigen Portionen Tagebuchbänden anvertraut. »Ich muß versuchen, über mich selbst Rechenschaft abzulegen, jeden Tag ein kleines Stück«, steht unter dem 1. Januar 1885 im Tagebuch zu lesen. In dieser Vorgehensweise lagen Vorzüge und Gefahren dicht nebeneinander. »Ich habe selbst großes Vergnügen an der Sache«, schreibt Ruskin einmal über »Präterita«, »es ist so viel leichter, auf diese Weise Dinge zu sagen, d. h. von Angesicht zu Angesicht und nicht als Autor.« Das heißt wohl, daß »Präterita«, wie das Tagebuch auch, »plain« und »direct telling« sein und ohne den hohen, auktorialen Standpunkt auskommen soll. Soweit das überhaupt möglich ist, ist es gelungen. Aber das Gelingen forderte seinen Preis zum Schluß. »Ich denke, daß meine Geschichte dann am vollständigsten wird, wenn ich aufschreibe, wie ihre zusammenhängenden Gegenstände mir in den Sinn kommen, statt sie mir in eigentlich chronologischer Ordnung vorzunehmen.« Dieser Plan, ohne Plan zu verfahren, ist ambivalent. Er kann den wirklichen Verzicht auf auktoriale Vormacht und die Selbstdarstellung der Dinge nach ihren Zusammenhängen einleiten, er kann aber auch die Abhängigkeit der Darstellung von der aktuellen Befindlichkeit des Schreibenden begünstigen: »as it's connected subjects occur to me« – diese Formulierung zwingt auf engstem Raum die antagonistischen Eigenrechte der Dinge und des Subjekts zusammen. An sich wollte Ruskin ja »the bitter play« von »Fors« abbrechen, indem er »Präterita« schrieb (die letzte Folge von »Fors« erschien 1884, die erste von »Präterita« 1885). Das heißt, er wollte sich und seine Leser nicht von jedem Stoß der Zeitläufte und Stimmungen, sei es der gegenwärtigen, sei es der vergangenen, hin- und herwerfen lassen. Doch darf nicht übersehen werden, daß »Präterita« wie »Fors«, wie fast alle Werke seit 1870 in Fortsetzungen erschienen. Das gab die Möglichkeit und manchmal auch den Zwang, Argumente und Fragen von Lesern aufzugreifen und die aktuelle Situation miteinzubeziehen, den Lebensbericht zur Zeitung zu machen. Je weiter »Präterita« voranschritt und sich schwierigen Lebensabschnitten näherte und je prekärer die Verfassung des Schreibenden sich gestaltete, desto größer wurde die Versuchung, dem spontanen »Fors«-Stil nachzugeben, also der Gegenwart zum Sieg über die Vergangenheit zu verhelfen. Zur Entlastung schuf sich Ruskin ein eigenes Parallelwerk, die Sammlung »Dilecta«, die seit 1886 erschien und in bunter Folge brachte, was in »Präterita« nicht erscheinen sollte: Briefe, Anekdoten, Daten, Nebenschauplätze des Lebens. Doch auch die Öffnung des Archivs milderte den Druck auf »Präterita« nicht dauerhaft, wie Ruskin schließlich erkennen mußte. Eines der letzten Fragmente für »Präterita«, datiert 31. 5. 1889, beschäftigt sich mit diesem Problem: »Daß der Schluß von ›Präterita‹ sich verzögerte, hat nicht nur in der Abfolge, sondern auch in der Methode dieses Buches Folgen hinterlassen – so viele Dinge drängen sich auf, die sofort und in aller Deutlichkeit erzählt werden wollen, daß ich nicht mehr entschieden zwischen ihnen auswählen kann, sondern es den Zufällen des Tages überlassen muß, meine Gedanken zu lenken oder abzulenken, so wie ich es in ›Fors‹ tat[...].« Das erste Tagebuch verlangte nun gebieterisch danach, sich an die Stelle des zweiten zu setzen, bevor dieses zur Gegenwart aufgeschlossen hatte. Nach erkennbaren Rückzugsgefechten – so ist z. B. das vorletzte Kapitel datiert, wie ein Brief aus »Fors« – kam es erst auf der letzten Seite zur Entscheidung. Die letzten Worte von »Präterita« sind das Datum der letzten Eintragung: Brantwood, 19. Juni 1889. Doch die Entscheidung sah keine siegreiche Seite. Bei ihrem Zusammentreffen haben die beiden Zeitsysteme einander aufgehoben. Nach diesem Datum gab es kein Tagebuch und keine Lebensbeschreibung mehr. Das Leben war zeit- und sprachlos geworden.

So können wir die ganz besondere Zeitstruktur von »Präterita« noch genauer charakterisieren: In diesem Buch wird ein Kampf um das Präsens der vergangenen Dinge und ein Kampf gegen das Präsens der gegenwärtigen und zukünftigen geführt. Weil Leben durch Schreiben sich nur gewinnen läßt, wenn die stärksten Tendenzen der Gegenwart zurückgedrängt werden. Der erste Teil des Versuchs vertraut auf die literarischen Mittel, die am gegenwarthaltigsten sind, wie Tagebuch und Dokument, und ansonsten auf die Kraft des Gedächtnisses, von der Proust spricht, auf die Kraft, »die Vergangenheit in unveränderter Gestalt in die Gegenwart einzuführen – so nämlich, wie sie sich in dem Augenblick präsentierte, als sie selber noch Gegenwart war«. Doch kann dies nicht im behaglichen Sessel des Erzählers oder am Schreibtisch geleistet werden. Das Leben, das nicht das Nacherleben im Spiegel von »Präterita« ist, stellt auch seine Ansprüche; zwischen den Fortsetzungen der Autobiographie liegen die Fortsetzungen des Wahnlebens. Immer wieder versagt es sich Ruskin, der scheinbaren Weisheit des Nachhinein oder dem gegenwärtigen Zustand der Dinge ein methodisches Vorrecht einzuräumen. »Noch einmal ein ›hätte‹«, heißt es an einer Stelle, gegen die Sicht des alten

Mannes gesprochen, »und dies das ernsteste von allen, die ich versäumt habe, das letzte, mit dem ich den Leser belästigen will.« Oder die folgende Passage, die symptomatische Bedeutung auch für das Motiv der Wiederkehr hat: »Wenn ich die altmodischen Fensterflügel des Eckfensters im Hotel Bellevue öffne, kann ich vom Schreibtisch, an welchem ich dieses Kapitel schreibe, auf die Bergwiesen hinaussehen [die Ruskin und Norton 1856 zusammen erwanderten]; ja, dort drüben windet sich der Pfad, den wir damals emporkletterten, anscheinend unverändert. Aber was damals die ewigen Berge zu sein schienen, hinter denen die rosige Dämmerung wolkenlos emporstieg, was der Himmel, in den sie sich verlor, und was das menschliche Gemüt und menschliche Tugend – wie sehr sich das alles veränderte, wie bedrückend, kann ich nicht ausmessen und will ich hier nicht sagen.« Derjenige, der da an den Ort des autobiographischen Geschehens zurückgekehrt ist, um antäusgleich Kraft aus der Berührung mit dem früher betretenen Boden zu ziehen, will das Jetzt nicht wie das Hier oder wie das Damals behandeln. Der schärfste Beobachter, »der einzige wahre Seher, der uns geblieben ist« (Froude), begnügt sich, was die Gefahr möglicher Veränderungen anbelangt, mit dem Anschein (»anscheinend unverändert«). Für einen Autor, der es sich in seinen anderen Schriften zur Aufgabe gemacht hatte, seine Leser mit permanenten Vergleichen zwischen dem Jetzt und dem Damals zu »belästigen«, bedeutete solche Selbstbeschränkung einen enormen Zwang. Die große Leistung von »Präterita« besteht darin, daß dieser Zwang nicht permanent spürbar ist, aber es kann keine Rede davon sein, daß sich das heikle Unternehmen hätte konsequent durchführen lassen. Der Zwiespalt zwischen dem Damals und dem zeitenthobenen Jetzt, das der Text konstituieren will, und dem zeitbestimmten Jetzt, das die aktuelle Verfassung der Objekte und die Sehweise des Erzählers markiert, durchzieht selbst jene Passagen, für die »Präterita berühmt geworden ist, Passagen, in denen die »vergangenen Dinge« zu »Großaufnahmen« arrangiert worden sind. An sich das probateste Mittel, Gegenwärtigkeit zu erzeugen, aber man beachte einmal, wie oft auch der folgende Text zwischen den Zeiten wechselt:

»Noch zwanzig Schritte, und man war am Fluß.

Bei allen anderen Flüssen weiß man von einer oberen und einer unteren Strömung und denkt wohl auch mit leisem Mißbehagen an den tieferen Grund. Die Rhone aber erscheint im Fließen als ein einziger schillernder Edelstein, da ist kein Oben oder Unten; ihr ätherisches Selbst ist überall; regenbogenfarbig schießt sie dahin, lichtvoll und kräftig ihr Blau bis an den Uferrand, leuchtend bis in die letzte Tiefe hinein.

Fünfzehn Fuß tief dies flutende, nein, dies dahinfliegende Wasser – Wasser nicht, geschmolzener Gletscher sollte man sagen. Die Kraft des Eises ist darin, der Zug der Wolken, jeglicher Frohsinn des Himmels und die wandellose Zeit.

Wohl hat es seinen Reiz, den klaren Meereswogen zuzuschauen; aber das ist ein unaufhörliches Kommen und Gehen, unmöglich, es auch nur eine Sekunde lang in einer geschlossenen Form festzuhalten. Hier aber war eine einzige mächtige Woge, ewig sie selbst, und in jedem ihrer Gekräusel gleichmäßig geschwungen wie die Windungen der Muschel. Hier war kein Sichverzehren des niederfallenden Schaums, kein Innehalten, um neue Kraft zu sammeln, keine hilflose Ebbe in feigem Zurückweichen. Den hellen Tag und die feiernde Nacht hindurch der gleiche endlose Niedersturz, das nie verblassende Auffunkeln, das nie verstummende Geflüster und, solange die Sonne am Himmel stand, dasselbe Widerspiegeln eines überirdischen Aquamarin, Ultramarin, Veilchenblau, Blau der Gentianen, Pfauenblau, Blau der Paradiesesströme, wie das Glas farbiger Fenster in der Sonne schmelzend, indes die Fee der Alpen unablässig die gesponnenen Fäden aus ihrem Schneereich niederwirft.

Dazu die harmlose Art, in der der Fluß immer wieder verweilt, um in jedes Winkelchen hineinzugucken. Wilde Gebirgsströme scheinen immer zornig, und große Flüsse sind nur zu oft mürrisch, aber die Rhone kennt weder Zorn noch Hochmut. Jauchzend ringt der Strom der Berge sich los aus den Träumen im See, und doch ist's, als wolle er heimlich gern zurückkehren und bleiben. Da waren kleine Wellen, die tanzten den ganzen Tag lang, als sähe Perdita zu und wolle es ihnen ablauschen, kleine Strömchen, die wie die Lämmer hüpften und wie die Gemsen sprangen, da waren Vertiefungen, ganz in Sonne getaucht, in sich kräuselnden Reihen eine über der anderen wie kristallener Sand; da waren Strömungen, die das Licht zu goldenen Flechten verschlang und die Fäden mit Türkisen verzierte; da waren Streifchen im Strom, die gewiß oberhalb des Stroms Mühlbäche gewesen waren und die sich nun eifrig umsahen nach Mühlen, um sie wieder zu treiben. Da waren Wasserstürze, die einstmals bänglich die Luft durchschnitten hatten und die jetzt wieder emporsprangen, sich selber auslachend über den ungefährlichen Sprung, und neben all dem heiteren Glitzern und dem wirbelnden Zögern der edle Strom in der Mitte, mächtig und doch kein feindseliger Zerstörer und Länderverwüster. Schwalben sind es – nicht Sturmvögel, die ihn mit den Schwingen streifen, und die liebe, altersgebeugte Stadt [Genf] ruht so sicher in der flutenden Umarmung, als sei sie in ein Saphirgeschmeide mitten hineingesetzt.

Und der Tag glitt dahin wie der Strom, aber es schien mir nie, als ob ich Zeit vergeudete, wenn ich dem Lauf der Rhone nachsah. Mitunter wurde man auch ein wenig schwindlig oder auch neidisch auf die Fische da unten. Dann kehrte man um und schlenderte zwischen den hohen Häusern mit ihren Schutzdächern umher, die nun lange dahin sind.«

Diese Beschreibung wird eingeleitet durch ein »war« – »und man war am Fluß« –, das sich auf Ruskins frühe Aufenthalte in Genf in den Jahren 1833, 1835 und 1844 bezieht. »[. . .] die nun lange dahin sind« – das Präsens am Ende der Passage führt uns in die Gegenwart der 80er Jahre. Der Fluß dazwischen, die Rhone, erscheint mal im Präteritum, mal im Präsens. Ein solches Charakterporträt hätte selbst der konsequente Chronist der Vergangenheit in die Gegenwartsform gesetzt, denn welchen Sinn hat das »war« in einem Satz wie: »Hier aber war eine einzige mächtige Woge, ewig sie selbst [. . .]«, wenn der Text an keiner Stelle andeutet, daß das Erlebnis der Rhone zu einem bestimmten Zeitpunkt von besonderer Bedeutung für den jungen Ruskin war oder daß die Rhone von damals nicht mit der Rhone der 80er Jahre zu vergleichen ist (wozu Ruskin einiges zu sagen hatte, aber er tat es nicht, nicht in »Präterita«)? Und welchen Sinn hat das »war« im Zusammenhang mit der Aussage: »ewig sie selbst«?

Der Farbe der Rhone hatte Ruskin einen seiner ersten veröffentlichten Texte (1835) gewidmet, eine Anfrage mehr als eine Abhandlung zu dem Problem, warum dieser Alpenfluß im Unterschied zu den anderen tiefblau gefärbt sei. Ruskin nannte die Tönung damals Indigo und verwarf die populäre Meinung, das Blau der Rhone und das Grün des Rheins rühre vom Schmelzwasser der Gletscher her – deren Blau und Grün habe rein optische Ursachen. Beim zweiten Besuch fand er die Farbe des Wassers heller, war verunsichert darüber, daß andere von Seegrün sprachen und vermutete einen Wandel der Färbung im Lauf der Jahreszeiten. So geht das weiter, bis zum Jahr 1882, wo man ihn lange auf der Fußgängerbrücke stehen und ins Wasser schauen sah. Der Text sammelt alle Farbschattierungen, die Ruskin jemals an der Rhone entdeckte, das ganze Spektrum des Blau, ja das gesamte Farbspektrum, denn es heißt: »regenbogenfarbig schießt sie dahin«. Die Frage nach der Ursache wird nicht mehr gestellt; längst ist der Glaube an die Naturwissenschaft geschwunden, der alte Mann greift auf die Meinung zurück, die der 15jährige abgetan hatte, daß nämlich das Blau doch etwas mit der Farbe der Gletscher zu tun haben könnte. Die Erfahrungen der Vergangenheit tragen dazu bei, den Fluß zu vergegenwärtigen – d. h. sie werden, wenn sie ihren Beitrag geliefert haben, zum Strom der Worte transformiert. Was gerade noch Vergangenheit, Addition von Erfahrung war, kulminiert zu einer neuen Summe, die nur im Präsens zählt. Der erlebte Fluß wird so zum gelebten Fluß, zum Fluß des Lebens und zum lebendigen Fluß. Dauer im Wandel, Wiederkehr ohne Veränderung, ohne substanzielle Veränderung jedenfalls, nur ein ständiges Changieren, ein Wechsel der Erscheinungen wäre erlaubt, »wandelbare Zeit«, »ewig sie selbst« – das alles sind Umschreibungen des einen Zwecks von »Präterita«, das Vergangene gegenwärtig zu halten.

Auf der symbolischen Ebene wird in die gleiche Richtung gearbeitet. Die Rhone, die ein »Zentrum« seines Lebens durchfließt, ist natürlich ein »Paradiesesfluß« und als solcher mit den zahlreichen anderen Bächen und Strömen von »Präterita« verbunden. Das erste Kapitel ist den »Quellen der Wandel« gewidmet – das ist jener kleine Fluß, der durch Croydon, den Geburtsort seiner Mutter, fließt. »Mein eigenstes, eingeborenes Gefühl wurzelte mit tausend Fasern in einfachen, bescheidenen Dingen, denen reiner und lauterer Frieden beschieden ist, lebte unter den roten Dächern von Croydon und bei den mit Kresse umsäumten Bächen, in welchen die Sandkörner tanzen und wo kleine Fische pfeilschnell dahinschießen – bei den Quellen der Wandel.« (Man beachte wieder den Tempuswechsel!) Der Zufall wollte es, daß das Kind seine Begeisterung für fließendes Wasser gleich an zwei Orten befriedigen konnte: in Croydon, im Hinterhof des Hauses der Schwester seiner Mutter, wo eine Quelle, ein Zubringer zur Wandel floß, und in Perth, wo die Schwester seines Vaters einen Garten hatte, dessen rückwärtiges Ende den Fluß Tay berührte. »Das Wasser rann drei bis vier Fuß tief, klar braun über die Kiesel, hier und dort in Wirbeln kreisend: für mich ein Gegenstand ewigen Interesses.« Dem Kind, das damals in Hunter Street, noch nicht im Garten Eden von Herne Hill eingeschlossen lebte, wurden auf diese Weise »gelegentliche Ausblicke auf die Ströme des Paradieses« geschenkt. Anders die Szene vor den Fenstern des Hauses in London, »die Aussicht auf einen höchst merkwürdigen, eisernen Pfosten boten, aus welchem die Spritzwagen durch hübsche kleine Klappen mit Wasser versorgt wurden. Der Schlauch, durch den Wasser einfloß, krümmte sich vor meinen Augen wie eine Boa constrictor. Ich wurde nicht müde, diesen geheimnisvollen Vorgang zu beobachten, bei welchem mir besonders das nachfolgende Tröpfeln gefiel.« Das gefaßte Wasser der großen Stadt und der eingesperrte Junge, die wilden Wasser des Landes und der Junge, den die Verwandten laufen lassen wie alle anderen Kinder auch – man sieht, wie hier schon im ersten Kapitel das fließende Wasser als Lebenssymbol eingeführt wird. Ruskin deutet nur ganz kurz an, was den freien Wasserläufen seiner Jugend geschah, was ihm geschah und allem natürlichen Leben Englands geschah: Die Quelle hinter dem Haus in Croydon ging in einen »modernen Kanal« auf, das »lachende« Mühlwasser, das vom Tay abgeleitet wurde und an dem er mit seinen Kusinen ein Lager gebaut hatte, »ist seit langem, glaube ich, zugeworfen oder überbaut«. Als er in den 70er Jahren von der Verschmutzung der Wandel erfuhr, ließ er eine ihrer Quellen zwischen Croydon und Epsom freilegen, säubern und fassen. Eine Inschrifttafel besagte: »Zur höheren Ehre Dessen, Der das Leben gibt und die Bäche und die Früchte, die es ernähren, und den Frieden, der es beendet, soll diese Quelle dem Gebrauch von Menschen, Tieren und Früchten dienen, und sie möge Margareten-Brunnen heißen.« Doch der Brunnen, den er so dem Gedächtnis der Mutter gestiftet hatte, war binnen kurzem wieder verschmutzt und unbrauchbar geworden. Ein zweiter Versuch wurde geplant, aber nicht ausgeführt. Ruskin haben diese Vorgänge sehr beschäftigt. Wer seine beiden Tanten (die mütterlicher waren als die Mutter) mit Flüssen identifiziert und wer seiner Mutter eine Quelle weiht, hantiert mit schwersten Symbolen. Man braucht nur einen Blick auf die Traumbilder dieser Zeit zu werfen, um festzustellen, daß nun Wasser eine ebenso zentrale Rolle spielt wie die Schlangen. Und man braucht nicht lange zu suchen, um eine Stelle zu finden, die das Symbol selbstbezüglich anwendet. Am 23. Mai 1875, zwei Tage vor Roses Tod, besuchte Ruskin die Quellen und Teiche der Wandel, nur um festzustellen, daß seine Restaurierungsbemühungen vergeblich gewesen waren. Das Tagebuch des folgenden Tages erwähnt »eine von Brennesseln überwachsene Insel aus Matsch, mitten in der Wandel – die war wie ich und gab doch vielen Tieren Schutz, wilden Enten und dergleichen«. Sein Ursprung, die Urlandschaft seiner Kindheit und – wie wir gleich hören werden – der Lebensquell Englands, ja der Welt war unbrauchbar geworden; in der für ihn typischen »Paarung mit dem Gegensatz« sieht sich Ruskin in dieser »paysage moralisée« nicht als Reiniger der Quellen, sondern als mitschuldiger Teil, als eine Insel im faulen Wasser, aus Schmutz gebildet und zur Verschmutzung beitragend, aber immer noch als Hort des Wilden taugend.

In den Oxforder Vorlesungen, in »Fors« und an anderem Ort hat Ruskin die Geschichte der Wandel erzählt: »Vor 20 Jahren gab es keine lieblichere Tiefland-Szenerie in Südengland, ja die Welt kannte nichts Ergreifenderes in seiner Menschenfreundlichkeit und Lebendigkeit als das Land um die Quellen der Wandel. [. . .] Keine klareren und göttlicheren Wasser kündeten je mit beharrlichem Murmeln von der Hand dessen, der Regen vom Himmel spendet, keine Wiesen leuchteten zur

Frühlingszeit so leidenschaftlich in ihrem Blumenschmuck; keine Behausungen teilten dem Herz des Wanderers diesen Frieden und diese Freude mit [...] und heute kenne ich nichts Abscheulicheres, wenn ich den tiefen, tragischen Sinn bedenke [...], als die Vorherrschaft ruchloser, indolenter, tierischer Nachlässigkeit über die Zartheit und Lieblichkeit der englischen Landschaft.« Nur eine kurze Strecke fließe das »Wasser unbefleckt, zitternd und klar«, dann müsse es sich durch einen Müllabladeplatz quälen, den man just an dieser Stelle angelegt habe. Die Bürger von Croydon seien unfähig, diesen ihren Lebensstrom sauberzuhalten oder erneut freizulegen – »that day's work is never given« –, aber was sie als neue Errungenschaft aufzuweisen hätten – und jetzt folgt ein für Ruskin typisches »moral tale«, das aus nichts gemacht ist, »made from visual scrap« sozusagen –, das sei ein neues Wirtshaus, und vor dieses Haus habe man im Abstand von zwei Fuß und auf ganzer Fassadenlänge eine zwei Meter hohe Eisenpalisade errichtet, eine Auszeichnung dieses wichtigen Gebäudes, Abgrenzung eines Niemandslandes, das von Abfällen bedeckt sei. »Nun repräsentieren diese nutzlosen Eisenstangen, die ein winziges Stück Erde einzäumen und im Unrat verkommen lassen, einen Arbeitsaufwand, der dreimal ausreichen würde, um die Quellen der Wandel und ihre Teiche zu reinigen.« Das ist das England des ausgehenden 19. Jahrhunderts: Eisen statt Wasser, nutzlose Arbeit statt lebenspendender, Spitzes statt Weiches. Die Analyse des englischen Kapitalismus, die Ruskin an die Palisaden von Croydon spießt, gehört zu seinen glänzendsten, auch heftigsten Texten. Sie steht nicht in »Präterita«. In jeder anderen Schrift hätte er die Gelegenheit zum »Ceterum censeo« ergriffen, aber in den Lebenserinnerungen geht er über die Stellen, die am tiefsten nachgeben könnten, mit ein, zwei Sätzen hinweg.

Wenn die Paradiesströme der Wandel und des Tay den Anfang machen, so bildet den Abschluß von »Präterita« ein dritter, der den Garten von Denmark Hill durchfließt, und dieser Garten wird mit all den Attributen des Gartens Eden von Herne Hill ausgestattet. Es ist ein künstlicher, von Ruskin (wann?) selbst geschaffener Wasserlauf in einem nachgebauten Kindheitsparadies. Am Schluß durchdringen sich die Motive der Wiederkehr und des Flusses, was beinahe eine Tautologie ist: »Ich wende mich zu meinem eigenen Heim zurück, zwanzig Jahre zurück, und darf den Himmel noch einmal preisen für Frieden und Hoffnung und alles Liebliche, das es umschloß, für die elysischen Spaziergänge mit Joanie und die paradiesischen mit Rosie unter den Pfirsichblütenzweigen an dem kleinen glitzernden Flüßchen, dessen Bett ich für sie mit Kristallen ausgelegt hatte. Hinter den Lorbeerbüschen auf der Anhöhe hatte ich ein Wasserreservoir angebracht, von da aus konnte ich an sonnigen Nachmittagen auf ein paar Stunden einen dünnen Wasserfaden mit sich kräuselnden Wellchen jenseits des Wiesengrunds herabfließen lassen [...]. Und das Flüßchen hatte seine Wasserfälle, seine kleinen Teiche, seine Seen, die wir ihm andichteten. Hie und da hatte es den Sand zu anmutigen Linien zusammengespült, da und dort verlor es sich unter Stücken von Chalzedon. Es war nicht der Liffey oder der Nith oder die Wandel, aber doch war es ein wenig grausam von den beiden Mädchen, ihn ›die Gosse‹ zu nennen. Glückseligste Zeiten für uns alle, wie sie nie wiederkommen! [...] Ich selbst war traurig genug, als mir der Anblick der Pfirsich-Allee dieses Gartens verlorenging. ›Edenland‹ nennt [!] Rosie ihn zuweilen in ihren Briefen. Ob sein winziges Flüßchen zu den Wassern Abana oder zu denen des Euphrat oder der Themse gehört, das weiß ich nicht, meinem Durste aber mundeten sie süßer als die Fontana Trevi oder Fonte Branda.«

Das Paradies kann nur noch im Kindheitsformat und künstlich aufgebaut werden, im eigenen Garten, im »hortus conclusus«. Der Garten England dagegen wird nicht mehr bewässert; sein Reichtum, den Ruskin »lebendiges Wasser« nennt, ist erschöpft. »Derselbe Strom, dessen Lauf richtig geleitet, Acker auf Acker wohltätig bewässert, die Luft gereinigt, Mensch und Vieh ernährt und auf seinem Rücken Lasten für sie getragen hätte, überschwemmte so die Ebenen und vergiftete die Luft; sein Atem war Pestilenz, sein Werk war Hungersnot.«

Man hat ausgerechnet, daß die Beschreibung von Genf und damit die Beschreibung der Rhone die Mitte von »Präterita« gebildet hätte, wäre das Buch nach Plan fertig geworden. Was einem Ort wohl zustünde, den Ruskin »das Zentrum der religiösen und sozialen Gedankenwelt wie der natürlichen Schönheit für das ganze lebende Europa [. . .] und natürlich auch das Zentrum meines Lebens« nennt. Wenn die Rhone nun nicht mehr die geometrische Mitte der Autobiographie einnimmt, so bestätigt das Schlußtableau doch ihre ideelle Mittelposition. Von den wilden, kleinen Strömen der Kindheit und dem Mini-Paradiesesfluß des nostalgischen Erwachsenen eingerahmt, steht sie in dieser »Geographie des Ich« als das Idealbild dauerhaften und unbeschädigten Lebens hervor, eine reine, wandelbare und doch »ewig sie selbst bleibende Kraft«, »mächtig und doch kein feindseliger Zerstörer und Länderverwüster«, ein Strom, dem man sich überlassen kann, »ohne Zeit zu vergeuden«. Die Rhone, um das noch einmal zu resümieren, bringt die Strategie von »Präterita« zu punktueller Vollendung: Ein Symbol ist gefunden, das das Paradox der »wandellosen Zeit« verwirklicht; der Primat der Sachen wird so weit geführt, daß sie sich membranhaft mit dem Ich austauschen und Erleben und Leben ineinander übergehen; die Dauer der Sachen und die Wiederkehr der Sachen wird erreicht, indem die Sprache ihnen in einem Akt vitaler Anverwandlung ein neues Leben schenkt.

5

Nun kann es keine Autobiographie als reines »Sachbuch« geben. Und nicht jeder »Sachverhalt« läßt sich archetypisch ausbauen. Wenn auch ein Leben gleichförmiger Wiederkehren nicht auf dramatische Kehren angelegt ist, so muß doch irgendein Konzept seiner Rekonstruktion zugrunde liegen. Ruskin hat seinen Lebensbericht, soweit er nicht Topographie ist, unter das Thema: Entstehung und Betätigung einer Sensibilität gestellt – in Abwandlung der oben zitierten Worte: Ich lernte sehen, sah und tat nichts. Außer der Grundbewegung des Reisens kennt »Präterita« nur noch zwei andere, eng miteinander verknüpfte Aktivitäten: Sehen und Zeichnen. Vom Schreiben, das immerhin vor diesem letzten 38 dicke Bände gefüllt hat, ist so gut wie nie die Rede. Die zahlreichen sozialreformerischen Aktivitäten kommen genausowenig vor wie die naturwissenschaftlichen, ökonomischen und historischen Studien. Man könnte einwenden, daß »Präterita« nur mit einem unordentlichen Schlußkapitel über die Epochenschwelle 1860 hinausgelangt ist. Aber der Autor, der hier schreibt, war schließlich seit einem Vierteljahrhundert auch Kritiker, Analytiker, Redner, Lehrer und Sozialpolitiker – zumindest perspektivisch müßte sich diese Beanspruchung anderer Organe als des Auges abbilden. Ruskin bezieht zwar einen Standpunkt, der durchaus in den 80er Jahren angesiedelt ist, der jedoch durch die letzten 25 Jahre wie durch ein Vakuum hindurch auf eine Phase des notwendigen Lebens schaut. Er sagt nicht: des richtigen Lebens. Die Entstehung seiner Sensibilität schließt auch die Möglichkeit einer Sensibilität sich selbst gegenüber ein. Und man hat nicht den Eindruck, daß der alte Ruskin den jungen und mittleren besonders schätzt. Doch er ist überzeugt, daß seine beste Anlage, seine Apperzeptionskraft, damals durchaus adäquat ausgebildet und angewandt wurde – auf Kosten anderer Eigenschaften und Fähigkeiten natürlich, auch das sieht er deutlich. Nur ein Zitat zum Beleg: »[. . .] den besten Teil meiner scharfen Auffassung und meines tiefen Gefühls für Schönheit, die mir dann in der Fremde entgegentrat, sowohl in der Architektur wie in der Landschaft, verdanke ich meiner tiefeingewurzelten Gewohnheit, meine Beobachtung seinerzeit auch den einfachsten Dingen innerhalb der vier Steinmauern unseres Gartens zugewendet zu haben, welcher doch nur fünfundvierzig auf neunzig Meter groß war.«

Mit dieser Passage, die für viele andere steht, vergleiche man, wie Walter Pater in seinem autobiographischen »imaginären Porträt« »Das Kind im Hause« (1878) die Entwicklung des Kindes Florian beschreibt: »Das kleine Kind, von dem ich schreibe, lebte ruhig weiter. Ohne daß er der Dinge hätte habhaft werden können, saß er täglich an seinem Fenster [. . .]. Der Duft der kleinen Lindenblüten fiel auf ihn wie Regen, während die Zeit unter dem Gesumme der Bienen immer langsamer verrann, bis an manchen Juni-Nachmittagen sie stillzustehen schien. Wie unbedeutend wirken die Gegenstände der Sinneswelt, die sich in der Umgebung unserer frühen Kindheit um uns herumlegen. Wie unlösbar haben sie sich uns eingeprägt, müssen wir später feststellen. [. . .] Da materielle Dinge gerade in der Kindheit ein so bedeutendes Lebenselement sind, können wir ihr Teil werden, können sich Inneres und Äußeres einander zu einem untrennbaren Stoff verweben, der zur Hälfte aus Ton und Farbe und Form, aus Holz und Ziegeln und zur anderen Hälfte aus reinen Seelenfäden besteht, die von weiß woher kommend dort eingeschossen sind.« An dem Kind Florian, das in seiner heimischen Camera obscura nicht weniger behütet aufwächst als das Kind John, lassen sich zwei »dominante Entwicklungsprozesse feststellen«: »die Entstehung einer fast krankhaften Sensibilität für das Schauspiel des Leidens und parallel dazu, die rasche Entstehung einer bestimmten Empfänglichkeit für helle Farben und erlesene Formen – für die sanften Schwingungen der Lippen z. B., die an den Personen, die ihm zusagten, im subtilen Einklang mit ihrer Rede oder ihrem Gesang sich veränderten. Das war das frühe Anzeichen einer außerordentlichen Sinnlichkeit, einer ›Lust der Augen‹, wie der Prediger sagt, die ihn eines Tages – wohin? führen würden.« Paters Text erschien 1878, drei Jahre, nachdem Ruskin in »Fors« mit der Erzählung seiner Kindheitserinnerungen begonnen hatte. Beide Memoiren belegen, daß die individuelle Rechtfertigung des Lebens nun auf eine sehr schmale Basis gestellt werden kann – nicht viel mehr als eine spezifische Sensibilität wird zur Grundlage erklärt. Diese Konzentration oder Einseitigkeit ihrer Entwicklung sehen die Autoren durchaus selbstkritisch, aber gleichzeitig entschädigen sie sich und den Leser dafür, indem sie zeigen, was alles, wie Pater sagt, mit dieser Sensibilität verwebt ist, ein reicher Text aus Dingen und Gefühlen. Wenn aber Ruskin, der im Gegensatz zu Pater eine der vielseitigsten Naturen des 19. Jahrhunderts gewesen ist, sein Bild so dezidiert auf diese seine Wahrnehmungsstärke hin anlegt, dann hat das auch den Grund, daß er für »Präterita«, für das eigene Equilibrium ein »ordentliches« und »sauberes« Kompositionsprinzip braucht. Er, der sich immer vom biblischen Fluch getroffen fühlte: »Unstable thou art as water, and thy work shall not excell«, holt sich die Kontinuität seines Lebens bei seinem »aboriginal self, on which a universal reliance may be grounded«, wie Emerson es ausdrückt, bei seinem »ursprünglichen Ich«. Die Aufmerksamkeit, mit der der junge Mann in Schottland Schneeglöckchen zeichnet, die Mischung aus »Wordsworths Ehrfurcht, Shelleys Empfänglichkeit, Turners Genauigkeit« kann auch der alte noch an sich feststellen: »So haltbar und unverändert und chemisch unveränderlich war das Rezept meiner Gefühlsmischung, daß, wenn ich heute, im Jahre 1886, auf jene ferne Zeit [vor 1837] zurückblicke, ich nichts in mir verändert finde. Einiges in mir ist tot; anderes stärker geworden: ich habe mancherlei gelernt und vieles vergessen, aber im Grunde bin ich noch immer der Jüngling von damals, nur enttäuscht und rheumatisch.«

Nicht von ungefähr steht diese Passage in einem (später verworfenen) Kontext mit dem Motiv der Wiederkehr. Das Studium der wilden Natur Schottlands wirkte auf ihn nach vier Jahren Aufenthalt in Oxford und im Ausland wie ein »Nach-Hause-Kommen«. Und dann heißt es: »Anläßlich dieser meiner Freude, zu den alten Stellen und Gedanken zurückzukehren, möchte ich auf einen Charakterzug aufmerksam machen, der in der Überschau meines Lebens vielleicht übersehen oder falsch interpretiert werden könnte: ich meine [. . .] das Unveränderliche meines Lebens.« Indem Ruskin diese Behauptung zu stützen versucht, verwickelt er sich bald in Widersprüche; sie wird immer unwahrscheinlicher, je weiter sie sich von ihrem Ausgangspunkt, d. i. von Ruskins Art, die Realität einzukreisen, entfernt. Er streicht dann die Stelle ganz. Aber gemäß der Logik von »Präterita« hat Ruskin recht: Die nicht-progressive Bewegung eines Lebens, die überall nach Hause kommt und zu Hause ist, verlangt nach einer ins Bekannte und Begrenzte ausschweifenden Sensibilität, einer Sinnestätigkeit, die in die Tiefe geht. Ruskin sieht sie nicht als mitgegeben an, sondern begreift sie als Produkt seiner frühen Lebensumstände. Aber er versucht auch nicht, die Geschichte eines Auges als Bildungsroman in Szene zu setzen. Man kann auch kaum ein Leben lang immer besser und immer mehr sehen lernen. Es fällt schon schwer zu begreifen, welche Revolution die Episode im Wald von Fontainebleau brachte. Was früh entsteht, bleibt unverändert Bestandteil und Orientierungsmittel seiner Lebenspraxis. Bisweilen wird es als Belastung empfunden: »Das Schlimmste ist, daß mir das Verlangen der Augen [the Desire of the Eyes] zuviel wird, daß es immer stärker ist als das Verlangen des Geistes.« Aber viel bedrohlicher erscheint die Gefahr, diese »Lust der Augen« (vgl. Pater und 1. Joh. 2, 6) könne nachlassen. Die Tagebücher der 80er Jahre künden unentwegt von solchen Zweifeln und Vergewisserungen: »sense of failing eyes always oppressing« heißt es einmal und dann wieder, triumphierend: »Dann sah ich die rosige Dämmerung, und nun den ›Weißen Berg‹ [Mont Blanc], wie er sich über weite Nebelbänke erhebt – ich sehe ihn mit meinen alten Augen so deutlich wie damals, als ich 21 war.« »Ich kann alles in der Ferne und in der Nähe sehen – die blauen Linien dieses Papiers und die Schneefelder des ›Old Man‹ [...] wie nur wenige Männer meines Alters.« So hätte also die Geschichte dieses »reinen Auges« im günstigen Falle – und »Präterita« bedenkt nur den günstigen Fall – eine Entstehung, aber keine andauernde Entwicklung; der Rest ist Betätigung des Sensoriums, ist klar sehen und sagen, was man sah. Der »Sehtrieb« wäre also das innere Pendant zu jenem äußeren Zustand der Dinge, den »Präterita« herzustellen sucht, wäre Dauer im Wandel. Daß sich dieses Elixier nur durch stärkste Komprimierung aller biographischen Fakten erzeugen läßt, dürfte feststehen. Kein Zweifel, daß Ruskin seine größte Gabe für »Präterita« in den Vordergrund rückt, aber wieviel mehr war dieses Leben, ist jedes Leben als seine größte Gabe? »Der äußere Anblick meines Lebens ist von äußerster Unstetigkeit«, weiß auch der Autor von »Präterita«, der allerdings diese Passage unterdrückt, »im besten Falle könnte man von einem verwirrenden Schillern sprechen, von einem unerwarteten Funkeln, das kommt und wieder ganz verlöscht, wie von einem unregelmäßigen Stück Zunder. Nur wenn er sich die Mühe macht und aufmerksam hinschaut, und auch dann nur, wenn er durch ein persönliches Wort, wie ich es hier schreibe, hingewiesen wird, dann könnte jemand, der mein Leben betrachtet, entdecken, welch ein zähes Bißchen schwarzen Diamantgesteins in der Mitte des sporadischen Funkelns glühte.«

Florian Deleal, alias Walter Pater, »stellte sich später oft die merkwürdige Frage, welche Eindrücke als letzte seine Augen und Ohren erreichen und wie sie ihn antreffen würden – der Duft der letzten Blume, das weiche, gelbliche Licht des letzten Morgens, das letzte Wiedererkennen eines geliebten Gegenstandes, einer Hand, einer Stimme. Der letzte Blick der Augen, davon war er überzeugt, würde auf eine besondere Weise lebhaft sein, und man würde dahingehen unter den heißen Tränen, dem Weinen, der Berührung der Trauernden, und das alles würde sich einem so tief einprägen. Oder käme das Ende vielleicht doch nur als ein langsames Zurückweichen aller Dinge, großer wie kleiner, weg von einem selbst und hin zu einem gleichförmigen Horizont?« Für Menschen, die unter der »Tyrannei der Sinne« stehen wie Deleal/Pater und Ruskin, eine angemessene Spekulation über ihr Ende. Im Fall Ruskin können wir sie nicht direkt beantworten, aber es gibt zwei Auskünfte, die uns Ersatz sein müssen. Aus der Zeit des ersten Anfalls und der elfjährigen Umnachtung wissen wir, daß Ruskin immer wieder die Worte ausgestoßen hat: »E-verything white, E-verything black, E-verything white, E-verything black.« Das deutet darauf hin, daß die großen Gegen-Sätze, die er zuerst am Ende von »Modern Painters« formuliert hatte, das letzte Wort behalten wollten. Nichts mehr von dem, wofür dieses Leben angetreten war, keine Übergänge, keine Vielfalt, keine Vielansichtigkeit und vor allem keine Farbe mehr – Farbe, »die das große heiligende Element sinnlicher Schönheit ist, untrennbar verbunden mit Reinheit und Leben«, »der Sinnesausdruck für Liebe«. »E-verything white, E-verything black« heißt auch: keine sinnvolle Betätigung der Wahrnehmung mehr, weder ein buntes Finale der Impressionen, noch ein langsames Verdämmern ins Aschgraue, sondern schematische Reflexe, Zerfall der Objekte und Zerfall der lebendigen Beziehungen zu den Objekten. Ganz anders die letzten Sätze, die Ruskin veröffentlicht hat, die Schlußvision von »Präterita«. Da findet eben jene synästhetische Entladung statt, die Pater sich als Ende gewünscht hatte. Wir haben den Schluß von »Präterita« bis zu der Stelle zitiert, da Ruskin seinen künstlichen Paradiesesfluß im Garten von Denmark Hill über die Fontana Trevi in Rom und die Fonta Branda in Siena setzte. Und das löst Assoziationen aus, die den letzten Aufenthalten in Rom bzw. Siena gelten. Eingeleitet werden diese Erinnerungen von dem Satz: »Wie sich die Dinge verketten und miteinander verschmelzen!« Die Dinge! – »as its connected subjects occur to me«, hier, zum Schluß, erlaubt er den »verknüpften Gegenständen« seines Lebens ihren freien Lauf. Nach den symbolischen Strömen und dem Fluß der Wörter der Gedankenstrom: »Wie sich die Dinge verketten und miteinander verschmelzen! Das letzte Mal, daß ich die Fontana Trevi sah, geschah es von der Stube aus, die Joseph Severn, Arthur Severns Vater, bewohnte und wohin wir beide – 1872 – Joanie zu Besuch brachten. [. . .] Er war damals eifrig damit beschäftigt, sein letztes Bild zu vollenden, die Hochzeit zu Kana. Er hatte das Fest unter ein weinumranktes Gitterwerk verlegt und malte mit Entzücken den kristallklaren Wasserstrahl, der einer griechischen Vase entströmend sich allmählich in den Rubin des Weines verwandelt. Fonta Branda sah ich zuletzt in Charles Nortons Gesellschaft unter derselben Bogenhalle, unter der Dante ihn gesehen hatte. Wir tranken zusammen daraus und gingen dann an jenem Abend auf die darüber gelegenen Anhöhen, wo in der noch klaren Helle im stark duftenden Buschwerk die Glühwürmchen neckisch bald kamen, bald verschwanden. Wie sie leuchteten! Wie zitternd gebrochenes Sternenlicht huschten sie durch die purpurfarbenen Blätter. Wie sie leuchteten! So hatten sie durch den Sonnenuntergang hin geleuchtet, der zur gewitterdrohenden Nacht wurde, als ich drei Tage zuvor in Siena einzog. Die weißen Ränder der Wolkengipfel waren noch vom Westen her angeglüht, dazu der aufgetane, ruhevolle, goldene Himmel hinter dem Tor zu Sienas Herzen mit seinen heute noch gesegneten Worten: ›Cor magis tibi Sena pandit‹, und überall am Himmel und mit den Wolken auf- und niedertauchend die Glühwürmchen, mit den Blitzen gemischt und leuchtender als die Sterne.«

6

»13. September [1888]. Donnerstag. Heute [To-day: Ruskins Motto] werde ich sicherlich nach Chamonix hochfahren! Noch einmal. Das letzte Mal war 1874.

14. September. Freitag. Keine Eintragung, weil ich viel zu erregt und erstaunt darüber bin, wieder in Chamonix zu sein, nach einem großartigen Aufstieg auf der alten Straße und Kaffee in Servoz.

15. September 1888. Sonntag. Chamonix. [. . .] In meinem

alten Zimmer, mit Ausblick aufs Tal. Das reine Mondlicht und danach der Sternenschein raubten mir den Schlaf, aber auf angenehme Weise. Dann sah ich die rosige Dämmerung und nun den ›Weißen Berg‹ [Mont Blanc], wie er sich über weite Nebelbänke erhebt – ich sehe ihn mit meinen alten Augen so deutlich wie damals, als ich 21 war. D. G. – wieder und wieder.

16. September 1888. Sonntag. Chamonix. Gestern abend Kathleens lieber Brief – gab mir nach einem Tag fiebriger Hitze und ziemlichen Versagens eine Nacht vollkommener Ruhe. Ich beantwortete ihn heute morgen, und habe gerade den letzten Abschnitt meines Epilogs zu ›Modern Painters‹ geschrieben, im reinsten Licht des Mont Blanc, nachdem ich die Messe besucht hatte und ein kleines Stück auf frischem Gras in Richtung Arveron-Quelle gegangen war. D. G.«

Tagebucheintragungen von der letzten großen Wiederkehr und Wiederholung: Reichtum der sich überlagernden Lebensschichten und schematische Repetition einer »gelebten Vita« – beides findet sich hier. Ruskin kommt, wie so häufig, nach Chamonix, um gesund zu werden. Er kommt, wie immer, um am Ort über den Ort zu schreiben – das Zeichnen will nicht mehr gelingen, dieser Lebensfaden und Nabelstrang zur Natur ist bereits abgetrennt: »[. . .] ich fühle, *jetzt* könnte ich das alte Hospiz malen, wenn ich das Leben dazu hätte.« Aber das Schreiben ist Selbstverwertung geworden. »Dieses Vorwort geht fast ausschließlich über mich selbst«, hatte er, sich entschuldigend, Band 3 der »Modern Painters« angefangen. Jetzt gehen Vorwort, Text und Nachwort über ihn selbst. In die Alpen fährt er, um aufzuschreiben, wie er mit Charles Norton an gleicher Stelle die Berge hochgestiegen ist, und um das Nachwort für die neue Gesamtausgabe der »Modern Painters« zu verfassen. »Wie sich die Dinge verketten und miteinander verschmelzen!« Übereinandergelebt und übereinandergeschrieben werden in diesem Herbst 1888 das Jahr des ersten Aufenthalts in Chamonix, das Jahr 1842, in dem »Modern Painters« begonnen wurden, und das Jahr der letzten Wiederkehr 1888, da sie durch einen Epilog endgültig geschlossen werden, und das Jahr 1858, das zur Behandlung gerade in »Präterita« ansteht, das im Tal von Chamonix nicht nur die Freundschaft mit Norton und die letzten Arbeiten an »Modern Painters« und damit das Ende der »Old Epoch«, sondern auch, kurz darauf in London, die erste Begegnung mit Rose brachte. »Einige hochweise Leute mit sehr guten Manieren haben mir angeraten, ich solle von Rose überhaupt nichts sagen«, schreibt Ruskin in dem vorletzten Kapitel von »Präterita«, dessen Beginn »Sallenches, 9. September 1888« datiert ist. Wohl wissend, was ihn die vielen Wiedergewinnungen Roses gekostet haben, tut er es dennoch, wahrscheinlich weil er nach all den mystischen Vereinigungen einen festeren Anhalt bekommen hatte. Wie um die Duplizität des Jahres 1888 vollkommen zu machen, hatte Rose ihm eine Botin geschickt, »einen von Peruginos Engeln, gerade dem Rahmen entstiegen«: Kathleen Olander, ein junges Mädchen, das er 1887 in der National Gallery zum ersten Mal sah – sie kopierte gerade ein Bild von Turner. Er ermutigte ihre Arbeit durch Hinweise und Belohnungen; bald war sie wie Rose seine Zeichenschülerin, dann seine vertraute Briefpartnerin. Koseworte fielen, die als Beweise väterlicher Zuneigung durchgehen mochten, bald aber ganz ernst genommen werden wollten, irgendwann folgte der Heiratsantrag, und es eröffnete sich wie im Klapptheater das bekannte Szenario: die Eltern Kathleens auf der einen, »die Mutter« Joan Severn auf der anderen Seite, die das Paar wieder auseinanderziehen, in der Mitte eine unschlüssige Kathleen, zwischen Verehrung und Glaubenszweifeln schwankend – auch sie war sehr religiös –, und ein John Ruskin in allen Rollen seines Geschlechts: toll vor Leidenschaft, demütig bittend, herrisch Unterwerfung fordernd, vor allem aber jede Annäherung mit Selbstabwertung begleitend und damit neutralisierend. Wie vor Rose posiert er als der große Ungläubige: »Nur vor Dir breite ich die Verdüsterung meines Glaubens in ihrer ganzen schrecklichen Tiefe aus«; als der unverbesserliche Frauenheld: »Du hast noch nicht gesehen, wie ich mit einem Pariser Ladenmädchen oder einer jurassischen Schäferin flirte – letzteres kam erst kürzlich vor« (die Schäferin war sieben, wie wir später erfahren); als Mann mit schwieriger Vergangenheit: diesmal ist er es, der die umworbene »Reine« in die Geschichte seiner Ehe mit Effie einweiht. »Ich weiß, daß Du das Bild liebst, das Du Dir von mir machst, aber inwieweit dieses Bild der Wirklichkeit entspricht, das ist die große Frage.« Noch einmal hören wir das

Grundmotiv der viktorianischen Liebe, das Arnold in die großen Verse von »Dover Beach« gefaßt hat:

> Ah, love, let us be true
> To one another! [. . .]
> [. . .] we are here as on a darkling plain
> Swept with confused alarms of struggle and flight,
> Where ignorant armies clash by night.

Und wir erkennen wieder, wie in der Geschichte von John und Rose, daß dieses Wahr-sein-Wollen das gesuchteste Mittel zur Verhinderung der wahren Liebe sein kann. Schon lange bevor die äußeren Fakten ihr klares Veto sprechen, ist auch der letzte Versuch gescheitert. Wie Wahrheit und Wahr-sein-Wollen sich in einer Aussage durchdringen und zersetzen, entnehme man genauestens Ruskins Brief an Kathleen Olander vom 25. 9. 1888, der an Rose sein könnte und der wie ein Lehrsatz die Logik der viktorianischen Liebesverwirrung abbildet: »Und Du *wirst* mit mir glücklich sein, solange ich lebe, denn nur Liebe brauche ich, um bei Vernunft zu bleiben. Ich bin in allem, außer in meinen Gedanken, so rein wie Du. Aber es ist furchtbar für jedes Geschöpf von meinem Naturell, keine Frau zu haben – da kann man nur verrückt werden [. . .].« Ein knappes Jahr später war diese Prognose endgültig Wirklichkeit geworden.

VIII
Der Alte Mann von Coniston
1889–1900

Alles an dieser Fotografie ist ruskinisch, nur Ruskin nicht. (Abb. 17) Eine präraffaelitische Aufnahme aus einer Zeit, da schon Unschärfe Trumpf war. »Crisp« nennen die Engländer diese feste, faßliche Textur. Kein Zweifel bleibt über die Beschaffenheit der Blätter, des Bodens, der Stoffe. Freund Acland trägt Hose und Weste aus maschinengewebtem Garn; Ruskins Beinkleider sind nach wie vor aus schwerem, beutelndem »homespun«. Freund Acland hat elegante Halbschuhe; Ruskin trägt schwere, hohe Stiefel. Freund Acland ist überhaupt feiner und städtischer und beweglicher; er hat sich höflich zu einer Visite niedergelassen. Sitzen kann dieser Arzt, der Professor Regius für Medizin an der Universität Oxford, nur wie am Krankenbett, auch wenn er im Garten von Brantwood sitzt. Seine Haltung hat etwas deutlich Patronisierendes. Und das ist notwendig so, denn Ruskin ist nicht mehr Ruskin. Fast möchte man meinen, es fehlten dieser genau ausstaffierten Menschenpuppe die Drähte, die sie braucht, um sich aufrecht zu halten und um sich in Bewegung zu setzen. Die Wahrheit ist, daß man Ruskin hier inszeniert hat, so wie Erben einen Halbtoten vor dem Notar aufbauen, um ein gültiges Testament herbeizuführen. Ruskin lebt, will dieses weitverbreitete Sammelfoto sagen, das Aclands Tochter im Sommer 1893 aufnahm; der »Alte Mann« von Brantwood, Coniston (so heißt ein großer Berg in Sichtweite von Ruskins Anwesen), ist momentan verstummt, die Zeit der Zurückgezogenheit wird ihm guttun, Freunde kümmern sich um ihn. In der gleichzeitig erschienenen offiziellen Biographie Collingwoods heißt es: »Bis auf die Wiederherstellung seiner Arbeitskraft scheint er wieder er selbst zu sein, wenn auch gealtert und schwach. [. . .] Und es gibt Anzeichen von Kräftereserven, welche die Hoffnung nähren, daß noch viele Jahre der Ruhe nach der Arbeit und des stillen Abendlichtes auf ihn warten.« Die Wahrheit über die vorausgegangenen vier Jahre wollte und konnte man nicht mitteilen. Ruskin war, trotz allem und nach allem, eine englische Institution geworden, und auch dem Kontinent paßte er, mit einer Verspätung von einem halben Jahrhundert, ins Konzept. Man wäre bereit gewesen, zu ihm wie zum alten

Goethe zu wallfahren. Die unzähligen Besucherwünsche konnten zwar nicht befriedigt, durften aber auch nicht brüsk abgewiesen werden. Ruskin war nicht nur eine Institution, sondern auch eine Industrie geworden. Zu keiner Zeit verkauften sich seine Bücher so gut wie im letzten, stummen Jahrzehnt seines Lebens, und es gab auch Ruskin-Keramik und Ruskin-Leinen und – Ruskin-Zigarren. In vielen englischen Städten hatten sich Ruskin-Lesegesellschaften eingerichtet, Gemeinden, deren Mitglieder nun erwartungsvoll nach Brantwood blickten und hofften, daß die vielen liegengelassenen Projekte wieder aufgenommen würden und daß sich vielleicht doch noch eine Möglichkeit ergeben könnte, den großen Mann zu sehen. Da förderten seine Hüter die unschuldige Legende vom Propheten, der sich in seine Berge zurückgezogen und erst einmal vom Tagesgeschäft Abstand genommen hat, und sie sorgten für entsprechende Details wie wallender Bart und markante Profilansichten. Wenn einer vorgelassen wurde, dann sah er folgendes: »Ruskin wirkte nur noch wie der Schatten seines früheren Ich – der reale Mensch mit seiner Energie und Lebendigkeit war dahin, nur der Schatten blieb. Er war sorgfältig gekleidet und peinlich sauber und hatte Handschuhe an, die er, als er den Besucher sich nähern sah, geistesabwesend abzustreifen begann, bis Mrs. Severn [Joan] sagte: Laß doch die Handschuhe, und ich ergriff seine Hand, aber alles, was er äußern konnte, waren einzelne Silben, und bald führte ihn seine ständige Pflegerin weg.« »Ein andermal brachte mich Mrs. Severn in sein Zimmer, seine Bibliothek, wo Ruskin in einem Lehnstuhl saß. Er hatte einen gütigen Ausdruck und sah mit seinem langen, fließenden Bart ehrwürdig und prophetenhaft aus, aber er schien nicht geneigt, sich unterhalten zu wollen, und wenn ich Dinge ansprach, die ihn interessieren mußten, sagte er nur ›Ja‹ oder ›Nein‹ oder lächelte oder nickte. Seinem Verhalten konnte ich nicht entnehmen, ob er überhaupt wußte, wer ich war. [...] Für ein Leben, wie es Ruskin geführt hatte, war dies ein trauriges Ende.« »Es war, wie wenn man sich mit einem Geist unterhalten würde«, resümierte ein anderer Besucher seine letzte Begegnung mit Ruskin.

Die elf Jahre seines »langen Todes« verbrachte Ruskin ohne Ausnahme in Brantwood, in seinem Haus im Lake District.

Nach dem letzten, der fast ein Jahr dauerte, suchten ihn keine großen Anfälle mehr heim. Er war noch nicht in das »Land Leal«, sondern erst einmal in eine Art Vorhölle oder Vorparadies, in den Zustand seiner frühen Kindertage zurückgekehrt. Er ließ sich von Joan Severn und ihrer Familie umsorgen, spielte mit den Kindern, ging ab und an spazieren, gärtnerte ein wenig, ließ sich vorlesen, hatte seine braven und seine trotzigen Phasen. Papier und Feder scheute er »wie ein Kind, das sich am Feuer verbrannt hat«. Kein »schicker Wahn« also, auch keiner mit geheimer Reserve. Er ist wahrscheinlich an einer Überproduktion von Mythen wahnsinnig geworden, aber sein Wahn selbst taugt nicht zum Mythos. Und auch nicht zum viktorianischen Schauerroman, von dem man Grundzüge zu entdecken glaubte. Kein Kerker, den Verwandte und Freunde um ihn aufgebaut hatten. Die Fesseln der Pflege waren vielleicht ein wenig zu eng, aber die Bereitschaft, sich pflegen zu lassen, war größer. Es gab da nichts mehr, das zu entmündigen ein Unrecht gewesen wäre. Er hatte vorgemacht und erreicht, was er allen geraten hatte, die von Rückfall sprachen, wenn er den Fortschritt in Frage stellte: »Rückfall, in der Tat! Ich kann Ihnen sagen, das beste wäre, Sie werden rückfällig, und zwar sofort, anstatt auf Ihren Wegen weiterzugehen. Rutschen Sie zurück in die Wiege, wenn Vorwärtsgehen Sie ins Grab bringt. Zurück, sage ich Ihnen: Raus aus Ihren langen Gesichtern und rein in Ihre langen [Kinder-]Kleider!« Und dies war sein Vermächtnis an die Lesergemeinde und an die Gildenmitglieder gewesen, kurz bevor ihn der erste Anfall packte: »Unfähig, meine politische Arbeit fortzuführen, bitte ich meine Freunde um Verständnis, daß ich aufhöre, nicht weil ich irgend etwas in Frage stellen würde, was ich gesagt oder vorgeschlagen habe, sondern weil die Warnungen, die an mich ergangen sind, auf eine Botschaft des Schicksals hinauslaufen, die besagt, daß ich nun nicht mehr an Führung [Masterhood], sondern nur noch an meine Zweite Kindheit zu denken habe, die sich ihren Weg zur anderen Welt sucht.« »Präterita« war das Ergebnis dieses Weges, der die andere Welt rückwärtsgehend fand. Aber was die Gestaltung seiner persönlichen Beziehungen anbelangt, so hatte er dieser zweiten Kindheit schon länger vorgearbeitet.

Nach dem Tod der Eltern hatte er Joan Severn die Rolle der

Mutter, Carlyle die Rolle des Vaters und sich selbst die Rolle des »little donkey boy« übertragen. Seine Briefe an Joan Severn sind seit den 70er Jahren in einer Babysprache gehalten, die bald zu einem Privatidiom des engsten Ruskin-Kreises wurde und Außenstehende befremdete und besorgt machte. Als Rose im Sterben liegt, schreibt Ruskin an Joan Severn: »Di Ma, if me fall ill, and give up Felyship and come away to live in the nursery and be nursed out of people's way, won't Arfie and you tire of me?« Er fragt also an, ob er in sein Kinderzimmer in Herne Hill, wo Joan und Arthur [Arfie] Severn lebten, zurückkehren und von ihnen »aus der Welt gepflegt werden kann«, so müßte man vielleicht »be nursed out of people's way« übersetzen, um anzudeuten, was dann schließlich elf Jahre lang geschieht, nicht im alten Kinderzimmer, aber in einer bevorzugten Landschaft seiner Kindheit.

Am 20. Januar 1900, wenige Monate vor Königin Viktoria, vor dem Ende ihres gemeinsamen Zeitalters, starb Ruskin an einer kurzen epidemischen Erkrankung. Er hatte sie alle überlebt, die Begleiter und Konkurrenten: die Eltern, Effie und Rose, Rossetti und Millais, Carlyle und Arnold, Morris und Pater, Mill, Tennyson und die Brownings – wenn man dieses Überleben Leben nennen will. Nur sich selbst schien er nicht überlebt zu haben. Auf die Nachricht seines Todes hin schrieb Marcel Proust an Marie Nordlinger, die ihm half, Ruskins Schriften ins Französische zu übertragen: »Als ich von Ruskins Tod erfuhr, wollte ich Ihnen, mehr als jedem anderen, meine Trauer ausdrücken, keine bittere Trauer übrigens, sondern voller Trost, weiß ich doch, wie wenig der Tod bedeutet, wenn ich sehe, wie kraftvoll er lebendig ist, dieser Tote, wie sehr ich ihn bewundere, ihm lausche, ihn zu verstehen und auf ihn zu hören versuche, mehr als manchem Lebenden sonst.« Prousts kurz darauf verfaßte Würdigung Ruskins ist wichtig, nicht nur, weil sie von Proust stammt, sondern weil sie die vorherrschende Tendenz des Ruskin-Verständnisses um 1900 selbst im Widerspruch so deutlich erkennen läßt. Proust war auf Ruskin durch ein Buch des Kritikers Robert de la Sizeranne aufmerksam geworden, das den bezeichnenden Titel trägt: »Ruskin et la réligion de la beauté« (1897). Proust nimmt diese Formulierung auf, um höflich, aber bestimmt ihren Wahrheitswert in

Zweifel zu ziehen. Er sagt ganz richtig, daß Ruskins Religion die Religion war, das Prinzip Schönheit in Kunst und Natur ihm dagegen immer Mittel der Erkenntnis und nicht Selbstzweck gewesen sei und daß in letzter Instanz seine Verehrung nicht der Kunst, sondern der Schöpfung gegolten habe. »Es täuschen sich in ihm diejenigen, die ihn für einen Apostel und einen Moralisten halten, der in der Kunst nur das sieht, was sie nicht ist, genauso wie diejenigen fehlgehen, die die tiefe [religiöse] Fundierung seiner Kunstauffassung vernachlässigen und sie mit der Sinnlichkeit des ›Ästheten‹ verwechseln.« Ruskins Arbeit sei ein Dienst an der Kunst gewesen, der sich selbst nicht zum Kult aufwerfen wollte und der auch nicht wollte, daß die Kunst sich verabsolutiere. So hat Proust Ruskins Intentionen treffend pointiert, und er gebraucht am Ende seines Nachrufs gleichermaßen als Grabinschrift die Worte, die Ruskin beim Tod Turners schrieb: »Es wird so sein, daß durch diese Augen, die das Grab nun für immer schließt, Generationen, die noch nicht einmal geboren sind, die Natur sehen werden.« Um dann, ohne Übergang, drei Jahre später, bei erneutem Abdruck dieses Nachrufs fortzufahren: »Es gibt bei ihm eine Art von Idolatrie, die niemand besser definiert hat als er selbst: ›Das ist im allgemeinen die verderbliche Rückwirkung der Kunst, ganz gleich, ob sie in Worten, Farben oder Formen schwelgt, eine Rückwirkung, die in christlichen oder heidnischen Religionen im echtesten Begriff des Wortes Idolatrie, Götzendienst statt Gottesdienst genannt werden muß: eine Hinwendung mit allen Gaben des Gemüts an irgendeine uns besonders liebe oder schmerzliche Ausgeburt unserer Phantasie, an unser eigenes Kunstprodukt, die uns taub macht für den Ruf des Meisters, welcher ja eben nicht tot ist, welcher nicht länger unter seinem Kreuz zusammenbricht, sondern wartet, mit unendlicher Geduld darauf wartet, daß wir unser Kreuz aufnehmen sollen in Leben und Schaffen.‹ Nun aber hat es ganz den Anschein«, fährt Proust fort, »als würde genau diese ›Idolatrie‹ an der Wurzel von Ruskins Begabung sitzen. [. . .] Der entscheidende Kampf zwischen der Idolatrie und der Aufrichtigkeit fand nicht in kritischen Momenten seines Lebens, nicht auf eigens vorbehaltenen Seiten seiner Werke, er fand zu jeder Minute statt und er wurde in jenen tiefen, geheimen und uns selbst kaum zugänglichen Regionen geführt, wo unser Ich von der Phantasie die Bilder, vom Intellekt die Ideen, vom Gedächtnis die Worte empfängt [...]. In diesen Tiefenregionen ist von Ruskin die Sünde der Idolatrie unablässig begangen worden – das ist meine Meinung. Ja, selbst in dem Moment, da er die Aufrichtigkeit predigte, hat er sich gegen sie vergangen, nicht in dem, was er sagte, sondern in dem, wie er es sagte. Die Lehren, die er vertrat, waren moralischer und nicht ästhetischer Natur, und doch hat er sie wegen ihrer Schönheit gewählt.« Nach diesen Anschlägen auf den zuvor »bewunderten Toten« und das »Gewissen unserer Zeit« (directeur de conscience) überrascht es nicht, wenn Proust an Ruskin eine zutiefst »gleisnerische, heuchlerische Haltung« (attitude mensongère) entdeckt. Damit erreicht er eine Ebene der Argumentation, die jeder Franzose verstand, auch wenn er von Ruskin nichts gelesen hatte: Der »heuchlerische Engländer«, der nicht tat, was er sagte, oder, wie in diesem Fall, die Form gegen den Inhalt der Aussage sprechen ließ, das war ein seit alters gepflegtes Klischee.

Man hat verschiedene Theorien zur Erklärung des auffälligen Sinneswandels bei Proust aufgestellt – es kann nicht unsere Aufgabe sein, dieses Problem weiter zu erörtern. Halten wir nur fest, daß Proust im zweiten Anlauf an Ruskin hervorhebt, was er zunächst nicht verabsolutiert wissen wollte: den Kult der Schönheit. Ob erklärter oder verkappter Ästhet, ob ein Mensch mit oder ohne Widerspruch – die allgemeine Rezeption konnte diese Feinheiten übergehen und Ruskin wieder dort einordnen, wo ihn schon seine ersten französischen Apostel angesiedelt hatten, in die breite Bewegung des Ästhetizismus: ein Pater vor Pater, ein Wilde ohne dessen Bosheit, ein Huysmans ohne dessen üppiges Gift. Da half es nicht, daß Proust Ruskin »dennoch« »einen der größten Schriftsteller aller Zeiten und Länder« und seine »Schwäche« eine »allgemein menschliche« und nicht eine »persönliche« nannte, eine Schwäche, die ihn, Proust, selbst des öfteren befalle. Es geht nicht um die Wertung, es geht um die Einordnung. Letztere entscheidet über das Fortleben, und in diesem Falle war es so, daß Ruskin als Zwangsmitglied des Symbolismus und der Fin-de-siècle-

Kultur mit dieser während des Ersten Weltkrieges unterging – wie es schien für immer.

Die Frage, ob Proust mit seiner zweiten Sicht Ruskins nicht doch recht hatte oder etwas Richtiges traf, muß auf verschiedenen Wegen bejaht und verneint werden. Zunächst einmal: Prousts Urteil kam aus einer zu engen Perspektive. Das Bild von Ruskin als Kunstschriftsteller, das ihm die französische Sekundärliteratur vorzeichnete, hat er durch eigene Lektüre nicht wesentlich erweitert – auch er beschränkte sich auf die frühen und die späten ästhetischen Schriften. Die einzige Berührung mit dem Kulturkritiker Ruskin dürfte bei der Lektüre der »Stones of Venice« und bei der Übersetzung von »Sesame and Lilies« erfolgt sein, und damit war er noch ziemlich weit vom »wilden« Ruskin der 60er und 70er Jahre entfernt. Wer die drei polit-ökonomischen Traktate und wer »Fors« nicht gelesen hat, ist nicht berufen, eine abschließende Beurteilung Ruskins vorzunehmen. (Die Mehrzahl der deutschen Leser wurde übrigens nicht anders an Ruskin herangeführt: Die schöne 15bändige Ausgabe, die seit 1903 bei Diederichs erschien, enthielt nur einen Band nicht-ästhetischen Inhalts, eine Übersetzung von »Unto This Last«.) Und Proust wußte über Ruskins Leben wohl nicht mehr, als in »Präterita« stand, ein Buch, das für das eigene Werk so folgenreich wurde, das aber als Beurteilungsgrundlage seines Autors nicht ausreichte. Es blieb ihm und der Mehrzahl der späteren Anhänger Ruskins damit verborgen, daß der Widerspruch zwischen »sincérité« und »idolatrie« von Ruskin gelebt, durch Leben korrigiert und erneuert, öffentlich und privat immer bewußt gehalten wurde. Was Proust in Ruskins Tiefenstruktur steckte, um den Engländer nicht gleich der vorsätzlichen Sünde zeihen zu müssen, war dessen offene, nach außen getragene Wunde. Von den frühen »Letters to a College Friend« über Band 3 der »Modern Painters«, über die Schriften der »New Epoch« bis hin zu den Oxford-Vorlesungen und »Fors« reicht die Spanne der theoretischen Erörterung der einen großen Frage, was das hingebungsvolle Studium von Kunst und Natur in diesen Zeiten und für diese Zeiten bewirken könne. Und handeln nicht die Brüche und Wandlungen dieses Lebens, die spektakulären Aktionen, der rasche Schwund des väterlichen Vermögens und vieles mehr von der gleichen Frage? Warum ließ Ruskin lange Jahre einen Nachdruck der frühen Schriften nicht zu, obwohl nach ihnen heftig verlangt wurde, und warum war er bei jeder Neuausgabe so bemüht, durch Vorworte und Anmerkungen sich zu kommentieren und zu problematisieren? Ruskin hat mit seinen Lesern einen Dialog in Worten und Taten geführt, dessen Verlauf unvorhersehbar war wie bei jedem echten Dialog und der immer auf mehreren Ebenen voranging: alte und neue, eigene und fremde, aktualisierte und verworfene Texte überlagerten sich stets. Eine Form der Kommunikation, die neben dem Autor den Redakteur forderte und eine geradezu geniale Beherrschung der viktorianischen Medienvielfalt verlangte. Wir greifen, wenn wir Ruskin lesen wollen, zu 38 wohlgeordneten Bänden, zur schönsten und best-ediertesten Ausgabe, die ein englischer Prosa-Schriftsteller bekommen hat, der »Library-Edition«. Dem Zeitgenossen begegnete Ruskin in Form von »Pamphleten, unvollendeten Projekten, populären Essays, Lieferungen und Redetexten. Der Leser der mittelviktorianischen Zeit wird Ruskin in erster Linie als Gelegenheits-Autor betrachtet haben, von dem man nie wissen konnte, worüber er als nächstes schreiben würde. Von allen seinen Werken sind nur die drei frühen Kunstbücher ›Modern Painters‹, ›The Seven Lamps of Architecture‹ und ›The Stones of Venice‹ als *Bücher* geplant und geschrieben worden und für diese gilt, daß Ruskin keine genaue Vorstellung von ihrem potentiellen Leserkreis hatte. Danach besteht der Hauptteil seines Werks aus Vortragstexten, die in einer Vielzahl von Publikationen veröffentlicht wurden (insgesamt sind es 15 Bände), Serien von Beiträgen zu Zeitschriften, einzelnen Artikeln, Leserbriefen, Lehrbüchern, Führern, Büchern populärwissenschaftlichen Inhalts, Ausstellungskatalogen, längeren didaktischen Dialogen und aus einem Märchen [hinzuzufügen wären: Anthologien, Blütenlesen aus seinem Werk]. Es mag sein, daß man in diesen Arbeiten so etwas wie eine intellektuelle oder emotionale Einheit findet, aber zuerst einmal fällt die Spannweite der sozialen und literarischen Diskurse auf, an denen sich Ruskin beteiligte, und die Bewußtheit, mit der er es tat.« Vielleicht sollte man den letzten Satz Brian Maidments dahingehend abändern, daß man sagt: Die Einheit des Werks ist eine Vielfalt, die es dem Autor erlaubt, ständig an vielen Orten mit seiner Hauptfrage präsent zu sein. Schon bei den frühen Büchern haben wir darauf hingewiesen, daß es *den* Gegenstand für Ruskin nicht gibt; es gibt ihn nur unter Bedingungen, das ist in der Regel die aktuelle Verfassung, Einbindung und Gebrauchsweise der Kunstwerke, das kann aber auch die im Werk selbst, als Werk angelegte Bedingungshaftigkeit seiner Erscheinung sein. Und so, wie Ruskin sich seinen Gegenständen annähert und immer wieder das Thema Annäherung variiert (Proust zur Anregung), so ist auch sein eigenes Werk die Inszenierung seines Werks und nicht das Werk schlechthin. Was wir heute nur noch als eine besonders aktive Präsenz des Autors in seinen Schriften empfinden, war einmal, solange Ruskin es steuern konnte, ein ganzes System aus Gegenwart, das in konkreten lebens-, zeit- und publikationsgeschichtlichen Bezügen verankert war. Ein System freilich, das mehr bezweckte, als zu werben oder zu stimulieren oder zu koordinieren. Wie Proust richtig gesehen hat, gehört Ruskin noch zu denjenigen Denkern, zu den »prescientific men«, welche die Natur und die Geschichte (für Ruskin: die entfaltete Natur des Menschen) als große Adresse an die Gegenwart betrachteten. Diese Botschaft konnte er nicht einfach unter dem Diktat seiner Instanzen niederschreiben, wenn er permanent gewahr wurde, daß diese selbst in ihrer Existenz und daß die potentiellen Empfänger der Botschaft in ihrer Empfänglichkeit bedroht waren. So spricht die Kommunikation, die vor der Botschaft kommt und diese dauernd unterbricht und neu justiert, von den Möglichkeiten der Botschaft, und das ist, unter dem Druck der Umstände, auch ein Gespräch über Prioritäten. Da geht es dann um die Berechtigung eines Gesprächs über Bäume und Bilder in diesen Zeiten und um die Frage, welches Recht der Mitsprache einer hat, der so angefangen hat und so ausgerüstet ist wie Ruskin. Das heißt, um zu Prousts Beurteilung zurückzukehren: Es war nicht richtig, Ruskin als »Priester der Schönheit« zu apostrophieren, tadelnd oder bewundernd. Es war nicht zuviel verlangt, sich auch Kenntnis über den »anderen« Ruskin zu verschaffen. Und es war unfair, ohne dieses Wissen das Wirken des Sozialkritikers und Sozialreformers nur mit dem einen Wort »dilettantisme de l'action«

abzuschieben, wie Proust es tut. Er hat hier wohl seine in »Contre Sainte-Beuve« niedergelegte Überzeugung verabsolutiert, daß zwischen Werk und Leben ein Abstand klafft, daß »ein Buch die Hervorbringung eines anderen *Ichs* ist als dessen, das wir in unseren Gewohnheiten, unserem Umgang, unseren Lastern zu Tage treten lassen«. Doch wenn das Werk den Vorrang haben und das »eigentliche Leben« sein soll, dann wäre es viel wichtiger gewesen, Ruskins diskursive Strategie zu begreifen und ihm nicht ausgerechnet das vorzuwerfen, was ihm selbst dauernd Gegenstand der Frage, des Zweifels und der Rechtfertigung war, ja was man als sein Werk bezeichnen kann, wenn man *mit* Sainte-Beuve, einem der wenigen Franzosen, der Ruskin gelesen hat, sagt: »Der Kommentar besetzt den Text.«

»Ich habe nicht über Wolken und Blumen geschrieben, weil ich sie für mich selbst liebte, sondern weil die ganze Energie meiner Mitmenschen auf das Ziel gerichtet ist, die Himmel zu verschmutzen und die Felder zu verwüsten. Und ich habe nicht über Bilder geschrieben, weil ich Bilder nun einmal liebte, sondern weil die Straßen von London über und über mit Plakaten und Karikaturen bedeckt waren und zu jeder Seele, die mit sehenden Augen sie durchwanderte, nur von Greueln und Entstellungen sprachen.« Im Zusammenhang dieser späten Äußerung, die keineswegs die einzige Antwort auf den Idolatrie-Vorwurf bringt, fällt ein Satz, der geeignet ist, Prousts Kritik zurechtzurücken. Ruskin sagt da: »I claimed for myself a peculiar fineness in the pleasures of sight, such as has been posessed in the same degree only by four other men in the last century.« »An der Wurzel seiner Begabung« sitzt nicht die Idolatrie, die »Religion der Schönheit«, sondern die »Religion der Augen«, wie der Symbolist Arthur Symons gesagt hat, oder, um mit Ruskin zu sprechen, »the Desire of the Eyes«, sein Sehtrieb, seine Schaulust, sein spektatorisches Verhalten – wir kommen da auch nicht viel weiter als »Präterita«. Ruskins Karriere, der Weg vom *sight-seer* zum *seer* zum *»seer«*, also zum Seher im übertragenen Sinne, ist auch der Leidensweg einer großen, Ruskin sagt: »zu großen« Begabung gewesen. Über die Ursachen und persönlichen Kosten dieser gesteigerten Sehlust hat er sich konsequent Rechenschaft abgelegt – vieles kam hier zusammen, was sein Leben unglücklich und absonderlich machte: seine eingezogene frühe Kindheit, seine lange Unterordnung unter die Autorität der Eltern (was den Psychologen zufolge Voyeurismus begünstigen soll), seine Schwierigkeiten mit Frauen, sein Verlangen, »zu sehen, ohne gesehen zu werden«, die Stärke und Unentrinnbarkeit seiner späten Visionen – all das (es ist schlimm zu sagen) ergibt einen Fall, aber noch keinen Ruskin. Sein besonderes Schicksal war es, Seher für eine Zeit zu sein, die nicht mehr so viel oder anders sehen wollte und die, blindgeworden, zerstörte, was zu sehen gewesen wäre. »Mein Schicksal hat mir auferlegt, im direkten Gegensatz zu den Trieben und schlimmer noch, zu den Interessen meiner Zeit zu leben und zu arbeiten. Seit der Niederschrift jenes Kapitels [»Der freie Himmel« in Band 1 der »Modern Painters«] über die klaren Gespinste des Morgenhimmels haben die Folgen sinnlosen Verkehrs einem Drittel Englands die Sicht genommen [shut the sight], morgens wie abends; and the foulness of sensual fantasy has infected the bright beneficience of the life-giving sky with the dull horrors of disease, and the feeble falsehood of insanity.« Diese Tatsachen und ihre lebenslange, wache Vergegenwärtigung markieren den tragischen Unterzug von Ruskins Lebenswerk, und sie schaffen den »Wurzelgrund« für seine »Sünden« und seine »Heilstaten«, um in Prousts Terminologie zu bleiben. Setzen wir statt »Idolatrie« doktrinären Hochmut (arrogance, infallibility) und Schönreden (verbiage), so können wir zwei von Ruskins häufigsten »Vergehen« genauer begreifen.

Daß er also berufen ist, stellvertretend und autoritativ zu sehen, wenn niemand sonst mehr sieht – diese Grundüberzeugung finden wir seit Band 1 der »Modern Painters« in allen größeren Schriften ausgesprochen. »Wer aus der großen schwatzenden Menge kann mir die Formen und die Abgründe der weißen Gebirgskette beschreiben, die gestern Nachmittag den Horizont umgürtete? Wer hat den feinen Sonnenstrahl erblickt [. . .]? Wer hat dem Tanz der toten Wolken zugeschaut [. . .]?« (1843) »Hunderte von Leuten können reden gegen einen, der denken kann, aber Tausende können denken gegen einen, der sehen kann.« (1856) »Auch gewahrte ich mit wachsendem Erstaunen diese unüberwindbare Versumpfung ebensosehr bei den Betrachtern als bei den Künstlern. [. . .] Die Herzen verfetteten, die Augen wurden schwer, die Ohren taub, so daß der Geist, welcher Hand und Stimme beseelt, nicht mehr an uns dringen konnte, so daß wir mit den Augen nicht sehen, mit den Herzen nicht verstehen und nicht erlöst werden konnten.« (1868) »Nun, da jeder Engländer tun und lassen kann, was in seinen Augen das Richtige ist, sollten wir erst einmal lernen, was Augen eigentlich sind und welche Sicht sie haben sollten [. . .].« (1872) Ruskin hat, um Sehen zu lehren, die Techniken der sprachlichen Darlegung visueller Tatbestände bedeutend erweitert – die Literaturgeschichte sagt, er habe sie zur Kunstform erhoben. Also kann man ihn nicht von vornherein als einen schwierigen, undidaktischen, leserverachtenden Autor bezeichnen. Aber oft wird er ungehalten und unruhig. Die Sorge, die seiner Meinung nach Turner zuletzt erfüllte, daß niemand mehr das alles wissen will, was (noch) da ist und was man sehen und zeigen könnte, diese Sorge kompensiert er dann durch überzogene und absolut gesetzte Behauptungen, die ebenso von Einsamkeit wie von Arroganz zeugen. Immer wieder baut er Doktrinen für den Moment, deren Funktion es ist, Reaktionen zu provozieren, Widerspruch aus dem Auditorium herauszufordern, einen Widerspruch, den er dann selbst einlegen muß. Von dem »Recht, sich zu widersprechen«, das Baudelaire als Grundrecht dem Schriftsteller des 19. Jahrhunderts einräumt, hat Ruskin ad libitum Gebrauch gemacht, doch ändert das nichts an dem hier angeschnittenen Problem, denn die Aufhebung der These erfolgte genauso autoritär, wie die Formulierung der These autoritär war. Ob wirklich Hochmut ihn bestimmte, läßt sich schwer entscheiden. Alle, die ihn kennenlernten, überraschte der Unterschied zwischen dem selbstgewissen Ton der Schriften und der weichen und sensiblen Art der Person. Wie die anderen viktorianischen Propheten ließ Ruskin sich bei der Wahrnehmung seiner selbstgewählten Aufgabe nichts abhandeln: »Es ist sicher richtig, daß dieses Vorwort sehr hochmütig wirkt, aber [. . .] ich kann nicht bescheiden schreiben, wenn ich so nicht fühle. In Kunstsachen werde ich überhaupt nicht mehr bescheiden sein.« »Das ist so«, erklärt er an anderer Stelle und in anderer Sache dem Leser, »du kannst ja, wenn du willst, es selbst herausfinden, aber ob du willst oder nicht, das ändert nichts daran, daß es so ist.«

Er sieht seine Autorität gerade dadurch bestätigt, daß er ja eigentlich am wenigsten dazu geschaffen sei, Autorität auszuüben – also müsse er berufen, ausersehen sein: »Wer bin ich denn, der sich zum Führer von Menschen aufwirft? [. . .] Ich begehre es nicht [. . .] ganz und gar gegen meinen Willen bin ich dazu gezwungen. Soweit ich es erkennen kann und zu meinem eigenen Erstaunen, stehe ich allein in der Wildnis dieser modernen Welt – allein in meinen Überzeugungen, Hoffnungen und Entschlüssen.

In Luxus auferzogen der, wie ich einsehe, für mich verderblich war und ungerecht gegen andere; schwankend, töricht, ich, ein Mann im weichen Gewande, der hoffnungslos von Stürmen der Leidenschaft einhergetrieben, elend durch das Leben wanderte – ich, ein vom Wind bewegtes Rohr, muß dennoch immer wieder diese mir anvertraute Botschaft künden.« Seinen Drang, »zu moralisieren und zu predigen«, »leere Herzen und Köpfe zu füllen« nennt er im gleichen Atemzug »eitel« und »instinktiv«. Laster und Natur: »Das Pflichtgefühl, das mich dabei lenkte, könnte man mit dem der Flut vergleichen, die Löcher füllt, oder dem eines Steines, der den Hügel herunterrollt.« Das Sendungsbewußtsein der Viktorianer muß einer Zeit, die »irgendwie« und »oder so« zu kategorialen Aussageformen erhoben hat, Schwierigkeiten bereiten. Man könnte sich an den doktrinären Ton als an eine historische Eigentümlichkeit gewöhnen, wenn nicht Stil immer wieder Inhalt würde. Ruskin, der in den 40er und 50er Jahren die »Freiheit« des gotischen Steinmetzen zum Leitbild erhoben hatte, verurteilt in den 60er und 70er Jahren die demokratischen Tendenzen scharf. In politischen Dingen setzt er auf Führung, Autorität, »mastership«; das Verlangen nach freier Entscheidung und Partizipation an der Macht bezeichnet er als ein Grundübel der Zeit. Ob der Mensch sein Tun selbst bestimmen darf, sei nicht der Prüfstein politischer Ordnung; es zähle, ob er das Richtige oder das Falsche getan hat. Und das Richtige oder Falsche sei »in den göttlichen und ewigen Gesetzen« niedergelegt, die die »true superiors«, die »aristocracy of talent« schon zu deuten wüßten – Ruskin dürfen wir uns als einen von diesen vorstellen. »Auch dies gehört schließlich zum Charakter des 19. Jahrhunderts: daß einer der Erste sein will und der Letzte auch. Es steht ein zum durchweg Äußersten drängender Wille dahinter, ein Ehrgeiz von immer aufs neue imponierender Kraft und Vitalität. Aber etwas rät uns, nicht allzusehr davon beeindruckt zu sein. Denn es ist ein Ehrgeiz aus gleichsam babylonischem Geist: maßlos, zum Unfertigen verurteilt und endend in grenzenloser Sprachverwirrung. Mit den Folgen haben wir zu tun.«

Ruskin hat seine Leser nicht nur autoritär angepackt oder auf lange didaktische Erkundungsgänge mitgenommen, er hat sie auch mit Schmuckstücken seiner Sprache belohnt, hat sie umworben und, wie viele sagen, betört. Die »Sprachverwirrung«, die er anrichtete, ist eine besondere, immer programmatische. Hier kommen wir Prousts Idolatrie-Vorwurf am nächsten. Kein Zweifel, der junge und der alte Ruskin sind oft in ihre visuellen und verbalen Möglichkeiten verliebt – gelangen sie an den geeigneten Gegenstand, können sie sich in großen Beschreibungen und in großen Invektiven vergessen und verlieren. In der ersten Zeit steckt viel Mutwillen, Ostentationslust, spielerische Übung und Wettbewerb dahinter; später fehlt es einerseits an Steuerung, andererseits werden die Gelegenheiten gesucht, die alten Kräfte erneut unter Beweis zu stellen. Dauernde Zurückhaltung von einem Autor zu erwarten, der nach John Rosenberg für die englische Prosa das gleiche geleistet hat, was Shakespeare für den Vers erreichte, wäre sicher unmenschlich. Ruskin hat hier ein klares Wort gesprochen: »Einen Dichter macht zuerst die Stärke seiner Hingabe groß, dann erst seine Stärke, diese Hingabe zu zügeln.« Letzteres hat er sich immerhin erfolgreich abverlangt. Der abrupte Wechsel zur kurzen, robusten Sprache der politökonomischen Traktate zeugt von einer bis an Selbstverleugnung grenzenden Beherrschung des Mediums, wie wir sie bei seinen Zeitgenossen vergeblich suchen. Aber selbst das Gepränge der frühen Prosa ist nicht nur Muskelspiel oder Dienst an der Schönheit um der Schönheit willen. Ruskin hatte in Band 1 der »Modern Painters« erklärt, daß es ihm nicht um die ästhetischen Qualitäten des Schönen, Erhabenen oder Pittoresken gehe, sondern einzig und allein um den Ausdruck der

Wahrheit. Wenn »truth« im Lauf der Darlegung immer mehr mit dem Begriff der Schönheit identisch wird, so begeht Ruskin keinen Widerspruch und gibt keinen Anlaß zum Vorwurf. Denn die Schönheit der Wahrheit oder die Wahrheit der Schönheit liegt für ihn weitab von den Vorstellungen, die der klassizistischen und der Fin-de-siècle-Ästhetik lieb waren. Keine Rede ist bei ihm vom Vollkommenen, Erlesenen, Durchgestalteten, Intensiven – das Schöne-Wahre setzt er in eins mit der Funktionsvielfalt der Natur in all ihren Hervorbringungen, mit dem Reichtum ihrer Erscheinungen, mit der Fülle ihrer Bildungen. Da der Nenner der Natur Unendlichkeit heißt, ist der Mensch als die »sehende Kreatur« aufgerufen, für diese Unendlichkeit sein Sensorium zu öffnen und sie durch seine Ausdrucksmittel annähernd zu reproduzieren. Wenn es also viel zu sehen gibt, darf es auch viele Worte geben; wenn alles durch große, spannende Linien zusammengehalten wird, darf auch die Sprache sich in Bögen und Girlanden organisieren usw.: Kunst, Sprachkunst als Funktion von natürlicher Vielfalt kann man zunächst nicht des Vergehens für schuldig befinden, das Ruskin selbst das höchste in Kunstdingen nennt: »haughty selfsufficiency«, »pride of system«, »demand for perfection«. Der Prunk dieser Sprache will zuerst Rühmung der detailreichen Welt sein (All great art is praise); ihr Mutwille ist dann erst »notwendiges Spiel«, wie Ruskin das nennt: ein »Strecken der Glieder« und eine Lust am Können bis hin »zum freudigen Lachen – jenem höchsten Lachen, welches aus schierem Entzücken über die ruhige Festigkeit und Feurigkeit einer Hand entspringt, die jeden Wunsch und Willen so leicht auf die Leinwand überträgt, wie der Wind auf Wasser wirkt«. Gerade indem sie überschießend und überwältigend ist, kann sie nicht hochmütig sein: »So paradox das klingt, der Reichtum des Werks ist Teil seiner Demut. Keine Architektur ist so stolz wie diejenige, welche einfach ist, welche sich weigert, das Auge anzusprechen und nur mit wenigen klaren und kräftigen Linien auskommt. Denn dadurch, daß sie unserer Anschauung so wenig anbietet, will sie sagen, daß alles vollkommen ist, was sie zeigt. [...] In der Vorliebe für die Anhäufung, für den Reichtum [...] verbirgt sich dagegen: ein großartiger Enthusiasmus, der meint, zur Erreichung der Fülle seines Ideals nie genug tun zu können, eine Selbstlosigkeit des Opferns, die lieber zuviel als zuwenig darbringt und schließlich eine tiefe Sympathie mit der Fülle und dem Reichtum der diesseitigen Welt [. . .].« Das hat Ruskin über die gotischen Werkleute gesagt; es gibt viele Hinweise darauf, daß er seine Arbeit als Schreiber und Zeichner in ihrer Nachfolge verstanden hat.

Wenn nun aber die Sprachfülle programmatisch begründbar, ja notwendig ist, wie konnte es dann zu der kritischen Brechung, ja zur Rücknahme des adäquaten Reichtums kommen und zu Einsichten wie der folgenden, die Prousts Vorwürfe antizipiert und die Proust gekannt hat: »Je schöner die Kunst, um so mehr ist sie wesentlich das Werk eines Volkes, welches fühlt, daß es im Unrecht ist und trachtet, einem Gesetz gerecht zu werden und die Schönheit, die noch nicht erreicht worden ist, zu verkörpern, eine Schönheit, welche mehr und mehr zurückweicht, je mehr es dieselbe erstrebt.« Auf den individuellen Anlaß zurückgeführt: Wie kam es, daß das Studium der übergroßen Schönheit/Wahrheit der Natur sich mit einem Unrechtsbewußtsein verband und als ein Projekt erschien, das auf einmal von der Geschichte und nicht mehr von der Natur zur Utopie erklärt wurde? Früher hatte die Natur »unmöglich« gesagt, wenn der Mensch sie fassen wollte, um ihm gleichwohl zu verstehen zu geben, daß sie ihn nach wie vor »meinte«. Jetzt spricht die Zeitgeschichte dieses »Unmöglich« und entschädigt den Strebenden allenfalls mit der höheren und »tiefinnersten« Gewißheit, daß er eigentlich »im Recht ist«, wie es in diesem Text weiter heißt. Eigentlich, das will sagen: unter anderen Bedingungen. Die Antwort, wie sie bisher gegeben wurde, braucht nicht ausführlich rekapituliert zu werden: Spätestens die Arbeit in Venedig führte Ruskin von der Phänomenologie zur genetischen Betrachtungsweise, zur Erforschung der größeren Zusammenhänge von Kunst- und Sozialgeschichte, von ästhetischer und allgemeiner Produktion. Daraus folgte dann die Einsicht in die »Unmöglichkeit« von Kunst und in die »Unverantwortlichkeit« der eigenen, frühen Bemühungen. Wir haben versucht, diese Antwort, die weitgehend Ruskins Selbstinterpretation entspricht, zu erweitern und wollen dies hier pointieren, immer noch die von Proust angeregte Suche nach Ruskins »Sünden« und Widersprüchen fortsetzend. Proust zitiert als Beleg für Ruskins »permanentes Vergehen«, nämlich den Ernst (sincérité) der Aussage durch die Schönheit der Worte Lügen zu strafen, eine Passage aus den »Stones of Venice«, das Endstück der detaillierten Analyse von San Marco, und die Wahl dieses Textes enthält einen wichtigen Hinweis. Doch erst einmal sei die von Proust herangezogene Passage zur Gänze zitiert, um zu belegen, welchen Ruskin die Zeit um 1900 für gefährlich schön hielt: »Jener Marmor wurde nicht durchsichtig wie Glas gemeißelt, jene Portale nicht mit den Farben des Regenbogens ausgedeckt, um üppigem Reichtum, lüsternen Augen, hoffärtigem Wesen zu frönen. Eine Botschaft ist in diesen Farben eingeschrieben, die einstmals mit Blut geschrieben wurde; und ein Widerhall erschallt in ihren Gewölben, der einst einmal widerhallen wird im weiten Himmelsraum: ›Er wird wiederkommen, um Gericht und Recht zu halten.‹ Venedigs Stärke wurde ihm verliehen, solange es dessen eingedenk war. Sein Untergang kam, als es dies vergessen hatte, und er kam unwiderruflich, weil es dies vergaß, ohne es verantworten zu können. Niemals hatte eine Stadt eine herrlichere Bibel. Die Tempel der nordischen Völker wurden von einer rohen und düsteren Bildhauerkunst mit einer verworrenen und kaum lesbaren Bildnerei angefüllt, für Venedig jedoch hatten die Künste und die Schätze des Ostens einen jeden Buchstaben vergoldet und jegliche Seite verziert, bis der Buch-Tempel von ferne leuchtete wie der Stern der Magier. In anderen Städten versammelte sich das Volk oftmals auf Plätzen, die von religiösen Vorstellungen getrennt und der Gewalt und dem Wechsel zugänglich waren. Auf dem Rasen der exponierten Wälle und im Staub der bewegten Straße verübt man Taten und faßt man Beschlüsse, die, wenn sie sich auch nicht rechtfertigen lassen, wir manchmal verzeihen. Aber die Sünden Venedigs, ob in ihrem Palast oder auf ihrer Piazza, wurden verübt mit der Bibel in Reichweite. Die Mauern, auf welche sein Bekenntnis eingeschrieben war, waren nur durch ein paar Zoll von denen getrennt, welche die Geheimnisse seiner Ratschlüsse schützten, oder die Opfer seiner Staatskunst gefangenhielten. Und als sie in ihren letzten Stunden alle Scham und alle Zügel abwarf, als der große Platz der Stadt ein Tummelplatz wurde für alle Narreteien der ganzen Erde, da wurde, wie man sich vorstellen kann, die Sünde um so größer, als man sie im Angesicht des Hauses Gottes, worauf die Worte seines Gesetzes leuchteten, beging. Marktschreier und Maskierte scherzten und lachten und gingen ihres Weges, und ein Schweigen – ein vorherverkündetes – folgte. Von Jahrhundert zu Jahrhundert, da die Eitelkeit sich mehrte, die Schuld um sich griff, hatte die weiße Kuppel der Markuskirche den toten Ohren Venedigs zugerufen: ›Wisse, daß dich Gott um dies Alles vor Gericht führen wird.‹«

Da peroriert schon der Prediger und rückwärtsgewandte Prophet Ruskin, der übrigens auch hier wieder das Thema der Wahrnehmungsverweigerung anschlägt: »Kein Venezianer«, das war seine Ausgangserfahrung gewesen, vermochte San Marco noch »wahrzunehmen« – im wörtlichen Sinne. »Man hat die Sprache vergessen, die dieses Gebäude spricht«, und dieses Vergessen und Blindwerden wird von Ruskin als Folge von Venedigs Geschichte »zurückgesagt«. Nun hat Proust den Schluß eines Kapitels ausgesucht, wo Ruskin gerne, wie sein Vater es ausdrückt, »up in the clouds« geht. Er hat keine beschreibende Passage gewählt, wie sie in der berühmten Annäherung an San Marco oder in der ersten Beschreibung des Inneren ebenso prominent gegeben sind; er hat auch nicht dazugesagt, daß die ausgewählte Stelle als Belohnung auf viele Seiten der Entzifferung dieses »Book-Temple« folgt. Das Problem solcher »purple passages« liegt weniger im Inneren, in der verräterischen Schönheit, sondern in ihrer (äußeren) Stellung im Werk, in ihrer Notwendigkeit. Ruskin setzte solche Texte, wie wir wissen, oft nachträglich als Glanzlichter ein (nicht anders als sein Lehrer Turner, wenn er seine Bilder zur Ausstellung schönte); er tat dies aber erst seit der Arbeit an den »Stones of Venice«, als er unter vielfachen Druck geriet: unter den Druck eines historischen Detailreichtums, zu dessen Retter er sich berufen fühlte, unter den Druck einer dringenderen Botschaft, als sie ihm die Arbeit an »Modern Painters« abverlangt hatte, unter den Druck des Vaters, der nur die personifizierte Erwartungshaltung seines wachsenden Publikums war und wie dieses schöne Bücher, »eloquente Passagen« haben wollte. »The Stones of Venice« sowie Band 3 bis 5 der »Modern Painters« sind die letzten Schriften auf lange Zeit, bis hin zu

»Präterita«, in denen Ruskin diese divergierenden Anforderungen zusammenzwingt, nicht ohne erkennbare Anstrengungen, Notlösungen und Brüche und nicht ohne am Ende des letzten Bandes der »Modern Painters« erklären zu müssen, daß ein Abschluß nicht erreicht sei, daß es so aber auch nicht mehr weitergehen könne. Er, der angetreten war, »alles zu apperzipieren« (to eat it all up in my mind) und alles zu reproduzieren, stand am »Ende« dieser Werke nach wie vor mit gefüllten Zeichenmappen und Notizbüchern da und mußte darauf verzichten, alle wichtigen Portale und Fenster des mittelalterlichen Venedigs zu zeigen oder der »Wahrheit der Gewässer« ein eigenes Buch zu widmen. Den Platz, der dafür gewesen wäre, hatte er selbst verbraucht: für die großen Beschreibungen, die langen Raisonnements und die Kontexte seiner Texte (s.o.). Was ihn jeweils von den »business details« ablenkte, muß immer wieder neu ermittelt werden – von werkökonomischen Entscheidungen bis hin zu dem wachsenden Gefühl, daß man die ganz wichtigen Fragen auch ohne empirische Absicherung behandeln kann, ja muß, reicht die Spanne möglicher Gründe. Am Ende der »Old«, am Anfang der »New Epoch« stehen dann nicht nur andere Themen und eine andere Sprache: Ruskin gewinnt seine Argumente jetzt anders – nicht mehr mit Fakten, sondern mit Argumenten setzt er sich auseinander. Ruskin schreibt keine »Summen« mehr, sondern instrumentelle Prosa – die Verlautbarungen werden kürzer, aktueller, anlaßbezogener. Ruskin legt auch keine neuen Vorräte mehr an – er zehrt vom Fundus, arbeitet für den nächsten Verwendungszweck, vertraut auf die Eingebung des Augenblicks. Ruskin hat eine neue oberste Instanz – den Mythos als die Formulierung »ewig wahrer Fakten«, und an diesem Vorbild messen sich Stil und Habitus, wenn sie wuchtiger und autoritärer werden. Ruskin hat schließlich zwei neue Klassen von Belegen entwickelt – er stützt sich für den Fall, daß er denn überhaupt Beweisgrundlagen braucht, auf die Erkenntnisse der Etymologie und auf »seine« Details, auf die »eloquenten«, »pikanten« Details, die von den »fehlenden Händen« Gottes und des Dogen über die spitzen Palisaden vor dem Wirtshaus in Croydon bis hin zu den allgegenwärtigen Glühwürmchen reichen. Wenn man den Übergang sehr kurz charakterisieren will, dann sollte man nicht mehr oder nicht mehr nur sagen: Die Kunstkritik wird von der der Gesellschaftskritik abgelöst, sondern: Der Mythos ersetzt Natur und Kunst, die Mythologie die »science of aspects«, die mythische Rede die explikative Prosa.

Das ergibt zusammengenommen ein neues Projekt, selbst wenn man in Rechnung stellt, daß wichtige Grundgedanken bleiben – wie die oben beschriebene diskursive Strategie, wie das organische Verständnis aller Kulturprozesse, wie die aus beidem abzuleitende rezeptionstheoretische Position vieler Ansätze. Das Thema des ersten Projekts hatte gelautet: Der menschliche Sinn der natürlichen und ästhetischen Phänomene. Das zweite müßte dann den Titel tragen: Das 19. Jahrhundert als Mythos, und den Untertitel: Die Offenbarungen des John Ruskin. Denn daß der Autor nun mehr investiert und mehr loswerden will als zuvor, da er vor allem dem Diktat des »reinen Auges« folgte, das lehrte schon der Blick auf die Zusammenhänge zwischen den mythologischen Studien und den »endopsychischen Mythen« Ruskins. Ob er nach innen oder nach außen schaut, die Fratze der Medusa erscheint ihm überall, soviele Schlangen er ihr auch realiter oder durch Beschwörung guter Gegenmythen abschlagen mag – ein zweiter Georg, dieser Master der »St. George's Guild«. Aber ein Kampf auf der gleichen Ebene mußte es sein, das war die Grundentscheidung, über die wir hier nachdenken wollen: Feuer sollte mit Gegenfeuer bekämpft werden, die mythischen Dimensionen des 19. Jahrhunderts mit dem Mythos, die apokalyptischen mit der Apokalypse. Die Entdeckung, daß das Wort Drachen »die sehende Kreatur« bedeutet und daß »die Griechen in ihrem anderen Wort für Schlangen ›ophis‹ die gleiche Grundbedeutung hatten«, ja daß auch Georg und Gorgon aus derselben Wurzel kommen, bewies ihm, daß der Zusammenhang ein absoluter war und der Kampf, »dein eigener St. Georgs-Kampf mit dem Drachen« wie im Spiegelkabinett vor sich ging.

Man tut der forcierten Ruskin-Rezeption unserer Tage nicht Unrecht, wenn man ihr unterstellt, daß Ruskins »mirror-temper«, diese unlösbaren Verstrickungen seines späteren Lebens in Zeit- und Seelengeschichte und der daraus resultierende Symbolismus vieler Schriften ihr Legitimationsgrund sind. Überhaupt: Mythenproduktion als Antwort auf Krisen –

die Affinitäten sind greifbar. »[. . .] im Leben der Menschen stellt das Mythische zwar eine frühe und primitive Stufe dar, im Leben des einzelnen aber eine späte und reife. Was damit gewonnen wird, ist der Blick für die höhere Wahrheit, die sich im Wirklichen darstellt, das lächelnde Wissen vom Ewigen, Immerseienden, Gültigen, vom Schema, in dem und *nach* dem das vermeintlich ganz Individuelle lebt, nicht ahnend in dem naiven Dünkel seiner Erst- und Einmaligkeit, wie sehr sein Leben Formel und Wiederholung, ein Wandeln in tief ausgetretenen Spuren ist.« Mit diesen Worten Thomas Manns ist grob der Bezirk abgesteckt, in dem sich viele heutige Interessenten an Ruskin treffen. Am Ende seiner Entwicklung vom Seher »individueller Wahrheiten« zum Künder »ewig wahrer Fakten« steht zwar kein lächelnder Weiser, aber daß die Befassung mit Mythologie nicht Wissenschaft bleiben muß, sondern unter bestimmten Zeitumständen und Lebenslagen zu einer Remythisierung des eigenen Lebens, der eigenen Epoche führt, diese These diente Thomas Mann in den 30er Jahren zur Legitimation von Leben und Werk, und sie hält heute als Erklärungsrahmen für den späten Ruskin her. Der »Priester der Schönheit« ist als »Mythopoet« wiederauferstanden. »The major Romantic myth-maker of the Victorian era« nennt ihn die neuere Forschung, die zuletzt ein 700 Seiten starkes Buch über die Rolle des Mythos bei Ruskin hervorgebracht hat. Als der Formalismus noch herrschte, war er den wenigen, die es mit der allegorischen Lesart hielten, als ein Erneuerer einer jahrhundertealten Tradition, als Kundiger in der großen Schar »moderner Ignoranten und Parvenus« erschienen. Heute gehört er allen Deutern und Lesern von Bildern, Zeichen und Symbolen, ganz gleich, ob sie auf Jung oder Freud oder auf dessen französische Nachfolger, auf typologische, ikonographische oder semiotische Modelle verpflichtet sind. Und sie gehören ihm um so mehr, als er das Wagnis auf sich genommen hatte, »in der Spur zu gehen«, die Lehre zu leben und dafür ganz zu bezahlen. »Symbolism *was* a dangerous plaything« – Ruskin ist nicht mehr gefährlich schön, sondern schön gefährlich. Wenn Proust diese Entwicklung abgesehen hätte, dann hätte er seinen zentralen Vorwurf etwas anders formuliert, nämlich so, wie er es kurz und verborgen in seiner ersten Würdigung tut, als er auf späte Schriften wie »The Bible of Amiens« zu sprechen kommt. Er erkennt da einen »gewissen Fetischismus« am Werk, »der die Symbole um ihrer selbst willen anbetet«. Proust nennt diese symbolistische Variante der Idolatrie, die Ruskin zum geheimen Verwandten Gustave Moreaus (!) mache, »iconolatrie« – »Fetischismus der Zeichen« müßte man im Hinblick auf verwandte Tendenzen unserer Zeit übersetzen.

Die Unzufriedenheit mit dieser neuen Richtung der Rezeption Ruskins geht nur teilweise an die Adresse der Rezipienten. Man kann Ruskin nicht als Mythologen oder als mythische Gestalt verabsolutieren. Dann hat man ihn nur zur Hälfte. Und man sollte auf keinen Fall versuchen, wie es derzeit gerne geschieht, den späten Ruskin auf den jungen auszudehnen. Dann unterschlägt oder verfälscht man sein Bestes. Wer Sozialkritik als mythisierte Rede, wer Poltergeister vom Schlage wirklicher Mythopoeten haben will, der halte sich an Carlyle und Nietzsche. Wenn wir Ruskin auf diesen Gebieten auch erfolgreich tätig finden, dann verdankt er das Fähigkeiten und Techniken, die früh erworben wurden und ihrem neuen Umfeld an sich fremd sind. Wenn »Präterita« Ruskins größtes Kunstwerk wurde, dann weil er es im Namen und im Geist der »alten Epoche« verfaßt hat, »an den Sachen entlang«, und nicht, weil er es auf eine Substruktur archetypischer Bilder gesetzt hat. Wenn »Fors Clavigera« die bedeutendste zeitkritische Schrift des englischen 19. Jahrhunderts heißen darf, dann nicht, weil sie gewaltige mythologische Spekulationen vorantreibt, sondern weil dort jeder Brief – auch – an kurzen Realitätsfragmenten, an Banalitäten des Alltags die Pathologie des Zeitalters vorführt. Die »Sirenensignale« der »Capo d'Istria« haben einen höheren Wahrheitswert als die lockenden Symbole in Carpaccios Ursula-Bildern, um es kurz und natürlich auch gegen Ruskins Intentionen gerichtet zu sagen. Was uns von seinen heutigen Verehrern zu ihm selbst zurückbringt. Vom Mythos gibt es viele Definitionen – daß er eine Abbreviatur des Realen ist, ein »zusammengezogenes Weltbild« laut Nietzsche, muß hier genügen. Ruskin wollte das nicht wahrhaben, weil er bei seiner Arbeit am Mythos nicht auf die Hauptqualitäten seiner bisherigen Gegenstände, auf Tiefe, Vielfalt und Unfaßbarkeit verzichten wollte. Aber er verwechselte die Fülle der Bearbeitungen und Bedeutungen mit der monolithischen Kargheit des Bedeutenden. Was die Sprache des »Traumes« so komprimierte: »Delphi first. Then Ägina. Behind Carpaccio«, das war Mythos in reiner Form. Er bezieht seine Autorität aus Ableitungen, Genealogien, er ist Darstellung von Kausalität mit einfachsten Mitteln. Damit steht er allen Formen der Welterklärung näher, auch und gerade denen der modernen Wissenschaft, als ausgerechnet derjenigen, die Ruskin in der Nachfolge seines Lehrers Turner hatte begründen helfen: der »science of aspects«. Diese zeigte sich programmatisch desinteressiert an allem, was dem Mythos wesentlich ist, also am »Ewigen, Immerseienden, Gültigen«, am »Schema« und am »Typischen«; ihr ging es jeweils um das »Erst- und Einmalige«, um das »ganz Individuelle«, um den Zusammenhang und Übergang, um die Wahrheit der Erscheinungsformen, nicht um die Ableitung, nicht um die Wahrheit der Wesensformen und Typen. Wir haben uns oft gefragt, ob Ruskin sich eigentlich jemals volle Rechenschaft über seine Hauptkonversion, um die Bekehrung vom Partikularisten zum Essentialisten abgelegt hat. Er – und mit ihm alle seine Biographen – haben diesen Wandel so interpretiert, daß er notwendig kam – aus inneren und äußeren Gründen. Er hatte zuerst gezeigt, was ist (besser: wie es erscheint); dann hatte er behauptet, daß man nicht mehr zeigen kann, was ist, sondern kritisieren muß, daß es zerstört wird. Auf die Arbeit für »Modern Painters« zurückblickend, hat Ruskin die Zwangsläufigkeit der Neuorientierung betont: »Jedes Argument und jedes Gefühl, das in diesem Buch zum Ausdruck kommt, war auf die persönliche Erfahrung der Schönheiten und Segnungen der Natur gegründet, auf ihre Frühlings- und Sommeraspekte und auf die damals noch beweisbare Tatsache, daß ein Gutteil der Erde und der Atmosphäre auf die Erziehung der Menschen so genau zugeschnitten war, wie es die Fibel für den Schüler ist, und so glorreich, wie es die Geliebte in den Augen des Liebenden ist. Diese Harmonie ist nun zerbrochen und mit ihr die Welt um uns herum. Es existieren noch Fragmente von dem, was einmal war, und stundenweise kehrt diese Vergangenheit zurück, aber Monat für Monat stiehlt Dunkelheit mehr vom Tag, und die Aschen der Antipoden glühen durch die Nacht.« Die Folgerung der 50er Jahre aus diesen Erkenntnissen lautete:

Nicht die Fragmente einsammeln oder die Harmonie zwangsweise oder stellvertretend aufrechterhalten, sondern die Fragmentierung und ihre Ursachen zum Thema *und* zur Form erheben, selbst unharmonisch sein. (Die Schroffen des Hochgebirges, die Aiguilles, sind das Symbol dieser Wandlung, s. o. Kap. IV.) Indem er Gleiches mit Gleichem vergalt, indem er nicht mehr die Feinstrukturen, sondern die Grundstrukturen nachahmte, hat er sich für die Moderne entschieden und sich mit den Bewegungsgesetzen der von ihm befeindeten Epoche verbunden. Für uns hat diese Entscheidung normativen Charakter; unsere Faszination für »Fors Clavigera« basiert auf dem bereits modernen Vorhaben dieser Schrift, so brutal (clavigera = keulentragend) und so chaotisch (Fors = Zufall) zu sein wie das brutale Chaos des späten 19. Jahrhunderts. Und kompromißlos in der Frage zu sein, daß nun der Zerstörung, den Zerstörern mehr Aufmerksamkeit gebührt als dem Zerstörten und dem, was noch da ist. Aber was uns heute als notwendig und unverzichtbar erscheint, war es im 19. Jahrhundert noch nicht, ist es vielleicht erst durch Ruskin, Nietzsche u. a. geworden. Nehmen wir nur »Culture and Anarchy«, Arnolds Parallelunternehmen zu »Fors« – dieses Buch ist nur »cultured« und überhaupt nicht »anarchisch«. Es wurde bewußt wie ein Klassiker geschrieben. Nicht daß wir mit diesem Hinweis eine Empfehlung verbinden, aber wir wollen doch für den besonderen Fall Ruskin und allgemein die Frage nach der Zuträglichkeit und Notwendigkeit der hier skizzierten Entscheidung offenhalten. Gewiß – Ruskin hatte viele Gründe für sein kompromißloses Verhalten. Anfangs hatte er noch gehofft, daß der Menschheit, »nachdem sie am Ende ihrer fünf Sinne angelangt sei«, nur noch eine Möglichkeit bleibe, nämlich, »daß sie wieder nach und nach begreifen lernen wird, daß Gott die Wolken malt und das grüne Erdgewand bildet, damit sie Glück empfinde, indem sie sieht, wie Er schafft, und an Seiner Seite ruhig verweilt und Sein Schaffen beobachtet [. . .]. Dies sind die einzigen Quellen menschlichen Glücks, die jemals möglich waren oder möglich sein werden.« Später wurde ihm klar, klarer als allen anderen Geschichtsphilosophen seiner

Epoche, daß es der Menschheit »am Ende ihrer fünf Sinne« durchaus gegeben sei, die Schöpfung wieder »abzuschaffen«. Daran richtete er die Absolutheit seines späteren Werks aus. Die Vermutung sei dennoch erlaubt, daß im Namen dieser Notwendigkeit und Absolutheit mehr »Sünden« begangen, mehr Widersprüche produziert wurden und mehr gelitten worden ist als unter den Rubriken Idolatrie, Iconolatrie, Arroganz und Schönrednerei zusammen.

Das heißt, mit Arroganz und Idolatrie hat diese Frage doch etwas zu tun. Addiert ergeben sie den ebenso häufig zu hörenden Vorwurf, Ruskin sei unglaubwürdig. Shaw hat darauf geantwortet: »Der Grund, warum die Gebildeten und Kulturträger dieses Landes Ruskin unglaubwürdig fanden, lag bei ihnen, er lag in ihrem Nicht-Glauben-Können, daß er wirklich meinte, was er sagte oder schrie.« Wir meinen, er lag auch bei Ruskin. Seit den 50er Jahren forderte er Glauben und provozierte er Unglauben, anstatt wie zuvor sichtbar zu machen, was man wissen könnte. Gläubige und Ungläubige sind nicht unbedingt Sehende – das hätte er berücksichtigen müssen. Ruskin, der ja nie etwas »geworden« war, hatte die große Vokation wie gelernt ergriffen, er war zu bereitwillig »in die Spur« gesprungen: Der Idolatrievorwurf, den er verdient, müßte sich auf die Verehrung der Rolle, des Idols beziehen. Oder doch auf die ganz unreflektierte Bereitschaft, die Rolle des Propheten und Meisters anzunehmen, die für ihn bereitlag, ihm von einer Zeit aufgedrängt wurde, die es liebte, für ihr Laissez-faire gescholten zu werden und es weiter zu praktizieren. »Unsere Väter«, schrieb Virginia Woolf, »trugen ein gerüttelt Maß Verantwortung für die Art und Weise, wie sie von ihren Lehrern behandelt wurden. Ohne Zweifel schätzten sie es, wenn ihre großen Männer sich vom Rest der Welt isolierten. Die Rolle des Genius war antisozial angelegt und verlangte fast die gleiche Trennung vom normalen Treiben der Menschheit wie der Wahnsinn. So war der große Mann dieses Zeitalters versucht, sich auf seinen Gipfel zurückzuziehen und ein Prophet zu werden, der eine ganze Generation denunziert, mit deren Alltagsaktivitäten er nichts zu tun hatte. [...] Wir können uns kaum den Wunsch versagen, Ruskin möge besser in einer Zeit gelebt haben, die ihre großen Männer nicht durch

Anbetung isolierte, sondern sie ermutigte, ihre besten Kräfte zu gebrauchen.« Nicht daß Ruskin die Nöte seiner Epoche aus den Augen verloren hätte – dieser Vorwurf trifft ihn nicht, der das Signalement auch der banalsten Fakten zu lesen verstand. Aber zur Prophetenrolle gehört der kurze, absolute Beweis, das Vorzeigen der Beweistatsachen, so wie man Stigmen oder Reliquien vorweist. Das geduldige Buchstabieren der Realität, Ruskins Stärke ist da nicht gefragt.

Wie er sich und unter welchen Verlusten er sich von den alten Praktiken und Überzeugungen entfernt, sei noch einmal am konkreten Beispiel, am Vorwort zu »The Queen of the Air« klargemacht. Dieses Buch handelt, wie erinnerlich, von griechischen Mythen, insoweit sie »ewig gültige Erkenntnisse« über die Natur im allgemeinen und über die besondere Natur des John Ruskin bereithalten. Die »science of aspects« wird hier definitiv durch die »science of essences« ersetzt. Das Vorwort, datiert Vevay 1. Mai 1869, schließt an die frühen Themen und Vorgehensweisen an, nur um zu sagen, daß ihnen die Grundlage entzogen sei: »An diesem 1. Mai des Jahres 1869 schreibe ich in einer Umgebung, die schon den Anfang meiner Arbeit vor 35 Jahren gesehen hat, in Gegenwart der schneebedeckten Hochalpen. In der Hälfte der dem Menschen zugestandenen Lebenszeit sah ich, wie beträchtlicher Schaden all den Landschaften zugefügt wurde, die ich am meisten liebte und anderen ans Herz legen wollte. Das Licht, das einst diese fahlen Gipfel in Rosa tauchte, wenn die Sonne kam, in Purpur, wenn sie wieder ging, ist nun bräunlich und schwach. Die Luft, die einst die Spalten ihrer goldenen Schroffen mit Azur auslegte, wird nun durch träge Rauchsäulen verschmutzt, die Schlimmerem als vulkanischen Feuern entsteigen. Die Wellen ihrer Gletscher haben Ebbe, ihr Schnee vergeht, als ob der Atem der Hölle ihn getroffen hätte. Die Gewässer, die zu ihren Füßen einst in kristalliner Klarheit ruhten, sind trübe und faul, vom Spiegel bis zum Grund, von Ufer zu Ufer. Diese Worte sind nicht leicht hingesagt, sie sind auf genaueste und furchtbarste Weise wahr.« Beweise? Man muß ihm einfach glauben, der sagt: »Ich weiß, was die Schweizer Seen einmal waren: kein Bergquell war an seinem Ursprung klarer. Heute morgen konnte ich auf dem Genfer See eine halbe Meile vom Ufer entfernt mein Ruderblatt kaum mehr erkennen, wenn es einen Faden tief war.« Doch – eine Beweistatsache führt er an: »Take this one fact for type of honour done by the modern Swiss to the earth of his native land. Da lag früher am Ende der Hafen-Promenade von Neuchâtel ein Felsen, der letzte Marmorblock des Jura, zum blauen Wasser hin abfallend und zu dieser Jahreszeit mit leuchtend fleischfarbenen Polstern von Saponaria [Seifenkraut] bedeckt. Vor drei Tagen ging ich dorthin, um eine dieser Blüten zu pflücken. Den ehrlichen heimischen Felsen und seine Blumen deckten der Unrat und Dreck der Stadt, aber in der Mitte der Promenade hatte man erst vor kurzem ein künstliches Felsgebilde errichtet, mit einem Springbrunnen davor und mit einer Inschrift auf einem der lose aufgehäuften Steine:

Aux Botanistes
Le club Jurassique.«

Take this one fact – natürlich würden wir ungern auf dieses maliziöse und vielsagende Faktum verzichten, aber ist die Angelegenheit damit erledigt, kann nun, muß nun die Arbeit an den griechischen Naturgöttern beginnen, mit dem Rücken zu einer Szene, die alle guten Geister verlassen haben? Ist der Zynismus der Zeiten mit diesem einen wilden Stich schon genügend beantwortet? Wäre jetzt nicht eigentlich eine Naturauslegung gefragt, die lebenslange Beobachtung der Erscheinungen mit kritischer Durchdringung der sie bedrohenden Kräfte verbindet? Er war es doch gewesen, der den Menschen des 19. Jahrhunderts die Aufgabe verschrieben hatte, Vielfalt zu realisieren. Er hatte doch gezeigt, daß Apperzeptionsverweigerung zum progressiven Abbau von Realität führt. Emerson hatte gesagt: »Der Verfall oder die Öde, die wir sehen, wenn wir die Natur sehen, ist in unseren Augen.« Ruskin hatte dagegengesetzt, daß der Verfall unserer Wahrnehmung und der Verfall unserer Umgebung, daß die blinden Stellen drinnen und draußen einander bedingen. Wäre das nicht Anlaß genug gewesen, in einer Doppelstrategie die Kräfte der Vernichtung und den »Rest«, der ihnen widerstanden hat, sichtbar zu machen, sichtbar zu halten, den immerhin erklecklichen Rest an Natur und Kultur, der noch für weitere 100 Jahre gereicht hat? Erst ganz am Ende seines Werkes hat Ruskin noch einmal versucht, das kombinierte Verfahren zu realisieren: das geschieht mit »The Storm-Cloud of the Nineteenth Century« 1884. Bis dahin betreibt Ruskin Kritik als Kritik der gesellschaftlichen Unvernunft, nicht, wie er einst im Anblick der Hochalpen angefangen hatte, Kritik als Rettung und Ersatz von Realität, als Realismus, als »Ausdruck von lebendiger Gegenwart der Bilder, vom Zusammenhang und gleichsam Notdrang des Inhalts«.

Man verstehe das nicht falsch. Wir stimmen nicht in den Rat der besorgten oder irritierten Freunde und Zeitgenossen ein, Ruskin möge bei den Leisten der bloßen Kunst- und Naturbetrachtung bleiben. Er hatte diese Genres ja schon in den 50er Jahren zu Instrumenten der Zeitkritik gemacht – man denke an die »Stones of Venice« und die Bände 3 bis 5 der »Modern Painters«. Zwischen den generalisierenden und funktionalistischen Betrachtungsweisen der Naturwissenschaft und den ästhetisierenden oder emphatischen oder betulichen Naturfreunden, sagen wir kurz: zwischen Charles Darwin, Ralph Waldo Emerson und Jean Henri Fabre hatte er ein wichtiges, immer wichtiger werdendes Betätigungsfeld geschaffen und dann freigelassen. Henry David Thoreau, der ihm am nächsten steht, hatte seinen Stil und seine Methode ohne Ruskin gefunden; die anderen, die in seinem Sinne weiterarbeiteten, waren nicht fähig, Naturbeschreibung und Sozialkritik aufeinander zu beziehen. Richard Jefferies, Edward Thomas, John Muir, W. H. Hudson, Elisabeth Meynell, H. J. Massingham, um nur einige aus der großen Zahl englischer und amerikanischer »Naturalists« zu nennen, sie schrieben Band 1 der Modern Painters fort und übernahmen Ruskins antikapitalistische, industriefeindliche Einstellung wie einen Glaubensartikel, nicht wie ein Instrument. Ruskin war nach 1860 davon überzeugt, daß es genauso frevelhaft wie unmöglich sei, weiter über Bäume und Bilder von Bäumen zu schreiben. Die genannten Autoren bewiesen, daß es möglich war – dies zumindest. Ruskin hätte ihr Meister bleiben können. Er hätte ihnen zeigen können, daß zu gegebener Zeit das Gespräch über Bäume kein Gespräch über Bäume bleibt und daher kein Frevel ist. Er hätte uns zeigen können, daß das Gespräch über Bäume nicht länger bei der Art und bei den Betreibern des Frevels gegen Bäume bleiben darf als bei den Bäumen selbst.

Über ihren Besuch bei Ruskin im Jahr 1899 schrieb seine deutsche Übersetzerin und Biographin Charlotte Broicher später: »Und es leuchtete auf in den schwermütigen Augen, als er vernahm, daß man in Deutschland anfange, nach ihm zu verlangen.« Ob Ruskins Geist noch fähig war, diese Botschaft zu verarbeiten, darf bezweifelt werden; ob unter normalen Bedingungen sie eine positive Reaktion ausgelöst hätte, muß fast verneint werden. Zu den vielen Idiosynkrasien, die er sich leistete, gehörte eine pauschale Ablehnung Deutschlands, die einzig Dürer und Goethe ausnahm. Einer Übertragung seiner Schriften in unsere Sprache hat er eher entgegengearbeitet, als sie zu fördern. Und sein Unverständnis, seine Abneigung ist erwidert worden. Abgesehen von der kurzen Spanne intensiver Übersetzung und Verbreitung seiner Ideen durch reformbewegte Kreise um 1900 hat Ruskin im deutschen Geistesleben keinen Platz gefunden. Wenn nach ca. 80 Jahren wieder eine Monographie über ihn in deutscher Sprache erscheint, dann geschieht das zu einem Zeitpunkt, da im zweiten Halbjahr 1982 3527 Seiten über und von Ruskin publiziert wurden, wie ein geplagter amerikanischer Kritiker vorrechnete – 3527 Seiten englischen Textes, denen in Deutsch keine 50 Seiten und keine selbständige Schrift Ruskins gegenüberstehen. Der deutsche Autor befindet sich also in einer gänzlich anderen Situation als seine englischen und amerikanischen Kollegen, denen vorgeworfen wird, Bücher zum Thema Ruskin entwickelten sich zur »Storm-Cloud of the Late Twentieth Century«. Die Ziele der vorliegenden Biographie mußten heißen: vorstellen, hinführen, aufmerksam machen – vor allem aber: Ruskin selbst sprechen lassen. Daher ist auch sie schwer von jenem »morbus Ruskinianus« befallen, den man immer wieder der Ruskin-Literatur ankreidet: daß sie nämlich nur ihn und niemand rechts und links kennt. Die vielfältigen Parallelen zu seiner Existenz, zu seinem Werk nachzuziehen, hätte notwendig bedeutet, Ruskins eigenen Anteil zu kürzen. Das schien bei einer ersten Annäherung nicht geraten. An Umfang und Inhalt muß dieses Buch ohnehin bescheiden hinter jeden der 38 Bände der Gesammelten Werke zurücktreten.

Da die folgenden Seiten aus Platzgründen hauptsächlich Nachweis und nicht Hinweis sein können, seien einige Anregungen zum weiteren Studium Ruskins vorangestellt. Wer sich über den derzeitigen Stand der Ruskin-Forschung und -Interpretation orientieren will, findet das gesamte bunte Spektrum in drei jüngst erschienenen Sammelbänden ausgebreitet, die im Verzeichnis der abgekürzten Literatur unter New Approaches, Studies und Polygon verzeichnet sind. Wer eine Biographie braucht, die sich von Monat zu Monat, von Jahr zu Jahr voranarbeitet, greife zu der neuesten von John Dixon Hunt (s. u. unter Hunt). Wer einen konstruktiven Entwurf von Ruskins Werk sucht, ist mit John Rosenbergs Porträt »The Darkening Glass« (s. u. unter Rosenberg) am besten bedient. Wer sich einen Weg durch das Dickicht neuerer und neuester Ruskin-Literatur bahnen will, findet bei James S. Dearden, Facets of Ruskin, London/Edinburgh 1970, das Schrifttum bis zum Erscheinungsjahr, danach (außer in den allgemeinen Fachbibliographien) im »Ruskin-Newsletter« verzeichnet, den die Ruskin-Society herausgibt und der in der Bundesrepublik in der UB Göttingen gehalten wird. (Zu beziehen über den Sekretär der Gesellschaft James S. Dearden, Bembridge School, Isle of Wight.) Wer sich direkt an die Quelle begeben und in der größten Sammlung von Zeichnungen, Briefen, Manuskripten, Büchern Ruskins arbeiten will, suche die Ruskin-Galleries, Bembridge, Isle of Wight, auf. Last not least: Wer Ruskin lesen und zitieren will, bediene sich der definitiven »Library Edition« von Cook und Wedderburn (s. u.), deren 38 Bände (plus ein Index-Band) in deutschen Bibliotheken kurioserweise leichter zu finden sind als die 15 Bände der Diederichs-Übersetzung, die seit 1900 erschienen.

Fast alle Zitate aus Ruskins Werken und Briefen findet der Leser in diesem Buch in deutscher Übertragung. Dabei hat der Verfasser dankbar die Vorarbeiten der Diederichs-Übersetzung und der vor 1900 im Verlag Heitz, Straßburg, erschienenen deutschen Auswahlbändchen benützt. Im Duktus stehen diese Übertragungen dem Original näher, als es heutige Versuche vermöchten, an Genauigkeit lassen sie oft zu wünschen übrig. Ohne daß dies im einzelnen nachgewiesen wird, sind die alten Übersetzungen übernommen, korrigiert oder kontaminiert worden. Vieles wurde neu übersetzt.

Diese Arbeit wurde gefördert durch ein Reisestipendium der Deutschen Forschungsgemeinschaft. Als Arts Council Lecturer der University of California Los Angeles fand ich Zugang zu Ruskins Hinterlassenschaft in amerikanischen Bibliotheken und Sammlungen.

Beide Institutionen seien für ihre Unterstützung bedankt. James S. Dearden danke ich dafür, daß er so viele Fragen beantwortet hat, Michael Krüger dafür, daß er so lange und geduldig nach diesem Buch gefragt hat.

Verzeichnis der abgekürzt zitierten Literatur

34, 136 = John Ruskin, The Works (The Library Edition), ed. E. T. Cook u. A. Wedderburn, London 1903-12, Bd. 34, S. 136

BD = John Ruskin, The Brantwood Diary, ed. H. G. Villjoen, New Haven 1971

Bradley = John Ruskin, Letters from Venice 1851-52, ed. J. L. Bradley, New Haven 1955
D. = John Ruskin, The Diaries, ed. J. Evans u. J. H. Whitehouse, Oxford 1956
FL = The Ruskin Family Letters, ed. Van Akin Burd, London–Ithaca 1973
Hunt = John Dixon Hunt, The Wider Sea, A Life of John Ruskin, London–Melbourne–Toronto 1982
Lutyens 1 = Mary Lutyens, The Ruskins and the Grays, London 1972
Lutyens 2 = Effie in Venice, ed. M. Lutyens, London 1965
Lutyens 3 = Mary Lutyens, Millais and the Ruskins, London 1967
New Approaches = New Approaches to Ruskin, ed. R. Hewison, London–Boston 1981
Norton = John Ruskin, Letters to Charles Eliot Norton, Boston–New York 1905
Polygon = The Ruskin Polygon. Essays on the Imagination of John Ruskin, ed. J. D. Hunt u. F. M. Holland, Manchester 1981
RD = John Ruskin and Rose LaTouche. Her Unpublished Diaries of 1841 and 1867, ed. Van Akin Burd, Oxford 1979
Rosenberg = John D. Rosenberg, The Darkening Glass. A Portrait of Ruskin's Genius, New York 1961
Shapiro = Ruskin in Italy. Letters to his Parents 1845, ed. H. I. Shapiro, Oxford 1972
Studies = Studies in Ruskin. Essays in Honour of Van Akin Burd, ed. R. Rhodes u. D. I. Janik, Athens 1982
Viljoen = Helen G. Viljoen, Ruskin's Scottish Heritage, Urbane 1956
WL = John Ruskin, The Winnington Letters, ed. Van Akin Burd, London–Ithaca 1973

Kapitel 1

5 Das kleine Phänomen: eine Formulierung des Vaters, s. FL 618. – 7 das erste Bild: verschollen. – Ich bin: 35, 21. – *8* Ich benahm: 35, 22. – antikes Genrestückchen: verschollen. – *9* Ruskins Eltern: zur Familiengeschichte Viljoen und FL. – *10* Ich habe: Viljoen 144. – *11* Wir finden: H. v. Treitschke, Historische und politische Aufsätze, Leipzig 1867, 318 f. – *13* Wenn da: Viljoen 147. – *14* Ein König: P. B. Shelley, Complete works, hrsg. v. R. Ingpen u. E. Peck, London–New York 1965, Bd. 4, 293. Unter Grundlegung der Übersetzungen von Seybt u. Stradtmann – *16* Wir sind: FL 640. – Herne Hill–Denmark Hill: J. S. Dearden, Two Ruskin Houses in London, in: Facets of R., London–Edinburgh 1970, 33 ff. –

17 Ich war: 35, 13. – I will: Lyrik der englischen Romantik, ed. S. Schmitz, München 1967, 18. – *18* these railroads: FL 573. – *19* Ich bin mir: FL 130. – Ich habe: FL 559. – *20* Ich war: 35, 618. – *21* war die normale: J. F. C. Harrison, Early Victorian Britain, 1832-51, o.O. 1979, 25. – *22* Niemals haben: Norton 1, 359. – Ich denke: 35, 22 f. – daß Kinder: L. Walther, Invention of Childhood, in: Approaches to Victorian Autobiography, ed. G. P. Landow, Athens (Ohio) 1979, 67. – *23* Ich habe: Viljoen 103. – Der Hauptgrundsatz: 35, 20. – nichts zu lieben: 35, 44 ff. – *24* John hat: FL 116. – *25* Abend für Abend: 35, 39. – *26* Geboren: 7, 374 ff. – *29* Daß sie: 35, 47. – Niemals hörte: 35, 43. – *30* Er hat gerade: FL 224 f. – Ode an die Dampfmaschine: 2, 245 f. – *31* Harry wußte: 35, 52 ff. – *32* wie ich mein: 35, 56. – *33* It low'red: 2, 272. – *35* In den alten: 10, 3. – Wir waren: 35, 111. – Mit der Eisenbahn: 5, 370. – *38* zu beobachten: 35, 166. – *39* Mein Vater: 35, 110. – Etwa in dem: 35, 153. – *40* Der Leser: 35, 158. – *41* Ich war: D. 1, 198. – Erst beim: 1, 65. – Ich glaube: 1, 130. – *42* Es gab: 5, 381. – So ein: zit. Hunt, 34. – Wenige Jahre: 35, 115. – an einem: 6, 15. – *43* Give me: 2, 411. – Prout: zur zeichnerischen Entwicklung Ruskins s. P. H. Walton, The Drawings of John Ruskin, Oxford 1972. – *44* Du bist: zit. M. H. Law, The English Familiar Essay in the Early 19.th Century, New York 1965, 151. – Es war: 35, 276. – Dieser Ort: D. 1, 118. – *45* eine vollkommene: 3, 217. – der unbekümmert: 19, XLVII. – Liebhaber: 6, 19. – *46* To me: G. Byron, Child Harold's Pilgrimage III, 72. – O schweigender: Lyrik der englischen Romantik, aaO., 77 f. – *47* daß der bloße: W. Wordsworth, Präludium oder Das Reifen eines Dichtergeistes, Stuttgart 1974, 157. – Chiffren: ebda., 162. – Du bewegst: Law, aaO., 150. – That burning: 1, 237. – Lassen wir: Law, aaO., 152. – *48* 14. Juli: D. 1, 21. – nur auf: R. Jameson, System of Mineralogy, Edinburgh 1821, 21. – *49* Er war: 6, 476. – Ich habe: D. 1, 74. – *50* Eine bedeutungsvolle: 35, 178 f. – *51* ich hatte: 35, 229. – *52* Nature: 2, 466. – Unser Kind: FL 426. – Sie deuten: Byron in seinen Briefen u. Tagebüchern dargestellt v. C. Gigon, Zürich–Stuttgart 1963, 31. – *53* Das College: ebda., 30. – Du und Mutter: WL 369 f. – *54* Er macht: FL 447. – *56* Wenn wir: FL 618 f. – Mehr noch: W. Wordsworth, Präludium, aaO., 74. – *57* Die Frage ist: FL 583 f. – Die Monster: FL 576. – *58* Wenn wir: FL 483. – Was wir sind: FL 486. – *59* heute genügt: G. Cuvier, Recherches sur les ossements fossiles, Paris 1834, Bd. 1, 185. – Mein Vater: 35, 247. –

63 Der Graduierte: Band I der »Modern Painters« trug den Verfasservermerk: »by a Graduate of Oxford«. – *65* Richmond Porträt: verschollen. – Das Bildchen: 35, 398. – Was sollte ich: 35, 312. – *67* Ich habe versucht: 3, 5. – *68* Seifenlauge: J. Lindsay, Turner, Frogmore 1973, 253. – *69* Ich mag: FL 725. – Dieser Herr: 3, XXIV. – *70* Die Kritik: 3, 666. – Bei Richmond: D. 245. – Kein Bild: 3, 249 – *71* Seit Jahr: 3, 51 f. – *72* Ich werde: 3, 138. – Die Arbeit: 5, 6. – *73* Man frage: 3, 146. – Ich hätte: 3, XXII. – Die vornehmsten: 3, 344. – Gott ist: 3, 345. – *74* Wer aus: 3, 344 f. – Die Anschauung: 3, 345 f. – *75* If the doors: W. Blake, Poetry and Prose, ed. G. Keynes, London 1967, 187. – Infinity: A. D. Lovejoy, The Great Chain of Being, New York 1960; G. P. Landow, J. D. Harding and J. R. on Nature's Infinite Variety, in: Journal for Aesthetics and Criticism 27, 1970, 369 ff. – *76* science of aspects: P. M. Ball, The Science of Aspects, London 1971. – es gibt: 5, 387. – *77* Jedes Lebendige: Hamburger Ausgabe Bd. 17, 14. – Ich kann: D. 1128. – War es uns: zit. M. H. Abrams, Natural Supernaturalism. New York 1971, 279. – *78* Ich will mich: W. Wordsworth, The Prose Works, ed. A. B. Grosart, London 1876, 241. – *80* eine Träumerei: L. Gowing, Turner, New York 1966, 22. – eingehendere Betrachtung: ebda. – jeden Versuch: A. Wilton, J. M. W. Turner, München 1979, 107 – Tausende: 3, 508. – *81* bildet deswegen: 3, 499. – Er meditierte: Lindsay, aaO., 133 f. – Venedig: 3, 501. Nicht in der Ausgabe der Tagebücher, vgl. D. 1, 189. – *82* Gekräuseltes Wasser: 3, 506. – *83* Die Malerei: Zit. J. Dobai, Die englische Kunstliteratur des Klassizismus und der Romantik, Bern 1977, Bd. 3, 1049. – Die Welt: C. R. Leslie, Memoirs of the Life of John Constable, Oxford 1951, 273. – Phantasie: zit. K. Badt, Wolkenbilder und Wolkengedichte der Romantik, Berlin 1960, S. 74. – In einem Zeitalter: Leslie, aaO., 273. – *84* Ein System: Badt, aaO., 74. – Die Wissenschaft: 11, 47. – Sie sollen: 3, 624 – *85* Denn da: zit. 3, 21. – Kunst: J. D. Harding, Principles and Practice of Art, London 1845, 17. – *86* Gleich ob es sich: 3, 386 f. – Nehmen wir: 3, 387. – *87* wenn die: 3, 415. – *89* Man nehme: 3, 330. – *90* der Maler plaziert: 3, 133. – *91* Da hängt: 3, 277 ff. Vgl. D. 1, 136. – *95* Das moderne Denken: W. Pater, Appreciations, London 1889, 66. – In zweiter Hinsicht: 3, 133. – *96* Es ist: 3, 571 ff. Zur Interpretation u. zum Folgenden R. Stein, The Ritual of Interpretation, Cambridge (Mass.) 1975, 12 ff. – *97* Typologie: s. vor allem G. P. Landow, aaO.; ders., Victorian Types, Victorian Shadows, Boston–London 1980; ders., W. H. Hunt and Typological Symbolism, New Haven 1979; L. Hönnighausen, Präraffaeliten und Fin de Siècle, München 1971. – *98* Die Ruine: 4, 265. – Mir will: zit. W. G. Collingwood, The Life and Work of J. R., London 1893, Bd. 1, 140. – *99* Lichteinfall: Lindsay, aaO., 183. – Ins Takelwerk: Lindsay, aaO., 249. Vgl. Wilton, aaO., 219. – Thomson: zit. Lindsay, aaO., 250. – *101* Sie stellten: 3, 309. – *103* Er kennt: 4, 239. – Jeder große: 6, 32. – behandelt nicht: zit. G. P. Landow, The Aesthetical and Critical Theories of J. R., Princeton 1971, 63 ff. – Die Wissenschaft: 11, 47 f. – *104* vermittelt und versöhnt: zit. Abrams, aaO., 316. – ist ein Mensch: zit. Englische Literaturtheorien des 19. Jahrhunderts, ed. H.-H. Rudnick, Stuttgart 1979, 52. – Geh und stell: 3, 537. – *105* Daraus ergibt: 3, 320 f. – *107* Das Auge: zit. Lindsay, aaO., 150. – kann immer nur: ebda., 317. – *107* Turner begann: 3, 323. – *109* diese Gattung: A. M. Holcomb, in: Art Journal 1970, 17. – Tatsache ist: 2, 235 f. – ein Ersatz: 2, 236, 241. – *110* durch deren: 2, 244. – den Grundtenor: 35, 79. – *111* As the Eye: W. Blake, ed. Keynes, aaO., 456. – Zum folgenden: M. H. Abrams, aaO., Kap. 7. – A balance: W. Wordsworth, The Prelude 12, 370 ff. – Dichters: W. Wordsworth, Vorwort zu Lyrical Ballads (1800), in: Englische Literaturtheorie, aaO., 57. – Despotie des Auges: zit. Abrams, aaO., 366. – der herrscherlichste: W. Wordsworth, The Prelude 12, 156 ff. – Triumph der Vision: Abrams, aaO., 377. – *112* er bleibt: 3, 134. – the whole function: 11, 49. – Der ganze Wert: ebda. – ein Werkzeug: ebda. – *113* Alles, was: 15, 27 f. – Vgl. zu dieser Stelle P. Junod, Transparence et opacité, Lausanne 1976, Kap. IV. – *114* Konversionsepisoden: J. H. Buckley, The Triumph of Time, Cambridge 1966, 146 ff.; ders., The Victorian Temper, Cambridge 1951, Kap. V. – *115* Erfüllt: T. Carlyle, Sartor Resartus, übers. A. Kretzschmar, Leipzig 1855, 130 f. – Matt: 35, 313 f. – Die Lit. zu dieser Episode ist kaum mehr zu überblicken. Wichtige Beiträge machten u. a.: V. A. Burd, Another Light on the Writing of Modern Painters, in: PMLA 68, 1953, 755 ff. (dort die Authentizität des Ereignisses in Frage gestellt, worauf wir hier nicht näher eingehen können); R. Hewison, The Argument of the Eye, London 1976, 41 f.; A. Stokes Critical Writings, ed. L. Gowing, London 1978, 3, 173; G. P. Landow, in: Studies 68 ff. – *117* Ich erinnere: zit. C. Salvesen, The Landscape of Memory. A Study of Wordsworth's Poetry, London 1970, 46. – spots of time: Wordsworth zit Buckley, Triumph, aaO., 146. – *118* Herz und Heimstatt: Wordsworth; The Prelude 6, 607 f. – Dann fühlt: Lyrik der englischen Romantik, ed. S. Schmitz, München 1967, 29. – moments monument: zit. Buckley, Triumph, aaO., 148. – *119* wise passiveness: zit. Salvesen, aaO., 75. – Glücksgefühl des ersten: s. W. Kemp, ». . . einen wahrhaft bildenden Zeichenunterricht überall einzuführen«. Zeichnen und Zeichenunterricht der Laien 1500-1870, Frankfurt 1979, Kap. IV. – Ich wanderte: Hamburger Ausgabe 9, 556 f. – *120* der Selbsterziehung: G. P. Landow, in: Studies 70. – *121* Gruppe von Werken: P. H. Walton, The Drawings of John Ruskin, Oxford 1972, Kap. 3. – vital beauty: 4, 146 ff. – from thyself: W. Wordsworth, The Prelude 11, 333 f.

Kapitel III

123 Ein Verrückter: vgl. Effie Ruskin: »John excites the liveliest astonishment in all and sundry in Venice, and I don't think they have made up their minds yet wether he is very mad or very wise.« (Lutyens 2, 146). – *125* stellte ich: Bradley 171 f. – *126* So, Lauderdale: Byron in seinen Briefen und Tagebüchern, dargestellt v. C. Gigon, Zürich–Stuttgart 1963, 427. – *129* Ruskins Ehe und zum Folgenden: W. James, The Order of Release, London 1947; J. Whitehouse, Vindication of Ruskin, London 1950; Lutyens 1-3; F. Townsend, The Courtship of Ruskin, in: Studies 1 ff., – The King: J. S. Dearden, The King of the Golden River, in: Studies 32 ff. – völlig wertlos: 35, 304. – *130* Ich finde: Lutyens 3, 3. – *131* Ich heiratete: Whitehouse, aaO., 15. – *132* Meine Leidenschaft: Lutyens 2, 20. – Angst vor der Hochzeitsnacht: S. Marcus, The Other Victorians. A Study of Sexuality and Pornography in Mid-Nineteenth Century England, New York–London 1966, 31. – Aber Du weißt: James, aaO., 67 f. – *134* Ich werde: RD 44. – Carlyle: Ruskin hat durch seinen Freund Froude von diesem Verhalten sehr viel später erfahren, s. The Ruskin-Froude Friendship, hrsg. v. H. G. Viljoen, New York 1966, S. 67. – *135* Die Geschichte: Whitehouse, aaO., 53 f. – there was: ebda. – *136* Als Effie: Lutyens 3, 4. – Ich gehöre: J. Clegg, Ruskin and Venice, London 1981, 81. – *137* Bedenken Sie: ebda., 82. – *139* Es ist eine: Shapiro 52. – Ich glaube: ebda., 62. – Ich werde: ebda., 71. – *140* seine Skizzen: 3, 200 f. – Zur Zeit: 8, 23. – *141* Ich lege: Shapiro 128. – Es gibt: P. B. Shelley, Letters, hrsg. v. F. L. Jones, Oxford 1964, II 649. – *142* Ich bemerke: Clegg, aaO., 142 f. – *143* The path: S. Rogers, Italy, London 1834, 51 f. – Eine weitere: 9, 45. – *144* Obwohl die letzten: 10, 7. – Das Venedig: 10. 8. – Die kraftlosen: 10, 7. – The history: 19, LIV. – Dein Los: G. Byron, Childe Harold's Pilgrimage, IV, 17. – *145* Obwohl sie: zit. R. Blake, Disraeli, Frankfurt 1980, 278. – Since first: 9, 17. – Gott sei Dank: D. 1, 183. – *146* Erst seitdem: P. B. Shelley, Letters, aaO., II 43. – *147* Eindruck Venedigs: S. Morgan, Italy, London 1821, 2, 452. – All die Wandlungen: Shapiro 199. – Wie ein Stück Zucker: 36,

63. – Imagine: Shapiro 199. – Du kannst: ebda., 209. – Venedig ist: ebda., 201. – *148* Unter all: ebda., 225. – There is no: Shapiro 199. – *149* he did: Lutyens 2, 133. – Ruskin ist: ebda., 49. – stone by stone: 10, XXVI. – *150* die Basen: 9, 30. – John erregt: Lutyens 2, 146. – *151* 600 Quartseiten: 35, 483. – Restauration von San Marco: Hier wird auf eine demnächst erscheinende Publikation von John Unrau verwiesen. – *152* Ich bin hier: 9, XXVIII. – *153* Die Dinge: T. Carlyle, Vergangenheit und Gegenwart, übers. A. Kretzschmar, Leipzig 1856, 5. – *154* membrologischer Ansatz: s. zur Architekturaufnahme der Gotik in England P. Frankl, The Gothic, Princeton 1960, S. 506 ff.; J. Dobai, Die Kunstliteratur des Klassizismus und der Romantik in England, Bern 1977, 3, 591, 1402, bes. 1414. – *156* Meinen Forschungen: 9, 5. – *158* Zoologen: 9, 4. – *159* the most: 9, 267. – *160* Denn weder: T. Carlyle, Sartor Resartus, übers. A. Kretzschmar, Leipzig 1855, S. 26. – Indizienparadigma: C. Ginzburg, Spurensicherung, in: Freibeuter 3, 1980, 3, 7 ff., 4, 11 ff. – *162* Ich verlange: 9, 66. – Einige Ruskinforscher: Frankl, aaO., 561; K. O. Garrigan, Ruskin on Architecture, Madison 1973, 59 ff.; J. Unrau, Looking at Architecture with Ruskin, London 1979, 13 ff. – *163* Es ist: 9, 22 f. – Mit großer: 12, 187. – *164* Ich denke: D. 2, 370 f. – *165* Schlußgesims: 9, 91 ff. – *166* Aber das entscheidende: 9, 97. – *167* Der Erfindungsgeist: 9, 359. – Nachbildungen: 9, 360. – *168* Appendix: 9, 471 f. – Ich habe: 9, 439. – Keinen Venezianer: 10, 91 f. – *169* bloßen Glitzerglanz: 9, 440. – wenn sie: 10, 82. Vgl. zu dieser Einstellung Garrigan in: Studies 153 ff. – Einer weisen: 8, 161. – Funktionalismus des Visuellen: Garrigan, aaO. – Eine weitere: A. W. Pugin, The True Principles of Pointed or Christian Architecture, London 1841, 16. – Als nächstes: 9, 292. – *170* Erst als: 9, 292 f. – Das Auge: 10, 154. – *171* Der Kunstgriff: 9, 162 – die richtigste: 11, 214. – *172* Die richtige Frage: 8, 190. – Der Wert: 8, 218. – einen guten Beweis: R. Willis, Architectural History of Some English Cathedrals, Chicheley 1972, 1, 60 (zuerst 1846). – *173* But it is: 8, 190. – erkennt die Möglichkeiten: 9, 291. – Dies ist: ebda. – 1. Mai: D. 2, 468. – Wo der Arbeiter: 10, 204. – *175* Und denke daran: 10, 192. – *176* Der Mensch: Carlyle, Sartor Resartus, passim. Vgl. zu diesem »gospel of work« W. E. Houghton, The Victorian Frame of Mind, New Haven–London 1957, 242 ff. – Wenn sich: 12, 341. – art which: 9, 456. – *177* for the bright: 12, 172. – jeder Wesenszug: 10, 244. – extrem häßlich: 10, 97. – ziemlich nichtig: J. Burckhardt, Der Cicerone, Stuttgart 1964, 112. – *178* Eigenschaften der Gotik: 10, 180 f. – den gotischen Stil: 10, 212. – Die Welt: 11, 14 f. – *179* Niemals: 11, 78. – pure Phantasie: J. Unrau, Ruskin, the Workman and the Savageness of

Gothic, in: New Approaches 39. – *181* too finely: 12, 181. – Geschichte als Kritik: E. K. Helsinger, History as Criticism: The Stones of Venice, in: Studies 173 ff. – ein Venedig: 11, 230. – Ich werde: 9, 73. – Ich war: 9, 56. – High Victorian Italian Gothic: s. zuletzt J. M. Crook, Ruskinian Gothic, in: Polygon 65 ff. – *183* eine der wenigen: zit. Rosenberg 101. – ich glaube: Bradley 177. – *184* small minute: zit. R. Hewison, Notes on the Construction of the Stones of Venice, in: Studies 143. – Eloquent Passages: ebda., 142. – Du weißt: Bradley 185. – Du kannst: Hewison, aaO., 142. – *185* Größe des Geistes: 3, 491. – Im Chor: 9, 49 ff. – *187* Moment der Illumination: M. H. Abrams, Natural Supernaturalism, New York 1973, 377. – *188* Der wesentliche Punkt: 9, 54 f.

Kapitel IV

189 Der Luther der Künste: Formulierung von Edward Burne-Jones, s. 13, XXI. – *191* Déjeuner: R. Trevelyan, A Preraphaelite Circle, London 1978, 83. – *193* miserably damped: Lutyens 3, 75. – Es gibt: 6, 368. – Ich kann: 35, 304. – *194* Die präraffaelitische Kunst: 12, 157 f. – eine hinreichend: 35, 22. – *195* An Ort: Lutyens 3, 216. – Mein Vater: ebda., 247. – *196* Wenn das Mittelalter: 5, 317. – But now: 5, 319. – Bäume malt: ebda. – starke Tendenz: 5, 321. – Wenn der Maler: ebda. – *197* Vom dunklen: ebda. – Am schlimmsten: F. T. Vischer, Ästhetik oder Wissenschaft des Schönen, München 1922, 2, 351 (zuerst 1847). – *198* Ist der Frack: C. Baudelaire, Sämtliche Werke/Briefe, hrsg. v. F. Kemp u. C. Pichois, München 1977, 1, 281. Vgl. dazu W. Benjamin, Gesammelte Schriften, hrsg. v. R. Tiedemann u. H. Schweppenhäuser, Frankfurt 1974, 1, 580 f. – That it is: 12, 160. – Obwohl sie: 5, 324. – *199* modernen Menschen: 5, 321. – Ich denke: Lutyens 3, 77. – *200* Unsere Liebe: 5, 364 ff. – Da sich: 5, 327. – *201* So in: Vischer, aaO., 348. – Der Maler: 12, 348. – *203* Tatsache ist: 16, 157. – Kunst: 36, 316. – diese Männer: 12, 160. – the finest thing: Lutyens 3, 75. – one of the remarkable: Lutyens 3, 246. – Von allen Malern: 5, XLIV. – *204* es ist: J. W. Carlyle, Briefe an ihre Familie 1839-1863, Berlin 1930, 462. – In keinem: Lutyens 3, 85. – Vorträge halten: 16, XXI. – *205* If you want: S. Macdonald, The History and Philosophy of Art Education, London 1970, 157. – *206* Seit dem Jahr: W. Kemp, ». . . einen wahrhaft bildenden Zeichenunterricht überall einzuführen«. Zeichnen und Zeichenunterricht der Laien 1500-1870, Frankfurt 1979, 215 f. Zur Geschichte der englischen Kunstpädagogik s. ebda., 207 ff. – *207* Ich will: 16, XXXVIII. – *208* Die Dinge: 16,

335 f. – *209* Der Wandel: 16, 340. – *210* Wir haben: 10, 196. – Schönheit kann: 16, 338. – *211* systematischen Sanitärreform: E. J. Hobsbawm, Industry and Empire, Harmondsworth 1969, 158. – *212* Das beste: 16, 89. – Ob sie: K. Marx, Das Kapital, Frankfurt–Berlin 1969, 20. – *213* Die Gebrauchswerte: ebda., 18. – England: R. W. Emerson, English Traits, London–New York 1908, 84, s. 27, 376. – Ale: J. F. C. Harrison, Early Victorian Britain 1832-51, o.O. 1979, 93. – *214* Gott sich weigerte: J.-K. Huysmans, Gegen den Strich, Frankfurt–Berlin 1972, 186. – We require: 16, 344. – Erst müssen: 20, 29. – wholesome evanescence: 16, 40. – *215* Es ist: 3, 249. – *216* Neubau des Parlaments: D. Robertson, Sir Charles Eastlake and the Victorian Art World, Princeton 1978, 324 ff. – Union Hall: s. unter anderem P. Henderson, William Morris, Harmondsworth 1967, 63 ff. – Statue aus Schnee: 16, 39. – Man kann: 16, 43 f. – *217* wir in England: 16, 75. – Arbeit weise: 16, 19. – Oxforder Universitätsmuseum: s. zuletzt J. M. Crook, Ruskinian Gothic, in: Polygon 65 ff. – *218* chivalry of labour: die folgende Paraphrase von Carlyles Ideen nach W. E. Houghton, The Victorian Frame of Mind 1830-1870, New Haven–London 1957, 319. – Sie müssen: 16, 344. – *219* der uns: 16, 26. – Pflanzschulen etc.: 16, 31 f., 115 ff. – *220* Unterstütze nicht: 10, 196 f. – *221* Die Produktion: K. Marx, Texte zu Methode und Praxis, Reinbek 1967, 3, 17. – Wann immer: 16, 48. – *222* In der bürgerlichen: K. Marx, Das Kapital, aaO., 18. – Thorstein Veblen: s. R. S. Mc Lean, Altruistic Ideals Versus Leisure Class Values, in: Journal of Aesthetics and Art Criticism 31, 1973, 347 ff. – 50er Jahre: D. Thomson, England in the Nineteenth Century, Harmondsworth 1950, 43; A. Briggs, Victorian People, Harmondsworth 1965, 10 ff.; E. J. Hobsbawm, aaO., 112 u. ö. – *223* erste Weltwirtschaftskrise: H. Rosenberg, Die Weltwirtschaftskrise 1857-59, Göttingen 1974 (zuerst 1934). – Ein Millionär: 16, 123 f. – *224* Erfindung neuer Bedürfnisse: 16, 48, 123 ff. – *225* false assumptions: Anon. Kritik von Lady Eastlake in der Quarterly Review 1856, vgl. Trevelyan, aaO., 121. – Was ich tue: 7, 452. – von noch: 7, 441. – *226* Sein ganzes: 13, 159. – Es war: D. 2, 406 f. – *228* Wir können: 6, 240. – Es wird: 6, 179. – Ich spreche: 6, 214. – *229* Am Dach: 15, 96. – Versuche: 15, 91. – *230* Gesetze: 15, 164 ff.; 7, 203 ff. – Die Intensität: 7, 205, 207. – Sie [die Naturdinge]: 4, 210. – Hier: 6, 240. – *231* gewundene Spalten: W. James, The Order of Release, London 1947, 68. – Die schäumende: 6. 125. – *232* daß alles: 6, 416. – *233* Wenn: 6, 455. – Ich könnte: 6, 456. – *234* ein liebliches Bergtal: 6, 457. – Daß wir: 5, 381. – *235* The light-outspending: R. W. Emerson, Collected Works, Boston 1903, 9, 15 f. – Wir beeilen: H. Thoreau,

Walden, Zürich 1971, 104 f. – Es wird: ebda., 90 f. – *236* ein dunkles: 7, 262. – Through: ebda. – Man is: 7, 262. – John Henslow: R. Mabeu, The Common Ground, London 1981, 40. – *237* Das größte: 5, 333. – *238* disembodied spirit: 5, 369. – die höchste: 5, 361. – *239* Prophet Turner: zu dieser Umdeutung s. D. Sonstroem in: Studies 85 ff. – mighty unconsciousness: 6, 276. – All das: 6, 38. – gegenüber: 6, 297. – Die Zeit: 7, 441 – *240* Konversionsepisode: s. zuletzt J. Ruskin, Letters from the Continent 1858, hrsg. v. J. Hayman, Toronto 1982, XXI f. – Der Bericht hier 35, 495 f. – Eine andere Darstellung 29, 89. – *241* meine Skizzen: J. Ruskin, Letters, aaO., 107. – *242* Perish Apollo: 7, 412. Zu Ruskins Interpretation dieser Bilder s. M. Simpson, The Dream of the Dragon, in: Polygon 21 ff. – Wehe dir: 7, 420 f. – das erste: 7, 407. – *243* Wenn ich: 7, 422. – I write: W. G. Collingwood, The Life of John Ruskin, London 1893, 2, 167. – You must: 11, 213. – *244* Erdgeborene: 7, 458 ff.

Kapitel V

247 Der wilde Ruskin: »savage Ruskin«, nach einem Gedicht des Punch vom 24. 5. 1856. – *250* Chelsea Menagerie: s. unter anderem W. Gaunt, The Aesthetic Adventure, Harmondsworth 1957, 45 ff.; B. u. J. Dobbs, Dante Gabriel Rossetti, London 1977, 133 ff. – Ein Dandy: T. Carlyle, Sartor Resartus (Centenary Edition), London o. J., 1, 217. – *251* Natur und Instinkt: 36, 239. – Ich habe: ebda. – *252* ein optisches: 36, 491, s. zu dem Foto auch Van Akin Burd, Ruskin, Rossetti and William Bell Scott: A Second Arrangement, in: Philological Quarterly 48, 1969, 102 ff. – So schlecht: Reflections of a Friendship. John Ruskins Letters to P. Trevelyan, London 1979, 252. – *253* great essay: Bradley 177. – mein einziges Buch: 18, 103. – seien einfach: 17, XXVIII. – Nur ein Genius: zit. J. Ruskin, Unto This Last, hrsg. v. P. M. Yarker, London–Glasgow 1970, 10, 12, 124, 177. – Die Gefühle: zit. Q. Bell, Ruskin, London 1978, 64. – *254* so verletzend: Gaunt, aaO., 53. – Der Ruhm: P. Henderson, Swinburne, London 1974, 118. – *255* Hier ist: Dobbs, aaO., 181. – Das Fell: Henderson, aaO., 182. – Eigentlich lasse: 17, L. – *256* So wie die Dinge: 18, 450 f. – *257* Meine lieben: 18, 432. – now pretty: RD 60. – sich seine: ebda. – Ich glaube: Norton 1, 84. – One would: 7, XL. – das bedeutsamste: S. Freud, Gesammelte Werke, Frankfurt 1961, II/III, X. – *258* Zwei furchtbare: 36, 461. – *260* das einzige: 36, 415. – Wie wollen: 36, 400. – Dies sagt: 17, LXXVII. – Du hast: 36, 471. – *261* viel tödlicher: 36, 472. – Meine wahren Reflections, aaO., 101. – Ich werde: RD 44. – Niemals glaube: 36, 473. – Ein kleines: RD 44. – *262* Man muß: 19, 315. – Maria u. John LaTouche: s. ausführlich RD 26 ff. – *263* Ich habe: RD 158 ff. – *264* Child nature: RD 164. – reformpädagogische Mädchenschule: s. WL. – *265* Ich werde: ebda., 312. – Hätte er: Bell, aaO., 83. – *266* sein Heidentum: RD 83. – Herz und Wünsche: RD 87. – Man muß: RD 163. – Die Briefe: RD 164. – She's Cordelia: RD 110. – *267* Only it: RD 168. – Sie haben: RD 89. – zu einem: RD 95. – Sie ist: RD 93. – Happiest times: 35, 560 f. – Mein Vater: RD 114. – *268* Ich denke: S. Birkenhead, Illustrious Friends, New York 1965, 191. – Zu Effies Interventionen: RD 20 f., 114 f., 112, 122 f. – daß alles: RD 115. – *269* Diese Sache: ebda. – Habe ich: J. Ruskin, Letters to Lord and Lady Mount-Temple, hrsg. v. J. L. Bradley, Columbus 1964, 167. – immediate life: 19, 229. – No decent: 7, 386 f. – *270* Vor ein: 18, 26 f. – *271* Zu den wenigen: 18, 29. – Eure bekehrten: 18, 74. – diese verfluchte: Ruskin, Letters to Lord and Lady Mount-Temple, aaO., 310. – *272* ein Park: RD 59. – Es gibt: 18, 127 f. – *273* von den schlechten: RD 123. – Ich habe: 18, 47 f. – Darin ist: RD 117. – Und wahrlich: 19, 365. – Arme grüne: RD 118. – *274* a lacertine: 19, 365. – *276* Um die Mythen: 19, 310. Zu Ruskin als Mythologe s. J. Kissane, Victorian Mythology, in: Victorian Studies 6, 1962/63, 5 ff.; J. Hayman, Ruskin's The Queen of the Air and the Appeal of Mythology, in: Philological Quarterly 57, 1978, 164 ff.; J. Burnstein, Victorian Mythology, in: Victorian Studies 18, 1974/75, 309 ff. Zur Schlangensymbolik s. M. A. Simpson, The Dream of the Dragon, in: Polygon 21 ff. – *277* Um der Klarheit: 19, 307. – der merkwürdigen Umkehrung: 19, 317. – *278* That rivulet: 19, 362 – *279* göttliche Hieroglyphe: 19, 363. – Die Griechen: 19, 418. – Nahm zuviel: D. 2, 644. – *281* das Böse: D. 2, 685. – ohne abstoßende: ebda., 661. – zu der Art: 19, 366. – *282* Hingabe: zit. S. Marcus, The Other Victorians. A Study in Sexuality and Pornography in Mid-Nineteenth Century England, New York–London 1966, 18, 20 f. – in der Religion: zit. R. Pearsall, The Worm in the Bud. The World of Victorian Sexuality, o.O. 1969, 510. – *283* Eines meiner: 36, 291. Vgl. Pearsall, aaO., 146. – *284* Die Schlangen: 18, 213 f. – Halb Mädchen: 7, 399. – Wurde unruhig: D. 2, 685. – der Kampf: 7, 420. – *285* Sie mag: Ruskin, Letters to Lord and Lady Mount-Temple, aaO., 332. – auf die Familie: 19, 370. – Der Symbolismus: 1, 501. – Die größten: 19, 309. – *286* ursprünglich unverstanden: 19, 309. – Drei strukturelle: 19, 300. – Die Griechen: 19, 418. – das Böse: D. 2, 685. – *287* So finden: 19, 314. – everlasting calm: 19, 418. – das wilde: 19, 414. – *289* unter der: 17, 85. – *290* daß die: 17, 208. – *291* Ein und derselbe: 36, 238. – *292* Die Einsamkeit: 17, XL. – Ich werde: Collingwood, aaO., 2, 7. – Leben: 17, 105. – *293* Unsere Städte: 18, 502. – There is: 17, 105. – Valor: 17, 84. – *294* daß die wahren: 17, 55 f. – *295* Und die Arbeit: 16, 18. – Luxus: 17, 114. – Du kannst: 17, 85. – *296* Damit der Wert: 17, 154. – Wealth: 17, 88. – *297* Die Produktion: 17, 104. – Indem Ruskin: J. Sherburne, John Ruskin or the Ambiguities of Abundance, Cambridge 1972, 129. – *299* die Kunst: 17, 46. – *300* dieses Buch: zit. Rosenberg 152.

Kapitel VI

303 You are: Norton 2, 54. – Ich frage: The Letters of Charles Eliot Norton, hrsg. v. S. Norton u. M. A. DeWolfe Howe, Boston 1913, 1, 507. – I have: Norton 2, 292. – *304* Keine Seele: 26, XXV f. – Ihr Einfluß: Norton 2, 46. – Ich bin: ebda., 16. – *305* Meine Zeit: 23, XLI. – Dies ermöglicht: 23, LI. – 6. August: D. 3, 803. – Wenn ich: 27. XXVI. – *306* Zu den Zeichnungen: s. P. H. Walton, The Drawings of John Ruskin, Oxford 1972, S. 98 ff. – terrible subtleties: Norton 2, 73. – *308* Ich wußte: 20, XXII. – *309* Bei aller Trauer: 20, XXXIII. – *310* Was auch immer: 20, XXI. – Ich denke: 20, XLVIII. – *311* Einen Schritt: J. Gattégno, Lewis Carroll, New York 1976, 167. – Reform von Oxford und Cambridge: B. Simon, Studies in the History of Education 1780-1870, London 1960. – Es gibt: 20, XXI. – *313* Ich mag: FL 725. – Ihr wußtet: 36, 461. – Gemäldegalerien: C. Kingsley, Briefe und Gedenkblätter, hrsg. v. F. E. Kingsley, Gotha 1892, 109 f. – Als Byron: zit. R. Park, Hazlitt and the Spirit of the Age, Oxford 1971, 211. Siehe zum Folgenden auch C. Enzensberger, Viktorianische Lyrik, München 1969, 31 ff. – *314* Während die Historiker: Englische Literaturtheorie des 19. Jahrhunderts, hrsg. v. H. H. Rudnick, Stuttgart 1979, 200. – Herzstück: ebda., 202. – Vorurteile: J. Bentham, Works, hrsg. v. J. Bowring, Edinburgh 1838 ff., 2, 253. – *315* Wie kann: Norton 1, 443. – Neue Ästhetik, Oxford-Ästhetik: s. W. Gaunt, The Aesthetic Adventure, Harmondsworth 1957; G. Hough, The Last Romantics, London 1949 u. die einschlägigen Monographien über Swinburne, Pater, Whistler, Arnold u. a. – *316* And the culture: M. Arnold, Works, London 1903, 6, XII. – Was wir: ebda., 165. – Die Anarchie: B. Willey, Nineteenth-Century Studies, Harmondsworth 1973, 264. – *317* Oxford: Arnold, aaO., 11, 412. – Conferences: Gaunt, aaO., 65. – *318* nur noch: W. H. Mallock, The New Republic, London 1906, S. 15. – Wir verfügen: Englische Literaturtheorie, aaO., 337. – *319* Das Beste: 20, 39. – *320* Die Definition: 20, 165. – Fotografien: ebda. – Darin besteht: 20, 96. – ohne Begriff: ebda. – wirklich nachzuempfinden: 20, 177. – *321* Diejenigen: 20, 98. – Niemals: 20, 96. – Ich bin: 22, 153. – All great art: 15, 351 ff. Vgl. S. 352 die Herleitung und Weiterverwendung dieser berühmten Formel. – *322* Bedenken Sie: 20, 107. – Dasselbe England: 20, 43. – *323* Das Studium: 20, 115. – doch eingebildet: 20, 178. – Die Kunst: 20, 39. – *324* Alle Künste: 20, 108. – Es ist: 20, 113. – Leben ohne: 20, 93. – *325* Bleibt: 20, 114. – Man hat: Rosenberg 177. – *326* immer mit: Englische Literaturtheorie, aaO., 335. – Nicht die Frucht: ebda. – Gerade in: 15, 353 f. – *327* Die Bedeutung: 22, 14. – Landschaftsmalerei: 22, 12. – Modern Painters: 22, 511. Zur anderen Seite der Oxforder Vorlesungen s. jetzt J. Hayman u. D. Birch in: New Approaches 111 ff., 142 ff. – *328* selbst in: 21, XXVII. – man will: W. G. Collingwood, The Life and Work of John Ruskin, London 1893, 2, 149. – Ich bin: zit. Hayman in: New Approaches 112. – *329* Hincksey Projekt: s. 20, XXXIX u. zuletzt T. Hilton, Road Digging Aestheticism, in: Studio International 188, Dez. 1974, 226 ff. – *330* Wilde: s. seinen eigenen Bericht O. Wilde, Works, hrsg. v. R. Ross, London 1908 ff., 15, 306 ff. – Das Oxforder: Q. Bell, Ruskin, London 1978, 100. – Ich sage: 33, 349. – *331* schnitten wie: C. Barman, Early British Railways, Harmondsworth 1950, 25 mit Bezug auf 18, 448. – Zunächst einmal: 20, XLI f. – *332* Vertreter des Arbeiters: F. M. Hueffer, Ford Madox Brown, London 1896, 189. Siehe zu diesem Bild zuletzt: A. Boime, Ford Madox Brown, Thomas Carlyle and Karl Marx, in: Arts Magazine 56, Sept. 1981, 116 ff. – *333* Zwei Menschen: T. Carlyle, Sartor Resartus, übers. A. Kretzschmar, Leipzig 1855, 175 f. – Unaussprechlich: ebda., 176. – Du, der du: T. Carlyle, Vergangenheit und Gegenwart, übers. A. Kretzschmar, Leipzig 1856, 279. – *334* Sie war: 28, 14. – *335* George Allen: s. zuletzt B. Maidment, Interpreting Ruskin 1870-1914, in: Polygon 159 ff. – Es waltete: 22, XXI f. – *336* Der Verlust: 36, XXIII. – Ich begann: 28, 485. – There is: 27, XXIII. – *337* drei Übersetzungen: 27, 27 ff. – Mit dem Titel: 29, 315. – *338* ihre Beziehungen: 29, 445. – Wenn ich: 28, 513. – Kommt es Dir: 28, 206. – daily maddening: Norton 2, 78. – Ihr Narren: 27, 86. – Es scheint: 27, 80. – *339* Verwundert: 27, 613 f. (in freier Übersetzung). – *340* Serie von Briefen: 37, 48. – *341* herrschenden: 27, 41. – eigentlich: 27, 184. – Ich bin: 27, 116, 167. Vgl. 35, 618. – freudig: K. Kraus, Die Fackel 1899, Nr. 1, S. 1. – *342* Daß jeder: 27, 180. – Daß Land: 27, 191. – Guild of St. George: s. M. E. Spence, The Guild of St. George, in: Bulletin of the John Rylands Library 40, 1957, 147 ff. – Wir werden: 27, 96. – *343* daß die Frau: 28, 246. – Ich bin: 29, 374. – Kein Zweifel: 29, 74. – Ihr sollt: 27, 167. – Ich halte: 17, 412. – *344* Meine Freunde: 27, 334. – Ich kann: 27, 328. – *345* Nun zieht: 27, 336. Ruskin kommt in »Fors«, Letter 74 (29, 33) erneut auf den Feigenverkäufer zu sprechen und sieht seine besondere Beziehung zum Palazzo Ducale. – *346* Glaubt ihr: 27, 341 ff. – *348* Für Carpaccio: 24, 362. – *349* So träumt: 27, 344 ff. – *350* Muster für: 27, 345 f. Es gibt ein merkwürdiges Parallelbild zu Ruskins Tableau im Zug von Venedig nach Verona: Augustus Egg's, Die Reisegefährtinnen, 1862, Birmingham, City Museums and Art Gallery: zwei junge, reiche Engländerinnen im Abteil, die eine lesend, die andere schlafend, während draußen die Landschaft bei Mentone vorüberzieht, Orangen stehen auch zur Erfrischung bereit. Daß Ruskins Text keine literarische Transposition dieses schönen Bildes ist, beweist ein Brief Ruskins an Norton, in unmittelbarer Folge des Erlebnisses geschrieben, s. 36, 577. – *352* übersinnlichen Mächten: 29, 54. – *353* der gegen: RD 125. – Wie durch Wunder: RD 124. – Ich bin: RD 125. – Fear: zit. Hunt 346. – Von ihr: ebda. 352. – Große Teile: ebda. – Ein Kranz: ebda., 354. – Weiß: 25, 301. – *354* Kopie: s. R. Hewison, Ruskin and Venice, London 1978, 92 f. – Da liegt: Hunt 365. – *355* Man muß wissen: 28, 761. – Er sagt: 28, 732. – Venedigs Mythos: 28, 746. – Das ist: 28, 746. – Habe Venedig: D. 3, 924. – *356* Die grüne: 28, 757. – Die letzten: 28, 760. – Was bedeutet: Englische Literaturtheorie, aaO., 329. – Weihnachtsfest: Ruskins Christmas-Story ist noch nicht zur Gänze publiziert. Ausführlichste Darstellung in RD 137 ff., s. auch D. 3, 919 ff. – *357* verdichtete: RD 138. – Dies war: ebda. – Ich fragte: RD 139. – Ich schaute: ebda. – daß Weihnachten: ebda. – *358* die menschlichen: ebda., 140. – Nun sehe: 25, 31. – es Bilder: 28, 203. – *359* dreamer of dreams: W. Morris, Selected Writings and Designs, hrsg. v. A. Briggs, Harmondsworth 1962, 66 f. – ein gefährliches: 1, 501 – ob das eigentümliche: 38, 173. – durch St. Ursulas: BD 46. – Überarbeitung: Norton 2, 148 f. – the sign-painters: 22, 392. – jedes sündige: J. Clegg, Ruskin and Venice, London, 153. – *360* bleibt nur: C. Baudelaire, Sämtliche Werke/Briefe, hrsg. v. F. Kemp u. C. Pichois, München 1977 ff., 4, 146. – gesteigert christlichen Tons: 29, 86. – Ich werde: 24, 367.

Kapitel VII

361 Der einzige: eine Formulierung von J. A. Froude, s. H. G. Viljoen, The Froude-Ruskin Friendship, New York 1966, 58. – *363* Ich hatte: 33, XLVII. – Porträt Herkomers: London, National Portrait Gallery. – *364* Sein Gesicht: A. W. Stirling, The Richmond Papers, London 1926, 293. – *365* Dieses Gesicht: ebda., 293 f. – Februar: BD 102. – *366* 14. Februar: BD 91. – Mein Valentinsgeschenk:

ebda. – *367* alles, was: 24, 363. – *368* 17. Februar: BD 92 f. – *369* Es war: 37, 355. – Lieber George: J. Abse, John Ruskin. The Passionate Moralist, London 1980, 284. – *370* Putting: BD 94. – Delphi first: BD 100. – *371* Ich hatte: Norton 2, 218 f. – *372* Die zwei: Norton 2, 167. – *373* nach einer: Norton 2, 158. – Für etwa: Norton 2, 167. – Tatsache ist: 37, 355. – Überarbeitung: 37, 252. – *374* eigentümlichen Verhalten: 38, 173. – meine Bücher: BD 77. – *375* Wie viel: Norton 2, 216. – *376* Zwischen den Sternen: Norton 2, 190. – Die Krankheit: 24, 412. – verlor Großbritannien: E. J. Hobsbawm, Industry and Empire, Harmondsworth 1969, 187. – *377* überall dort: zit. J. H. Buckley, Triumph of Time, Cambridge 1966, 55. – Neurasthenie: vgl. H. Glaser, Sigmund Freuds 20. Jahrhundert. München 1976. – *378* eine Art: 37, 298. – Die Rückwirkungen: 34, 268. – *379* Ich habe: 29, 60. – *380* E. Lear: P. Connor, Savage Ruskin, London 1979, 135. – K. Greenaway: s. jetzt R. Engen, Kate Greenaway. A Biography, New York 1981. – *381* Die 70er: Hobsbawm, aaO., 198. – das ganze Universum: zit. 34, 76. Vgl. Buckley, aaO., 67. – Die Haltung Ruskins zu Thomsons und Stewarts Theorem war zwiespältig. Einerseits findet er seine Endzeitspekulationen auf breiterer Ebene bestätigt, andererseits stößt er sich an ihren rein naturwissenschaftlichen Argumentationen, die den Schöpfungsgedanken und damit die Lektüre der Naturphänomene als Botschaft oder Warnung ausschließt. – *382* eine krönende Rasse: zit. W. E. Houghton, The Victorian Frame of Mind 1830-1870, New Haven–London 1957, 37. – O, we poor: A. Tennyson, The Works (Elversley Edition), London 1908, 6, 229. – bis diese: ebda., 304. – *383* Die Tagespresse: 34, 7. – *384* Denke nicht: Norton 2, 179. – Brantwood: 34, 37 f.; BD, 191 f. – *385* die immer: 19, 408. – *386* in den alten: 34, 10. – Dieser Wind: 34, 31. – die keine: 34, 32. – *387* die Blätter: 34, 34. – Ist das Wetter: 34, 39. – *388* Blanched Sun: 34, 40. – daß das britische: 34, 41. – The earth: D. 3, 796. – what do: D. 3, 1026. – Die Plage: Norton 2, 215. – Am tödlichsten: ebda., 113. – *389* Ob sie: 34, 41. – Die physische: 27, 614. – *390* Es sieht: 27, 133; 34, 33. – Ein durch: BD 157. – Ganz: BD 199. – Ich würde: 27, 133; 34, 33. – *391* Heute wissen: 34, XXVI; Rosenberg 209 ff.; P. Brimblecombe, London Air Pollution 1500-1900, in: Atmospheric Environment 11, 1977, 1157 (weitere Lit.); D. Cosgrove–J.E. Thomas, Of Truths of Clouds, in: Human Geography and Literature, ed. D.C.O. Peacock, London 1980, 20 ff. – In den 20: zit. Rosenberg 214. – Die Schwefeldioxid: Brimblecombe, aaO., 1160. – *392* Der Mont Blanc: 37, 408. – *393* Plante Ende: D. 3, 1067. – Immer habe: Norton 2, 154 f. – all seine Gedanken: 13, 410. – Ich denke: BD 262. – Beide Krankheiten: 37, 348. – *394*

Da alle Welt: 35, XXXIX. Zu »Präterita« s. zuletzt die verschiedenen Beiträge in: Approaches to Victorian Autobiography, ed. G. P. Landow, Athens 1979, bes. den von E. K. Helsinger, 87 ff. – zu seiner Erholung: 35, II. – *395* It is: D. 2, 732. – Zeit der Arbeit: 27, 584. – Ich kenne: 18, LXII. – Ich schreibe: 35, II. – *397* Alles, was: 35, LII. – Nicht der: T. Quincey, Autobiography (The Collected Writings), ed. D. Mason, London 1898, 3, 94. – *398* Praeterita means: zit. Hunt 394. – Das ist: 37, 183. – *400* Es ist: D. 1, 219. – It is: D. 1, 129. Vgl. 35, 283. – Ich selbst: 35, LII. – *401* Ich denke: 35, 128. – Daß der: 35, 636. – *402* die Vergangenheit: M. Proust, Auf der Suche nach der verlorenen Zeit, übers. E. Rechel-Mertens, Frankfurt 1979, 4162. – Noch einmal: 35, 326 f. – *403* Wenn ich: 35, 522. – der einzige: s. ersten Nachweis zu diesem Kap. – *404* Noch zwanzig: 35, 326 f. – *407* Mein eigenstes: 35, 33. Zum Motiv der Flüsse und Gewässer s. zuletzt B. B. Redford, Ruskin Unparadized: Emblems of Eden in Praeterita, in Studies in English Literature 22, 1982, 675 ff. – Das Wasser: 35, 67. – die Aussicht: 35, 16. – *408* Zur höheren Ehre: 22, XXIV. Vgl. 28, 28, 177, 204, 531; 37, 48. – eine von Brennesseln: RD 132, nicht in D. – Vor 20: 18, 385 f. – *409* Nun repräsentieren: 18, 387. – *410* Ich wende: 35, 560 f. – Derselbe: 17, 61. – *412* das Zentrum: 35, 321. – Den besten: 35, 220. – Das kleine: W. Pater, The Child in the House, in: English Prose of the Victorian Era, hrsg. v. E. F. Harrold u. W. D. Templeman, New York 1962, 1470 f. – *414* So haltbar: 35, 220. – Anläßlich: 35, 608. – Das Schlimmste: 37, 153. – *415* sense of: D. 3, 1067. – Erst sah: D. 3, 1149. – Ich kann: D. 3, 1128. – Der äußere Anblick: 35, 608 f. – stellte sich: Pater, aaO., 1475. – *416* Everything: s. dazu zuletzt L. Schneider, Everything Black, Everything White, in: Art History 5, 1982, 166 ff. – die das: 7, 415, 419. – *417* Wie sich: 35, 561 f. – 13. September: D. 1148 f. – *418* ich fühle: D. 3, 1150. – *419* Einige: 35, 529. – einen von: zit. Hunt 401. Zu Ruskin u. K. Olander s. The Gulf of Years. Letters from John Ruskin to Kate Olander, ed. R. Unwin, London 1953. – Nur vor: ebda., 32. – Du hast: ebda., 69. – Ich weiß: ebda. – *420* Und Du: ebda. 78.

Kapitel VIII

421 Der Alte Mann: »The Old Man« heißt der Berg gegenüber von Ruskins Anwesen in Brantwood, Coniston. – *423* Bis auf: W. G. Collingwood, The Life and Work of J. R., London 1893, 2, 243 f. Zur Ruskin-Rezeption s. J. S. Dearden, Facets of Ruskin, London–

Edinburgh 1970, 125 ff.; B. Maidment in: Polygon 159 ff. – *424* Ruskin wirkte: W. Crane, An Artists Reminiscences, London 1907, 447 f. – *425* Rückfall: 18, 431. – Unfähig: 13, 528. – *426* Di Ma: S. Birkenhead, Illustrious Friends, London 1965, S. 276. – Als ich: M. Proust, Briefe zum Werk, Frankfurt 1977, 49. Zu Proust und Ruskin s. zuletzt R. A. Macksay in: Polygon 172 ff. – *427* Es täuschen: M. Proust, Œuvres complètes, Paris 1933, 8, 161. – Es wird: ebda., 182 f. Das Ruskin-Zitat: 20, 66. – Nun hat: Proust, Œuvres, aaO., 8, 183. – *430* Pamphleten: B. Maidment in Polygon 161 f. – *432* ein Buch: zit. nach M. Proust, Werk und Wirkung, Frankfurt 1982, 27. – Ich habe: 35, 628. – I claimed: ebda. – *433* Mein Schicksal: 33, 388. – Wer aus: 3, 146. – Hunderte: 5, 333. – Auch gewahrte: 18. – *434* Nun, da: 22, 207. – Es ist: 12, LII f. – Das ist: zit. W. E. Houghton, The Victorian Frame of Mind 1830-1870, New Haven und London 1979, 144; ebda. zahlreiche Anmerkungen und Stellen zum Problem der doktrinären Propheten des 19. Jahrhunderts. – *435* Wer bin: 28, 425. – Das Pflichtgefühl: 35, 629. – *436* Auch dies: J. Fest, Theodor Mommsen: Zwei Wege zur Geschichte, in: Frankfurter Allgemeine Zeitung, Wochenendbeilage 31. Juli 1982. – Einen Dichter: 5, 215. – *437* zum freudigen Lachen: 20, 98. – So paradox: 10, 243 f. Vgl. N. N. Feltes, The Quickset Hedge. Ruskins Early Prose, in: The Victorian Newsletter 34, 1968, 18 ff. – *438* Je schöner: 18, 174. – *439* Jener Marmor: 10, 141. – *442* die Griechen: 27, 483. – *443* im Leben: T. Mann, Gesammelte Werke, Frankfurt 1974, 9, 493 f. – The major: zit. R. E. Finch, The Poison Sky. Myth and Apocalypse in Ruskin, Athens–London 1982, 1. Weitere Versuche in diese Richtung in: Polygon und am extremsten: J. Fellows, Ruskin's Maze: Mastery and Madness in his Art, Princeton 1981. – *444* gewissen Fetischismus: Proust, Œuvres, aaO., 8, 166. – *445* Delphi first: BD 100. – Jedes Argument: 34, 78. – *446* daß sie: 5, 384. – *447* Der Grund: B. Shaw, Ruskins Politics, London 1921, 9. – Unsere Väter: V. Woolf, The Captain's Deathbed, London 1950, 52. – *448* An diesem: 19, 293. – *449* Take this: ebda., 293 f. – Der Verfall: zit. Hunt 492.

Bitte umblättern:

fi 1

fi 380/3